DIE RITTER DES ORDENS POUR LE MÉRITE · Teil 1

Karl-Friedrich Hildebrand (†) / Christian Zweng

DIE RITTER DES ORDENS POUR LE MÉRITE

Teil 1

BIBLIO VERLAG · OSNABRÜCK 1998

Christian Zweng

DIE RITTER DES ORDENS POUR LE MÉRITE 1740 – 1918

Namentlich erfaßt und nach den Stufen des Ordens gegliedert

BIBLIO VERLAG · OSNABRÜCK 1998

Die Deutsche Bibliothek - CIP-Einheitaufnahme

Hildebrand, Karl Friedrich:
Die Ritter des Ordens Pour le Mérite / Karl-Friedrich Hildebrand ; Christian Zweng. - Osnabrück : Biblio-Verl.
ISBN 3-7648-2503-0
Teil 1. 1740 - 1918 : namentlich erfaßt und nach den Stufen des Ordens gegliedert / Christian Zweng. - 1998
ISBN 3-7648-2473-5

Copyright by Zeller Verlag, Osnabrück 1998
Das Werk einschließlich aller seiner Teile ist urheberrechtlich geschützt. Jede Verwertung außerhalb der engen Grenzen des Urheberrechtsgesetzes ist ohne Zustimmung des Verlages unzulässig und strafbar.
Das gilt insbesondere für Vervielfältigungen, Übersetzungen, Mikroverfilmungen und die Einspeicherung und Verarbeitung in elektronischen Systemen.

Vorwort

Der preußische Orden „Pour le mérite" ist aus dem im Jahre 1667 von Prinz Friedrich von Brandenburg gestifteten Orden „de la générosité" entstanden. Von Friedrich dem Großen 1740 gestiftet, war dieser Orden ursprünglich als Auszeichnung für Militär- und Zivilpersonen gedacht, dann nach der Erweiterung durch Friedrich Wilhelm III. im Jahre 1810 ausschließlich als Kriegsverdienstorden verliehen.

Weitere Ergänzungen erfolgten 1813 (Eichenlaub für erhöhten Verdienst) durch Friedrich Wilhelm III. / 1844 (Krone für 50jährigen Besitz) / 1866 durch Wilhelm I. (Orden mit dem Bildnis Friedrichs d. Gr. mit Stern), eine Auszeichnung, die zuerst dem Kronprinzen Friedrich Wilhelm und dem Prinzen Friedrich Karl verliehen wurde.

Neben den militärischen Ordensvarianten wurde von Friedrich Wilhelm IV. im Jahre 1842 eine gesonderte Friedensklasse für Wissenschaften und Künste gestiftet. Die Mitgliederzahl ist auf 30 Inländer und 30 Ausländer beschränkt. Durch Ableben und Zuwahl bleibt diese Zahl konstant. An der Spitze steht ein sogenannter „Kanzler". Diesen Rang hatte – seit 1979 – der Schriftsteller Ernst Jünger inne, der vor kurzem im Alter von 102 Jahren verstarb.

Mit der Abdankung des preuß. Königs Wilhelm II. im November 1918 erlosch die militärische Abteilung des Ordens „Pour le mérite", die Friedensklasse besteht weiterhin fort.

Die Ordenszeichen beider Abteilungen wurden bzw. werden am schwarzen Band mit silbernen Randstreifen um den Hals getragen. Der Orden „Pour le mérite" genießt auch heute noch größte Hochachtung und Zustimmung für absolut hervorragende und herausragende Leistungen.

Osnabrück, Frühjahr 1998 *Christian Zweng*

Inhaltsverzeichnis

Quellen und Literaturverzeichnis IX
Abkürzungsverzeichnis X
   I. Die Träger des Großkreuzes zum Orden Pour le mérite 4
  II. Die Träger des Eichenlaubs zum Kreuz und Stern des Ordens Pour le mérite mit Bildnis Friedrichs des Großen 5
 III. Die Träger des Kreuzes und Sterns des Ordens Pour le mérite mit Bildnis Friedrichs des Großen 6
  IV. Die Träger des Ordens Pour le mérite in Brillanten 7
   V. Die Träger der Krone zum Orden Pour le mérite 8
  VI. Die Träger des Eichenlaubes des Ordens Pour le mérite 16
 VII. Die Träger des Ordens Pour le mérite 34
     1. Die Verleihungen durch König Friedrich den Großen 1740–1786 ... 34
     2. Verleihungen durch König Friedrich Wilhelm II. 1786–1797 100
     3. Verleihungen durch König Friedrich Wilhelm III. 1797–1840 174
     4. Verleihungen durch König Friedrich Wilhelm IV. 1840–1861 386
     5. Verleihungen durch König Wilhelm I. 1861–1888 390
     6. Verleihungen durch König Wilhelm II. 1888–1918 417

Namensregister 472
Verzeichnis der Familien mit fünf und mehr Beliehenen 600

Quellen- und Literaturverzeichnis

Bundesarchiv-Militärarchiv, Freiburg

Bayer. Hauptstaatsarchiv-Kriegsarchiv, München

Österreichisches Staatsarchiv, Wien

Lehmann, Gustaf
Die Ritter des Ordens Pour le mérite 1740–1913, Berlin 1913

Möller-Witten
Geschichte der Ritter des Ordens „Pour le mérite" im Weltkrieg, Berlin 1935

Wegner, Günter
Stellenbesetzung 1815–1939, Osnabrück 1990–1993

Abkürzungsverzeichnis

Br	Brillanten zum Orden Pour le mérite
E	Eichenlaub zum Orden Pour le mérite
EL KuS	Eichenlaub zum Kreuz und Stern des Ordens Pour le mérite mit Bildnis Friedrich des Großen
G	Großkreuz zum Orden Pour le mérite
K	Krone zum Orden Pour le mérite
KuS	Kreuz und Stern des Ordens Pour le mérite mit Bildnis Friedrich des Großen

Die Ritter des Ordens
Pour le mérite

Verzeichnis der Verleihungen

1740–1918

I.
Die Träger des Großkreuzes zum Orden Pour le mérite

(G 1) 14.11.1866 **Preußen**, Wilhelm I., König v.

(G 2) 24.04.1878 **Rußland,** Alexander II, Kaiser v.

(G 3) 08.03.1879 **Moltke**, Hellmuth Karl Bernhard Gf.v., Generalfeldmarschall

II.
Die Träger des Eichenlaubs zum Kreuz und Stern des Ordens Pour le mérite mit Bildnis Friedrichs des Großen

(EL KuS 1)   02.09.1873   **Preußen**, Friedrich Wilhelm Nikolaus Karl Kronprinz v.

(EL KuS 2)   02.09.1873   **Preußen**, Friedrich Karl Nikolaus Prinz v.

III.
Die Träger des Kreuzes und Sterns des Ordens Pour le mérite mit Bildnis Friedrichs des Großen

(KuS 1) 20.09.1866 **Preußen**, Friedrich Wilhelm Nikolaus Karl Prinz v.

(KuS 2) 20.09.1866 **Preußen**, Friedrich Karl Nikolaus Prinz v.

(KuS 3) 11.11.1866 **Preußen**, Friedrich Wilhelm Ludwig, Prinz v.

(KuS 4) 24.04.1878 **Rußland**, Alexander Nikolajewitsch Kaiser v.

(KuS 5) 08.03.1879 **Moltke**, Hellmuth Karl Bernhard Gf.v., Generalfeldmarschall

IV.
Die Träger des Ordens Pour le mérite in Brillanten

(Br 1)   07.11.1789   **de Chasot**, Franz Egmond Isaak Gf.

(Br 2)   29.11.1889   **Moltke**, Hellmuth Karl Bernhard Gf.v.

(Br 3)   22.04.1898   **Blumenthal**, Karl Konstantin Albrecht Leonhard v.

V.
Die Träger der Krone zum Orden Pour le mérite

1844

(K 1) 18.07.1844 **Alkiewitz**, Hans Xaver v.

(K 2) 18.07.1844 **Bandemer**, Errnst Friedrich Wilhelm v.

(K 3) 18.07.1844 **Belling**, Karl Friedrich Bernhard v.

(K 4) 18.07.1844 **Benckendorff**, Hans Friedrich v.

(K 5) 18.07.1844 **Berg**, Karl Friedrich Wilhelm v.

(K 6) 18.07.1844 **Chartron**, Ferdinand Heinrich Wedig v.

(K 7) 18.07.1844 **Corvin-Wiersbitzki**, August Ferdiannd v.

(K 8) 18.07.1844 **Gortschakow**, Andrei Iwanowitsch Fürst

(K 9) 18.07.1844 **Graevenitz**, Heinrich Ernst Hans Leopold Wilhelm v.

(K 10) 18.07.1844 **Haas**, Peter Franz v.

(K 11) 18.07.1844 **Heidenreich**, Heinrich Leopold

(K 12) 18.07.1844 **Henckel v. Donnersmarck**, Karl Lazarus Gf.

(K 13) 18.07.1844 **Igelström**, Alexander Jewstafjewitsch Gf.

(K 14) 18.07.1844 **Jausser**, Johann Heinrich

(K 15) 18.07.1844 **Jochens**, Gottfried Wilhelm

(K 16) 18.07.1844 **Klüx**, Franz Karl Friedrich Ernst v.

(K 17) 18.07.1844 **Köhn**, gen. Jaski, Karl Friedrich

(K 18) 18.07.1844 **Koschembahr**, Ernst Friedrich v.

(K 19)	18.07.1844	**Kottulinsky**, Ernst Daniel Gottlob v.
(K 20)	18.07.1844	**Ledebur**, Heinrich Friedrich Albrecht Alexander v.
(K 21)	18.07.1844	**Lindenau**, Adam Friedrich August v.
(K 22)	18.07.1844	**Lindern**, Jodokus v.
(K 23)	18.07.1844	**Malsburg**, Christian Karl (Alexander) Frhr.v.d.
(K 24)	18.07.1844	**Manteuffel**, Friedrich August Wilhelm v.
(K 25)	18.07.1844	**Normann**, Ernst Ludwig v.
(K 26)	18.07.1844	**Paschwitz**, Johann Gottlieb Karl Philipp Edler v.
(K 27)	18.07.1844	**Pückler**, Maximilian Erdmann Wilhelm Gf.v.
(K 28)	18.07.1844	**Puttlitz**, Kaspar Daniel Ludwig Hans Edler Herr zu
(K 29)	18.07.1844	**Reisewitz**, Gottlob Johann Frhr.v.
(K 30)	18.07.1844	**Schallern**, Hans Christof v.
(K 31)	18.07.1844	**Schmied**, Friedrich
(K 32)	18.07.1844	**Schöler**, Moritz Ludwig Wilhelm v.
(K 33)	18.07.1844	**Schulenburg-Blumberg**, Christian Karl Albrecht Alexander Gf. v.d.
(K 34)	18.07.1844	**Sohr**, Friedrich Georg Ludwig v.
(K 35)	18.07.1844	**Tolstoi**, Peter Alexandrowitsch Gf.
(K 36)	18.07.1844	**Waldow**, Achatius Wilhelm August, v.
(K 37)	18.07.1844	**Wallmoden**, Ludwig Georg Thedel Gf.v.
(K 38)	18.07.1844	**Zieten**, Wieprecht Hans Karl Friedrich Ernst Heinrich

1845

(K 39)   16.01.1845   **Steinmetz**, Moritz Christof Gottfried, v.

(K 40)   12.04.1845   **Schulenburg**, Friedrich Ferdinand Bernhard Achaz v.d.

(K 41)   22.05.1845   **du Pac de Badens et Sombrelle**, Gabriel Marquis

(K 42)   26.06.1845   **Kathen**, Johann Gottlieb Christian v.

1847-1858

(K 43)   06.03.1847   **Schlotheim**, Friedrich Wilhelm v.

(K 44)   08.08.1854   **Klinckowström**, Bernhard Wilhelm v.

(K 45)   18.05.1858   **Schele II.**, Kirill Chrestjanowitsch

1862

(K 46)   09.01.1862   **Attenhoven**, Philipp Friedrich Wilhelm v.

(K 47)   09.01.1862   **Dallmer**, Karl Friedrich Franz

(K 48)   09.01.1862   **Dunker**, Friedrich Wilhelm v.

(K 49)   09.01.1862   **Heuduck**, Heinrich Gottlieb Konrad

(K 50)   09.01.1862   **Hintzmann**, Karl Ludwig Wilhelm

(K 51)   09.01.1862   **Hobe**, August Johann Ludwig Elias Friedrich Karl v.

(K 52)   09.01.1862   **Lupinski**, Vinzentius Ferrerius Kajetansu v.

(K 53)   09.01.1862   **Rudorff**, Wilhelm Heinrich v.

(K 54)   09.01.1862   **Schack**, Hans Wilhelm v.

(K 55)   09.01.1862   **Stülpnagel**, George Karl Leonhard Ludwig August v.

(K 56)   09.01.1862   **Szerdahelyi**, Karl Adolf Eduard v.

(K 57)   09.01.1862   **Uthmann**, Rudolf Gottlieb v.

(K 58)   09.01.1862   **Westphal**, Heinrich Ernst Adolf

(K 59)   09.01.1862   **Wnuck**, Karl Wilhelm v.

1863

(K 60)   22.01.1863   **Frolow**, Peter Nikolajewitsch

(K 61)   22.01.1863   **Glinka**, Grigorij Nikolajewitsch

(K 62)   22.01.1863   **Grotenhelm**, Maxim Maximowitsch v.

(K 63)   22.01.1863   **Helfreich**, Jegor Iwanowitsch

(K 64)   22.01.1863   **Kisselew**, Pawel Dmitrijewitsch

(K 65)   22.01.1863   **Krohnstein**, Gustaf Wassiljewitsch

(K 66)   22.01.1863   **Le Coq**, Karl August

(K 67)   22.01.1863   **Menschikow**, Alexander Sergejewitsch Fürst

(K 68)   22.01.1863   **Messing**, Alexander Iwanowitsch

(K 69)   22.01.1863   **Mikulin**, Sergei Iwanowitsch

(K 70)   22.01.1863   **Nasimow**, Jewgenij Petrowitsch

(K 71)   22.01.1863   **Osten-Sacken**, Dmitrij Jewgrasjewitsch Baron v.d.

(K 72)   22.01.1863   **Pantschulidsew**, Alexander Alexejewitsch

(K 73)   22.01.1863   **Raben**, Karl Iwanowitsch

(K 74)   22.01.1863   **Schubert**, Fedor Fedorowitsch

(K 75) 22.01.1863 **Busche-Ippenburg**, Karl Friedrich Salesius Frhr.v.dem

(K 76) 22.01.1863 **Stscherbinin**, Alexander Anrejewitsch

(K 77) 22.01.1863 **Wielhorski**, Matwej Jurewitsch Gf.

(K 78) 22.01.1863 **Wilhelmow**, Pawel Fedorowitsch

(K 79) 22.03.1863 **Knorring**, Pontus Woldmar v.

1864

(K 80) 09.01.1864 **Kalckreuth**, August Friedrich Albrecht v.

(K 81) 03.03.1864 **Panjutin**, Fedor Sergjejewitsch

(K 82) 18.06.1864 **de Maistre**, Rudolf Ossipowitsch Gf.

(K 83) 18.06.1864 **Fabecky**, Ferdinand Friedrich Wilhelm v.

(K 84) 18.06.1864 **Fanshawe**, Grigorij Andrejewitsch

(K 85) 18.06.1864 **Heß**, Heinrich

(K 86) 18.06.1864 **Küpfer**, Heinrich Karl Wilhelm

(K 87) 18.06.1864 **Pfuel**, Ernst Adolf Heinrich v.

(K 88) 18.06.1864 **Schmaltz**, Johann Heinrich Christian

(K 89) 18.06.1864 **Ulffparre**, Erik Georg

(K 90) 18.06.1864 **Wood**, Charles

(K 91) 18.06.1864 **Wrastislaw**, Eugen Gf.

(K 92) 25.10.1864 **Annenkow**, Nikolai Petrowitsch

(K 93) 25.10.1864 **Antonowskij**, Anton Iwanowitsch

(K 94) 25.10.1864 **Berg**, Karl Borissowitsch v.

(K 95)	25.10.1864	**Bibikow**, Larion Michailowitsch
(K 96)	25.10.1864	**Burmeister**, Fedor Fedorowitsch
(K 97)	25.10.1864	**Buschen**, Christian Nikolajewitsch
(K 98)	25.10.1864	**Deroshinskij**, Wladimir Kosmitsch
(K 99)	25.10.1864	**Djejew**, Iwan Michailowitsch
(K 100)	25.10.1864	**Korff**, Nikolai Iwanowitsch Baron v.
(K 101)	25.10.1864	**Lechner**, Andrei Andrejewitsch
(K 102)	25.10.1864	**Melnikow**, Michail Iwanowitsch
(K 103)	25.10.1864	**Patkul**, Friedrich v.
(K 104)	25.10.1864	**Sacharshewskij**, Jakob Wassilijewitsch
(K 105)	25.10.1864	**Salza**, Roman Alexandrowitsch Baron v.
(K 106)	25.10.1864	**Schipow**, Sergie Pawlowitsch
(K 107)	25.10.1864	**Sievers**, Iwan Lawrentjewitsch v.
(K 108)	25.10.1864	**Stahn**, Andrei Antonowitsch
(K 109)	25.10.1864	**Sternhjelm**, Alexander Maximowitsch v.
(K 110)	25.10.1864	**Sumarokow**, Sergei Pawlowitsch
(K 111)	25.10.1864	**Timirjäsew**, Iwan Semenowitsch
(K 112)	25.10.1864	**Tischin**, Wassilij Grigorjewitsch
(K 113)	25.10.1864	**Tschertow**, Pawel Apollonowitsch
(K 114)	25.10.1864	**Wachten**, Hans Otto
(K 115)	25.10.1864	**Wikinskij**, Iwan Michailowitsch

1865

(K 116)   18.01.1865   **Berg**, Friedrich Wilhelm Rembert Gf.v.

(K 117)   16.11.1865   **Chweslowskij**, Nikolai Alexandrowitsch

(K 118)   16.11.1865   **Jermakow**, Alexander Dmitrijewitsch

(K 119)   16.11.1865   **Kahlen II.**, Paul Bogdenowitsch v.

(K 120)   16.11.1865   **Klein**, Fedor Borissowitsch

(K 121)   16.11.1865   **Kleist**, Ewald Johann v.

(K 122)   16.11.1865   **Pustin**, Karl Karlowitsch

(K 123)   16.11.1865   **Urusoff**, Sergei Dmitrijewitsch Fürst

1866/1867

(K 124)   20.03.1866   **Schulz**, Heinrich Christian

(K 125)   13.01.1867   **Wrangel**, Friedrich Heinrich v.

(K 126)   09.03.1867   **Arpshofen**, Karl Karlowitsch Baron v.

(K 127)   09.03.1867   **Barischnikow**, Peter Petrowitsch

(K 128)   09.03.1867   **Bibikow**, Wassilij Alexandriwitsch

(K 129)   09.03.1867   **Dschitschkanez**, Adam Jakowlewitsch

(K 130)   09.03.1867   **Hoven**, Jegor Christosorowitsch,v.d.

(K 131)   09.03.1867   **Kobjäkow**, Iwan Nikolajewitsch

(K 132)   09.03.1867   **Muromzow**, Alexander Matwjejewitsch

(K 133)   09.03.1867   **Reich**, Iwan Iwanowitsch

(K 134) 09.03.1967 **Schischkin**, Pawel Sergjejewitsch

(K 135) 09.03.1867 **Schischkow**, Peter Iwanowitsch

(K 136) 09.03.1867 **Welenin**, Peter Alexandrowitsch

(K 137) 09.03.1867 **Wonljärljärskij**, Iwan Andrejewitsch

1870

(K 138) 27.01.1870 **Ypenburg-Philippseich**, Georg August Gf. zu

(K 139) 23.02.1870 **Gortschakow**, Sergei Dmitrijewitsch Fürst

(K 140) 14.05.1870 **Lermantow**, Wladimir Nikolaijewitsch

1871-1899

(K 141) 18.04.1871 **Nekludow**, Sergei Petrowitsch

(K 142) 14.12.1872 **Beelegarde**, August Gf.

(K 143) 18.01.1878 **Reitzenstein**, Karl Heinrich Theodor Frhr.v.

(K 144) 24.09.1881 **Seydlitz und Kurzbach**, Karl v.

(K 145) 29.11.1889 **Moltke**, Hellmuth Karl Bernhard Gf.v.

(K 146) 08.03.1896 **Sachsen**, Friedrich August Georg Ludwig Wilhelm Maximilian Karl Maria Nepomuk Baptist Xaver Cyriakus Prinz v.

(K 147) 15.07.1899 **Sachsen**, Albert Friedrich August Anton Ferdinand Josef Karl Maria Baptist Nepomuk Wilhelm Xaver Georg Fidelis, Prinz v.

VI.
Die Träger des Eichenlaubes des Ordens Pour le mérite

1813

(E 1)   03.04.1813   **Hake**, Karl Georg Albrecht Ernst v.

(E 2)   10.06.1813   **Yorck**, Johann David Ludwig v.

(E 3)   05.09.1813   **Zieten**, Wieprecht Hans Karl Friedrich Ernst Heinrich v.

(E 4)   06.09.1813   **Bülow**, Friedrich Wilhelm v.

(E 5)   06.09.1813   **Oppen**, Adolf Friedrich v.

(E 6)   09.10.1813   **Mecklenburg-Strelitz**, Karl Friedrich August Prinz v.

(E 7)   19.10.1813   **Knesebeck**, Karl Friedrich v. dem

(E 8)   21.10.1813   **Borstell**, Karl Leopold Ludwig v.

(E 9)   21.10.1813   **Thümen**, Heinrich Ludwig August v.

(E 10)   21.10.1813   **Zastrow**, Alexander Heinrich Gotthard v.

(E 11)   01.12.1813   **Grolman**, Karl Wilhelm Georg v.

(E 12)   01.12.1813   **Klüx**, Friedrich Karl Leopold, v.

(E 13)   01.12.1813   **Valentini**, Georg Wilhelm v.

(E 14)   08.12.1813   **Borcke**, Karl August Ferdinand v.

(E 15)   08.12.1813   **Horn**, Heinrich Wilhelm v.

(E 16)   08.12.1813   **Wahlen-Jürgaß**, Alexander George Ludwig Moritz Konstantinus v.

(E 17)   16.12.1813   **Henckel v. Donnersmarck**, Wilhelm Ludwig Viktor Gf.

(E 18)   24.12.1813   **Pirch**, Georg Dubislaf Ludwig v.

1814

(E 19)   31.03.1814   **Alvensleben**, Johann Friedrich Karl v.

(E 20)   31.03.1814   **Kleist**, Friedrich Emilius Ferdinand Heinrich

(E 21)   31.03.1814   **Neidhardt v. Gneisenau**, Wilhelm August Anton

(E 22)   03.04.1814   **Hake**, Karl Georg Albrecht Ernst

(E 23)   09.04.1814   **Müffling**, Wilhelm v.

(E 24)   13.04.1814   **Goltz**, Karl Friedrich Heinrich Gf.v.d.

(E 25)   09.05.1814   **Baron v. Kurland**, Gustaf Kalixt Prinz

(E 26)   31.05.1814   **Boyen**, Ludwig Leopold Gottlieb Hermann v.

(E 27)   31.05.1814   **Clausewitz**, Vollmar Karl Friedrich

(E 28)   31.05.1814   **Hiller v.Gaertringen**, Johann August Friedrich Frhr.

(E 29)   31.05.1814   **Hobe**, Kord Friedrich Bernhard Hellmuth v.

(E 30)   31.05.1814   **Köhn**, gen. v. Jaski, Andreas Ernst

(E 31)   31.05.1814   **Loebell**, Friedrich Ernst

(E 32)   31.05.1814   **Müffling**, Friedrich Karl Ferdinand

(E 33)   31.05.1814   **Othegraven**, Thomas v.

(E 34)   31.05.1814   **Rauch**, Johann Gustav Georg v.

(E 35)   31.05.1814   **Schmidt**, Johann Heinrich Otto v.

(E 36)   31.05.1814   **Schütz**, Karl August Heinrich Wilhelm

(E 37)   31.05.1814   **Stutterheim**, Karl August v.

(E 38)   11.06.1814   **Klinckowström**, Karl Friedrich Ludwig Gf.v.

(E 39)   07.09.1814   **Röder**, Friedrich Erhard Leopold v.

1815

(E 40)   01.01.1815   **Below**, Theodor Werner Christian v.

(E 41)   24.06.1815   **Thile II.**, Heinrich Adolf Eduard v.

(E 42)   02.10.1815   **Osten**, Otto Albrecht Philipp Ludwig v.d.

(E 43)   02.10.1815   **Sydow**, Johann Joachim Friedrich v.

(E 44)   02.10.1815   **Holtzendorff**, Friedrich Karl v.

(E 45)   02.10.1815   **Jagow**, Christian Friedrich Wilhelm v.

(E 46)   02.10.1815   **Arnauld** de la Periére, August Ferdinand

(E 47)   02.10.1815   **Beier**, Johann Peter Paul

(E 48)   02.10.1815   **Boehler**, Johann Christian August v.

(E 49)   02.10.1815   **Borstell**, Ludwig Friedrich Hans Wilhelm v.

(E 50)   02.10.1815   **Brandenstein**, Friedrich August Karl v.

(E 51)   02.10.1815   **Braun**, Johann Karl Ludwig

(E 52)   02.10.1815   **Ditfurth**, Wilhelm Heinrich Karl Ludwig Arthur v.

(E 53)   02.10.1815   **Engelhart**, Karl Ludwig Siegmund v.

(E 54)   02.10.1815   **Froelich**, Ernst August Moritz v.

(E 55)   02.10.1815   **Hedemann**, August Georg Friedrich v.

(E 56)   02.10.1815   **Holleben**, Ludwig Friedrich Heinrich v.

(E 57)   02.10.1815   **Keller**, Heinrich Eugen Frhr.v.

(E 58)   02.10.1815   **Kemphen**, Johann Karl Jakob v.

(E 59)   02.10.1815   **Krafft**, Karl Thilo Ludwig v.

(E 60)   02.10.1815   **Krauseneck**, Johann Wilhelm

(E 61)   02.10.1815   **Losthin**, Michael Heinrich v.

(E 62)   02.10.1815   **Lützow**, Ludwig Adolf Wilhelm Frhr.v.

(E 63)   02.10.1815   **Oppenkowsky**, Stanislaus v.

(E 64)   02.10.1815   **Osten**, Otto Albrecht Philipp Ludwig v.d.

(E 65)   02.10.1815   **Pirch**, Otto Karl Lorenz v.

(E 66)   02.10.1815   **Rohr**, Karl Heinrich Christian Ludwig v.

(E 67)   02.10.1815   **Schon**, Johann Karl Josef v.

(E 68)   02.10.1815   **Schutter**, Arnold v.

(E 69)   02.10.1815   **Stach** v. Goltzheim, Engel Ludwig

(E 70)   02.10.1815   **Steinmetz**, Karl Friedrich Franziscus v.

(E 71)   02.10.1815   **Stutterheim**, August Leopold v.

(E 72)   02.10.1815   **Sydow**, Johann Joachim Friedrich v.

(E 73)   02.10.1815   **Tippelskirch**, Ernst Ludwig v.

(E 74)   03.11.1815   **Funck**, Friedrich Wilhelm v.

1816

(E 75)   14.01.1816   **Marwitz**, Friedrich August Ludwig v.d.

(E 76)   14.01.1816   **Zeppelin**, Konstantin Gottlieb Leberecht

(E 77)   18.06.1816   **Clausewitz**, Wilhelm v.

1828-1864

(E 78)   05.11.1828   **Nostitz**, August Ludwig Ferdinand Gf.v.

(E 79)   31.12.1831   **Pfuel**, Ernst Adolf Heinrich v.

(E 80)   11.10.1831   **Canitz** u. Dallwitz, Karl Wilhelm Ernst Frhr.v.

(E 81)   13.09.1848   **Wrangel**, Friedrich Heinrich v.

(E 82)   27.02.1864   **Preußen**, Friedrich Karl Nikolaus Prinz v.

(E 83)   21.04.1864   **Manstein**, Gustaf Albert v.

(E 84)   18.12.1864   **Preußen**, Friedrich Wilhelm Karl, Prinz v.

1866

(E 85)   04.08.1866   **Preußen**, Friedrich Wilhelm Ludwig, Prinz v.

(E 86)   17.09.1866   **Blumenthal**, Karl Konstantin Albrecht Leonhard v.

(E 87)   20.09.1866   **Canstein**, Philipp Christian Karl Wilhelm August Frhr.v.

(E 88)   20.09.1866   **Goeben**, August Karl Friedrich Christian v.

(E 89)   20.09.1866   **Goltz**, Eduard Kuno Frhr.v.d.

(E 90)   20.09.1866   **Manstein**, Gustaf Albert v.

(E 91)   31.12.1866   **Preußen**, Friedrich Heinrich Albrecht Prinz v.

1870

(E 92)   07.08.1870   **Manteuffel**, Karl Rochus Edwin Frhr.v.

(E 93)   05.12.1870   **Mecklenburg**-Schwerin, Friedrich Franz Alexander Großherzog v.

(E 94)   05.12.1870   **Wittich**, Friedrich Wilhelm Ludwig v.

(E 95)   05.12.1870   **Wrangel**, Friedrich Wilhelm Karl Oskar Frhr.v.

(E 96)   06.12.1870   **Sachsen**, Albert Friedrich August Anton Ferdinand Josef Karl Maria Baptist Nepomuk Wilhelm Xaver Georg Fidelis, Prinz v.

(E 97)   24.12.1870   **Manteuffel**, Karl Rochus Edwin Frhr.v.

(E 98)   31.12.1870   **Alvensleben**, Konstantin Reimar v.

(E 99)   31.12.1870   **Preußen**, Friedrich Heinrich Albrecht Prinz v.

(E 100) 31.12.1870   **Voigts**-Rhbetz, Konstans Bernhard v.

(E 101) 31.12.1870   **Wedell**, Richard Georg v.

1871

(E 102) 02.01.1871   **Kameke**, Arnold Karl Georg v.

(E 103) 12.01.1871   **Kummer**, Ferdinand Rudolf v.

(E 104) 17.01.1871   **Werder**, Karl Friedrich Wilhelm Leopold August v.

(E 105) 18.01.1871   **Buddenbrock,** Karl Gustaf Leopold Baron v.

(E 106) 18.01.1871   **Stiehle,** Gustaf Wilhelm Friedrich

(E 107) 18.01.1871   **Stülpnagel**, Louis Ferdinand Wolf Martin v.

(E 108) 18.01.1871   **Wolffen**, Georg Otto v.

(E 109) 20.01.1871   **Barnekow**, Christof Gottlieb Albert v.

(E 110) 05.02.1871   **Fransecky**, Eduard Friedrich v.

(E 111)   05.02.1871   **Leszczynski**, Stanislaus Paul Eduard v.

(E 112)   05.02.1871   **Sperling**, Ernst Karl Oskar v.

(E 113)   05.02.1871   **Zastrow**, Adolf Friedrich Heinrich Karl Alexander v.

(E 114)   16.02.1871   **Kirchbach**, Hugo Ewald v.

(E 115)   17.02.1871   **Moltke**, Hellmuth Karl Bernhard Gf.v.

(E 116)   24.02.1871   **Burg**, Ernst Engelbert Oskar Viktor v.d.

(E 117)   24.02.1871   **Witzendorff**, Karl Friedrich Wilhelm v.

(E 118)   28.02.1871   **Cranach**, Ludwig Otto Lukas v.

(E 119)   28.02.1871   **Dieringshofen**, Karl Friedrich Alexander v.

(E 120)   28.02.1871   **Kraatz**-Koschlau, Friedrich Wilhelm Alexander v.

(E 121)   03.03.1871   **Hartmann**, Ernst Matthias Andreas v.

(E 122)   03.03.1871   **Lewinski**, Eduard Julius Ludwig August v.

(E 123)   05.03.1871   **Podbielski**, Theophil Eugen Anton v.

(E 124)   10.03.1871   **Preußen**, Friedrich Wilhelm Nikolaus Albrecht Prinz v.

(E 125)   24.03.1871   **Mertens**, August Ferdinand v.

(E 126)   15.06.1871   **Schlotheim**, Karl Ludwig Frhr.v.

(E 127)   16.06.1871   **Steinmetz**, Karl Friedrich v.

(E 128)   16.06.1871   **Tresckow**, Hermann Heinrich Theodor v.

(E 129)   16.06.1871   **Württemberg**, Friedrich August Eberhard Prinz v.

(E 130)   08.12.1871   **Rußland**, Alexander Nikolajewitsch Kaiser v.

1872-1901

(E 131)　　22.03.1872　**Pape**, August Wilhelm Alexander v.

(E 132)　　19.01.1873　**Wartensleben**, Wilhelm Hermann Ludwig Alexander Karl Friedrich Gf.v.

(E 133)　　02.09.1873　**Preußen**, Friedrich Karl Nikolaus Prinz v.

(E 134)　　02.09.1873　**Preußen**, Friedrich Wilhelm Nikolaus Karl Kronprinz v.

(E 135)　　27.11.1877　**Rußland**, Michail Nikolaijewitsch Großfürst v.

(E 136)　　16.12.1877　**Rußland**, Nikolai Nikolaijewitsch Großfürst v.

(E 137)　　01.09.1884　**Bismarck**, Otto Eduard Leopold Fürst v.

(E 138)　　08.03.1896　**Sachsen**, Friedrich August Georg Ludwig Wilhelm Maximilian Karl Maria Nepomuk Baptist Xaver Cyriacus Prinz v.

(E 139)　　30.07.1901　**Waldersee**, Alfred Ludwig Heinrich Karl Graf von, Generalfeldmarschall und General-Inspekteur der 3. Armee-Inspektion, zugl. Oberbefehlshaber der internationalen Truppen in China

1914/1915

(E 140)　　27.08.1914　**Österreich**, Franz Joseph I., Kaiser v., k.u.k. Feldmarschall und Chef der Armee und Marine

(E 141)　　23.02.1915　**Beneckendorff** u.v.Hindenburg, Paul v., Generaloberst und Oberbefehlshaber Ost

(E 142)　　23.02.1915　**Ludendorff**, Erich, Generalleutnant und Chef des Generalstabes des Oberbefehlshabers Ost

(E 143)　　22.03.1915　**Haeseler**, Gottlieb v., Generalfeldmarschall, beim Stab des XVI. Armee-Korps

(E 144)   12.05.1915   **Preussen**, Wilhelm II. v.,
                       Generalfeldmarschall und Chef der kgl. preuß. Armee

(E 145)   14.05.1915   **Marwitz**, George v.d.,
                       General der Kavallerie und Kommandierender General des Beskiden-Korps

(E 146)   14.05.1915   **Preussen**, Eitel Friedrich Prinz v.,
                       Oberst und Kommandeur 1. Garde-Infanterie-Division

(E 147)   14.05.1915   **Emmich**, Otto v.,
                       General der Infanterie und Kommandierender General X. Armee-Korps

(E 148)   03.06.1915   **Falkenhayn**, Erich v.,
                       General der Infanterie und preuß. Staats- und Kriegsminister, zugl. Chef des Generalstabes des Feldheeres

(E 149)   14.06.1915   **Macksensen**, August v.,
                       Generaloberst und Oberbefehlshaber 11. Armee

(E 150)   03.07.1915   **Lisingen**, Alexander v.,
                       General der Infanterie und Oberbefehlshaber der Bugarmee

(E 151)   23.07.1915   **Woyrsch**, Remus v.,
                       Generaloberst und Oberbefehlshaber der Armee-Abteilung Woyrsch

(E 152)   18.08.1915   **Litzmann**, Karl,
                       General der Infanterie und Kommandierender General XXXX. Reserve-Korps, zugl. Oberbefehlshaber der Armeegruppe Litzmann

(E 153)   20.08.1915   **Beseler**, Hans-Hartwig v.,
                       General der Infanterie und Oberbefehlshaber der Armeegruppe Beseler

(E 154)   23.08.1915   **Usedom**, Guido v.,
                       char. Admiral und Leiter der Sonderkommission in der Türkei und zugl. Oberbefehlshaber in den Meerengen

(E 155)   28.09.1915   **Eichhorn**, Hermann v.,
                       Generaloberst und Oberbefehlshaber 10. Armee

(E 156)　28.09.1915　**Gallwitz**, Max v.,
　　　　　　　　　　General der Artillerie und Oberbefehlshaber 12. Armee

(E 157)　13.11.1915　**Lochow**, Ewald v.,
　　　　　　　　　　General der Infanterie und Kommandierender General
　　　　　　　　　　III. Armee-Korps

(E 158)　13.11.1915　**Falkenhayn**, Eugen v.,
　　　　　　　　　　General der Kavallerie und Kommandierender General
　　　　　　　　　　XXII. Reserve-Korps

(E 159)　27.11.1915　**Kosch**, Robert,
　　　　　　　　　　General der Infanterie und Kommandierender General des
　　　　　　　　　　General-Kommandos z.b.V. 52

(E 160)　27.11.1915　**Seeckt**, Hans v.,
　　　　　　　　　　Generalmajor und Chef des Generalstabes der Heeresgruppe
　　　　　　　　　　Mackensen

1916

(E 161)　10.01.1916　**Liman** v. Sanders-Pascha, Otto,
　　　　　　　　　　General der Kavallerie, kaiserl. osman. Feldmarschall und
　　　　　　　　　　Chef der deutschen Militärmission in der Türkei, zugl.
　　　　　　　　　　Oberbefehlslahaber der türk. 5. Armee

(E 162)　10.01.1916　**Enver-Pascha**, Damad,
　　　　　　　　　　kaiserl. osman. Generalleutnant osman. Kriegsminister und
　　　　　　　　　　zugl Vizegeneralissimus der osman. Armee und Marine

(E 163)　27.01.1916　**Tappen**, Gerhard,
　　　　　　　　　　Generalmajor und Chef der Operationsabteilung im
　　　　　　　　　　Generalstab des Feldheeres

(E 164)　15.04.1916　**Falkenhausen**, Ludwig Frhr.v.,
　　　　　　　　　　Generaloberst, als Oberbefehlshaber der 6. Armee

(E 165)　11.08.1916　**Below**, Fritz v.,
　　　　　　　　　　General der Infanterie und Oberbefehlshaber der 1. Armee

(E 166)　21.08.1916　**Schmidt v.Knobelsdorff**, Konstantin,
　　　　　　　　　　Generalleutnant und Kommandierender General X. Armee-
　　　　　　　　　　Korps

(E 167)   28.08.1916   **Heeringen**, Josias v.,
Generaloberst und Oberbefehlshaber 7. Armee

(E 168)   08.09.1916   **Bulgarien**, Ferdinand I. Zar v.,
k.u.k. Feldmarschall und Chef der bulgarischen Armee und Marine

(E 169)   17.10.1916   **Zwehl**, Johann v.,
General der Infanterie und Kommandierender General VII. Reserve-Korps

(E 170)   17.10.1916   **Mudra**, Bruno v.,
General der Infanterie und Kommandierender General XVI. Armee-Korps

(E 171)   17.10.1916   **Einem**, gen.v.Rothmaler,
Generaloberst und Oberbefehlshaber der 3. Armee

(E 172)   06.12.1916   **Österreich**, Karl I. Kaiser v.,
k.u.k. österr. Generaloberst und Großadmiral,
Oberbefehlshaber der Armee und Flotte

(E 173)   11.12.1916   **Morgen**, Curt v.,
Generalleutnant und Führer I. Reserve-Korps

(E 174)   11.12.1916   **Krafft v. Dellmensingen**, Konrad,
kgl. bayer. Generalleutnant u. Kommandeur des Deutschen Alpenkorps

(E 175)   20.12.1916   **Kuhl**, Dr.phil. Hermann v.,
Generalleutnant und Chef des Generalstabes der Heeresgruppe Kronprinz Ruppecht v. Bayern

(E 176)   20.12.1916   **Bayern**, Rupprecht Kronprinz v.,
kgl. bayer. Generalfeldmarschall und Oberbefehlshaber der Heeresgruppe Kronprinz Rupprecht v. Bayern

1917

(E 177)   04.01.1917   **Österreich**, Friedrich kaiserl. Prinz und Erzherzog v.,
k.u.k. österr. Feldmarschall und Offizier von der Armee

(E 178)   11.01.1917   **Hell**, Emil,
          Oberst und Chef des Generalstabes der Heeresgruppe
          Mackensen

(E 179)   11.01.1917   **Kneußl**, Paul Ritter v.,
          Generalleutnant und Kommandeur der bayer. 11. Infanterie-
          Division

(E 180)   26.01.1917   **Conrad v. Hötzendorf**, Franz Gf.,
          k.u.k. Feldmarschall und Chef des Generalstabes der Armee

(E 181)   24.04.1917   **Loßberg**, Friedrich Karl v.,
          Oberst als Chef des Generalstabes der 1. Armee

(E 182)   27.04.1917   **Below**, Otto v.,
          General der Infanterie und Oberbefehlshaber der 6. Armee

(E 183)   02.05.1917   **Schwerk**, Oskar,
          Oberstleutnant und Kommandeur Infanterie-Regiment 51

(E 184)   20.05.1917   **Boehn**, Max v.,
          General der Infanterie und Oberbefehlshaber der 7. Armee

(E 185)   01.06.1917   **Scholtz**, Friedrich v.,
          General der Artillerie und Oberbefehlshaber Heeresgruppe
          Scholtz

(E 186)   01.06.1917   **Böckmann**, Alfred v.,
          Generalleutnant und Chef des Generalstabes der
          Heeresgruppe Scholtz

(E 187)   15.06.1917   **Winckler**, Arnold v.,
          General der Infanterie und Kommandierender General
          I. Armee-Korps

(E 188)   25.07.1917   **Hoffmann**, Max,
          Oberst und Chef des Generalstabes des Oberbefehlshabers
          Ost

(E 189)   25.07.1917   **Bayern**, Leopold Prinz v.,
          kgl. bayer. Generalfeldmarschall und Oberbefehlshaber Ost
          und zugl. Oberbefehlshaber der Heeresgruppe Prinz Leopold
          v. Bayern

(E 190)   25.07.1917   **Bothmer**, Felix Gf.v.,
          General der Infanterie und Oberbefehlshaber der Südarmee

(E 191)   27.07.1917   **Böhm-Ermolli**, Eduard Frhr.v.,
          k.u.k. Generaloberst und Kommandant der österr. 2. Armee
          und zugl. Oberkommandant Heeresgruppe Böhm-Ermolli

(E 192)   27.07.1917   **Francois**, Hermann v.,
          General der Infanterie und Kommandierender General
          VII. Armee-Korps, zugl. Angriffsführer Verdun-West

(E 193)   03.08.1917   **Sixt v. Arnim**, Friedrich,
          General der Infanterie und Oberbefehlshaber der 4. Armee

(E 194)   06.08.1917   **Arz v. Straussenburg**, Arthur Baron,
          k.u.k. General der Infanterie und Chef des Generalstabes
          der k.u.k. Armee

(E 195)   27.08.1917   **Kathen**, Hugo v.,
          General der Infanterie und Kommandierender General
          XXIII. Reserve-Korps

(E 196)   27.08.1917   **Berrer**, Albert v.,
          Generalleutnant und Führer General-Kommando z.b.V. 51

(E 197)   22.09.1917   **Eben**, Johannes v.,
          General der Infanterie und Oberbefehlshaber der 9. Armee

(E 198)   10.10.1917   **Lettow-Vorbeck**, Paul v.,
          Oberst und Kommandeur der Schutztruppe in Deutsch-
          Ostafrika

(E 199)   01.11.1917   **Wetzell**, Georg,
          Major und Chef der Operations-Abteilung beim Chef des
          Generalstabes des Feldheeres

(E 200)   03.11.1917   **Österreich**, Eugen kaiserl. Prinz und Erzherzog v.,
          k.u.k. österr. Feldmarschall und Oberkommandant der
          Südwestfront

(E 201)   24.11.1917   **Hofacker**, Eberhard v.,
          Generalleutnant und Führer des General-Kommandos
          z.b.V. 51

(E 202) 24.11.1917 **Stein zu Nord- und Ostheim**, Hermann Frhr.v.,
bayer. Generalleutnant und Kommandierender General des
bayer. III. Armee-Korps

(E 203) 24.11.1917 **Wedel**, Hasso v.,
Generalmajor und Kommandeur 5. Infanterie-Division

(E 204) 24.11.1917 **Berendt**, Richard v.,
Generalmajor und General der Artillerie beim Armee-
Oberkommando 14

(E 205) 05.12.1917 **Lequis**, Arnold,
Generalmajor und Kommandeur 12. Infanterie-Division

(E 206) 23.12.1917 **Schröder**, Ludwig v.,
Admiral und Kommandierender Admiral des Marine-Korps
Flandern

1918

(E 207) 24.01.1918 **Preussen**, Heinrich Prinz v.,
Großadmiral Generalinspekteur der Marine und
Oberbefehlshaber der Ostseestreitkräfte

(E 208) 01.02.1918 **Scheer**, Reinhard,
Admiral und Chef der Hochseeflotte, zugl. Chef der
Seekriegsleitung

(E 209) 23.02.1918 **Schulenburg**, Friedrich Gf.v.d.,
Oberst und Chef des Generalstabes der Heeresgruppe
Deutscher Kronprinz

(E 210) 25.02.1918 **Württemberg**, Albrecht Herzog v.,
kgl. württ. Generalfeldmarschall und Oberbefehlshaber der
Heeresgruppe Herzog Albrecht v. Württemberg

(E 211) 23.03.1918 **Hutier**, Oskar v.,
General der Infanterie und Oberbefehlshaber 18. Armee

(E 212) 23.03.1918 **Sauberzweig**, Traugott v.,
Generalmajor und Chef des Generalstab 18. Armee

(E 213) 23.03.1918 **Tschischwitz**, Erich v.,
Oberst und Chef des Generalstabes der 2. Armee

(E 214) 26.03.1918 **Kövess v.Kövesshaza**, Hermann Baron,
Feldmarschall und Oberkommandant der Heeresfront Kövess

(E 215) 26.03.1918 **Lüttwitz**, Walther Frhr.v.,
Generalleutnant und Kommandierender General III. Armee-Korps

(E 216) 26.03.1918 **Olderrshausen**, Erich Frhr.v.,
Oberst und Chef des Feld-Eisenbahnwesens

(E 217) 26.03.1918 **Österreich**, Joseph kaiserl. Prinz und Erzherzog v.,
k.u.k. österr. Generaloberst und Oberkommandant der österr. 6. Armee

(E 218) 26.03.1918 **Bruchmüller**, Georg,
Oberstleutnant und Artillerie General z.b.V. der Obersten Heeresleitung - Chef der schweren Artillerie an der Westfront

(E 219) 26.03.1918 **Conta**, Richard v.,
Generalleutnant und Kommandierender General IV. Reserve-Korps

(E 220) 28.03.1918 **Bauer**, Max,
Oberstleutnant und Chef der Operationsabteilung II im Generalstab des Feldheeres

(E 221) 03.04.1918 **Heye**, Wilhelm,
Oberst und Chef des Generalstabes der Heeresgruppe Woyrsch

(E 222) 08.04.1918 **Stein**, Hermann v.,
preuß. Staats- und Kriegsminister

(E 223) 10.04.1918 **Quast**, Ferdinand v.,
General der Infanterie, Oberbefehlshaber der 6. Armee

(E 224) 14.04.1918 **Hoefer**, Karl,
Generalmajor als Kommandeur 43. Reserve-Division

(E 225) 17.04.1918 **Gabain**, Arthur v.,
Generalleutnant und Kommandeur 17. Infanterie-Division

(E 226) 25.04.1918 **Eberhardt**, Magnus v.,
Generalleutnant und Kommandierender General X. Reserve-Korps

(E 227) 03.05.1918 **Maercker**, Gerd,
Generalmajor und Kommandeur 214. Infanterie-Division

(E 228) 12.05.1918 **Hasse**, Otto,
Oberstleutnant und Chef des Generalstabes X. Reserve-Korps

(E 229) 15.05.1918 **Staabs**, Hermann v.,
General der Infanterie und Kommandierender General XXXIX. Reserve-Korps, zugl. Kommandierender General XIII. Armee-Korps

(E 230) 15.05.1918 **Bernhardt**, Friedrich v.,
General der Kavallerie und Kommandierender General General-Kommando z.b.V. 55

(E 231) 16.05.1918 **Marschall**, Frhr.v.Altengottern, Wolfgang v.,
General der Kavallerie und Kommandierender General Garde-Reserve-Korps

(E 232) 25.05.1918 **Carlowitz**, Adolf v.,
kgl. sächs. General der Infanterie und Kommandierender General XIX. (sächs.) Armee-Korps

(E 233) 03.06.1918 **Reinhardt**, Walther,
Oberst und Chef des Generalstabes der 7. Armee

(E 234) 08.06.1918 **Wichura**, Georg,
General der Infanterie und Kommandierender General VIII. Armee-Korps

(E 235) 08.06.1918 **Dallmer**, Viktor,
Generalleutnant und Kommandeur 10. Reserve-Division

(E 236) 17.06.1918 **Forstner**, Ernst Frhr.v., Oberstleutnant und Kommandeur 1. bad. Leib-Grenadier-Regiment 109

(E 237)　　05.07.1918　**Hofmann**, Max,
　　　　　　　　　　　　General der Infanterie und Kommandierender General
　　　　　　　　　　　　XXXVIII. Reserve-Korps

(E 238)　　04.08.1918　**Schmettow**, Eberhard Gf.v.,
　　　　　　　　　　　　Generalleutnant und Führer General-Kommando z.b.V. 65

(E 239)　　04.08.1918　**Faupel**, Wilhelm,
　　　　　　　　　　　　Oberstleutnant und Chef des Generalstabes der 1. Armee

(E 240)　　04.08.1918　**Gontard**, Friedrich v.,
　　　　　　　　　　　　Generalleutnant und Kommandierender General
　　　　　　　　　　　　XIV. Armee-Korps

(E 241)　　06.08.1918　**Gronau**, Hans v.,
　　　　　　　　　　　　General der Artillerie und Kommandierender General
　　　　　　　　　　　　XXXXI. Reserve-Korps

(E 242)　　15.08.1918　**Kraehe**, Konrad,
　　　　　　　　　　　　Oberst und Kommandeur Füsilier-Regiment 34

(E 243)　　26.08.1918　**Klewitz**, Willi v.,
　　　　　　　　　　　　Oberstleutnant und Chef des Generalstabes der 3. Armee

(E 244)　　30.08.1918　**Goerne**, Wilhelm v.,
　　　　　　　　　　　　Oberst und Kommandeur Reserve-Infanterie-Regiment 261

(E 245)　　04.09.1918　**Eulenburg**-Wicken, Siegfried Gf. zu,
　　　　　　　　　　　　Major und Kommandeur 1. Garde-Regiment zu Fuß

(E 246)　　07.09.1918　**Preussen**, Wilhelm Kronprinz v.,
　　　　　　　　　　　　General der Infanterie und Oberbefehlshaber der
　　　　　　　　　　　　Heeresgruppe Deutscher Kronprinz

(E 247)　　18.09.1918　**Hofmann**, Heinrich v.,
　　　　　　　　　　　　Generalleutnant und Kommandeur Garde-Kavallerie-
　　　　　　　　　　　　Division

(E 248)　　01.10.1918　**Reinhard**, Wilhelm,
　　　　　　　　　　　　Oberst und Kommandeur 4. Garde-Regiment zu Fuß

(E 249)　　05.10.1918　**Chevallerie**, Siegfried v.d.,
　　　　　　　　　　　　Generalleutnant und Kommandeur 221. Infanterie-Division

(E 250)   11.10.1918   **Wild v. Hohenborn**, Adolf,
  Generalleutnant und Kommandierender General
  XVI. Armee-Korps

(E 251)   13.10.1918   **Below**, Ernst v.,
  Generalmajor und Kommandeur 200. Infanterie-Division

(E 252)   19.10.1918   **Rauchenberger**, Otto Ritter v.,
  Generalleutnant und Kommandeur der bayer. 6. Infanterie-Division

(E 253)   25.10.1918   **Tiede**, Paul,
  Generalmajor und Kommandeur 1. Garde-Reserve-Division

(E 254)   25.10.1918   **Etzell**, Günther v.,
  Generalleutnant und Führer XVIII. Armee-Korps

(E 255)   26.10.1918   **Wellmann**, Richard,
  Generalleutnant und Führer I. Reserve-Korps

(E 256)   03.11.1918   **Sieger**, Ludwig,
  Generalleutnant und Kommandierender General des
  XVIII. Reserve-Korps

(E 257)   03.11.1918   **Watter**, Oskar Frhr.v.,
  kgl. württ. Generalleutnant und Führer XXVI. Reserve-Korps

(E 258)   03.11.1918   **Watter**, Theodor Frhr.v.,
  General der Infanterie und Kommandierender General
  XIII. Armee-Korps

(E 259)   03.11.1918   **Borne**, Curt v. dem,
  General der Infanterie und Führer VI. Reserve-Korps

(E 260)   07.11.1918   **Langer**, Felix,
  Generalleutnant und Führer XIV. Reserve-Korps

(E 261)   07.11.1918   **Lindequist**, Arthur v.,
  Generalleutnant und Kommandeur 3. Garde-Infanterie-Division

VII.
Die Träger des Ordens Pour le mérite

1.
Die Verleihungen durch König Friedrich den Großen 1740–1786

1740

(1) Juni 1740 **Varenne,** Friedrich Wilhelm Marquis de, Oberstlieutenant im Regt. Graf Dönhoff z. F.

(2) Juni 1740 **Hacke,** Hans Christof Friedrich von, Oberst und Generaladjutant

(3) Juni 1740 **Marschall,** Samuel von, - Wirklicher Geheimer Etats Minister und Chef 5. Departement im General-Direktorium

(4) 07.07.1740 **Bandemer,** Friedrich Asmus von, Oberst, Chef eines Husaren-Regt.

(5) 14.07.1740 **Posadowsky,** Karl Friedrich Freiherr von,. Oberst im Regt Katte z. F.

(6) 17.07.1740 **Wobeser,** Christof Anton von, Kapitän im Regt. Flanß z. F.

(7) Juli 1740 **Podewils,** Heinrich von, Wirklicher Geheimer Staats-, Kriegs- und Kabinettsminister

(8) Aug. 1740 **Leps,** Otto Friedrich von, Generalmajor, Chef eines Regts. z. F.

(9)   Sept. 1740   **Roeseler**, Joachim Friedrich von,
                      Kapitain im Regt. Platen-Dragoner

(10) Nov. 1740   **Rautenkranz**, Karl Siegmund von,
                      Sachsen-Gothaischer Generalmajor

(11) Nov. 1740   **Bredow**, Karl Wilhelm von,
                      Generalmajor, Chef eines Regts. z. F.

(12) Nov. 1740   **Graevenitz**, David Jürgen von,
                      Generalmajor, Chef eines Regts. z. F.

(13) Nov. 1740   **Leftwitz**, Johann Georg von,
                      Oberst im Regt. Jeetz-Füselier

(14) Nov. 1740   **Chevallerie**, Baron de la Motte, Ernst August de la,
                      Generalmajor, Chef eines Regts. z. F.

(15) Nov. 1740   **Quadt**, Johann Rulemann von,
                      Oberstlieutenant im Regt. Prinz Ferdinand in Preußen

(16) Nov. 1740   **Kröcher**, Georg Vollarth von,
                      Generalmajor, Chef eines Feld-Batls.

(17) Nov. 1740   **Kannenberg**, Friedrich Wilhelm von,
                      Oberst im Regt. Platen-Dragoner

(18) Nov. 1740   **Moore**, Johann,
                      Sekondlieutenant im Regt. Wedell z. F. 1

(19) Nov. 1740   **Bessel**, Jakob Heinrich von,
                      Oberstlieutenant im Regt. Truchseß z. F.

1741

(20) 19.01.1741   **Heimburg**, August Adolf von,
                      Kaiserlich Russischer Oberst, Adjutant des Regenten
                      Herzogs Anton Ulrich von Braunschweig-Bevern

(21) 31.01.1741   **Holtzmann**, Friedrich Ernst,
                      Kapitain der Artillerie und Feuerwerksmeister

(22) 31.01.1741 **Lieven**, Georg Reinhold von,
Kaiserlich Russischer Generalmajor, Oberstlieutenant im
Regt. Garde z. Pf.

(23) 31.01.1741 **Albert**, Johann von,
Kaiserlich Russischer Generalmajor, Major im Leibgarde-
Preobrashenschen Regt.

(24) 17.02.1741 **Taubenheim**, Georg Friedrich von,
Major im Regt. Marwitz z. F.

(25) Febr. 1741 **Rampusch**, Maximilian Freiherr von,
Kaiserlicher Oberst, Kommandant von Breslau

(26) 10.03.1741 **Goetze**, Ernst Ludwig von,
Major im Regt. Prinz Leopold z. F., Kommandeur eines
Grenadier-Batls.

(27) 10.03.1741 **Baer**, Johann Friedrich von,
Kapitain im Regt. Prinz Leopold z. F.

(28) 10.03.1741 **Billerbeck**, Joachim Ernst von,
Stabskapitain im Regt. Markgraf Karl z. F.

(29) 10.03.1741 **Zeuner**, Gustaf Friedrich von,
Stabskapitain im Regt. Markgraf Karl z. F.

(30) 10.03.1741 **Bornstedt**, Bernhard Heinrich von,
Oberstlieutenant im Regt. Platen-Dragoner

(31) März 1741 **Itzenplitz**, Heinrich Friedrich von, -
Kapitain im Grenadier Batl. Saldern (Komp. des Regts.
Anhalt-Zerbst z. F.)

(32) März 1741 **Buntsch**, Konrad Gottfried von,
Major im Regt. Markgraf Karl z. F.

(33) April 1741 **Dohna**, Christof Graf zu,
Oberst im Regt. Anhalt z. F.

(34) 09.05.1741 **Retzow**, Wolf Friedrich von,
Major im Regt. Kalckstein z. F.

(35) 12.05.1741 **Kamecke**, Georg Lorenz von,
Major im Regt. Glasenapp z. F.

(36) Mai 1741   **Zieten**, Hans Joachim von,
                    Major im Leibhusaren-Korps

(37) 01.11.1741   **Steuben**, Wilhelm Augustin von,
                    Major im Ingenieurskorps

(38) 09.12.1741   **Podewils**, Adam Joachim von,
                    Oberstleutnant im Regt. Markgraf Friedrich z. Pf.

1742

(39) 01.01.1742   **Knobelsdorff**, Kaspar Friedrich von,
                    Oberstleutnant im Regt. Grävenitz-Füselier

(40) 10.02.1742   **Kleist**, Karl Wilhelm von,
                    Kapitain im 1. Batl. Garde

(41) 10.02.1742   **Düring**, Friedrich Adolf Wilhelm von,
                    Kapitain im 1. Batl. Garde

(42) 10.02.1742   **Wedell**, Georg Vivigenz von,
                    Kapitain im 1. Batl. Garde

(43) 26.04.1742   **Kyau**, Christian Wilhelm von,
                    Oberst im Regt. Nassau-Dragoner

(44) 26.04.1742   **Froideville**, Gabiel Monod de,
                    Kapitain im Regt. Nassau-Dragoner

(45) 26.04.1742   **Katte**, Bernd Christian von,
                    Oberstleutnant im Regt. Möllendorff-Dragoner

(46) 26.04.1742   **Katte**, Karl Emilius von,
                    Major im Regt. Möllendorff-Dragoner

(47) 26.04.1742   **Quoos**, Otto Heinrich von,
                    Oberstleutnant im Regt. Möllendorff-Dragoner

(48) Mai 1742   **Driesen**, Georg Wilhelm von,
                    Oberstleutnant im Regt. Prinz Wilhelm z. Pf.

(49) Mai 1742 **Kanitz**, Salomon Friedrich von,
Major im Regt. Prinz Wilhelm z. Pf.

(50) Mai 1742 **Taubenheim**, Johann Karl von,
Rittmeister im Regt. Prinz Wilhelm z. Pf.

(51) Mai 1742 **Bredow**, Johann Karl von,
Rittmeister im Regt. Prinz Wilhelm z. Pf.

(52) Mai 1742 **Oppen**, Ludwig von,
Rittmeister im Regt. Prinz Wilhelm z. Pf.

(53) Mai 1742 **Alben**, Heinrich Wilhelm von der,
Rittmeister im Regt. Prinz Wilhelm z. Pf.

(54) Mai 1742 **Bredow**, Jakob Friedrich von,
Rittmeister im Regt. Prinz Wilhelm z. Pf.

(55) Mai 1742 **Pfuhl**, Viktor von,
Rittmeister im Regt. Prinz Wilhelm z. Pf.

(56) 26.05.1742 **Czettritz**, Hans Adam von,
Lieutenant im Regt. Buddenbrock z. Pf.

(57) 26.05.1742 **Lehwaldt**, Abraham von,
Rittmeister im Regt. Buddenbrock z. Pf.

(58) Mai 1742 **Chafot**, Franz Egmond Isaak de,
Kapitain im Regt. Bayreuth-Dragoner

(59) 12.06.1742 **Plotho**, Friedrich Franz Ernst von,
Major im Regt. Prinz Ferdinand vom Haus

(60) 12.06.1742 **Billerbeck**, Joachim Ernst von,
Kapitain im Regt. Markgraf Karl z. F.

(61) 12.06.1742 **Zernikow**, Balthasar Joachim von,
Kapitain im Regt. Schwerin z. F.

(62) 13.06.1742 **Dewitz**, Hennig Otto von,
Oberstlieutenant im Regt. Bronikowsky-Husaren

(63) 13.06.1742 **Wechmar**, Adam Wolf von,
Oberstlieutenant im Regt. Bronikowsky-Husaren

(64) 17.06.1742 **Holtzendorff**, Karl Dietrich von,
Major im Regt. Derschau z. F.

(65) 19.06.1742 **Fabian**, Johann Christian von,
Stabsrittmeister im Regt. Prinz Wilhelm z. Pf.

(66) 21.06.1742 **Lehwaldt**, Johann von,
Generalmajor, Chef eines Regts. z. F.

(67) 21.06.1742 **Zastrow**, Bernhard Asmus von,
Major im Regt. Schwerin z. F.

(68) 21.06.1742 **Manteuffel**, Heinrich von,
Major im Regt. Schwerin z. F.

(69) 21.06.1742 **Kalckreuth**, Heinrich von,
Kapitain im Regt. Schwerin z. F.

(70) 24.06.1742 **Schwerin**, Philipp Bogislaf von,
Oberst im Regt. Münchow-Füsilier

(71) 24.06.1742 **Münchow**, Gustaf Bogislaf von, Oberst,
Chef eines Regts. Füsilier

(72) 24.06.1742 **Bredow**, Kaspar Ludwig von,
Oberst im Regt. Leib-Karabiniers

(73) 24.06.1742 **Zimmernow**, Joachim Ernst von,
Oberst im Regt. Prinz Dietrich z. F.

(74) Juni 1742 **Mackerodt**, Georg Heimbert von,
Oberstlieutenant im Schwarzen Husaren-Regt.

(75) Juni 1742 **Székely**, Michael von,
Major im Regt. Graf-Hoditz-Husaren

(76) 01.08.1742 **Schwerin**, Friedrich Leopold von,
Oberstlieutenant im Regt. Anhalt z. F.

(77) 19.10.1742 **Finck**, Jonathan Friedrich von,
Oberstlieutenant im Regt. Dossow-Füsilier

(78) 1742 **Meyering (Meierinck)**, Dietrich Richard von,
Kapitain im 1. Batl. Garde

(79)　1742　**Ingersleben**, Johann Ludwig von,
　　　　　　　Kapitain im 1. Batl. Garde

(80)　1742　**Tauentzien**, Bogislaf Friedrich von,
　　　　　　　Lieutenant im 1. Batl. Garde

(81)　1742　**Kleist**, Just (Friedrich) Konrad von,
　　　　　　　Major im Regt. Anhalt z. F.

(82)　1742　**Korff**, Otto Ernst von,
　　　　　　　Grenadier-Kapitain im Regt. Anhalt z. F.

(83)　1742　**Kleist**, Franz Ulrich von,
　　　　　　　Oberst im Regt. Roeder z. F.

(84)　1742　**Gaudi**, Andreas Erhard von,
　　　　　　　Oberst im Regt. Roeder z. F.

(85)　1742　**Amstell**, Georg Friedrich von,
　　　　　　　Major im Regt. Roeder z. F.

(86)　1742　**Sallet**, Karl von,
　　　　　　　Major im Regt. Roeder z. F.

(87)　1742　**Ostau**, Albrecht Siegmund von,
　　　　　　　Sekondlieutenant im Regt. Roeder z. F.

(88)　1742　**Tettau**, Albrecht Siegmund von,
　　　　　　　Oberst im Regt. Schwerin z. F.

(89)　1742　**Schwerin**, Friedrich Julius von,
　　　　　　　Oberst im Regt. Schwerin z. F.

(90)　1742　**Massow**, Kaspar Otto von,
　　　　　　　Kapitain im Regt. Schwerin z. F.

(91)　1742　**Kalnein**, Karl Erhard von,
　　　　　　　Oberst im Regt. Holstein z. F.

(92)　1742　**Rintorff**, Friedrich Christian Christof von,
　　　　　　　Oberstlieutenant im Regt. Prinz Leopold z. F.

(93)　1742　**Osten**, Johann Otto Heinrich von,
　　　　　　　Major im Regt. Prinz Leopold z. F.

(94) 1742 **Damitz**, Johann Georg von,
Kapitain im Regt. Prinz Leopold z. F.

(95) 1742 **Zersen (Zerßen)**, Karl Ludwig von,
Kapitain im Regt. Prinz Leopold z. F.

(96) 1742 **Dossow**, Friedrich Wilhelm von,
Generallieutenant, Chef eines Regts. Füsilier

(97) 1742 **Jeetze**, Adam Friedrich von,
Oberstlieutenant im Regt. Sydow z. F.

(98) 1742 **Loeben**, Rudolf Kurt Leberecht Freiherr von,
Oberstlieutenant im Regt. Kalckstein z. F.

(99) 1742 **Kleist**, Henning Alexander von,
Generallieutenant, Chef eines Regts. z. F.

(100) 1742 **Goltz**, Karl Christof von der,
Major im Regt. Kleist z. F.

(101) 1742 **Schmeling**, Kasimir Ernst von,
Kapitain im Regt. Kleist z. F.

(102) 1742 **Loeben**, Johann Friedrich von,
Grenadier-Premierlieutenant im Regt. Kleist z. F.

(103) 1742 **Graevenitz**, David Jürgen von,
Generallieutenant, Chef eines Regts. z. F.

(104) 1742 **Thoß**, Friedrich Wilhelm von,
Kapitain im Regt. Graevenitz-Füsilier

(105) 1742 **Gronsfeld**, Graf von,
Kapitain im Regt. Jeetze-Füsilier

(106) 1742 **Küchenmeister von Sternberg**, Friedrich,
Major im Regt. Alt Dohna-Füsilier

(107) 1742 **Kreythen (Kreutzen)**, Georg Christof von,
Oberst im Regt. Jung Borcke-Füsilier

(108) 1742 **Gladis**, Hans Heinrich von,
Grenadier-Kapitain im Regt. Jung Borcke-Füsilier

(109) 1742 **Hertzberg**, Georg Kaspar von,
Grenadier-Premierlieutenant im Regt. Jung Borcke-Füsilier

(110) 1742 **Kleist**, Zabel Georg von,
Kapitain im Regt. Prinz Heinrich I.-Füsilier

(111) 1742 **Bardeleben**, Christof Ludwig von,
Major im Regt. Prinz Karl z. F.

(112) 1742 **Mützschefal**, Christof Friedrich von,
Premierlieutenant im Regt. Prinz Karl z. F.

(113) 1742 **Derschau**, Christian Reinhold von,
Generalmajor, Chef eines Regts. z. F.

(114) 1742 **Forcade de Biaix**, Isaak de,
Kapitain im Regt. Derschau z. F.

(115) 1742 **Bonin**, Anselm Christof von,
Oberst im Regt. Lehwaldt z. F.

(116) 1742 **Dohna**, Alexander Emilius Burggraf und Graf zu,
Oberst im Regt. Lehwaldt z. F.

(117) 1742 **Kanitz**, Hans Wilhelm von,
Oberstlieutenant im Regt. Lehwaldt z. F.

(118) 1742 **Waldburg**, Friedrich Sebastian Wunibald Erbtruchseß Graf zu,
Generalmajor, Chef eines Regts. z. F.

(119) 1742 **Dönhoff**, Friedrich Graf von,
Oberstlieutenant im Regt. Truchseß z. F.

(120) 1742 **Rosen**, Christof von,
Major im Regt. Truchseß z. F.

(121) 1742 **Aschersleben**, Jakob von,
Kapitain im Regt. Truchseß z. F.

(122) 1742 **Zitzewitz**, Martin Ernst v.,
Kapitain im Regt. Truchseß z. F.

(123) 1742 **Lüderitz**, Ernst Karl von,
Stabskapitain im Regt. Truchseß z. F.

(124) 1742 **Blanckenburg**, Dionysius Georg Joachim von,
Oberst im Regt. la Motte z. F.

(125) 1742 **Schoening**, Emanuel von,
Oberstlieutenant im Regt. la Motte z. F.

(126) 1742 **Stutterheim**, Joachim Friedrich von,
Kapitain im Regt. la Motte z. F.

(127) 1742 **Groeben**, Konrad Heinrich von der,
Generalmajor, Chef eines Regts. z. F.

(128) 1742 **Pfuhl**, Christian Ludwig von,
Major im Regt. Groeben z. F.

(129) 1742 **Moulin**, Peter Ludwig du, Generalmajor,
Chef eines Regts. Füsilier

(130) 1742 **Motte Fouqué**, Heinrich August Baron de la,
Oberst im Regt. du Moulin-Füsilier

(131) 1742 **Koenigsmarck**, Johann Christof von,
Major im Regt. du Moulin-Füsilier

(132) 1742 **Münchow**, Peter Heinrich von,
Major im Regt. Selchow z. F.

(133) 1742 **Hausen**, Friedrich Ehrenreich von,
Major im Regt. Selchow z. F.

(134) 1742 **Voigt**, Johann August von,
Generalmajor, Chef eines Regts. z. F.

(135) 1742 **Ahlimb**, Bernd Friedrich von,
Kapitain im Regt. Voigt z. F.

(136) 1742 **Borcke**, Friedrich Wilhelm Graf von,
Major im Regt. Prinz Moritz

(137) 1742 **Saldern**, Wilhelm von,
Major im Regt. Münchow z. F.

(138) 1742 **Stackelberg**, Daniel Friedrich von,
Kapitain im Regt. Prinz Bevern z. F.

(139) 1742 **Herault**, Chevalier de Hautcharmoi, Heinri Charles Louis de,
Oberst im Regt. Dohna-Füsilier

(140) 1742 **Kurfell**, Heinrich Adolf von,
Major im Regt. Dohna-Füsilier

(141) 1742 **Borcke**, Ernst Friedrich von,
Kapitain im Regt. Dohna-Füsilier

(142) 1742 **Mosel**, Friedrich Wilhelm von,
Kapitain im Regt. Dohna-Füsilier

(143) 1742 **Ostau**, Heinrich von,
Grenadier-Kapitain im Regt. Prinz Heinrich in Preußen II.-Füsilier

(144) 1742 **Hillensberg**, Georg Wolfgang (Walter) von,
Kapitain im Regt. Prinz Heinrich in Preußen II.-Füsilier

(145) 1742 **Kahlbutz**, Kaspar Friedrich von,
Oberstlieutenant im Regt. Prinz Ferdinand in Preußen z. F.

(146) 1742 **Hauß**, Friedrich Christian von,
Major im Regt. Prinz Ferdinand in Preußen z. F.

(147) 1742 **Kleist**, Ewald Georg von,
Major im Feldbat. Kroecher

(148) 1742 **Wurmb (Wurm)**, Ludwig Alexander von,
Oberst im Garnison-Regt. Stechow

(149) 1742 **Einsiedel**, Gottfried Emanuel von,
Generalmajor, Chef des Batls. Königs-Grenadier-Garde

(150) 1742 **Asseburg**, Christof Werner von der,
Oberst im Regt. Gensdarmes

(151) 1742 **Bredow**, Henning Kaspar von,
Oberstlieutenant im Regt. Gensdarmes

(152) 1742 **Woldeck von Arneburg**, Hans Georg,
Lieutenant im Regt. Gensdarmes

(153) 1742 **Schmeling**, Christof Klaus von,
Oberstlieutenant im Regt. Leib-Karabiniers

(154) 1742 **Schmettow**, Johann Ernst von,
Rittmeister im Regt. Leib-Karabiniers

(155) 1742 **Bonin**, Kasimir Wedig von,
Oberst im Regt. Alt Waldow z. Pf.

(156) 1742 **Schorlemer**, Ludwig Wilhelm von,
Oberst im Regt. Alt Waldow z. Pf.

(157) 1742 **Driesberg**, Arnold von,
Rittmeister im Regt. Bredow z. Pf.

(158) 1742 **Pfeiffer**, Karl Ludwig,
Rittmeister im Regt. Bredow z. Pf.

(159) 1742 **Maltitz**, Jobst Ernst von,
Rittmeister im Regt. Prinz Eugen z. Pf.

(160) 1742 **Langermann**, Adolf Friedrich von,
Oberstlieutenant im Regt. Sonsfeld-Dragoner

(161) 1742 **Schierstedt**, Friedrich Wilhelm von,
Kapitain im Regt. Sonsfeld-Dragoner

(162) 1742 **Ditfurt**, Moritz Wilhelm von,
Kapitain im Regt. Bayreuth-Dragoner

(163) 1742 **Nassau**, Christof Ernst von,
Generalmajor, Chef eines Regts. Dragoner

(164) 1742 **Normann**, Karl Ludwig von,
Major im Regt. Kannenberg-Dragoner

(165) 1742 **Stosch**, Friedrich von,
Major im Regt. Roell-Dragoner

(166) 1742 **Ahlimb**, Joachim Wilhelm von,
Major im Regt. Roell-Dragoner

(167) 1742 **Beauvrye**, Leonhard de,
Oberst im Feldartillerie-Batl.

(168) 1742 **Merkatz**, Johann Friedrich von,
Oberstlieutenant im Feldartillerie-Batl.

(169)   1742   **Zastrow**, Bogislaf Friedrich von,
                    Premierlieutenant im Feldartillerie-Batl.

(170)   1742   **Walrave**, Gerhard Kornelius de,
                    Generalmajor, Chef des Regts. Pioniers

1743

(171) 27.05.1743   **Kathler**, Andreas von,
                   Oberst im Regt. Prinz Wilhelm z. Pf.

(172) 06.07.1743   **Jürgaß**, Joachim Christian von, -
                   Major im Regt. Bayreuth Dragoner

(173) 10.07.1743   **Hobeck**, Johann Ernst von,
                   Oberst im Regt. Braunschweig-Bevern z. F.

(174) 10.07.1743   **Uchlander**, Christian Gottfried,
                   Oberstlieutenant im Regt. Braunschweig-Bevern z. F.

1744

(175) 06.01.1744   **Katte**, Hans Friedrich von,
                   Oberst im Regt. Bornstedt z. Pf.

(176) 15.05.1744   **Stille**, Christof Ludwig von,
                   Generalmajor, Chef eines Regts. z. Pf.

(177) 29.10.1744   unbekannter Offizier aus dem Regiment Zimmernow

1745

(178) 01.02.1745   **Schütz**, Hans Adam Heinrich von,
                   Major im Regt. Hallasz-Husaren

(179) 19.02.1745 **Malachow von Malachowsky**, Hyazinth,
Oberst, Chef eines Regts. Husaren

(180) 19.02.1745 **Wartenberg**, Hartwig Karl von,
Oberstlieutenant im Regt. Malachowsky-Husaren

(181) Febr. 1745 **Wylich zu Diersfort**, Friedrich Freiherr von,
Oberstlieutenant und Flügeladjutant

(182) 06.03.1745 **Bronikowsky**, Johann von,
Generalmajor, Chef eines Regts. Husaren

(183) 04.05.1745 **Winterfeldt**, Hans Karl von,
Oberst und Generaladjutant

(184) 24.05.1745 **Schwerin**, Reimar Julius von,
Generalmajor und Kommandeur des Regts. Prinz Louis von Württemberg-Dragoner

(185) 24.05.1745 **Ahlemann**, Johann Ernst von,
Oberstlieutenant im Regt. Prinz Louis von Württemberg-Dragoner

(186) 24.05.1745 **Dincklage**, Anton von,
Major im Regt. Prinz Louis von Württemberg-Dragoner

(187) 24.05.1745 **Goltz**, Karl Heinrich von der,
Kapitain im Regt. Prinz Louis von Württemberg-Dragoner

(188) 24.05.1745 **Massow**, Joachim Anton von,
Stabskapitain im Regt. Prinz Louis von Württemberg-Dragoner

(189) 24.05.1745 **Köller**, Bogislaf Ernst von,
Stabskapitain im Regt. Prinz Louis von Württemberg-Dragoner

(190) 24.05.1745 **Manstein**, Johann Dietrich von,
Stabskapitain im Regt. Prinz Louis von Württemberg-Dragoner

(191) 24.05.1745 **Blankensee**, Christian Friedrich von,
Oberstlieutenant im Regt. Geßler z. Pf.

(192) 24.05.1745 **Platen**, Dubislaf Friedrich von,
Major im Regt. Geßler z. Pf.

(193) 24.05.1745 **Bandemer**, Joachim Heinrich von,
Major im Regt. Geßler z. Pf.

(194) Mai 1745 **Ruesch**, Josef Theodor (Peter) Freiherr von,
Oberst, Chef eines Regts. Husaren

(195) Juni 1745 **Puttkamer**, Nikolaus Lorenz von,
Major im Regt. Prinz von Bevern z. F.

(196) Juni 1745 **Zitzewitz**, Johann Friedrich von,
Kapitain im Regt. Prinz von Bevern z. F.

(197) Juni 1745 **Marwitz**, Joachim Christof Haubold von,
Kapitain im Regt. Prinz von Bevern z. F.

(198) Juni 1745 **Birckhahn**, Siegmund Ernst von,
Kapitain im Regt. Prinz von Bevern z. F.

(199) Juni 1745 **Kracht**, Gottlob Emanuel von,
Kapitain im Regt. Prinz von Bevern z. F.

(200) Juni 1745 **Arnstedt**, Friedrich August von,
Stabskapitain im Regt. Prinz von Bevern z. F.

(201) Juni 1745 **Erlach**, Friedrich Leberecht von,
Stabskapitain im Regt. Prinz von Bevern z. F.

(202) Juni 1745 **Münchow**, Lorenz Ernst von,
Major im Regt. Graf Hacke z. F.

(203) Juni 1745 **Wartenberg**, Christian Friedrich von,
Major im Regt. Graf Hacke z. F.

(204) Juni 1745 **Zeuner**, Karl Christof von,
Kapitain im Regt. Graf Hacke z. F.

(205) Juni 1745 **Rentzel**, Christof Friedrich von,
Kapitain im Regt. Graf Hacke z. F.

(206) Juni 1745 **Hacke**, Gottfried von,
Kapitain im Regt. Graf Hacke z. F.

(207) Juni 1745 **Lange**, Jost Kaspar von,
Oberstlieutenant von der Armee, Major im Regt. Garde

(208) Juni 1745 **Beschwitz**, Christof Moritz von,
Major im Regt. Garde

(209) Juni 1745 **Meseberg**, Samuel Christof von,
Major im Regt. Garde

(210) Juni 1745 **Bardeleben**, Friedrich von,
Kapitain im Regt. Garde

(211) Juni 1745 **Saldern**, Friedrich Christof von,
Kapitain im Regt. Garde

(212) Juni 1745 **Ascheberg**, Johann Heidenreich (Heinrich) Franz von,
Kapitain im Regt. Garde

(213) Juni 1745 **Uckermann**, Bogislaf Rudolf von,
Stabskapitain im Regt. Garde

(214) Juni 1745 **Schenckendorff**, Bogislaf Rudolf von,
Stabskapitian im Regt. Garde

(215) Juni 1745 **Schilling**, Wilhelm,
Kapitain im Regt. Garde

(216) Juni 1745 **Brüsewitz**, Ernst Friedrich von,
Oberstlieutenant im Grenadier-Garde-Batl.

(217) Juni 1745 **Saldern**, Rudolf von,
Major im Grenadier-Garde-Batl.

(218) Juni 1745 **Zernikow**, Samuel Heinrich von,
Kapitain im Grenadier-Garde-Batl.

(219) Juni 1745 **Glasenapp**, August Friedrich von,
Kornett im Regt. Buddenbrock z. Pf.

(220) Juni 1745 **Hoverbeck**, Theophilus (Christof) Ernst von,
Lieutenant im Regt. Buddenbrock z. Pf.

(221) Juni 1745 **Schönaich-Carolath-Beuthen**, Friedrich Johann Karl Prinz von,
Oberst im Regt. Rochow z. Pf.

(222) Juni 1745 **Brunner**, Bernhard von,
Major im Regt. Rochow z. Pf.

(223) Juni 1745 **Winterfeldt**, Georg Friedrich von,
Major im Regt. Rochow z. Pf.

(224) Juni 1745 **Kechler von Schwandorf**, Heinrich Friedrich,
Rittmeister im Regt. Rochow z. Pf.

(225) Juni 1745 **Falkenhayn**, Johann Alexander von,
Rittmeister im Regt. Rochow z. Pf.

(226) Juni 1745 **Taube**, Thomas Ferdinand von,
Major im Regt. Bornstedt z. Pf.

(227) Juni 1745 **Oginsky**, Samuel Christian von,
Major im Regt. Bornstedt z. Pf.

(228) Juni 1745 **Arnstedt**, Erasmus Christian von,
Rittmeister im Regt. Bornstedt z. Pf.

(229) Juni 1745 **Ratz**, Johann Ludwig,
Rittmeister im Regt. Bornstedt z. Pf.

(230) Juni 1745 **Rahden**, Lucius (Ludwig) Arnold von,
Lieutenant im Regt. Bayreuth-Dragoner

(231) Juni 1745 **Diezelsky**, Georg Heinrich von,
Lieutenant im Regt. Bayreuth-Dragoner

(232) Juni 1745 **Pfeiffer**, Philipp Christian,
Lieutenant im Regt. Bayreuth-Dragoner

(233) Aug. 1745 **Meerstedt**,
Premierlieutenant im Regt. Hallasz-Husaren

(234) Sept. 1745 **Nassau**, Christof Erdmann von,
Kapitain im Regt. Nassau-Dragoner

(235) Dez. 1745 **Lüderitz**, David Hans Christof von,
Oberst im Regt. Bonin-Dragoner

(236) Dez. 1745 **Czettritz**, Ernst Heinrich von,
Major im Regt. Bonin-Dragoner

(237) Dez. 1745 **Schweinitz**, Abraham Gottlieb von,
Kapitain im Regt. Bonin-Dragoner

(238) Dez. 1745 **Kottwitz**, Ernst Siegismund von,
Stabskapitain im Regt. Bonin-Dragoner

(239) Dez. 1745 **Woldeck**, Johann von,
Stabskapitain im Regt. Bonin-Dragoner

(240) Dez. 1745 **Glasenapp**, Otto Kasimir von,
Stabskapitain in Regt. Bonin-Dragoner

(241) Dez. 1745 **Schulenburg**, Christof Daniel von der,
Stabskapitain im Regt. Bonin-Dragoner

(242) Dez. 1745 **Kannacher**, Ernst Ludwig von,
Oberstlieutenant im Regt. Jeetz z. F.

(243) Dez. 1745 **Kracht**, Alexander Ludwig von,
Oberstlieutenant im Regt. Jeetz z. F.

(244) Dez. 1745 **Horn**, Friedrich Magnus von,
Major im Regt. Jeetz z. F.

1746

(245) 06?.01.1746 **Forcade de Biaix**, Friedrich Wilhelm Quirin,
Oberst im Regt. Christof Dohna z. F.

(246) 03.02.1746 **Wolden**, Wilhelm Heinrich von,
Major im Regt. Anhalt-Zerbst z. F.

(247) Juli? 1746 **Lepel**, Karl Mathias von,
Major und Flügeladjutant

(248) Juli? 1746 **Goltz**, Henning Bernd Freiherr von der,
Kapitain und Flügeladjutant

1747

(249) 10.04.1747 **Maupertuis**, Pierre Louis Moreau de

(250) 23.04.1747 **Meyer**, Karl Friedrich von,
Oberstlieutenant im Regt. Posadowsky-Dragoner

(251) 23.04.1747 **Algarotti**, Frencesco Graf

(252) 26.05.1747 **Woedtke**, Eggert Georg von,
Oberst im Regt. Kalckstein z. F.

(253) 26.05.1747 **Eckardt**, Hieronymus Wilhelm von,
Major im Regt. Kalckstein z. F.

(254) 26.05.1747 **Lepel**, Gustaf Philipp Ernst von,
Major im Regt. Kalckstein z. F.

(255) 26.05.1747 **Schulenburg**, Achaz Albrecht Ludwig von der,
Major im Regt. Kalckstein z. F.

(256) 26.05.1747 **Ramin**, Friedrich Ehrenreich von,
Kapitain im Regt. Kalckstein z. F.

(257) 26.05.1747 **Itzenplitz**, August Friedrich von,
Oberst im Regt. Graf Hacke z. F.

(258) 27.05.1747 **Stechow**, Friedrich Wilhelm von,
Oberstlieutenant im Regt. Kleist z. F.

(259) 27.05.1747 **Loeben**, Kaspar Siegfried von,
Kapitain im Regt. Kleist z. F.

(260) 27.05.1747 **Baumgarten**, Peter Christof von,
Kapitain im Regt. Kleist z. F.

(261) 27.05.1747 **Goltz**, Philipp Denies Balthasar von der,
(Premier-) Lieutenant im Regt. Kleist z. F.

(262) 27.05.1747 **Zastrow**, Karl Anton Leopold von,
Major im Regt. Christof Dohna z. F.

(263) 27.05.1747 **Quede**, Andreas de,
Major im Regt. Christof Dohna z. F.

(264) 27.05.1747 **Schlieben**, Ernst Wilhelm von,
Kapitain im Regt. Christof Dohna z. F.

(265) 27.05.1747 **Koeller**, Albrecht Ludwig von,
Kapitain im Regt. Christof Dohna z. F.

(266) 27.05.1747 **Butzke**, Friedrich Wilhelm von,
Kapitain im Regt. Christof Dohna z. F.

(267) 27.05.1747 **Benicke**, Adam Friedrich von,
Kapitain im Regt. Christof Dohna z. F.

(268) 27.05.1747 **Bandemer**, Peter Hennig Erdmann von,
Kapitain im Regt. Christof Dohna z. F.

(269) 27.05.1747 **Wedell**, Ernst Siegmund (Wilhelm) von,
Kapitain im Regt. Christof Dohna z. F.

(270) Juni 1747 **Pennavaire**, Peter de,
Oberst im Leib-Rgt. z. Pf.

(271) Juni 1747 **Stechow**, Christof Ludwig von,
Oberstlieutenant im Leib-Regt. z. Pf.

(272) Juni 1747 **Endtemann**, Friedrich Julius,
Major im Leib-Regt. z. Pf.

(273) Juni 1747 **Plettenberg**, Christof Friedrich Stefan von,
Oberstlieutenant im Regt. Bredow z. Pf.

(274) Juni 1747 **Asseburg**, Ludwig Busso von der,
Oberstlieutenant im Regt. Bredow z. Pf.

(275) Juni 1747 **Krosigk**, Christian Siegfried,
Oberstlieutenant im Regt. Stille z. Pf.

(276) Juni 1747 **Laviere**, Jakob Leonhard von,
Major im Regt. Stille z. Pf.

(277) Juni 1747 **Wuthenow**, August Heinrich von,
Rittmeister im Regt. Stille z. Pf.

(278) Juni 1747 **Pritz**, Hans Samuel von,
Oberst im Regt. Anhalt z. F.

(279) Juni 1747 **Manstein**, Georg Friedrich von,
Oberstlieutenant im Regt. Anhalt z. F.

(280) Juni 1747 **Bredow**, Joachim Leopold von,
Oberstlieutenant im Regt. Anhalt z. F.

(281) Juni 1747 **Kreytzen**, Johann Friedrich von,
Oberst im Regt. Bonin z. F.

(282) Juni 1747 **Asseburg**, Moritz Wilhelm von der,
Oberstlieutenant im Regt. Bonin z. F.

(283) Juni 1747 **Grabow**, Christof Heinrich von,
Major im Regt. Bredow z. F.

(284) Juni 1747 **Stangen**, Christian Ernst von,
Oberst im Regt. Derschau-Füsilier

(285) Juni 1747 **Schellendorff**, Hans Siegmund von,
Oberstlieutenant im Regt. Borcke z. F.

(286) Juni 1747 **Kamecke**, Adam Hennig von,
Major im Regt. Borcke z. F.

(287) Juni 1747 **Bandemer**, Heinrich von,
Oberstlieutenant im Regt. Jung Kleist z. F.

(288) Juni 1747 **Luck**, Christof Georg von,
Major im Regt. Prinz Dietrich z. F.

(289) 13.07.1747 **Puttkamer**, Werner Friedrich von,
Major im Regt. La Motte z. F.

(290) 13.07.1747 **Bock**, Friedrich von,
Major im Regt. La Motte z. F.

(291) 13.07.1747 **Schewe**, Friedrich Ernst von,
Kapitain im Regt. La Motte z. F.

(292) 13.07.1747 **Puttkamer**, Christian Gneomar von,
Kapitain im Regt. La Motte z. F.

(293) Juli 1747 **Proeck**, Wilhelm Ludwig von,
Kapitain im Regt. Prinz Moritz z. F.

(294) 29.08.1747 **Mellin**, Henning Christian Sebastian von,
Major im Regt. Alt Schwerin z. F.

(295) 29.08.1747 **Loeben**, Jobst Friedrich von,
Kapitain im Regt. Alt Schwerin z. F.

(296) 29.08.1747 **Kahlenberg**, Christof Friedrich von,
Kapitain im Regt. Alt Schwerin z. F.

(297) 29.08?.1747 **d'Azemar de Rège**, Pierre,
Stabskapitain im Regt. Graf Rothenburg-Dragoner

(298) 10.09.1747 **Sers**, Philipp Loth de,
Oberstlieutenant im Regt. Pioniers

(299) 10.09.1747 **Tresckow**, Joachim Christian von,
Generalmajor, Chef eines Regts. Füsilier

(300) 14.09.1747 **Brandes**, Johann Christian von,
Oberst im Regt. Kalsow-Füsilier

(301) 02.11.1747 **Chambaud**, Alexander von,
Kapitain im Regt. Prinz Louis von Württemberg-Dragoner

1748

(302) 28.05.1748 **Arnstedt**, Christian Wilhelm Heinrich von,
Rittmeister im Regt. Prinz von Preußen z. Pf.

(303) 28.05.1748 **Schwerin**, Friedrich Alexander Graf von,
Rittmeister im Regt. Prinz von Preußen z. Pf.

(304) 31.05.1748 **Belling**, Christof Wilhelm von,
Major im Regt. Prinz von Preußen z. F.

(305) 13.07.1748 **Blankensee**, Adam Christian von,
Kapitain im Regt. Prinz von Preußen z. F.

(306) Okt. 1748 **Eckwricht**, Ernst Wilhelm von,
Landrat des Münsterbergschen Kreises

1749/1750

(307) Aug. 1749   **Quadt zu Wickerath (Wyckerad)**, Friedrich Wilhelm Frhr. v.,
                   Oberstlieutenant im Garnison-Regt. Nettelhorst

(308) Sept. 1750   **Oestenreich**, Joachim (Johann) Friedrich von,
                   Major im Regt. Schultze z. F.

(309) 10.09.1750   **Grolman**, Georg Arnold von,
                   Oberstlieutenant im Garnison-Regt. Mützschesal

(310) Sept. 1750   **Voltaire**, Franzcois Marie Arouet de

1751

(311) Juni 1751   **Bissing**, Karl Bothmar von,
                   Kapitain im Regt. Anhalt z. F.

(312) Juni 1751   **Anhalt**, Wilhelm Reichsgraf von,
                   Kapitain im Regt. Anhalt z. F.

(313) Juni 1751   **Lichnowsky**, Friedrich Wilhelm von,
                   Kapitain im Regt. Hülsen z. F.

(314) 12.06.1751   **Blankensee**, Bernd Siegmund von,
                   Oberst im Regt. Knobloch z. F.

(315) 02.09.1751   **Goltz**, Balthasar Friedrich Freiherr von der,
                   Oberstlieutenant im Regt. Fouqué-Füsilier

(316) Sept. 1751   **Wangenheim**, Friedrich Nikolaus von,
                   Major im Regt. Krentzen-Füsilier

1752

(317) 31.05.1752   **Wedell**, Karl Heinrich von,
                   Oberstlieutenant im Regt. Meyering z. F.

(318) 31.07.1752 **Dieskau**, Karl Wilhelm von,
Major im Feldartillerie-Regt.

(319) 04.09.1752 **Liebermann**, Georg Mathias von,
Major im Regt. du Moulin-Füsilier

(320) 04.09.1752 **Zieten**, Christof (Christian) Wilhelm von,
Major im Regt. du Moulin-Füsilier

(321) 04.09.1752 **Hacke**, Nikolaus Ludwig von,
Major im Regt. du Moulin-Füsilier

(322) 12.10.1752 **Münchhausen**, Adolf Ludwig von,
Oberstlieutenant im Regt. Kyau z. Pf.

1753

(323) 07.05.1753 **Mützschesal**, Friedrich Julius von,
Oberst, Chef eines Garnison-Regts.

(324) 09?.06.1753 **Kleist**, Friedrich Ludwig von,
Oberst im Regt. Kalnein z. F.

(325) 09?.06.1753 **Hindenburg**, Otto Friedrich von,
Oberstlieutenant im Regt. Kalnein z. F.

(326) 09?.06.1753 **Stollhofen**, Martin Friedrich von,
Oberstlieutenant im Regt. Kalnein z. F.

(327) 09?.06.1753 **Wuthenow**, Hünert von,
Major im Regt. Kalnein z. F.

1754/1755

(328) 1754 **Hülsen**, Johann Dietrich von,
Oberst im Regt. Münchow-Füsilier

(329) Juni 1754 **Priegnitz**, Johann Christof von,
Major im Regt. Bonin z. F.

(330) Sept. 1754 **Grotthueß**, Heinrich von,
Major im Regt. Houtcharmoi z. F.

(331) Sept. 1754 **Owstien**, Karl Christof von,
Rittmeister im Regt. Wechmar-Husaren

(332) 22.12.1755 **Seherr-Thoß**, Josef Ferdinand von,
Rittmeister im Regt. Markgraf Friedrich z. Pf.

1756

(333) Mai 1756 **Sydow**, Christof Friedrich von,
Oberstlieutenant im Regt. Anhalt z. F.

(334) Okt. 1756 **Schwerin**, Otto Karl von,
Oberst im Regt. Leib-Karabiniers

(335) Okt. 1756 **Münchow**, Richard Daniel von,
Oberst im Regt. Hülsen z. F.

(336) Okt. 1756 **Borcke**, Adrian Bernhard von,
Major im Regt. Hülsen z. F.

(337) Okt. 1756 **Bonin**, Heinrich von,
Major im Regt. Hülsen z. F.

(338) Okt. 1756 **Queis**, Julius Dietrich von,
Oberstlieutenant im Regt. Münchow-Füsilier

(339) Okt. 1756 **Wietstruck**, Friedrich Wilhelm von,
Major im Regt. Alt Kleist z. F.

(340) Okt. 1756 **Lüderitz**, Friedrich Wilhelm von,
Major im Regt. Alt Kleist z. F.

(341) Okt. 1756 **Syburg**, Friedrich Wilhelm von,
Major im Regt. Itzenplitz z. F.

(342) Okt. 1756 **Nieroth**, Gustaf von,
Major im Regt. Itzenplitz z. F.

(343) Okt. 1756 **Zitzewitz**, Joachim Rüdiger v.,
Kapitain im Regt. Itzenplitz z. F.

(344) Okt. 1756 **Zastrow**, Jakob Rüdiger von,
Kapitain im Regt. Itzenplitz z. F.

(345) Okt. 1756 **Warnstedt**, Friedrich Wilhelm von,
Kapitain im Regt. Itzenplitz z. F.

(346) Okt. 1756 **Bardeleben**, Heinrich Wilhelm von,
Kapitain im Regt. Itzenplitz z. F.

(347) Okt. 1756 **Kukowski**, Christian von,
Kapitain im Regt. Itzenplitz z. F.

(348) Okt. 1756 **Kowalski**, Georg Lorenz von,
Kapitain im Regt. Herzog von Bevern z. F.

(349) Okt. 1756 **Arnim**, Karl Christof von,
Kapitain im Regt. Herzog von Bevern z. F.

(350) Okt. 1756 **Mühlen**, Dietrich Ludwig von der,
Kapitain im Regt. Herzog von Bevern z. F.

(351) Okt. 1756 **Berner**, Friedrich Christof von,
Kapitain im Regt. Herzog von Bevern z. F.

(352) Okt. 1756 **Kahlenberg**, Karl Christof von,
Kapitain im Regt. Herzog von Bevern z. F.

(353) Okt. 1756 **Aderkas**, Andreas Otto von,
Kapitain im Regt. Herzog von Bevern z. F.

(354) Okt. 1756 **Arnim**, August von,
Stabskapitain im Regt. Herzog von Bevern z. F.

(355) Okt. 1756 **Ploetz**, Georg Friedrich von,
Stabskapitain im Regt. Herzog von Bevern z. F.

(356) Okt. 1756 **Warnery**, Karl Emanuel von,
Oberstlieutenant im Regt. Puttkamer-Husaren

(357) Okt. 1756 **Billerbeck**, Christof von,
Kapitain im 1. Batl. Garde, Major v. d. Armee und Kommandeur eines Grenadier-Batls. - Jung Billerbeck

(358) Okt. 1756 **Lestwitz**, Johann Siegmund von,
Kapitain im Grenadier-Batl. Jung Billerbeck (Kp. des Regts. Herzog Ferdinand von Braunschweig)

(359) Okt. 1756 **Ripp**, Johann Albrecht von,
Kapitain im Grenadier-Batl. Jung Billerbeck (Kp. des Regts. Herzog Ferdinand von Braunschweig)

(360) Okt. 1756 **Rohr**, Hans Albrecht Friedrich von,
Kapitain im Grenadier-Batl. Jung Billerbeck (Kp. des Regts. Herzog Ferdinand von Braunschweig)

(361) Okt. 1756 **Reinhardt**, Ludwig Alexander von,
Kapitain im Grenadier-Batl. Jung Billerbeck (Kp. des Regts. Herzog Ferdinand von Braunschweig)

(362) Okt. 1756 **Kleist**, Primislaus Ulrich von,
Major und Flügeladjutant, Kommandeur eines Grenadier-Batls.

(363) Okt. 1756 **Hacke**, Levin Friedrich von,
Kapitain im Grenadier-Batl. Kleist (Komp. des Grenadier-Garde-Batls.)

(364) Okt. 1756 **Bornstedt**, Maximilian von,
Kapitain im Grenadier-Batl. Kleist (Komp. des Regts. Fürst Leopold von Anhalt)

(365) Okt. 1756 **Plotho**, Franz Erdmann von,
Kapitain im Grenadier-Batl. Kleist (Komp. des Regts. Fürst Leopold von Anhalt)

(366) Okt. 1756 **Gattenhofen**, Friedrich Benjamin von,
Kapitain im Grenadier-Batl. Kleist (Komp. des Regts. Fürst Leopold von Anhalt)

(367) Okt. 1756 **Moller**, Karl Friedrich von,
Kapitain im Feldartillerie-Regt.

(368) Okt. 1756 **Zbikowsky**, Friedrich Wilhelm von,
Kapitain im Feldartillerie-Regt.

(369) Okt. 1756 **Lüderitz**, Karl Ludwig von,
Kapitain im Feldartillerie-Regt.

(370) Okt. 1756   **Holkendorff**, Georg Ernst,
Stabskapitain im Feldartillerie-Regt.

(371) Okt. 1756   **Kalckstein**, Friedrich Wilhelm von,
Kapitain im Regt. Hülsen z. F.

(372) Okt. 1756   **Diebitsch**, Nikolaus von,
Kapitain im Regt. Hülsen z. F.

(373) Okt. 1756   **Kleist**, Friedrich Wilhelm von,
Kapitain im Regt. Hülsen z. F.

(374) Okt. 1756   **Erlach**, Friedrich August von,
Kapitain im Regt. Hülsen z. F.

(375) Nov. 1756   **Eichmann**, Martin Ludwig von,
Major im Regt. Manteuffel z. F.

(376) Nov. 1756   **Wobersnow**, Peter Christof von,
Kapitain im Regt. Manteuffel z. F.

(377) Nov. 1756   **Massow**, Georg Heinrich von,
Kapitain im Regt. Manteuffel z. F.

(378) Nov. 1756   **Schwedern**, Bogislaf Gabriel von,
Kapitain im Regt. Manteuffel z. F.

(379) Nov. 1756   **Plotho**, Friedrich Wilhelm von,
Kapitain im Regt. Manteuffel z. F.

(380) Nov. 1756   **Schlieffen**, Georg Heinrich von,
Kapitain im Regt. Manteuffel z. F.

(381) Nov. 1756   **Quede**, Georg Werner de,
Premierlieutenant im Regt. Prinz von Preußen z. F., Adjutant des Prinzen von Preußen

(382) 27.11.1756   **Pfuel**, Karl August von,
Premierlieutenant im Regt. Bayreuth-Dragoner, Adjutant des Generallieutenants von Schwerin

(383) 03.12.1756   **Podewils**, Bogislaf Karl von,
Stabskapitain im Regt. Manteuffel z. F.

(384)   03.12.1756   **Zitzewitz**, Peter Christof von,
                     Stabskapitain im Regt. Manteuffel z. F.

1757

(385)   25.01.1757   **Baun**, Heinrich Gottlieb (Gottlob) von,
                     Kapitain im Regt. Asseburg z. F.

(386)   25.01.1757   **Bandemer**, Christian Friedrich von,
                     Kapitain im Regt. Asseburg z. F.

(387)   25.01.1757   **Stephanowitz**, Alexander von,
                     Kapitain im Regt. Asseburg z. F.

(388)   25.01.1757   **Baum**, Christof,
                     Kapitain im Regt. Asseburg z. F.

(389)   25.01.1757   **Heyden**, Hans Ernst von,
                     Kapitain im Regt. Asseburg z. F.

(390)   25.01.1757   **Heyden**, Johann Friedrich von,
                     Stabskapitain im Regt. Asseburg z. F.

(391)   25.01.1757   **Bornstedt**, Gustaf Max von,
                     Stabskapitain im Regt. Asseburg z. F.

(392)   06.03.1757   **Fock**, Johann Gideon von,
                     Kapitain im Regt. Prinz Heinrich-Füsilier

(393)   06.03.1757   **Thile**, Georg Friedrich von,
                     Kapitain im Regt. Prinz Heinrich-Füsilier

(394)   Mai 1757   **Beyern**, Friedrich von,
                     Major im Regt. Prinz Ferdinand z. F.

(395)   Mai 1757   **Voß**, Joachim Adam von,
                     Stabskapitain im Regt. Itzenplitz z. F.

(396)   Mai 1757   **Loewenberger von Schönholtz**, Christian Ludwig,
                     Premierlieutenant im Regt. Itzenplitz z. F.

(397)   Mai 1757   **Blumenthal**, Ewald Georg von,
                     Stabskapitain im Regt. Manteuffel z. F.

(398) Mai 1757 **Seher**, Karl Leopold von,
Premierlieutenant im Regt. Manteuffel z. F.

(399) Mai 1757 **Henckel von Donnersmarck**, Viktor Amadeus Graf,
Premierlieutenant im Regt. Prinz von Preußen z. F., Adjutant
des Prinzen Heinrich von Preußen

(400) Mai 1757 **Möllendorf**, Friedrich Wilhelm von,
Sekondlieutenant im Regt. Anhalt z. F., Adjutant des
Generalmajors von Manstein

(401) Mai 1757 **Schlieben**, Friedrich Karl Gottfried Graf von,
Kapitain im Grenadier-Batl. Bornstedt (Komp. des Regts.
Itzenplitz z. F.)

(402) Mai 1757 **Bosse**, Heinrich Wilhelm von,
Kapitain im Grenadier-Batl. Bornstedt (Komp. des Regts.
Itzenplitz z. F.)

(403) Mai 1757 **Schütz**, Hans Adolf von,
Stabskapitain im Regt. Itzenplitz z. F.

(404) Mai 1757 **Stutterheim**, Otto Ludwig von,
Major und Flügeladjutant

(405) Mai? 1757 **Lohmann**, Anton Erdman von,
Kapitain im Regt. Garde

(406) Mai? 1757 **Rohdich**, Friedrich Wilhelm,
Kapitain im Regt. Garde

(407) 11.05.1757 **Münchow**, Johann Christian von,
Oberstlieutnant im Regt. Prinz Eugen von Württemberg,
schwere Dragoner

(408) 11.05.1757 **Trautenburg gen. Beyren**, Karl Philipp von der,
Major im Regt. Prinz Eugen von Württemberg, schwere
Dragoner

(409) 18.05.1757 **Wylich und Lottum**, Friedrich Wilhelm Graf von,
Major im Regt. Prinz von Preußen z. F.

(410)   16.06.1757   **Waldow**, Jochen August von,
                     Major im Regt. Erbprinz von Hessen-Darmstadt z. F.,
                     Kommandeur eines Grenadier-Batls.

(411)   Juni 1757   **Kremzow**, Joachim Bernhard von,
                     Major im Regt. Prinz Moritz von Anhalt z. F., Kommandeur
                     eines Grenadier-Batls.

(412)   Juni 1757   **Wangenheim**, Friedrich Jobst (Just) von,
                     Major im Garnison-Regt. Langen, Kommandeur eines
                     Grenadier-Batls.

(413)   29.06.1757   **Platen**, Leopold Johann von,
                     Major im Regt. Normann-Dragoner

(414)   29.06.1757   **Pomeiske**, Nikolaus Alexander von,
                     Major im Regt. Normann-Dragoner

(415)   29.06.1757   **Manstein**, Leopold Sebastian von,
                     Major im Regt. Normann-Dragoner

(416)   29.06.1757   **Zastrow**, Anton Wenzel von,
                     Major im Regt. Normann-Dragoner

(417)   29.06.1757   **Papstein**, Karl Henning von,
                     Stabskapitain im Regt. Normann-Dragoner

(418)   29.06.1757   **Nimptsch**, Karl Siegmund von,
                     Stabskapitain im Regt. Normann-Dragoner

(419)   29.06.1757   **Puttkamer**, Franz Henning von,
                     Stabskapitain im Regt. Normann-Dragoner

(420)   29.06.1757   **Leopold**, Emanuel Christian von,
                     Stabskapitain im Regt. Normann-Dragoner

(421)   29.06.1757   **Nostitz**, Karl Heinrich Eberhard von,
                     Stabskapitain im Regt. Normann-Dragoner

(422)   29.06.1757   **Rabenau**, Gottlob Ernst von,
                     Premierlieutenant im Regt. Normann-Dragoner

(423)   29.06.1757   **Barfuß**, Hans Christian von,
                     Premierlieutenant im Regt. Normann-Dragoner

(424)　Sept. 1757　**Bayar**, Johann Friedrich von,
　　　　　　　　　Major im Regt. Syékely-Husaren

(425)　Sept. 1757　**Kleist**, Friedrich Wilhelm Gottfried Arnd von,
　　　　　　　　　Major im Regt. Syékely-Husaren

(426)　Sept. 1757　**Bohlen**, Balthasar (Bartholomäus) Ernst von,
　　　　　　　　　Major im Regt. Syékely-Husaren

(427)　08.11.1757　**Marschall von Bieberstein**, August Friedrich,
　　　　　　　　　Major im Regt. Herzog Ferdinand von Braunschweig z. F.

(428)　08.11.1757　**Degingk**, Ernst Wilhelm von,
　　　　　　　　　Major im Regt. Herzog Ferdinand von Braunschweig z. F.

(429)　08.11.1757　**Echt**, Günther Gottfried von,
　　　　　　　　　Kapitain im Regt. Herzog Ferdinand von Braunschweig z. F.

(430)　08.11.1757　**Graff**, Heino Friedrich von,
　　　　　　　　　Kapitain im Regt. Herzog Ferdinand von Braunschweig z. F.

(431)　08.11.1757　**Lichnowsky**, Heinrich Friedrich Ludwig Ferdinand von,
　　　　　　　　　Kapitain im Regt. Herzog Ferdinand von Braunschweig z. F.

(432)　08.11.1757　**Bonin**, Friedrich Wihelm von,
　　　　　　　　　Kapitain im Regt. Herzog Ferdinand von Braunschweig z. F.

(433)　08.11.1757　**Katte**, Joachim Ludwig von,
　　　　　　　　　Kapitain im Regt. Herzog Ferdinand von Braunschweig z. F.

(434)　08.11.1757　**Marwitz**, Alexander Karl von der,
　　　　　　　　　Kapitain im Regt. Herzog Ferdinand von Braunschweig z. F.

(435)　08.11.1757　**Beerenfels**, Johann Christian von,
　　　　　　　　　Kapitain im Regt. Herzog Ferdinand von Braunschweig z. F.

(436)　08.11.1757　**Roeder**, Johann Albrecht von,
　　　　　　　　　Stabskapitain im Regt. Herzog Ferdinand von Braunschweig z. F.

(437)　08.11.1757　**Goltz,** Wilhelm Heinrich von der,
　　　　　　　　　Stabskapitain im Regt. Herzog Ferdinand von Braunschweig z. F.

(438) 08.11.1757 **Zweibel**, August Ernst von,
                   Stabskapitain im Regt. Herzog Ferdinand von Braunschweig z. F.

(439) 08.11.1757 **Moehlen,** Friedrich Gottlieb von,
                   Premierlieutenant im Regt. Herzog Ferdinand von Braunschweig z. F.

(440) 08.11.1757 **Bülow**, Detlof von,
                   Premierlieutenant im Regt. Herzog Ferdinand von Braunschweig z. F.

(441) 08.11.1757 **Bülow**, August Christian von,
                   Premierlieutenant im Regt. Herzog Ferdinand von Braunschweig z. F.

(442) Nov.? 1757 **Schwerin**, Friedrich Albrecht von,
                   Major im Regt. Gensdarmes

(443) Nov. 1757   **Kleist**, Peter Christian von,
                   Kapitain und Adjutant des Prinzen Moritz von Anhalt

(444) Dez. 1757   **Quernheim**, Johann Kaspar von,
                   Kornett im Regt. Zieten-Husaren

(445) 08?.12.1757 **Bock**, Karl Wilhelm von,
                   Major im Regt. Meyering z. F.

(446) 08?.12.1757 **Haugwitz**, Balzer Ferdinand von,
                   Major im Regt. Meyering z. F.

(447) 08?.12.1757 **Broesigke**, Johann Christof von,
                   Major im Regt. Meyering z. F.

(448) 08?.12.1757 **Wiese**, Friedrich Siegmund von,
                   Kapitain im Regt. Meyering z. F.

(449) 08?.12.1757 **Normann**, Christof Friedrich von,
                   Kapitain im Regt. Meyering z. F.

(450) 08?.12.1757 **Ingersleben**, Leopold Leberecht von,
                   Kapitain im Regt. Meyering z. F.

(451) 08?.12.1757 **Rabenau**, Karl Friedrich von,
                   Kapitain im Regt. Meyering z. F.

(452) 08?.12.1757 **Kleist**, Georg Ernst von,
                    Stabskapitain im Regt. Meyering z. F.

(453) 08?.12.1757 **Feilitzsch**, Christian Gottlieb von,
                    Stabskapitain im Regt. Meyering z. F.

(454) 08?.12.1757 **Kreckwitz**, Karl Wilhelm von,
                    Premierlieutenant im Regt. Meyering z. F.

(455) 08?.12.1757 **Bohlen**, Friedrich Wilhelm von,
                    Premierlieutenant im Regt. Meyering z. F.

(456) 08?.12.1757 **Troschke**, Ernst Gotthilf von,
                    Premierlieutenant im Regt. Meyering z. F.

(457) 08?.12.1757 **Puschert**, Karl Heinrich von,
                    Premierlieutenant im Regt. Meyering z. F.

(458) 08?.12.1757 **Bandemer**, Ernst Bogislaf von,
                    Sekondlieutenant im Regt. Meyering z. F.

(459) Dez. 1757   **Schenckendorff**, Friedrich August von,
                    Major im Regt. Münchow-Füsilier, Kommandeur eines
                    Grenadier-Batls. (35/36)

(460) Dez. 1757   **Stwolinsky**, Sylvius Ferdinand von,
                    Kapitain im Grenadier-Batl. Schenkendorff (Komp. des
                    Regts. Prinz Heinrich-Füsilier)

(461) Dez. 1757   **Callagan**, Dionysius,
                    Kapitain im Grenadier-Batl. Schenkendorff (Komp. des
                    Regts. Prinz Heinrich-Füsilier)

(462) Dez. 1757   **Arnim**, Jobst (Just) Erdmann von,
                    Major im Regt. Garde

(463) Dez. 1757   **Möllendorf**, Wichard Joachim Heinrich von,
                    Kapitain im Regt. Garde

(464) Dez. 1757   **Lüderitz**, Ludolf von,
                    Kapitain im Regt. Garde

(465) Dez. 1757 **Posadowsky**, August Leopold von,
                  Kapitain im Regt. Garde

(466) Dez. 1757 **Lehndorff**, Gerd Ernst Graf von,
                  Stabskapitain im Regt. Garde

(467) Dez. 1757 **Cocceji**, Karl Friedrich Ernst von,
                  Stabskapitain im Regt. Garde

(468) Dez. 1757 **Tontzer (Dontzer)**, Josefus Mauritius von,
                  Premierlieutenant, aggregiert dem Rgt. Zieten-Husaren

(469) Dez. 1757 **Sydow**, Otto Christian von,
                  Stabsrittmeister im Regt. Gensdarmes

(470) Dez. 1757 **Viereck**, Christian Friedrich von,
                  Stabsrittmeister im Regt. Gensdarmes

(471) Dez. 1757 **Malachow von Malachowsky**, Paul Josef,
                  Oberst, Chef eines Regts. Husaren

1758

(472) Jan. 1758   **Quast**, Johann Adolf von,
                      Rittmeister im Regt. Gensdarmes

(473) 10.04.1758   **Reibnitz**, Siegmund Waldemar von,
                      Stabskapitain im Regt. Below z. F.

(474) Mai? 1758   **Diebitsch**, Friedrich Gottlieb von,
                      Fähnrich im Regt. Markgraf Karl z. F.

(475) Juni 1758   **Lattorff**, Philipp Leberecht Friedrich von,
                      Sekondlieutenant im Regt. Prinz Heinrich-Füsilier

(476) 26.07.1758   **Nimschesky**, Christof Wilhelm (Friedrich) von,
                      Major im Regt. Fouqué-Füsilier, Kommandeur eines
                      Grenadier-Batls.

(477) Juli? 1758   **Katzler**, Franz Wilhelm von,
                      Stabsrittmeister im Regt. Gensdarmes

(478)　28.08.1758　**Beauvré**, Otto Christian August von,
　　　　　　　　　Lieutenant im Regt. Katte-Dragoner

(479)　28.08.1758　**Woedtke**, August Heinrich von,
　　　　　　　　　Fähnrich im Regt. Katte-Dragoner

(480)　28.08.1758　**Tschirschky**, Karl Wilhelm von,
　　　　　　　　　Lieutenant im Regt. Sendlitz z. Pf.

(481)　28.08.1758　**Bismarck**, Ernst Friedrich von,
　　　　　　　　　Lieutenant im Regt. Leib-Karabiniers

(482)　28.08.1758　**Goltz**, Karl Alexander Franz von der,
　　　　　　　　　Kornett in der Garde du Corps

(483)　30.08.1758　**Stechow**, Johann Ferdinand von,
　　　　　　　　　Oberstlieutenant im Regt. Prinz von Preußen z. F.

(484)　30.08.1758　**Voigt**, Karl Friedrich August von,
　　　　　　　　　Major im Regt. Prinz von Preußen z. F.

(485)　30.08.1758　**Bornstedt**, Hans Ehrenreich von,
　　　　　　　　　Kapitain im Regt. Prinz von Preußen z. F.

(486)　30.08.1758　**Hagen**, Kuno Friedrich von der,
　　　　　　　　　Sekondlieutenant im Regt. Prinz von Preußen z. F.

(487)　August 1758　**Pape**, Adolf Friedrich Siegmund von,
　　　　　　　　　Lieutenant im Regt. Czettritz-Dragoner

(488) September 1758　**Rahmel**, Christian Bogislaf von,
　　　　　　　　　Major im Regt. Forcade z. F.

(489) September 1758　**Lettow**, Friedrich Wilhelm von,
　　　　　　　　　Stabskapitain im Regt. Czettritz-Dragoner

(490)　23.10.1758　**Marwitz**, Gustaf Ludwig von,
　　　　　　　　　Stabsrittmeister im Regt. Gensdarmes

(491)　23.10.1758　**Bockum gen. von Dolffs**, Dietrich Goswin von,
　　　　　　　　　Lieutenant im Regt. Gensdarmes

(492)　23.10.1758　**Kleist**, Wilhelm Heinrich von,
　　　　　　　　　Lieutenant im Regt. Gensdarmes

(493)   05.12.1758   **Roell**, Christof (Christian) Moritz von,
                     Major im Regt. Syékely-Husaren

(494)   05.12.1758   **Keoszeghi**, Franz Karl von,
                     Rittmeister im Regt. Syékely-Husaren

(495)   19.12.1758   **Carlin de Sommaripa**, Karl,
                     Stabskapitain im Regt. Herzog Eugen von Württemberg-
                     Dragoner

1759

(496)   12.01.1759   **Scheelen**, Hans Joachim von,
                     Major im Regt. Schönaich z. Pf.

(497)   12.01.1759   **Wuthenow**, August Heinrich von,
                     Major im Regt. Schönaich z. Pf.

(498)   15.01.1759   **Heyde**, Heinrich Siegmund von der,
                     Major und Kommandant von Kolberg

(499)   15.01.1759   **Schmeling**, Kasimir Ernst von,
                     Oberstlieutenant und Chef eines Landmiliz-Batls., früher im
                     Regt. Meyering z. F.

(500)   22.04.1759   **Erlach**, Friedrich August von,
                     Kapitain im Regt. Hülsen z. F.

(501)   22.04.1759   **Tümpling**, Karl Gottlob von,
                     Premierlieutenant im Regt. Hülsen z. F.

(502)   April 1759   **Luck,** Kaspar Fabian Gottlieb (lob) von,
                     Major im Regt. Knobloch z. F.

(503)   02.11.1759   **Rebentisch**, Johann Karl von, Generalmajor,
                     Chef eines Regts. z. F.

(504)   02.11.1759   **Wunsch**, Johann Jakob, Generalmajor,
                     Chef eines Frei-Regts.

(505) 02.11.1759 **Lossow**, Daniel Friedrich von,
Major im Regt. Möring-Husaren

(506) 02.11.1759 **Haugwitz**, Ernst Friedrich von,
Major im Regt. Gersdorff-Husaren

(507) 02.11.1759 **Franckenberg**, Friedrich (Karl) Wolf von,
Stabskapitain im Regt. Jung Platen-Dragoner

(508) 09.11.1759 **Goltz**, Siegmund Friedrich von der,
Major im Regt. Jung Platen-Dragoner

(509) 09.11.1759 **Thun**, Otto Balthasar von,
Major im Regt. Jung Platen-Dragoner

(510) 09.11.1759 **Preen**, Hans Ludwig von,
Major im Regt. Jung Platen-Dragoner

(511) 09.11.1759 **Merian**, Johann Rudolf von,
Kapitain im Regt. Jung Platen-Dragoner

(512) 09.11.1759 **Saher**, Christian Friedrich August von,
Stabskapitain im Regt. Jung Platen-Dragoner

(513) 09.11.1759 **Weiß**, Johann Adam,
Stabskapitain im Regt. Jung Platen-Dragoner

(514) 09.11.1759 **Ehrenberg**, Christof Wilhelm von,
Stabskapitain im Regt. Jung Platen-Dragoner

(515) 09.11.1759 **Barnigk**, Herman Heinrich,
Stabskapitain im Regt. Jung Platen-Dragoner

(516) 09.11.1759 **Prittwitz**, Ernst Christof (Christian) von,
Sekondlieutenant im Regt. Jung Platen-Dragoner

1760

(517) 16.01.1760 **Drenthal**, Friedrich Karl Albrecht von,
Kapitain und Adjutant des Herzogs Ferdinand von
Braunschweig, Sekondlieutenant im Regt. Herzog Ferdinand
von Braunschweig z. F.

(518) März 1760 **Massow**, Johann Rüdiger von,
Kapitain im Regt. Manteuffel z. F.

(519) März 1760 **Zastrow**, Ludwig von,
Kapitain im Regt. Manteuffel z. F.

(520) März 1760 **Kittlitz**, Christian Friedrich von,
Stabskapitain im Regt. Manteuffel z. F.

(521) März 1760 **Stojentin**, Bogislaf von,
Sekondlieutenant im Regt. Manteuffel z. F.

(522) März 1760 **Wrangel**, Friedrich Ernst von,
Stabskapitain im Regt. Manteuffel z. F.

(523) März 1760 **Kleist**, Adolf Bogislaf von,
Premierlieutenant im Regt. Manteuffel z. F.

(524) März 1760 **Chamboud**, Peter Benjamin von,
Major im Regt. Bayreuth-Dragoner

(525) Juli 1760 **l'Homme de Courbiere**, Guillaume René de,
Major, Chef eines Frei-Batls.

(526) 15.08.1760 **Kalben**, Johann Friedrich von,
Major im Regt. Prinz Ferdinand z. F.

(527) 15.08.1760 **Mosch**, Max Gottlieb von,
Kapitain im Regt. Prinz Ferdinand z. F.

(528) 15.08.1760 **Puttlitz**, Wilhelm Ernst (Christian) von,
Kapitain im Regt. Prinz Ferdinand z. F.

(529) 15.08.1760 **Goetze**, Viktor von,
Kapitain im Regt. Prinz Ferdinand z. F.

(530) 15.08.1760 **Marwitz**, Friedrich Wilhelm Siegmund von der,
Kapitain im Regt. Prinz Ferdinand z. F.

(531) 18.08.1760 **Kalckreuth**, Josef (Hans) Nikolaus von,
Major im Regt. Markgraf Friedrich z. Pf.

(532) August? 1760 **Biedersee**, Friedrich Siegmund von,
Oberstlieutenant im Leib-Regt. z. Pf.

(533) August? 1760 **Prittwitz**, Kaspar Moritz von,
Premierlieutenant im 1. Batl. Garde

(534) August? 1760 **Troschke**, Bernd Konrad von,
Major im Regt. Leftwitz z. F., kommandiert zum Regt.
Anhalt-Bernburg z. F.

(535) August? 1760 **Falckenhayn**, Friedrich Gotthilf von,
Oberstlieutenant im Regt. Leftwitz z.F., Kommandeur eines
Grenadier-Batls.

(536) August? 1760 **Rathenow**, Joachim Friedrich von,
Oberstlieutenant im Regt. Forcade z. F., Kommandeur eines
Grenadier-Batls. (1/23)

(537) August? 1760 **Stechow**, Jobst Friedrich Ludwig von,
Major im Regt. Forcade z. F., Kommandeur eines Grenadier-
Batls. (12/39)

(538) 27.08.1760 **Braun**, August Wilhelm von,
Generalmajor, Chef eines Regts. Füsilier

(539) 27.08.1760 **Lossow**, Matthias (Melchior) Ludwig von,
Oberst vom Garnison-Regt. Puttkamer, Kommandeur des
Königsbergschen Grenadier-Batls. (1. Garn./2. Garn.)

(540) 27.08.1760 **Kitscher**, Christof (Karl) Friedrich,
Kapitain im Feldartillerie-Regt.

(541) 27.08.1760 **Marschall von Bieberstein**, Anton Rudolf Freiherr,
Major im Regt. Schorlemer-Dragoner

(542) 27.08.1760 **Gaudi**, Friedrich Wilhelm Ernst von,
Kapitain und Flügeladjutant

(543) 27.08.1760 **Graevenitz**, Heinrich Erdmann von,
Sekondlieutenant im Regt. Herzog Ferdinand von
Braunschweig

(544) 27.08.1760 **Roebel**, Ludwig Philipp von,
Oberst, Chef eines Regts. z. F.

(545) 18.09.1760 **Francken**, Fabian Ernst von,
Kapitain im Regt. Braun-Füsilier

(546)　　Okt. ? 1760　　**Roth**, Zacharias Philipp von,
　　　　　　　　　　　　Major im Regt. Kleist-Husaren

(547)　　29?.10.1760　　**Goetzen**, Friedrich Wilhelm von,
　　　　　　　　　　　　Kapitain und Flügeladjutant

(548)　　05.11.1760　　**Anhalt**, Friedrich Reichsgraf von,
　　　　　　　　　　　　Major und Flügeladjutant

(549)　　10?.11.1760　　**Reden**, Josef Heinrich von,
　　　　　　　　　　　　Major im Regt. Markgraf Friedrich z. Pf.

(550)　　10?.11.1760　　**Schütz**, Christian Albert (Adolf) von,
　　　　　　　　　　　　Major im Regt. Markgraf Friedrich z. Pf.

(551)　　10?.11.1760　　**Dalwig**, Georg Ludwig von,
　　　　　　　　　　　　Oberstlieutenant im Regt. Spaen z. Pf.

(552)　　10?.11.1760　　**Ziegler**, Gottlieb Salomon von,
　　　　　　　　　　　　Major im Regt. Spaen z. Pf.

(553)　　10?.11.1760　　**Reibnitz**, Johann Friedrich von,
　　　　　　　　　　　　Major im Regt. Spaen z. Pf.

(554)　　10?.11.1760　　**Kospoth**, Ernst Christian von,
　　　　　　　　　　　　Major im Regt. Spaen z. Pf.

(555)　　10.11.1760　　**Treusch von Buttlar**, Julius Friedrich,
　　　　　　　　　　　　Major im Regt. Garde

(556)　　10.11.1760　　**Kospoth**, Ludwig Christof von,
　　　　　　　　　　　　Major im Regt. Garde

(557)　　10.11.1760　　**Boriskowsky**, Johann von,
　　　　　　　　　　　　Kapitain im Regt. Garde

(558)　　10.11.1760　　**Brüning**, Wilhelm Magnus von,
　　　　　　　　　　　　Kapitain im Regt. Garde

(559)　　10.11.1760　　**Seel**, Johann Wilhelm von,
　　　　　　　　　　　　Kapitain im Regt. Garde

(560)　　10.11.1760　　**Thermo**, Karl von,
　　　　　　　　　　　　Kapitain im Regt. Garde

(561) 10.11.1760 **Bockelberg**, Friedrich von,
Kapitain im Regt. Garde

(562) 10.11.1760 **Wulffen**, Albrecht Friedrich von,
Major im Regt. Prinz von Preußen z. F.

(563) 10.11.1760 **Winterfeldt**, Karl Ludwig von,
Kapitain im Regt. Prinz von Preußen z. F.

(564) 10.11.1760 **Zepelin**, Christ. Heinrich von,
Kapitain im Regt. Prinz von Preußen z. F.

(565) 10.11.1760 **Rohr**, Ernst Christian von,
Kapitain im Regt. Prinz von Preußen z. F.

(566) 10.11.1760 **Loewenberger von Schönholtz**, Karl Ludwig,
Kapitain im Regt. Prinz von Preußen z. F.

(567) 12.11.1760 **Ploetz**, Karl Christof (Christian) von,
Oberstlieutenant im Regt. Scheckendorff z. F.

(568) 12.11.1760 **Krockow**, Döring Wilhelm von,
Oberstlieutenant im Regt. Scheckendorff z. F.

(569) 12.11.1760 **Steinkeller**, Abraham von,
Oberstlieutenant im Grenadier-Garde-Batl.

(570) 12.11.1760 **Sydow**, Kurt Detlof von,
Stabskapitain im Regt. Forcade z. F.

1761

(571) 09.01.1761 **Schwerin**, Karl Magnus von,
Major und Kommandeur eines Grenadier-Batls.

(572) 09.01.1761 **Köller**, Heinrich Albrecht von,
Major im Regt. Horn z. F. und Kommandeur eines
Grenadier-Batls.

(573) 09.01.1761 **Ingersleben**, Karl Ludwig von,
Major im 2. Stettinschen Rekruten-Batl. und Kommandeur
eines Grenadier-Batls.

(574)　　09.01.1761　　**Bremer**, Karl Benedikt von,
　　　　　　　　　　　　Major im Frei-Regt. Wunsch

(575)　　09.01.1761　　**Süßmilch**, Johann Gottfried,
　　　　　　　　　　　　Major im Frei-Batl. Coubiere

(576)　　09.01.1761　　**Rosencrantz**, Anton Leopold von,
　　　　　　　　　　　　Major im Regt. Werner-Husaren

(577)　　09.01.1761　　**Holtey**, Herbert Ernst von,
　　　　　　　　　　　　Stabsrittmeister im Regt. Werner-Husaren

(578)　　Jan. 1761　　**Küssel**, Johann Georg,
　　　　　　　　　　　　Kapitain im Regt. Flemming z. F., kommandiert zum
　　　　　　　　　　　　Grenadier-Batl. Ingersleben

(579)　　Febr. 1761　　**Prondzinsky**, Johann Matthias von,
　　　　　　　　　　　　Rittmeister im Regt. Seydlitz z. Pf.

(580)　　Febr. 1761　　**Engelhardt**, Karl Siegmund von,
　　　　　　　　　　　　Stabsrittmeister im Regt. Seydlitz z. Pf.

(581)　　Febr. 1761　　**Krahn**, Johann Reinhold von,
　　　　　　　　　　　　Lieutenant im Regt. Leib-Karabiniers

(582)　　Febr. 1761　　**Schmettau**, Karl Wilhelm Friedrich von,
　　　　　　　　　　　　Lieutenant im Regt. Leib-Karabiniers

(583)　　Febr. 1761　　**L'Estocq**, Anton Wilhelm von,
　　　　　　　　　　　　Sekondlieutenant im Regt. Zieten-Husaren

(584)　　Febr. 1761　　**Anhalt**, Heinrich Wilhelm von,
　　　　　　　　　　　　Kapitain und Flügeladjutant

(585)　　Febr. 1761　　**Arnim**, Alexander Wilhelm von,
　　　　　　　　　　　　Sekondlieutenant im Regt. Syburg z. F., Adjutant des
　　　　　　　　　　　　Generalmajors von Syburg

(586)　　Febr. 1761　　**Jeyden**, Ernst Joachim von,
　　　　　　　　　　　　Fähnrich im 1. Batl. Garde

(587)　　03.04.1761　　**Wolffradt**, Erich Magnus von,
　　　　　　　　　　　　Sekondlieutenant im Regt. Zieten-Husaren

(588)   01.09.1761   **Reitzenstein**, Karl Erdmann von,
                     Major im Regt. Finckenstein-Dragoner

(589)   01.09.1761   **Burgsdorff**, Anton Kasimir von,
                     Major im Regt. Finckenstein-Dragoner

(590)   01.09.1761   **Rochow**, Adam Wilhelm von,
                     Major im Regt. Finckenstein-Dragoner

1762

(591)   19.03.1762   **Peter Fedorowitsch,**
                     Kaiser von Rußland

(592)   29.04.1762   **Pfeil**, Paul Eberhard von,
                     Rittmeister im Regt. Werner-Husaren

(593)   19.05.1762   **Goltz**, Johann Wilhelm von der,
                     Rittmeister im Regt. Kleist-Husaren

(594)   27.05.1762   **Egloffstein**, Albrecht Dietrich Gottfried Freiherr von,
                     Major im Regt. Goltz z. F.

(595)   27.05.1762   **Tresckow**, Friedrich Alexander von,
                     Major im Regt. Meier-Dragoner

(596)   27.05.1762   **Studnitz**, Anton Gottlieb von,
                     Major im Regt. Kleist Frei-Dragoner

(597)   27.05.1762   **Pfuhl**, Georg-Dietrich von,
                     Kapitain im Regt. Jung Stutterheim z. F.

(598)   22.06.1762   **Hohendorff**, Georg Abraham von,
                     Major von den Pommerschen Provinzial-Husaren

(599)   22.06.1762   **Schmidt**, Georg Siegmund,
                     Rittmeister von den Pommerschen Provinzial-Husaren

(600)   Juli 1762   **Carlowitz,** Georg Karl von,
                     Major im Garnison-Regt. Itzenplitz, Kommandeur eines
                     Grenadier-Batls.

(601)   26.07.1762   **Hertzberg**, Johann Wilhelm von,
                     Major im Regt. Schenckendorff (Prinz Moritz von Anhalt) z. F.

(602)   26.07.1762   **Hager**, Eberhard von,
                     Major im Regt. Schenckendorff (Prinz Moritz von Anhalt) z. F.

(603)   26.07.1762   **Puttkamer**, Georg Eggert von,
                     Kapitain im Regt. Schenckendorff (Prinz Moritz von Anhalt) z. F.

(604)   26.07.1762   **Raumer**, Karl Albrecht Friedrich von,
                     Kapitain im Regt. Schenckendorff (Prinz Moritz von Anhalt) z. F.

(605)   26.07.1762   **Pfuhl**, Ernst Ludwig von,
                     Major im Regt. Mosel z. F.

(606)   26.07.1762   **Meyhers**, Karl Felix von,
                     Major im Regt. Mosel z. F.

(607)   26.07.1762   **Teuffel von Birkensee**, Philipp Wolfgang,
                     Major im Regt. Finck z. F.

(608)   26.07.1762   **Lediwary**, Johann Georg Wilhelm von,
                     Sekondlieutenant im Regt. Finck z. F.

(609)   26.07.1762   **Mülbe**, Christof (Christian) Ludwig von der,
                     Oberst im Regt. Syburg z. F.

(610)   26.07.1762   **Berner**, Christof-Friedrich von,
                     Oberst im Regt. Anhalt-Bernburg z. F.

(611)   26.07.1762   **Buddenbrock**, Ludwig von,
                     Major im Regt. Anhalt-Bernburg z. F.

(612)   26.07.1762   **Kleist**, Alexander von,
                     Oberst im Regt. Thadden z. F.

(613)   26.07.1762   **Eller**, Ferdinand von,
                     Major im Regt. Thadden z. F.

(614) 26.07.1762 **Schaetzel**, Christof Friedrich von,
Sekondlieutenant im Regt. Prinz Heinrich-Füsilier, Adjutant
des Generallieutenants Grafen zu Wied

(615) 28.07.1762 **Dohna**, Friedrich Alexander Graf zu,
Sekondlieutenant im Regt. Pomeiske-Dragoner, Adjutant des
Herzogs Ferdinand von Braunschweig

(616) 01.08.1762 **Steuben**, Johann Christian Christof von,
Major im Regt. Mosel z. F.

(617) 04.08.1762 **Reitzenstein**, Johann Siegmund Rudolf von,
Major im Regt. Möring-Husaren

(618) 04.08.1762 **Teuffel von Zeilenberg**, Anton Josef,
Major im Regt. Möring-Husaren

(619) 18.08.1762 **Lettow**, Heinrich Wilhelm von,
Major im Regt. Markgraf Heinrich-Füsilier

(620) 18?.08.1762 **Czettritz**, Georg Oswald Freiherr von,
Major im Regt. Czettritz-Dragoner

(621) 20.08.1762 **Papstein**, Jakob Christof von,
Major im Regt. Flanß-Dragoner

(622) 20.08.1762 **Bredow**, Emanuel Friedrich v.,
Rittmeister im Regt. Gensdarmes

(623) 20.08.1762 **Anhalt**, Karl Philipp v.,
Kapitain im Feld-Artilleriekorps

(624) 13.10.1762 **Koethen,** Bernhard Friedrich von,
Kapitain im Regt. Bülow-Füsilier

(625) 13.10.1762 **Pirch**, Karl Siegmund von,
Kapitain im Regt. Prinz Ferdinand z. F.

(626) 13.10.1762 **Naumann**, Georg Heinrich von,
Premierlieutenant im Regt. Prinz Ferdinand z. F.

(627) 13.10.1762 **Gloeden**, Ernst Otto von,
Sekondlieutenant im Regt. Prinz Ferdinand z. F.

(628) 13.10.1762 **Hanstein**, Ernst Friedrich Karl von,
Premierlieutenant im Regt. Schenckendorff (Prinz Moritz
von Anhalt) z. F.

(629) 13.10.1762 **Scheelen**, Ernst Gottlob von,
Premierlieutenant im 1. Batl. Garde

(630) 22.10.1762 **Merkatz**, Johann Joachim Wilhelm von,
Major im Feld-Artilleriekorps

(631) 22.10.1762 **Rumland**, Johann Friedrich,
Major im Feld-Artilleriekorps

(632) 22.10.1762 **Wentzel**, Christian Friedrich,
Major im Feld-Artilleriekorps

(633) 10.11.1762 **Poseck**, Karl Heinrich von,
Major im Regt. Forcade z. F., Kommandeur eines Grenadier-
Batls. (1/23.)

(634) 10.11.1762 **Natalis**, Paul von,
Major im Garnison-Regt. Mellin, Kommandeur eines
Grenadier-Batls.

(635) 10.11.1762 **Rohr**, Albrecht Ehrenreich von,
Major im Regt. Jung Stutterheim z. F.

(636) 10.11.1762 **Braitwitz**, Ernst Magnus von,
Major im Regt. Alt Stutterheim z. F.

(637) 10.11.1762 **Keyserlingk**, Hans Friedrich von,
Major im Regt. Alt Stutterheim z. F.

(638) 10.11.1762 **Lehmann**, Heinrich Ludwig,
Kapitain im Grenadier-Batl. Woldeck (Kompagnie des
Regts. Ramin z. F.)

(639) 10.11.1762 **Reineck**, Otto Ernst von,
Kapitain im Grenadier-Batl. Woldeck (Kompagnie des
Regts. Markgraf Karl z. F.)

(640) 10.11.1762 **Eberstein gen. von Bühring**, Johann Friedrich Karl von,
Major im Regt. Plettenberg-Dragoner

(641) 10.11.1762 **Kracht**, Friedrich Wilhelm von,
Kapitain im Regt. Plettenberg-Dragoner

(642) 10.11.1762 **Backhoff**, Karl August v.,
Major im Regt. Leib-Karabiniers

(643) 10.11.1762 **Franckenberg**, Christof Alexander von,
Rittmeister im Regt. Kleist-Husaren

(644) 10.11.1762 **Petri**, Isaak Jakob,
Major von den Ingenieuren

(645) 10.11.1762 **Bonin,** Bogislaf Ernst von,
Kapitain und Flügeladjutant

(646) 10.11.1762 **Elsner**, Karl Friedrich von,
Sekondlieutenant im Regt. Kleist-Husaren, Adjutant des Generallieutenants von Seydlitz

(647) 10.11.1762 **Biedersee**, Karl Heinrich von,
Sekondlieutenant im Regt. Jung Platen-Dragoner, Adjutant des Generallieutenants von Seydlitz

(648) 10.11.1762 **Baehr**, Nikolaus Albrecht von,
Sekondlieutenant im Regt. Alt Stutterheim z. F., Adjutant des Generalmajors von Stutterheim

(649) 10.11.1762 **Roeder**, Friedrich Wilhelm v.,
Oberstlieutenant im Regt. Schmettau z. Pf.

(650) 10.11.1762 **Hoverbeck**, Reinhold Friedrich Freiherr von,
Oberstlieutenant im Regt. Schmettau z. Pf.

(651) 10.11.1762 **Hohendorff**, Ernst Christian von,
Major im Regt. Schmettau z. Pf.

(652) 10.11.1762 **Tschammer**, Heinrich Wilhelm von,
Stabsrittmeister im Regt. Schmettau z. Pf.

(653) 10.11.1762 **Dieringshofen**, Ernst Christof von,
Stabsrittmeister im Regt. Schmettau z. Pf.

(654) 10.11.1762 **Brandenstein**, Christian Haubold von,
Stabsrittmeister im Regt. Schmettau z. Pf.

(655)   10.11.1762   **Borcke**, Konstanz Philipp von,
                     Lieutenant im Regt. Schmettau z. Pf.

(656)   12.11.1762   **Koehler**, Georg Ludwig Egidius von,
                     Stabsrittmeister im Regt. Zieten-Husaren

(657)   12.11.1762   **Probst**, Christian Bernhard von,
                     Rittmeister im Regt. Zieten-Husaren

1767/1768

(658)   21.02.1767   **Winterfeldt**, Karl Friedrich von,
                     Stabskapitain im Grenadier-Batl. Carlowitz

(659)   Jan. 1768   **Liebermann**, Bogislaf Ernst von,
                     Kapitain im Regt. Steinkeller z. F.

(660)   Jan. 1768   **Loeben**, Karl Friedrich Albrecht von,
                     Kapitain im Regt. Prinz Friedrich von Braunschweig z. F.

(661)   Jan. 1768   **Pelkowsky**, Friedrich von,
                     Oberst im Regt. Zeuner z. F.

(662)   Aug.? 1768   **Rothkirch**, Hans Christof von,
                     Oberst im Regt. Leftwitz z. F.

(663)   Aug.? 1768   **Zabeltitz**, Friedrich Ernst von,
                     Major und Chef eines Grenadier-Batls.

(664)   Aug.? 1768   **Fronhofer**, Johann Christof von,
                     Major im Regt. Leftwitz z. F., Kommandeur des Grenadier-
                     Batls. 28/31

(665)   Aug.? 1768   **Lichnowsky**, Stefan von,
                     Major im Regt. Markgraf Heinrich-Füsilier, Kommandeur
                     des Grenadier-Batls. 33/42

1771-1773

(666) 1771 **Stechow**, Friedrich Wilhelm von,
Premierlieutenant im Regt. Reitzenstein-Dragoner

(667) 27.01.1772 **Wangenheim**, Josef Ludwig Heinrich von,
Major außer Diensten, bisher im Regt. Lottum z. F.

(668) 04.01.1773 **Weyher**, Christian Rudolf von,
Oberst im Regt. Anspach-Bayreuth-Dragoner

(669) April ? 1773 **Maarconnay**, Friedrich de,
Herzoglich Braunschweigischer Oberstlieutenant, früher im Regt. Thile z. F.

1774

(670) 08.01.1774 **Mosch**, Karl Rudolf von,
Oberstlieutenant im Regt. Koschembar z. F.

(671) 08.01.1774 **Oelsnitz**, Heinrich Ernst von der,
Major im Regt. Koschembar z. F.

(672) 08.01.1774 **O'Cahill**, Johann Friedrich,
Major im Regt. Lottum z. F.

(673) 08.01.1774 **Petersdorff**, Karl von,
Kapitain im Regt. Lottum z. F.

(674) 08.01.1774 **Winterfeldt**, Achaz Wilhelm von,
Oberstlieutenant im Regt. Bülow-Füsilier

(675) 08.01.1774 **Hacke**, Friedrich Albrecht,
Major im Regt. Bülow-Füsilier

(676) 08.01.1774 **Blücher**, Christof Anton von,
Major im Regt. Prinz Friedrich von Braunschweig z. F.

(677) 08.01.1774 **Kottwitz**, Karl Wilhelm von,
Oberst im Regt. Ramin z. F.

(678) 08.01.1774 **Woldeck**, Alexander Friedrich von,
Oberst im Regt. Ramin z. F.

(679) 08.01.1774 **Wendessen**, Balthasar Ludwig Christian (Christof) von,
Oberstlieutenant im Regt. Ramin z. F.

(680) 08.01.1774 **Diezelsky**, Michael Ludwig von,
Oberst im Regt. Rentzel z. F.

(681) 08.01.1774 **Platen**, Wichard Christian (Christof) von,
Oberst im Regt. Rentzel z. F.

(682) 08.01.1774 **Billerbeck**, Bernhard Wilhelm Gottlieb von,
Major im Regt. Steinkeller z. F.

(683) 08.01.1774 **Bandemer**, Ernst Bogislaf von,
Kapitain im Regt. Steinkeller z. F.

(684) 11.01.1774 **Walther und Cronegk**, Balthasar Wilhelm von,
Major im Regt. Lottum z. F.

(685) 18.01.1774 **Walther und Cronegk**, Johann Georg Wilhelm von,
Stabskapitain im Regt. Lottum z. F.

(686) 28?.05.1774 **Below**, Matthias Wilhelm von,
Oberstlieutenant im Regt. Erbprinz von Braunschweig z. F.

(687) 28?.05.1774 **Bandemer**, Christof Ewald von,
Major im Regt. Erbprinz von Braunschweig z. F.

(688) 28?.05.1774 **Kirschbaum**, Hans Friedrich von,
Oberstlieutenant im Regt. Saldern z. F.

(689) 28?.05.1774 **Kenitz**, Heinrich Gottlieb von,
Major im Regt. Saldern z. F.

(690) 28?.05.1774 **Morgenstern**, Johann Melchior von,
Major im Regt. Saldern z. F.

(691) 28?.05.1774 **Borcke**, Abraham Heinrich von,
Oberstlieutenant im Regt. Jung Stutterheim z. F.

(692) 28?.05.1774 **Borch (Borg)**, Otto Heinrich Friedrich von,
Major im Regt. Jung Stutterheim z. F.

(693) 28?.05.1774 **Anhalt**, Leopold Ludwig Graf von,
Oberst im Regt. Anhalt-Bernburg z. F.

(694) 28?.05.1774 **Anclam**, Hans Ernst von,
Oberst im Regt. Anhalt-Bernburg z. F.

(695) 28?.05.1774 **Thadden**, Joachim Leopold von,
Major im Regt. Anhalt-Bernburg z. F.

(696) 28?.05.1774 **Klitzing**, Karl Kuno Friedrich von,
Oberstlieutenant im Regt. Nassau-Usingen-Füsilier

(697) 28?.05.1774 **Oldenburg**, Hans Volmar von,
Oberstlieutenant im Regt. Nassau-Usingen-Füsilier

(698) 28?.05.1774 **Stojentin**, Peter Heinrich von, Generalmajor,
Chef eines Regts. z. F.

(699) 28?.05.1774 **Bornstedt**, Dietrich Eugen Philipp von,
Major im Regt. Stojentin z. F.

(700) 28?.05.1774 **Meusel**, Wilhelm Ludwig von,
Major und Chef eines Grenadier-Batls.

(701) 28?.05.1774 **Romberg**, Gisbert Wilhelm von,
Major und Chef eines Grenadier-Batls.

(702) 19.06.1774 **Downorowitz**, Alexander von,
Major im Regt. Bosniaken

(703) 19.06.1774 **Boyen**, Samuel Ernst von,
Major im Garnison-Regt. Ingersleben

(704) 07.09.1774 **Forcade de Biaix**, Friedrich Wilhelm de,
Oberst im Regt. Dieringshofen z. F.

(705) 02.10.1774 **Hoefer**, Johann Bernhard,
Oberst im Feld-Artilleriekorps

(706) 02.10.1774 **Troussel**, Karl Stefan du,
Major im Feld-Artilleriekorps

1775

(707) 20.03.1775 **Ubschatz**, Franz Freiherr von,
Major außer Diensten, früher im Regt. Meyering z. F.

(708) Sept. 1775 **Groeben**, Georg Dietrich von der,
Major im Regt. Roeder z. Pf.

(709) Sept. 1775 **Wallenrodt**, Gottfried Ernst von,
Major im Regt. Roeder z. Pf.

(710) Sept. 1775 **Pannewitz**, Max Siegmund von,
Generalmajor, Chef eines Regts. z. Pf.

(711) Sept. 1775 **Bernard**, Johann Gottfried von,
Oberstlieutenant im Regt. Pannewitz z. Pf.

(712) Sept. 1775 **Posadowsky und Postelwitz**,
Christian Wilhelm Siegmund Freiherr von, Oberst im Regt. Krockow-Dragoner

(713) Sept. 1775 **Leutsch und Segram**, Christian Karl Wilhelm von,
Major im Regt. Krockow-Dragoner

(714) Sept. 1775 **Mitzlaff**, Franz Gustaf von,
Generalmajor, Chef eines Regts. Dragoner

(715) Sept. 1775 **Schmalenberg**, Friedrich Ludwig von,
Major im Regt. Mitzlaff-Dragoner

(716) Sept. 1775 **Podjursky**, Karl von, Generalmajor,
Chef eines Regts. Husaren

(717) Sept. 1775 **Lojewsky**, Jakob Anton von,
Major im Regt. Podjursky-Husaren

(718) Sept. 1775 **Meyer**, Johann Joachim von,
Major im Regt. Czettritz-Husaren

(719) Sept. 1775 **Reichard**, Friedrich von,
Major im Regt. Czettritz-Husaren

(720) Sept. 1775 **Samogy (Somoggy)**, Stefan von,
Oberst, Chef eines Regts. Husaren

(721) Sept. 1775 **Wuthenow**, Johann von,
Major im Regt. Samogy-Husaren

1776

(722) Mai 1776 **Koschützky**, Karl Erdmann von,
Kapitain im Regt.Prinz Ferdinand z. F.

(723) Aug. 1776 **Kalinowa Zaremba**, Michael Konstantin von,
Generalmajor, Chef eines Regts. z. F.

(724) Aug. 1776 **Damm**, Georg Ferdinand von,
Oberstlieutenant im Regt. Zaremba z. F.

(725) Aug. 1776 **Ellert**, Friedrich Wilhelm von,
Oberstlieutenant im Regt. Zaremba z. F.

(726) Aug. 1776 **Holtzendorff**, Karl Friedrich von,
Major im Regt. Markgraf Heinrich-Füsilier

(727) 20.09.1776 **Rüchel**, Valentin Friedrich von,
Oberstlieutenant im Regt. Stojentin z. F.

(728) 07.12.1776 **Lietzen**, Friedrich Wilhelm von,
Major im Regt. Braun z. F.

1777/1778

(729) 09.04.1777 **Hundt**, Gotthard Heinrich von,
Kapitain im Regt. Petersdorff z. F.

(730) 12.01.1778 **Zastrow**, Friedrich Wilhelm von,
Sekondlieutenant im Regt. Braun z. F.

(731) 02.08.1778 **Sallawa**, Johann von,
Lieutenant im Regt. Podewils z. Pf.

(732) 05.08.1778 **Usedom**, Friedrich von,
Premierlieutenant im Regt. Lossow-Husaren

(733) 06.08.1778 **Schulenburg**, August Ferdinand von der,
Oberstlieutenant im Regt. Belling-Husaren

(734) 06.08.1778 **Eben und Brunnen**, Karl Adolf Freiherr von,
Major im Regt. Belling-Husaren

(735) 06.08.1778 **Wolki**, Gideon Friedrich von,
Major im Regt. Belling-Husaren

(736) 06.08.1778 **Lölhöffel**, Friedrich von,
Major im Regt. Belling-Husaren

(737) 06.08.1778 **Günther von Göckingk**, Friedrich Eberhard Siegmund,
Major im Regt. Belling-Husaren

(738) 06.08.1778 **Dehrmann**, Joachim Ehrenreich,
Major im Regt. Belling-Husaren

(739) 06.08.1778 **Wildberg**, Siegmund Adam (Amandus),
Rittmeister im Regt. Belling-Husaren

(740) 06.08.1778 **Günther**, Karl Ludwig,
Rittmeister im Regt. Belling-Husaren

(741) 06.08.1778 **Meseberg**, Adolf,
Rittmeister im Regt. Belling-Husaren

(742) 06.08.1778 **Klinckowstroem**, Karl Friedrich von,
Major im Regt. Steinwehr z. F.

(743) 06.08.1778 **Hausen**, Gottfried Adolf Wilhelm von,
Kapitain im Regt. Wolffersdorff z. F.

(744) 06.08.1778 **Jutrzenka**, Karl Jakob von,
Premierlieutenant im Regt. Hake z. F.

(745) 07.08.1778 **Amstaedt**, Wilhelm Karl Friedrich von,
Sekondlieutenant im Regt. Zieten-Husaren

(746) 08.08.1778 **Hirschfeldt**, Otto von,
Sekondlieutenant im Regt. Zieten-Husaren

(747) 08.08.1778 **Breest**, Johann Gotthilf (Gottlieb) Friedrich,
Premierlieutenant im Regt. Zieten-Husaren

(748) 13.08.1778 **Groeling**, Johann Benedikt von,
Oberstlieutenant im Regt. Werner-Husaren

(749) 13.08.1778 **Hennig**, Emanuel August,
Werner Rittmeister im Regt. -Husaren

(750) 13.08.1778 **Rosenbusch**, Karl Bernhard von,
Sekondlieutenant im Regt. Werner-Husaren, Adjutant des
Generallieutenants von Stutterheim

(751) 13.08.1778 **Meisner**, Friedrich Karl,
Premierlieutenant im Regt. Pelkowsky z. F.,
Inspektionsadjutant des Generallieutenants von Stutterheim

(752) 09.09.1778 **Sellin**, Johann Friedrich,
Premierlieutenant im Regt. Usedom-Husaren

(753) 09.09.1778 **Troll**, Johann Georg,
Sekondlieutenant im Regt. Usedom-Husaren

(754) Sept. 1778 **Bockelberg**, Ernst Friedrich von,
Major im Regt. Schwartz-Füsilier

(755) Sept. 1778 **Bamberg**, Karl Christian Erdmann,
Major im Regt. Schwartz-Füsilier

(756) Sept. 1778 **Keller**, Johann Georg Wilhelm Freiherr von,
Generalmajor, Chef eines Regts. Füsilier

(757) Sept. 1778 **Leipziger**, Heinrich Ernst von,
Oberst im Regt. Keller-Füsilier

(758) Sept. 1778 **Rüts**, Friedrich (Philipp) Emilius von,
Major im Regt. Keller-Füsilier

(759) Sept. 1778 **Tiedemann**, Karl Eduard von,
Major im Regt. Buddenbrock z. F.

(760) Sept. 1778 **Radecke**, Johann Siegmund von,
Major im Regt. Buddenbrock z. F.

(761)	Sept. 1778	**Le Chenevix de Beville**, Gottlieb Ludwig, Oberst im Regt. Kleist z. F.
(762)	03.10.1778	**Hillenbach,** Johann, Premierlieutenant im Regt. Rosenbusch-Husaren
(763)	03.10.1778	**Anhalt**, Albert Graf von, Major im Regt Erbprinz von. Braunschweig
(764)	27.10.1778	**Zabeltitz**, Johann Ernst von, Major im Regt. Thun-Dragoner
(765)	27.10.1778	**Schenck**, Wilhelm Friedrich von, Major im Regt. Thun-Dragoner
(766)	27.10.1778	**Gotsch**, Matthias Christof von, Major im Regt. Thun-Dragoner
(767)	27.10.1778	**Dyhern**, Melchior von, Sekondlieutenant im Regt. Thun-Dragoner
(768)	30.10.1778	**Schack**, Hans Friedrich Ludwig von, Premierlieutenant im Regt. Erbprinz von Braunschweig z. F., Generaladjutant des Erbprinzen
(769)	30.10.1778	**Tholzig**, Albrecht von, Premierlieutenant im Regt. Erlach-Füsilier
(770)	31.10.1778	**Trenk**, Friedrich Ludwig von der, Major im Regt. Lossow-Husaren
(771)	31.10.1778	**Hülsen**, Christof von, Major im Regt. Bosniaken
(772)	31.10.1778	**Wesenbeck**, Karl Gottlieb von, Stabsrittmeister im Regt. Lossow-Husaren
(773)	31.10.1778	**Marck**, Leopold von der, Stabsrittmeister im Regt. Bosniaken
(774)	31.10.1778	**Liedke**, Christof (Christian) Gottlieb, Sekondlieutenant im Regt. Lossow-Husaren
(775)	31.10.1778	**Petersen**, Peter, Sekondlieutenant im Regt. Lossow-Husaren

(776) 27?.11.1778 **Troschke**, Ernst Gotthilf von,
Oberst im Regt. Waldeck z. F.

(777) 27?.11.1778 **Eberstein**, Wolf Georg von,
Major im Regt. Waldeck z. F., Kommandeur eines
Grenadier-Batls. (25/26)

(778) 27?.11.1778 **Kameke**, Christof Henning von,
Kapitain im Grenadier-Batl. Löben, Komp. des Regts.
Ramin z. F.

(779) 27?.11.1778 **Wülcknitz**, Johann Georg Kasimir,
Kapitain im Grenadier-Batl. Loeben, Komp. des Regts.
Ramin z. F.

(780) 27?.11.1778 **Möllendorf**, Georg Heinrich von,
Kapitain im Regt. Thüna z. F.

(781) 27?.11.1778 **Steinwehr**, Friedrich Wilhelm von,
Kapitain im Regt. Thüna z. F.

(782) 27?.11.1778 **Zietzewitz**, Ludwig Heinrich von,
Kapitain im Regt. Thüna z. F.

(783) 27?.11.1778 **Thadden**, Franz Heinrich von,
Kapitain im Grenadier-Batl., Eberstein, Komp. des Regts.
Thüna z. F.

(784) 27?.11.1778 **Loeben**, Heinrich Wilhelm von,
Premierlieutenant im Regt. Thüna z. F.

(785) 03.12.1778 **Irwing**, Christian Ernst von,
Kapitain im Regt. Thüna z. F.

(786) 08.12.1778 **Bose**, Karl Ernst von,
Oberstlieutenant im Regt. Schlieben z. F.

(787) 08.12.1778 **Dyhern**, Anton Ludwig von,
Kapitain im Grenadier-Batl. Loeben, Komp. des Regts. Prinz
Friedrich von Braunschweig z. F.

(788) 08.12.1778 **Heugel**, Maximilian Gottlieb von,
Kapitain im Grenadier-Batl. Loeben, Komp. des Regts. Prinz
Friedrich von Braunschweig z. F.

(789)　08.12.1778　**Zenge**, August Wilhelm von,
Kapitain im Grenadier-Batl. Eberstein, Komp. des Regts. Thüna z. F.

(790)　08.12.1778　**Wulffen**, Christian Levin von,
Kapitain im Grenadier-Batl. Eberstein, Komp. des Regts. Woldeck z. F.

(791)　13.12.1778　**Below**, Ferdinand Johann Ernst von,
Sekondlieutenant im Regt. Woldeck z. F.

(792)　13.12.1778　**Kosolowsky**, Josef von,
Premierlieutenant im Grenadier-Batl. Eberstein, Komp. des Regts. Thüna z. F.

(793)　13.12.1778　**Manstein**, Johann Ernst von,
Premierlieutenant im Regt. Schlieben z. F.

1779

(794)　17.01.1779　**Below**, Friedrich Wilhelm von,
Stabskapitain im Regt. Kleist-Füsilier

(795)　17.01.1779　**Normann**, Johann Friedrich von,
Major im Regt. Waldeck z. F.

(796)　17.01.1779　**Seydlitz**, Alexander August von,
Kapitain im Regt. Waldeck z. F.

(797)　11.02.1779　**Kameke**, Georg Friedrich von,
Kapitain im Regt. Lottum-Dragoner

(798)　11.02.1779　**Elster**, Karl August von,
Stabskapitain im Regt. Lottum-Dragoner

(799)　11.02.1779　**Zürson**, Ernst Matthias von,
Stabskapitain im Regt. Lottum-Dragoner

(800)　18.02.1779　**Linstow**, Georg Ludwig Rudolf Baron von,
Premierlieutenant im Regt. Württemberg-Dragoner

(801)　23.02.1779　**Koehler von Lossow**, Johann Christof,
Sekondlieutenant im Rgt. Bosniaken

(802)   01.03.1779   **Tschammer**, Heinrich Ernst von,
                     Sekondlieutenant im Regt. Thun-Dragoner

(803)   03.03.1779   **Preuß**, Hans Ludwig Ernst von,
                     Major im Regt. Markgraf Heinrich-Füsilier

(804)   03.03.1779   **Schladen**, Karl Friedrich Gottlieb von,
                     Major im Regt. Prinz Friedrich von Braunschweig z. F.

(805)   11.03.1779   **Berg**, Johann Georg von,
                     Kapitain im Regt. Braun z. F.

(806)   25.03.1779   **Glinsky**, Bernhard von,
                     Kapitain im Regt. Thüna z. F.

(807)   04.06.1779   **Scott**, Jakob Franz Eduard von,
                     Kapitain im Regt. Prinz von Preußen z. F.

(808)   18.09.1779   **Rathenow II.**, Ehrenreich von,
                     Premierlieutenant im Regt. Thüna z. F.

1780-1786

(809)   Juni 1780   **Moeck**, Johann Wilhelm von,
                     Sekondlieutenant im Regt. Lengefeld-Füsilier

(810)   Juli? 1780   **Freytag**, Christian Wilhelm von,
                     Premierlieutenant im Regt. Lossow-Füsilier

(811)   09.09.1780   **Sehm**, Friedrich,
                     Sekondlieutenant im Grenadier-Batl. Gillern

(812)   09.09.1780   **Loewe**, Samuel,
                     Sekondlieutenant im Grenadier-Batl. Gillern

(813)   Sept.? 1781 **Schütz**, Gustaf Friedrich von,
                     Premierlieutenant im Regt. Braun z. F.

(814)   Juni 1782   **Rosenbruch**, Wilhelm Leopold von,
                     Oberst im Regt. Finckenstein-Dragoner

(815) Juni 1782 **Normann**, Georg Balthasar von,
Oberstlieutenant im Regt. Anspach-Bayreuth-Dragoner

(816) 17.07.1782 **Saint-Julien**, Johann Franz von,
Oberstlieutenant im Regt. Prinz Leopold von Braunschweig z. F.

(817) 18.08.1782 **Stryck**, Johann Ernst von,
Kapitain im Regt. Erlach-Füsilier

(818) 18.08.1782 **Seydlitz und Pilgrimshayn**, Hans Karl Siegemund von,
Kapitain im Regt. Erlach-Füsilier

(819) Juni 1783 **Güntersberg**, Georg Wilhelm von,
Oberst im Regt. Hacke z. F.

(820) Juni 1783 **Grolman**, Friedrich Georg Ludwig von,
Oberst im Regt. Billerbeck z. F.

(821) Juni 1783 **Below**, Gerd Bogislaf von,
Oberstlieutenant im Regt. Billerbeck z. F.

(822) Juni 1783 **Kenitz**, Christian Ludwig von,
Oberst im Regt. Winterfeldt z. F.

(823) Juni 1783 **Kannewurff**, Heinrich Gottlieb von,
Oberst im Regt. Schönfeld z. F.

(824) Juni 1783 **Gentzkow**, Karl von,
Oberst im Regt. Schönfeld z. F.

(825) Febr. 1784 **Horn**, Benedikt Gustaf von,
Oberstlieutenant außer Diensten zu Rantzin, früher im Regt. Schönfeld z. F.

(826) März 1785 **Wolffrath**, Johann Georg von,
Major außer Diensten, früher im Regt. Anspach-Bayreuth-Dragoner

(827) Dez. 1785 **Dewitz**, Stefan Gottlieb von,
Oberst von der Armee, früher Jan.? 1786 im Leib-Regt. z. Pf.

(828) 1740-1786 **Alvensleben**, Achaz Heinrich von

(829) 1740-1786 **Apenburg**, Levin Friedrich Gideon von

Zeitraum 1740-1786

(830) 1740-1786 **Arnim**, George Christof von

(831) 1740-1786 **Balbi**, Johann Friedrich von

(832) 1740-1786 **Bardeleben**, Ernst Christof Wilhelm von

(833) 1740-1786 **Belling**, Wilhelm Sebastian von

(834) 1740-1786 **Berge**, Leopold Siegmund von

(835) 1740-1786 **Beust**, Karl von

(836) 1740-1786 **Bezuc**, Baron de **Bruyes**, Philippe de

(837) 1740-1786 **Billerbeck**, Johann Christof von

(838) 1740-1786 **Billerbeck**, Konstantin von

(839) 1740-1786 **Bissing**, Wilhelm Ludwig von

(840) 1740-1786 **Blanckenburg**, von

(841) 1740-1786 **Blankensee**, Busso Christian von

(842) 1740-1786 **Blankensee**, Egidius Karl Christof von

(843) 1740-1786 **Blumenthal**, Johann August von

(844) 1740-1786 **Boernicke**, Joachim Friedrich (von)

(845) 1740-1786 **Bohlen**, Philipp Christian von

(846) 1740-1786 **Borcke**, Franz Andreas von

(847) 1740-1786 **Borcke**, Friedrich Ludwig Felix von

(848)	1740-1786	**Borcke**, Friedrich Wilhelm von, Etatsminister
(849)	1740-1786	**Bülow**, Christof Karl von
(850)	1740-1786	**Camas**, Paul Heinrich Tilio de
(851)	1740-1786	**Cloeck (Kloeck)**, Andreas Heinrich von
(852)	1740-1786	**Drosdowsky**, Johann George (von)
(853)	1740-1786	**Flanß**, Kurt Friedrich von
(854)	1740-1786	**Goltz**, Georg Konrad Freiherr von der
(855)	1740-1786	**Guestaedt**, Johann Friedrich von
(856)	1740-1786	**Guischard gen. Quintus Icilius**, Karl Gottlieb
(857)	1740-1786	**Herwarth von Bittenfeld**, Johann Friedrich
(858)	1740-1786	**Heydebreck**, Johann Bernhard von
(859)	1740-1786	**Hirsch**, Joachim Friedrich von
(860)	1740-1786	**Horn**, Christian Siegmund von
(861)	1740-1786	**Hundt**, Herman Joachim Gottlieb von
(862)	1740-1786	**Jaegersfeld**, Georg Wilhelm
(863)	1740-1786	**Katte**, Albrecht Ludwig von
(864)	1740-1786	**Kleist**, Reimar von
(865)	1740-1786	**Kleist**, Heinrich Werner von
(866)	1740-1786	**Knobelsdorf**, Hans Kaspar von
(867)	1740-1786	**Knobloch**, Dietrich Erhard von
(868)	1740-1786	**Knobloch**, Karl Gottfried von

(869)	1740-1786	**Krusemarck**, Hans Friedrich (Adam Christof) von
(870)	1740-1786	**Kursch (von Cours)**, Johann Heinrich
(871)	1740-1786	**Lattorff**, Christof Friedrich von
(872)	1740-1786	**Lattorff**, Johann Siegismund von
(873)	1740-1786	**Laxdehnen**, Otto Heinrich von
(874)	1740-1786	**Leckow**, Friedrich Wilhelm von
(875)	1740-1786	**Leiningen-Westerburg**, Georg Karl Ludwig Graf zu
(876)	1740-1786	**Linden**, Christian Bogislaf von
(877)	1740-1786	**Lölhöffel von Löwensprung**, Friedrich Wilhelm
(878)	1740-1786	**Loen**, Johann Bernhard von
(879)	1740-1786	**Marwitz**, Johann Friedrich Adolf von der
(880)	1740-1786	**Mengden**, Karl Friedrich Freiherr von
(881)	1740-1786	**Nettelhorst**, George Ernst von
(882)	1740-1786	**Oelsnitz**, Wilhelm Ludwig von der
(883)	1740-1786	**Oertzen**, Henning Ernst von
(884)	1740-1786	**Oginsky**, Johann Dietrich von
(885)	1740-1786	**Oldenburg**, Georg Friedrich von
(886)	1740-1786	**Pirch**, Georg Lorenz von
(887)	1740-1786	**Podewils**, Friedrich Wilhelm von
(888)	1740-1786	**Polenz**, Samuel von
(889)	1740-1786	**Pollmann**, Adam Heinrich von, Geheimer Rath und Gesandter in Regensburg
(890)	1740-1786	**Prittwitz und Gaffron**, Johann Bernhard Heinrich von

(891)	1740-1786	**Puttkamer**, Joachim Heinrich von
(892)	1740-1786	**Raoul**, Johann Karl von
(893)	1740-1786	**Reichmann**, Johann Nikolaus von
(894)	1740-1786	**Rettberg**, Arnold Goswin von
(895)	1740-1786	**Rohr**, von
(896)	1740-1786	**Rosenbruch**, Karl Rudolf Adolf Emanuel von, Sekondlieutenant im Regt. Asseburg z. F.
(897)	1740-1786	**Rothkirch**, Friedrich Alexander von
(898)	1740-1786	**Ruitz (Rüts)**, Erdmann Ernst von
(899)	1740-1786	**Saß**, Gerhard Alexander Freiherr von
(900)	1740-1786	**Schaetzel**, Karl Anton Heinrich Franz Daniel von
(901)	1740-1786	**Schenckendorff**, Balthasar Rudolf von
(902)	1740-1786	**Schlichting**, Samuel von
(903)	1740-1786	**Schultze**, Hans Kaspar Ernst von
(904)	1740-1786	**Schwerin**, Otto Martin von
(905)	1740-1786	**Seel (Seelen)**, Christof Friedrich Wilhelm von
(906)	1740-1786	**Seelhorst**, Just Friedrich Rudolf von
(907)	1740-1786	**Seherr-Thoß**, Christof Siegismund von
(908)	1740-1786	**Steinwehr**, Johann Christian Wilhelm (Bernhard) von
(909)	1740-1786	**Strantz**, Johann Albrecht von
(910)	1740-1786	**Tettenborn**, Hans Bodo von
(911)	1740-1786	**Troschke**, Alexander Ludwig von

(912)	1740-1786	**Vasold**, Heinrich Rudolf Friedrich Wilhelm (auch Wilhelm Ludwig) von
(913)	1740-1786	**Wartensleben**, Leopold Alexander Graf von
(914)	1740-1786	**Watzdorf**, Christof Friedrich von
(915)	1740-1786	**Wedell**, Karl Friedrich von
(916)	1740-1786	**Werner**, Johann Paul von
(917)	1740-1786	**Wiersbitzki**, Georg Ludwig von
(918)	1740-1786	**Wittken**, Friedrich (Wilhelm) Heinrich von
(919)	1740-1786	**Wobersnow**, Moritz Franz Kasimir von
(920)	1740-1786	**Wulffen**, Friedrich August von
(921)	1740-1786	**Wylich und Lottum**, Friedrich Albrecht Karl Herman Gf. v.
(922)	1740-1786	**Zastrow**, Otto Bogislaf von
(923)	1740-1786	**Zedmar (Zedemar, Zedmer)**, Hans Christof
(924)	1740-1786	**Zeigut-Stanislawski**, Albrecht Siegismund Graf von, Kgl. Polnischer Wirklicher Geheimer Kabinettsminister und Generalpostmeister von Polnisch-Preußen

2.
Verleihungen durch König Friedrich Wilhelm II. 1786–1797

1786

(925) 13.10.1786 **Kirstenau**, Ernst Wilhelm von,
Stabsrittmeister im Regt. Prinz Eugen von Württemberg-Husaren

(926) 14.10.1786 **Usedom**, Friedrich Ludwig Karl Bernhard von,
Rittmeister im Regt. Prinz Eugen von Württemberg-Husaren

(927) Okt.? 1786 **Vietinghoff**, Detlof Freiherr von,
Oberst, Chef eines Garnison-Batls.

(928) 21.11?.1786 **Roeder**, Friedrich Adrian Dietrich von,
Oberstlieutenant und Kommandeur des Regts. Garde

(929) 21.11?.1786 **Hanenfeldt**, Nikolaus Reinhold von,
Oberst und Kommandeur des Grenadier-Garde-Batls. Rohdich

(930) 05.12.1786 **Arnim**, Karl Heinrich Gottlieb von,
Major im Regt. Garde

(931) 05.12.1786 **Oldenburg**, Julius Rudolf Christof von,
Major im Regt. Garde

(932) 05.12.1786 **Bardeleben**, Hans Melchior Ludwig von,
Major im Regt. Garde

(933) 05.12.1786 **Schwerin**, Friedrich Wilhelm Felix von,
Major im Regt. Garde

(934) 09./10.12.1786 **Boehme**, Karl Ludwig von,
Kapitain außer Diensten, früher im Regt. Garde

(935) 14.12.1786 **Bieberstein**, Karl Gustaf von,
Major im Regt. Groeling-Husaren

(936) 16.12.1786 **Borcke**, Friedrich Adrian von,
Major im Grenadier-Batl. Budritzki

(937) 20./21.12.1786 **Miltitz**, Hans Dietrich von,
Major und Kommandeur des Regts. Eichmann-Füsilier

(938) 21./22.12.1786 **Tuchsen**, Friedrich Wilhelm von,
Major im Regt. Bonin-Füsilier

(939) 22./23.12.1786 **Klitzing**, Anton Wilhelm von,
Major und Kommandeur des Regts. Jung Woldeck-Füsilier

(940) 25./26.12.1786 **Hessen**, Heinrich Ludwig von,
Oberstleutnant und Kommandeur des Regts. Bonin-Füsilier

(941) 25./26.12.1786 **Syékely**, Johann Friedrich von,
Major im Regt. Usedom-Husaren

1787

(942) 02./03.01.1787 **Puttkamer**, Otto Wilhelm von,
Kapitain außer Diensten, Oberforstmeister in Gumbinnen

(943) 03./04.01.1787 **Osorowski**, Franz Friedrich Adam von,
Oberstleutnant im Regt. Graf Krockow-Füsilier

(944) 16.02.1787 **Danckelmann**, Karl Emil Adolf Freiherr von,
Kapitain außer Diensten, früher im Regt. Graf Finckenstein-Dragoner

(945) 04.03.1787 **Doeberitz**, Georg Ludwig Christof von,
Major außer Diensten, früher im Regt. Prinz Moritz z. F.

(946) Mai 1787 **Leiningen-Westerburg**, Karl Gustaf Reinhold Woldemar Graf zu,
Königlich französischer Oberst des Regts. Alsace

(947) Mai 1787 **Brösigke**, Leberecht Friedrich von,
Oberst und Kommandeur des Regts. Wunsch z. F.

(948) Juni 1787 **Ivernois**, Franz Josef von,
Oberst und Kommandeur des Regts. Graf Schlieben z. F.

(949) 23.08.1787 **Capeller**, Michael Wilhelm,
Major und Kommandant von Silberberg

(950) Aug.? 1787 **Wolfframsdorff**, Adam Heinrich von,
Generalmajor, Chef eines Regts. z. F.

(951) Aug.? 1787 **Winterfeldt**, Friedrich Ludwig von,
Oberst und Kommandeur des Regts. Graf Anhalt z. F.

(952) Aug.? 1787 **Marwitz**, Christian August von der,
Major im Regt. Graf Anhalt z. F.

(953) Aug.? 1787 **Tschirschky**, David Siegismund von,.
Kapitain im Regt Graf Anhalt z. F.

(954) Aug.? 1787 **Kleist**, Friedrich Wilhelm von,
Oberst und Kommandeur des Regts. Wendessen z. F.

(955) Aug.? 1787 **Lüttwitz**, Kaspar Siegmund von,
Major und Kommandeur des Regts. Tauentzien z. F.

(956) 07.09.1787 **Ruitz**, Hans Joachim von,
Oberstlieutenant und Chef der Garnison-Artillerie-Komp.
in Magdeburg

(957) 07.09.1787 **Hainski**, Karl Siegmund von,
Stabskapitain im Regt. Zitzewitz-Dragoner

(958) 23.09.1787 **Hirschfeldt**, Karl Friedrich von,
Kapitain und Inspektionsadjutant des Herzogs von
Braunschweig

(959) 23.09.1787 **Eckenbrecher**, Johann August,
Kapitain im Feld-Artilleriekorps

(960) 29?.09.1787 **d'Amaudruy**, Benjamin,
Oberst und Kommandeur des Regts. Erbprinz von
Hohenlohe z. F.

(961) 29?.09.1787 **Knobelsdorf**, August Rudolf von,
Major im Regt. Erbprinz von Hohenlohe z. F.

(962)   Okt. 1787   **Goetze**, Karl Ludwig Bogislaf von,
                       Major und Quartiermeisterlieutenant

(963)   Okt. 1787   **Corvin Wiersbitzky**, Friedrich Gottlob Karl Ludwig von,
                       Lieutenant im Regt. Graf Kalckreuth z. Pf.

(964) Okt./Nov. 1787   **Pfau**, Theodor Philipp von,
                       Oberst und Quartiermeister

(965) Okt./Nov. 1787   **Massenbach**, Christian Karl August von,
                       Kapitain und Quartiermeisterlieutenant

(966) Okt./Nov. 1787   **Kleist**, Friedrich Wilhelm Franz Philipp Christian von,
                       Kapitain, Adjutant des Herzogs von Braunschweig

(967) Okt./Nov. 1787   **Burghagen**, Wilhelm Albrecht von,
                       Major im Regt. Knobelsdorf z. F.

(968) Okt./Nov. 1787   **Diebitsch**, Johann Friedrich von,
                       Major im Regt. Budberg z. F.

(969) Okt./Nov. 1787   **Hiller von Gaertringen**, Johann Eberhard Rudolf
                       Freiherr, Oberstlieutenant im Regt. Marwitz z. F.

(970) Okt./Nov. 1787   **Hanfstengel**, Ludwig Bernhard von,
                       Major im Regt. Marwitz z. F.

(971) Okt./Nov. 1787   **Martitz**, Friedrich Heinrich von,
                       Premierlieutenant im Regt. Marwitz z. F.

(972) Okt./Nov. 1787   **Voigt**, Julius Ludolf von,
                       Sekondlieutenant im Regt. Marwitz z. F.

(973) Okt./Nov. 1787   **Langelair**, Friedrich Karl von,
                       Major, Chef eines Füsilier-Batls.

(974) Okt./Nov. 1787   **Müssling gen. Weiß**, Johann Friedrich Wilhelm von,
                       Major im Füsilier-Batl. Langelair

(975) Okt./Nov. 1787   **Valentini**, Georg Heinrich von,
                       Major im Regt. Fußjäger

(976) Okt./Nov. 1787   **Boeltzig**, Immanuel Balthasar Leopold von,
                       Kapitain im Regt. Fußjäger

(977) Okt./Nov. 1787 **Pfeilitzer gen. Franck**, Georg Friedrich Wilhelm von, Sekondlieutenant im Regt. Fußjäger

(978) Okt./Nov. 1787 **Quitzow**, August Heinrich von, Stabsrittmeister im Regt. Graf Kalckreuth z. Pf.

(979) Okt./Nov. 1787 **Pastau**, Christian Ludwig Friedrich von, Major im Regt. Graf Lottum-Dragoner

(980) Okt./Nov. 1787 **Biela**, Christof Rudolf Ernst von, Stabsrittmeister im Regt. Eben-Husaren

(981) Okt./Nov. 1787 **Holtzendorff**, Friedrich Wilhelm von, Sekondlieutenant im Regt. Eben-Husaren

(982) Okt./Nov. 1787 **Corswant**, Karl Friedrich von, Sekondlieutenant im Regt. Eben-Husaren

(983) Okt./Nov. 1787 **Geelhaar**, Friedrich Heinrich, Major im Feld-Artilleriekorps

1788

(984) Juni 1788 **Krackau**, Johann Adolf Ludwig von, Sekondlieutenant im Regt. Jung Woldeck z. F.

(985) Aug. 1788 **Köthen**, Georg Bogislaf von, Oberst und Kommandeur des Regts. Markgraf Heinrich z. F.

(986) Aug. 1788 **Czettritz**, Emanuel Albrecht von, Oberst und Kommandeur des Regts. Hager z. F.

(987) Aug. 1788 **Klingsporn**, Julius Rudolf von, Oberst und Kommandeur des Regts. Goetzen z. F.

(988) 25.11.1788 **Albedille (Albedyhll)**, Hinrich Konrad von, Sekondlieutenant im Regt. Prinz Ferdinand z. F.

(989) 29?.11.1788 **Puttkamer**, Georg Henning von, Oberstlieutenant und Kommandeur des Regts. Möllendorf z. F.

(990) 29?.11.1788 **Fabian**, Ferdinand Ludwig von,
Oberstlieutenant im Regt. Alt Woldeck z. F.

(991) 29?.11.1788 **Irwing**, Christian (Christof) von,
Major im Regt. Lichnowsky z. F.

(992) Dez. 1788 **Schierstedt**, August Ludwig von,
Major im Regt. Lichnowsky z. F.

1789

(993) 14.05.1789 **Lusi**, Spiridion Graf, Oberst von der Armee,
Gesandter in London

(994) 27.05.1789 **Ilow**, Otto Friedrich von, Generalmajor,
Chef eines Regts. z. Pf.

(995) 27.05.1789 **Gotsch**, Friedrich Rafael von,
Oberstlieutenant und Kommandeur des Regts. Sachsen-Weimar z. Pf.

(996) 27.05.1789 **Grawert**, Julius August Reinhold von,
Major und Kommandeur des Regts. Herzog von Braunschweig z. F.

(997) 27.05.1789 **Larisch**, Johann Karl Leopold von,
Oberstlieutenant und Kommandeur des Regts. Knobelsdorf z. F.

(998) 27.05.1789 **Grünberg**, Johann Ludwig von,
Major und Kommandeur des Regts. Jung Bornstedt z. F.

(999) 27.05.1789 **Klüx**, Wolfgang Heinrich Ernst von,
Oberst und Kommandeur des Regts. Thadden z. F.

(1000) 27.05.1789 **Wintzingerode**, Adolf Levin von,
Major im Füsilier-Batl. Legat

(1001) 27.05.1789 **Wedell**, Karl Alexander von,
Major im Füsilier-Batl. Ernest

(1002)　28.05.1789　**Marschall von Bieberstein**, Gottlob (Gottlieb) Freiherr, Major im Regt. Lengefeld z. F.

(1003)　28.05.1789　**Renouard**, Jean Jérôme de, Major, Chef eines Füsilier-Batls.

(1004)　04.06.1789　**Owstien**, Karl Philipp von, Oberst und Kommandeur des Regts. Goltz z. F.

(1005)　04.06.1789　**Langen**, Karl Friedrich von, Oberstlieutenant und Kommandeur des Regts. Graf von Schlieben z. F.

(1006)　04.06.1789　**Blücher**, Gebhard Lebrecht von, Oberstlieutenant im Regt. Graf v. d. Goltz-Husaren

(1007)　04.06.1789　**Rudorff**, Wilhelm Heinrich von, Major im Regt. Graf v. d. Goltz-Husaren

(1008)　04.06.1789　**Normann**, Johann Alexander von, Major im Regt. Gilsa-Dragoner

(1009)　07./08.06.1789　**Jacquier Bernay de Favrat**, Franz Andreas, Generalmajor, Chef eines Regts. z. F.

(1010)　07./08.06.1789　**Voß**, Friedrich Karl von, Generalmajor, Chef eines Regts. z. F.

(1011)　07./08.06.1789　**Wildau**, Franz Ludolf Ferdinand von, Generalmajor, Chef eines Regts. z. F.

(1012)　07./08.06.1789　**Gillern**, Ernst Heinrich von, Generalmajor, Chef eines Regts. z. F.

(1013)　07./08.06.1789　**Hertzberg**, Johann Karl Graf von, Oberst und Kommandeur des Regts. Wildau z. F.

(1014)　07./08.06.1789　**Hertzberg**, Erdmann Bogislaf von, Oberst und Kommandeur des Regts. Favrat z. F.

(1015)　07./08.06.1789　**Hausen**, Friedrich Wilhelm Heinrich von, Oberst und Kommandeur des Regts. Voß z. F.

(1016) 07./08.06.1789 **Kunheim**, Johann Ernst von,
Oberst im Regt. Gillern z. F.

(1017) 07./08.06.1789 **Reinhart**, Joachim Franz von,
Oberstlieutenant im Regt. Graf Henckel z. F.

(1018) 07./08.06.1789 **Dessaunniers**, Anton von,
Oberstlieutenant, Chef eines Füsilier-Batls.

(1019) 07./08.06.1789 **Syabginski von Rembow**, Michael,
Major, Chef eines Füsilier-Batls.

(1020) 07./08.06.1789 **Borcke**, Gottlieb Matthias Siegfried von,
Generalmajor, Chef eines Regts. Dragoner

(1021) 07./08.06.1789 **Brausen**, Karl Wilhelm von,
Generalmajor, Chef eines Regts. Dragoner

(1022) 07./08.06.1789 **Günther**, Heinrich Johann,.
Generalmajor, Chef des Regts Bosniaken

(1023) 07./08.06.1789 **Werther**, Philipp August Wilhelm von,
Oberst und Kommandeur des Regts. Rohr-Dragoner

(1024) 07./08.06.1789 **Frankenberg**, Sylvius Heinrich Moritz von,
Oberst und Kommandeur des Regts. Borcke-Dragoner

(1025) 07./08.06.1789 **Busch**, Karl Gottlieb von,
Oberst und Kommandeur des Regts. Brausen-Dragoner

(1026) 07./08.06.1789 **Suter**, Arnd Ludwig Friedrich Wilhelm von,
Oberst im Regt. Goeckingk-Husaren

(1027) 07./08.06.1789 **Hoffmann**, Johann Gottlieb von,
Oberstlieutenant im Regt. Goeckingk-Husaren

(1028) 15.06.1789 **Santha**, Josef von,.
Oberst und Kommandeur des Regts Usedom-Husaren

(1029) 15.06.1789 **Reppert**, Johann Friedrich August von,
Oberstlieutenant im Regt. Usedom-Husaren

(1030) 20.06.1789 **Lochau**, Alexander Erdmann August von der,
Oberstlieutenant im Feld-Artilleriekorps

(1031) 20.06.1789 **Tempelhoff**, Georg Friedrich Ludwig von,
Oberstlieutenant im Feld-Artilleriekorps

(1032) Aug. 1789 **Borcke**, Philipp Ernst von,
Oberst und Kommandeur des Regts. Wangenheim z. F.

(1033) Aug. 1789 **Prittwitz**, Wolf Moritz von,
Oberst und Kommandeur des Regts. Graf von Goertz z. Pf.

(1034) 27.08.1789 **Voß**, Ludwig Ernst von,
Oberst und Kommandeur des Regts. Manstein z. Pf.

(1035) 27.08.1789 **Birckhahn**, Jakob Albrecht von,
Oberst und Kommandeur des Regts. Mengden z. Pf.

(1036) 27.08.1789 **Kaminietz**, Ernst von,
Major im Regt. Dalwig z. Pf.

(1037) 27.08.1789 **Mikusch**, Ignaz Ludwig von,
Major im Regt. Groeling-Husaren

(1038) 29.08.1789 **Wigell**, Lorenz Johann von,
Oberst und Kommandeur des Regts. Brünneck z. F.

(1039) 22.09.1789 **Buddenbrock**, Friedrich Wilhelm von,
Oberst im Regt. Graf von Goertz z. Pf.

(1040) 22.09.1789 **Paczinsky**, Leopold Ignatius von,
Oberstlieutenant und Kommandeur des Regts. Dolffs z. Pf.

(1041) 22.09.1789 **Grüter**, Georg Arnold von,.
Oberstlieutenant im Regt Dolffs z. Pf.

(1042) 22.09.1789 **Mahlen**, Johann Christof von,
Generalmajor, Chef eines Regts. Dragoner

(1043) 22.09.1789 **Bornstedt**, Ernst Siegmund von,
Oberst und Kommandeur des Regts. Mahlen-Dragoner

(1044) 22.09.1789 **Ehrenberg**, Ernst August von,
Oberst im Regt. Tschirschky-Dragoner

(1045) 22.09.1789 **Steinmann**, Ludwig von,
Oberst im Regt. Czettritz-Husaren

(1046) 22.09.1789 **Nagy**, Andreas von,
Oberst im Regt. Czettritz-Husaren

(1047) 22.09.1789 **Elsner**, Ferdinand Joachim von,
Major im Regt. Czettritz-Husaren

(1048) 22.09.1789 **Kleist**, Hans Reimar von,
Oberst und Kommandeur des Regts. Prinz Eugen von Württemberg-Husaren

(1049) 22.09.1789 **Bärneck**, Otto Wilhelm von,
Oberstlieutenant im Regt. Prinz Eugen von Württemberg-Husaren

(1050) 22.09.1789 **Tschammer**, Ernst von,
Major im Regt. Köhler-Husaren

(1051) 22.09.1789 **Paczinsky**, Karl von,
Major im Regt. Köhler-Husaren

(1052) 22.09.1789 **Franckenberg**, Moritz von,
Major im Regt. Köhler-Husaren

(1053) 22.09.1789 **Chasot**, Franz Egmond Isaak Graf de,
Generallieutenant in Diensten der Freien und Reichsstadt Lübeck

(1054) 15.11.1789 **Reichenstein**, Friedrich von,
Oberst und Kommandeur des Regts. Köhler-Husaren

1790

(1055) 24.04.1790 **Rohr**, Heinrich Ludwig von,
Generallieutenant außer Diensten, bisher Chef eines Regts. Dragoner

(1056) 03.06.1790 **Gordon**, Karl,
Königlich Großbritannischer Oberst

(1057) 21.06.1790 **Rüchel**, Ernst Philipp Wilhelm von,
Major und Flügeladjutant

(1058)   27.12.1790   **Kulisch**, Karl Josef von,
                      Major im Regt. Prinz Eugen von Württemberg-Husaren

1791

(1059)   30.05.1791   **Bismarck**, Karl August von,
                      Oberst und Kommandeur des Regts. Leib-Karabiniers

(1060)   08.06.1791   **Mutzel**, Johann Ludwig Friedrich,
                      Major außer Diensten, bisher im Regt. Köhler-Husaren

(1061)   19.08.1791   **Kalckreuth**, Wilhelm Heinrich Adolf von,
                      Oberstlieutenant und Kommandeur des Regts.
                      Goetzen z. F.

(1062)   19.08.1791   **Derschau**, Friedrich Wilhelm Bernhard von,
                      Major und Kommandeur des Regts. Graf von Hertzberg
                      z. F.

(1063)   19.08.1791   **Hanff**, Karl Gottfried von,
                      Major, Chef eines Füsilier-Batls.

(1064)   Sept. 1791   **Pfuhl**, Karl Ludwig von,
                      Generalmajor, Chef eines Regts. z. F.

(1065)   Sept. 1791   **Pollitz**, Karl Philipp von,
                      Oberst, Chef eines Füsilier-Batls.

(1066)   Sept. 1791   **Schulz**, Karl August, Oberst,
                      Chef eines Füsilier-Batls.

(1067)   Sept. 1791   **Thadden**, Christian Ludwig von,
                      Major, Chef eines Füsilier-Batls.

(1068)   Sept. 1791   **Prosch**, Friedrich August von,
                      Major, Chef eines Füsilier-Batls.

(1069)   Sept. 1791   **Forcade de Biaix**, Friedrich Heinrich Ferdinand Leopold
                      Marquis de, Major,
                      Chef eines Füsilier-Batls.

(1070) Sept. 1791 **Lidewary**, Karl Friedrich (Karl Ludwig) von,
Oberst im Regt. Prinz Eugen von Württemberg-Husaren

(1071) 23.09.1791 **Wartensleben**, Alexander Leopold Graf von,
Oberst und Kommandeur des Regts. Raumer z. F.

(1072) 23.09.1791 **Winning**, Christian Ludwig von,
Oberst und Kommandeur des Regts. Kronprinz z. F.

(1073) 27.09.1791 **Graevenitz**, Friedrich August von,
Oberst und Kommandeur des Regts. Prinz Heinrich z. F.

(1074) Dez. 1791 **Pelet**, Karl Gerhard von,
Major im Füsilier-Batl. Oswald

1792

(1075) 06.02.1792 **Scholten**, Friedrich Wilhelm (von),
Sekondlieutenant im Feld-Artilleriekorps

(1076) 06.02.1792 **Schmidt**, Johann Heinrich Otto,
Sekondlieutenant im Feld-Artilleriekorps

(1077) 21.05.1792 **Brietzke**, August Heinrich von,
Oberst außer Diensten, bisher im Regt. Prinz Heinrich z. F.

(1078) 23.05.1792 **Franckenberg**, Karl Ludwig Sylvius von,
Generalmajor, Chef eines Regts. z. F.

(1079) 23.05.1792 **Köppern**, Hans Max von,
Oberstlieutenant und Kommandeur des Regts.
Franckenberg z. F.

(1080) 23.05.1792 **Laurens**, Friedrich Gottlieb von,
Oberst und Kommandeur des Regts. Jung Schwerin z. F.

(1081) 23.05.1792 **Byern**, Karl Wilhelm vom,
Oberst und Kommandeur der Garde du Corps

(1082) 23.05.1792 **Holtzendorff**, Friedrich Jakob von,
Oberst und Kommandeur des Regts. Gensdarmes

(1083)   23.05.1792   **Marwitz**, August von der,
                      Oberst und Kommandeur des Regts. Marwitz z. Pf.

(1084) 03./04.06.1792 **Brückner**, Hieronymus von,
                      Oberst und Kommandeur des Regts. Prittwitz-Dragoner

(1085) 03./04.06.1792 **Pirch**, Franz Otto von,
                      Generalmajor, Chef eines Regts. z. F.

(1086) 03./04.06.1792 **Unruh**, Karl Philipp von,
                      Oberst und Kommandeur des Regts. Owstien z. F.

(1087) 03./04.06.1792 **Gloeden**, Otto Leopold Ehrenreich von,
                      Oberst und Kommandeur des Regts. Kalckreuth-Dragoner

(1088) 03./04.06.1792 **Heising**, Ludwig Ferdinand Friedrich von,
                      Oberst und Kommandeur des Regts. Prinz Louis von
                      Württemberg z. Pf.

(1089) 03./04.06.1792 **Pletz**, August Wilhelm von, Major im Regt. Graf v. d.
                      Goltz-Husaren

(1090)   11.08.1792   **Erichsen**, Karl Gustaf Samuel von,
                      Rittmeister im Regt. Wolffradt-Husaren

(1091)   11.08.1792   **Jeanneret**, Ferdinand Wilhelm von,
                      Sekondlieutenant im Regt. Wolffradt-Husaren

(1092)   Aug. 1792   **Spitznaß**, Karl Friedrich Wilhelm von,
                      Major im Regt. Fußjäger

(1093)   18.08.1792   **Garten**, Ernst Friedrich von,
                      Premierlieutenant im Regt. Köhler-Husaren

(1094)   19.08.1792   **Lindenau**, Karl Heinrich August Graf von,
                      Major und Flügeladjutant

(1095)   19.08.1792   **Lichnowsky de Woschitz**, Johann Friedrich Karl Wilhelm
                      Freiherr von,
                      Stabsrittmeister im Regt. Eben-Husaren

(1096)   19.08.1792   **Heydebrand**, Leopold Blasius Valentin Karl von,
                      Stabsrittmeister im Regt. Wolffradt-Husaren

(1097) 19.08.1792 **Zawadsky**, Karl August von,
Stabsrittmeister im Regt. Wolffrath-Husaren

(1098) 19.08.1792 **Goretzky (Gorecky)**, George Hans von,
Premierlieutenant im Regt. Wolffrath-Husaren

(1099) 19.08.1792 **Welczeck**, Karl Baron von,
Premierlieutenant im Regt. Wolffrath-Husaren

(1100) Aug.? 1792 **Hompesch**, Ferdinand Ludwig Josef Anton Freiherr von,
Major von der Kavallerie, beim Regiment Eben-Husaren
dienstleistend

(1101) Aug.? 1792 **Mauritius**, Johann Friedrich,
Kapitain im Feld-Artilleriekorps, 4. Regt., Kommandeur
der Mörser-Batterie Nr. 1

(1102) Aug.? 1792 **Spreuth**, Johann Christian Gottlieb (Friedrich Christian),
Sekondlieutenant im Feld-Artilleriekorps, 1. Regt.

(1103) Aug.? 1792 **Zieten**, Ernst Leopold Ludwig von,
Sekondlieutenant im Regt. Eben-Husaren

(1104) Sept.? 1792 **Berger**, August Wilhelm,
Oberstlieutenant im Feld-Artilleriekorps, 2. Regt.

(1105) Sept.? 1792 **Block**, Johann Karl Friedrich von,
Oberstlieutenant im Feld-Artilleriekorps, 1. Regt.

(1106) Sept.? 1792 **Hartmann**, Gottfried Ludwig,
Oberstlieutenant im Feld-Artilleriekorps, 3. Regt.

(1107) Sept. 1792 **Velten**, Johann Friedrich von,
Major im Regt. Eben-Husaren

(1108) 12.09.1792 **Auerswald**, Friedrich von,
Sekondlieutenant im Regt. Wolffradt-Husaren

(1109) 16.09.1792 **Dalwig**, George Ludwig Friedrich Freiherr von,
Rittmeister im Regt. Wolffradt-Husaren

(1110) 16.09.1792 **Schill**, Xaverius von,
Sekondlieutenant im Regt. Wolffradt-Husaren

(1111)   16.09.1792   **Ohlen und Adlerskron**, Gottlieb Gustaf Leopold von,
                      Sekondlieutenant im Regt. Wolffradt-Husaren

(1112)   16.09.1792   **Schönermarck**, Georg Friedrich Wilhelm Siegismund von,
                      Major im Feld-Artilleriekorps, Kommandeur der
                      reitenden Batterie Nr. 3

(1113)   16.09.1792   **Sombreuil**, Charles Eugène Gabriel Vireaux Graf de,
                      Kaiserlich Russischer Rittmeister und Adjutant des
                      Admirals Prinzen von Nassau-Siegen

(1114)   22?.09.1792 **Decker**, Friedrich Heinrich Wilhelm,
                      Kapitain im Feld-Artilleriekorps, 2. Regt., Kommandeur
                      der schweren 6 pfdg. Batterie Nr. 15

(1115)   22?.09.1792 **Tiemann**, Gottlieb Benjamin,
                      Kapitain im Feld-Artilleriekorps, 2. Regt., Kommandeur
                      der Mörser-Batterie Nr. 2

(1116)   22?.09.1792 **Hüser**, Johann Eberhard (Ernst) von,
                      Stabskapitain im Feld-Artilleriekorps, Kommandeur der
                      reitenden Batterie Nr. 4

(1117)   22?.09.1792 **Mentz**, Andreas Joachim Friedrich, Stabskapitain im Feld-
                      Artilleriekorps, 3. Regt., Kommandeur der schweren
                      6 pfdg. Batterie Nr.3

(1118)   24.09.1792   **Prittwitz**, Siegismund Moritz von,
                      Major im Regt. Köhler-Husaren

(1119)   24.09.1792   **Pringsauff**, Georg Christof von,
                      Rittmeister im Regt. Köhler-Husaren

(1120)   24.09.1792   **Goertz**, Karl von,
                      Stabsrittmeister im Regt. Köhler-Husaren

(1121)   24.09.1792   **Uklanski**, Gottlieb von,
                      Premierlieutenant im Regt. Köhler-Husaren

(1122)   29.09.1792   **Podewils**, Georg Heinrich von,
                      Stabskapitain im Regt. Schmettau-Dragoner

(1123)   29.09.1792   **Kölichen**, Ernst Albrecht von,
                      Premierlieutenant im Regt. Schmettau-Dragoner

(1124) 12.10.1792 **Fritsch**, Ludwig Heinrich Gottlieb Freiherr von,
Sekondlieutenant im Regt. Sachsen-Weimar z. Pf.

(1125) 20.10.1792 **Borcke**, Georg Heinrich von,
Kapitain im Regt. Jung Woldeck z. F.

(1126) 22.10.1792 **Planitz**, Heinrich Ernst von der,
Oberst und Kommandeur des Regts. Kleist z F.

(1127) 22.10.1792 **Schönfeldt**, Friedrich Wilhelm von,
Oberst und Kommandeur des Regts. Vietinghoff z. F.

(1128) 22.10.1792 **Schweinitz**, Heinrich Siegfried von,
Oberst und Kommandeur des Regts. Wolfframsdorff z. F.

(1129) 22.10.1792 **Ripperda**, Friedrich Wilhelm von,
Oberst im Regt. Jung Woldeck z. F.

(1130) 22.10.1792 **Greiffenberg**, Henning Christof Ludwig von,
Oberst und Kommandeur des Regts. Kenitz z. F.

(1131) 22.10.1792 **Hundt**, Johann Christian von,
Oberst und Kommandeur des Regts. Thadden z. F.

(1132) 22.10.1792 **Kameke**, Karl Siegmund Friedrich von,
Oberst und Kommandeur des Regts. Borch z. F.

(1133) 22.10.1792 **Normann**, Ernst Anton von,
Oberstlieutenant und Kommandeur des Regts. Schönfeld
z. F.

(1134) 22.10.1792 **Stephany**, Leopold Friedrich von,
Major und Kommandeur des Regts. Budberg z. F.

(1135) 22.10.1792 **Voß**, Karl Friedrich von, Oberst,
Chef eines Regts. Fußjäger

(1136) 22.10.1792 **Schencke**, Friedrich Adolf von,
Major, Chef eines Füsilier-Batls.

(1137) 22.10.1792 **Strantz**, Hans Karl Ludolf von,
Oberst und Kommandeur des Regts. Katte-Dragoner

(1138)   22.10.1792   **Malschitzki**, Peter Ewald von,
                      Oberst und Kommandeur des Regts. Borstell z. Pf.

(1139)   22.10.1792   **Gantzkow**, Georg Bodo von,
                      Oberst und Kommandeur des Regts. Anspach-Bayreuth-Dragoner

(1140)   22.10.1792   **Koschembahr**, Rudolf Christian von,
                      Oberstlieutenant und Kommandeur des Regts. Schmettau-Dragoner

(1141)   22.10.1792   **Pelet**, Friedrich Wilhelm Heinrich von,
                      Oberstlieutenant im Regt. Anspach-Bayreuth-Dragoner

(1142)   22.10.1792   **Thadden**, Ernst Diederich von,
                      Major und Flügeladjutant

(1143)   22.10.1792   **Guionneau**, Ludwig August von,
                      Major im Ober-Kriegs-Kollegium, Mitglied der Deputation daselben

(1144)   22.10.1792   **Rumpff**, Karl Friedrich Rudolf von,
                      Stabsrittmeister im Regt. Köhler-Husaren

(1145)   26.10.1792   **Kameke**, Heinrich von,
                      Oberstlieutenant im Regt. Kenitz z. F.

(1146)   15.11.1792   **Reinbaben**, Kaspar Heinrich (Friedrich) von,
                      Kapitain im Regt. Kenitz z. F.

(1147)   15.11.1792   **Versen**, Ludwig von,
                      Stabskapitain im Regt. Kenitz z. F.

(1148)   24.11.1792   **Droeßel**, August Friedrich von der, Oberst und Kommandeur des Regts. Dolffs z. Pf.

(1149)   02.12.1792   **Medem**, Karl Johannes Friedrich Graf von,
                      Major und Flügeladjutant

(1150)   02.12.1792   **Rath**, Immanuel Leberecht von,
                      Premierlieutenant im Regt. Schmettau-Dragoner

(1151)   02.12.1792   **Trenk**, Karl Friedrich von der,
                      Premierlieutenant im Regt. Bardeleben-Dragoner

(1152)　　02.12.1792　　**Plümicke**, Ernst Ludwig Ferdinand,
　　　　　　　　　　　　　Sekondlieutenant im Feld-Artilleriekorps, 2. Regt.

(1153)　　02.12.1792　　**Faber II.**, Ernst August Ludwig (von),
　　　　　　　　　　　　　Sekondlieutenant im Feld-Artilleriekorps, 2. Regt.

(1154)　　03.12.1792　　**Benning**, Ferdinand Ludwig von,
　　　　　　　　　　　　　Landgräflich Hessischer Oberst und Kommandeur des
　　　　　　　　　　　　　Regts. Garde

(1155)　　04.12.1792　　**Manstein**, Konrad von,
　　　　　　　　　　　　　Rittmeister im Regt. Borstell z. Pf.

(1156)　　04.12.1792　　**Meyern**, Johann Karl (Karl Gottfried) von,
　　　　　　　　　　　　　Stabskapitain im Feld-Artilleriekorps, Kommandeur der
　　　　　　　　　　　　　reitenden Batterie Nr. 6

(1157)　　04.12.1792　　**Schreiber**, Johann Justus,
　　　　　　　　　　　　　Landgräflich Hessischer Oberst im Husaren-Regt.

(1158)　　04.12.1792　　**Eschwege**, Wilhelm von,
　　　　　　　　　　　　　Landgräflich Hessischer Oberstlieutenant im Regt. Garde,
　　　　　　　　　　　　　Kommandeur eines Grenadier-Batls.

(1159)　　04.12.1792　　**Laurens**, Matthias Julius von,
　　　　　　　　　　　　　Major im Ingenieurkorps

(1160)　　04.12.1792　　**Heister**, Levin Karl von,
　　　　　　　　　　　　　Landgräflich Hessischer Major im Leib-Dragoner-Regt.,
　　　　　　　　　　　　　Flügeladjutant und Quartiermeisterlieutenant von der
　　　　　　　　　　　　　Kavallerie

(1161)　　04.12.1792　　**Wiederhold**, Bernhard Wilhelm,
　　　　　　　　　　　　　Landgräflich Hessischer Kapitain und
　　　　　　　　　　　　　Quartiermeisterlieutenant

(1162)　　04.12.1792　　**Marquard**, Ludwig August,
　　　　　　　　　　　　　Landgräflich Hessischer Kapitain im Leib-Regt. Infanterie

(1163)　　04.12.1792　　**Baumbach**, Ernst von,
　　　　　　　　　　　　　Landgräflich Hessischer Kapitain von der Suite, im
　　　　　　　　　　　　　leichten Infanterie-Batl. Lenz

(1164) 04.12.1792 **Kleist**, Friedrich Emilius Ferdinand Heinrich von,
Kapitain von der Armee

(1165) 05.12.1792 **Hedemann**, Christof Friedrich Marquard von,
Sekondlieutenant im Regt. Eben-Husaren

(1166) 05.12.1792 **Zieten**, Wieprecht Hans Karl Friedrich Ernst Heinrich von,
Sekondlieutenant im Regt. Eben-Husaren

(1167) 13.12.1792 **Tauentzien**, Friedrich Bogislaf Emanuel Graf von,
Major von der Armee, Bevollmächtigter im Kaiserlichen
Hauptquartier in den Niederlanden

(1168) Dez. 1792 **Lenz**. Johann Christof,
Landgräflich Hessischer Oberst, Chef des leichten
Infanterie-Batls.

(1169) Dez. 1792 **Moz (Motz)**, Karl Reinhard von,
Landgräflich Hessischer Major im Leib-Regt. Infanterie

(1170) Dez. 1792 **Rochow**, Wilhelm Leopold (von),
Sekondlieutenant im Regt. Wolffradt-Husaren

(1171) Dez. 1792 **Dembinski**, Ludwig Anton von, Sekondlieutenant im Regt.
Eben-Husaren

(1172) Dez. 1792 **Lentz**, Johann Friedrich von,
Oberst und Kommandeur des Regts. Eben-Husaren

(1173) Dez. 1792 **Ende**, Friedrich Albrecht Gotthilf (Freiherr) von,
Kurfürstlich Hannoverscher Rittmeister im Generalstabe,
Oberadjutant der Kavallerie

1793

(1174) 06.01.1793 **Hohenlohe-Langenburg**, Christian August Prinz von,
Major im Regt. Erbprinz von Hohenlohe z. F.

(1175) 06.01.1793 **Anhalt-Pleß**, Friedrich Ferdinand Prinz von,
Major im Füsilier-Batl. Martini

(1176) 07.01.1793 **Kölichen**, Ernst Herman von,
Oberst im Regt. Schmettau-Dragoner

(1177) 07.01.1793 **Martini**, Karl Friedrich,
Major, Chef eines Füsilier-Batls.

(1178) 07.01.1793 **Schimonski I.**, Dietrich Lebrecht von,
Major im Regt. Borch z. F.

(1179) 07.01.1793 **Forstenburg**, Karl Anton Ferdinand Graf von,
Kaiserlich Russischer Oberstleutnant im 2. Batl. des
Bugschen Jägerkorps, dem Prinzen von Nassau-Siegen
zugeteilt

(1180) 07.01.1793 **Stetten**, Karl Ludwig Leopold von, Kapitain von der
Armee, Adjutant des Erbprinzen von Hohenlohe

(1181) 07.01.1793 **Boguslawski**, Karl Andreas von,
Kapitain, Inspektionsadjutant des Erbprinzen von
Hohenlohe

(1182) 07.01.1793 **Rüdiger**, Johann,
Sekondlieutenant im Regt. Wolffradt-Husaren

(1183) 07.01.1793 **Blandowsky**, Johann Felix von,
Sekondlieutenant im Füsilier-Batl. Renouard

(1184) 07.01.1793 **Diebitsch**, Friedrich Alexander August von,
Sekondlieutenant im Füsilier-Batl. Martini

(1185) 07.01.1793 **Riedel**, Johann Franziscus Michael von,
Sekondlieutenant im Füsilier-Batl. Martini

(1186) 07.01.1793 **Schipp**, Johann,
Sekondlieutenant im Füsilier-Batl. Martini

(1187) 07.01.1793 **Werder**, Hans Ernst Christof von,
Sekondlieutenant im Regt. Borstell z. Pf.

(1188) 07.01.1793 **Osten**, Christof Friedrich von der,
Major im Regt. Schmettau-Dragoner

(1189) 19.01.1793 **Schwedern**, August Wilhelm von,
Sekondlieutenant im Regt. Kunheim z. F., Adjutant des
Prinzen Ludwig von Baden

(1190)	Jan. 1793	**Schlotheim**, Friedrich Wilhelm von, Landgräflich Hessischer Stabsrittmeister in der Garde du Corps und Flügeladjutant
(1191)	Jan. 1793	**Gieller**, Karl Josef von, Major im Füsilier-Batl. Renouard
(1192)	07?.02.1793	**Heydebreck**, Wilhelm Leopold von, Stabskapitain im Regt. Graf Hertzberg z. F.
(1193)	Febr. 1793	**Weiß**, Karl Erdmann von, Sekondlieutenant im Regt. Tschirschky-Dragoner
(1194)	19.02.1793	**Luck**, Philipp Friedrich von, Oberst außer Diensten, bisher im Regt. Eben-Husaren
(1195)	18.03.1793	**Coring**, Wilhelm Christof, Major im Regt. Graf v. d. Goltz-Husaren
(1196)	18.03.1793	**Planitzer**, Johann Benjamin von, Rittmeister im Regt. Graf. v. d. Goltz-Husaren
(1197)	18.03.1793	**Bonin**, Ernst Friedrich von, Premierlieutenant im Regt.Graf v. d. Goltz-Husaren
(1198)	18.03.1793	**Taubenheim**, Christian (Christof) Ludwig von, Kapitain im Regt. Kunitzky z. F.
(1199)	18.03.1793	**Wussow**, Ludwig von, Sekondlieutenant im Regt. Kunitzky z. F.
(1200)	18.03.1793	**Schöler**, Moritz Ludwig Wilhelm von, Sekondlieutenant im Regt. Kunitzky z. F.
(1201)	31.03.1793	**Sanitz**, Karl Wilhelm von, Oberstlieutenant im Regt. Erbprinz von Hohenlohe z. F.
(1202)	31.03.1793	**Kalckreuth**, Hans Christof von, Major im Regt. Erbprinz von Hohenlohe z. F.
(1203)	31.03.1793	**Zitzewitz**, Dietrich Siegmund von, Kapitain im Regt. Erbprinz von Hohenlohe z. F.
(1204)	31.03.1793	**Falckenstein**, Hannibal von, Stabskapitain im Regt. Erbprinz von Hohenlohe z. F.

(1205) 31.03.1793 **Pückler**, Maximilian Erdmann Wilhelm Graf von,
Stabskapitain im Regt. Erbprinz von Hohenlohe z. F.

(1206) 31.03.1793 **Scheurich (Scheurig)**, Friedrich August von,
Kapitain im Füsilier-Batl. Martini

(1207) 31.03.1793 **Gleißenberg**, Johann Ernst Sylvius von,
Kapitain im Füsilier-Batl. Martini

(1208) 31.03.1793 **Schlemmer**, Johann Adam von,
Major im Regt. Erbprinz von Hohenlohe z. F.

(1209) 31.03.1793 **Treskow**, Ferdinand Friedrich von,
Stabskapitain im Regt. Erbprinz von Hohenlohe z. F.

(1210) 01.04.1793 **Dollen**, Friedrich Wilhelm von der,
Stabskapitain im Regt. Anspach-Bayreuth-Dragoner

(1211) 01.04.1793 **Wuthenow**, August Wilhelm von,
Sekondlieutenant im Regt. Anspach-Bayreuth-Dragoner

(1212) 02.04.1793 **Lehmann**, Peter Gottlieb,
Sekondlieutenant im Feld-Artilleriekorps, reitende Batterie Nr. 3

(1213) 02.04.1793 **Heineccius**, Gustaf Adolf,
Sekondlieutenant im Feld-Artilleriekorps, reitende Batterie Nr. 4

(1214) 04.04.1793 **Rochowsky**, Josef von, Premierlieutenant im Regt. Köhler-Husaren

(1215) 04.04.1793 **Henckel von Donnersmarck**, Karl Lazarus Graf,
Sekondlieutenant im Regt. Köhler-Husaren

(1216) 04./05.04.1793 **Ponientzitz Holly**, Josef Franz von,
Major im Regt. Anspach-Bayreuth-Dragoner

(1217) 04./05.04.1793 **Schaeffer**, Karl August von,
Major im Regt. Anspach-Bayreuth-Dragoner

(1218) 06.04.1793 **Malschitzki**, Johann Friedrich von,
Major im Regt. Knobelsdorf z. F.

(1219)   06.04.1793   **Werthern**, Gottfried Ludwig August Freiherr von,
                      Kapitain im Regt. Knobelsdorf z. F.

(1220)   06.04.1793   **Sixtel (Sixthel)**, Georg Ludwig von,
                      Sekondlieutenant im Regt. Knobelsdorf z. F.

(1221)   12.04.1793   **Samogy (Somoggy)**, Ludwig von,
                      Major im Regt. Köhler-Husaren

(1222)   12.04.1793   **Bieberstein**, Albert Anton von,
                      Sekondlieutenant im Regt. Köhler-Husaren

(1223)   12.04.1793   **Malsburg**, Christian Karl (Alexander) Freiherr von der,
                      Stabskapitain im Regt. Anspach-Bayreuth-Husaren

(1224)   18.04.1793   **Phull**, Karl Ludwig August von,
                      Major und Quartiermeisterlieutenant

(1225)   18.04.1793   **Schlotheim**, Gottlob Christian von,
                      Landgräflich Hessischer Kapitain im Feldjäger-Batl.

(1226)   18.04.1793   **Treusch von Buttlar**, Friedrich,
                      Volontair aus Sachsen-Eisennachschen Diensten, beim
                      Landgräflich Hessischen Feldjäger-Batl.

(1227)   18.04.1793   **Rochow**, Karl August Albert (von),
                      Sekondlieutenant im Feld-Artilleriekorps, reitende Batterie
                      Nr. 2

(1228)   23.04.1793   **Dietherdt**, Philipp Georg von,
                      Oberst und Kommandeur des Regts. Prittwitz-Dragoner

(1229)   23.04.1793   **Chlebowsky**, Christian Wilhelm von,
                      Major und Quartiermeisterlieutenant

(1230)   23.04.1793   **Platen**, Ernst Alexis Otto von,
                      Major im Regt. Trenk-Husaren

(1231)   23.04.1793   **Meyerinck**, George Christian Ludwig von,
                      Major, Inspektionsadjutant des Generals der Infanterie von
                      Möllendorf

(1232)   23.04.1793   **Krusemarck**, Friedrich Wilhelm Ludwig von,
                      Rittmeister, Adjutant des Generals der Infanterie von
                      Möllendorf

(1233) 23.04.1793 **Brodowsky**, Johann Samuel Ferdinand von,
          Kapitain und Quartiermeisterlieutenant

(1234) April 1793 **Schmied**, Friedrich,
          Landgräflich hessischer Kapitain im Feldjäger-Batl.

(1235) 05.05.1793 **Diericke**, Christof Wilhelm von,
          Major im Regt. Borch z. F.

(1236) 05.05.1793 **Scheidt**, Gottlieb Heinrich von,
          Major im Regt. Borch z. F.

(1237) 05.05.1793 **Berengi**, Stefan von,
          Kapitain im Regt. Borch z. F.

(1238) 05.05.1793 **Hettweiler**, Karl Heinrich,
          Stabskapitain im Regt. Borch z. F.

(1239) 05.05.1793 **Corvin-Wiersbitzki**, August Ferdinand von,
          Sekondlieutenant im Regt. Borch z. F.

(1240) Mai 1793 **Schimonsky**, Glaubchrist Friedrich von,
          Major im Regt. Borch z. F.

(1241) Mai 1793 **Pusch**, Karl Heinrich Friedrich von,
          Sekondlieutenant im Regt. Borch z. F.

(1242) 08.05.1793 **Boyen**, Ernst Leopold (Ernst Friedrich) von,
          Sekondlieutenant im Regt. Borstell z. Pf.

(1243) 08.05.1793 **Kalben**, Otto Philipp Friedrich von,
          Kornett im Regt. Borstell z. Pf.

(1244) 08.05.1793 **Möllendorf**, Joachim Albrecht von,
          Stabsrittmeister im Regt. Borstell z. Pf.

(1245) 08.05.1793 **Glasenapp**, Johann Franz von,
          Major im Regt. Knobelsdorf z. F.

(1246) 08.05.1793 **Manteuffel gen. von Zöge**, Karl Georg Friedrich von,
          Kapitain im Regt. Knobelsdorf z. F.

(1247) 08.05.1793 **Zweiffel**, Johann Christian von,
          Major im Regt. Kalckstein z. F.

(1248) 08.05.1793 **Legat**, August Heinrich von,
Major im Regt. Kalckstein z. F.

(1249) 09.05.1793 **Lieben II.**, Wilhelm Peter,
Sekondlieutenant im Feld-Artilleriekorps, 4. Regt.

(1250) 09.05.1793 **Strantz**, Ferdinand Friedrich Karl von,
Major im Regt. Crousaz z. F.

(1251) 09.05.1793 **Weyher**, Leberecht Jakob von,
Major im Regt. Crousaz z. F.

(1252) 09.05.1793 **Schmied von Schmiedseck**, Friedrich Wilhelm,
Stabskapitain im Regt. Crousaz z. F.

(1253) 09.05.1793 **Benckendorff**, Hans Friedrich von,
Stabskapitain im Regt. Crousaz z. F.

(1254) 09.05.1793 **Raumer**, Eugen von,
Kapitain und Quartiermeisterlieutenant

(1255) 13.05.1793 **Lancken**, Karl Rikmann Heinrich von der,
Premierlieutenant im Regt. Vietinghoff z. F.

(1256) 15.05.1793 **Rohr**, Heinrich Wilhelm von,
Major im Regt. Kalckstein z. F.

(1257) 16.05.1793 **Bünting**, Karl Wilhelm von,
Oberstlieutenant im Regt. Prinz Louis von Württemberg
z. Pf.

(1258) 16.05.1793 **Wartenberg**, Ernst Friedrich Christof von,
Rittmeister im Regt. Czettritz-Husaren

(1259) 17.05.1793 **Klüx**, Franz Karl Friedrich Ernst von,
Sekondlieutenant im Füsilier-Batl. Wedel

(1260) 22.05.1793 **Stromberg**, Reinhold Coral von dem,
Premierlieutenant im Regt. Garde

(1261) 22.05.1793 **Heßberg**, Ludwig Wilhelm von,
Kapitain im Regt. Garde

(1262)   22.05.1793   **Franckenberg**, Siegmund Friedrich Wilhelm von,
Major im Regt. Garde

(1263)   23.05.1793   **Hagen**, Christian Friedrich von,
Major im Regt. Thadden z. F.

(1264)   23.05.1793   **Corswant(en)**, Karl Kaspar August von,
Sekondlieutenant im Regt. Garde, Adjutant bei dem Oberst
von Rüchel

(1265)   23.05.1793   **Alkier II.**, Johann Gottlieb August,
Sekondlieutenant im Feld-Artilleriekorps, 4. Regt.

(1266)   25.05.1793   **Massow**, Wedig Kasimir Gottlob von,
Kapitain und Quartiermeisterlieutenant

(1267)   25.05.1793   **Kenitz**, Karl Wilhelm von,
Stabskapitain im Regt. Thadden z. F.

(1268)   25.05.1793   **Pirch**, Karl Felix von,
Lieutenant im Ingenieurkorps

(1269)   30.05.1793   **Lassan**, Johann Friedrich,
Premierlieutenant im Feld-Artilleriekorps, Kommandeur
der 6pfdg. schweren Batterie Nr. 12

(1270)   01.06.1793   **Stwolinsky**, Leopold Sylvius von,
Sekondlieutenant im Regt. Romberg z. F.

(1271)   02.06.1793   **Heiligenstedt**, Georg Heinrich von,
Major im Regt. Herzog von Sachsen-Weimar z. Pf.

(1272)   02.06.1793   **Bilow**, Karl Gustav von,
Kapitain im Regt. Wegnern z. F.

(1273)   02.06.1793   **Allard**, Friedrich Joachim,
Kapitain im Regt. Wegnern z. F.

(1274)   02.06.1793   **Kitzing**, Johann Leopold Friedrich von,
Stabskapitain im Regt. Wegnern z. F.

(1275)   05.06.1793   **Münchow**, Gustaf Ludwig Wilhelm von,
Kapitain im Regt. Wolfframsdorff z. F.

(1276)	11.06.1793	**Groscreutz (Großkreuz)**, Franz Rudolf von, Major im Regt. Köthen z. F.
(1277)	11.06.1793	**Bonin**, Ernst Friedrich von, Premierlieutenant im Regt. Graf f. d. Goltz-Husaren
(1278)	11.06.1793	**Voelcker**, Johann Georg, Sekondlieutenant im Regt. Graf v. d. Goltz-Husaren
(1279)	12.06.1793	**Nassau-Usingen**, Johann Adolf Prinz von
(1280)	19.06.1793	**Quernheim**, Philipp Heinrich Ludwig August von, Stabskapitain im Regt. Schladen z. F.
(1281)	19.06.1793	**Arnim**, Hans Erdmann von, Stabskapitain im Regt. Schladen z. F.
(1282)	19.06.1793	**Lahr**, Heinrich von der, Oberst im Mineurkorps
(1283)	19.06.1793	**Lindener**, Karl Christian Reinhold von, Major im Ingenieurkorps
(1284)	26.06.1793	**Dohna**, Albrecht Leopold Wilhelm Burggraf und Graf zu, Premierlieutenant im Regt. Köthen z. F., Adjutant des Generallieutenants von Knobelsdorf
(1285)	28.06.1793	**Kamptz**, Adolf August von, Stabskapitain im Kadettenkorps, beim Generalstab Dienste tuend
(1286)	30.06.1793	**Reitzenstein**, Friedrich Karl Wilhelm von, Premierlieutenant im Regt. Thadden z. F.
(1287)	30.06.1793	**Waldow**, Achatius Wilhelm August von, Sekondlieutenant im Regt. Borstell z. Pf.
(1288)	30.06.1793	**Bennigsen**, August Christian Ernst von, Stabskapitain im Füsilier-Batl. Legat
(1289)	02.07.1793	**Graßhoff**, Johann Karl August Ferdinand, Sekondlieutenant im Feld-Artilleriekorps, 3. Regt.
(1290)	02.07.1793	**Zorn**, Karl Wilhelm (Ludwig), Premierlieutenant im Feld-Artilleriekorps, 3. Regt.

(1291) 07.07.1793 **Pestel**, Valentin August Karl von,
Sekondlieutenant im Regt. Schladen z. F.

(1292) 07.07.1793 **Mengersen II.**, Adolf Levin von,
Sekondlieutenant im Regt. Schladen z. F.

(1293) 08.07.1793 **Essmann**, Friedrich Philipp von,
Major im Regt. Manstein z. F.

(1294) 08.07.1793 **Wedell**, Johann Ernst von,
Kapitain im Regt. Wolfframsdorff z. F.

(1295) 09.07.1793 **Lecoq**, Karl Jakob Ludwig von,
Major und Quartiermeister

(1296) 09.07.1793 **Raoul**, Karl Friedrich (Karl Heinrich Peter) von,
Rittmeister, Adjutant beim Generallieutenant von
Schönfeld

(1297) 09.07.1793 **Krockow**, August Julius Gneomar Graf von,
Sekondlieutenant im Regt. Borch z. F., Adjutant bei
Generallieutenant von Schönfeld

(1298) 09.07.1793 **Closter**, Kaspar Heinrich Wilhelm,
Kapitain im Regt. Manstein z. F.

(1299) 09.07.1793 **Bachmann**, Johann Heinrich Moritz von,
Sekondlieutenant im Regt. Manstein z. F.

(1300) 09.07.1793 **Gaudi**, Friedrich Wilhelm Leopold von,
Sekondlieutenant im Regt. Kleist z. F.

(1301) 17.07.1793 **Titz von Titzenhöffer**, Karl Leopold,
Sekondlieutenant im Regt. Wolfframsdorf z. F.

(1302) 17.07.1793 **Hopfgarten**, Hans Karl Ludwig Ernst von,
Sekondlieutenant im Regt. Prinz Heinrich z. F.

(1303) 17.07.1793 **Zschock**, Christian Gottlieb Georg von,
Major im Regt. Manstein z. F.

(1304) 17.07.1793 **Neetzow**, Jakob Wilhelm von,
Major im Regt. Manstein z. F.

(1305)	17.07.1793	**Franckenberg**, Karl von, Major im Regt. Wegnern z. F.
(1306)	17.07.1793	**Normann**, Adolf Christian August Karl von, Premierlieutenant im Regt. Wegnern z. F.
(1307)	17.07.1793	**Schmitterlöw**, Karl Wilhelm Friedrich von, Sekondlieutenant im Regt. Wegnern z. F.
(1308)	17.07.1793	**Heyden gen. von Rhynsch**, Ernst von der, Stabskapitain im Regt. Manstein z. F.
(1309)	17.07.1793	**Hallmann**, Karl Gottfried von, Kapitain im Regt. Manstein z. F.
(1310)	17.07.1793	**Vogel**, Johann Friedrich von, Stabskapitain im Regt. Manstein z. F.
(1311)	17.07.1793	**Bülow**, Friedrich Wilhelm von, Kapitain von der Armee, Gouverneur des Prinzen Louis Ferdinand
(1312)	Juli 1793	**Brochhausen**, Karl Friedrich, Premierlieutenant im Feld-Artilleriekorps, 1. Regt.
(1313)	20.07.1793	**Crousaz-Corsier**, Daniel Noë Louis de, Oberst, Chef eines Regts. z. F.
(1314)	23.07.1793	**Wedell**, Konrad Heinrich von, Major im Regt. Thadden z. F.
(1315)	23.07.1793	**Alten-Bockum**, Karl Ferdinand von, Major im Regt. Thadden z. F.
(1316)	23.07.1793	**Schlichting**, Karl Siegismund Friedrich von, Major im Regt. Manstein z. F.
(1317)	23.07.1793	**Stockhausen**, Johann Friedrich Gustaf von, Oberstlieutenant im Regt. Wegnern z. F.
(1318)	23.07.1793	**Brietzke**, Friedrich Rudolf Daniel von, Major im Regt. Wegnern z. F.
(1319)	23.07.1793	**Lepell**, Karl Gustaf von, Major im Regt. Wegnern z. F.

(1320) 23.07.1793 **Tschammer et Osten**, Friedrich Wilhelm Alexander von, Oberstlieutenant und Kommandeur des Regts. Prinz Ferdinand z. F.

(1321) 23.07.1793 **Rosen**, Karl du, Major im Regt. Prinz Ferdinand z. F.

(1322) 23.07.1793 **Seydlitz**, Leopold Gottlieb von, Major im Regt. Prinz Ferdinand z. F.

(1323) 23.07.1793 **Byern**, Ludwig Christof von, Major im Regt. Prinz Ferdinand z. F.

(1324) 23.07.1793 **Hohenlohe-Ingelfingen**, Georg Heinrich Friedrich Prinz von Oberst und Kommandeur des Regts. Wolfframsdorff z. F.

(1325) 23.07.1793 **Goerlitz**, Ernst Christian von, Oberst im Regt. Wolfframsdorff z. F.

(1326) 23.07.1793 **Strachwitz**, Christian Georg Ludwig von, Oberstlieutenant im Regt. Wolfframsdorff z. F.

(1327) 23.07.1793 **Wuthenow**, Christian Friedrich Leopold von, Major im Regt. Wolfframsdorff z. F.

(1328) 23.07.1793 **Oertel (Erthele)**, Karl Josef, Major im Regt. Schalden z. F.

(1329) 23.07.1793 **Froreich**, Ulrich Karl von, Oberst und Kommandeur des Regts. Herzog von Sachsen-Weimar z. Pf.

(1330) 23.07.1793 **Schubaert I.**, Karl Christof von, Major im Regt. Herzog von Sachsen-Weimar z. Pf.

(1331) 23.07.1793 **Schubaert II.**, Ernst Georg Wilhelm (Ernst Eberhard Georg) von, Major im Regt. Herzog von Sachsen-Weimar z. Pf.

(1332) 23.07.1793 **Dresden**, Johann Gotthard von, Major im Regt. Herzog von Sachsen-Weimar z. Pf.

(1333) 23.07.1793 **Lentcken**, Johann Christian Wilhelm von,
Oberstlieutenant im Feld-Artilleriekorps, 4. Regt.

(1334) 23.07.1793 **Scheel**, Johann Heinrich,
Oberstlieutenant im Feld-Artilleriekorps, 2. Regt.

(1335) 23.07.1793 **Becker**, Heinrich Gottlieb (Gottlob),
Oberstlieutenant im Feld-Artilleriekorps, 2. Regt.

(1336) 23.07.1793 **Puttkamer**, Wilhelm Ludwig von,
Major im Feld-Artilleriekorps, 2. Regt.

(1337) 23.07.1793 **Schramm**, Ernst Christian Friedrich,
Major im Feld-Artilleriekorps, 3. Regt.

(1338) 23.07.1793 **Neander**, Joachim Friedrich (Johann Wilhelm),
Kapitain im Feld-Artilleriekorps, 4. Regt.

(1339) 23.07.1793 **Rück**, Johann Karl,
Premierlieutenant im Mineurkorps

(1340) 23.07.1793 **Goltz**, Hans Christ. Wilhelm von der,
Kapitain im Ingenieurkorps

(1341) 23.07.1793 **Engelbrecht**, Ludwig Philipp von,
Lieutenant im Ingenieurkorps, Adjutant "bei der Belagerung"

(1342) 23.07.1793 **Turpin**, Charles Baron de,
Oberstlieutenant und französischer Ingenieur, Chef der II. Ingenieur-Brigade

(1343) 23.07.1793 **Boulignez**, François Josef de,
Kapitain und französischer Ingenieur, Chef der III. Ingenieur-Brigade

(1344) 23.07.1793 **Blumenstein**, der ältere von,
Kapitain und französischer Ingenieur in der III. Ingenieur-Brigade

(1345) 23.07.1793 **Bömcken**, Melchior Leberecht von,
Kapitain und Quartiermeisterlieutenant

(1346) 23.07.1793 **Uttenhofen**, Johann Wilhelm von,
Kapitain im Regt. Fußjäger

(1347)	26.07.1793	**Knobelsdorf**, Johann Christof von, Oberst im Regt. Wolfframsdorff z. F.
(1348)	26.07.1793	**Heyn**, Johann von, Major im Regt. Wolfframsdorff z. F.
(1349)	26.07.1793	**Wasmer**, Karl Maximilian von, Major im Regt. Vietinghoff z. F.
(1350)	26.07.1793	**Keyserlingk**, Ernst Ewald Friedrich Freiherr von, Major im Füsilier-Batl. Legat
(1351)	26.07.1793	**Brix und Montzel**, Johann Josef Franz Maximilian von, Sekondlieutenant im Regt. Garde
(1352)	Juli 1793	**Polczynski**, Andreas Boboli Johannes Nepomucenus von, Sekondlieutenant im Regt. Graf Hertzberg z. F.
(1353)	Juli 1793	**Glan**, Johann Georg Karl von, Sekondlieutenant im Regt. Romberg z. F.
(1354)	Juli 1793	**Groeben**, Ludwig Heinrich Wilhelm von der, Major im Regt. Kleist z. F.
(1355)	Juli 1793	**Trzbiatowski**, Johann Friedrich von, Major im Regt. Kleist z. F.
(1356)	03.08.1793	**Neumann**, David von, Major im Regt. Erbprinz von Hohenlohe z. F.
(1357)	03.08.1793	**Gersdorf**, Leopold Siegmund von, Premierlieutenant im Regt. Graf v. d. Goltz-Husaren
(1358)	03.08.1793	**Heidenreich**, Heinrich Leopold, Sekondlieutenant im Regt. Fußjäger
(1359)	06.08.1793	**Przychowsky**, Georg Karl Friedrich von, Kapitain im Regt. Crousaz z. F.
(1360)	07.08.1793	**Kamiensky**, Hans von, Kapitain im Regt. Kleist z. F.
(1361)	14.08.1793	**Osten**, Otto Albrecht Philipp von der, Sekondlieutenant im Regt. Graf Lottum-Dragoner

(1362) 14.08.1793 **Luttitz**, Hans Gotthard Benno von,
Premierlieutenant im Regt. vak. Tschirschky-Dragoner

(1363) 14.08.1793 **Stolberg**, Friedrich Karl August Alexander Graf zu,
Sekondlieutenant im Regt. Thadden z. F.

(1364) 15.08.1793 **Legat**, August Christian Heinrich von,
Oberst, Chef eines Füsilier-Batls.

(1365) 15.08.1793 **Malachowsky**, Johann Adolf Friedrich von,
Oberst und Kommandeur des Regts. Eben-Husaren

(1366) 15.08.1793 **Marwitz**, Georg Adolf Kasimir von der,
Major im Regt. Eben-Husaren

(1367) 15.08.1793 **Koschützky**, Christian Heinrich von,
Major im Regt. Graf Hertzberg z. F.

(1368) 15.08.1793 **Hahn**, Friedrich Konrad Heinrich,
Stabskapitain im Feld-Artilleriekorps, Kommandeur der schweren 6pfdg. Batterie Nr. 1

(1369) 15.08.1793 **Bergen**, Friedrich Wilhelm von,
Sekondlieutenant im Regt. Lichnowsky z. F., ad inter. beim Generalstabe Dienste tuend

(1370) 18.08.1793 **Massow**, Karl Friedrich von,
Major im Regt. Thadden z. F.

(1371) 18.08.1793 **Heyden I.**, Heinrich Julius von,
Stabskapitain im Regt. Thadden z. F.

(1372) 18.08.1793 **Brandenstein**, Ernst Friedrich von,
Major im Regt. Kleist z. F.

(1373) 19.08.1793 **Franckenberg**, Karl Leopold von,
Oberstlieutenant im Regt. Prinz Heinrich z. F.

(1374) 19.08.1793 **Franckenberg**, Josef Leopold von,
Kapitain im Regt. Prinz Heinrich z. F.

(1375) 19.08.1793 **Dobrowolski**, Karl Friedrich Florian von,
Sekondlieutenant im Regt. Fußjäger

(1376) 21.08.1793 **Nolting**, Friedrich Philipp Wilhelm Ferdinand Gottlob von, Stabskapitain im Regt. Rüchel z. F., Adjutant beim Generalmajor von Pfau

(1377) 21.08.1793 **Schwerin**, Karl Otto Friedrich Graf von, Sekondlieutenant im Regt. Eben-Husaren

(1378) 21.08.1793 **Boehm und Betzing**, Karl Wilhelm Ludwig von, Premierlieutenant im Regt. Köhler-Husaren

(1379) 21.08.1793 **Heyden**, Johann Kaspar von der, Major im Regt. Graf Lottum-Dragoner

(1380) 21.08.1793 **Diezelski**, Johann Friedrich von, Major im Regt. Graf Lottum-Dragoner

(1381) 21.08.1793 **Broun**, Karl Erdmann Jakob von, Premierlieutenant im Regt. Graf Lottum-Dragoner

(1382) 21.08.1793 **Kameke**, George Christian Friedrich von, Sekondlieutenant im Regt. Graf Lottum-Dragoner

(1383) 21.08.1793 **Preysing**, Heinrich Siegismund Graf von, Rittmeister im Regt. Wolffradt-Husaren

(1384) 21.08.1793 **Kusska**, Johann Adam Rudolf Franz Simon Josef, Sekondlieutenant im Regt. Wolffradt-Husaren

(1385) 23.08.1793 **Katzler**, George Friedrich von, Sekondlieutenant im Regt. vak. Graf v. d. Goltz-Husaren

(1386) 23.08.1793 **Kameke**, Karl Wilhelm von, Sekondlieutenant im Regt. vak. Graf v. d. Goltz-Husaren

(1387) 23.08.1793 **Kalckreuth**, Friedrich von, Stabsrittmeister im Regt. vak. Graf v. d. Goltz-Husaren

(1388) August 1793 **Teiffel**, Karl August von, Premierlieutenant im Regt. Romberg z. F.

(1389) 30.08.1793 **Graevenitz**, Heinrich Leopold Wilhelm Albrecht Georg von, Sekondlieutenant im Regt. Prinz Heinrich z. F.

(1390) 05.09.1793 **Nagel**, Karl Heinrich,
Sekondlieutenant im Regt. Herzog von Braunschweig z. F.

(1391) 06.09.1793 **Waldenfels**, Christof Friedrich Josef von,
Major und Kommandeur des früheren Anspachschen
Jäger-Batls.

(1392) 06.09.1793 **Reitzenstein**, Friedrich Wilhelm Freiherr von,
Kapitain im Grenadier-Batl. Beust

(1393) 13.09.1793 **Wedell**, Karl Wilhelm von,
Major und Inspektionsadjutant des Generallieutenants
Grafen von Kalckreuth

(1394) 13.09.1793 **Kahlden von Normann**, Balthasar Ernst Alexander
Ferdinand,
Premierlieutenant im Regt. Anspach-Bayreuth-Dragoner

(1395) 13.09.1793 **Trützschler**, Friedrich Traugott von,
Kurfürstlich Sächsischer Major im Husaren-Regt.

(1396) 13.09.1793 **Lindenau**, Friedrich Karl Christian von,
Kurfürstlich Sächsischer Premierlieutenant im Husaren-
Regt.

(1397) 13.09.1793 **Niesemeuschel**, Wilhelm Ludwig Adolf von,
Kurfüstlich Sächsischer Souslieutenant im Husaren-Regt.

(1398) 13.09.1793 **Lindenau**, Adam Friedrich August von,
Kurfürstlich Sächsischer Souslieutenant im Husaren-Regt.

(1399) 14.09.1793 **Bardeleben**, Karl Siegismund Georg von,
Major im Regt. Prinz Heinrich z. F.

(1400) 17.09.1793 **Berg**, Karl Leopold Christof (Christian) von,
Major im Regt. Eben-Husaren

(1401) 17.09.1793 **d'Aubier**, Antoine,
Kapitain aus französischen Diensten, Adjutant des
Obersten von Székely

(1402) 17.09.1793 **Treskow**, Karl Philipp von,
Stabsrittmeister im Regt. vak. Graf v. d. Goltz-Husaren

(1403) 17.09.1793 **Loeben**, Friedrich August von,
Kapitain im Füsilier-Batl. Wedell

(1404) 17.09.1793 **Przystanowski**, Johann Adam von,
Sekondlieutenant im Regt. Crousaz z. F.

(1405) 17.09.1793 **Schindler**, Ernst Karl Anton Friedrich von,
Kurfürstlich Sächsischer Major im Karabiniers-Regt.

(1406) 17.09.1793 **Gutschmidt**, Christof Siegmund Freiherr von,
Kurfürstlich Sächsischer Rittmeister im Husaren-Regt.

(1407) 17.09.1793 **Lange**, Friedrich Karl Wilhelm von,
Oberst und Kommandeur des Regts. Graf Lottum-Dragoner

(1408) 17.09.1793 **Studnitz**, Karl Siegmund von,
Oberst und Kommandeur des Regts. vak. Tschirschky-Dragoner

(1409) 17.09.1793 **Reiswitz**, Karl Alexander von,
Major im Regt. Borch z. F.

(1410) 17.09.1793 **Francken**, August Friedrich Herman von,
Major und Quartiermeisterlieutenant

(1411) 17.09.1793 **Grawert**, Johann (Hans) Friedrich von,
Rittmeister und Quartiermeisterlieutenant

(1412) 17.09.1793 **Hake**, Karl Georg Albrecht Ernst von,
Sekondlieutenant im Regt., Garde, ad int. beim Generalstab Dienste tuend

(1413) 17.09.1793 **Zieten**, Wilhelm Joachim von,
Major im Regt. Herzog von Braunschweig z. F.

(1414) 17.09.1793 **Gordon**, Friedrich Bernhard von,
Major im Regt. Herzog von Braunschweig z. F.

(1415) 17.09.1793 **Elsner**, Karl Christian von,
Major im Regt. Herzog von Braunschweig z. F.

(1416) 17.09.1793 **Hahn**, Karl Ludwig,
Premierlieutenant im Feld-Artilleriekorps, Kommandeur der reitenden Batterie Nr. 4

(1417) 17.09.1793 **Wundersitz**, Gottfried,
Sekondlieutenant im Feld-Artilleriekorps, Kommandeur
der schweren 6 pfdg. Batterie Nr. 4

(1418) 17.09.1793 **Pototzky**, Florian Samuel,
Sekondlieutenant im Feld-Artilleriekorps, Kommandeur
der schweren 6 pfdg. Batterie Nr. 10

(1419) 17.09.1793 **Fidler**, Heinrich Karl,
Sekondlieutenant im Feld-Artilleriekorps, 4. Regt.

(1420) 17.09.1793 **Alvensleben**, Ludolf August Friedrich von,
Major im Regt. Garde

(1421) 17.09.1793 **Rentzel**, Kaspar Friedrich Wilhelm von,
Sekondlieutenant im Regt. Schladen z. F.

(1422) 17.09.1793 **Wnuck**, Paul Ludwig von,
Sekondlieutenant im Regt. Borch z. F.

(1423) 17.09.1793 **Normann**, Ernst Ludwig von,
Sekondlieutenant im Regt. Wolfframsdorff z. F.

(1424) 17.09.1793 **Carnall**, Arwed Konrad von,
Premierlieutenant im Regt. Graf Hertzberg z. F.

(1425) 17.09.1793 **Krahn**, Karl Friedrich,
Oberst im Regt. Borstell z. Pf.

(1426) 17.09.1793 **Schleinitz**, Andreas Friedrich von, Oberstlieutenant im
Regt. Borstell z. Pf.

(1427) 17.09.1793 **Kleist**, Ludwig Franz Philipp Christian von,
Major im Regt. Borstell z. Pf.

(1428) 17.09.1793 **Podewils**, Wilhelm Theodor von,
Major im Regt. Borstell z. Pf.

(1429) 17.09.1793 **Eickstedt**, Ludwig Wilhelm von,
Sekondlieutenant im Regt. Graf Lottum-Dragoner

(1430) 17.09.1793 **Dürr**, Christian Friedrich Karl Alexander von,
Sekondlieutenant im Regt. vak. Tschirschky-Dragoner

(1431) 17.09.1793 **Salisch**, Paul Wilhelm Erdmann von,
Sekondlieutenant im Regt. vak. Tschirschky-Dragoner

(1432) 17.09.1793 **Lange I.**, Christof Samuel Friedrich,
Premierlieutenant im Feld-Artilleriekorps, Kommandeur
der reitenden Batterie Nr. 2

(1433) 17.09.1793 **Loucey**, Peter Franz,
Premierlieutenant à la suite des Regts. Köhler-Husaren

(1434) 20.09.1793 **Jena**, Johann Friedrich von,
Sekondlieutenant im Regt. Wolffradt-Husaren

(1435) 29.09.1793 **Heyde**, Moritz Wilhelm von der,
Kapitain im Jäger-Batl. Waldenfels

(1436) 02.10.1793 **Hartmann**, Johann Friedrich Ludwig von,
Major im Regt. Crousaz z. F.

(1437) 02.10.1793 **Stockhausen**, Christian Ludwig,
Stabskapitain im Feld-Artilleriekorps, Kommandeur der
Mörser-Batterie Nr. 1

(1438) 02.10.1793 **Kurchfeldt**, Andreas,
Premierlieutenant im Feld-Artilleriekorps, Kommandeur
der Brummer-Batterie Nr. 4

(1439) 02.10.1793 **Wuthenow**, Karl Ludwig von,
Sekondlieutenant im Regt. Anspach-Bayreuth-Dragoner

(1440) 02.10.1793 **Bismarck**, Leopold Friedrich von,
Sekondlieutenant im Regt. Eben-Husaren

(1441) 02.10.1793 **Ferber**, Karl Adolf Friedrich von,
Kurfürstlich Sächsischer Oberst im Karabiniers-Regt.

(1442) 02.10.1793 **Rabe**, Friedrich Wilhelm,
Kurfürstlich Sächsischer Souslieutenant von der Artillerie

(1443) 02.10.1793 **Stutterheim**, Daniel Gottfried Wilhelm von,
Kurfürstlich Sächsischer Premierlieutenant im Husaren-
Regt.

(1444) 02.10.1793 **Fabre**, Karl (Hermann) von,
Kurfürstlich Trierscher Kapitain, Chef einer Jäger-Komp.

(1445) 16.10.1793 **Erynaeus**, Johann Daniel,
Kapitain im Feld-Artilleriekorps, Kommandeur der
schweren 6pfdg. Batterie Nr. 14

(1446) 16.10.1793 **Blomberg**, Wilhelm Karl von,
Major im Regt. Kalckstein z. F.

(1447) 16.10.1793 **Wattenwyl**, Nikolaus Rudolf von,
Rittmeister im Leib-Regt. z. Pf.

(1448) 16.10.1793 **Glasenapp**, Paul Ernst August Wilhelm von,
Stabskapitain im Regt. Knobelsdorf z. F.

(1449) 16.10.1793 **Wolki**, Johann Friedrich Ludwig von,
Sekondlieutenant im Regt. vak. Graf v. d. Goltz-Husaren

(1450) 16.10.1793 **Schulenburg**, Leopold Wilhelm von der,
Sekondlieutenant im Regt. vak. Graf v. d. Goltz-Husaren

(1451) 23.10.1793 **Luck**, Johann Leopold von,
Major im Regt. Schmettau-Dragoner

(1452) 26.10.1793 **Koeckritz**, Karl Leopold von,
Major im Grenadier-Garde-Batl.

(1453) 27.10.1793 **Hartmann**, Friedrich Moritz Poppo von,
Kurfürstlich Sächsischer Rittmeister im Husaren-Regt.

(1454) 27.10.1793 **Offiezky**, Johann von,
Stabsrittmeister im Regt. Wolffradt-Husaren

(1455) 11.11.1793 **Schack**, Johann George von,
Major von der Armee, Adjutant bei dem Kronprinzen von
Preußen

(1456) 11.11.1793 **Harroy**, Johann Augustin (von),
Kapitain im Ingenieurkorps

(1457) 11.11.1793 **Poblozky**, Karl Martin von,
Lieutenant im Ingenieurkorps

(1458) 11.11.1793 **Buch**, Johann Julius,
Stabskapitain im Feld-Artilleriekorps, 3. Regt.

(1459) 11.11.1793 **Schweder**, Friedrich August von,
Stabskapitain im Feld-Artilleriekorps, 4. Regt.

(1460) 11.11.1793 **Ossendorf**, Karl Ludwig,
Stabskapitain im Feld-Artilleriekorps, 2. Regt.

(1461) 11.11.1793 **Saager**, Christof,
Premierlieutenant im Feld-Artilleriekorps, 3. Regt.

(1462) 28.11.1793 **Sanitz**, Hans Ehrenreich von,
Major im Regt. Crousaz z. F.

(1463) 28.11.1793 **Gorezki**, Stanislaus von,
Kapitain im Regt. Crousaz z. F.

(1464) 28.11.1793 **Dankbahr**, Friedrich Wilhelm Gustaf von,
Stabskapitain im Regt. Crousaz z. F.

(1465) 28.11.1793 **Collin**, Karl Gustaf von,
Premierlieutenant im Regt. Crousaz z. F.

(1466) 28.11.1793 **Strauß**, Georg Friedrich Adolf von,
Premierlieutenant im Regt. Crousaz z. F.

(1467) 28.11.1793 **Jutrzenka**, Andreas Franz von,
Fähnrich im Regt. Crousaz z. F.

(1468) 28.11.1793 **Wiedemann**, Hans Rudolf von,
Kurfürstlich Sächsischer Oberst im Regt. Prinz Klemens

(1469) 28.11.1793 **Burgsdorff**, Friedrich Wilhelm (Karl Gottlob) von,
Kurfürstlich Sächsischer Major im Regt. Prinz Klemens

(1470) 28.11.1793 **Eicke**, Hans Heinrich Andreas von,
Major im Regt. Vietinghoff z. F.

(1471) 28.11.1793 **Strotha**, Johann Christof von,
Kapitain im Regt. Vietinghoff z. F.

(1472) 28.11.1793 **Dyhern**, Ludwig Ferdinand von,
Kurfürstlich Sächsischer Major im Regt. Sachsen-Gotha

(1473) 28.11.1793 **Hünerbein**, Johann Ludwig von,
Kurfürstlich Sächsischer Kapitain im Regt. Prinz Anton,
Adjutant des Generallieutenants von Lindt

(1474)　28.11.1793　**Haagk (Hagken)**, Alexander Christian Reichsfreiherr von,
Major im Regt. Köthen z. F.

(1475)　28.11.1793　**Lebbin**, Jakob Christof von,
Kapitain von der Armee, Brigademajor beim Korps des
Generallieutenants von Knobelsdorf

(1476)　28.11.1793　**Rohr**, Georg Moritz von,
Sekondlieutenant im Regt. Knobelsdorf z. F.

(1477)　28.11.1793　**Sommerfeldt**, Gottfried Karl von,
Kapitain im Regt. Prinz Heinrich z. F.

(1478)　28.11.1793　**Lebbin**, Franz Heinrich (Kaspar Friedrich) von,
Premierlieutenant im Regt. Prinz Heinrich z. F., Adjutant
des Generallieutenants von Kalckstein

(1479)　28.11.1793　**Graevenitz**, Heinrich Ernst Hans Leopold Wilhelm von,
Sekondlieutenant im Regt. Prinz Heinrich z. F.

(1480)　28.11.1793　**Below**, Karl Heinrich Christian von,
Kapitain im Regt. Herzog von Braunschweig z. F.

(1481)　28.11.1793　**Schlieben**, Johann Heinrich von,
Oberstlieutenant und Kommandeur des Grenadier-Garde-
Batls.

(1482)　02.12.1793　**Noß**, Heinrich Friedrich,
Sekondlieutenant im Grenadier-Garde-Batl.

(1483)　06.12.1793　**Dael**, Friedrich Ludwig Kaspar von,
Sekondlieutenant im Regt. Kunitzky z. F.

(1484)　06.12.1793　**Gillhausen**, Friedrich Konrad Wilhelm (von),
Sekondlieutenant im Regt. Köthen z. F.

(1485)　06.12.1793　**Bonhorst**, Alexander Konstantin von,
Sekondlieutenant im Regt. vak. Graf v. d. Goltz-Husaren

(1486)　07.12.1793　**Curzbach von Seidlitz (Seydlitz II.)**, Johann Balthasar,
Stabskapitain im Regt. Wolfframsdorff z. F., Adjutant des
Generallieutenants von Kalckstein

(1487)　07.12.1793　**Reinbaben**, George Ludwig von,
　　　　　　　　　　Kapitain von der Armee, Gouvernementsadjutant des
　　　　　　　　　　Generallieutenants von Kalckstein

(1488)　07.12.1793　**Sikorsky**, Josef von,
　　　　　　　　　　Sekondlieutenant im Feld-Artilleriekorps, 3. Regt.

(1489)　11.12.1793　**Bistram**, Otto Heinrich von,
　　　　　　　　　　Major im Grenadier-Garde-Batl.

(1490)　11.12.1793　**Brandenstein**, Wilhelm August von,
　　　　　　　　　　Major im Regt. Prinz Heinrich z. F.

(1491)　11.12.1793　**Keyserlingk**, Karl Heinrich Freiherr von,
　　　　　　　　　　Stabskapitain im Regt. Prinz Heinrich z. F.

(1492)　11.12.1793　**Salisch**, Franz Karl Otto von,
　　　　　　　　　　Major im Regt. Herzog von Braunschweig z. F.

(1493)　11.12.1793　**Parrasky**, Gottfried Ludwig von,
　　　　　　　　　　Stabskapitain im Regt. Herzog von Braunschweig z. F.

(1494)　11.12.1793　**Holtzmann**, Hans Karl Wilhelm von,
　　　　　　　　　　Major im Regt. Knobelsdorf z. F.

(1495)　11.12.1793　**Lobenthal**, Friedrich Ludwig Karl von,
　　　　　　　　　　Sekondlieutenant im Regt. Knobelsdorf z. F.

(1496)　11.12.1793　**Neindorff**, Christian Ludwig von,
　　　　　　　　　　Kapitain im Regt. Kalckstein z. F.

(1497)　11.12.1793　**Holwede**, August Ludwig von,
　　　　　　　　　　Kapitain im Regt. Kalckstein z. F.

(1498)　11.12.1793　**Truchseß zu Waldburg**, Gebhard Graf,
　　　　　　　　　　Stabskapitain im Regt. Kalckstein z. F.

(1499)　11.12.1793　**Schlegell**, Heinrich August Friedrich Leopold von,
　　　　　　　　　　Sekondlieutenant im Regt. Kalckstein z. F.

(1500)　11.12.1793　**Brunnow**, Johann Kasimir von,
　　　　　　　　　　Kapitain im Regt. Vietinghoff z. F.

(1501)　11.12.1793　**Metzsch**, Johann Ernst Siegemund von,
　　　　　　　　　　Oberstlieutenant im Regt. Crousaz z. F.

(1502) 11.12.1793 **Furtenbach**, Johann von,
Kapitain im Regt. Crousaz z. F.

(1503) 11.12.1793 **Zegelin**, Johann Heinrich Friedrich von,
Sekondlieutenant im Regt. Crousaz z. F.

(1504) 11.12.1793 **Schell**, Konrad Jost Friedrich von,
Major im Regt. Köthen z. F.

(1505) 11.12.1793 **Pirch**, Ernst Friedrich Jasbon von,
Sekondlieutenant im Regt. Köthen z. F.

(1506) 11.12.1793 **Hahn III.**, Karl Friedrich Wilhelm,
Sekondlieutenant im Feld-Artilleriekorps, 2. Regt.

(1507) 11.12.1793 **Westfahl**, Ferdinand Ludwig Friedrich Emil,
Sekondlieutenant im Feld-Artilleriekorps, 1. Regt.

(1508) 11.12.1793 **Gause**, Friedrich Karl,
Sekondlieutenant im Feld-Artilleriekorps, reitende Batterie Nr. 6

(1509) 11.12.1793 **Heidenreich II.**, Theodor Friedrich,
Sekondlieutenant im Feld-Artilleriekorps, 3. Regt.

(1510) 11.12.1793 **Schneider**, Johann Friedrich,
Sekondlieutenant im Feld-Artilleriekorps, 4. Regt.

(1511) 11.12.1793 **Meyer**, Gottfried Benjamin von,
Oberst im Leib-Regt. z. Pf.

(1512) 11.12.1793 **Esebeck**, Christian Karl von,
Oberstlieutenant im Leib-Regt. z. Pf.

(1513) 11.12.1793 **Treskow**, August Heinrich von,
Stabsrittmeister im Leib-Regt. z. Pf.

(1514) 11.12.1793 **Winning**, Karl Otto Ehrentreich von,
Major im Regt. Leib-Karabiniers

(1515) 11.12.1793 **Kaphengst**, Wilhelm Gottfried Christian von,
Rittmeister im Regt. Leib-Karabiniers

(1516) 11.12.1793 **Zieten**, Hans Balthasar von,
Stabsrittmeister im Regt. Leib-Karabiniers

(1517) 11.12.1793 **Flanß**, August Ferdinand von,
Stabsrittmeister im Regt. Leib-Karabiniers

(1518) 11.12.1793 **Sparr**, Karl Friedrich Graf von,
Stabsrittmeister im Regt. Leib-Karabiniers

(1519) 11.12.1793 **Rohr**, Friedrich Karl Ludwig Georg von,
Sekondlieutenant im Regt. Borstell z. Pf.

(1520) 11.12.1793 **Borstell**, Karl Leopold Ludwig von,
Sekondlieutenant im Regt. Borstell z. Pf.

(1521) 11.12.1793 **Ehrencron**, Karl Friedrich von,
Major im Regt. Graf Lottum-Dragoner

(1522) 11.12.1793 **Diezelski**, Michael Ernst von,
Stabskapitain im Regt. Graf Lottum-Dragoner

(1523) 11.12.1793 **Janwitz**, Karl Ludwig von,
Stabskapitain im Regt. Graf Lottum-Dragoner

(1524) 11.12.1793 **Rebenstock**, Johann Friedrich von,
Major im Regt. Voß-Dragoner

(1525) 11.12.1793 **Steinäcker**, Christian Karl von,
Major im Regt. Voß-Dragoner

(1526) 11.12.1793 **Schenck**, Karl Friedrich von,
Stabsrittmeister im Regt. Eben-Husaren

(1527) 11.12.1793 **Siegroth**, Anton von,
Premierlieutenant im Regt. Köhler-Dragoner

(1528) 11.12.1793 **Wedell**, Otto Julius Leopold von,
Sekondlieutenant im Regt. Herzog von Braunschweig z. F.

(1529) 11.12.1793 **Bredow**, Johann Ludwig von,
Stabskapitain im Feld-Artilleriekorps, 4. Regt.

(1530)   11.12.1793   **Schweinitz**, Joachim von,
                      Major im Regt. Vietinghoff z. F.

(1531)   11.12.1793   **Cellarius**, Theodor,
                      Kaiserlich Russischer Fähnrich

1794

(1532)   09.01.1794   **Hertzberg**, Johann Wilhelm Graf von,
                      Stabskapitain im Regt. Rüchel z. F.

(1533)   09.01.1794   **Poyda**, Heinrich Konstantin Anton von,
                      Sekondlieutenant im Regt. Rüchel z. F.

(1534)   09.01.1794   **Pritzelwitz**, Joachim Heinrich von,
                      Sekondlieutenant im Feld-Artilleriekorps, Kommandeur
                      der reitenden Batterie Nr. 6

(1535)   09.01.1794   **Bandemer**, Ernst Friedrich Wilhelm von,
                      Sekondlieutenant im Regt. Anspach-Bayreuth-Dragoner

(1536)   09.01.1794   **Koblinsky**, Johann Georg von,
                      Kapitain im Regt. Wolfframsdorff z. F.

(1537)   09.01.1794   **Stach von Goltzheim**, Otto Friedrich,
                      Kapitain im Regt. Wolfframsdorff z. F.

(1538)   15.01.1794   **Loeweneck**, Friedrich Siegmund Magnus von,
                      Sekondlieutenant im Regt. Eben-Husaren

(1539)   19.01.1794   **Trützschler**, Ernst Adam Heinrich von,
                      Stabskapitain im Füsilier-Batl. Ernest

(1540)   19.01.1794   **Goltz**, Karl Friedrich Heinrich Graf von der,
                      Sekondlieutenant im Regt. vak. Graf v. d. Goltz-Husaren

(1541)   22.01.1794   **Hornberg**, Friedrich Wilhelm von,
                      Sekondlieutenant im Regt. Rüchel z. F.

(1542)   22.01.1794   **Stockhausen**, Johann Karl Friedrich Ludwig von,
                      Sekondlieutenant im Regt. Rüchel z. F.

(1543)　27.01.1794　**Poellnitz**, Friedrich Wilhelm Lebrecht von,
　　　　　　　　　　Oberstlieutenant im Regt. Voß-Dragoner

(1544)　15.02.1794　**Stammer**, Eckart Adam von,
　　　　　　　　　　Kurfürstlich Sächsischer Oberst im Regt. Kurfürst

(1545)　15.02.1794　**Christiani**, Georg Gottfried (von?),
　　　　　　　　　　Kurfürstlich Sächsischer Oberstlieutenant im Regt. Lecoq,
　　　　　　　　　　Kommandeur eines Grenadier-Batls.

(1546)　13.03.1794　**Wartensleben**, Ferdinand Graf von,
　　　　　　　　　　k.u.k. Oberstlieutenant im Infanterie-Regt. Graf
　　　　　　　　　　Wartensleben und Generaladjutant des Feldmarschall-
　　　　　　　　　　Lieutenants Grafen von Wartensleben

(1547)　30.03.1794　**Raven**, Ulrich Ludwig Friedrich von,
　　　　　　　　　　Sekondlieutenant im Füsilier-Batl. Oswald

(1548)　05.04.1794　**Bardeleben**, Heinrich Ferdinand von,
　　　　　　　　　　Major im Regt. Kleist z. F.

(1549)　05.04.1794　**Waldau**, August Friedrich von,
　　　　　　　　　　Kapitain im Regt. Kleist z. F.

(1550)　05.04.1794　**Köhn gen. von Jaski**, Karl Friedrich,
　　　　　　　　　　Sekondlieutenant im Regt. Kleist z. F.

(1551)　05.04.1794　**Berghan**, Friedrich August Karl Wilhelm von,
　　　　　　　　　　Premierlieutenant im Regt. Kleist z. F.

(1552)　05.04.1794　**Carlowitz**, Franz von,
　　　　　　　　　　Premierlieutenant im Regt. Kleist z. F.

(1553)　05.04.1794　**Lehe**, Otto Rudolf Heinrich von der,
　　　　　　　　　　Sekondlieutenant im Regt. Kleist z. F.

(1554)　05.04.1794　**Leonhardy**, Heinrich August,
　　　　　　　　　　Kapitain im Regt. Fußjäger

(1555)　10.04.1794　**Schmidt**, Johann Christian Ludwig,
　　　　　　　　　　Sekondlieutenant im Regt. Trenk-Husaren

(1556)　12.04.1794　**Teschen**, Johann Karl Friedrich,
　　　　　　　　　　Sekondlieutenant im Regt. Eben-Husaren

(1557)	12.04.1794	**Warburg**, Ernst Friedrich Wilhelm von, Premierlieutenant im Regt. Eben-Husaren
(1558)	18.04.1794	**Titius**, Joachim Friedrich, Rittmeister im Regt. Prinz Eugen von Württemberg-Husaren
(1559)	20.?04.1794	**Knobelsdorf**, Ernst von, Sekondlieutenant im Regt. Eben-Husaren
(1560)	26.04.1794	**Brandenstein**, Christian August von, Major im Regt. Kleist z. F.
(1561)	26.04.1794	**Roettger**, August Wilhelm von, Oberst im Regt. Leib-Karabiniers
(1562)	07.05.1794	**Loose**, Christian Daniel, Major im Regt. vak. Graf v. d. Goltz-Husaren
(1563)	07.05.1794	**Tschirschky**, Karl Wilhelm vom, Premierlieutenant im Regt. Wolffradt-Husaren
(1564)	07.05.1794	**Brunette**, Moritz von, Premierlieutenant im Regt. Wolffradt-Husaren
(1565)	07.05.1794	**Morstein**, Friedrich (Ferdinand) von, Sekondlieutenant im Regt. Wolffradt-Husaren
(1566)	11./14.05.1794	**Stössel**, Johann Otto Siegismund von, Sekondlieutenant im Regt. vak. Graf v. d. Goltz-Husaren
(1567)	Mai 1794	**Reitzenstein**, Heinrich Friedrich August von, Major im Regt. Anspach-Bayreuth-Dragoner
(1568)	Mai 1794	**Loeweneck**, Karl Friedrich von, Major im Regt. Eben-Husaren
(1569)	07.06.1794	**Pontanus**, Johann Christian, Kapitain im Feld-Artilleriekorps, 1. Regt., Assistent beim 3. Departement des Ober-Kriegskollegiums
(1570)	07.06.1794	**Goertzke**, Friedrich von, Kapitain und Quartiermeisterlieutenant

(1571)   07.06.1794   **Kyckbusch**, Hans Christof von,
                      Kapitain und Quartiermeisterlieutenant

(1572)   07.06.1794   **Valentini**, Alexander Ferdinand Bernhard Ludwig
                      Heinrich von,
                      Major im Regt. Fußjäger

(1573)   07.06.1794   **Hamelberg**, Friedrich Wilhelm von,
                      Stabskapitain und Gouvernementsadjutant beim
                      Generallieutenant von Woldeck, z. Z. Dienste leistend
                      beim General der Infanterie von Knobelsdorf

(1574)   07.06.1794   **Roehl**, Ernst Andreas (von),
                      Sekondlieutenant im Feld-Artilleriekorps, Adjutant des
                      Generalmajors von Moller

(1575)   07.06.1794   **Below**, Martin Friedrich Karl von,
                      Premierlieutenant im Regt. Borstell z. Pf.

(1576)   07.06.1794   **Stein zum Altenstein**, Friedrich Ferdinand Wilhelm
                      Reichsfreiherr von,
                      Sekondlieutenant im Füsilier-Batl. Thadden

(1577)   07.06.1794   **Voß**, Ernst Ludwig,
                      Sekondlieutenant im Feld-Artilleriekorps, 4. Regt.,
                      schwere 6 pfdg. Batterie von Brockhausen

(1578)   07.06.1794   **Emmerich**, Karl Wilhelm von,
                      Kurfürstlich Sächsischer Major im Husaren-Regt.

(1579)   07.06.1794   **Mollerstein**, Ernst Heinrich von,
                      Major im Regt. Borch z. F.

(1580)   07.06.1794   **Durant**, Heinrich von,
                      Sekondlieutenant im Regt. Borch z. F.

(1581)   07.06.1794   **Zieten**, Christof Johann Friedrich Otto von,
                      Major im Regt. Anspach-Bayreuth-Dragoner

(1582)   07.06.1794   **Kathen**, Johann Gottlieb Christian von,
                      Sekondlieutenant im Regt. Anspach-Bayreuth-Dragoner

(1583)   07.06.1794   **Ernest**, Johann Viktor von, Oberstlieutenant,
                      Chef eines Füsilier-Batls.

(1584) 07.06.1794 **Linsingen**, Karl Friedrich von,
Kapitain im Regt. Knobelsdorf z. F.

(1585) 07.06.1794 **Brünnow**, Gustaf Heinrich (Friedrich) von,
Sekondlieutenant im Regt. Eben-Husaren

(1586) 07.06.1794 **Niebelschütz**, Balthasar Heinrich Rudolf von,
Kapitain im Regt. Wolfframsdorff z. F.

(1587) 07.06.1794 **Kleist**, Friedrich Ulrich Karl Leopold Eugen Anton von,
Stabskapitain im Regt. Voß-Dragoner

(1588) 07.06.1794 **Werder**, Karl August Ludwig von,
Sekondlieutenant im Regt. Eben-Husaren

(1589) 07.06.1794 **Osten**, Friedrich Wilhelm Erdmann von der,
Sekondlieutenant im Regt. Eben-Husaren

(1590) 07.06.1794 **Amstetter**, Karl Ernst von,
Major im Regt. Erbprinz von Hohenlohe z. F.

(1591) 07.06.1794 **Oelssen**, Johann Arnold Erich von,
Major im Regt. Erbprinz von Hohenlohe z. F.

(1592) 07.06.1794 **Schaetzel**, Ludwig Friedrich (Ludwig George Karl) von,
Kapitain im Regt. Erbprinz von Hohenlohe z. F.

(1593) 07.06.1794 **Fiebig**, Johann Friedrich Wilhelm,
Stabskapitain im Feld-Artilleriekorps, Kommandeur der
schweren 6 pfdg. Batterie Nr. 9

(1594) 07.06.1794 **Weltzien**, Wilhelm von,
Stabskapitain im Füsilier-Batl. Martini

(1595) 07.06.1794 **Rhaden**, Friedrich Benjamin von,
Stabskapitain im Füsilier-Batl. Martini

(1596) 07.06.1794 **Jochens**, Gottfried Wilhelm,
Sekondlieutenant im Füsilier-Batl. Martini

(1597) 07.06.1794 **Wedel**, Erhard Gustaf Graf von,
Major im Füsilier-Batl. Vila

(1598) 07.06.1794 **Gaza**, Ignatius Hermann von,
Kapitain im Füsilier-Batl. Vila

(1599) 07.06.1794 **Ivernois**, Philipp von,
Major im Füsilier-Batl. Müffling

(1600) 07.06.1794 **Treusch von Buttlar**, Julius Christof Ferdinand,
Kapitain im Füsilier-Batl. Müffling

(1601) 07.06.1794 **Masars**, Jakob de,
Stabskapitain im Regt. Fußjäger

(1602) 07.06.1794 **Kaphengst**, Hans Ernst von,
Major im Regt. Wolffradt-Husaren

(1603) 07.06.1794 **Sydow**, Johann Joachim Friedrich von,
Stabsrittmeister im Regt. vak. Graf v. d. Goltz-Husaren

(1604) 07.06.1794 **Kuhse**, Johann Gottfried,
Kornett im Regt. vak. Graf v. d. Goltz-Husaren

(1605) 08.06.1794 **Natzmer**, Hans Christof von,
Oberst und Kommandeur des Regts. Graf Schwerin z. F.

(1606) 08.06.1794 **Obernitz**, Moritz August von,
Oberstlieutenant im Regt. Graf Schwerin z. F.

(1607) 08.06.1794 **Krajewski**, Johann Friedrich von,
Major im Regt. Graf Schwerin z. F.

(1608) 08.06.1794 **Krajewski**, Matthias Bernhard von,
Major im Regt. Graf Schwerin z. F.

(1609) 08.06.1794 **Bredow**, Johann Heinrich von,
Oberst im Regt. Klinckowström z. F.

(1610) 08.06.1794 **Magusch**, Ernst Julius von,
Major im Regt. Klinckowström z. F.

(1611) 08.06.1794 **Zedlitz**, Friedrich Ferdinand von,
Stabskapitain im Regt. Klinckowström z. F.

(1612) 08.06.1794 **Koschützki**, Franz von,
Sekondlieutenant im Regt. Klinckowström z. F.

(1613) 08.06.1794 **Vieregg**, Ernst Vollrad von,
Major im Regt. Bonin z. F.

(1614)   08.06.1794   **Prittwitz**, Karl Ernst von,
                          Major im Regt. Trenk-Husaren

(1615)   08.06.1794   **Prosch**, Friedrich August von,
                          Major, Chef eines Füsilier-Batls.

(1616)   08.06.1794   **Fransecky**, August Friedrich Wilhelm von,
                          Sekondlieutenant im Regt. Klinckowström z. F.

(1617)   08.06.1794   **Schau**, Andreas von,
                          Sekondlieutenant im Regt. Kunheim z. F. und
                          Brigademajor

(1618)   08.06.1794   **Maltzahn**, Helmuth Dietrich Freiherr von,
                          Rittmeister, Inspektionsadjutant des Generalmajors von
                          Elsner

(1619)   08.06.1794   **Fahrenholtz**, Albrecht Friedrich von,
                          Major und Flügeladjutant

(1620)   08.06.1794   **Horn**, Heinrich Wilhelm von,
                          Premierlieutenant im Regt. Favrat z. F., Adjutant des
                          Generallieutenants von Favrat

(1621)   08.06.1794   **Hünerbein**, Friedrich Karl George von,
                          Sekondlieutenant im Regt. Czettritz-Husaren, Adjutant des
                          Prinzen Ludwig von Preußen

(1622)   08.06.1794   **Lindner**, Gustaf Heinrich Gottlieb von,
                          Premierlieutenant im Regt. Prinz Eugen von Württemberg-
                          Husaren, kommandiert zum Kaiserlich Russischen
                          Generalmajor Denissow

(1623)   08.06.1794   **Bardeleben**, Gustaf Ludwig von,
                          Major im Regt. Bieberstein-Dragoner

(1624)   08.06.1794   **Groeben**, Karl Ernst von der,
                          Major im Regt. Bieberstein-Dragoner

(1625)   08.06.1794   **Pannwitz**, Karl Gustaf Siegmund von,
                          Major im Regt. Bieberstein-Dragoner

(1626)   08.06.1794   **Borel de Vernay**, Jacques,
                          Kapitain im Füsilier-Batl. Prosch

(1627) 08.06.1794 **Froreich**, Wilhelm Leopold von,
Major und Kommandeur des Regts. Wolffradt-Husaren

(1628) 08.06.1794 **Garnier**, Aloisius von,
Premierlieutenant im Regt. Wolffradt-Husaren

(1629) 08.06.1794 **Arnim**, Philipp Friedrich Ferdinand von,
Sekondlieutenant im Regt. Blücher-Husaren

(1630) 08.06.1794 **Raven**, Wilhelm Otto Ludwig von,
Sekondlieutenant im Regt. Blücher-Husaren

(1631) 08.06.1794 **Bonin**, August Ferdinand Bogislaf von,
Sekondlieutenant im Regt. Blücher-Husaren

(1632) 08.06.1794 **Blücher**, Gustaf Siegfried (August) von,
Sekondlieutenant im Regt. Blücher-Husaren

(1633) 08.06.1794 **Goldfus**, Gottlob Julian Sylvius von,
Premierlieutenant im Regt. Schmettau-Dragoner

(1634) 08.06.1794 **Dossow**, Friedrich Wilhelm von,
Sekondlieutenant im Regt. Katte-Dragoner

(1635) 09.06.1794 **Heugel und Plogwitz**, Karl Gustaf von,
Major im Regt. Czettritz-Husaren

(1636) 09.06.1794 **Lüttwitz**, Abraham Balthasar (Albert) von,
Stabsrittmeister im Regt. Czettritz-Husaren

(1637) 09.06.1794 **Székely**, Franz von,
Premierlieutenant im Regt. Czettritz-Husaren

(1638) 09.06.1794 **Wostrowsky**, Adam Wilhelm Leo Gabriel Nikolaus von,
Sekondlieutenant im Regt. Czettritz-Husaren

(1639) 09.06.1794 **Fritschen**, Karl Wilhelm von,
Stabsrittmeister im Regt. Prinz Eugen von Württemberg-Husaren

(1640) 09.06.1794 **Winterfeld**, Heinrich Bernhard von,
Sekondlieutenant im Regt. Prinz Eugen von Württemberg-Husaren

(1641) 09.06.1794 **Koschembahr**, Ernst Leopold Gustaf von,
Sekondlieutenant im Regt. Prinz Eugen von
Württemberg-Husaren

(1642) 09.06.1794 **Wollzogen**, August Friedrich Philipp von,
Sekondlieutenant im Regt. Prinz Eugen von
Württemberg-Husaren

(1643) 09.06.1794 **Berg**, Karl Friedrich Wilhelm von,
Sekondlieutenant im Regt. Trenk-Husaren

(1644) 09.06.1794 **Schlichten**, Xaverius Antonius Thaddäus Karolus von,
Sekondlieutenant im Regt. Trenk-Husaren

(1645) 16.05.1794 **Plotho**, Franz von,
Rittmeister im Regt. Prinz Eugen von Württemberg-
Husaren

(1646) 16.06.1794 **Müller**, August Wilhelm Friedrich,
Stabsrittmeister im Regt. Prinz Eugen von Württemberg-
Husaren

(1647) 16.06.1794 **Graner**, Johann Martin von,
Stabsrittmeister im Regt. Prinz Eugen von Württemberg-
Husaren

(1648) 16.06.1794 **Reisewitz**, Gottlob Johann Freiherr von,
Sekondlieutenant im Regt. Prinz Eugen von Württemberg-
Husaren

(1649) 20.06.1794 **Walspeck**, Karl Maximilian Richter von,
Major im Regt. Ruits z. F.

(1650) 20.06.1794 **Kossecky**, Johann Stanislaus von,
Sekondlieutenant im Füsilier-Batl. Prosch

(1651) Juni 1794 **Klitzing**, Wilhelm Christof Siegismund von,
Sekondlieutenant im Regt. Eben-Husaren

(1652) 03.07.1794 **Preuß**, Friedrich Wilhelm von,
Major im Füsilier-Batl. Rembow

(1653) 13.07.1794 **Schulz**, Dietrich Wilhelm von,
Oberst und Kommandeur des Regts. Bosniaken

(1654) 13.07.1794 **Schimmelpfennig von der Oye**, Christian Ludwig,
Oberstlieutenant im Regt. Bosniaken

(1655) 14.07.1794 **Ingersleben**, Gebhard Friedrich Gottlob von,
Oberst und Kommandeur des I. Batls. Garde

(1656) 14.07.1794 **Wobeser**, Otto Ludwig von,
Oberst im I. Batl. Garde

(1657) 14.07.1794 **Kalckstein**, Leopold Wilhelm von,
Major im I. Batl. Garde

(1658) 16.07.1794 **Walther und Cronegk**, Ernst Friedrich Leopold von,
Kapitain im Regt. Jung Schwerin z. F.

(1659) 16.07.1794 **Usedom**, Jakob Friedrich von,
Sekondlieutenant im Regt. Trenk-Husaren

(1660) 16.07.1794 **Brauße (Braußen)**, Siegismund Adolf von,
Kapitain im Regt. Manstein z. F.

(1661) 16.07.1794 **Gans Edler Herr zu Puttlitz**, Kaspar Daniel Ludwig,
Stabskapitain im Füsilier-Batl. Müffling

(1662) 16.07.1794 **Lindern**, Jodokus von,
Sekondlieutenant im Füsilier-Batl. Vila

(1663) 16.07.1794 **Valentini**, Simon Ludwig von,
Premierlieutenant im Regt. Fußjäger

(1664) 16.07.1794 **Schallern**, Hans Christof von,
Kornett im Regt. Wolffradt-Husaren

(1665) 16.07.1794 **Kleist**, Christof Friedrich Anton Joachim von,
Sekondlieutenant im Regt. Blücher-Husaren

(1666) 16.07.1794 **Ebel**, Karl Friedrich,
Sekondlieutenant im Feld-Artilleriekorps, reitende Batterie Nr. 3

(1667) 16.07.1794 **Wahlen-Jürgaß**, Hans Otto von,
Major im Regt. Eben-Husaren

(1668) 16.07.1794 **Hoym**, Christian Michael von,
Stabskapitain im Regt. Kunitzky z. F.

(1669) 16.07.1794 **Schmidt**, Eberhard Heinrich,
Sekondlieutenant im Regt. Fußjäger

(1670) 16./18.07.1794 **Edler von Paschwitz**, Johann Gottlieb Karl Philipp,
Sekondlieutenant im Regt. Thadden z. F.

(1671) 16./18.07.1794 **Schulenburg**, Georg Friedrich von der,
Kapitain im Regt. Garde

(1672) 16./18.07.1794 **Tiesenhausen**, Friedrich Wilehlm Ernst von,
Kapitain im Regt. Garde

(1673) 16./18.07.1794 **Roehl**, Arnold Andreas Ludwig (von),
Premierlieutenant im Füsilier-Batl. Lega, Adjutant des
Generallieutenants von Courbiere

(1674) 16./18.07.1794 **Born (von dem Borne)**, Andreas Nikolas von,
Stabskapitain im Regt. Kleist z. F.

(1675) 16./18.07.1794 **Schmude**, Christian Friedrich von,
Stabskapitain im Regt. Anspach-Bayreuth-Dragoner

(1676) 16./18.07.1794 **Eben und Brunnen**, Christian Adolf Friedrich von,
Sekondlieutenant im Regt. Eben-Husaren

(1677) 18.07.1794 **Rostock**, Bernhard Hermann von,
Kapitain im Füsilier-Batl. Rembow

(1678) 20.07.1794 **Manstein**, Alexander Sebastian von,
Major im Regt. Wildau z. F.

(1679) 20.07.1794 **Glaser**, Friedrich Daniel von,
Oberstlieutenant im Regt. Bosniaken

(1680) 22.07.1794 **Wnuck**, Franz von,
Premierlieutenant im Regt. Wildau z. F.

(1681) 22.07.1794 **Petzinger**, Johann Karl Siegismund von,
Sekondlieutenant im Regt. Wildau z. F.

(1682) 22.07.1794 **Schenck**, Karl Leopold von,
Sekondlieutenant im Regt. Wildau z. F.

(1683) 26.07.1794 **Blücher**, Bernhard Franz Joachim von,
Sekondlieutenant im Regt. Blücher-Husaren

(1684) 28.07.1794 **Rosenschantz**, Joachim (Johann) Gabriel von,
Major im Regt. Graf Goertz z. Pf.

(1685) 28.07.1794 **Oswald**, Friedrich Gottlieb von,
Oberstlieutenant, Chef eines Füsilier-Batls.

(1686) 28.07.1794 **Rosen**, Ernst Joachim von,
Major im Füsilier-Batl. Oswald

(1687) 28.07.1794 **Alkiewitz**, Franz Xaver von,
Sekondlieutenant im Füsilier-Batl. Oswald

(1688) 29.07.1794 **Eßdorff I.**, Karl Christian Friedrich von,
Sekondlieutenant im Regt. Erbprinz von Hohenlohe z. F.

(1689) 29.07.1794 **Maltitz**, Friedrich Ludwig von,
Premierlieutenant im Regt. Schladen z. F.

(1690) 29.07.1794 **Zielinski**, Karl Heinrich von,
Sekondlieutenant im Regt. Schladen z. F.

(1691) 29.07.1794 **Klitzing**, Kaspar Christof Ludwig Friedrich von,
Stabskapitain im Regt. Kunitzky z. F.

(1692) 29.07.1794 **Kanne**, Friedrich von,
Sekondlieutenant im Regt. Manstein z. F.

(1693) 29.07.1794 **Kühnemann**, Georg Daniel,
Sekondlieutenant im Feld-Artilleriekorps, 3. Regt.

(1694) 30.07.1794 **Casavranca von St. Paul**, Raimund,
Kapitain im Füsilier-Batl. Oswald

(1695) 30.07.1794 **Wohlgemuth**, Friedrich Wilhelm,
Kapitain im Füsilier-Batl. Oswald

(1696) 02.08.1794 **Szczutowsky**, Andreas von,
Sekondlieutenant im Regt. Lichnowsky z. F.

(1697) 08.08.1794 **Kall**, Friedrich Georg von,
Major im Regt. Bosniaken

(1698)   08.08.1794   **Sierakowski**, Leopold Samuel Friedrich von,
                      Sekondlieutenant im Regt. Bosniaken

(1699)   11.08.1794   **Keyserlingk**, Franz Friedrich Gotthard Freiherr von,
                      Sekondlieutenant im Füsilier-Batl. Thile

(1700)   11.08.1794   **Groß**, Frederic,
                      Sekondlieutenant im Füsilier-Batl. Müffling

(1701)   14.08.1794   **Möllendorf**, Karl Hartwig Friedrich von,
                      Major im Regt. Garde

(1702)   14.08.1794   **Broesigke**, Christian Ludwig Hans von,
                      Kapitain von der Armee, Inspektionsadjutant des
                      Generalmajors von Roeder

(1703)   23.08.1794   **Staro-Ripinski**, Sebastian von,
                      Kapitain im Regt. Favrat z. F.

(1704)   23.08.1794   **Murzinowski**, Franziscus Josefus (Carolus) von,
                      Stabskapitain im Regt. Favrat z. F.

(1705)   24.08.1794   **Schmeling**, Kasimir Heinrich Leopold von,
                      Kapitain im Regt. Wildau z. F.

(1706)   26.08.1794   **Sebrjäkow**, Wassilij Michailowitsch,
                      Kaiserlich Russischer Oberst im Donischen Woißko,
                      Oberstlieutenant von der Armee

(1707)   28.08.1794   **Thielau**, Friedrich Gottlob Moritz von,
                      Stabsrittmeister, Inspektionsadjutant des
                      Generallieutenants von Dolffs

(1708)   29.08.1794   **Brüsewitz**, Karl Friedrich von,
                      Oberst und Kommandeur des Regts. Franckenberg-
                      Dragoner

(1709)   29.08.1794   **Oldenburg**, Bernhard von,
                      Oberstlieutenant und Kommandeur des Regts. Holwede
                      z. F.

(1710)   29.08.1794   **Knebel**, Christian Friedrich von,
                      Oberstlieutenant im Regt. Holwede z. F.

(1711)	29.08.1794	**Schenck**, Johann Friedrich von, Major im Regt. Holwede z. F.
(1712)	29.08.1794	**Stutterheim**, August Ludwig von, Major im Regt. Holwede z. F.
(1713)	29.08.1794	**Schlieben**, Heinrich Wilhelm Friedrich von, Major im Regt. Holwede z. F.
(1714)	29.08.1794	**Schierstedt**, Viktor Friedrich von, Major im Regt. Bonin z. F.
(1715)	29.08.1794	**Holtzendorff**, Friedrich Karl von, Sekondlieutenant im Feld-Artilleriekorps, reitende Artillerie
(1716)	29.08.1794	**Pfuhl**, Christof Ludwig von, Premierlieutenant im Regt. Kronprinz z. F., Adjutant des Generalmajors von Goetze
(1717)	29.08.1794	**Schulenburg-Blumberg**, Christian Karl Albrecht Alexander Graf von der, Sekondlieutenant im Regt. Klinckowström z. F., Adjutant des Generalmajors von Goetze
(1718)	30.08.1794	**Schönburg**, Albert Heinrich Gottlob Otto Ernst Graf von, Major im Füsilier-Batl. Pelet
(1719)	30.08.1794	**Liebermann**, Leopold Ewald von, Stabsrittmeister im Regt. Czettritz-Husaren
(1720)	30.08.1794	**Nagy**, Friedrich von, Premierlieutenant im Regt. Czettritz-Husaren
(1721)	03.09.1794	**Corvin Wiersktzky**, Heinrich Friedrich Ernst von, Major im Regt. Franckenberg-Dragoner
(1722)	03.09.1794	**Holwede**, Albrecht Ludwig Wilhelm Baron von, Premierlieutenant im Regt. Franckenberg-Dragoner
(1723)	03.09.1794	**Keudell**, Johann Friedrich Leopold von, Sekondlieutenant im Regt. Franckenberg-Dragoner

(1724) 03.09.1794 **Lichnowsky**, Erdman Leopold von,
Rittmeister im Regt. Prinz Eugen von Württemberg-Husaren

(1725) 03.09.1794 **Stockmayer**, Eberhard Friedrich,
Kornett im Regt. Prinz Eugen von Württemberg-Husaren

(1726) 03.09.1794 **Finck von Finckenstein**, Albrecht,
Kapitain im Regt. Bonin z. F.

(1727) 03.09.1794 **Wilamowitz**, Daniel Theodor von,
Stabslieutenant im Regt. Bonin z. F.

(1728) 03.09.1794 **Löwenhaupt**, Friedrich Wilhelm von,
Kapitain im Regt. Bonin z. F.

(1729) 03.09.1794 **Unfriedt**, Joachim Ernst von,
Oberstlieutenant im Regt. Graf Anhalt z. F.

(1730) 03.09.1794 **Trützschler**, Georg von,
Major im Regt. Graf Anhalt z. F.

(1731) 03.09.1794 **Kottulinsky**, Ernst Daniel Gottlob von,
Sekondlieutenant im Regt. Graf Anhalt z. F.

(1732) 03.09.1794 **Tippelskirch**, Franz August Ludwig von,
Sekondlieutenant im Regt. Holwede z. F.

(1733) 03.09.1794 **Wobeser**, Niklas Friedrich August Wilhelm Anton von,
Fähnrich im Regt. Holwede z. F.

(1734) 03.09.1794 **Tippelskirch**, Friedrich Bogislaf von,
Kapitain, Inspektionsadjutant des Generallieutenants Grafen von Schwerin

(1735) 03.09.1794 **Treskow**, Ernst Christian Albert von,
Sekondlieutenant im Regt. Graf Schwerin z. F.

(1736) 03.09.1794 **Stosch**, Karl Otto von,
Kapitain im Regt. Graf Anhalt z. F.

(1737) 03.09.1794 **Osten**, Otto Wilhelm Anton von der,
Kapitain im Regt. Bonin z. F.

(1738) 03.09.1794 **Fausser**, Johann Heinrich,
Sekondlieutenant im Füsilier-Batl. Pelet

(1739) 03.09.1794 **Roth-Rossy**, Bodo Karl Friedrich von,
Sekondlieutenant im Füsilier-Batl. Prosch, Adjutant des
Generalmajors von Pollitz,

(1740) 04.09.1794 **Dallwitz**, Johann Siegemund von,
Major im Regt. Favrat z. F.

(1741) 04.09.1794 **Truchseß**, Karl August von,
Kapitain im Regt. Favrat z. F.

(1742) 04.09.1794 **Schmude**, Johann Christof von,
Stabskapitain im Regt. Favrat z. F.

(1743) 04.09.1794 **Kesteloot**, Johann Friedrich Wilhelm von,
Kornett im Regt. Bosniaken

(1744) 08.09.1794 **Düring**, Friedrich Franz von,
Sekondlieutenant im Feld-Artilleriekorps, 2. Regt.,
schwere 6pfdg. Batterie Nr. 2

(1745) 08.09.1794 **Schmidt I.**, Karl Ludwig,
Premierlieutenant im Feld-Artilleriekorps, 2. Regt.

(1746) 08.09.1794 **Streit**, Ferdinand Ludwig,
Sekondlieutenant im Feld-Artilleriekorps, 1. Regt.

(1747) 08.09.1794 **Köhn gen. von Jaski**, Franz Andreas,
Lieutenant im Ingenieurskorps

(1748) 08.09.1794 **Keibel**, Gotthilf Benjamin,
Lieutenant im Ingenieurskorps

(1749) 08.09.1794 **Truchseß zu Waldburg**, Karl Friedrich Ernst Graf,
Oberst und Kommandeur des Regts. Prittwitz-Dragoner

(1750) 08.09.1794 **Igelström**, Alexander Jewstafjewitsch Graf,
Kaiserlich Russischer Oberstlieutenant im Charkowschen
leichten Reiter-Regt.

(1751) 08.09.1794 **Berg**, Wilhelm Fedorowitsch von,
Kaiserlich Russischer Kapitain im Bombardier-Regt.

(1752)   08.09.1794   **Frolow-Bagrjejew**, Alexei Petrowitsch,
                      Kaiserlich Russischer Brigadier im Jamburgschen
                      Karabinier-Regt.

(1753)   08.09.1794   **Apraxin**, Peter Matwjejewitsch Graf,
                      Kaiserlich Russischer Oberst im Kinburnschen Dragoner-
                      Regt.

(1754)   08.09.1794   **Tolstoi**, Peter Alexandrowitsch Graf,
                      Kaiserlich Russischer Oberst im Pfkowschen Dragoner-
                      Regt.

(1755)   08.09.1794   **Fink**, Peter Iwanowitsch,
                      Kaiserlich Russischer Oberst im Jelissawetgradschen
                      reitenden Jäger-Batl.

(1756)   08.09.1794   **Denissow**, Andrejan Karpowitsch,
                      Kaiserlich Russischer Oberst im Donischen Weißko,
                      Sekondmajor von der Armee

(1757)   08.09.1794   **Wimpfen**, Georg Franzowitsch Freiherr von,
                      Kaiserlich Russischer Sekondmajor im Sibirischen
                      Grenadier-Regt.

(1758)   08.09.1794   **Toporin**, Andrei Stepanowitsch,
                      Kaiserlich Russischer Sekondlieutenant im Smolenskschen
                      Dragoner-Regt.

(1759)   08.09.1794   **Zucato**, Jegor Gawrilowitsch Graf,
                      Kaiserlich Russischer Oberstlieutenant im reitenden
                      Grenadier-Regt. des Kriegsordens, im Gefolge des Prinzen
                      von Nassau-Siegen

(1760)   11.09.1794   **Wittken**, Franz Matthias von,
                      Stabskapitain im Regt. Schmettau-Dragoner

(1761)   11.09.1794   **Goltz**, Albrecht Friedrich Otto Graf von der,
                      Sekondlieutenant im Regt. Blücher-Husaren

(1762)   11.09.1794   **Wallmoden**, Ludwig Georg Thedel Graf von,
                      Rittmeister, aggregiert dem Regt. Wolffradt-Husaren

(1763)   11.09.1794   **Lautier**, Friedrich von,
                      Sekondlieutenant im Regt. Wolffradt-Husaren

(1764) 11.09.1794 **Belling**, Karl Friedrich Bernhard von,
Sekondlieutenant im Regt. Wolffradt-Husaren

(1765) 12.09.1794 **Sacken**, Karl von,
Major im Regt. Wildau z. F.

(1766) 14.09.1794 **Plotho**, Franz von,
Rittmeister im Regt. Prinz Eugen von Württemberg-Husaren

(1767) 14.09.1794 **Lestwitz**, Karl Wilhelm von,
Rittmeister im Regt. Czettritz-Husaren

(1768) 14.09.1794 **Bültzingslöwen**, Johann Friedrich Christian von,
Sekondlieutenant im Regt. Czettritz-Husaren

(1769) 15.09.1794 Orden zur Verfügung des Kaiserlich russischen Generalmajors Denissow

(1770) 15.09.1794 Orden zur Verfügung des Kaiserlich russischen Generalmajors Denissow

(1771) 15.09.1794 **Schamschew**, Fedor,
Kaiserlich Russischer Jessaul im Janowschen Regiment des Donischen Woißko, Dejouroffizier des Generalmajors Denissow

(1772) 17.09.1794 **Moevius**, Gotthold,
Premierlieutenant im Regt. Blücher-Husaren

(1773) 17.09.1794 **Koschembahr**, Ernst Friedrich von,
Sekondlieutenant im Regt. Blücher-Husaren

(1774) 17.09.1794 **Valentini II.**, Christian Ludwig von,
Premierlieutenant im Regt. Fußjäger

(1775) 17.09.1794 **Girodz de Gaudi**, Jakob Johann Alfons,
Premierlieutenant im Füsilier-Batl. Holzschuer

(1776) 18.09.1794 **Linstow**, Wilhelm Ludwig von,
Major im Regt. Favrat z. F.

(1777) 19./21.09.1794 **Werder**, Friedrich Wilhelm von,
Sekondlieutenant im Regt. Kunheim z. F.

(1778) 19./21.09.1794 **Knobelsdorff**, Johann Karl Gottlob von,
Sekondlieutenant im Regt. Czettritz-Husaren

(1779) 28.09.1794 **Zaluski**, Konrad Friedrich von,
Major im Regt. Werther-Dragoner

(1780) 28.09.1794 **Thiele**, Gustaf von,
Kapitain im Regt. Amaudruz z. F.

(1781) 28.09.1794 **Bresler**, Johann Friedrich,
Kornett im Regt. Wolki-Husaren

(1782) 03.10.1794 **Cloßmann**, Josef von,
Kurpfalz-Bayrischer Major im Feldjägerkorps

(1783) 03.10.1794 **Collany**, Karl Ludwig von,
Major im Regt. Kunitzky z. F.

(1784) 03.10.1794 **Nattermöller**, Karl Friedrich Bernhard,
Sekondlieutenant im Regt. Kunitzky z. F.

(1785) 03.10.1794 **Romberg**, Konrad Philipp von,
Sekondlieutenant im Regt. Kunitzky z. F.

(1786) 03.10.1794 **Gliszczynski**, Georg Ernst von,
Stabskapitain im Füsilier-Batl. Müffling

(1787) 03.10.1794 **Streit**, Johann Karl August,
Sekondlieutenant im Füsilier-Batl. Martini

(1788) 03.10.1794 **Riwotzki**, Christian Ludwig von,
Sekondlieutenant im Füsilier-Batl. Vila

(1789) 03.10.1794 **Stocky**, Josef von,
Premierlieutenant im Regt. Wolffradt-Husaren

(1790) 03.10.1794 **Printz**, August Wilhelm Freiherr von,
Sekondlieutenant im Regt. Blücher-Husaren

(1791) 03.10.1794 **Charcot**, Michael de, Kapitain im Regt. Fußjäger

(1792) 03.10.1794 **Chartron**, Ferdinand Heinrich Wedig von,
Sekondlieutenant im Regt. Blücher-Husaren

(1793) 03.10.1794 **Manteuffel**, Friedrich August Wilhelm von,
Sekondlieutenant im Regt. Schmettau-Dragoner

(1794) 03.10.1794 **Ledebur**, Friedrich August von,
Oberstlieutenant im Regt. Romberg z. F.

(1795) 03.10.1794 **Kessel**, Werner Dietrich von,
Major im Regt. Romberg z. F.

(1796) 03.10.1794 **Sobbe**, George Dietrich von,
Major im Regt. Romberg z. F.

(1797) 03.10.1794 **Haas**, Peter Franz von,
Premierlieutenant im Regt. Wolfframsdorff z. F., Adjutant
des Prinzen Georg von Hohenlohe

(1798) 03.10.1794 **Siegsfeld**, Karl von,
Major im Regt. Schmettau-Dragoner

(1799) 03.10.1794 **Freyend**, Ludwig von,
Stabskapitain im Regt. Schmettau-Dragoner

(1800) 03.10.1794 **Irwing**, Friedrich Wilhelm von,
Oberst im Regt. Katte-Dragoner

(1801) 03.10.1794 **Dyhern**, Rudolf Gottlob Freiherr von,
Major im Regt. Katte-Dragoner

(1802) 03.10.1794 **Skrbensky**, Maximilian Franz von,
Major im Regt. Katte-Dragoner

(1803) 03.10.1794 **Wedell I.**, Georg Detlof von,
Stabskapitain im Regt. Katte-Dragoner

(1804) 03.10.1794 **Chambaud**, Alexander Friedrich Wilhelm von,
Stabskapitain im Regt. Katte-Dragoner

(1805) 03.10.1794 **Studnitz**, Wilhelm Siegismund von,
Premierlieutenant im Regt. Wolffradt-Husaren

(1806) 03.10.1794 **Beym**, Ignaz von,
Sekondlieutenant im Regt. Wolffradt-Husaren

(1807)   03.10.1794   **Blumenstein**, Wilhelm Johann Maria von,
                      Kapitain im Ingenieurskorps

(1808)   03.10.1794   **Hinrichs**, Johann von, Oberstlieutenant,
                      Chef eines Füsilier-Batls.

(1809)   1794   **Zülich**, Gustaf Georg von,
                      Sekondlieutenant im Regt. Rüchel z. F.

(1810)   1794   **Lasberg**, Georg Julius Heinrich Friedrich von,
                      Sekondlieutenant im Regt. Romberg z. F.

(1811)   1794   **Ledebur**, Heinrich Friedrich Albrecht Alexander von,
                      Sekondlieutenant im Regt. Schladen z. F.

(1812)   1794   **Stechow**, Friedrich Ludwig Wilhelm von,
                      Premierlieutenant im Regt. Eben-Husaren

(1813)   1794   **Mletzko**, Franz Josef Johann von,
                      Sekondlieutenant im Füsilier-Batl. Martini

(1814)   1794   **Berneck**, Friedrich Wilhelm von,
                      Stabskapitain im Feld-Artilleriekorps, 2. Regt.,
                      Kommandeur der schweren 6 pfdg. Batterie Nr. 16

(1815)   1794   **Bila**, Karl Anton Ernst von,
                      Oberstlieutenant, Chef eines Füsilier-Batls.

(1816)   1794   **Itzenplitz**, Friedrich Heinrich August von,
                      Lieutenant im Regt. vak. Herzog von Sachsen-Weimar z.
                      Pf., Adjutant des Erbprinzen zu Hohenlohe

(1817)   1794   **Heyligenstaedt**, Christian Ernst Friedrich,
                      Sekondlieutenant im Regt. Czettritz-Husaren

(1818)   08.10.1794   **Beyer**, Otto Friedrich Wilhelm,
                      Sekondlieutenant im Füsilier-Batl. Hinrichs

(1819)   08.10.1794   **Dzwonkowsky**, Jakob von,
                      Sekondlieutenant im Füsilier-Batl. Hinrichs

(1820)   08.10.1794   **Groeling**, Karl von,
                      Stabsrittmeister im Regt. Trenk-Husaren

(1821) 09.10.1794 **Willich**, Julius Friedrich Ernst von,
Stabsrittmeister im Regt. Wolki-Husaren

(1822) 09.10.1794 **Rappard**, Dietrich Bertram von,
Premierlieutenant im Regt. Wolki-Husaren

(1823) 11?.10.1794 **Schönberg von Brenkenhoff** (Brenckenhof-Schönenberg),
Alexander Leopold, Major aggregiert dem Regt. Voß-Dragoner

(1824) 12.10.1794 **Vormann**, Otto von,
Premierlieutenant im Regt. Czettritz-Husaren

(1825) 14.10.1794 **Voß**, Julius Johann Joachim,
Sekondlieutenant im Regt. Alt Pfuhl z. F.

(1826) 14.10.1794 **Kalnein**, Friedrich Karl Christian Wilhelm Leopold Graf,
Premierlieutenant im Regt. Werther-Dragoner

(1827) 14.10.1794 **Rathenau**, Ernst Franz Christian Wilhelm von,
Stabskapitain im Regt. Katte-Dragoner

(1828) 14.10.1794 **Hessen**, Johann Friedrich Aemilius von,
Sekondlieutenant im Regt. Franckenberg-Dragoner

(1829) 24.10.1794 **Michaelis**, Friedrich Christian Wilhelm von,
Major im Regt. Wolki-Husaren

(1830) 24.10.1794 **Rogalla von Bieberstein**, Christian Benjamin,
Premierlieutenant im Regt. Wolki-Husaren

(1831) 24.10.1794 **Willich**, Georg von,
Sekondlieutenant im Regt. Wolki-Husaren

(1832) 24.10.1794 **Rappard**, Dietrich Bertram von,
Premierlieutenant im Regt. Wolki-Husaren

(1833) 29.10.1794 **Gfug**, Johann Ludwig von,
Stabskapitain außer Diensten, früher im Regt. Vietinghoff z. F.

(1834) 30.10.1794 **Larisch**, Wilhelm Christof (Christian) von,
Oberstlieutenant und Kommandeur des Regts. Amoudruz z. F.

(1835) Okt. 1794 **Eisenschmidt**, Johann Josef Ernst, Sekondlieutenant im Regt. Prinz Eugen von Württemberg-Husaren

(1836) 02.11.1794 **Szawelsky**, Michael Paulus von, Stabskapitain im Regt. Holwede z. F.

(1837) 02.11.1794 **Borcke**, Ernst Gottlieb Konrad von, Stabskapitain im Regt. Klinckowström z. F.

(1838) 02.11.1794 **Münchow**, August Friedrich Christian von, Sekondlieutenant im Regt. Holwede z. F.

(1839) 02.11.1794 **Sandoz de Roßière**, Johann Heinrich (Friedrich Heinrich), Kapitain im Regt. Holwede z. F.

(1840) 02.11.1794 **Crety**, Emanuel Gottfried von, Kapitain im Regt. Holwede z. F.

(1841) 02.11.1794 **Rekowsky**, Johann Ernst Ferdinand von, Stabskapitain im Regt. Brückner-Dragoner

(1842) 02.11.1794 **Flörken**, Heinrich Ludwig Arnold von, Sekondlieutenant im Regt. Brückner-Dragoner

(1843) 02.11.1794 **Schmalensee**, Christian Friedrich von, Premierlieutenant im Regt. Graf Schwerin z. F.

(1844) 05.11.1794 **Rentzel**, Kaspar Friedrich von, Major im Regt. Schladen z. F

(1845) 05.11.1794 **Boineburg zu Lengsfeld**, Philipp Julius Leopold Freiherr, Major im Regt. Kunitzky z. F.

(1846) 05.11.1794 **Hahn**, Karl Friedrich Leopold (Leonhard) von, Kapitain im Regt. Erbprinz von Hohenlohe z. F.

(1847) 08.11.1794 **Suter**, Arnd Ludwig Friedrich Wilhelm von, Generalmajor und Kommandeur des Regts. Goeckingk-Husaren

(1848) 08.11.1794 **Schoening**, Ernst Siegmund von, Oberst und Kommandeur des Regts. Herzog von Holstein-Beck z. F.

(1849) 08.11.1794 **Saebisch**, Christian Gottlob von,
Major im Regt. Werther-Dragoner

(1850) 08.11.1794 **Kurowsky**, Ernst Christian Wilhelm von,
Premierlieutenant im Regt. Herzog von Holstein-Beck z. F.

(1851) 08.11.1794 **Le Bauld de Nans et Lagny**, Claude François Josef,
Lieutenant im Ingenieurkorps

(1852) 08.11.1794 **Krahn**, Gottfried Dietrich von,
Kapitain im Regt. Goetze z. F.

(1853) 11.11.1794 **Briedel**, Iwan (Johann) Leontjewitsch von,
Kaiserlich Russischer Rittmeister im Tschernigowschen
Karabinier-Regt.

(1854) 11.11.1794 **Diericke**, Otto Friedrich von,
Oberst und Kommandeur des Regt. vak. Wildau z. F.

(1855) 11.11.1794 **Klüchtzner**, Karl Ludwig von,
Major im Regt. vak. Wildau z. F.

(1856) 11.11.1794 **Marschall**, Wilhelm Adolf von,
Major im Regt. vak. Wildau z. F.

(1857) 11.11.1794 **Reichart**, Christian Friedrich von,
Kapitain im Regt. vak. Wildau z. F.

(1858) 11.11.1794 **Sjöholm**, Ludwig Ferdinand von,
Sekondlieutenant im Regt. vak. Wildau z. F.

(1859) 11.11.1794 **Linde**, Josef Wilhelm von der,
Sekondlieutenant im Regt. vak. Wildau z. F.

(1860) 11.11.1794 **Ziegler**, Rudolf Heinrich Friedrich von,
Major im Regt. Bosniaken

(1861) 11.11.1794 **Roestel**, Friedrich,
Rittmeister im Regt. Bosniaken

(1862) 11.11.1794 **Flesche**, Joachim Gottlob Ernst,
Sekondlieutenant im Regt. Wolki-Husaren

(1863)   11.11.1794   **Rango**, Friedrich Heinrich Ludwig von,
                      Stabskapitain im Regt. Bieberstein-Dragoner

(1864)   15.10.1794   **Hessen**, Lukian (Ludwig) Maximowitsch von,
                      Kaiserlich Russischer Oberstlieutenant im Fanagorischen
                      Grenadier-Regt, Generaladjutant des Feldmarschalls
                      Grafen Suworow-Rimnikskij

(1865)   24.11.1794   **Briesen**, Karl Philipp Traugott von,
                      Sekondlieutenant im Regt. Mengden z. Pf.

(1866)   25.11.1794   **Steinmetz**, Moritz Christof Gottfried von,
                      Sekondlieutenant im Regt. Holwede z. F.

(1867)   03.12.1794   **Arent**, Ernst Friedrich,
                      Stabskapitain im Feld-Artilleriekorps, 4. Regt.

(1868)   03.12.1794   **Neander**, Karl Gottlieb,
                      Sekondlieutenant im Feld-Artilleriekorps, 4. Regt.

(1869)   03.12.1794   **Markoff**, Johann Ludwig,
                      Lieutenant im Ingenieurkorps

(1870)   03.12.1794   **Pieglowski**, Matthias von,
                      Premierlieutenant im Depot-Batl. des Regts. Knobelsdorf
                      z. F.

(1871)   03.12.1794   **Schack**, Otto Friedrich Ludwig von,
                      Lieutenant im Regt. Gensdarmes

(1872)   03.12.1794   **Rauschenplatt**, Friedrich von,
                      Kornett im Regt. Gensdarmes

(1873)   1794   **Verno**, Johann Friedrich Wilhelm Ludwig,
                      Sekondlieutenant im Regt. Wolki-Husaren

(1874)   1794   **Müller**, Karl Joachim,
                      Sekondlieutenant im Regt. Wolki-Husaren

(1875)   07.12.1794   **Rouquette**, Johann Stefan von,
                      Major im Regt. Werther-Dragoner

(1876)   07.12.1794   **Buhl**, Karl Friedrich Wilhelm von,
                      Sekondlieutenant im Füsilier-Batl. Rembow

(1877) 07.12.1794 **Bieberstein**, Josef von,
Generalmajor, Chef eines Regts. Dragoner

(1878) 07.12.1794 **Kleist**, Franz Otto von,
Sekondlieutenant im Regt. Kunheim z. F.

(1879) 12.12.1794 **Roy**, Karl August (Friedrich August) von,
Sekondlieutenant im Regt. Jung Pfuhl z. F.

(1880) 12.12.1794 **Masars**, Friedrich Karl de,
Stabskapitain außer Diensten, früher im Regt. Fußjäger

(1881) 28.12.1794 **Tilly**, Friedrich Georg von,
Major im Füsilier-Batl. Thiele

(1882) Dez. 1794 **Kahlenberg**, August Freiherr von,
Kaiserlich Russischer Oberstlieutenant,
Oberquartiermeister beim Generalstabe

1794/1795

(1883) 1794/1795 **Moeller**, Ernst von,
Stabskapitain im Regt. Holwede z. F.

(1884) 1794/1795 **Weißenstein**, Ernst Georg von,
Premierlieutenant im Regt. Rüchel z. F.

(1885) 1794/1795 **Wedell**, Ludwig Christian von,
Premierlieutenant im Regt. Anspach-Bayreuth-Dragoner

(1886) 1794/1795 **Kottulinsky**, Friedrich von,
Premierlieutenant im Regt. Czettritz-Husaren

(1887) 1794/1795 **Preysing**, Johann Ernst Graf von,
Stabsrittmeister im Regt. Prinz Eugen von Württemberg-Husaren

1795

(1888) 08.01.1795 **Tümpling**, Dietrich Ernst von,
Major im Regt. Fußjäger

(1889) 11.01.1795 **Goddenthow**, Karl Adam von,
Premierlieutenant im Regt. Wolki-Husaren

(1890) 12.01.1795 **Menche**, Christian,
Kaiserlich Russischer Premiermajor und Quartiermeister des Generalstabes

(1891) 16.01.1795 **Sohr**, Friedrich Georg Ludwig von,
Sekondlieutenant im Regt. Goeckingk-Husaren

(1892) 16.01.1795 **Kordshagen**, Karl Hartwig,
Sekondlieutenant im Regt. Goeckingk-Husaren

(1893) 18.01.1795 **Reibnitz**, Georg Heinrich Wilhelm von,
Kapitain im Ingenieurkorps

(1894) 23.01.1795 **Schaetzel**, Fabian (Johann)Wilhelm von,
Oberstlieutenant im Regt. Franckenberg z. F.

(1895) 23.01.1795 **Troschke**, Ernst Friedrich von,
Major im Regt. Franckenberg z. F.

(1896) 23.01.1795 **Manteuffel**, Alexander Ludwig von,
Major im Regt. Franckenberg z. F.

(1897) 23.01.1795 **Brünnow**, Philipp Wilhelm Gottlieb von,
Sekondlieutenant im Regt. Franckenberg z. F.

(1898) 25.01.1795 **de Franc (Defranc)**,
Kapitain im Ingenieurkorps

(1899) 27.01.1795 **Tuchsen**, Otto Wilhelm Leo von,
Premierlieutenant im Regt. Arnim z. F.

(1900) 27.01.1795 **Rochow**, Friedrich Heinrich (Adolf) Ludwig Ehrenreich von,
Lieutenant in der Garde du Corps

(1901) 29.01.1795 **Maikow**, Apollon Alexandrowitsch,
Kaiserlich Russischer Rittmeister im Regt. Garde z. Pf.

(1902) 16.02.1795 **Suchotin**, Grigorij Nikolajewitsch,
Kaiserlich Russischer Premiermajor im
St. Petersburgischen Dragoner-Regt.

(1903) 1795 **Mosch**, Christian (Christof) Friedrich von,
Generalmajor, Chef eines Regts. z. F.

(1904) 11.03.1795 **Audé de Sion**, Karl Ossipowitsch,
Kaiserlich Russischer Rittmeister im Jelissawetgradschen
reitenden Jäger-Regt.

(1905) 11.03.1795 **Falconi**, Iwan Iwanowitsch,
Kaiserlich Russischer Oberstlieutenant im Ingenieurkorps

(1906) 11.03.1795 **Kuris**, Iwan Onufrjewitsch,
Kaiserlich Russischer Oberstlieutenant im Smolenskschen
Dragoner-Regt.

(1907) 21.03.1795 **Stårck**, Gustaf Ludwig von,
Stabskapitain im Regt. Mosch z. F.

(1908) 16.04.1795 **Neuwach**, Johann David,
Major im Mineurkorps

(1909) 17.04.1795 **Gettkandt**, Ernst Philipp,
Oberstlieutenant im Regt. Suter-Husaren

(1910) 30.04.1795 **Schulenburg**, Friedrich Ferdinand Bernhard Achaz v. d.,
Sekondlieutenant im Regt. Blücher-Husaren

(1911) 30.04.1795 **Kladen**, Friedrich Wilhelm August von,
Stabskapitain im Regt. Prinz Ferdinand z. F.

(1912) 07.05.1795 **Gotschakow**, Andrei Iwanowitsch Fürst,
Kaiserlich Russischer Kammerjunker beim Hofstaat des
Großfürsten Alexander Pawlowitsch

(1913) 07.05.1795 **Poliwanow**, Matwej,
Kaiserlich Russischer Premiermajor, kommandiert beim
Generalfeldmarschall Grafen Suworow-Rimnikskij

(1914) 13.05.1795 **Taubadel**, Ernst Siegmund von,
Generalmajor außer Diensten, bisher Kommandant von Danzig

(1915) 18.05.1795 **Lichtenhayn**, Georg Ludwig Gotthilf von,
Kapitain im Regt. Fußjäger

(1916) 22.05.1795 **Tschirschky**, Friedrich Albrecht von,
Oberst und Kommandant von Wesel

(1917) 29.05.1795 **Luxem**, (Friedrich?) von,
Kurfürstlich Trierscher Kapitain und Chef einer Jäger-Kompanie

(1918) 05.06.1795 **Schöler**, Johann Friedrich Wilhelm von,
Oberst und Sous-Brigadier im Ingenieurkorps

(1919) 25.08.1795 **Wangenheim**, Valentin Leopold,
Kurfürstlich Sächsischer Premierlieutenant im Regt. Prinz Klemens

(1920) 24.11.1795 **Sokolowskij**, Josef Fedorowitsch,
Kaiserlich Russischer Rittmeister im Perejäslawschen reitenden Jäger-Regt., kommandiert zum Generallieutenant von Favrat

(1921) 26.12.1795 **Buxhöwden**, Alexander Fedorowitsch von,
Kaiserlich Russischer Kornett im Leibgarde Reiter-Regt.

(1922) 26.12.1795 **Odojewskij**, Iwan Sergjejewitsch Fürst,
Kaiserlich Russischer Oberstlieutenant im Sofiaschen Karabinier-Regt.

(1923) 26.12.1795 **Jasikow**, Peter Grigorjewitsch,
Kaiserlich Russischer Brigadier im Pfkowschen Fuß-Regt.

(1924) 26.12.1795 **Zimmermann**, Gustaf Christanowitsch,
Kaiserlich Russischer Oberstlieutenant im Smolenskschen Dragoner-Regt.

(1924a) 26.12.1795 **Pirch**, Gustaf Filippowitsch von,
Kaiserlich Russischer Sekondmajor im Kürassier-Regt. des Kriegsordens

(1925) 26.12.1795 **Bagajewskij**, Pawel Kirillowitsch,
Kaiserlich Russischer Sekondmajor im Kiewschen
Kürassier-Regt.

(1926) 26.12.1795 **Iwanow**, Dmitrij Jewstignjejewitsch,
Kaiserlich Russischer Sekondmajor im Kiewschen
Grenadier-Regt.

1796/1797

(1927) 28.05.1796 **Mandrikin**, Danilo,
Kaiserlich Russischer Generalauditeurlieutenant beim
Generalfeldmarschall Grafen Suworow-Rimnikskij

(1928) 11.07.1796 **Bollwiller**, Franz Michailowitsch,
Kaiserlich Russischer Sekondmajor im Taurischen
Grenadier-Regt., Oberauditeur im Stabe des
Feldmarschalls Fürsten Repnin

(1929) 16.01.1797 **Souza**, Emanuel Wilhelm de,
Rittmeister im Regt. Goeckingk-Husaren

(1930) **Denissow VIII.**, Fedor Petrowitsch

3.
Verleihungen durch König Friedrich Wilhelm III. 1797–1840

1798/1799

(1931)   23.02.1798   **Zechner**, Johann Josef Freiherr von,
Major im Regt. Brehmer z. F.

(1932)   28.05.1798   **Puttkamer**, Franz Friedrich von,
Oberst im Regt. Owstien z.F.

(1933)   Juni 1798   **Paczinsky**, Karl Heinrich von,
Oberstlieutenant im Regt. Dolffs z. Pf.

(1934)   18.03.1799   **Lingelsheim**, Friedrich von,
Major im Kadettenkorps

(1935)   1.06.1799   **Uttenhofen**, Johann Adam von,
Oberst im Regt. Schladen z. F.

(1936)   01.06.1799   **Bergen**, Andreas von,
Oberst im Regt. Prinz Louis z. F.

(1937)   01.06.1799   **Hüßser**, Heinrich Ernst von,
Oberstlieutenant im Feld-Artilleriekorps

(1938)   13.08.1799   **Albert**, Felix Franz August von,
Major im Mineurkorps

1800–1803

(1939)   23.05.1800   **Rabenau**, Christian Friedrich von,
Oberst und Kommandeur der Garde du Corps

(1940) 02.06.1800 **Engelbrecht**, Heinrich Gottfried von,
Major und Kommandeur des Regts. Langen z. F.

(1941) März 1801 **Nothardt**, Friedrich Magnus von,
Kapitain im Regt. Graevenitz z. F.

(1942) 22.05.1801 **Lützow**, Johann Adolf von,
Oberst und Kommandeur des Regts. Möllendorf z. Pf.

(1943) 22.05.1801 **Geist von Beeren**, Karl Friedrich Herman,
Oberst und Kommandeur des Regts. Malschitzky z. Pf.

(1944) 22.05.1801 **Ploetz**, Friedrich Wilhelm von,
Oberst und Kommandeur des Regts. König z. F.

(1945) 22.06.1801 **Prosch**, Karl Ludwig,
Oberst im Feld-Artilleriekorps, Kommandeur des reitenden Regts.

(1946) 24.05.1802 **Holtzmann**, Johann Hermann von,
Major und Generaladjutant der Infanterie

(1947) 24.05.1802 **Wintzingerode**, Ernst August von,
Major und Kommandeur der Garde du Corps

(1948) 28.05.1802 **Weger**, Johann Philipp Benjamin von,
Oberst und Kommandeur des Regts. Owstien z. F.

(1949) 07.06.1802 **Hamberger**, Karl Friedrich Wilhelm von,
Oberst und Kommandeur des Regts. Diericke z. F.

(1950) 07.06.1802 **Korff**, Stanislaus Franz von,
Oberst und Kommandeur des Regts. Brünneck z. F.

(1951) 07.06.1802 **Auer**, Johann Kasimir von,
Oberst und Kommandeur des Regts. Werther-Dragoner

(1952) 07.06.1802 **Ebra**, Wilhelm August Ludwig von,
Major im Regt. Courbiere z. F., Kommandeur eines Grenadier-Batls.

(1953) 15.06.1802 **Thümen**, Heinrich Ludwig August von,
Major, Chef eines Füsilier-Batls.

(1954)   15.06.1802   **Rhein**, Adrian Gottlieb von,
                      Oberst und Kommandeur des Regts. Busch-Dragoner

(1955)   21.06.1802   **Massenbach**, Erhard Friedrich Fabian von,
                      Oberst und Kommandeur des 13. Dragoner-Regts.

(1956)   21.06.1802   **Schimmelpfennig von der Oye**, Adam Philipp,
                      Major und Kommandeur des Batls. Towarzi

(1957)   21.06.1802   **Schachtmeyer**, Benjamin von, Major,
                      Chef eines Füsilier-Batls.

(1958)   25.06.1802   **Thile**, Alexander Heinrich Christian von,
                      Generallieutenant, Chef eines Regts. z. F.

(1959)   25.06.1802   **Wagenfeld**, Ernst Philipp von,
                      Generalmajor, Chef eines Regts. z. Pf.

(1960)   25.06.1802   **Plötz**, Christian Franz Heinrich von,
                      Generalmajor, Chef eines Regts. z. F.

(1961)   25.06.1802   **Westdorff**, Friedrich Leberecht August von,
                      Oberst und Kommandeur des Regts. Oldenburg z. F.

(1962)   25.06.1802   **Thümen**, Ferdinand Georg Gottlob (Gottlieb) von,
                      Oberst und Kommandeur des Regts. Glaser-Husaren

(1963)   25.06.1802   **Tschepe**, Karl (Gottlieb) von,
                      Oberst und Kommandeur des Regts. Plötz z. F.

(1964)   25.06.1802   **Wulffen**, Dietrich Levin von,
                      Oberst und Kommandeur des Regts. Rüts z. F.

(1965)   25.06.1802   **Kerkow**, Karl Wilhelm von,
                      Major und Kommandeur des Regts. Wagenfeld z. F.

(1966)   Juni 1803   **Kropff**, Heinrich Theodor von,
                      Oberst und Kommandeur des Regts. Unruh z. F.

(1967)   24.12.1803   **Zieten**, Christof Daniel von,
                      Kapitain außer Diensten, früher im Regt. Jeetz z. F.

1804

(1968)   27.02.1804   **Besser**, Gottlieb Wilhelm Ehrenreich von,
Generalmajor, Chef eines Regts. z. F.

(1969)   28.05.1804   **Bailliodz**, Abraham Franz von,
Generalmajor, Chef eines Regts. z. Pf.

(1970)   28.05.1804   **Stülpnagel**, Karl Leopold von,
Major und Kommandeur des Regts. Bailliodz z. Pf.

(1971)   28.05.1804   **Henking**, Ulrich Leberecht von,
Oberst und Kommandeur des Regts. Anspach-Bayreuth-Dragoner

(1972)   28.05.1804   **Sellentin**, Friedrich Ludwig von,
Oberst und Kommandeur des Regts. Irwing-Dragoner

(1973)   02.06.1804   **Hertzberg**, Friedrich Wilhelm Graf von,
Generalmajor, Chef eines Regts. Dragoner

(1974)   02.06.1804   **Manstein**, Johann Bernhard (Christian Heinrich) von,
Generalmajor, Chef eines Regts. Dragoner

(1975)   02.06.1804   **Treskow**, Karl Peter von, Generalmajor,
Chef eines Regts. z. F.

(1976)   02.06.1804   **Kauffberg**, Friedrich August von,
Generalmajor, Chef eines Regts. z. F.

(1977)   02.06.1804   **Lettow**, Karl Ernst Ludwig von,
Generalmajor und Kommandeur des Regts. Kauffberg z. F.

(1978)   02.06.1804   **Boeltzig**, Wilhelm Ferdinand von,
Oberst und Generaladjutant der Kavallerie

(1979)   08.06.1804   **Boumann**, Georg Friedrich,
Oberst im Feld-Artilleriekorps, Kommandeur des 9. Batls.

(1980)   22.08.1804   **Krafft**, August Friedrich Erdmann von,
Oberst und Kommandeur des Regts. Holtzendorff z. Pf.

(1981) 12.11.1804 **Künen**, Bernhard Virgin,
Oberstlieutenant in der Schlesischen Festungsartillerie,
Chef der Breslauer Kompagnie

1805/1806

(1982) 18.05.1805 **Müller**, Johann Friedrich Ludwig von,
Oberst und Kommandeur des Regts. Puttkamer z. F.

(1983) 23.05.1805 **Hohendorf**, Johann Friedrich von,
Oberst und Kommandeur des Regts. Zenge z. F.

(1984) 23.05.1805 **Klaeden**, Johann Friedrich von,
Major und Kommandeur des Regts. Arnim z. F.

(1985) 23.05.1805 **Henckel von Donnersmarck**, Elias Maximilian Graf,
Oberst und Kommandeur des Regts. Gensdarmes

(1986) 28.05.1805 **Wobeser**, Karl Georg Friedrich von,
Generalmajor, Chef eines Regts. Dragoner

(1987) 02.06.1805 **Krafft**, Karl Thilo Ludwig von,
Major im Regt. Graf Wartensleben z. F., Kommandeur
eines Grenadier-Batls.

(1988) 08.06.1805 **Brandenstein**, Haubold Karl von, Oberst im Regt.
Unruh z. F., Kommandeur eines Grenadier-Batls.

(1989) 20.12.1806 **Kulesch**, Alexei Grigorjewitsch, Kaiserlich Russischer
Kapitain im 4. Jäger-Regt.

(1990) 20.12.1806 **Schill**, Ferdinand Baptista von, Sekondlieutenant im Regt.
Königin-Dragoner

(1991) 31.12.1806 **Wrangel**, August Friedrich Ludwig von, Rittmeister von
der Armee, Inspektionsadjutant des Generals der
Kavallerie von Köhler

1807

(1992) 04.01.1807 **Barnekow**, Gustaf Friedrich Wilhelm von, Sekondlieutenant im Regt. Irwing-Dragoner

(1993) 04.01.1807 **Mutius**, Johann Karl Jakob von, Major im Regt. Rouquette-Dragoner

(1994) 04.01.1807 **Massow**, Heinrich Erdmann Gotthard von, Sekondlieutenant im Regt. Rouquette-Dragoner

(1995) 04.01.1807 **Nostitz**, Johann Georg von, Sekondlieutenant, bisher im Regt. Gensdarmes

(1996) 11.01.1807 **Berg**, Bernhard Maximowitsch von, Kaiserlich Russischer Oberst in der Suite S. M. vom Quartiermeisterwesen

(1997) 11.01.1807 **Bistrom**, Karl Iwanowitsch, Kaiserlich Russischer Oberst im 20. Jäger-Regt.

(1998) 11.01.1807 **Frolow**, Grigorij Nikolajewitsch, Kaiserlich Russischer Oberst im 4. Jäger-Regt.

(1999) 11.01.1807 **Knorring**, Karl Bogdanowitsch, Kaiserlich Russischer Oberstlieutenant im Tatarischen Ulanen-Regt.

(2000) 11.01.1807 **Stael**, Karl Gustafowitsch von, Kaiserlich Russischer Major im Kargopolschen Dragoner-Regt.

(2001) 11.01.1807 **Aderkas**, Andrei Antonowitsch von, Kaiserlich Russischer Oberst in der Suite S. M. vom Quartiermeisterwesen

(2002) 11.01.1807 **Lewaschow**, Wassilij Wassiljewitsch, Kaiserlich Russischer Rittmeister im Kavaliergarde-Regt., Adjutant des Generals der Kavallerie Freiherrn von Bennigsen

(2003) 11.01.1807 **Sabir**, Jossif Jossifowitsch, Kaiserlich Russischer Oberstlieutenant im Taurischen Grenadier-Regt.

(2004) 11.01.1807 **Potapow**, Ustin Uwanowitsch, Kaiserlich Russischer Oberst im Isjum-Husaren-Regt.

(2005) 11.01.1807 **Bagration II.**, Roman Iwanowitsch, Kaiserlich Russischer Stabsrittmeister im Leib-Husaren-Regt.

(2006) 13.01.1807 **Romberg**, Alexander Wilhelm Friedrich Heinrich Konrad von, Sekondlieutenant in der Garde du Corps

(2007) 14.01.1807 **Prondzinski**, Peter Georg von, Sekondlieutenant im Füsilier-Batl. Rembow

(2008) 14.01.1807 **Thümen**, Hans Gustaf Ferdinand von, Premierlieutenant im Regt. Herzog Eugen von Württemberg-Husaren

(2009) 19.01.1807 **Orlikowsky**, Stanislaus Josef Vinzent von, Stabskapitain im Füsilier-Batl. Stutterheim

(2010) 19.01.1807 **Westphal I.**, Friedrich Ludwig, Sekondlieutenant im Füsilier-Batl. Stutterheim

(2011) 19.01.1807 **Stutterheim**, Friedrich Wilhelm von, Sekondlieutenant im Füsilier-Batl. Stutterheim

(2012) 19.01.1807 **Keudell**, Ernst Florian Heinrich von, Premierlieutenant im Regt. Rouquette-Dragoner

(2013) 21.01.1807 **Eickstedt**, Ernst Heinrich Karl Friedrich von, Sekondlieutenant im Regt. Königin-Dragoner

(2014) 25.01.1807 **Szerdajelyi I.**, Friedrich von, Sekondlieutenant im Regt. Prittwitz-Husaren

(2015) 25.01.1807 **Crüger (auch Krüger von Konarsky gen.)**, Christian Daniel, Sekondlieutenant im Füsilier-Batl. Wakenitz

(2016) 25.01.1807 **Koeckritz**, Ludwig Heinrich von, Sekondlieutenant im Regt. Wobeser-Dragoner

(2017) 25.01.1807 **Loewenstern**, Friedrich Wilhelm Ferdinand von, Stabskapitain im Regt. Kropff z. F.

(2018) 27.01.1807 **Anhalt-Bernburg-Schaumburg**, Friedrich Franz Josef Prinz von, Major im Regt. Schimmelpfennig-Husaren

(2019) 31.01.1807 **Witowski**, Andreas Johannes von, Sekondlieutenant im Regt. Fürst Anhalt-Pleß-Husaren

(2020) 03.02.1807 **Alvensleben**, Ludwig Karl Alexander von, Stabsrittmeister, bisher aggregiert dem Regt. Holtzendorff z. Pf.

(2021) 05.02.1807 **Ledebur**, Philipp Johann August Ludwig von, Premierlieutenant, bisher im Regt. Reitzenstein z. Pf.

(2022) 07.02.1807 **Schmeling**, Otto Wilhelm Bogislaf von, Oberstlieutenant, bisher im Regt. Treskow z. F., Kommandeur eines Grenadier-Batls.

(2023) 12.02.1807 **Benkendorf**, Alexander Christoforowitsch von, Kaiserlich Russischer Stabskapitain und Flügeladjutant

(2024) 13.02.1807 **Below**, Hans Karl Friedrich Franz von, Oberstlieutenant und Kommandeur des Regts. Schöning z. F.

(2025) 13.02.1807 **Fabecky**, August Ferdinand von, Major im Regt. Diericke z. F., Kommandeur eines Grenadier-Batls.

(2026) 13.02.1807 **Pillar**, Georg (Jegor) Maximowitsch, Kaiserlich Russischer Oberst im Wiburgschen Musketier-Regt.

(2027) 15.02.1807 **Eidjiatowicz**, Thaddäus von, Sekondlieutenant im Regt. Courbiere z. F.

(2028) 16.02.1807 **Sydow**, Ludwig August Friedrich Wilhelm von Premierlieutenant im Regt. Badzko-Dragoner

(2029) 16.02.1807 **Beier**, Johann Peter Paul, Premierlieutenant im Batl. Towarzi

(2030) 17.02.1807 **Tippelskirch**, Ernst Ludwig von, Stabskapitain und überkompletter Quartiermeisterlieutenant

(2031) 17.02.1807 **Both**, Gustaf Friedrich von, Premierlieutenant im Regt. vak. Reinhart z. F.

(2032) 19.02.1807 **Raven**, Otto Gottlob von, Stabsrittmeister in der Garde du Corps

(2033) 21.02.1807 **Hamilton**, Ernst Wilhelm (Ludwig) von, Oberst und Kommandeur des Regts. Rüchel z. F.

(2034)	21.02.1807	**Schachtmeyer**, Johann Christian von, Sekondlieutenant im Regt. Rüchel z. F.
(2035)	21.02.1807	**Stromberg**, Karl Christof (Christian) von, Major im Regt. Schöning z. F.
(2036)	21.02.1807	**Oetinger**, Erdmann Christof Friedrich Karl von, Major im Füsilier-Batl. Stutterheim
(2037)	21.02.1807	**Krauseneck**, Johann Wilhelm, Kapitain im Füsilier-Batl. Stutterheim
(2038)	21.02.1807	**Scharnhorst**, Gerhard Johann David von, Oberst im General-Quartiermeisterstabe und Quartiermeisterlieutenant
(2039)	21.02.1807	**Ziehen**, Christian Siegismund von, Kapitain von der Armee, kommandiert im Generalstabe des Korps des Generallieutenants von L'Estocq
(2040)	21.02.1807	**Steinwehr**, Wilhelm Ludwig Bogislaf von, Stabskapitain im Generalquartiermeisterstabe und int. Quartiermeisterlieutenant
(2041)	21.02.1807	**Saint-Paul**, Friedrich Wilhelm Leopold von, Major im Regt. Towarzi, Adjutant des Generallieutenants von L'Estocq
(2042)	21.02.1807	**Kesteloot**, Christian Otto Alexander von, Premierlieutenant im Füsilier-Batl. Wakenitz
(2043)	23.02.1807	**Hellwig**, Karl Friedrich Ludwig, Sekondlieutenant im Regt. Pletz-Husaren
(2044)	25.02.1807	**Plotho**, Karl Johann Joachim Friedrich von, Premierlieutenant, aggregiert dem Regt. Rüchel z. F.
(2045)	27.02.1807	**Moltke**, Friedrich Ludwig Adam Alexander Graf von, Premierlieutenant im Regt. Auer-Dragoner
(2046)	27.02.1807	**Larisch**, Johann Leopold Konstantin von, Oberst und Kommandeur des Regts. Auer-Dragoner

(2047) 27.02.1807 **Grolman**, Karl Wilhelm Georg von, Stabskapitain von der Armee, attaschiert dem Generalstabe des Korps des Generallieutenants von L'Estocq, bisher Inspektionsadjutant des Feldmarschalls von Möllendorf

(2048) 27.02.1807 **Dohna-Schlobitten**, Fabian Alexander Graf zu, Sekondlieutenant im Regt. vak. Schöning z. F., kommandiert im Generalstabe des Korps des Generallieutenants von L'Estocq

(2049) 04.03.1807 **Möllendorf**, August Leopold Titus von, Stabsrittmeister von der Armee, bisher Adjutant des Prinzen Louis von Preußen

(2050) 09.03.1807 **Roche Aymon**, Charles Antoine Paul Etienne Graf de la, Major im Regt. Prittwitz-Husaren

(2051) 09.03.1807 **Szerdajelyi**, Friedrich von, Major im Regt. Prittwitz-Husaren

(2052) 09.03.1807 **Koch**, Moritz Andreas August, Sekondlieutenant im Regt. Prittwitz-Husaren

(2053) 12.03.1807 **Müller**, August Wilhelm (Georg), Sekondlieutenant im Regt. Gettkandt-Husaren

(2054) 13.03.1807 **Saint-Paul**, Franz Wilhelm von, Sekondlieutenant im Regt. Fürst Anhalt-Pleß-Husaren

(2055) 17.03.1807 **Hohenzollern-Hechingen**, Herman Friedrich Meinrad Josef Johann Nepomuk, Antonius von Padua Spiridion Kamillus Fidelis Xaverus Johannes de Deo Prinz von, Stabskapitain im Füsilier-Batl. Stutterheim

(2056) 19.03.1807 **Arnim**, Karl Heinrich von, Major im Regt. Bailliody z. Pf.

(2057) 19.03.1807 **Mielecki**, Janusz Konstantin von, Sekondlieutenant im Regt. Bailliodz z. Pf.

(2058) 20.03.1807 **Andrsheikowitsch**, Iwan Faddjejewitsch, Kaiserlich Russischer Fähnrich im Leibgarde-Jäger-Regt., Adjutant des Generals der Kavallerie Freiherrn von Bennigsen

(2059) 24.03.1807 **Dziengel**, Gottlieb David von, Rittmeister im Regt. Prittwitz-Husaren

(2060)   24.03.1807   **Medem**, Karl Gotthard (Gottfried) Christof (Christian) von, Premierlieutenant im Grenadier-Batl. vak. Schlieffen, Kp. des Regts. Rüchel z. F.

(2061)   24.03.1807   **Fiedler**, Friedrich August von, Sekondlieutenant im Füsilier-Batl. Bülow

(2062)   24.03.1807   **Tornow (Turnau)**, Ferdinand von, Sekondlieutenant im Regt. Baczko-Dragoner

(2063)   01.04.1807   **Rotberg**, Wilhelm Emilius Heinrich Karl von, Sekondlieutenant im Regt. Krafft-Dragoner

(2064)   03.04.1807   **Popow V.**, Wassilij Jefimowitsch, Kaiserlich Russischer Oberstlieutenant und Kommandeur eines Regts. im Donischen Woißko

(2065)   03.04.1807   **Malachow I.**, Tinofei, Kaiserlich Russischer Oberstlieutenant und Kommandeur eines Regts. im Donischen Woißko

(2066)   03.04.1807   **Barabanstschikow II.**, Fedor Jäkimowitsch, Kaiserlich Russischer Starschina und Kommandeur eines Regts. im Donischen Woißko

(2067)   08.04.1807   **Blanckenburg**, Friedrich Ludwig Dionysius von, Sekondlieutenant im Grenadier-Batl. Waldenfels, bisher im Regt. Pirch z. F.

(2068)   08.04.1807   **Wostrowsky**, Adam Wilhelm Leo Gabriel Nikolaus von, Major im Regt. Courbiere z. F.

(2069)   08.04.1807   **Lyncker**, Karl August Heinrich Emil von, Premierlieutenant im Regt. Courbiere z. F.

(2070)   08.04.1807   **Hanstein**, Friedrich Adolf (Wilhelm Anton) von, Premierlieutenant im Regt. Hamberger z. F.

(2071)   08.04.1807   **L'Estocq**, Gottfried Ludwig Heinrich von, Major im Regt. Rouquette-Dragoner

(2072)   08.04.1807   **Dohna-Wartenberg-Schlobitten**, Ludwig Moritz Achatius BuRggraf und Graf zu, Kapitain im Regt. Rouquette-Dragoner

(2073) 08.04.1807 **Knesebeck**, Karl Friedrich von dem, Major im General-Quartiermeisterstabe und Quartiermeister

(2074) 08.04.1807 **Raab gen. von Thülen**, Wilhelm von der, Sekondlieutenant im Füsilier-Batl. Rembow

(2075) 10.04.1807 **Barnekow**, Gustaf Friedrich Wilhelm von, Sekondlieutenant im Regt. Irwing-Dragoner

(2076) 11.04.1807 **Wostrowsky**, Franz Josef Otto von, Kapitain im National-Batl. Falkenstein, aus dem III. Musketier-Batl. Regts. Alvensleben z. F. ausgeschieden

(2077) 11.04.1807 **Caspary**, Georg Ludwig, Kapitain im National-Batl. Hahn, früher im Füsilier-Batl. Pelet, Bürgermeister in Ohlau

(2078) 11.04.1807 **Lehmann**, Elias, Stabskapitain in der Koselschen Festungs-Artillerie-Komp.

(2079) 20.04.1807 **Dumaschew**, Dmitrij Alexjejewitsch, Kaiserlich Russischer Oberstlieutenant im Kronstadtschen Garnison-Regt.

(2080) 20.04.1807 **Malotki**, August Ferdinand Kosntantin von, Sekondlieutenant im III. Musketier-Batl. Regts. Kauffberg z. F., kommandiert zum Grenadier-Batl. Schmeling

(2081) 20.04.1807 **Bousmard**, Henri Jean Baptiste de, Moajor im Ingenieurkorps, zweite Brigade

(2082) 20.04.1807 **Sljeptschenko(w)**, Peter Iwanowitsch, Kaiserlich Russischer Major im Leib-Kürassier-Regt. Seiner Majestät

(2083) 20.04.1807 **Tscherkessow**, Anton Jurewitsch, Kaiserlich Russischer Oberstlieutenant im Plonischen Ulanen-Regt., Adjutant des Generals der Kavallerie Freiherrn von Bennigsen

(2084) 20.04.1807 **Abt**. Iwan Fedorowitsch, Kaiserlich Russischer Major im Pfkowschen Musketier-Regt., Adjutant des Generals der Kavallerie Freiherrn von Bennigsen

(2085) 21.04.1807 **Brünnow**, Hans Karl Friedrich von, Sekondlieutenant, Chef einer Husaren-Eskadron im Schillschen Freikorps, bisher im Regt. Rudorff-Husaren

(2086) 21.04.1807 **Diezelski**, Philipp Ernst Karl von, Sekondlieutenant, Chef einer Dragoner-Eskadron im Schillschen Freikorps, bisher im Regt. Prinz Wilhelm-Dragoner

(2087) 21.04.1807 **Wedell**, Heinrich Kaspar von, Premierlieutenant in der Kavallerie des Schillschen Freikorps, bisher im Regt. Pirch z. F.

(2088) 21.04.1807 **Wedell**, Karl Ehrhard Leopold Graf von, Sekondlieutenant in der Kavallerie des Schillschen Freikorps, bisher im Regt. Prinz Wilhelm-Dragoner

(2089) 21.04.1807 **Lützow**, Ludwig Adolf Wilhelm Freiherr von, Sekondlieutenant, Chef einer Dragoner-Eskadron im Schillschen Freikorps, bisher im Regt. Reitenstein z. Pf.

(2090) 21.04.1807 **Held**, Karl Fedorowitsch, Kaiserlich Russischer Oberst im Isjumschen Husaren-Regt.

(2091) 21.04.1807 **Ilowaiskij X.**, Jossif B´Wassilijewitsch, Kaiserlich Russischer Starschina im Donischen Woißko

(2092) 21.04.1807 **Grekow XVIII.**, Tmofei Dmitrijewitsch, Kaiserlich Russischer Starschina im Donischen Woißko

(2093) 21.04.1807 **Jefremow**, Wassilij Iwanowitsch, Kaiserlich Russischer Starschina im Donischen Woißko

(2094) 21.04.1807 **Richter**, Jegor Christoforowitsch, Kaiserlich Russischer Major im Muromschen Musketier-Regt.

(2095) 21.04.1807 **Lissanewitsch**, Grigorij Iwanowitsch, Kaiserlich Russischer Oberst im Jelissawetgradschen Husaren-Regt.

(2096) 21.04.1807 **Uschakow**, Alexei Alexandrowitsch, Kaiserlich Russischer Oberst im Isjumschen Husaren-Regt.

(2097) 21.04.1807 **Zermolow**, Alexei Petrowitsch, Kaiserlich Russischer Oberst, Chef der reitenden Komp. der 7. Artillerie-Brigade

(2098) 21.04.1807 **Jaschwill**, Lew Michailowitsch Fürst, Kaiserlich Russischer Oberst, Chef der reitenden Komp. der 4. Artillerie-Brigade

(2099)   21.04.1807   **Gogel**, Fedor Grigorjewitsch, Kaiserlich Russischer
                        Oberst, Chef des 5. Jäger-Regts.

(2100)   21.04.1807   **Loschkarew**, Pawel Sergjejewitsch, Kaiserlich Russischer
                        Oberstlieutenant im Pfkowschen Musketier-Regt.

(2101)   21.04.1807   **Golizin**, Sergei Sergjejewitsch Fürst, Kaiserlich
                        Russischer Oberstlieutenant und Flügeladjutant

(2102)   21.04.1807   **Engelmann**, Peter Iwanowitsch, Kaiserlich Russischer
                        Oberst in der Suite S. M. vom Quartiermeisterwesen

(2103)   21.04.1807   **Balmaine**, Karl Antonowitsch Graf de, Kaiserlich
                        Russischer Stabskapitain im Leibgarde-
                        Preobrashenskschen Regt., Adjutant des Generals der
                        Kavallerie Freiherrn von Bennigsen

(2104)   21.04.1807   **Obolenskij**, Wassilij Petrowitsch Fürst, Kaiserlich
                        Russischer Major im Pawlogradschen Husaren-Regt.,
                        Divisionsadjutant beim Generallieutenant Dochtorow

(2105)   26.04.1807   **Barnekow**, Gottlieb Christof von, Sekondlieutenant im
                        Regt. Köhler-Husaren

(2106)   26.04.1807   **Loebell**, Heinrich Christian von, Sekondlieutenant im
                        Regt. Diericke z. F.

(2107)   28.04.1807   **Dallmer**, Karl Leopold Ferdinand, Premierlieutenant im
                        Regt. Prittwitz-Husaren

(2108)   04.05.1807   **Kamptz**, August Ernst von, Major im Regt. Courbiere z. F.

(2109)   04.05.1807   **Hanstein**, Ernst David von, Kapitain im Füsilier-Batl.
                        Rembow

(2110)   04.05.1807   **Loebell**, (Karl) Leopold Benedikt von, Premierlieutenant
                        im Füsilier-Batl. Rembow

(2111)   04.05.1807   **Müller**, (Friedrich) Karl Ludwig, Sekondlieutenant in der
                        Reserve-Eskadron Nostitz, bisher im Regt. Köhler-Husaren

(2112)   04.05.1807   **Rexin**, Ludwig Bogislaf Nikolaus von, Sekondlieutenant
                        im 1. Pommerschen Reserve-Batl., bisher im Regt.
                        Tschepe z. F.

(2113)　　04.05.1807　**Schierstädt**, Karl Friedrich Reinhard von, Premierlieutenant im Regt. Graf Hertzberg-Dragoner

(2114)　　09.05.1807　**Poulet (Pullet)**, Samuel, Lieutenant in der 1. Ingenieur-Brigade, Ingenieur vom Platz in Danzig

(2115)　　09.05.1807　**Rieben**, Helmuth Christof Gottfried von, Premierlieutenant im Regt. Fußjäger

(2116)　　11.05.1807　**Chasot**, Ludwig August Friedrich Adolf Graf de, Major von der Armee

(2117)　　11.05.1807　**Eisenhardt**, Johann Friedrich von, Stabsrittmeister im Regt. Pletz-Husaren

(2118)　　11.05.1807　**Thile**, Ludwig Gustaf von, Sekondlieutenant im Regt. Thile z. F., Adjutant beim Quartiermeisterstabe

(2119)　　11.05.1807　**Wins**, Leopold Gebhard von, Premierlieutenant im Regt. Blücher-Husaren

(2120)　　19.05.1807　**Dechterew**, Nikolai Wassiljewitsch, Kaiserlich Russischer Oberst im St. Petersburgschen Dragoner-Regt.

(2121)　　19.05.1807　**Turtschaninow**, Pawel Petrowitsch, Kaiserlich Russischer Oberst im Jekaterinoslawschen Grenadier-Regt.

(2122)　　19.05.1807　**Rosen**, Grigorij Wladimirowitsch Freiherr von, Kaiserlich Russischer Oberst, Chef des 1. Jäger-Regts.

(2123)　　19.05.1807　**Sievers**, Jakob Karlowitsch Graf, Kaiserlich Russischer Oberst und Kommandeur der 5. Artillerie-Brigade

(2124)　　19.05.1807　**Panzerbieter**, Karl Karlowitsch, Kaiserlich Russischer Oberstlieutenant im Rjäsanschen Musketier-Regt.

(2125)　　19.05.1807　**Eichen I.**, Jakob Jakowlewitsch, Kaiserlich Russischer Oberstlieutenant in der Suite S. M. vom Quartiermeisterwesen

(2126)　　19.05.1807　**Wojekow**, Alexei Iwanowitsch, Kaiserlich Russischer Oberstlieutenant in der 2. Artillerie-Brigade

(2127)　　19.05.1807　**Wsewoloshskij**, Alexei Matwjejewitsch, Kaiserlich Russischer Oberst im Jelissawetgradschen Husaren-Regt.

(2128) 29.05.1807 **Rentzel**, Georg Wilhelm von, Premierlieutenant im reitenden Artillerie-Regt., reitende Batterie Nr. 19

(2129) 29.05.1807 **Sowinski**, Josef Longin von, Sekondlieutenant im reitenden Artillerie-Regt., reitende Batterie Nr. 6

(2130) 29.05.1807 **Decker**, Johann Karl Otto Heinrich, Sekondlieutenant im reitenden Artillerie-Regt., reitende Batterie Nr. 10

(2131) 29.05.1807 **Diezelski**, Christian Ernst von, Major im Batl. Towarzi

(2132) 29.05.1807 **Thun**, Karl Wilhelm Ferdinand von, Sekondlieutenant im Regt. Wagenfeld z. F.

(2133) 29.05.1807 **Goltz**, Friedrich Ferdinand Freiherr von der, Stabskapitain im Regt. Rüchel z. F.

(2134) 29.05.1807 **Pinto**, Karl Friedrich Graf von, Sekondlieutenant im Möllendorffschen Detaschement, bisher im Regt. Herzog Eugen von Württemberg-Dragoner

(2135) 01.06.1807 **Filissow**, Pawel Andrejewitsch, Kaiserlich Russischer Oberst im Moskauschen Grenadier-Regt., Chef des Polozkschen Musketier-Regts.

(2136) 01.06.1807 **Berlesjejew (Berlisjejew)**, Michail Iwanowitsch, Kaiserlich Russischer Oberst im Archangelogrodschen Musketier-Regt.

(2137) 01.06.1807 **Schulz**, Gustaf Karlowitsch, Kaiserlich Russischer Major im Archangelogrodschen Musketier-Regt.

(2138) 01.06.1807 **Laschkewitsch**, Pawel Petrowitsch, Kaiserlich Russischer Major im 21. Jäger-Regt.

(2139) 01.06.1807 **Sakrewskij**, Arsenij Andrejewitsch, Kaiserlich Russischer Lieutenant im Archangelogrodschen Musketier-Regt, Brigadeadjutant des Generalmajors Grafen Kamenskij

(2140) 01.06.1807 **Niesewand**, Karl Ludwig von, Major im Regt. vak. Besser z. F.

(2141) 01.06.1807 **Oheimb**, August Maximilian Philipp von, Major im Füsilier-Batl. Schachtmeyer

(2142) 01.06.1807 **Schenck**, Wilhelm von, Sekondlieutenant im Regt. Manstein z. F.

(2143) 01.06.1807 **Rauch**, Johann Gustaf Georg von, Major im Generalquartiermeisterstabe und Quartiermeister

(2144) 01.06.1807 **Klitzing**, Friedrich von, Stabskapitain und Adjoint im Generalquartiermeisterstabe, bisher im Regt. Prinz Louis von Preußen z. F.

(2145) 01.06.1807 **Waldenfels**, Karl Wilhelm Ernst von, Kapitain, bisher im Regt. Zweiffel z. F., Kommandeur des Pommerschen provisorischen Grenadier-Batls. seines Namens

(2146) 01.06.1807 **Stückradt**, Wilhelm Ludwig Albrecht von, Premierlieutenant im 2. Pommerschen Reserve-Batl., aus dem Regt. Diericke z. F. ausgeschieden

(2147) 18.06.1807 **Yorck**, Johann David Ludwig von, Oberst und Chef des Regts. Fußjäger

(2148) 18.06.1807 **Witzleben**, Friedrich Albrecht Ernst Heinrich von, Major und Kommandeur des Regts. Fußjäger

(2149) 18.06.1807 **Oppen**, Adolf Friedrich von, Major, bisher Kommandeur des Regts. Wobeser-Dragoner

(2150) 19.06.1807 **Brauchitsch**, Ludwig Nathanael Gottlieb Matthias von, Major im Regt. Courbiere z. F., Kommandeur eines Grenadier-Batls.

(2151) 19.06.1807 **Kemphen**, Johann Karl Jakob von, Kapitain im Regt. Diericke z. F., Adjutant des Generalmajors von Hamberger

(2152) 19.06.1807 **Wrangel**, Alexander Magnus von, Kaiserlich Russischer Unterlieutenant im Kostromaschen Musketier-Regt., Adjutant des Generalmajors Fürsten Tscherbatow

(2153) 19.06.1807 **Kühfuß**, Johann Jakob, Major im Ingenieurkorps, Brigadier in Preußen, Pommern und der Mark

(2154) 19.06.1807 **Rohde**, Eberhard (Erhard), Kapitain im Ingenieurskorps, 2. Brigade

(2155) 19.06.1807 **Borcke**, Ernst Gottlieb von, Lieutenant im Ingenieurkorps, 1. Brigade

(2156) 19.06.1807 **Schubert**, Karl Ferdinand von, Lieutenant im Ingenieurkorps, 1. Brigade

(2157) 19.06.1807 **Oppen**, Johann (Joachim) Friedrich von, Major im Feld-Artilleriekorps, 4. Regt.

(2158) 19.06.1807 **Studnitz**, Johann Heinrich von, Stabskapitain im Feld-Artilleriekorps, reitendes Regt.

(2159) 19.06.1807 **Liebe**, Johann Christian Friedrich, Premierlieutenant im Feld-Artilleriekorps, 4. Regt.

(2160) 19.06.1807 **Dorsch**, Konstantin Gottlieb von, Sekondlieutenant im Füsilier-Batl. Hinrichs

(2161) 19.06.1807 **Lindheim**, Johann Philipp von, Major im Regt. Diericke z. F.

(2162) 19.06.1807 **Natzmer**, Wilhelm Dubislaf von, Stabskapitain im Regt. Hamberger z. F.

(2163) 19.06.1807 **Schmalensee**, Ludwig Dietrich Karl von, Major im Regt. Hamberger z. F.

(2164) 19.06.1807 **Mülbe**, Hans Christof von der, Oberst und Kommandeur des Regts. Diericke z. F.

(2165) 19.06.1807 **Stösser**, Karl Philipp von, Major im Regt. Hamberger z. F.

(2166) 19.06.1807 **Kalnassy**, Justus von, Kapitain im Regt. Hamberger z. F., Grenadier-Batl. von Brauchitsch

(2167) 19.06.1807 **Trabenfeldt**, Wilhelm Kasimir von, Stabskapitain im Regt. Diericke z. F.

(2168) 19.06.1807 **Lindheim**, Leopold Gotthard von, Premierlieutenant im Regt. Diericke z. F.

(2169) 19.06.1807 **Zimmermann**, Christian Georg Friedrich von, Premierlieutenant im Regt. Diericke z. F.

(2170) 19.06.1807 **Marck**, August Ernst Friedrich von der, Stabskapitain im Füsilier-Batl. Rühle

(2171) 19.06.1807 **Viereck (Vieregg)**, Leopold von, Premierlieutenant im Regt. vak. Besser z. F., kommandiert zum III. Musketier-Batl.

(2172) 19.06.1807 **Werner**, Efraim Gustaf Leopold, Major im Regt. Fußjäger

(2173) 19.06.1807 **Chappuis de la Combay**, François Louis de, Oberstlieutenant und Kommandeur des Füsilier-Batls. Rühle

(2174) 19.06.1807 **Eberstein**, Heinrich Friedrich Wilhelm von, Major im Füsilier-Batl. Rembow

(2175) 19.06.1807 **Dessaunniers**, Johann Heinrich Friedrich Anton von, Stabskapitain im Füsilier-Batl. Rembow

(2176) 19.06.1807 **Schoenermarck**, Wilhelm George von, Sekondlieutenant im Regt. Blücher-Husaren

(2177) 19.06.1807 **Rohden**, Georg August von, Kapitain im Regt. Courbiere z. F.

(2178) 19.06.1807 **Wyschetzky**, Alexander von, Stabskapitain im Regt. Courbiere z. F.

(2179) 19.06.1807 **Rohr**, Karl Heinrich Christian Ludwig von, Premierlieutenant im Regt. Courbiere z. F.

(2180) 19.06.1807 **Obernitz**, Moritz Karl Heinrich Gottfried von, Sekondlieutenant im Regt. Courbiere z. F.

(2181) 19.06.1807 **Lehwaldt**, Anton von, Premierlieutenant im Regt. Diericke z. F.

(2182) 19.06.1807 **Tiedewitz**, Friedrich Wilhelm von, Sekondlieutenant im Regt. Diericke z. F.

(2183) 19.06.1807 **Donat**, Eduard von, Sekondlieutenant im Regt. Diericke z. F.

(2184) 19.06.1807 **Poppe**, Wilhelm George, Kapitain im III. Musketier-Batl. Regts. Kalckreuth z. F.

(2185) 19.06.1807 **Bauer**, Johann, Sekondlieutenant im III. Musketier-Batl. Regts. Kalckreuth z. F.

(2186) 19.06.1807 **Roux du Rognon de Rochelle**, Charles Onesime Guillaume, Kapitain im Füsilier-Batl. Rembow

(2187) 19.06.1807 **Loebell**, (Karl) Leopold Benedikt von, Premierlieutenant im Füsilier-Batl. Rembow

(2188) 19.06.1807 **Hack (Hacke)**, Friedrich August, Sekondlieutenant im Feld-Artilleriekorps, 3. Regt.

(2189) 19.06.1807 **Diezelski**, Friedrich Wilhelm von, Stabskapitain im Regt. Courbiere z. F., Grenadier-Batl. Brauchitsch

(2190) 19.06.1807 **Restorff**, Ernst Ludwig Julius von, Sekondlieutenant im Regt. Courbiere z. F., Grenadier-Batl. Brauchitsch

(2191) 19.06.1807 **Zieten**, Ernst Ludwig Otto von, Sekondlieutenant im Grenadier-Batl. Schmeling, bisher im III. Musketier-Batl. Regts. Treskow z. F.

(2192) 19.06.1807 **Hagen**, August Thiedo von, Sekondlieutenant im Grenadier-Batl. Schmeling, bisher im III. Musketier-Batl. Regts. Treskow z. F.

(2193) 30.06.1807 **Gruben**, Johann Friedrich Wilhelm von der, Premierlieutenant in der Infanterie des Schillschen Freikorps, bisher im Regt. vak. Borke z. F.

(2194) 30.06.1807 **Borcke**, Adrian Hans Albrecht (Ludwig Otto) von, Sekondlieutenant im 2. Pommerschen Reserve-Batl., aus dem Regt. vak. Borcke entlassen

(2195) 30.06.1807 **Koehler**, August Friedrich, Sekondlieutenant im Regt. Fußjäger

(2196) 30.06.1807 **Graevenitz**, Johann Leberecht von, Sekondlieutenant im Grenadier-Batl. vak. Waldenfels, bisher im Regt. vak. Prinz Heinrich z. F.

(2197) 30.06.1807 **Strantz**, Christian Friedrich Ferdinand von, Sekondlieutenant im III. Musketier-Batl. Regts. vak. Borcke z. F., bisher im Regt. Pirch z. F.

(2198) 02.07.1807 **Stach von Goltzheim**, Engel Ludwig, Kapitain im Füsilier-Batl. Wakenitz

(2199) 02.07.1807 **Arnim**, Friedrich Wilhelm Ludwig von, Stabsrittmeister im Regt. Prittwitz-Husaren

(2200) 02.07.1807 **Schenckendorff**, Karl Ludwig von, Sekondlieutenant im Regt. Rüchel z. F.

(2201) 05.07.1807 **Shilinskij**, Ossip Andrejewitsch, Kaiserlich Russischer Oberst und Flügeladjutant

(2202) 05.07.1807 **Udom**, Iwan Fedorowitsch, Kaiserlich Russischer Oberst und Flügeladjutant, Brigademajor beim General der Kavallerie Freiherrn von Bennigsen

(2203) 05.07.1807 **Awarow**, Dmitrij Petrowitsch, Kaiserlich Russischer Oberst im Kavaliergarde-Regt. und Flügeladjutant

(2204) 05.07.1807 **Balabin**, Peter Iwanowitsch, Kaiserlich Russischer Oberst im Kavaliergarde-Regt., Adjutant des Generallieutenants Fürsten Galizin

(2205) 05.07.1807 **Tschetwertinskij**, Boris Antonowitsch Fürst, Kaiserlich Russischer Oberst im Leib-Husaren-Regt.

(2206) 05.07.1807 **Friderici**, Herman Karlowitsch, Kaiserlich Russischer Oberstlieutenant in der Suite S. M. vom Quartiermeisterwesen

(2207) 05.07.1807 **Deljänow**, David Artemjewitsch, Kaiserlich Russischer Oberstlieutenant im Isjunschen Husaren-Regt.

(2208) 05.07.1807 **Werigin**, Alexei Petrowitsch, Kaiserlich Russischer Major im Isjunschen Husaren-Regt.

(2209) 05.07.1807 **Laizer**, Moritz Ludwigowitsch Marquis de, Kaiserlich Russischer Stabskapitain im 4. Jäger-Regt., Adjutant des Generals der Kavallerie Freiherrn von Bennigsen

(2210) 05.07.1807 **Tschernischew**, Alexander Iwanowitsch, Kaiserlich Russischer Stabsrittmeister im Kavaliergarde-Regt., Adjutant des Generallieutenants Awarow

(2211) 05.07.1807 **Grabowski**, Alexander Alexandrowitsch Graf, Kaiserlich Russischer Kapitain im Leibgarde-Jäger-Regt., Adjutant des Generallieutenants Fürsten Bagration

(2212) 05.07.1807 **Ofrossimow**, Alexander Petrowitsch, Kaiserlich Russischer Stabskapitain im Leibgarde-Jäger-Regt., Adjutant des Generallieutenants Fürsten Bagration

(2213) 05.07.1807 **Dawidow**, Denis Wassiljewitsch, Kaiserlich Russischer Stabsrittmeister im Leib-Husaren-Regt., Adjutant des Generallieutenants Fürsten Bagration

(2214) 05.07.1807 **Tschuikewitsch**, Peter Andrejewitsch, Kaiserlich Russischer Lieutenant in der Suite S. M. vom Quartiermeisterwesen, kommandiert bei dem Ataman Generallieutenant Grafen Platow

(2215) 05.07.1807 **Pjetin**, Iwan, Kaiserlich Russischer Lieutenant in der Suite S. M. vom Quartiermeisterwesen

(2216) 05.07.1807 **Bagration**, Alexander Kirillowitsch Fürst, Kaiserlich Russischer Lieutenant im Leibgarde-Jäger-Regt., kommandiert bei dem Ataman Generallieutenant Grafen Platow

(2217) 05.07.1807 **Lubomirski**, Konstantin Stanislaus Xaver Franz Fürst, Kaiserlich Russischer Kornett im Leib-Husaren-Regt., Adjutant des Generallieutenants Uwarow

(2218) 05.07.1807 **Zepelin**, Konstantin Gottlieb Leberecht von, Stabskapitain im Regt. vak. Rüts z. F., kommandiert im Hauptquartier der Russischen Armee

(2219) 05.07.1807 **Wedell**, Karl Friedrich Heinrich von, Premierlieutenant von der Armee, bisher im Regt. Kleist z. F., Kommandiert als Generaladjutant bei dem General der Kavallerie Freiherrn von Bennigsen

(2220) 05.07.1807 **Bennigsen**, Adam Johann Kasimir Freiherr von, Kaiserlich Russischer Rittmeister im Leib-Husaren-Regt., kommandiert bei dem General der Kavallerie Freiherrn von Bennigsen

(2221) 05.07.1807 **Trubezkoi**, Wassilij Sergjejewitsch Fürst, Kaiserlich Russischer Generalmajor und Generaladjutant, kommandiert beim Generallieutenant Fürsten Bagration

(2222) 05.07.1807 **Jefimowitsch**, Andrei Alexandrowitsch, Kaiserlich Russischer Oberstlieutenant im Alexandriaschen Husaren-Regt.

(2223) 05.07.1807 **Scheping**, Peter Dmitrijewitsch, Kaiserlich Russischer Major von der Armee, Adjutant des Generals der Infanterie von Knorring

(2224) 05.07.1807 **Narischkin**, Lew Alexandrowitsch, Kaiserlich Russischer Stabsrittmeister im Leib-Husaren-Regt.

(2225) 05.07.1807 **Platow,** Kaiserlich Russischer Sotnik im Atamanischen Regt. des Donischen Woißko, Adjutant des Atamans Generallieutenants Grafen Platow

(2226) 06.07.1807 **Wulffen (Wolffen)**, Ernst Johann George Leonhard von, Major und Kommandeur des III. Musketier-Batls. Regts. Jung Larisch z. F.

(2227) 06.07.1807 **Hymmen**, Heinrich Ludwig Reinhard von, Stabsrittmeister im Regt. Blücher-Husaren

(2228) 06.07.1807 **Streckenbach**, Heinrich Ernst, Lieutenant im Ingenieurkorps, 1. Brigade, int. Ingenieuroffizier vom Platz in Graudenz

(2229) 06.07.1807 **Zachnick**, Johann Karl Benjamin, Lieutenant im Ingenieurkorps, 1. Brigade

(2230) 13.07.1807 **Kuteinikow**, Dmitrij Jefimowitsch, Kaiserlich Russischer Oberst im Atamanischen Regt. des Donischen Woißko

(2231) 13.07.1807 **Ilowaiskij VIII.**, Grigorij Dmitrijewitsch, Kaiserlich Russischer Oberstlieutenant im Donschen Woißko

(2232) 13.07.1807 **Ilowaiskij IX.**, Stepan Dmitrijewitsch, Kaiserlich Russischer Oberstlieutenant im Donschen Woißko

(2233) 13.07.1807 **Karassjew**, Iwan Tichowowitsch, Kaiserlich Russischer Oberstlieutenant im Donischen Woißko

(2234) 13.07.1807 **Sulin VII.**, Nikolai Semenowitsch, Kaiserlich Russischer Starschina im Donischen Woißko

(2235) 13.07.1807 **Kirssanow**, Chrysant Pawlowitsch, Kaiserlich Russischer Starschina im Donischen Woißko

(2236) 13.07.1807 **Kisseljew**, Dmitrij Michailowitsch, Kaiserlich Russischer Starschina im Donischen Woißko

(2237) 13.07.1807 **Sissojew**, Wassilij Alexjejewitsch, Kaiserlich Russischer Starschina im Donischen Woißko

(2238) 13.07.1807 **Balabin**, Stepan Fedorowitsch, Kaiserlich Russischer Starschina im Atamanischen Regt. des Donischen Woißko

(2239) 13.07.1807 **Wlassow III.**, Maxim Grigorjewitsch, Kaiserlich Russischer Starschina im Atamanischen Regt. des Donischen Woißko

(2240) 13.07.1807 **Charitonow,** Kaiserlich Russischer Jessaul im Regt. Issajew II. des Donischen Woißko

(2241) 14.07.1807 **Kasatschkowskij**, Kirill Fedorowitsch, Kaiserlich Russischer Oberst, Chef des Kalugaschen Musketier-Regts.

(2242) 14.07.1807 **Ruskowsky**, Otto Karl von, Stabskapitain im Regt. vak. Besser z. F.

(2243) 14.07.1807 **Hülsen**, Fürchtegott Kasimir Jakob Hans von, Premierlieutenant im Regt. vak. Besser z. F.

(2244) 14.07.1807 **Leslie**, Karl Friedrich Wilhelm (von), Premierlieutenant im Regt. Chlebowsky z. F., kommandiert beim Generallieutenant Fürsten Bagration

(2245) 14.07.1807 **Bibikow**, Stepan Metwjejewitsch, Kaiserlich Russischer Oberst im Grodnoschen Husaren-Regt.

(2246) 14.07.1807 **Kulnjew**, Jakob Petrowitsch, Kaiserlich Russischer Oberst im Grodnoschen Husaren-Regt.

(2247) 14.07.1807 **Gorgolij**, Iwan Sawwitsch, Kaiserlich Russischer Oberst im Grodnoschen Husaren-Regt.

(2248) 14.07.1807 **Korenjew**, Peter Iwanowitsch, Kaiserlich Russischer Stabskapitain im Sibirischen Grenadier-Regt., Adjutant des Generals der Kavallerie Freiherrn von Bennigsen

(2249) 14.07.1807 **Federew**, Alexander Iljitsch, Kaiserlich Russischer Major im 4. Jäger-Regt.

(2250) 15.07.1807 **Walujew**, Peter Petrowitsch, Kaiserlich Russischer Kornett im Leibgarde-Reiter-Regt., Adjutant des Generallieutenants Ostermann

(2251) 15.07.1807 **Potemkin**, Grigorij Pawlowitsch, Kaiserlich Russischer Lieutenant im Leibgarde-Preobrashenskschen Regt. Adjutant des Generallieutenants Fürsten Gortschakow I.

(2252) 15.07.1807 **Neidhardt**, Pawel Isanowitsch von, Kaiserlich Russischer Major in der Suite S. M. vom Quartiermeisterwesen

(2253) 15.07.1807 **Papkow I.**, Peter Afanassjewitsch, Kaiserlich Russischer Oberst und Kommandeur der 14. Artillerie-Brigade

(2254) 18.07.1807 **Urakow**, Nikolai Afanassjewitsch Fürst, Kaiserlich Russischer Oberst und Kommandeur des 9. Jäger-Regts.

(2255) 18.07.1807 **Wassiltschikow**, Nikolai Wassijewitsch, Kaiserlich Russischer Oberst im Pfkowschen Dragoner-Regt.

(2256) 18.07.1807 **Schroeder (Schreider)**, Peter Petrowitsch, Kaiserlich Russischer Oberst, Chef des Tobolskschen Musketier-Regts.

(2257) 18.07.1807 **Unruh**, Friedrich Wilhelm Christof von, Major im Regt. Zieten-Dragoner

(2258) 18.07.1807 **Below**, Theodor Werner Christian von, Major im Regt. Zieten-Dragoner

(2259) 18.07.1807 **Platen**, Gottlieb Wilhelm vom, Kapitain im Regt. Zieten-Dragoner

(2260) 18.07.1807 **Goerne**, Abraham Rudolf Philipp von, Kapitain im Regt. Zieten-Dragoner

(2261) 18.07.1807 **Ostau**, Friedrich Egidius von, Stabskapitain im Regt. Zieten-Dragoner

(2262) 18.07.1807 **Goltz**, Alexander Wilhelm Freiherr von der, Stabskapitain im Regt. Zieten-Dragoner

(2263) 18.07.1807 **Preußer**, Karl Ludwig Heinrich August von, Sekondlieutenant im Regt. Zieten-Dragoner

(2264) 18.07.1807 **Wrangel**, Friedrich Heinrich von, Sekondlieutenant im Regt. Zieten-Dragoner

(2265) 18.07.1807 **Baczko**, Josef Theodor Siegismund von, Generalmajor, Chef eines Regts. Dragoner

(2266) 18.07.1807 **Kyckpusch**, Heinrich Ernst von, Major im Regt. Baczko-Dragoner

(2267) 18.07.1807 **Woyski**, Friedrich Ferdinand von, Kapitain im Regt. Baczko-Dragoner

(2268) 18.07.1807 **Wilde**, Johann Jakob, Major im Regt. Towarzi

(2269) 18.07.1807 **Michaelis**, Christof Gottlieb August, Major im Regt. Towarzi

(2270) 18.07.1807 **Goellnitz**, Georg Friedrich Gottlob von, Rittmeister im Regt. Towarzi

(2271) 18.07.1807 **Gebhardt**, Wilhelm Karl, Sekondlieutenant im Regt. Towarzi

(2272) 18.07.1807 **Podbielski**, Nikodemus von, Sekondlieutenant im Regt. Towarzi

(2273) 18.07.1807 **Canitz**, Karl Wilhelm Ernst Freiherr von, Sekondlieutenant im Regt. Towarzi

(2274) 18.07.1807 **Cosel**, Dietrich Christof Gotthold von, Major im Regt. Prittwitz-Husaren

(2275)	18.07.1807	**Busch**, Johann Gottlieb von, Stabsrittmeister im Regt. Prittwitz-Husaren
(2276)	18.07.1807	**Zastrow**, Karl Ludwig von, Premierlieutenant, aggregiert dem Regt. Prittwitz-Husaren
(2277)	18.07.1807	**Werder**, Friedrich Julius Dietrich von, Premierlieutenant, aggregiert dem Regt. Prittwitz-Husaren
(2278)	18.07.1807	**Krafft**, Karl Leberecht von, Sekondlieutenant im Regt. Prittwitz-Husaren
(2279)	18.07.1807	**Tann**, Christof Ludwig Karl Freiherr von und zu der, Sekondlieutenant im Regt. Prittwitz-Husaren
(2280)	18.07.1807	**Heyking**, Dietrich Karl Ludwig Benedikt von, Sekondlieutenant im Regt. Prittwitz-Husaren
(2281)	18.07.1807	**Cosel**, Karl Wilhelm Gustaf von, Kornett im Regt. Prittwitz-Husaren
(2282)	18.07.1807	**Strempel**, Johann Karl Friedrich, Sekondlieutenant im reitenden Artillerie-Regt., Batterie Nr. 13
(2283)	18.07.1807	**Sandrart**, Karl Wilhelm Emanuel von, Stabsrittmeister im Regt. Prittwitz-Husaren
(2284)	18.07.1807	**Buttlar**, Heinrich Alexander Freiherr von, Kapitain im Regt. Esebeck-Dragoner
(2285)	18.07.1807	**Wedelstaedt**, Johann Friedrich von, Kapitain im Regt. Esebeck-Dragoner
(2286)	18.07.1807	**Siegroth**, Adolf Rudolf von, Sekondlieutenant in der Husaren-Brigade Zieten, bisher im Regt. Herzog Eugen von Württemberg-Husaren
(2287)	18.07.1807	**Zielinski**, Gustaf Peter von, Oberstlieutenant im Regt. Prinz Heinrich z. F.
(2288)	18.07.1807	**Goell**, Heinrich Ernst, Major im Batl. Towarzi
(2289)	18.07.1807	**Moerner**, Wilhelm Theodor von, Stabsrittmeister im Batl. Towarzi

(2290)	18.07.1807	**La Roche von Starkenfels**, Christian Wilhelm Ferdinand, Major im Regt. Towarzi
(2291)	18.07.1807	**Kall**, Friedrich Georg von, Stabsrittmeister im Regt. Prittwitz-Husaren
(2292)	18.07.1807	**Helden von Sarnowski**, Michael Franz, Stabskapitain im Füsilier-Batl. Schachtmeyer, kommandiert zum Generalquartiermeisterstabe
(2293)	18.07.1807	**Dohna-Wartenberg-Schlobitten**, Friedrich Karl Emilius Burggraf und Graf zu, Sekondlieutenant im Regt. Zieten-Dragoner, kommandiert zum Generalquartiermeisterstabe
(2294)	19.07.1807	**Fischer**, Adolf Ferdinand Maximilian von, Premierlieutenant im Füsilier-Batl. Schachtmeyer
(2295)	19.07.1807	**Walles**, Franz Alexander, Sekondlieutenant im Füsilier-Batl. Schachtmeyer
(2296)	21.07.1807	**Baumgarten**, Herman (Jermolai) Fedorowitsch, Kaiserlich Russischer Lieutenant im Tobolskschen Musketier-Regt.
(2297)	22.07.1807	**Koslowskij I.**, Michael Timofjejewitsch, Kaiserlich Russischer Oberst im Leibgarde-Probrashenskschen Regt.
(2298)	22.07.1807	**Weljäminow**, Iwan Alexandrowitsch, Kaiserlich Russischer Oberst im Leibgarde-Semenowskschen Regt.
(2299)	22.07.1807	**Ljäpunow**, Dmitrij Petrowitsch, Kaiserlich Russischer Oberst im Leibgarde-Semenowskschen Regt.
(2300)	22.07.1807	**Krüdener**, Karl Antonowitsch, Kaiserlich Russischer Oberst im Leibgarde-Semenowskschen Regt.
(2301)	22.07.1807	**Buxhöwden**, Iwan Filippowitsch von, Kaiserlich Russischer Oberst im Leibgarde-Ismailowschen Regt.
(2302)	22.07.1807	**Chrapowizkij**, Matwej Jewgrafowitsch, Kaiserlich Russischer Oberst im Leibgarde-Ismailowschen Regt.
(2303)	22.07.1807	**Sheltuchin**, Sergei Fedorowitsch, Kaiserlich Russischer Oberst im Leibgarde-Ismailowschen Regt.

(2304)	22.07.1807	**St. Priest**, Emanuel Franzowitsch Graf, Kaiserlich Russischer Oberst im Leibgarde-Jäger-Regt.
(2305)	22.07.1807	**Potemkin**, Jakob Alexjejewitsch, Kaiserlich Russischer Oberst im Leibgarde-Jäger-Regt.
(2306)	22.07.1807	**Osharowskij**, Adam Petrowitsch Graf, Kaiserlich Russischer Oberst im Leibgarde-Reiter-Regt.
(2307)	22.07.1807	**Tutolmin**, Dmitrij Fedorowwitsch, Kaiserlich Russischer Oberst im Leib-Husaren-Regt.
(2308)	22.07.1807	**Sagrjäshskij**, Peter Petrowitsch, Kaiserlich Russischer Oberst im Leib-Husaren-Regt.
(2309)	22.07.1807	**Tschalikow**, Anton Stepanowitsch, Kaiserlich Russischer Oberst im Ulanen-Regt. des Zesarewitsch
(2310)	22.07.1807	**Schulgon**, Alexander Sergjejewitsch, Kaiserlich Russischer Oberstlieutenant im Ulanen-Regt. des Zesarewitsch
(2311)	22.07.1807	**Mesenzow**, Michael Iwanowitsch, Kaiserlich Russischer Major im Ulanen-Regt. des Zesarewitsch
(2312)	22.07.1807	**Filipjew**, Peter Wassiljewitsch, Kaiserlich Russischer Major im Alexandriaschen Husaren-Regt.
(2313)	22.07.1807	**Rosen**, Fedor Fedorowitsch Freiherr von, Kaiserlich Russischer Oberstlieutenant im St. Petersburgschen Grenadier-Regt.
(2314)	22.07.1807	**Krabe**, Pawel Fedorowitsch, Kaiserlich Russischer Lieutenant in der 7. Artillerie-Brigade
(2315)	23.07.1807	**Rembow**, Friedrich Franz Karl von, Sekondlieutenant im Füsilier-Batl. Rembow
(2316)	24.07.1807	**Müller**, Ernst Gottlob(lieb) (Ernst Gottfried Konrad) von, Premierlieutenant im Regt. vak. Wagenfeld z. Pf.
(2317)	24.07.1807	**Norelli**, Josef von, Sekondlieutenant im Batl. Towarzi

(2318) 24.07.1807 **Schauroth**, Karl Friedrich von, Oberst, bisher Kommandeur des Batls. Bila-Husaren

(2319) 24.07.1807 **Mandelslohe**, Johann Friedrich Christian (Christof) von, Major außer Diensten, früher im Regt. Renouard z. F.

(2320) 27.07.1807 **Tschitscherin**, Peter Alexandrowitsch, Kaiserlich Russischer Oberst, aggregiert dem Leibgarde-Reiter-Regt., Adjutant des Zesarewitsch Großfürst Konstantin von Rußland

(2321) 27.07.1807 **Olsuwiew**, Nikolai Dmitrijewitsch, Kaiserlich Russischer Oberst, aggregiert dem Leibgarde-Reiter-Regt., Adjutant des Zesarewitsch Großfürst Konstantin von Rußland

(2322) 27.07.1807 **Opotschinin**, Fedor Petrowitsch, Kaiserlich Russischer Rittmeister, aggregiert dem Leibgarde-Reiter-Regt., Adjutant des Zesarewitsch Großfürst Konstantin von Rußland

(2323) 27.07.1807 **Hinz**, Lew Iwanowwitsch, Kaiserlich Russischer Rittmeister, aggregiert dem Leibgarde-Reiter-Regt., Adjutant des Zesarewitsch Großfürst Konstantin von Rußland

(2324) 27.07.1807 **Sperberg**, Iwan Jakowliwitsch, Kaiserlich Russischer Lieutenant, aggregiert dem Leibgarde-Reiter-Regt., Adjutant des Zesarewitsch Großfürst Konstantin von Rußland

(2325) 31.07.1807 **Matke**, Friedrich Wilhelm, Major und Chef der Kolberger Festungsartillerie-Komp.

(2326) 31.07.1807 **Petersdorff**, Johann Karl Friedrich von, Sekondlieutenant im III. Musketier-Batl. Regts. Oswtien z. F.

(2327) 31.07.1807 **Uklanski**, Hans Friedrich Wilhelm Josef von, Sekondlieutenant im 3. Neumärkischen Reserve-Batl., bisher im Regt. Natzmer z. F.

(2328) 31.07.1807 **Bülow**, Friedrich Wilhelm Arweg Thomas Karl von, Stabskapitain im Grenadier-Batl. vak. Waldenfels, bisher im Regt. Graf Kunheim z. F.

(2329) 31.07.1807 **Brandenstein**, Friedrich August Karl von, Sekondlieutenant im Grenadier-Batl. vak. Waldenfels, bisher im Regt. vak. Borcke z. F.

(2330) 31.07.1807 **Steinmetz**, Karl Friedrich Franziscus von, Kapitain und Kommandeur des Pommerschen Reserve-Batls., bisher im Kadettenkorps

(2331) 31.07.1807 **Diebitsch**, Ernst Wilhelm Johann August von, Sekondlieutenant im 2. Pommerschen Reserve-Batl., daselbst unter dem Namen August von Ernst geführt, bisher im Regt. Oranien z. F.

(2332) 31.07.1807 **Oertzen**, Friedrich Christof Viktor Ludwig von, Stabskapitain und Kommandeur des 3. Neumärkischen Reserve-Batls., bisher im Regt. Garde

(2333) 31.07.1807 **Gramsch**, Siegismund, Sekondlieutenant im 3. Neumärkischen Reserve-Batl., bisher Feldwebel im Regt. Garde und Fähnrich von der Armee

(2334) 31.07.1807 **Moeller**, Karl Wilhelm von, Kapitain und Kommandeur eines Füsilier-Batls., bisher im Füsilier-Batl. Ernest

(2335) 31.07.1807 **Oswtien**, Heinrich August Ludwig Wilhelm von, Sekondlieutenant im Füsilier-Batl. Moeller, bisher im Regt. Owstien z. F.

(2336) 31.07.1807 **Roell**, Ernst Richard Christian Alexander von , Major im III. Musketier-Batl. Regts. Owstien z. F.

(2337) 31.07.1807 **Wittken**, Johann Ludwig von, Major im III. Musketier-Batl. Regts. Owstien z. F.

(2338) 31.07.1807 **Larisch**, Ludovicus Franciscus Seraphicus Josephus Antonius (Ludwig Josef) von, Premierlieutenant im III. Musketier-Batl. Regts. vak. Borcke z. F.

(2339) 31.07.1807 **Valentini**, Christian Wilhelm Ferdinand von, Sekondlieutenant im III. Musketier-Batl. Regts. vak. Borcke z. F.

(2340) 01.08.1807 **Wachten**, Jewgraf Iwanowitsch,
Kaiserlich Russischer Unterlieutenant im Tobolskschen Musketier-Regt.

(2341) 03.08.1807 **Fock**, Ossip Fedorowitsch von,
Kaiserlich Russischer Kapitain im 3. Jäger-Regt.

(2342) 07.08.1807 **Wolff**, Karl August Ferdinand von,
Sekondlieutenant im Regt. Irwing-Dragoner

(2343) 08.08.1807 **Reckow**, Eduard August Christian Leopold von,
Stabskapitain im Regt. Plötz z. F.

(2344) 11.08.1807 **Wittenheim**, Karl Grigorjewitsch von,
Kaiserlich Russischer Lieutenant im Tschernigowschen Musketier-Regt.

(2345) 12.08.1807 **Schuler gen. von Senden**, Johann Friedrich Ernst Freiherr,
Oberst, Chef eines Füsilier-Batls.

(2346) 12.08.1807 **Hauteville**, Philipp Ludwig de,
Major und Kommandeur des Füsilier-Batls. Schuler

(2347) 13.08.1807 **Phuhl**, Dietrich Bogislaf von,
Major und Kommandeur des Regts. Prittwitz-Husaren

(2348) 17.08.1807 **Neidhard von Gneisenau**, Wilhelm August Anton,
Oberstlieutenant, Kommandant von Kolberg

(2349) 20.08.1807 **Quistorp**, Ulrich August Wilhelm von,
Sekondlieutenant in der Infanterie des Schillschen Freikorps, bisher im Regt. Zenge z. F.

(2350) 20.08.1807 **Arenstorf**, Ernst Zabel Wedig von,
Stabskapitain, Kommandeur der Jäger-Komp. des Schillschen Freikorps, bisher im Regt. vak. Borcke z. F.

(2351) 22.08.1807 **Bartholomaei**, Alexei Iwanowitsch,
Kaiserlich Russischer Lieutenant im Leibgarde-Regt., bisher im 3. Jäger-Regt., Brigadeadjutant des Generallieutenants Barclay de Tolly

(2352) 30.08.1807 **Grumbkow**, Ferdinand Gottlieb Gustaf von,
Major im Regt. Diericke z. F.

(2353)   30.08.1807   **Brandt**, George Wilhelm von,
                      Major im Regt. vak. Hamberger z. F.

(2354)   30.08.1807   **Wilcke**, Ludwig Wilhelm Christian von,
                      Stabskapitain im Feld-Artilleriekorps, 3. Regt.

(2355)   30.08.1807   **Kirchbach**, Hans Gustaf von,
                      Sekondlieutenant im Regt. Rouquette-Dragoner

(2356)   30.08.1807   **Boehmer**, Karl Wilhelm Friedrich von,
                      Sekondlieutenant im Füsilier-Batl. Rühle

(2357)   30.08.1807   **Grekow IX.**, Alexei Jewdokimowitsch,
                      Kaiserlich Russischer Oberst im Donischen Woißko

(2358)   01.09.1807   **Klüx**, Friedrich Karl Leopold von,
                      Major und Flügeladjutant

(2359)   04.09.1807   **Kanitz**, Friedrich Graf von,
                      Premierlieutenant im Regt. Zieten-Dragoner

(2360)   05.09.1807   **Pfeiffer**, Johann Friedrich,
                      Major im Füsilier-Batl. Rühle

(2361)   08.09.1807   **Götzen**, Friedrich Wilhelm Graf von,
                      Oberstlieutenant und Flügeladjutant

(2362)   10.09.1807   **Lebjädnikow**, Iwan Maximowitsch,
                      Kaiserlich Russischer Oberst im Littauischen Musketier-Regt.

(2363)   11.09.1807   **Morozowicz**, Johann Christian (Konstantin) Ludwig von,
                      Sekondlieutenant im Regt. Courbiere

(2364)   16.09.1807   **Hertig**, August Wilhelm von,
                      Oberst im Feld-Artilleriekorps, Kommandeur des 4. Regts.

(2365)   22.09.1807   **Nauendorff**, Gustaf (Jewstafij) Wiljamowitsch,
                      Kaiserlich Russischer Oberst und Kommandeur des
                      Finnlandschen Dragoner-Regts.

(2366)   22.09.1807   **Prittwitz**, Karl Friedrich von,
                      Kaiserlich Russischer Oberstlieutenant im Finnlandschen
                      Dragoner-Regt.

(2367) 22.09.1807 **Kutusow**, Iwan Stepanowitsch,
Kaiserlich Russischer Oberstlieutenant im Sofiaschen
Musketier-Regt.

(2368) 24.09.1807 **Groeben**, Wilhelm Graf von der,
Sekondlieutenant im Regt. Zieten-Dragoner

(2369) 25.09.1807 **Münnich**, Sergei Christoforowitsch Graf,
Kaiserlich Russischer Oberst im Astrachanschen
Grenadier-Regt., Adjutant des Zesarewitsch Großfürst
Konstantin

(2370) 25.09.1807 **Kostenezkij**, Wassilij Grigorjewitsch,
Kaiserlich Russischer Oberst im Leibgarde-Artillerie-Batl.,
Kommandeur der reitenden Komp.

(2371) 07.10.1807 **Petersdorff**, Christian Friedrich Engel von,
Stabskapitain in der Infanterie des Schillschen Freikorps,
bisher im Regt. vak. Borcke z. F.

(2372) 07.10.1807 **Rüllmann**, Heinrich Ludwig von,
Sekondlieutenant in der Infanterie des Schillschen
Freikorps, bisher im Regt. vak. Prinz Heinrich z. F.

(2373) 15.10.1807 **Hertzberg**, Ferdinand Ewald Ludwig von,
Rittmeister im Regt. Bailliodz z. Pf.

(2374) 15.10.1807 **Flemming**, Julius Friedrich Gottlob von,
Sekondlieutenant im Regt. Bailliodz z. F.

(2375) 18.10.1807 **Foller**, Benjamin von,
Major im Regt. Baczko-Dragoner

(2376) 18.10.1807 **Przeciszewski**, Alexander Kajetan von,
Major im Regt. Baczko-Dragoner

(2377) 18.10.1807 **Koschembahr**, Karl Spes Konstantinus von,
Major im Regt. Baczko-Dragoner

(2378) 24.10.1807 **Kuylenstjerna**, Johann Gustaf von,
Sekondlieutenant im Regt. Rudorff-Husaren

(2379) 27.10.1807 **Wachten**, von,
Kaiserlich Russischer Lieutenant im Tobolskschen
Musketier-Regt.

(2380)   30.10.1807   **Pestel**, Wilhelm Ludwig von,
                      Major im Regt. Prinz Heinrich z. F.

(2381)   02.12.1807   **Frieben**, Christof Franz von,
                      Major im Regt. vak. Rüchel z. F.

(2382)   02.12.1807   **Trotta von Treyden**, Otto Friedrich Heinrich,
                      Major im Regt. vak. Rüchel z. F.

(2383)   02.12.1807   **Beckendorff**, Karl Reinhold Wilhelm von,
                      Stabskapitain im Regt. vak. Rüchel z. F.

(2384)   02.12.1807   **Hamilton**, Julius Christof von,
                      Major im Regt. Prinz Heinrich z. F.

(2385)   08.12.1807   **Tschitscherin**, Nikolai Alexandrowitsch,
                      Kaiserlich Russischer Oberst im Leibgarde-Reiter-Regt.

(2386)   08.12.1807   **Wadbolskij**, Iwan Michailowitsch,
                      Kaiserlich Russischer Rittmeister im Leibgarde-Reiter-Regt.

(2387)   08.12.1807   **Filatjew II.**, Alexander Iwanowitsch,
                      Kaiserlich Russischer Rittmeister im Leibgarde-Reiter-Regt.

(2388)   08.12.1807   **Marin**, Jewgenij Nikisorowitsch,
                      Kaiserlich Russischer Rittmeister im Leibgarde-Reiter-Regt.

(2389)   08.12.1807   **Bakajew**, Dmitrij Iwanowitsch,
                      Kaiserlich Russischer Rittmeister im Leib-Husaren-Regt.

(2390)   08.12.1807   **Trostschinskij**, Iwan Jefimowitsch,
                      Kaiserlich Russischer Rittmeister im Leib-Husaren-Regt.

(2391)   08.12.1807   **Selifontow**, Michaeil Petrowitsch,
                      Kaiserlich Russischer Rittmeister im Leib-Husaren-Regt.

(2392)   08.12.1807   **Ubamelik**, David Semenowitsch Fürst,
                      Kaiserlich Russischer Rittmeister im Leib-Husaren-Regt.

(2393)   08.12.1807   **Andrejewskij**, Nikolai Stepanowitsch,
                      Kaiserlich Russischer Rittmeister im Leib-Husaren-Regt.

(2394) 08.12.1807 **Orlow-Denissow**, Wassilij Wassilijewitsch Graf,
                    Kaiserlich Russischer Oberst im Leib-Kosaken-Regt.

(2395) 08.12.1807 **Lorer**, Alexander Iwanowitsch,
                    Kaiserlich Russischer Major im Ulanen-Regt. des
                    Zesarewitsch

(2396) 08.12.1807 **Manwelow**, Nikolai Spiridionowitsch Fürst,
                    Kaiserlich Russischer Rittmeister im Ulanen-Regt. des
                    Zesarewitsch

(2397) 08.12.1807 **Wolodimirow (Wladimirow)**, Semen Alexjejewitsch,
                    Kaiserlich Russischer Rittmeister im Ulanen-Regt. des
                    Zesarewitsch

(2398) 08.12.1807 **Wuitsch**, Wassilij Afonassjewitsch,
                    Kaiserlich Russischer Rittmeister im Ulanen-Regt. des
                    Zesarewitsch

(2399) 08.12.1807 **Müller**, Alexander Borissowitsch,
                    Kaiserlich Russischer Rittmeister im Ulanen-Regt. des
                    Zesarewitsch

(2400) 08.12.1807 **Olenin**. Wladimir Iwanowitsch,
                    Kaiserlich Russischer Rittmeister im Ulanen-Regt. des
                    Zesarewitsch

(2401) 08.12.1807 **Rshewskoi**, Konstantin Wladimirowitsch,
                    Kaiserlich Russischer Rittmeister im Ulanen-Regt. des
                    Zesarewitsch

(2402) 08.12.1807 **Schtscheglow**, Wassilij Charitonowitsch,
                    Kaiserlich Russischer Rittmeister im Ulanen-Regt. des
                    Zesarewitsch

(2403) 08.12.1807 **Radulowitsch**, Dmitrij Gawrilowitsch,
                    Kaiserlich Russischer Rittmeister im Ulanen-Regt. des
                    Zesarewitsch

(2404) 08.12.1807 **Tolstoi**, Alexander Petrowitsch Graf,
                    Kaiserlich Russischer Oberst im Leibgarde-
                    Semenowskschen Regt.

(2405)　　08.12.1807　　**Posnikow (Postnikow)**, Fedor Nikolajewitsch,
　　　　　　　　　　　　Kaiserlich Russischer Oberst im Leibgarde-
　　　　　　　　　　　　Semenowskschen Regt.

(2406)　　08.12.1807　　**Diebitsch**, Karl Johann Friedrich Anton von,
　　　　　　　　　　　　Kaiserlich Russischer Lieutenant im Leibgarde-
　　　　　　　　　　　　Semenowskschen Regt.

(2407)　　08.12.1807　　**Sheltuchin II.**, Peter Fedorowitsch,
　　　　　　　　　　　　Kaiserlich Russischer Oberst im Leibgarde-Ismailowschen
　　　　　　　　　　　　Regt.

(2408)　　08.12.1807　　**Licharew**, Wladimir Wassilijewitsch,
　　　　　　　　　　　　Kaiserlich Russischer Oberst im Leibgarde-Ismailowschen
　　　　　　　　　　　　Regt.

(2409)　　08.12.1807　　**Tischkjewitsch**, Josef Demjanowitsch Graf,
　　　　　　　　　　　　Kaiserlich Russischer Oberst im Leibgarde-Ismailowschen
　　　　　　　　　　　　Regt.

(2410)　　08.12.1807　　**Filatow**, Kondratij Iwanowitsch,
　　　　　　　　　　　　Kaiserlich Russischer Stabskapitain im Leibgarde-
　　　　　　　　　　　　Ismailowschen Regt. und Adjutant des Generallieutenants
　　　　　　　　　　　　Maljutin

(2411)　　08.12.1807　　**Tscharikow**, Alexei Andrejewitsch,
　　　　　　　　　　　　Kaiserlich Russischer Stabskapitain im Leibgarde-
　　　　　　　　　　　　Ismailowschen Regt. und Adjutant des Generallieutenants
　　　　　　　　　　　　Maljutin

(2412)　　08.12.1807　　**Trosimow**, Massilij Grigorowitsch,
　　　　　　　　　　　　Kaiserlich Russischer Oberstlieutenant im Leib-Grenadier-
　　　　　　　　　　　　Regt.

(2413)　　08.12.1807　　**Schewnin**, Nil Iwanowitsch,
　　　　　　　　　　　　Kaiserlich Russischer Major im Leib-Grenadier-Regt.

(2414)　　08.12.1807　　**Albrecht**, Karl Andrejewitsch
　　　　　　　　　　　　Kaiserlich Russischer Major im Leib-Grenadier-Regt.

(2415)　　08.12.1807　　**Udom II.**, Peter Leontjewitsch,
　　　　　　　　　　　　Kaiserlich Russischer Major im Leib-Grenadier-Regt.

(2416)　　08.12.1807　　**Stschulebnikow**, Pawel Sergjejewitsch,
　　　　　　　　　　　　Kaiserlich Russischer Major im Leib-Grenadier-Regt.

(2417)   08.12.1807   **Surnijin**, Michael Petrowitsch,
                      Kaiserlich Russischer Major im Leib-Grenadier-Regt.

(2418)   08.12.1807   **Trostschinskij**, Andrei Andrejewitsch,
                      Kaiserlich Russischer Oberst im Kaiserlichen
                      Opoltschenie-Batl.

(2419)   08.12.1807   **Ogarew**, Alexander Gawrilowitsch,
                      Kaiserlich Russischer Unterlieutenant im Kaiserlichen
                      Opoltschenie-Batl.

(2420)   08.12.1807   **Werewkin**, Nikolai Nikitisch,
                      Kaiserlich Russischer Oberst im Leibgarde
                      Preobashenskschen Regt., kommandiert bei der
                      St. Petersburgschen Schützen-Opoltschenie

(2421)   08.12.1807   **d'Auvray**, Fedor Filippowitsch,
                      Kaiserlich Russischer Oberst in Suite S. M. vom
                      Quartiermeisterwesen

(2422)   08.12.1807   **Jeschin**, Wassilij Wissiljewitsch,
                      Kaiserlich Russischer Rittmeister im Leib-Husaren-Regt.
                      und Adjutant des Generallieutenants Kologriwow

(2423)   08.12.1807   **Begitschew**, Dmitrij Nikititsch,
                      Kaiserlich Russischer Stabsrittmeister im Leib-Husaren-
                      Regt. und Adjutant des Generallieutenants Kologriwow

(2424)   08.12.1807   **Pogrebow**, Alexander Andrejewitsch,
                      Kaiserlich Russischer Stabsrittmeister im Leib-Husaren-
                      Regt. und Adjutant des Generallieutenants Kologriwow

(2425)   08.12.1807   **Sologub**, Leo Iwanowitsch Graf,
                      Kaiserlich Russischer Stabsrittmeister im Leib-Husaren-
                      Regt. und Adjutant des Generallieutenants Kologriwow

(2426)   08.12.1807   **Gendre**, Alexander Andrejewitsch,
                      Kaiserlich Russischer Rittmeister im Leibgarde-Reiter-
                      Regt. und Adjutant des Zesarewitsch Großfürst Konstantin

(2427)   08.12.1807   **Gljebow**, Michael Petrowitsch,
                      Kaiserlich Russischer Kornett im Kavaliergarde-Regt. und
                      Adjutant des Generallieutenants Kologriwow

(2428) 08.12.1807 **Jengalitschew**, Iwan Alexajejewitsch Fürst,
Kaiserlich Russischer Kornett im Ulanen-Regt. des
Zesarewitsch

(2429) 08.12.1807 **Tenner**, Karl Iwanowitsch,
kdrt. Lieutenant in der Suite S. M. vom
Quartiermeisterwesen

(2430) 08.12.1807 **Apraxin**, Alexander Iwanowitsch (Petrowitsch) Graf,
Kaiserlich Russischer Stabsrittmeister im Isjumschen
Husaren-Regt.

(2431) 13.12.1807 **Desbout**, Jossif Lwowitsch,
Kaiserlich Russischer Oberst im Littauischen Musketier-
Regt., bisher im Kalugaschen Musketier-Regt.

(2432) 13.12.1807 **Pahlen**, Matwei Iwanowitsch Baron von der,
Kaiserlich Russischer Lieutenant im Kavaliergarde-Regt,
Adjutant des Generallieutenants Tutschkow I.

(2433) 13.12.1807 **Nagel**, Pawel Larionowitsch,
Kaiserlich Russischer Lieutenant im Sjewschen Musketier-
Regt., Adjutant des Generallieutenants Tutschkow I.

(2434) 17.12.1807 **Trabenfeldt**, Johann Alexander von,
Stabskapitain im Regt. Diericke z. F., Adjoint beim
Generalquartiermeisterstabe

(2435) 17.12.1807 **Kleist**, Friedrich Karl Gottlob von,
Stabsrittmeister in der Schlesischen Kavallerie, bisher im
Regt. Krafft-Dragoner

(2436) 17.12.1807 **Clausewitz**, Vollmar Karl Friedrich von,
Stabskapitain in der Schlesischen leichten Infanterie,
bisher im Füsilier-Batl. Pelet

(2437) 17.12.1807 **Reichenbach**, Heinrich Joachim Christof Graf von,
Premierlieutenant im Regt. Graf Henckel z. Pf.

(2438) 17.12.1807 **Prittwitz**, Moritz Heinrich von,
Sekondlieutenant in der Schlesischen Kavallerie, bisher im
Regt. Wobeser-Dragoner

(2439) 17.12.1807 **Rekowski**, Johann Franz von,
Premierlieutenant in der Schlesischen leichten Infanterie,
bisher im Regt. Müffling z. F.

(2440) 17.12.1807 **Rottenburg**, Karl Wilhelm Siegmund,
Sekondlieutenant, bisher im Regt. Müffling z. F.

(2441) 17.12.1807 **Berswordt zu Rudolfslohe**, Franziscus Michael Josephus
von der,
Premierlieutenant in der Schlesischen leichten
Infanterie, bisher im Regt. Zweiffel z. F.

(2442) 17.12.1807 **Wolffsburg**, Josef Sylvius von der,
Sekondlieutenant in der Schlesischen leichten Infanterie,
bisher im Regt. Kropff z. F.

(2443) 17.12.1807 **Wedell**, Ernst Ludwig August Graf von,
Kornett in der Schlesischen leichten Kavallerie, bisher im
Regt. Osten-Dragoner

(2444) 21.12.1807 **Schütz**, Karl Petrowitsch,
Kaiserlich Russischer Oberstlieutenant und Kommandant
von Bialystok, bisher Kommandeur des Smolenskschen
Garnison-Batls.

1808

(2445) 22.01.1808 **Hirschfeld**, Karl Friedrich Eugen Ludwig von,
Premierlieutenant, bisher im Regt. Köhler-Husaren

(2446) 24.01.1808 **Hohendorff**, Johann Friedrich von,
Premierlieutenant, bisher im Grenadier-Batl. Schmeling,
früher im Regt. Zenge z. F.

(2447) 24.01.1808 **Carlowitz**, Karl Friedrich Wilhelm von,
Premierlieutenant, bisher im Grenadier-Batl. Schmeling,
früher im Regt. vak. Rüts z. F.

(2448) 08.02.1808 **Kleist I.**, Ludwig Iwanowitsch von,
Kaiserlich Russischer Lieutenant im Tschernigowschen
Musketier-Regt.

(2449) 19.02.1808 **Melgunow**, Peter Jonowitsch,
Kaiserlich Russischer Kapitain im Taurischen Grenadier-Regt.

(2450) 20.02.1808 **Lundt**, Friedrich Wilhelm von,
Sekondlieutenant im Füsilier-Batl. Wakenitz

(2451) 08.03.1808 **Stoeffel**, Iwan Matwjejewitsch,
Kaiserlich Russischer Major im Kexholschen Musketier-Regt.

(2452) 08.03.1808 **Petrowskij**, Jossif Michailowitsch,
Kaiserlich Russischer Kapitain im Kexholmschen Musketier-Regt., Brigadeadjutant des Generalmajors Werderewskij

(2453) 19.03.1808 **Chitrowo**, Nikolai Sacharjewitsch,
Kaiserlich Russischer Oberst und Flügeladjutant

(2454) 19.03.1808 **Oldekop**, Karl Fedorowitsch,
Kaiserlich Russischer Oberst und Flügeladjutant

(2455) 19.03.1808 **Wiegel**,
Kaiserlich Russischer Kommissionär von der 8. Klasse im Proviantetat

(2456) 20.03.1808 **Bistrom**, Eduard Antonowitsch von,
Kaiserlich Russischer Kapitain im Kalugaschen Musketier-Regt.

(2457) 20.04.1808 **Hirschfeld**, Karl Alexander Adolf von,
Sekondlieutenant, bisher im 1. Batl. Leibgarde

(2458) 23.04.1808 **Wylich und Lottum**, Karl Friedrich Heinrich Graf von,
Oberstlieutenant und vortragender Generaladjutant

(2459) 23.04.1808 **Dönhoff (Friedrichstein)**, August Friedrich Philipp Graf von, Oberstlieutenant und Flügeladjutant

(2460) 23.04.1808 **Bronikowski**, Karl Ludwig von,
Oberstlieutenant, Assessor bei der Infanterieabteilung des Ober-Kriegs-Kollegiums

(2461)	29.04.1808	**Constant Rebecque de Villars**, August Baron de, Sekondlieutenant außer Diensten, bisher im Regt. Prinz Louis von Preußen
(2462)	05.05.1808	**Orlich**, Ludwig Julius Friedrich (von), Major im Füsilier-Batl. Wakenitz
(2463)	16.05.1808	**Twardowski**, Konstantin von, Major und Kommandeur des Regts. Zieten-Kürassiere
(2464)	21.05.1808	**Fabe**, Johann Gottlob Karl, Sekondlieutenant im leichten Batl. Schill, früher in der Artillerie des Schillschen Freikorps
(2465)	21.05.1808	**Koc**, Johann Romuald von, Sekondlieutenant im leichten Batl. Schill, bisher in der Jäger-Komp. Otto des Schillschen Freikorps, früher im Regt. Alt-Larisch z. F.
(2466)	21.05.1808	**Hertell**, August Heinrich Kurt von, Sekondlieutenant im leichten Batl. Schill, früher im Regt. Zenge z. F.
(2467)	26.05.1808	**Stehr von der Sterneburg**, Heinrich Iwanowitsch, Kaiserlich Russischer Major im Tschernigowschen Musketier-Regt.
(2468)	26.05.1808	**Nabel**, Andrei Andrejewitsch (? Heinrich Heinrichowitsch), Kaiserlich Russischer Lieutenant im Sjewschen Musketier Regt., Adjutant des Generallieutenants Tutschkow
(2469)	28.05.1808	**Trefurt**, Fedor Fedorowitsch von, Kaiserlich Russischer Oberstlieutenant im Tobolskschen Musketier-Regt.
(2470)	08.06.1808	**Michelson**, Andrei Dawidowitsch, Kaiserlich Russischer Oberstlieutenant im Kalugaschen Musketier-Regt.
(2471)	10.06.1808	**Brevern**, Peter Jermolajewitsch von, Kaiserlich Russischer Oberstlieutenant im 1. Kadettenkorps, bisher im Bjeloseroschen Musketier-Regt.

(2472) 12.06.1808 **Wrangel**, Danilo Astafjewitsch (Reinhold) von,
Kaiserlich Russischer Stabskapitain im Sjewschen
Musketier-Regt.

(2473) 12.06.1808 **Kohlen**, Jakob Jakowlewitsch,
Kaiserlich Russischer Stabskapitain im Sjewschen
Musketier-Regt.

(2474) 22.06.1808 **Saratschinskij**, Iljä Stepanowitsch,
Kaiserlich Russischer Lieutenant im Leibgarde-Reiter-
Regt.

(2475) 02.07.1808 **Czarnowski**, Jakob Wilhelm von,
Major, vormals im Regt. Blücher-Husaren

(2476) 06.07.1808 **Hastfer**, Karl Gustaf Freiherr von,
Sekondlieutenant im 4. Artillerie-Regt., früher bei der
12pfdg. Batterie Nr. 35

(2477) 09.07.1808 **Buddenbrock**, Fedor Fedrowitsch von,
Kaiserlich Russischer Stabskapitain im Leibgarde-Regt.,
früher im 4. Jäger-Regt., Brigadeadjutant des
Generallieutenants Baggehufwud

(2478) 27.07.1808 **Dozenkow**, Iwan Wassiljewitsch,
Kaiserlich Russischer Major im 20. Jäger-Regt.

(2479) 27.07.1808 **Stepanow**, Alexander Iwanowitsch,
Kaiserlich Russischer Kapitain im 20. Jäger-Regt.

(2480) 03.08.1808 **Hohenlohe-Langenburg**, Ludwig Christian August Prinz
zu,
Kaiserlich Russischer Major im Rigaischen Dragoner-
Regt., Adjutant des Generals der Kavallerie Herzog
Alexander vom Württemberg

(2481) 19.08.1808 **Kirejew**, Pawel,
Kaiserlich Russischer Jessaul im Atamanischen Regt. des
Donischen Woißko

(2482) 19.08.1808 **Schulgin I.**, Peter,
Kaiserlich Russischer Jessaul im Atamanischen Regt. des
Donischen Woißko

(2483) 19.08.1808 **Lasarew III.**,
Kaiserlich Russischer Jessaul im Donischen Woißko

(2484) 19.08.1808 **Aschakow**, Iwan Michailowitsch,
Kaiserlich Russischer Major im Nawagaschen Musketier-Regt.

(2485) 24.08.1808 **Matow**, Peter Andrejewitsch,
Kaiserlich Russischer Major im 20. Jäger-Regt.

(2486) 27.08.1808 **Golosnitskij**, Dmitrij Petrowitsch,
Kaiserlich Russischer Major im Polozkschen Musketier-Regt.

(2487) 03.09.1808 **Schmiedeberg**, Ferdinand von,
Stabsrittmeister in der Schlesischen leichten Kavallerie, bisher im Regt. Heising z. Pf.

(2488) 07.09.1808 **Kayser (Kaeyser)**, Friedrich August Ferdinand,
Sekondlieutenant im Leib-Infanterie-Regt., früher in der Infanterie des Schillschen Freikorps

(2489) 14.09.1808 **Fehrentheil**, Karl Friedrich von,
Lieutenant im Ingenieurkorps

(2490) 20.09.1808 **Reuß**, August Heinrich von,
Major und Kommandeur des leichten Bataillons Schill des Leib-Infanterie-Regts.

(2491) 15.10.1808 **Dellwig**, Reinhold (Iwan Antonowitsch) von,
Kaiserlich Russischer Major außer Diensten, bisher im Kalugaschen Musketier-Regt.

(2492) 21.10.1808 **Heideken**, Karl Jegorowitsch,
Kaiserlich Russischer Major außer Diensten, bisher im 1. Jäger-Regt.

(2493) 18.11.1808 **Shiwkowitsch**, Iljä Petrowitsch,
Kaiserlich Russischer Oberst im 20. Jäger-Regt.

(2494) 16.12.1808 **Shemschushnikow**, Apollon Stepanowitsch,
Kaiserlich Russischer Oberst im Taurischen Grenadier-Regt.

(2495) 16.12.1808 **Lutkowskij**, Alexander Iwanowitsch, Kaiserlich Russischer Kapitain im Taurischen Grenadier-Regt.

(2496) 16.12.1808 **Achscharumow**, Dmitrij Iwanowitsch, Kapitain Lieutenant im Tschernigowschen Musketier-Regt., Divisionsadjutant des Generallieutenants Fürsten Wassilij Dolgorukij

(2497) 24.12.1808 **Korff**, Jermolai Iwanowitsch Freiherr von, Kaiserlich Russischer Major in Narwaschen Musketier-Regt.

1809

(2498) 21.01.1809 **Narischkin**, Kirill Michailowitsch, Kaiserlich Russischer Lieutenant im Leibgarde-Artillerie-Batl., früher in der 8. Artillerie-Brigade

(2499) 21.01.1809 **Jermolin**, Iwan Kusmitsch, Kaiserlich Russischer Major im Kalugaschen Musketier-Regt.

(2500) 29.01.1809 **Wistizkij III.**, Andrei Stepanowitsch, Kaiserlich Russischer Oberst in der Suite S. M. vom Quartiermeisterwesen

(2501) 29.01.1809 **Wistizkij IV.**, Dmitrij Stepanowitsch, Kaiserlich Russischer Oberst in der Suite S. M. vom Quartiermeisterwesen

(2502) 01.02.1809 **Schöler**, Reinhold Otto Friedrich August von, Major und Flügeladjutant, kommandiert in St. Petersburg

(2503) 09.02.1809 **Gorgolij**, Iwan Sawwitsch, Kaiserlich Russischer Oberst im Grodnoschen Husaren-Regt., zum Kriegsministerium kommandiert

(2504) 09.02.1809 **Plotho**, Karl Karlowitsch von, Kaiserlich Russischer Oberst in der 6. Artillerie-Brigade

(2505) 09.02.1809 **Araktschejew**, Peter Andrejewitsch, Kaiserlich Russischer Oberst im Leibgarde-Artillerie-Batl. und Flügeladjutant

(2506) 11.02.1809 **Kramin (Kromin)**, Pawel Jewdokimowitsch, Kaiserlich Russischer Lieutenant im Leibgarde-Jäger-Regt.

(2507) 11.02.1809 **Burnaschew (Burnachow)**, Peter Alexjejewitsch,
Kaiserlich Russischer Lieutenant in der Suite S. M. vom
Quartiermeisterwesen, Adjutant des Generallieutenants
Steinheil

(2508) 17.02.1809 **Rosenbaum**, Lawrentij Bogdanowitsch,
Kaiserlich Russischer Major im Isjumschen Husaren-Regt.

(2509) 17.02.1809 **Sutkowskijk**, Jakob Ignatjewitsch,
Kaiserlich Russischer Major im Isjumschen Husaren-Regt.

(2510) 17.02.1809 **Gunderstrup**, Karl Iwanowitsch,
Kaiserlich Russischer Rittmeister im Isjumschen Husaren-
Regt.

(2511) 17.02.1809 **Loschkarew**, Alexei Sergjejewitsch,
Kaiserlich Russischer Rittmeister im Isjumschen Husaren-
Regt.

(2512) 17.02.1809 **Raschanowitsch**, Pawel Nikolaijewitsch,
Kaiserlich Russischer Rittmeister im Isjumschen Husaren-
Regt.

(2513) 17.02.1809 **Raschewskij**, Alexander Jakowlewitsch,
Kaiserlich Russischer Rittmeister im Isjumschen Husaren-
Regt.

(2514) 18.02.1809 **Kalckreuth**, Ernst Rudolf von,
Oberst, vormals Kommandeur des Regts. Pelchrzim z. F.

(2515) 21.02.1809 **Laptjew**, Jefim Petrowitsch,
Kaiserlich Russischer Oberstlieutenant und Kommandeur
des 7. Jäger-Regts.

(2516) 21.02.1809 **Kaschin**,
Kaiserlich Russischer Jessaul im Donischen Woißko, Regt.
Astachow IV.

(2517) 24.02.1809 **Fiebig**, Wilhelm Gustaf von,
Premierlieutenant in der Schlesischen Artillerie-Brigade,
bisher im 2. Feld-Artillerie-Regt.

(2518) 01.03.1809 **Chowrin**, Alexander Lwowitsch,
Kaiserlich Russischer Kapitain im Pawlowskschen
Grenadier-Regt.

(2519) 01.03.1809 **Lupandin**, Nikolai Antonowitsch,
Kaiserlich Russischer Stabskapitain im Pawlowskschen
Grenadier-Regt.

(2520) 01.03.1809 **Melikow**, Pawel Moissejewitsch,
Kaiserlich Russischer Stabsrittmeister im Leib-Kürassier-
Regt. S. M.

(2521) 01.03.1809 **Jukawskij**, Iwan Rodionowitsch,
Kaiserlich Russischer Lieutenant im Leib-Kürassier-Regt.
S. M.

(2522) 17.04.1809 **Ochotnicki**, Konstantin von,
Sekondlieutenant in der 1. Westpreußischen Provinzial-
Invaliden-Komp., vormals Kornett im Batl. Towarzi

(2523) 17.04.1809 **Bremen**, Karl Iwanowitsch von,
Kaiserlich Russischer Kapitain im Smolenskschen
Kadettenkorps, früher im Mohilewschen Musketier-Regt.

(2524) 25.04.1809 **Lowzow**, Peter Fedorowitsch (von),
Major, vormals im Regt. Zweiffel z. F.

(2525) 26.04.1809 **Zastrow**, Friedrich Erdmann von,
Major und Chef der 3. Schlesischen Provinzial-Invaliden-
Komp.

(2526) 05.05.1809 **Roth**, Login Ossipowitsch,
Kaiserlich Russischer Kapitain im Wiburgschen
Musketier-Regt.

(2527) 19.05.1809 **Eberhardt**, Friedrich Wilhelm Magnus von,
Sekondlieutenant im Leib-Infanterie-Regt.

(2528) 19.05.1809 **Grumbkow**, Otto Christian Friedrich (Friedrich
Ludwig) von,
Major, vormals im Regt. Beeren z. Pf.

(2529) 19.05.1809 **Probst**, Christof Johann Georg Wilhelm von,
Major, vormals im Regt. Rudorff-Husaren

(2530) 19.05.1809 **Steinheil**, Johann Wilhelm Karl Ludwig Friedrich von,
Sekondlieutenant im Ostpreußischen Jäger-Batl.

(2531) 19.05.1809 **Spitznaß**, Friedrich Levin von,
Sekondlieutenant im Ostpreußischen Jäger-Batl.

(2532) 19.05.1809 **Platen**, Karl Ulrich Friedrich Siegismund von,
Stabskapitain, vormals im Regt. Kalckreuth z. F.

(2533) 19.05.1809 **Manowski**, Josef von,
Kapitain, vormals im Regt. Herzog von Braunschweig-Oels z. F.

(2534) 19.05.1809 **Borstell**, Friedrich Ludwig Ernst Wilhelm von,
Major, vormals im Regt. Tschammer z. F.

(2535) 19.05.1809 **Wedell**, Hans Magnus Christof von,
Major, vormals im Regt. Oswtien z. F.

(2536) 19.05.1809 **Schwerin**, Kurt Friedrich Christian von,
Major, vormals im Regt. Owstien z. F.

(2537) 14.07.1809 **Hedemann**, August Georg Friedrich Magnus von,
Premierlieutenant und Adjutant des Prinzen Wilhelm von Preußen, vormals im Regt. Rudorff-Husaren

(2538) 15.07.1809 **Groeben**, Karl Graf von der,
Sekondlieutenant im Schlesischen Ulanen-Regt.

(2539) 15.07.1809 **Blacha**, Johann Heinrich von,
Stabsrittmeister im Schlesischen Ulanen-Regt.

(2540) 15.07.1809 **Belzer**, Karl Johann Gottfried,
Sekondlieutenant im 2. Westpreußischen Infanterie-Regt.,
vormals im Füsilier-Batl. Bülow

(2541) 15.07.1809 **Lagerström**, Wilhelm Philipp von,
Major und Chef der Garnisonkomp. 4. Ostpreußischen
Infanterie-Regts., vormals im III. Musketier-Batl. Regts.
Diericke z. F.

(2542) 15.07.1809 **Lojesky**, Jakob Anton Adalberg von,
Major, vormals im Regt. Herzog Eugen von Württemberg-Husaren

(2543) 15.07.1809 **Kesteloot**, Ernst Heinrich Leopold von,
Premierlieutenant im 3. Ostpreußischen Infanterie-Regt.

(2544) 15.07.1809 **Lynar**, Karl Friedrich von,
Sekondlieutenant im 2. Leibhusaren-Regt.

(2545) 15.07.1809 **Wurmb**, Ludwig Karl Wilhelm von,
Sekondlieutenant im 1. Schlesischen Husaren-Regt.,
vormals im Regt. Herzog Eugen von Württemberg-Husaren

(2546) 25.11.1809 **Stempel**, Alexander Iwanowitsch,
Kaiserlich Russischer Major im Kopojeschen Musketier-Regt.

(2547) 08.12.1809 **Gerskow**, Joachim Friedrich von,
Kapitain im 1. Westpreußischen Infanterie-Regt.

(2548) 08.12.1809 **Hanmann**, Ludwig Thomas Mathes von,
Sekondlieutenant im 1. Westpreußischen Infanterie-Regt.

(2549) 08.12.1809 **St. Ingbert**, Friedrich von,
Kapitain im 1. Westpreußischen Infanterie-Regt.

(2550) 08.12.1809 **Rosen**, Adolf Ernst du,
Sekondlieutenant im 2. Ostpreußischen Infanterie-Regt.
Prinz Heinrich, vormals im Füsilier-Batl. Rembow

(2551) 08.12.1809 **Clausius**, Christian Wilhelm Gotthold (Gotthilf),
Sekondlieutenant im Garde-Jäger-Regt.

(2552) 08.12.1809 **Fornel de Lalaurencye**, Johann Benjamin,
Sekondlieutenant im Ingenieurkorps

(2553) 08.12.1809 **Bülow**, Karl Christian Friedrich von,
Sekondlieutenant im Regt. Königin-Dragoner

(2554) 08.12.1809 **l'Homme de Courbiere**, Louis Henri de,
Stabskapitain im 2. Westpreußischen Infanterie-Regt.

(2555) 08.12.1809 **Both**, Friedrich Ludwig von,
Major im 1. Westpreußischen Infanterie-Regt.

(2556) 08.12.1809 **Wewetzer**, Johann Christian Alexander,
Sekondlieutenant im 1. Schlesischen Husaren-Regt.,
vormals im Regt. Usedom-Husaren

(2557) 08.12.1809 **Marées**, Heinrich de,
Sekondlieutenant im Garde-Jäger-Batl.

(2558) 08.12.1809 **Rohr**, Karl Friedrich Albrecht von,
Sekondlieutenant im 3. Ostpreußischen Infanterie-Regt.

(2559) 08.12.1809 **Reuter**, Johann Wilhelm Ferdinand,
Sekondlieutenant in der Garde-Fuß-Komp. der
Brandenburgischen Artillerie-Brigade

(2560) 08.12.1809 **Pittscher**, Johann August Dionysius,
Premierlieutenant in der Ostpreußischen Artillerie-Brigade

(2561) 08.12.1809 **Donat**, Hans Otto Wilhelm von,
Sekondlieutenant im 2. Ostpreußischen Infanterie-Regt.
Prinz Heinrich

(2562) 08.12.1809 **Mayer**, Leopold Wilhelm von,
Stabskapitain im 3. Ostpreußischen Infanterie-Regt.
Stutterheim

(2563) 08.12.1809 **Kobilinsky**, George Friedrich von,
Sekondlieutenant im 3. Ostpreußischen Infanterie-Regt.
Stutterheim

(2564) 08.12.1809 **Rohr**, Johann Joachim Ernst von,
Sekondlieutenant im 3. Ostpreußischen Infanterie-Regt.
Stutterheim

(2565) 09.12.1809 **Heidenreich**, Friedrich Ferdinand Leopold von,
Major in der Brandenburgischen Artillerie-Brigade,
vormals im 4. Artillerie-Regt.

1810

(2566) 13.04.1810 **Gans Edler Herr zu Puttlitz**, Friedrich Ludwig Wilhelm
Otto,
Oberstlieutenant und Kommandeur des Schlesischen
Schützen-Batls., vormals Kommandeur des III. Musketier-
Batls. Regts. vak. Graevenitz z. F.

(2567) 16.04.1810 **Marsigli**, Achilles Maria Johannes Balthasar von, Stabskapitain außer Diensten, früher im Grenadier-Batl. Schmeling, Komp. des Regts. Kauffberg z. F.

(2568) 12.06.1810 **Losthin**, Michael Heinrich von, Oberstlieutenant und Kommandeur des 2. Schlesischen Infanterie-Regts., vormals im Regt. Müffling z. F. und Kommandeur eines Grenadier-Batls.

(2569) 14.07.1810 **Staack**, Christian Martin Daniel, Stabskapitain außer Diensten, bisher im Leib-Grenadier-Batl.

(2570) 14.07.1810 **Wildowsky**, August Ludwig Bogislaf von, Premierlieutenant im Brandenburgischen Ulanen-Regt., vormals im Batl. Towarzi

(2571) 14.07.1810 **Eulenburg**, Albrecht Ludwig Hans Graf zu, Sekondlieutenant im Ostpreußischen Kürassier-Regt.

(2572) 25.08.1810 **Gayl**, Otto Wilhelm Ernst von, Major außer Diensten, vormals Premierlieutenant im (alten) Grenadier-Batl. Losthin, Komp. des Regts. Pelchrzim z. F.

1811

(2573) 27.05.1811 **Printz**, Friedrich Wilhelm Christof Ludwig von, Major außer Diensten, früher im Regt. Auer-Dragoner

(2574) 27.05.1811 **Steinwehr**, Christian Ferdinand Wilhelm von, Premierlieutenant im 1. Westpreußischen Dragoner-Regt.

(2575) 06.10.1811 **Leiningen-Westerburg**, Christian Ludwig Alexander Graf zu, Kaiserlich Österreichischer Oberst, bisher im Linien-Infanterie-Regt. Fürst Hohenlohe-Bartenstein Nr. 26

(2576) 25.11.1811 **Massenbach**, Karl Wilhelm von, Generalmajor außer Diensten, früher im Regt. Esebeck-Dragoner

1812

(2577) 20.07.1812 **Raven**, Werner Alborus Küneke von,
Sekondlieutenant im 2. Leibhusaren-Regt.

(2578) 12.08.1812 **Röder**, Friedrich Erhard von,
Oberst und Generaladjutant S. M. des Königs, Chef des Generalstabes des mobilen Korps

(2579) 12.08.1812 **Lepel**, Friedrich Wilhelm von,
Major und Adjutant des Generals der Infanterie von Grawert

(2580) 12.08.1812 **Brandenburg**, Friedrich Wilhelm Graf von,
Stabsrittmeister in der Garde du Corps, zur Dienstleistung beim General der Infanterie von Grawert

(2581) 12.08.1812 **Hugo**, August Friedrich Konrad von,
Stabskapitain im Kolbergschen Infanterie-Regt.

(2582) 12.08.1812 **Weller**, Christof Franz,
Sekondlieutenant im 4. Ostpreußischen Infanterie-Regt.

(2583) 12.08.1812 **Stiern**, Friedrich Ludwig Aemilius Karl Freiherr von,
Major im 2. Westpreußischen Dragoner-Regt.

(2584) 12.08.1812 **Printz**, Ernst Leopold Bernhard von,
Rittmeister im 1. Westpreußischen Dragoner-Regt.

(2585) 17.08.1812 **Kamptz**, Adolf Karl Heinrich,
Sekondlieutenant im Ostpreußischen Jäger-Batl.

(2586) 01.09.1812 **Wnuck**, Karl Wilhelm von,
Sekondlieutenant im Kolbergschen Infanterie-Regt.

(2587) 21.09.1812 **Attenhoven**, Philipp Friedrich Wilhelm von,
Sekondlieutenant im Ostpreußischen Jäger-Batl.

(2588) 25.09.1812 **Quednow**, Friedrich Wilhelm von,
Major im Kolbergschen Infanterie-Regt.

(2589) 25.09.1812 **Douglas**, Anton Christian von,
Kapitain im 4. Ostpreußischen Infanterie-Regt.

(2590) 25.09.1812 **Weiß**, Karl von,
Rittmeister im 1. Westpreußischen Dragoner-Regt.

(2591) 25.09.1812 **Manstein**, Albrecht Ernst von,
Rittmeister im 2. Westpreußischen Dragoner-Regt.

(2592) 25.09.1812 **Gotzkow**, Gustaf Ludwig von,
Sekondlieutenant im 2. Westpreußischen Dragoner-Regt.

(2593) 25.09.1812 **Chamier**, Franz Ludwig von,
Kapitain im 1. Ostpreußischen Infanterie-Regt.

(2594) 25.09.1812 **Steinäcker II.**, Christian Karl Anton Friedrich Freiherr von,
Stabskapitain im 1. Pommerschen Infanterie-Regt.

(2595) 25.09.1812 **Broesigke**, Karl Heinrich Ludwig von,
Sekondlieutenant im 2. Leibhusaren-Regt.

(2596) 18.10.1812 **Lossau**, Johann Friedrich Konstantin von,
Oberstlieutenant im Generalstabe und Quartiermeister des mobilen Korps

(2597) 18.10.1812 **Wahlen-Jürgaß**, Alexander George Ludwig Moritz Konstantius Maximilian von,
Oberstlieutenant und Kommandeur des Brandenburgischen Dragoner-Regts.

(2598) 18.10.1812 **Treskow**, Karl Alexander Wilhelm von,
Major und Kommandeur des 2. Westpreußischen Dragoner-Regts.

(2599) 18.10.1812 **Eicke**, Ernst Theodor von,
Major und Kommandeur des 2. Schlesischen Husaren-Regts.

(2600) 18.10.1812 **Lessel**, Karl Gottlob Siegismund von,
Major im 2. Schlesischen Infanterie-Regt.

(2601) 18.10.1812 **Funck**, Friedrich Wilhelm vom,
Major im 2. Ostpreußischen Infanterie-Regt.

(2602) 18.10.1812 **Cramon**, Christof Julius Heinrich von,
Major im 1. Ostpreußischen Infanterie-Regt.

(2603) 18.10.1812 **Borcke**, Karl August Ferdinand von,
Major im 1. Pommerschen Infanterie-Regt.

(2604) 18.10.1812 **Rudolphi**, Julius Ludwig von,
Major und Direktor der Kriegsschule in Berlin, int.
Kommandeur des Füsilier-Batls. 2. Westpreußischen
Infanterie-Regts.

(2605) 18.10.1812 **Seydlitz**, Anton Florian Friedrich von,
Major und Adjutant des Generallieutenants von Yorck

(2606) 18.10.1812 **Hiller von Gaertringen**, Johann August Friedrich
Freiherr,
Major und Adjutant des Generallieutenants von Yorck

(2607) 18.10.1812 **Brause**, Johann George Aemilius von,
Major und Adjutant des Generallieutenants von Yorck

(2608) 18.10.1812 **Schon**, Johann Friedrich Wilhelm von,
Major und Adjutant des Generalmajors von Kleist

(2609) 18.10.1812 **Dietrich gen. von Schenck**, Johann Karl, Major,
aggregiert dem mobilen Husaren-Regt. Nr. 2, Adjutant des
Generallieutenants von Massenbach

(2610) 18.10.1812 **Perbandt**, Ernst Heinrich Wilhelm von,
Major im Generalstabe

(2611) 18.10.1812 **Thile II.**, Heinrich Adolf Eduard von,
Major im Generalstabe

(2612) 18.10.1812 **Schack**, Wilhelm Karl von,
Stabskapitain im Generalstabe

(2613) 18.10.1812 **Kall**, Philipp Valentin von,
Premierlieutenant, aggregiert der Normal-Husaren-
Eskadron

(2614) 18.10.1812 **Below**, Gustaf Friedrich Eugen von,
Sekondlieutenant im Ostpreußischen Kürassier-Regt., à la
suite des Generallieutenants von Massenbach

(2615) 18.10.1812 **Loebell**, Friedrich Ernst von,
Major im 2. Westpreußischen Infanterie-Regt.

(2616)   18.10.1812   **Schill**, Johann Heinrich von,
                      Major im 2. Schlesischen Husaren-Regt.

(2617)   18.10.1812   **Mirbach**, Otto Alexander Diederich Christian von,
                      Kapitain im 1. Ostpreußischen Infanterie-Regt.

(2618)   18.10.1812   **Clausewitz**, Wilhelm von,
                      Kapitain im 2. Westpreußischen Infanterie-Regt.

(2619)   18.10.1812   **Offeney**, Anton Wilhelm von,
                      Kapitain im 2. Schlesischen Infanterie-Regt.

(2620)   18.10.1812   **Humbracht**, Josef Franz Ludwig Wilhelm (Louis Josef August) von,
                      Sekondlieutenant im 1. Schlesischen Infanterie-Regt.

(2621)   18.10.1812   **Gutzmerow**, Karl Friedrich Gerhard von,
                      Kapitain im Leib-Infanterie-Regt.

(2622)   18.10.1812   **Bose**, Karl Friedrich Wichmann von,
                      Stabskapitain im Leib-Infanterie-Regt.

(2623)   18.10.1812   **Schack**, Hans Wilhelm vom,
                      Sekondlieutenant im Leib-Infanterie-Regt.

(2624)   18.10.1812   **Quadt und Hüchtenbrock**, Ludwig Baron von,
                      Premierlieutenant im 2. Westpreußischen Infanterie-Regt.

(2625)   18.10.1812   **Loebell**, Ernst Wilhelm von,
                      Sekondlieutenant im 2. Westpreußischen Infanterie-Regt.

(2626)   18.10.1812   **Winning**, Friedrich Wilhelm von,,
                      Sekondlieutenant im 2. Westpreußischen Infanterie-Regt.

(2627)   18.10.1812   **Hintzmann**, Karl Ludwig Wilhelm,
                      Sekondlieutenant im 2. Westpreußischen Infanterie-Regt.

(2628)   18.10.1812   **Beyer**, Ludwig von,
                      Sekondlieutenant im 2. Westpreußischen Infanterie-Regt.

(2629)   18.10.1812   **Schreger**, Michael Friedrich Theodor von,
                      Stabskapitain im 2. Ostpreußischen Infanterie-Regt.

(2630) 18.10.1812 **Sitznaß**, Karl Friedrich Wilhelm von,
Sekondlieutenant im 2. Ostpreußischen Infanterie-Regt.

(2631) 18.10.1812 **Roeder**, Konrad Ferdinand von,
Sekondlieutenant im Garde-Jäger-Batl., zum Felddienst
dem Ostpreußischen Jäger-Batl. attaschiert

(2632) 18.10.1812 **Hensel**, Karl Wilhelm Ferdinand,
Premierlieutenant in der reitenden Batterie Nr. 2. der
Preußischen Artillerie-Brigade

(2633) 18.10.1812 **Ingersleben**, August Ludwig Kasimir von,
Stabsrittmeister, aggregiert dem Brandenburgischen
Dragoner-Regt.

(2634) 18.10.1812 **Kracht**, Friedrich Karl von,
Sekondlieutenant im Brandenburgischen Dragoner-Regt.

(2635) 18.10.1812 **Rieger**, Karl August Friedrich,
Sekondlieutenant im 1. Westpreußischen Dragoner-Regt.

(2636) 18.10.1812 **Auer**, Ludwig Kasimir von,
Premierlieutenant, aggregiert dem mobilen Husaren-Regt.
Nr. 1

(2637) 18.10.1812 **Kehler**, Friedrich August Emanuel von,
Stabsrittmeister im 1. Schlesischen Husaren-Regt.

(2638) 18.10.1812 **Wilczeck**, Franz von,
Premierlieutenant im 1. Schlesischen Husaren-Regt.

(2639) 18.10.1812 **Düringsfeld**, Karl Eduard von,
Sekondlieutenant im 2. Schlesischen Husaren-Regt.

(2640) 18.10.1812 **Jagow**, Otto Heinrich von,
Sekondlieutenant im Brandenburgischen Dragoner-Regt.

(2641) 18.10.1812 **Mirbach**, Karl Friedrich von,
Sekondlieutenant im 1. Pommerschen Infanterie-Regt.

(2642) 18.10.1812 **Stechow**, Thomas Heinrich Ludwig von,
Stabskapitain im 1. Westpreußischen Infanterie-Regt.

(2643) 18.10.1812 **Legat**, August Christian Friedrich von,
Premierlieutenant im 2. Westpreußischen Infanterie-Regt.

(2644) 18.10.1812 **Stengel**, Rudolf Anton Wenzeslaus von,
Kapitain im 2. Schlesischen Infanterie-Regt.

(2645) 30.10.1812 **Lilljeström**, Karl Gustaf von,
Premierlieutenant im Leib-Infanterie-Regt.

(2646) 30.10.1812 **Kyckpusch**, Ludwig Ernst Christian von,
Major im Generalstabe

(2647) 30.10.1812 **Lettow**, Georg Wilhelm von,
Major im 2. Westpreußischen Infanterie-Regt.

(2648) 30.10.1812 **Kanitz**, August Wilhelm vom, Stabskapitain im
Generalstabe

(2649) 30.10.1812 **Lützow**, Friedrich Wilhelm Christian Heinrich Ludolf von,
Premierlieutenant im 2. Ostpreußischen Infanterie-Regt.

(2650) 30.10.1812 **Roszynski**, Karl Friedrich von,
Sekondlieutenant im 2. Ostpreußischen Infanterie-Regt.

(2651) 30.10.1812 **Zincken**, Johann Karl Ludwig von,
Stabskapitain Infanterie-Regt. der reitenden Batterie Nr. 3
der Preußischen Artillerie-Brigade

(2652) 30.10.1812 **Massow**, Karl Ludwig Ferdinand von,
Sekondlieutenant im Brandenburgischen Dragoner-Regt.

(2653) 30.10.1812 **Dargitz**, Otto von,
Sekondlieutenant im 2. Westpreußischen Dragoner-Regt.

(2654) 30.10.1812 **Uthmann**, Rudolf Gottlieb von,
Sekondlieutenant im 2. Westpreußischen Infanterie-Regt.

1813

(2655) 18.02.1813 **Knobloch**, Karl Siegismund Erhard von,
Major im Brandenburgischen Husaren-Regt.

(2656) 18.02.1813 **Eisenhart**, Johann Ernst Ferdinand,
Stabsrittmeister im Brandenburgischen Husaren-Regt.

(2657) 18.02.1813 **Witzleben**, Friedrich Heinrich August von,
Rittmeister im Schlesischen Ulanen-Regt.

(2658) 18.02.1813 **Rördanz**, Karl Heinrich,
Sekondlieutenant im Schlesischen Ulanen-Regt.

(2659) 18.02.1813 **Strantz**, Karl Adolf Ferdinand von,
Stabsrittmeister im Brandenburgischen Ulanen-Regt.

(2660) 18.02.1813 **Schack**, Magnus Friedrich von,
Sekondlieutenant im Brandenburgischen Ulanen-Regt.

(2661) 20.02.1813 **Manteuffel**, August Karl Julius von,
Stabsrittmeister im Pommerschen Husaren-Regt.

(2662) 20.02.1813 **Rudorff**, Wilhelm Heinrich von,
Stabsrittmeister im Pommerschen Husaren-Regt.

(2663) 20.02.1813 **Borcke**, Kurt Friedrich Heinrich von,
Sekondlieutenant im Pommerschen Husaren-Regt.

(2664) 12.03.1813 **Crayen**, Karl August Alexander von,
Sekondlieutenant im Brandenburgischen Husaren-Regt.

(2665) 12.03.1813 **Szerdajelyi**, Karl Adolf Eduard von,
Sekondlieutenant im 1. Leib-Husaren-Regt.

(2666) 12.03.1813 **Westphal**, Heinrich Ernst Adolf,
Premierlieutenant im 2. Leib-Husaren-Regt.

(2667) 12.03.1813 **Giese**, Johann,
Sekondlieutenant im 2. Leib-Husaren-Regt.

(2668) 10.04.1813 **Gorlenkow**, Andrei (Nikolai?) Iwanowitsch,
Kapitain Oberst im Leibgarde-Husaren-Regt.,
kommandiert zum Grodnoschen Husaren-Regt.

(2669) 18.04.1813 **Doernberg**, Wilhelm Kaspar Ferdinand Freiherr von,
Königlich Großbritannischer Generalmajor on the Staff -
Continent of Europe - Oberstkommandant im Korps des
Herzog von Braunschweig-Oels (Kavallerie)

(2670) 13.05.1813 **Quitzow**, Siegfried Georg Gebhard (Gilbert) von,
Rittmeister außer Diensten und Postmeister zu Bernau,
früher Premierlieutenant im Brandenburgischen
Husaren-Regt.

(2671) 13.05.1813 **Parenssow**, Dmitrij Tichonowitsch (Michailowitsch),
Kaiserlich Russischer Stabskapitain Infanterie-Regt. der
Suite S. M. vom Quartiermeisterwesen

(2672) 13.05.1813 **Gortschakow I.**, Peter Dmitrijewitsch Fürst,
Kaiserlich Russischer Stabskapitain Infanterie-Regt. der
Leibgarde-Artillerie-Brigade, Adjutant des Generalmajors
d'Auvray

(2673) 13.05.1813 **Gerngroß**, Renatus (Rodion Fedorowitsch),
Kaiserlich Russischer Oberst im Mitauschen Dragoner-
Regt.

(2674) 13.05.1813 **Staden**, Gustaf Gustafowitsch,
Kaiserlich Russischer Oberst und Kommandeur der
Batterie-Komp. Nr. 14

(2675) 13.05.1813 **Markow III.**, Alexander Iwanowitsch,
Kaiserlich Russischer Oberstlieutenant und Kommandeur
der reitenden Artillerie-Komp. Nr. 23

(2676) 13.05.1813 **Hirsch**, Iwan,
Kaiserlich Russischer Major im Grodnoschen Husaren-
Regt.

(2677) 13.05.1813 **Noldken (Nolken)**, Jegor Jedorowitsch,
Kaiserlich Russischer Major im Sjewschen Infanterie-
Regt., ältester Adjutant der 5. Infanterie-Division

(2678) 13.05.1813 **Dobrowolski**, Semen Iwanowitsch,
Kaiserlich Russischer Major im 26. Jäger-Regt.

(2679) 13.05.1813 **Medwjedow**, Peter Iwanowitsch,
Kaiserlich Russischer Kapitain im 26. Jäger-Regt.

(2680) 13.05.1813 **Hoeck (Huek)**, (von),
Kaiserlich Russischer Kapitain Infanterie-Regt. der Suite
S. M. vom Quartiermeisterwesen

(2681) 13.05.1813 **Wranizkij,**
Kaiserlich Russischer Stabskapitain Infanterie-
Regt. der Suite S. M. vom Quartiermeisterwesen

(2682) 13.05.1813 **Trubtscheninow**, Jegor Michailowitsch,
Kaiserlich Russischer Stabskapitain im 25. Jäger-Regt.,
Brigadeadjutant des Generalmajors Roth

(2683) 13.05.1813 **Postelnikow**, Nikolai Jewgjenjewitsch,
Kaiserlich Russischer Stabskapitain im Permschen
Infanterie-Regt., Divisionsadjutant des Generallieutenants
von Berg

(2684) 13.05.1813 **Obrutschew**, Wladimir Afanassjewitsch,
Kaiserlich Russischer Lieutenant im Ingenieurkorps und
Adjutant des Generalmajors von Diebitsch

(2685) 13.05.1813 **Dedenjew (Dederjew)**, Alexei Jegorowitsch,
Kaiserlich Russischer Fähnrich im Mitauschen Dragoner-
Regt.

(2686) 13.05.1813 **Renni**, Robert (Jegorowitsch),
Kaiserlich Russischer Generalmajor Infanterie-Regt. der
Suite S. M. vom Quartiermeisterwesen

(2687) 13.05.1813 **Krishanowskij**, Maxim Konstantinowitsch,
Kaiserlich Russischer Oberst im Leibgarde-Regt.

(2688) 13.05.1813 **Seljäwin**, Nikolai Iwanowitsch,
Kaiserlich Russischer Oberst Infanterie-Regt. der Suite
S. M. vom Quartiermeisterwesen

(2689) 13.05.1813 **Brosin**, Pawel Iwanowitsch,
Kaiserlich Russischer Oberstlieutenant Infanterie-Regt. der
Suite S. M. vom Quartiermeisterwesen

(2690) 13.05.1813 **Sasonow**, Nikolai Wassiljewitsch,
Kaiserlich Russischer Kapitain Infanterie-Regt. der Suite
S. M. vom Quartiermeisterwesen

(2691) 13.05.1813 **Stscherbinin**, Alexander Andrejewitsch, Kaiserlich
Russischer Unterlieutenant Infanterie-Regt. der Suite S. M.
vom Quartiermeisterwesen

(2692) 17.05.1813 **Medwjedow**, Peter Iwanowitsch,
Kaiserlich Russischer Kapitain im 26. Jäger-Regt.

(2693) 17.05.1813 **Schlüter (Schlitter)**, Iwan Iwanowitsch,
Kaiserlich Russischer Stabskapitain Infanterie-Regt. der Batterie-Komp. Nr. 21

(2694) 17.05.1813 **Oserskij**, (Iwan?),
Kaiserlich Russischer Stabskapitain im 25. Jäger-Regt.

(2695) 17.05.1813 **Aderkas**, von,
Kaiserlich Russischer Rittmeister im Grodnoschen Husaren-Regt.

(2696) 17.05.1813 **Iljinskij**, Alexander Iljitsch,
Kaiserlich Russischer Stabsrittmeister im Grodnoschen Husaren-Regt.

(2697) 17.05.1813 **Drulskij**, Sakolinskij, Fürst,
Kaiserlich Russischer Lieutenant im Grodnoschen Husaren-Regt.

(2698) 17.05.1813 **Postels**, Siegismund Ferdinandowitsch,
Kaiserlich Russischer Lieutenant im Grodnoschen Husaren-Regt.

(2699) 17.05.1813 **Behrends (Behrens)**, Wassilij (?)(Klemens Ignatjewitsch?),
Kaiserlich Russischer Kornett im Grodnoschen Husaren-Regt.

(2700) 17.05.1813 **Olschewskij II.**, Franz Danilowitsch,
Kaiserlich Russischer Kornett im Grodnoschen Husaren-Regt.

(2701) 17.05.1813 **Gutjahr**, Karl Petrowitsch,
Kaiserlich Russischer Lieutenant im Grodnoschen Husaren-Regt.

(2702) 17.05.1813 **Engelhart**, Anton Jewstasjewitsch,
Kaiserlich Russischer Kornett im Grodnoschen Husaren-Regt.

(2703) 18.05.1813 **Neidhardt II.**, Alexander Wilhelm Lorenz von,
Kaiserlich Russischer Oberstleutnant Infanterie-Regt. der
Suite S. M. vom Quartiermeisterwesen

(2704) 18.05.1813 **Liebstein**, Andrei Iwanowitsch,
Kaiserlich Russischer Oberstleutnant und Kommandeur
der Batterie-Komp. Nr. 33

(2705) 18.05.1813 **Iwanow**, Stepan Jemeljanowitsch,
Kaiserlich Russischer Oberstleutnant im 4. Jäger-Regt.

(2706) 18.05.1813 **Lüdinghausen gen. Wolff**, Peter Johann (Iwan
Pawlowitsch) Freiherr von,
Kaiserlich Russischer Oberstleutnant im Muromschen
Infanterie-Regt.

(2707) 18.05.1813 **Hofmann**, Georg Wilhelm von,
Kaiserlich Russischer Oberstleutnant Infanterie-Regt. der
Suite S. M. vom Quartiermeisterwesen,
Oberquartiermeister des II. Infanteriekorps

(2708) 18.05.1813 **Raben**, Karl Iwanowitsch,
Kaiserlich Russischer Major im 34. Jäger-Regt.

(2709) 18.05.1813 **Wachten**, Hans Otto,
Kaiserlich Russischer Kapitain im Leibgarde-
Ismailowschen Regt., Adjutant des
Generallieutenants Prinzen Eugen von Württemberg

(2710) 18.05.1813 **Brieskorn**, Bogdan Jakowlewitsch von,
Kaiserlich Russischer Lieutenant im Muromschen
Infanterie-Regt.

(2711) 18.05.1813 **Kussel**, Fedor Fedorowitsch von,
Kaiserlich Russischer Unterlieutenant im Serpuchowschen
Ulanen-Regt.

(2712) 18.05.1813 **Astafiew**, Lew Aftasjewitsch,
Kaiserlich Russischer Oberstleutnant im Nawagaschen
Infanterie-Regt.

(2713) 18.05.1813 **Mach II.**, Leopold von,
Kaiserlich Russischer Fähnrich im Nawagaschen
Infanterie-Regt.

(2714) 18.05.1813 **Stschelkan (Schtschkanow)**, Afanassij Jefimowitsch, Kaiserlich Russischer Unterlieutenant Infanterie-Regt. der Batterie-Komp. Nr. 28

(2715) 27.05.1813 **Michaelis**, Christof Josef Friedrich Alexander von, Premierlieutenant im Schlesischen Ulanen-Regt.

(2716) 27.05.1813 **Tiele**, Karl Friedrich von, Sekondlieutenant im Schlesischen Ulanen-Regt.

(2717) 27.05.1813 **Dallmer**, Karl Friedrich Franz, Sekondlieutenant im Schlesischen Ulanen-Regt.

(2718) 27.05.1813 **Heuduck**, Heinrich Gottlieb Konrad, Sekondlieutenant im Brandenburgischen Ulanen-Regt.

(2719) 27.05.1813 **Hobe**, August Johann Ludwig Elias Friedrich Karl von, Sekondlieutenant im Brandenburgischen Husaren-Regt.

(2720) 10.06.1813 **Yorck**, Johann David Ludwig von, Generallieutenant und Kommandierender General

(2721) 11.06.1813 **Ignatiew**, Dmitrij Lwowitsch, Kaiserlich Russischer Oberst im Leibgarde-Husaren-Regt., Adjutant des Generals der Kavallerie Grafen Wittgenstein

(2722) 11.06.1813 **Petrulin**, Jakob Wassiljewitsch, Kaiserlich Russischer Rittmeister im Leibgarde-Husaren-Regt., Adjutant des Generals der Kavallerie Grafen Wittgenstein

(2723) 11.06.1813 **Keller**, Theodor Ludwig Wilhelm Graf von, Kaiserlich Russischer Rittmeister im Leibgarde-Husaren-Regt., Adjutant des Generals der Kavallerie Grafen Wittgenstein

(2724) 11.06.1813 **Guriew**, Nikolai Dmitrijewitsch, Kaiserlich Russischer Lieutenant im Leibgarde-Husaren-Regt., Adjutant des Generals der Kavallerie Grafen Wittgenstein

(2725) 11.06.1813 **Tschagin**, Peter Nikolaijewitsch, Kaiserlich Russischer Stabsrittmeister im Bjelorußlandschen Husaren-Regt., Adjutant des Generals der Kavallerie Grafen Wittgenstein

(2726) 11.06.1813 **Massalow**, Iwan Grigorjewitsch,
Kaiserlich Russischer Major im Newaschen Infanterie-Regt., Adjutant des Generallieutenants Sasonow

(2727) 11.06.1813 **Glasko**,
Kaiserlich Russischer Major von der Armee

(2728) 11.06.1813 **Bode**, Lew Karlowitsch (Kirillowitsch) Baron von,
Kaiserlich Russischer Stabskapitain im Leibgarde-Jäger-Regt., Adjutant des Generalmajors von Steinheil

(2729) 11.06.1813 **Kotschubei I.**, Arkadij Wassiljewitsch Fürst,
Kaiserlich Russischer Stabsrittmeister im Grodnoschen Husaren-Regt., Adjutant des Generals der Kavallerie Grafen Wittgenstein

(2730) 11.06.1813 **Nowossilzow**, Iwan Petrowitsch, Kaiserlich Russischer Lieutenant im Leibgarde-Preobrashenskschen Regt., Adjutant des Generals der Kavallerie Grafen Wittgenstein

(2731) 11.06.1813 **Teslew**, Alexander Petrowitsch,
Kaiserlich Russischer Oberst Infanterie-Regt. in der Suite S. M. von Quartiermeisterwesen

(2732) 11.06.1813 **Harting**, Martin Nikolajewitsch,
Kaiserlich Russischer Oberst Infanterie-Regt. in der Suite S. M. vom Quartiermeisterwesen

(2733) 11.06.1813 **Diest**, Heinrich Friedrich Ludwig Arnold von,
Kaiserlich Russischer Oberst Infanterie-Regt. in der Suite S. M. vom Quartiermeisterwesen

(2734) 11.06.1813 **Mühlen**, Wassilij (Wilhelm) von zur,
Kaiserlich Russischer Lieutenant Infanterie-Regt. in der Suite S. M. vom Quartiermeisterwesen

(2735) 11.06.1813 **Kachowskij**, Michael Iwanowitsch,
Kaiserlich Russischer Oberstlieutenant im Grodnoschen Husaren-Regt.

(2736) 11.06.1813 **Rönne**, Gustaf (Astafij Astafjewitsch) Baron von,
Kaiserlich Russischer Major von der Kavallerie

(2737) 11.06.1813 **Rosen**, Andrei Fedorowitsch Baron von,
Kaiserlich Russischer Oberstlieutenant im
Alexandriaschen Husaren-Regt.

(2738) 11.06.1813 **Schabelskij**, Iwan Petrowitsch,
Kaiserlich Russischer Lieutenant vom Ingenieurkorps der
Land- und Wasserverbindungen, Adjutant des
Generalmajors d'Auvray

(2739) 11.06.1813 **Pachert**, Iwan Iwanowitsch,
Kaiserlich Russischer Kapitain Infanterie-Regt. der
St. Petersburgschen Opoltschenje, Adjutant des
Generalmajors d'Auvray

(2740) 14.06.1813 **Lupinski**, Vinzentius Ferrerius Kajetanus von,
Premierlieutenant im Brandenburgischen Ulanen-Regt.

(2741) 17.06.1813 **Boetticher**, Moritz Iwanowitsch von,
Kaiserlich Russischer Major im Rigaschen Dragoner-Regt.,
Adjutant des Generals der Kavallerie Herzog Alexander
vom Württemberg

(2742) 06.07.1813 **Peterson**, Iwan Fedorowitsch,
Kaiserlich Russischer Oberstlieutenant im Polozkschen
Infanterie-Regt., Adjutant des General der Kavallerie
Herzog Alexander von Württemberg

(2743) 11.07.1813 **Bullach,**
Kaiserlich Russischer Oberstlieutenant im Tulaschen
Infanterie-Regt.

(2744) 11.07.1813 **Milochow**, Alexei Alexjejewitsch,
Kaiserlich Russischer Major im Nawagaschen Infanterie-
Regt.

(2745) 11.07.1813 **Golosejew**, Apollon Wassiljewitsch,
Kaiserlich Russischer Stabskapitain im Tulaschen
Infanterie-Regt.

(2746) 11.07.1813 **Mach II.**, Leopold von,
Kaiserlich Russischer Unterlieutenant im Nawagaschen
Infanterie-Regt.

(2747) 22.07.1813 **Hohendorff**, Otto Wilhelm von,
Sekondlieutenant im 1. Pommerschen Infanterie-Regt.

(2748) 02.08.1813 **Felgentreu**, Adolf Erikus,
Sekondlieutenant im Brandenburgischen Husaren-Regt.

(2749) 02.08.1813 **Probst**, Friedrich Wilhelm Heinrich Erdmann von,
Sekondlieutenant im Brandenburgischen Husaren-Regt.

(2750) 02.08.1813 **Protopopow**, Stepan Danilowitsch (?),
Kaiserlich Russischer Starschina im Donischen Woißko,
Regt. Ilowaiskij IV.

(2751) 02.08.1813 **Popow**,
Kaiserlich Russischer Sotnik im Donischen Woißko, Regt.
Ilowaiskij IV.

(2752) 02.08.1813 **Dresler von Scharrfenstein**, Wilhelm Friedrich Karl,
Stabsrittmeister im Littauischen Dragoner-Regt.

(2753) 02.08.1813 **Saucken**, Ernst Friedrich von,
Sekondlieutenant im 2. Westpreußischen Dragoner-Regt.

(2754) 04.08.1813 **Julius**, Karl Johann Ferdinand,
Sekondlieutenant im Schlesischen Ulanen-Regt.

(2755) 04.08.1813 **Koilenskij**, Fedor (Iwan) Stepanowitsch,
Kaiserlich Russischer Oberst Infanterie-Regt. der
Leibgarde-Artillerie-Brigade, Adjutant des Generals der
Infanterie Barclay de Tolly

(2756) 04.08.1813 **Kawer**, Jewstafij Wladimirowitsch,
Kaiserlich Russischer Rittmeister im Leibgarde-Ulanen-
Regt., Adjutant des Generals der Infanterie Barclay de
Tolly

(2757) 04.08.1813 **Reitz**, Leontij Leontjewitsch,
Kaiserlich Russischer Oberstlieutenant von der Armee,
Adjutant des Generals der Infanterie Barclay de Tolly

(2758) 08.08.1813 **Stülpnagel**, Georg Karl Leonhard Ludwig August von,
Stabsrittmeister im Brandenburgischen Ulanen-Regt.

(2759) 08.08.1813 **Dunker**, Friedrich Wilhelm von,
Sekondlieutenant im Brandenburgischen Ulanen-Regt.

(2760) 11.08.1813 **Mussin-Puschkin**, Iwan Alexjejewitsch Graf,
Kaiserlich Russischer Wirklicher Kammerherr, Infanterie-
Regt. der Funktion als Adjutant des Generalmajors Fürsten
Repnin, Major Infanterie-Regt. der St. Petersburgschen
Opoltschenje

(2761) 11.08.1813 **Sassajädko I.**, Danilo Dmitrijewitsch,
Kaiserlich Russischer Oberstlieutenant und Kommandeur
der Batterie-Komp. Nr. 15

(2762) 11.08.1813 **Sassajädko II.**, Alexander Dmitrijewitsch,
Kaiserlich Russischer Oberst und Kommandeur der
leichten Artillerie-Komp. Nr. 29

(2763) 11.08.1813 **Rachmanow**, Alexander Iwanowitsch,
Kaiserlich Russischer Oberst im Leibgarde-
Preobashenskschen Regt., Chef des Generalstabes des
Generals der Infanterie Grafen Langeron

(2764) 11.08.1813 **Rummel**, Friedrich August von,
Kaiserlich Russischer Oberstlieutenant Infanterie-Regt. der
Suite S. M. vom Quartiermeisterwesen, Quartiermeister
des IX. Infanteriekorps

(2765) 11.08.1813 **Weljäminow**, Nikolai Stepanowitsch,
Kaiserlich Russischer Oberst Infanterie-Regt. der
Leibgarde-Artillerie-Brigade

(2766) 11.08.1813 **Pastschenko**, Lew Kornjejewitsch,
Kaiserlich Russischer Oberstlieutenant und Kommandeur
der Batterie-Komp. Nr. 18

(2767) 11.08.1813 **Glutschkowius**, Michail,
Kaiserlich Russischer Oberstlieutenant im Ingenieurkorps

(2768) 11.08.1813 **Litow**, Andrei Jefremowitsch,
Kaiserlich Russischer Stabskapitain im Ingenieurkorps

(2769) 11.08.1813 **Michaud**, Ludwig Franzowitsch,
Kaiserlich Russischer Oberstlieutenant im Ingenieurkorps
und Flügeladjutant

(2770) 11.08.1813 **Menschikow**, Nikolai Sergjejewitsch Fürst,
Kaiserlich Russischer Stabsrittmeister im Leibgarde-
Husaren-Regt. und Flügeladjutant

(2771) 11.08.1813 **Schulz**, Jegor Wassiljewitsch Baron von,
Kaiserlich Russischer Stabskapitain im Leibgarde-
Littauischen Regt., Adjutant des Generals der Infanterie
Grafen Langeron

(2772) 11.08.1813 **Rühl**, Andrei Fedorowitsch,
Kaiserlich Russischer Stabskapitain im Leibgarde-
Ismailowschen Regt., Adjutant des Generals der Infanterie
Grafen Langeron

(2773) 11.08.1813 **Proswirkin**,
Kaiserlich Russischer Kapitain im Staro-Oskolschen
Infanterie-Regt., Adjutant des Generals der Infanterie
Grafen Langeron

(2774) 11.08.1813 **Bestuschew**, Grigorij Wassiljewitsch,
Kaiserlich Russischer Stabskapitain im Perejäslawschen
reitenden Jäger-Regt., Adjutant des Generals der Infanterie
Grafen Langeron

(2775) 11.08.1813 **Sontag**, Jegor Wassiljewitsch,
Kaiserlich Russischer Kapitain im Dorpatschen reitenden
Jäger-Regt., Adjutant des Generals der Infanterie Grafen
Langeron

(2776) 11.08.1813 **Melnikow**,
Kaiserlich Russischer Major im Nascheburgschen
Infanterie-Regt., beauftragt mit den Geschäften des
Offiziers vom Tage beim Korps des Generals der Infanterie
Grafen Langeron

(2777) 04.09.1813 **Samarin**,
Kaiserlich Russischer Oberstlieutenant im 1. Jäger-Regt.,
Adjutant des Atamans Grafen Platow

(2778) 04.09.1813 **Rogatschew**, (Semen Jegorowitsch?),
Kaiserlich Russischer Major von der Armee, kommandiert
beim Ataman Grafen Platow

(2779) 05.09.1813 **Zieten**, Wieprecht Hans Karl Friedrich Ernst Heinrich von,
Generalmajor und Chef der XII. Brigade

(2780) 06.09.1813 **Noailles**, Alexis Graf,
Königlich Schwedischer Lieutenant, Ordonnanzoffizier des
Kronprinzen von Schweden

(2781) 06.09.1813 **Bülow**, Friedrich Wilhelm von,
Generalmajor und Brigadechef der Reserve-Kavallerie des
III. Armeekorps

(2782) 06.09.1813 **Oppen**, Adolf Friedrich von,
Generalmajor und Brigadechef der Reserve-Kavallerie des
III. Armeekorps

(2783) 06.09.1813 **Trjäpizin**, Wassilij Iwanowitsch,
Kaiserlich Russischer Kapitain und Kommandeur der
Batterie-Komp. Nr. 5

(2784) 06.09.1813 **Bruckendahl (Brückental)**, Karl Wassiljewitsch,
Kaiserlich Russischer Lieutenant Infanterie-Regt. der
Batterie-Komp. Nr. 5

(2785) 06.09.1813 **Essen**, Karl Karlowitsch von,
Kaiserlich Russischer Lieutenant Infanterie-Regt. der
Batterie-Komp. Nr. 5

(2786) 06.09.1813 **Cholodowskij**, Jegor Wassiljewitsch,
Kaiserlich Russischer Lieutenant, Adjutant der 5.
Artillerie-Brigade

(2787) 06.09.1813 **Tiesenhausen**, Gotthard von,
Kaiserlich Russischer Kapitain im Leibgarde-
Semenowskschen Regt., Adjutant des Generals der
Artillerie Grafen Araktschejew

(2788) 06.09.1813 **Seliwanow II.**, Andrei Andrejewitsch,
Kaiserlich Russischer Starschina im Donischen Woißko

(2789) 06.09.1813 **Mendoza-Butello (Bothelho)**, Ossip Stepanowitsch Graf
de,
Kaiserlich Russischer Oberst im 24. Jäger-Regt.

(2790) 06.09.1813 **Petrow**, Iwan Alexjejewitsch,
Kaiserlich Russischer Major im 23. Jäger-Regt.

(2791) 06.09.1813 **Bremen**, von,
Kaiserlich Russischer Major im 25. Jäger-Regt.

(2792) 06.09.1813 **Schulgan (Schulgin)**,
Kaiserlich Russischer Major im 25. Jäger-Regt.

(2793) 06.09.1813 **Jereowskij**,
Kaiserlich Russischer Major im Wolynischen Infanterie-Regt.

(2794) 06.09.1813 **Mjägkow**,
Kaiserlich Russischer Major im 23. Jäger-Regt.

(2795) 06.09.1813 **Krasnokutskij**, Iwan Nikolajewitsch,
Kaiserlich Russischer Kapitain im 24. Jäger-Regt.

(2796) 06.09.1813 **Nagin**,
Kaiserlich Russischer Kapitain im 24. Jäger-Regt.

(2797) 06.09.1813 **Dolomanow**, Nikolai Kirillowitsch,
Kaiserlich Russischer Kapitain im 25. Jäger-Regt.

(2798) 06.09.1813 **Kowerniew**,
Kaiserlich Russischer Kapitain im 26. Jäger-Regt.

(2799) 06.09.1813 **Lossenkow**, Wassilij Iwanowitsch,
Kaiserlich Russischer Stabskapitain im 26. Jäger-Regt.

(2800) 06.09.1813 **Sorokin**, Peter Jakowlewitsch (?),
Kaiserlich Russischer Lieutenant im 26. Jäger-Regt.

(2801) 06.09.1813 **Mustafin**, Alexander Wassiljewitsch Fürst,
Kaiserlich Russischer Stabskapitain Infanterie-Regt. der reitenden Artillerie-Komp. Nr. 23

(2802) 06.09.1813 **Seslawin III.**, Fedor Nikititsch,
Kaiserlich Russischer Stabskapitain Infanterie-Regt. der Batterie-Komp. Nr. 21

(2803) 06.09.1813 **Wnukow**, Wassilij Michailowitsch,
Kaiserlich Russischer Unterlieutenant Infanterie-Regt. der Batterie-Komp. Nr. 7

(2804) 06.09.1813 **Olshewskij**, Anton Danilowitsch,
Kaiserlich Russischer Oberstlieutenant im Grodnoschen Husaren-Regt.

(2805) 06.09.1813 **Nasimow**, Jewgenij Petrowitsch,
Kaiserlich Russischer Oberstlieutenant im Grodnoschen Husaren-Regt.

(2806) 06.09.1813 **Ostragradskij**, Matweij Iwanowitsch,
Kaiserlich Russischer Stabsrittmeister im Grodnoschen Husaren-Regt.

(2807) 06.09.1813 **Kramer**, Lew Fedorowitsch,
Kaiserlich Russischer Stabsrittmeister im Grodnoschen Husaren-Regt.

(2808) 06.09.1813 **Gljebow**,
Kaiserlich Russischer Stabsrittmeister im Grodnoschen Husaren-Regt.

(2809) 06.09.1813 **Beckmann**, Fedor Petrowitsch,
Kaiserlich Russischer Major im Gluchowschen Husaren-Regt.

(2810) 06.09.1813 **Mirkowitsch**, Iwan Petrowitsch,
Kaiserlich Russischer Major im Gluchowschen Kürassier-Regt.

(2811) 06.09.1813 **Schatalow**, Timofei Andrejewitsch,
Kaiserlich Russischer Major im Kleinrußlandschen Kürassier-Regt.

(2812) 06.09.1813 **Swjerjew**,
Kaiserlich Russischer Major im Gluchowschen Kürassier-Regt.

(2813) 06.09.1813 **Kriwonossow**,
Kaiserlich Russischer Major im Gluchowschen Kürassier-Regt.

(2814) 06.09.1813 **Lewschin**, Wladimir Wassiljewitsch, Kaiserlich Russischer Rittmeister im Kleinrußlandschen Kürassier-Regt.

(2815) 06.09.1813 **Truchseß zu Waldburg-Capustigall**, Heinrich August Ferdinand Graf,
Kaiserlich Russischer Rittmeister im Kleinrußlandschen Kürassier-Regt.

(2816)	06.09.1813	**Borissow**, Christofor Sergjejewitsch, Kaiserlich Russischer Oberstlieutenant im Wolynischen Ulanen-Regt.
(2817)	06.09.1813	**Matow**, Kaiserlich Russischer Major im Nawagaschen Infanterie-Regt.
(2818)	06.09.1813	**Wolkonskij**, Sergei Grigorjewitsch Fürst, Kaiserlich Russischer Oberst im Kavaliergarde-Regt. und Flügeladjutant
(2819)	06.09.1813	**Loewenstern**, Woldemar Heinrich von, Kaiserlich Russischer Major von der Kavallerie
(2820)	06.09.1813	**Paschkow**, Andrei Iwanowitsch, Kaiserlich Russischer Lieutenant im Kavaliergarde-Regt.
(2821)	06.09.1813	**Achlestischew**, Michail Fedorowitsch, Kaiserlich Russischer Oberst und Chef des 39. Jäger-Regts.
(2822)	06.09.1813	**Nowak**, Peter Iwanowitsch, Kaiserlich Russischer Oberst und Kommandeur der reitenden Artillerie-Komp. Nr. 18
(2823)	06.09.1813	**Rochechouart**, Louis (?) Graf de, Kaiserlich Russischer Oberst in der Suite S. M. vom Quartiermeisterwesen
(2824)	06.09.1813	**Moissejew**, Alexander Leontjewitsch, Kaiserlich Russischer Kapitain in der 13. Artillerie-Brigade
(2825)	06.09.1813	**Karpow**, Iwan Michailowitsch, Kaiserlich Russischer Stabsrittmeister im Lubnoschen Husaren-Regt., Adjutant des Generallieutenants von Sacken
(2826)	06.09.1813	**Agte (Achte)**, Jegor Andrejewitsch, Kaiserlich Russischer Oberst, Chef des St. Petersburgschen Grenadier-Regt.

(2827) 06.09.1813 **Krischtosowitsch**, Jegor Konstantinowitsch,
Kaiserlich Russischer Oberst im Jekaterinoslawschen
Grenadier-Regt.

(2828) 06.09.1813 **Petrow**, Iwan Matwjejewitsch,
Kaiserlich Russischer Major im Grenadier-Regt. Graf
Araktschejew

(2829) 06.09.1813 **Teplow**,
Kaiserlich Russischer Major im Jekaterinoslawschen
Grenadier-Regt.

(2830) 06.09.1813 **Paikul (Paykull)**, Anton Fedorowitsch,
Kaiserlich Russischer Major im Taurischen Grenadier-
Regt.

(2831) 06.09.1813 **Schwarz**, Fedor Jefimowitsch,
Kaiserlich Russischer Major im Kexholmschen Grenadier-
Regt., kommandiert zum St. Petersburgschen Grenadier-
Regt.

(2832) 06.09.1813 **Saba**, Iwan Petrowitsch,
Kaiserlich Russischer Major im Jekaterinoslawschen
Grenadier-Regt.

(2833) 06.09.1813 **Medem**, Wassilij Alexandrowitsch (Iwan Franzowitsch
{Christof Johann Friedrich}?),
Kaiserlich Russischer Kapitain im 5. Jäger-Regt., Adjutant
des Generallieutenants Rajewskij

(2834) 06.09.1813 **Trubezkoi II.**, Alexander Petrowitsch Fürst,
Kaiserlich Russischer Unterlieutenant im Leibgarde-
Semenowskschen Regt., Adjutant des Generallieutenants
Rajewskij

(2835) 06.09.1813 **Nilus**, Bogdan Bogdanowitsch,
Kaiserlich Russischer Oberstlieutenant und Kommandeur
der Batterie-Komp. Nr. 30

(2836) 06.09.1813 **Filipow I.**, Nikolai Fedorowitsch,
Kaiserlich Russischer Stabskapitain in der Batterie-Komp.
Nr. 30

(2837) 06.09.1813 **Grigorjew**, Peter Wassiljewitsch (a. A. Gerassimowitsch),
Kaiserlich Russischer Unterlieutenant in der Batterie-
Komp. Nr. 30

(2838) 06.09.1813 **Bibikow**, Ilja Gawrilowitsch,
Kaiserlich Russischer Fähnrich in der Batterie-Komp.
Nr. 30

(2839) 06.09.1813 **Treuleben**, Nikolai Jäkimowitsch,
Kaiserlich Russischer Fähnrich in der Suite S. M. vom
Quartiermeisterwesen

(2840) 06.09.1813 **Baikow**, Iwan Iwanowitsch,
Kaiserlich Russischer Oberst und Kommandeur der
leichten Artillerie-Komp. Nr. 27

(2841) 06.09.1813 **Turtschaninow**, Andrei Petrowitsch,
Kaiserlich Russischer Oberstlieutenant und Kommandeur
der leichten Artillerie-Komp. Nr. 13

(2842) 06.09.1813 **Günzel II. (Hinzel)**, Alexander Karlowitsch,
Kaiserlich Russischer Stabskapitain in der leichten
Artillerie-Komp. Nr. 27

(2843) 06.09.1813 **Sablin**, Michail Jakowlewitsch,
Kaiserlich Russischer Lieutenant im 2. Pionier-Regt.,
kommandiert zu der leichten Artillerie-Komp. Nr. 27

(2844) 06.09.1813 **Makalinskij**, Iwan (Fedorowitsch?),
Kaiserlich Russischer Unterlieutenant in der leichten
Artillerie-Komp. Nr. 27

(2845) 06.09.1813 **Meyendorff**, Jegor Kasimirowitsch Baron von,
Kaiserlich Russischer Unterlieutenant in der Suite S. M.
vom Quartiermeisterwesen

(2846) 06.09.1813 **Trautmann**,
Kaiserlich Russischer Lieutenant im Grodnoschen
Husaren-Regt.

(2847) 06.09.1813 **Drewitsch**,
Kaiserlich Russischer Oberst, Chef des Finnlandschen
Dragoner-Regts.

(2848) 06.09.1813 **d'Olonne**, Ossip Franzowitsch Graf,
Kaiserlich Russischer Oberst im Isjumschen Husaren-Regt.

(2849) 06.09.1813 **Krus**, Alexander Alexandrowitsch,
Kaiserlich Russischer Oberst von der Armee, kommandiert zum Isjumschen Husaren-Regt.

(2850) 06.09.1813 **Ljubuschin,**
Kaiserlich Russischer Oberst im Bjeloseroschen Infanterie-Regt., Adjutant des Generallieutenants von Steinheil

(2851) 06.09.1813 **Shirow**, Iwan Iwanowitsch (?),
Kaiserlich Russischer Starschina im Donischen Woißko

(2852) 06.09.1813 **Raiskij,**
Kaiserlich Russischer Major im Rjäshskschen Infanterie-Regt.

(2853) 06.09.1813 **Bogdanowitsch**, Iwan Fedorowitsch,
Kaiserlich Russischer Kapitain in der Suite S. M. vom Quartiermeisterwesen

(2854) 06.09.1813 **Scheping**, Dmitrij Andrejewitsch (? Sergjejewitsch),
Kaiserlich Russischer Lieutenant im Kavaliergarde-Regt., Adjutant des Generaladjutanten Tschernischew

(2855) 06.09.1813 **Wirjubow**, Andrei,
Kaiserlich Russischer Jessaul im Ilowaiskijschen Regt. des Donischen Woißko

(2856) 06.09.1813 **Pawlowskij II.**, Ferdinand Adamowitsch,
Kaiserlich Russischer Lieutenant im Rigaschen Dragoner-Regt., Adjutant des Generalmajors Balk

(2857) 06.09.1813 **Potwig,**
Kaiserlich Russischer Kornett im Isjumschen Husaren-Regt.

(2858) 06.09.1813 **Boetticher**, August Friedrich Ludwig von,
Kaiserlich Russischer Rittmeister beim Stabe der Russisch-Deutschen Legion, bisher Herzoglich Braunschweigischer Premierlieutenant außer Diensten und Kammerherr des Herzogs von Mecklenburg-Strelitz

(2859) 06.09.1813 **Sipjägin**, Nikolai Martemjanowitsch,
Kaiserlich Russischer Oberst im Leibgarde-
Semenowskschen Regt. und Flügeladjutant

(2860) 06.09.1813 **Orlow**, Alexei Fedorowitsch,
Kaiserlich Russischer Rittmeister im Leibgarde-Regt. z.
Pf., Adjutant des Zesarewitsch Großfürst Konstantin

(2861) 06.09.1813 **Morosow**, Iwan Semenowitsch,
Kaiserlich Russischer Oberstlieutenant im
Apschereonschen Infanterie-Regt., Adjutant des Generals
der Infanterie Miloradowitsch

(2862) 06.09.1813 **Kotschubei**, Wassilij Wassiljewitsch,
Kaiserlich Russischer Stabskapitain im Leibgarde-
Preobrashenskschen Regt., Adjutant des Generals der
Infanterie Miloradowitsch

(2863) 06.09.1813 **Juncker**, Karl Filippowitsch,
Kaiserlich Russischer Stabsrittmeister im Leibgarde-
Ulanen-Regt., Adjutant des Generals der Infanterie
Miloradowitsch

(2864) 06.09.1813 **Paskewitsch**, Ossip Fedorowitsch,
Kaiserlich Russischer Stabsrittmeister im Leibgarde-
Husaren-Regt., Adjutant des Generals der Infanterie
Miloradowitsch

(2865) 06.09.1813 **Brincken**, Karl Wassiljewitsch Baron von der,
Kaiserlich Russischer Lieutenant im Leibgarde-Husaren-
Regt., Adjutant des Generals der Infanterie Miloradowitsch

(2866) 06.09.1813 **Kisselew**, Pawel Dmitrijewitsch,
Kaiserlich Russischer Stabsrittmeister im Kavaliergarde-
Regt., Adjutant des Generals der Infanterie Miloradowitsch

(2867) 06.09.1813 **Osten-Sacken**, Dmitrij Jewgrafjewitsch (Jerofjewitsch)
Baron von der,
Kaiserlich Russischer Stabskapitain im Leibgarde-
Littauischen Regt., Adjutant des Generals der Infanterie
Miloradowitsch

(2868) 06.09.1813 **Geismar**, Friedrich Kaspar von,
Kaiserlich Russischer Stabskapitain im Kiewschen
Grenadier-Regt., Adjutant des Generals der Infanterie
Miloradowitsch

(2869)　06.09.1813　**Rajewskij**, Alexander Nikolajewitsch,
Kaiserlich Russischer Lieutenant im Leibgarde-Jäger-
Regt., Adjutant des Generals der Infanferie
Miloradowitsch

(2870)　06.09.1813　**Glinka**, Fedor Nikolajewitsch,
Kaiserlich Russischer Lieutenant im Apscheronschen
Infanterie-Regt., Chefadjutant des Generals der Infanterie
Miloradowitsch

(2871)　06.09.1813　**Pawlow**,
Kaiserlich Russischer Major im Kosaken-Regt. der
Moskauschen Opoltschenje, Adjutant des Generals der
Infanterie Miloradowitsch

(2872)　06.09.1813　**Miloradowitsch**, Alexei Grigorjewitsch (Borissowitsch),
Kaiserlich Russischer Fähnrich im Apscheronschen
Infanterie-Regt., Ordonnanzoffizier beim General der
Infanterie Miloradowitsch

(2873)　07.09.1813　**Bogdanow**,
Kaiserlich Russischer Fähnrich im 28. Jäger-Regt.

(2874)　08.09.1813　**Okunjew**, Nikolai Alexandrowitsch,
Kaiserlich Russischer Kapitain im Kalugaschen Infanterie-
Regt.

(2875)　10.09.1813　**Sück**, Jakob,
Kaiserlich Oesterreichischer Oberst und Kommandant des
Dragoner-Regts. Erzherzog Johann

(2876)　10.09.1813　**Le Blanc**, Albert,
Kaiserlich Oesterreichischer Rittmeister im Dragoner-
Regt. Erzherzog Johann

(2877)　13.09.1813　**Schulmann**, Fedor Maximowitsch,
Kaiserlich Russischer Oberst und Kommandeur der
6. Artillerie-Brigade

(2878)　13.09.1813　**Sosnin**,
Kaiserlich Russischer Oberstlieutenant in der Suite S. M.
vom Quartiermeisterwesen

(2879) 13.09.1813 **Emme**, Alexei Fedorowitsch,
Kaiserlich Russischer Oberstlieutenant im Tobolskschen Infanterie-Regt.

(2880) 13.09.1813 **Boetticher**, Gustaf Iwanowitsch,
Kaiserlich Russischer Kapitain im Taurischen Grenadier-Regt., Adjutant des Generals der Kavallerie Herzogs Alexander von Württemberg

(2881) 13.09.1813 **Fanshawe**, Wassilij Andrejewitsch,
Kaiserlich Russischer Kapitain im Leibgarde-Semenowskschen Regt., Adjutant des Prinzen August von Holstein-Oldenburg

(2882) 13.09.1813 **Teplow**, Michail Alexjejewitsch,
Kaiserlich Russischer Lieutenant im Leibgarde-Husaren-Regt., Adjutant des Generals der Kavallerie Herzogs Alexander von Württemberg

(2883) 13.09.1813 **Kusmin**, Alexander Iwanowitsch,
Kaiserlich Russischer Lieutenant in der Garde-Equipage, Adjutant des Marineministers Marquis de Traversé

(2884) 13.09.1813 **Gerbel II.**, Gustaf Wassiljewitsch,
Kaiserlich Russischer Kapitain uund Kommandeur der reitenden Artillerie-Komp. Nr. 19

(2885) 13.09.1813 **Drosdowskij**, Faddei Antipowitsch,
Kaiserlich Russischer Lieutenant im 2. Ukrainischen Kosaken-Regt., Adjutant des Generallieutenants Lewis

(2886) 13.09.1813 **Dieterichs III.**, Christian Iwanowitsch,
Kaiserlich Russischer Oberst und Kommandeur der Batterie-Komp. Nr. 7

(2887) 13.09.1813 **Seslawin**, Fedor Nikititsch,
Kaiserlich Russischer Stabskapitain in der Batterie-Komp. Nr. 21

(2888) 13.09.1813 **Sawjeskin**, Michail Wassiljewitsch,
Kaiserlich Russischer Lieutenant in der Batterie-Komp. Nr. 7

(2889) 13.09.1813 **Kandiba II.**, David,
Kaiserlich Russischer Unterlieutenant in der Batterie-Komp. Nr. 7

(2890) 13.09.1813 **Brümmer I.,**
Kaiserlich Russischer Fähnrich in der Batterie-Komp. Nr. 7

(2891) 15.09.1813 **Madatow**, Walerian Grigorjewitsch Fürst,
Kaiserlich Russischer Oberst im Alexandriaschen Husaren-Regt.

(2892) 15.09.1813 **Doliwa-Dobrowolskij**, Frol Ossipowitsch,
Kaiserlich Russischer Oberst von der Armee und Feldpost-Inspektor

(2893) 16.09.1813 **Wirsén**, Karl Johann af,
Königlich Schwedischer Oberstlieutenant in der Stockholmschen Eskadre der Armeeflotte, Chef des nördlichen Lootsen-Distrikts und Oberadjutant des Kronprinzen von Schweden

(2894) 16.09.1813 **Björnstjerna**, Magnus Friedrich Ferdinand von,
Königlich Schwedischer Oberst in der Armee, Oberstlieutenant im Kalmarschen Infanterie-Regt. und Oberadjutant des Königs von Schweden

(2895) 16.09.1813 **Peyron**, Gustaf Abraham,
Königlich Schwedischer Oberst in der Armee, Kapitain im Bohus-Låns-Infanterie-Regt., Chef der Expedition des Generaladjutanten und Oberadjutant des Königs von Schweden

(2896) 16.09.1813 **Arfvedson**, Elias,
Königlich Schwedischer Oberst in der Armee, erster Major in der Leibgarde z. Pf.

(2897) 16.09.1813 **Forsell**, Karl Gustaf,
Königlich Schwedischer Major in der Armee, Kapitain in der Feldmesser-Brigade des Ingenieurkorps und Adjutant des Kronprinzen von Schweden

(2898) 16.09.1813 **Reuterskjöld**, Leinhard Axel,
Königlich Schwedischer Oberst und Chef des Södermanlandschen Infanterie-Regt.

(2899) 16.09.1813 **Adlercreutz**, Friedrich Thomas Freiherr,
Königlich Schwedischer Rittmeister in der Leibgarde z. Pf., Adjutant des Kronprinzen von Schweden

(2900) 21.09.1813 **Woinow,** Kaiserlich
Russischer Jessaul im Donischen Woißko, Regt. Tschernij-
Subow VIII.

(2901) 24.09.1813 **Bolatuk,** Kai Bei Fürst,
Kaiserlich Russischer Oberst und Kommandeur des
Simferopolschen Tataren-Regts.

(2902) 24.09.1813 **Turtschaninow,** Andrei Petrowitsch,
Kaiserlich Russischer Oberst und Kommandeur des 3.
Jäger-Regts.

(2903) 24.09.1813 **Treskin,** Michail Lwowitsch (?),
Kaiserlich Russischer Oberst und Chef des Asowschen
Infanterie-Regt.

(2904) 24.09.1813 **Sosnin,**
Kaiserlich Russischer Oberstlieutenant in der Suite S. M.
vom Quartiermeisterwesen

(2905) 25.09.1813 **Hohenzollern-Hechingen,** Friedrich Franz Anton Prinz
von,
Kaiserlich Oesterreichischer Rittmeister im
Chevauxlegers-Regt. Hohenzollern

(2906) 25.09.1813 **Orlow,** Alexei Fedorowitsch,
Kaiserlich Russischer Oberst im Leibgarde-Reiter-Regt.
und Flügeladjutant

(2907) 25.09.1813 **Bock,** Fimofei Jegorowitsch von,
Kaiserlich Russischer Rittmeister im Leibgarde-Husaren-
Regt.

(2908) 28./29.09.1813 **Cooke,** Henry Frederic,
Königlich Großbritannischer Oberstlieutenant im 12. Fuß-
Regt. (East Suffolk), Adjutant des Herzogs von York,
attaschiert dem Generallieutenant Sir Charles Stewart

(2909) 28./29.09.1813 **Charles,** James N.,
Königlich Großbritannischer Kapitain im 11. Fuß-Regt.
(North-Devonshire), Adjutant des Generalmajors Sir
Robert Wilson

(2910) 28./29.09.1813 **Düring**, Ernst Johann Christian von,
Königlich Großbritannischer Kapitain und Brevet-Major
im 1. leichten Batl. der Königlich Deutschen Legion,
Adjutant des Generallieutenants Sir Charles Stewart

(2911) 28./29.09.1813 **James**, Georg,
Königlich Großbritannischer Kapitain im 2. or Royal North
British Dragoner-Regt., Adjutant des Generallieutenants
Sir Charles Stewart

(2912) 28./29.09.1813 **Dawson**, Georg Lionel,
Königlich Großbritannischer Kapitain im 1. or Kings Regt.
Dragoner Garden, Adjutant des Generallieutenants Earl of
Rosslyn

(2913) 01.10.1813 **Sekretow**, Peter Timofjewitsch (?),
Kaiserlich Russischer Jessaul im Donischen Woißko, Regt.
Bichalow I.

(2914) 04.10.1813 **Kuteinikow VI.**,
Kaiserlich Russischer Oberst im Donischen Woißko, Chef
eines Regiments

(2915) 06.10.1813 **Somnitz**, Christof George Heinrich Franz von,
Premierlieutenant im Brandenburgischen Dragoner-Regt.

(2916) 09.10.1813 **Mecklenburg-Strelitz**, Karl Friedrich August Prinz von,
Generalmajor und Chef der II. Brigade

(2917) 09.10.1813 **Mensdorff**, Emanuel Graf von,
Kaiserlich Oesterreichischer Oberst im Ulanen-Regt.
Erzherzog Karl

(2918) 19.10.1813 **Knesebeck**, Karl Friedrich von dem,
Generalmajor und Generaladjutant

(2919) 21.10.1813 **Thümen**, Heinrich Ludwig August von,
Generalmajor und Chef der IV. Brigade

(2920) 21.10.1813 **Zastrow**, Alexander Heinrich Gotthard von,
Oberstlieutenant und Kommandeur des Kolbergschen
Infanterie-Regts., int. Brigadekommandeur in der
VI. Brigade

(2921) 21.10.1813 **Borstell**, Karl Leopold Ludwig von,
Generalmajor und Chef der V. Brigade

(2922) 21.10.1813 **Ungern-Sternberg**, Gustaf Romanowitsch Baron von,
Kaiserlich Russischer Unterlieutenant in der reitenden
Artillerie-Komp. Nr. 1

(2923) 21.10.1813 **Popow**,
Kaiserlich Russischer Jessaul im Donischen Woißko, Regt.
Ilowaiskij III.

(2924) 25.10.1813 **Retsey de Retse**, Adam,
Kaiserlich Oesterreichischer Oberst und Kommandant des
Infanterie-Regts. Hieronymus Colloredo

(2925) 25.10.1813 **Call**, Karl,
Kaiserlich Oesterreichischer Oberstlieutenant im
Infanterie-Regt. Argenteau

(2926) 15.11.1813 **Bergmann**, Alexander (Alexei) Petrowitsch,
Kaiserlich Russischer Kapitain im Leibgarde-
Preobrashenskschen Regt.

(2927) Dez. 1813 **Wolzogen**, Justus Philipp Adolf Wilhelm Ludwig Baron
von,
Kaiserlich Russischer Generalmajor in der Suite S. M.
vom Quartiermeisterwesen

(2928) Dez. 1813 **Branicki**, Stanislaw Stanislawjewitsch Graf,
Kaiserlich Russischer Oberst und Flügeladjutant

(2929) Dez. 1813 **Lamsdorff**, Jakob Matwjejewitsch von,
Kaiserlich Russischer Oberst von der Kavallerie und
Flügeladjutant

(2930) Dez. 1813 **Rochechouart**, Ludwig Viktor Leo Graf de,
Kaiserlich Russischer Oberst im Leibgarde-Jäger-Regt.
und Flügeladjutant

(2931) Dez. 1813 **Imeretien**, Konstantin Zarewitsch von,
Kaiserlich Russischer Oberst im Leibgarde-Kosaken-Regt.
und Flügeladjutant

(2932) Dez. 1813 **Michailowskij**-Danilewskij, Alexander Iwanowitsch,
Kaiserlich Russischer Kapitain in der Suite S. M. vom
Quartiermeisterwesen

(2933) Dez. 1813 **Perowskij**, Lew Alexjejewitsch,
Kaiserlich Russischer Lieutenant in der Suite S. M. vom
Quartiermeisterwesen

(2934) Dez. 1813 **Durnowo**, Nikolai Dmitrijwitsch,
Kaiserlich Russischer Lieutenant in der Suite S. M. vom
Quartiermeisterwesen

(2935) Dez. 1813 **Ramburg**, von,
Kaiserlich Russischer Unterlieutenant in der Suite S. M.
vom Quartiermeisterwesen

(2936) Dez. 1813 **Andrejewskij**, Konstantin Stepanowitsch,
Kaiserlich Russischer Lieutenant in der Suite S. M. vom
Quartiermeisterwesen, beim Generalstabe des
II. Infanteriekorps

(2937) Dez. 1813 **Sternhjelm**, Alexander Wassiljewitsch,
Kaiserlich Russischer Fähnrich in der Suite S. M. vom
Quartiermeisterwesen, beim Generalstabe des
II. Infanteriekorps

(2938) Dez. 1813 **Grotenhjelm**, Maxim Maximowitsch,
Kaiserlich Russischer Stabsrittmeister im Olwiopolschen
Husaren-Regt. Ordonnanzoffizier beim Kommandeur des
II. Infanteriekorps

(2939) Dez. 1813 **Krassowskij**, Jakob Petrowitsch,
Kaiserlich Russischer Fähnrich in der Batterie-Komp.
Nr. 21

(2940) Dez. 1813 **Kasin II.**, Iwan Petrowitsch (?),
Kaiserlich Russischer Lieutenant in der Batterie-Komp.
Nr. 21

(2941) Dez. 1813 **Kasadawen (Kasadajew)**, Nikolai,
Kaiserlich Russischer Lieutenant in der Batterie-Komp.
Nr. 21

(2942) Dez. 1813 **Werchowskij**, Peter Iwanowitsch,
Kaiserlich Russischer Fähnrich in der Batterie-Komp.
Nr. 21

(2943) Dez. 1813 **Shitow**, Alexei (Alexander) Iwanowitsch,
Kaiserlich Russischer Lieutenant in der reitenden
Artillerie-Komp. Nr. 1

(2944) Dez. 1813 **Lützow**, Wichard Friedrich Leopold von,
Kaiserlich Russischer Oberstlieutenant in der Suite S. M.
vom Quartiermeisterwesen

(2945) Dez. 1813 **Sujew**, Sergei Charitonowitsch,
Kaiserlich Russischer Oberstlieutenant in der Suite S. M.
vom Quartiermeisterwesen, Oberquartiermeister des
V. Infanterie-(Garde-)Korps

(2946) Dez. 1813 **Aster**, Ernst Ludwig,
Kaiserlich Russischer Oberstlieutenant in der Suite S. M.
vom Quartiermeisterwesen

(2947) Dez. 1813 **Miloradowitsch**, Andrei Nikolajewitsch,
Kaiserlich Russischer Stabskapitain in der Suite S. M. vom
Quartiermeisterwesen

(2948) Dez. 1813 **Freigang**, Peter Iwanowitsch,
Kaiserlich Russischer Stabskapitain in der Suite S. M. vom
Quartiermeisterwesen, beim Generalstabe des
II. Infanteriekorps

(2949) Dez. 1813 **Uexkull-Gyllenbandt**, Roman Longinowitsch Baron von,
Kaiserlich Russischer Stabskapitain in der Suite S. M. vom
Quartiermeisterwesen

(2950) Dez. 1813 **Demtschenkow**, Semen Semenowitsch,
Kaiserlich Russischer Oberstlieutenant im Leibgarde-
Grenadier-Regt.

(2951) Dez. 1813 **Pawlenkow**, Jemeljan Osspowitsch,
Kaiserlich Russischer Oberstlieutenant im Leibgarde-
Grenadier-Regt.

(2952) Dez. 1813 **Tarnowskij**, Peter Iwanowitsch,
Kaiserlich Russischer Oberstlieutenant im Leibgarde-
Pawlowskschen Regt.

(2953) Dez. 1813 **Knjäshnin**, Boris Jakowlewitsch,
Kaiserlich Russischer Oberst im Leibgarde-
Semenowskschen Regt., Kommandeur des Grenadier-
Regts., Graf Araktschejew

(2954) Dez. 1813 **Jurgenew**,
Kaiserlich Russischer Oberstlieutenant im Taurischen
Grenadier-Regt.

(2955) Dez. 1813 **Ossipow**, Nikolai Jeremjejewitsch,
Kaiserlich Russischer Fähnrich im Taurischen Grenadier-
Regt.

(2956) Dez. 1813 **Pissarew**, Alexander Alexandrowitsch,
Kaiserlich Russischer Oberst im Kiewschen Grenadier-
Regt.

(2957) Dez. 1813 **Golowin**, Jewgenij Alexandrowitsch,
Kaiserlich Russischer Oberst im Fanagoriaschen
Grenadier-Regt.

(2958) Dez. 1813 **Friedberg**, Iwan Petrowitsch,
Kaiserlich Russischer Oberstlieutenant im Astrachanschen
Grenadier-Regt.

(2959) Dez. 1813 **Kotschetow**, Fedor Nikititsch,
Kaiserlich Russischer Kapitain im Moskauschen
Grenadier-Regt.

(2960) Dez. 1813 **Lewin**, Dmitrij Andrejewitsch,
Kaiserlich Russischer Oberst im Sibirischen Grenadier-
Regt.

(2961) Dez. 1813 **Moshenskij**, Denis Denissowitsch,
Kaiserlich Russischer Oberst im St. Petersburgschen
Grenadier-Regt., Kommandeur des zusammengesetzten
Grenadier-Regts.

(2962) Dez. 1813 **Löwenhof**, Timofei Antonowitsch,
Kaiserlich Russischer Major im Tschernigowschen
Infanterie-Regt.

(2963) Dez. 1813 **Protopopow**, Peter Sergjejewitsch,
Kaiserlich Russischer Major im Tschernigowschen
Infanterie-Regt.

(2964) Dez. 1813 **Grothuß**, Dmitrij Ulnowitsch von,
Kaiserlich Russischer Stabskapitain im Tschernigowschen
Infanterie-Regt., Adjutant des Generallieutenants
Konownizin

(2965) Dez. 1813 **Shelwinskij**, Jakob Sergjejewitsch,
Kaiserlich Russischer Oberst im Revalschen Infanterie-
Regt.

(2966) Dez. 1813 **Kurnossow**, Nikolai Andrejewitsch,
Kaiserlich Russischer Oberstlieutenant im Wolynischen
Infanterie-Regt.

(2967) Dez. 1813 **Borissow**, Nikolai Iwanowitsch (?),
Kaiserlich Russischer Major im Muromschen Infanterie-
Regt.

(2968) Dez. 1813 **Tarschewskij**, Afanassij Petrowitsch (? Pawlowitsch),
Kaiserlich Russischer Stabskapitain im Muromschen
Infanterie-Regt.

(2969) Dez. 1813 **Totschinskij**, Ignatij Pawlowitsch,
Kaiserlich Russischer Lieutenant im Muromschen
Infanterie-Regt.

(2970) Dez. 1813 **Reibnitz**, Karl Pawlowitsch,
Kaiserlich Russischer Oberst im Tobolskschen Infanterie-
Regt.

(2971) Dez. 1813 **Siegroth**, von,
Kaiserlich Russischer Oberstlieutenant im Tambowschen
Infanterie-Regt., kommandiert zum Krementschugschen
Infanterie-Regt.

(2972) Dez. 1813 **Tscheodajew**, Michail Iwanowitsch,
Kaiserlich Russischer Major im Krementschugschen
Infanterie-Regt.

(2973) Dez. 1813 **Kisslowskij**, Dmitrij Andrejewitsch,
Kaiserlich Russischer Major im Krementschugschen
Infanterie-Regt.

(2974) Dez. 1813 **Mikulin**, Sergei Iwanowitsch,
Kaiserlich Russischer Lieutenant im Krementschugschen Infanterie-Regt.

(2975) Dez. 1813 **Pischnizkij**,
Kaiserlich Russischer Lieutenant im Krementschugschen Infanterie-Regt., Adjutant des Generalmajors Pischnizkij

(2976) Dez. 1813 **Protassow**, Grigorij Grigorjewitsch,
Kaiserlich Russischer Kapitain im Tambowschen Infanterie-Regt., Divisionsadjutant des Generalmajors Talisin

(2977) Dez. 1813 **Schenschin**, Wassilij Nikanorowitsch (Nikolajewitsch),
Kaiserlich Russischer Oberst und Chef des Archangelogrodschen Infanterie-Regts.

(2978) Dez. 1813 **Tischin**, Wassilij Grigorjewitsch,
Kaiserlich Russischer Oberstlieutenant im Jelezschen Infanterie-Regt.

(2979) Dez. 1813 **Nowikow**,
Kaiserlich Russischer Major im Koliwanschen Infanterie-Regt.

(2980) Dez. 1813 **Kern**, Jermolai Fedorowitsch,
Kaiserlich Russischer Oberst im Bjeloseroschen Infanterie-Regt.

(2981) Dez. 1813 **Ololenskij**, Alexander Petrowitsch Fürst,
Kaiserlich Russischer Oberst im Leibgarde-Dragoner-Regt. und Flügeladjutant, Kommandeur des Batls. der Grußfürstin Katharina

(2982) Dez. 1813 **Kowalewskij**,
Kaiserlich Russischer Major im Batl. der Großfürstin Katharina

(2983) Dez. 1813 **Schubinskij**, Nikolai Petrowitsch,
Kaiserlich Russischer Major im Batl. der Großfürstin Katharina

(2984) Dez. 1813 **Malewanow,**
Kaiserlich Russischer Oberst im Mohilewschen Infanterie-Regt.

(2985) Dez. 1813 **Ponerowskij**, Wassilij Jakowlewitsch,
Kaiserlich Russischer Major im Mohilewschen Infanterie-Regt.

(2986) Dez. 1813 **Baumgarten**, Johann Jewstafjewitsch,
Kaiserlich Russischer Oberst im Permschen Infanterie-Regt.

(2987) Dez. 1813 **Gubin,**
Kaiserlich Russischer Major im Permschen Infanterie-Regt.

(2988) Dez. 1813 **Uksakow,**
Kaiserlich Russischer Major im Tengaschen Infanterie-Regt.

(2989) Dez. 1813 **Sawinitsch,**
Kaiserlich Russischer Oberstlieutenant im Kalugaschen Infanterie-Regt.

(2990) Dez. 1813 **Narbut**, Heinrich Karlowitsch,
Kaiserlich Russischer Major im Kalugaschen Infanterie-Regt.

(2991) Dez. 1813 **Tschurilow**, Iwan Jegorowitsch,
Kaiserlich Russischer Major im Estlandschen Infanterie-Regt.

(2992) Dez. 1813 **Artemjew,**
Kaiserlich Russischer Major im Kexholschen Grenadier-Regt.

(2993) Dez. 1813 **Röhren**, Iwan Bogdanowitsch,
Kaiserlich Russischer Oberst im Schlüsselburgschen Infanterie-Regt.

(2994) Dez. 1813 **Obuchowskij**, Peter Semenowitsch,
Kaiserlich Russischer Major im Brestschen Infanterie-Regt.

(2995) Dez. 1813 **Smolkow**, Peter Gawrilowitsch,
Kaiserlich Russischer Stabskapitain im Tarnopolscen Infanterie-Regt., Adjutant des Generallieutenants Fürsten Gortschakow II.

(2996) Dez. 1813 **Samoilowitsch**, Iwan Wassiljewitsch (?),
Kaiserlich Russischer Kapitain im 3. Jäger-Regt., kommandiert zum zusammengesetzten Jäger-Regt.

(2997) Dez. 1813 **Beck**, Iwan Iwanowitsch (?),
Kaiserlich Russischer Major im 1. Jäger-Regt.

(2998) Dez. 1813 **Olschewskij**, Matwej Antonowitsch,
Kaiserlich Russischer Major im 4. Jäger-Regt.

(2999) Dez. 1813 **Artjuchow**, Jesim Trosimowitsch,
Kaiserlich Russischer Stabskapitain im 5. Jäger-Regt.

(3000) Dez. 1813 **Keldermann**, Konstantin Fomitsch,
Kaiserlich Russischer Kapitain im 6. Jäger-Regt.

(3001) Dez. 1813 **Kaschirinow**, Nikanor Fedorowitsch,
Kaiserlich Russischer Oberstlieutenant im 11. Jäger-Regt.

(3002) Dez. 1813 **Kapustin**, Iwan Fedorowitsch,
Kaiserlich Russischer Oberst im Leibgarde-Finnlandschen Regt., Kommandeur des 20. Jäger-Regts.

(3003) Dez. 1813 **Jakowlew**, Alexander Iwanowitsch,
Kaiserlich Russischer Major im 20. Jäger-Regt.

(3004) Dez. 1813 **Frolow**, Üeter Nikolajewitsch,
Kaiserlich Russischer Stabskapitain im 20. Jäger-Regt.

(3005) Dez. 1813 **Ganskau**, Jakob Fedorowitsch,
Kaiserlich Russischer Kapitain im 34. Jäger-Regt., älterer Adjutant des Generallieutenants Prinzen Eugen von Württemberg

(3006) Dez. 1813 **Suthof I.**, Nikolai Iwanowitsch,
Kaiserlich Russischer Oberst im 37. Jäger-Regt.

(3007) Dez. 1813 **Bruckendahl (Brückental)**,
Kaiserlich Russischer Kapitain im 41. Jäger-Regt.

(3008)   Dez. 1813   **Dobrowolskij**, Lawrentij Leontjewitsch,
Kaiserlich Russischer Kapitain im 49. Jäger-Regt.,
Adjutant des Generallieutenants Fürsten Gortschakow II.

(3009)   Dez. 1813   **Masslow,**
Kaiserlich Russischer Major in der Jaroslawschen
Opoltschenje

(3010)   Dez. 1813   **Taube**, Karl Karlowitsch,
Kaiserlich Russischer Oberst in der Leibgarde-Artillerie-
Brigade, Kommandeur der 1. Artillerie-Brigade

(3011)   Dez. 1813   **Gortschakow**, Michail Dmitrijewitsch Fürst,
Kaiserlich Russischer Lieutenant in der Leibgarde-
Artillerie-Brigade, Adjutant des Generallieutenants von
Diebitsch

(3012)   Dez. 1813   **Schuscherin**, Sachar Sergjejewitsch,
Kaiserlich Russischer Oberstlieutenant und Kommandeur
der reitenden Artillerie-Komp. Nr. 8

(3013)   Dez. 1813   **Bistrom**, Anton Antonowitsch,
Kaiserlich Russischer Oberstlieutenant in der reitenden
Artillerie-Komp. Nr. 3

(3014)   Dez. 1813   **Potapow**, Peter Jegorowitsch,
Kaiserlich Russischer Kapitain in der reitenden Artillerie-
Komp. Nr. 1

(3015)   Dez. 1813   **Rosen**, Wladimir Iwanowitsch Baron,
Kaiserlich Russischer Lieutenant in der reitenden
Artillerie-Komp. Nr. 23

(3016)   Dez. 1813   **Dieterichs**, Andrei Iwanowitsch,
Kaiserlich Russischer Oberstlieutenant in der leichten
Artillerie-Komp. Nr. 6

(3017)   Dez. 1813   **Nolde**, Karl,
Kaiserlich Russischer Kapitain in der Batterie-Komp.
Nr. 14

(3018)   Dez. 1813   **Bellinghausen**, Fedor Iwanowitsch,
Kaiserlich Russischer Oberstlieutenant in der Batterie-
Komp. Nr. 32

(3019) Dez. 1813 **Wolewatsch**, Jakob Iwanowitsch,
Kaiserlich Russischer Oberstlieutenant in der leichten
Artillerie-Komp. Nr. 32

(3020) Dez. 1813 **Malejew**, Alexander Semenowitsch,
Kaiserlich Russischer Oberstlieutenant in der Batterie-
Komp. Nr. 2

(3021) Dez. 1813 **Baschmakow**, Flegon Mironowitsch,
Kaiserlich Russischer Oberstlieutenant in der leichten
Artillerie-Komp. Nr. 33

(3022) Dez. 1813 **Tazin IV.**, Peter Fedorowitsch,
Kaiserlich Russischer Oberstlieutenant in der reitenden
Artillerie-Komp. Nr. 1 des Donischen Woißko

(3023) Dez. 1813 **Suworow II.**, Peter,
Kaiserlich Russischer Oberstlieutenant in der reitenden
Artillerie-Komp. Nr. 2 des Donischen Woißko

(3024) Dez. 1813 **Kantschijälow**, Alexander Nikolajewitsch,
Kaiserlich Russischer Oberstlieutenant im Sumschen
Husaren-Regt.

(3025) Dez. 1813 **Dsheshelinskij**,
Kaiserlich Russischer Major im Sumschen Husaren-Regt.

(3026) Dez. 1813 **Lessowskij**, Stepan Iwanowitsch,
Kaiserlich Russischer Oberst im Mariupolschen Husaren-
Regt.

(3027) Dez. 1813 **Stankowitsch**, Michail Michailowitsch,
Kaiserlich Russischer Major im Maiupolschen Husaren-
Regt.

(3028) Dez. 1813 **Reutern**, Christofor Romanowitsch von,
Kaiserlich Russischer Oberst im Alexandriaschen Husaren-
Regt.

(3029) Dez. 1813 **Wesselowskij**, Stepan Semenowitsch,
Kaiserlich Russischer Major im Bjelo-Rußlandschen
Husaren-Regt.

(3030) Dez. 1813 **Dawidow I.**,
Kaiserlich Russischer Oberst im Lubnoschen Husaren-Regt.

(3031) Dez. 1813 **Trawin**, Pawel Andrejewitsch,
Kaiserlich Russischer Stabsrittmeister im Lubnoschen Husaren-Regt.

(3032) Dez. 1813 **Kastriot-Drekalowitsch-Skanderbek**, Grigorij Wassiljewitsch Fürst,
Kaiserlich Russischer Oberstlieutenant im Achtirkaschen Husaren-Regt.

(3033) Dez. 1813 **Ipsilanti**, Alexander Konstantinowitsch Fürst,
Kaiserlich Russischer Oberstlieutenant im Grodnoschen Husaren-Regt.

(3034) Dez. 1813 **Jeschin**, Wassilij Wassiljewitsch,
Kaiserlich Russischer Oberst im Tatarischen Ulanen-Regt.

(3035) Dez. 1813 **Vietinghoff**, von,
Kaiserlich Russischer Major im Tatarischen Ulanen-Regt.

(3036) Dez. 1813 **Lukomskij**, Dmitrij Nikolajewitsch,
Kaiserlich Russischer Lieutenant im Tatarischen Ulanen-Regt.

(3037) Dez. 1813 **Pohl**, Iwan Lawrentjewitsch,
Kaiserlich Russischer Oberst im Kargopolschen Dragoner-Regt.

(3038) Dez. 1813 **Dawidow II.**, Jewdokim Wassiljewitsch,
Kaiserlich Russischer Oberstlieutenant im Kargopolschen Dragoner-Regt.

(3039) Dez. 1813 **Dsewonskij**, Iwan,
Kaiserlich Russischer Oberstlieutenant im Mitauschen Dragoner-Regt.

(3040) Dez. 1813 **Strahlmann (Strohlmann)**, Peter Karlowitsch,
Kaiserlich Russischer Major im Mitauschen Dragoner-Regt.

(3041) Dez. 1813 **Jakowlew**, Stepan Makarowitsch,
Kaiserlich Russischer Major im Ingermanlandschen
Dragoner-Regt.

(3042) Dez. 1813 **Potocki**, Stanislaus Stanislawowitsch Graf,
Kaiserlich Russischer Oberst im 1. Ukrainischen Kosaken-
Regt. und Flügeladjutant

(3043) Dez. 1813 **Pochwisnjew**, Iwan Iwanowitsch,
Kaiserlich Russischer Oberstlieutenant im 2. Ukrainischen
Kosaken-Regt.

(3044) Dez. 1813 **Temirow**, Pawel Lwowitsch,
Kaiserlich Russischer Major im 3. Ukrainischen Kosaken-
Regt.

(3045) Dez. 1813 **Wielhorstki**, Matwej Jurewitsch Graf,
Kaiserlich Russischer Lieutenant im 3. Ukrainischen
Kosaken-Regt., Adjutant des Generaladjutanten des
Kaisers, Fürsten Trubezkoi

(3046) Dez. 1813 **Danilow**, Pawel Wassiljewitsch, Kaiserlich
Russischer Major im 1. Kosaken-Regt. der Tulaschen
Opoltschenje

(3047) Dez. 1813 **Helmeresen**, Anton Antonowitsch,
Kaiserlich Russischer Major im Lieflandschen reitenden
Jäger-Regt.

(3048) Dez. 1813 **Kanattschikow**,
Kaiserlich Russischer Oberstlieutenant im 2. Pionier-Regt.

(3049) Dez. 1813 **Guérois**, Alexander Klawdjejewitsch,
Kaiserlich Russischer Kapitain im Sappeur-Regt.

(3050) Dez. 1813 **Rennenkampff**, Karl Pawlowitsch von,
Kaiserlich Russischer Kapitain im 1. Pionier-Regt.

(3051) Dez. 1813 **Bjegidow**, David Grigorjewitsch,
Kaiserlich Russischer Starschina im Atamanischen Regt.
des Donischen Woißko

(3052) Dez. 1813 **Fomin**,
Kaiserlich Russischer Jessaul im Atamanischen Regt. des
Donischen Woißko

(3053) Dez. 1813 **Sergjejew**, Grigorij Alexjejewitsch,
Kaiserlich Russischer Jessaul im Donischen Woißko, Regt. Ilowaiskij XII.

(3054) Dez. 1813 **Pschenitschnoi (Pschenischnikow)**, Alexei Alexandrowitsch,
Kaiserlich Russischer Sotnik im Donischen Woißko, Regt. Ilowaiskij XII.

(3055) Dez. 1813 **Kutscherow**,
Kaiserlich Russischer Starschina im Donischen Woißko, Regt. Ilowaiskij IV.

(3056) Dez. 1813 **Astachow**, Michail Nikolajewitsch (?),
Kaiserlich Russischer Starschina im Donischen Woißko, Regt. Grekow XXI.

(3057) Dez. 1813 **Semenstschenkow**, Stepan,
Kaiserlich Russischer Oberstleutnant im Donischen Woißko, Chef eines Regts.

(3058) Dez. 1813 **Tschernosubow** (Tschernij-Subow), Grigorij Iljitsch,
Kaiserlich Russischer Jessaul im Donischen Woißko, Regt. Semenstschenkow

(3059) Dez. 1813 **Moltschanow**,
Kaiserlich Russischer Jessaul im Donischen Woißko, Regt. Karpow II.

(3060) Dez. 1813 **Seliwanow III.**, Alexei Andrejewitsch,
Kaiserlich Russischer Jessaul im Donischen Woißko, Regt. Seliwanow

(3061) Dez. 1813 **Schumkow**, Iwan Fedorowitsch,
Kaiserlich Russischer Jessaul im Donischen Woißko, Regt. Radionow II.

(3062) Dez. 1813 **Bichalow**, Konon Wassiljewitsch,
Kaiserlich Russischer Sotnik im Donischen Woißko, Regt. Radionow II.

(3063) Dez. 1813 **Bichalow**, Iwan,
Kaiserlich Russischer Oberst im Donischen Woißko, Chef eines Regts.

(3064) Dez. 1813 **Schamschew,**
Kaiserlich Russischer Jessaul im Donischen Woißko, Regt. Djätschkin I.

(3065) Dez. 1813 **Albrecht**, Alexander Iwanowitsch,
Kaiserlich Russischer Oberst im Leibgarde-Dragoner-Regt., Adjutant des Generals der Kavallerie Grafen von Wittgenstein

(3066) Dez. 1813 **Timrodt**, Fedor Karlowitsch,
Kaiserlich Russischer Oberst im Leibgarde-Preobrashenskschen Regt., Adjutant des Generals der Kavallerie Grafen von Wittgenstein

(3067) Dez. 1813 **Messing**, Alexander Iwanowitsch,
Kaiserlich Russischer Lieutenant im Leibgarde-Preobrashenskschen Regt., Adjutant des Generals der Kavallerie Grafen von Wittgenstein

(3068) Dez. 1813 **Polossow**, Danilo Petrowitsch,
Kaiserlich Russischer Lieutenant in der Leibgarde-Artillerie-Brigade, Adjutant des Generalmajors d'Auvray

(3069) Dez. 1813 **Miägkow**, Wassilij Nikolajewitsch,
Kaiserlich Russischer Rittmeister im Leibgarde-Ulanen-Regt., Adjutant des Generallieutenants Fürsten Gotschakow II.

(3070) Dez. 1813 **Beshinskij**, Semen Petrowitsch,
Kaiserlich Russischer Oberst von der Armee, Stabsoffizier vom Tage beim I. Infanteriekorps

(3071) Dez. 1813 **Schurawlow**, Alexander Akimowitsch,
Kaiserlich Russischer Rittmeister im Leibgarde-Ulanen-Regt., Adjutant des Generallieutenants Uwarow

(3072) Dez. 1813 **Kleist**, Ewald Johann von,
Kaiserlich Russischer Lieutenant im Tschernigowschen Infanterie-Regt., Adjutant des Generallieutenants Konownizin

(3073) Dez. 1813 **Wisin**, Michail Alexandrowitsch von,
Kaiserlich Russischer Stabskapitain im Leibgarde-Ismailowschen Regt., Adjutant des Generallieutenants Grafen von der Pahlen

(3074) Dez. 1813 **Nepjeizin**, Sergei Wassilijewitsch (Ossip Iwanowitsch),
Kaiserlich Russischer Oberst im Leibgarde-
Semenowskschen Regt., Adjutant des Generallieutenants
Fürsten Jäschwill

(3075) Dez. 1813 **Eismont**, Alexei Matwjejewitsch,
Kaiserlich Russischer Stabskapitain in der Leibgarde-
Artillerie-Brigade, Adjutant des Generallieutenants Fürsten
Jäschwill

(3076) Dez. 1813 **Galionka**, Afanassij Jakowlewitsch,
Kaiserlich Russischer Oberstlieutenant im
Ingermanlandschen Dragoner-Regt.,
Kommandeur der Begleittruppen des Hauptquartiers

(3077) Dez. 1813 **Spiridow**, Iwan Matwjejewitsch,
Kaiserlich Russischer Kapitain im Leibgarde-
Ismailowschen Regt., Divisionsadjutant des
Generallieutenants Grafen Stroganow

(3078) Dez. 1813 **Molostwow**, Porfirij Christoforowitsch,
Kaiserlich Russischer Kapitain im Leibgarde-Littauischen
Regt., Adjutant des Prinzen Eugen von Württemberg

(3079) Dez. 1813 **St. Priest**, Ludwig Franzowitsch Graf,
Kaiserlich Russischer Stabskapitain im Leibgarde-Jäger-
Regt., Adjutant des Generallieutenants Grafen de St. Priest

(3080) Dez. 1813 **Dietrichs (Diedrich)**, Andrei Iwanowitsch (?),
Kaiserlich Russischer Oberst und Chef des 11. Jäger-
Regts.

(3081) Dez. 1813 **Lopuchin**, Alexander Petrowitsch,
Kaiserlich Russischer Major in 11. Jäger-Regt.

(3082) Dez. 1813 **Bestushew-Rjumin**, Michail Dmitrijewitsch,
Kaiserlich Russischer Oberstlieutenant und Kommandeur
des Libauschen Infanterie-Regts.

(3083) Dez. 1813 **Blanow**, Gawrilo Wassiljewitsch,
Kaiserlich Russischer Oberstlieutenant und Kommandeur
des 28. Jäger-Regts.

(3084) Dez. 1813 **Kalinin**, Alexander Iwanowitsch,
Kaiserlich Russischer Oberstlieutenant im 28. Jäger-Regt.

(3085) Dez. 1813 **Bulgarin**, Peter Dmitrijwitsch,
Kaiserlich Russischer Oberstlieutenant und Kommandeur des 32. Jäger-Regts.

(3086) Dez. 1813 **Teljegin**, Jeogr Iwanowitsch,
Kaiserlich Russischer Oberstlieutenant und Kommandeur des 36. Jäger-Regts.

(3087) Dez. 1813 **Nepenin**, Andrei Grigorjewitsch (?),
Kaiserlich Russischer Kapitain im 32. Jäger-Regt., Stabsoffizier vom Tage beim VI. Infanteriekorps

(3088) Dez. 1813 **Kalm**, Fedor Grigorjewitsch,
Kaiserlich Russischer Kapitain im Leibgarde-Littauischen Regt., bisher im Kostromaschen Infanterie-Regt., Adjutant des Generallieutenants Fürsten Stscherbatow

(3089) Dez. 1813 **Terne**, Fedor Fedorowitsch,
Kaiserlich Russischer Oberstlieutenant und Kommandeur des Witepskschen Infanterie-Regts.

(3090) Dez. 1813 **Tolmatschow**, Jewdokim Petrowitsch,
Kaiserlich Russischer Major und Kommandeur des 12. Jäger-Regts.

(3091) Dez. 1813 **Keldijärew**, Michail Gerassimowitsch,
Kaiserlich Russischer Major und Kommandeur des Koslowschen Infanterie-Regts.

(3092) Dez. 1813 **Makazarow**, Iwan Wassiljewitsch,
Kaiserlich Russischer Major und Kommandeur des Koliwanschen Infanterie-Regts.

(3093) Dez. 1813 **Medinzow**, Jakob Afanassjewitsch (?),
Kaiserlich Russischer Oberst und Chef des Rjäshskschen Infanterie-Regts.

(3094) Dez. 1813 **Shochow**, Peter Alexandrowitsch,
Kaiserlich Russischer Oberstlieutenant und Kommandeur des Nascheburgschen Infanterie-Regts.

(3095) Dez. 1813 **Agrjumow**, Peter Alexandrowitsch,
Kaiserlich Russischer Major und Kommandeur des
Jakuzkschen Infanterie-Regts.

(3096) Dez. 1813 **Tjunin**, Pawel Semenowtisch,
Kaiserlich Russischer Kapitain im Rjäsanschen Infanterie-
Regt., älterer Adjutant des Generallieutenants Olsuwiew

(3097) Dez. 1813 **Schenschin**, Wassilij Nikanorowitsch (Nikolaijewitsch),
Kaiserlich Russischer Oberst und Chef des
Archangelogrodschen Infanterie-Regts.

(3098) Dez. 1813 **Wichodsewskij**, Peter Prokofjwitsch,
Kaiserlich Russischer Oberst und Kommandeur des
Archangelogrodschen Infanterie-Regts.

(3099) Dez. 1813 **Röhren**, Iwan Bogdanowitsch,
Kaiserlich Russischer Oberst und Kommandeur des
Schlüsselburgschen Infanterie-Regts.

(3100) Dez. 1813 **Itschkow**, Nikolai Nikolajewitsch,
Kaiserlich Russischer Oberstlieutenant und Kommandeur
des Staro-Ingermanlandschen Infanterie-Regts.

(3101) Dez. 1813 **Durnowo**, Iwan Nikolajewitsch,
Kaiserlich Russischer Oberst und Chef des 29. Jäger-
Regts.

(3102) Dez. 1813 **Prigara**, Pawel Onufrijewitsch,
Kaiserlich Russischer Oberstlieutenant und Kommandeur
des 45., bisher des 29. Jäger-Regts.

(3103) Dez. 1813 **Durow**, Fedor Fedorowitsch,
Kaiserlich Russischer Kapitain im 5. Jäger-Regt., älterer
Adjutant des Generallieutenants Kapzewitsch

(3104) Dez. 1813 **Klingenberg**, Jewstafij Christoforowitsch,
Kaiserlich Russischer Major und Kommandeur des
Kiewschen Dragoner-Regts.

(3105) Dez. 1813 **Chomjäkow**, Alexei Afanassjewitsch,
Kaiserlich Russischer Oberst und Kommandeur des
Lieflandschen reitenden Jäger-Regts.

(3106) Dez. 1813   **Stscherbatow**, Nikolai Grigorjewitsch Fürst,
                   Kaiserlich Russischer Oberst im 2. Ukrainischen Kosaken-
                   Regt.

(3107) Dez. 1813   **Obolenskij**, Wassilij Petrowitsch Fürst,
                   Kaiserlich Russischer Oberst und Flügeladjutant, Chef des
                   3. Ukrainischen Kosaken-Regts.

(3108) Dez. 1813   **Bjelajewskij,**
                   Kaiserlich Russischer Starschina im Donischen Woißko,
                   Regt. Issajew II.,

(3109) Dez. 1813   **Jakowlew**, Stepan Makarowitsch,
                   Kaiserlich Russischer Oberstlieutenant im
                   Ingermanslandschen Dragoner-Regt.,
                   Stabsoffizier vom Tage beim Generallieutenant von Korff

(3110) Dez. 1813   **Winjärskij**, Adam Antonowitsch,
                   Kaiserlich Russischer Oberstlieutenant in der Suite S. M.
                   vom Quartiermeisterwesen, Oberquartiermeister des
                   X. Infanteriekorps

(3111) Dez. 1813   **Uexkull-Gyllenbandt**, Peter Longinowitsch Baron von,
                   Kaiserlich Russischer Oberstlieutenant in der Suite S. M.
                   vom Quartiermeisterwesen, Oberquartiermeister des Korps
                   des Generals der Infanterie Grafen Langeron

(3112) Dez. 1813   **Schubert**, Fedor Fedorowitsch,
                   Kaiserlich Russischer Oberstlieutenant in der Suite S. M.
                   vom Quartiermeisterwesen, Oberquartiermeister der
                   Kavallerie des Korps des Generals der Infanterie Grafen
                   Langeron

(3113) Dez. 1813   **Magdenko II.**, Michail Semenowitsch,
                   Kaiserlich Russischer Oberst und Kommandeur der
                   Batterie-Komp. Nr. 34

(3114) Dez. 1813   **Schuscherin**, Sachar Sergjejewitsch,
                   Kaiserlich Russischer Oberstlieutenant und Kommandeur
                   der reitenden Artillerie-Komp. Nr. 8

(3115) Dez. 1813   **Benderskij**, Konstantin Alexandrowitsch,
                   Kaiserlich Russischer Oberstlieutenant und Kommandeur
                   der leichten Artillerie-Komp. Nr. 28

(3116) Dez. 1813 **Nesterowskij**, Awim Wassiljewitsch,
Kaiserlich Russischer Oberstlieutenant und Kommandeur
der leichten Artillerie-Komp. Nr. 24

(3117) Dez. 1813 **Suworow II.**, Peter,
Kaiserlich Russischer Oberstlieutenant der reitenden
Artillerie-Komp. Nr. 2 des Donischen Woißko

(3118) Dez. 1813 **Liftowskij**,
Kaiserlich Russischer Major im Rjäshskschen Infanterie-
Regt., Kommandant des Hauptquartiers des
Generals der Infanterie Grafen Langeron

(3119) Dez. 1813 **Korfhawin**, Wassilij Iwanowitsch,
Kaiserlich Russischer Major im Olonezschen Infanterie-
Regt., beauftragt mit den Geschäften des Offiziers vom
Tage beim Korps des Generals der Infanterie Grafen
Langeron

(3120) Dez. 1813 **Ratejew**, Jurij Petrowitsch Fürst,
Kaiserlich Russischer Lieutenant im Arsamasschen
reitenden Jäger-Regt., Adjutant des Generals der Infanterie
Grafen Langeron

(3121) Dez. 1813 **Chrapowizkij**, Grigorij Semenowitsch,
Kaiserlich Russischer Major im Wolynischen Ulanen-
Regt., Stabsoffizier vom Tage bei der Avantgarde

(3122) Dez. 1813 **Trinchieri Conte Venanzone**, Josef,
Kaiserlich Russischer Oberst in der Suite S. M. vom
Quartiermeisterwesen, Chef des Generalstabes beim Korps
des Generallieutenants Baron Sacken

(3123) Dez. 1813 **Gatowskij**, Semen Ossipowitsch,
Kaiserlich Russischer Oberst in der Suite S. M. vom
Quartiermeisterwesen, Stabsoffizier vom Tage beim Korps
des Generallieutenants Baron Sacken

(3124) Dez. 1813 **Krishanowskij**, Andrei Iwanowitsch,
Kaiserlich Russischer Oberstlieutenant im 6. Jäger-Regt.,
Adjutant des Generallieutenants Baron von Sacken

(3125) Dez. 1813 **Kusmin**, Stepan Iwanowitsch,
Kaiserlich Russischer Oberstlieutenant im Leibgarde-
Grenadier-Regt., Adjutant des Generallieutenants Baron
von Sacken

(3126) Dez. 1813 **Obolenskij**, Nikolai Petrowitsch Fürst,
Kaiserlich Russischer Kapitain im 1. Pionier-Regt.,
Adjutant des Generallieutenants Baron von Sacken

(3127) Dez. 1813 **Perepjetschin**,
Kaiserlich Russischer Kapitain im Fanagoriaschen
Grenadier-Regt., Adjutant des Generallieutenants Baron
von Sacken

(3128) Dez. 1813 **Brams**, Alexander Iwanowitsch,
Kaiserlich Russischer Oberst und Kommandeur der
Batterie-Komp. Nr. 13

(3129) Dez. 1813 **(Petrowskij)-Murawskij**,
Kaiserlich Russischer Major und Kommandeur des 49.
Jäger-Regts.

(3130) Dez. 1813 **Solowow**, Martemjan (Martin) Andrejewitsch,
Kaiserlich Russischer Major im 49. Jäger-Regt.

(3131) Dez. 1813 **Krohnstein**, Gustaf Wassiljewitsch,
Kaiserlich Russischer Major im 49. Jäger-Regt., Adjutant
des Generallieutenants Newjerowskij

(3132) Dez. 1813 **Aschakow**, Peter Sergjejewitsch Peter,
Kaiserlich Russischer Major im Wilnaschen Infanterie-
Regt.

(3133) Dez. 1813 **Walchowskij**, Dmitrij Nikolajewitsch (P. M. ?),
Kaiserlich Russischer Stabskapitain in der reitenden
Artillerie-Komp. Nr. 18

(3134) Dez. 1813 **Jessaulow**,
Kaiserlich Russischer Major im 39. Jäger-Regt.

(3135) Dez. 1813 **Kowankow**, Michail Michailowitsch,
Kaiserlich Russischer Lieutenant in der Batterie-Komp.
Nr. 13

(3136) Dez. 1813 **Stegmann**, Anton (Christofor)Ossipowitsch,
Kaiserlich Russischer Oberstlieutenant und Kommandeur des 7. Jäger-Regts.

(3137) Dez. 1813 **Stawrakow**, Sachar Christoforowitsch,
Kaiserlich Russischer Major im 7. Jäger-Regt.

(3138) Dez. 1813 **Atreschkow**, Lew Iwanowitsch,
Kaiserlich Russischer Major im 7. Jäger-Regt.

(3139) Dez. 1813 **Chamborant**, Viktor Iwanowitsch Graf de,
Kaiserlich Russischer Kapitain in der leichten Artillerie-Komp. Nr. 26

(3140) Dez. 1813 **Wolshenskij**, Peter Lwowitsch,
Kaiserlich Russischer Lieutenant in der leichten Artillerie-Komp. Nr. 26

(3141) Dez. 1813 **Klüx**, Friedrich Karl Leopold von,
Generalmajor und Chef der IX. Brigade

(3142) Dez. 1813 **Grolman**, Karl Wilhelm Georg von,
Oberst und Chef des Generalstabes des II. Armeekorps

(3143) Dez. 1813 **Horn**, Heinrich Wilhelm von,
Generalmajor und Chef der VII. Brigade

(3144) Dez. 1813 **Wahlen-Jürgaß**, Alexander George Ludwig Moritz Konstantius Maximilian von,
Oberst und Chef der Reserve-Kavallerie-Brigade des I. Armeekorps

(3145) Dez. 1813 **Borcke**, Karl August Ferdinand von,
Oberst und Kommandeur des Brandenburgischen Infanterie-Regts., Brigade-Kommandeur in der VIII. Brigade

(3146) Dez. 1813 **Bichalow**, Wassilij,
Kaiserlich Russischer Oberst im Donischen Woißko

(3147) Dez. 1813 **Valentini**, Georg Wilhelm von,
Oberst und Chef des Generalstabes des III. Armeekorps

(3148) 10.12.1813 **Schimanow**,
Kaiserlich Russischer Sotnik im Donischen Woißko, Regt. Ilowaiskij III.

(3149) 10.12.1813 **Kreuger**, Johann Heinrich,
Königlich Schwedischer Kapitain in der Stockholmschen Eskadre der Armeeflotte

(3150) 10.12.1813 **Le Coq**, Karl August,
Königlich Sächsischer Souslieutenant im Ingenieurkorps

(3151) 11.12.1813 **Raslow**,
Kaiserlich Russischer Major (Starschina) von den Osmanischen (Atamanischen) Kosaken

(3152) 11.12.1813 unbekannter Lieutenant und Adjutant

(3153) 12?.12.1813 **Cardell**, Karl Friedrich von,
Königlich Schwedischer Generalmajor und Chef des Wendes Artillerie-Regts.

(3154) 12?.12.1813 **Surmain**, Charles Jean de,
Königlich Schwedischer Generalmajor, dienstführender Generaladjutant für die Artillerie, Oberstlieutenant im Westgöta Infanterie-Regt.

(3155) 12?.12.1813 **Engelström**, Gustaf Stanislaus von,
Königlich Schwedischer Rittmeister in der Leibgarde z. Pf.

(3156) 12?.12.1813 **Edenhjelm**, Gillis,
Königlich Schwedischer Oberstlieutenant, Major im Göta-Artillerie-Regt.

(3157) 12?.12.1813 **Brahe**, Magnus Graf,
Königlich Schwedischer Lieutenant in der Leibgarde z. Pf.

(3158) 16.12.1813 **Henckel von Donnersmarck**, Wilhelm Ludwig Viktor Graf,
Oberst und Flügeladjutant, Brigadekommandeur bei der Reserve-Kavallerie des I. Armeekorps

(3159) 17.12.1813 **Pantschulidsew**, Alexander Alexjejewitsch,
Kaiserlich Russischer Lieutenant im Tschernigowschen reitenden Jäger-Regt.

(3160) 17.12.1813 **Tarassow**, Peter Iwanowitsch,
Kaiserlich Russischer Oberst in der Suite S. M. vom Quartiermeisterwesen

(3161) 17.12.1813 **Oldenborgen**, Iwan Fedorowitsch,
Kaiserlich Russischer Unterlieutenant in der Batterie-Komp. Nr. 7

(3162) 17.12.1813 **Vietinghoff**, Anton Maximowitsch von,
Kaiserlich Russischer Oberst im Leibgarde-Dragoner-Regt., und Kommandeur der adligen Eskadron, kommandiert beim Nowgorodschen Kürassier-Regt.

(3163) 17.12.1813 **Buturlin**, Dmitrij Petrowitsch,
Kaiserlich Russischer Lieutenant im Kavaliergarde-Regt., Adjutant des Generalmajors Lewaschow

(3164) 17.12.1813 **Rokotow**, Nikolai Matwjejewitsch,
Kaiserlich Russischer Lieutenant im Nowgorodschen Kürassier-Regt., Adjutant des Generalmajors Lewaschow

(3165) 17.12.1813 **Iwaschkewitsch**, Ustin Timofjejewitsch,
Kaiserlich Russischer Lieutenant im Nowgorodschen Kürassier-Regt., Adjutant des Generalmajors Lewschow

(3166) 17.12.1813 **Daschkow**, Andrei Wassiljewitsch,
Kaiserlich Russischer Lieutenant in der reitenden Artillerie-Komp. Nr. 23

(3167) 17.12.1813 **Asantschewskij**, Fedor Sergjejewitsch,
Kaiserlich Russischer Lieutenant in der reitenden Artillerie-Komp. Nr. 23

(3168) 17.12.1813 **Strahlborn**, Wladimir Karlowitsch,
Kaiserlich Russischer Unterlieutenant in der reitenden Artillerie-Komp. Nr. 23

(3169) 17.12.1813 **Schlippenbach**, Nikolai Antonowitsch Freiherr von,
Kaiserlich Russischer Unterlieutenant in der reitenden Artillerie-Komp. Nr. 23

(3170) 17.12.1813 **Schachowskoi**, Nikolai Michailowitsch Fürst,
Kaiserlich Russischer Unterlieutenant in der reitenden Artillerie-Komp. Nr. 23

(3171)	17.12.1813	**Grekow XVII.**, Alexei Jewdokimowitsch, Oberst im Donischen Woißko, Chef eines Regiments
(3172)	17.12.1813	**Schubin**, Alexander Fedotowitsch, Kaiserlich Russischer Oberst in der St. Petersburgschen Opoltschenje
(3173)	17.12.1813	**Julius**, Kaiserlich Russischer Major im Brjänskschen Infanterie-Regt.
(3174)	17.12.1813	**Grinkewitsch**, Kaiserlich Russischer Major im Wolynischen Infanterie-Regt., Kommandeur des 4. zusammengesetzten Infanterie-Regts.
(3175)	17.12.1813	**Wissozki**, Josef Fedorowitsch, Kaiserlich Russischer Major im Brjänskschen Infanterie-Regt.
(3176)	17.12.1813	**Nikonow**, Kirill Nikititsch, Kaiserlich Russischer Major im Brjänskschen Infanterie-Regt.
(3177)	17.12.1813	**Starkow**, Jakob Michailowitsch, Kaiserlich Russischer Major im Brjänskschen Infanterie-Regt.
(3178)	17.12.1813	**Chanikow**, Nikolai Petrowitsch (Wassiljewitsch), Kaiserlich Russischer Stabskapitain in der St. Petersburgschen Opoltschenje
(3179)	17.12.1813	**Zickel (Zickeln)**, Kaiserlich Russischer Kapitain im Nisowschen Infanterie-Regt., Adjutant des Generalmajors Rachmanow
(3180)	17.12.1813	**Gedeonow**, Alexander Michailowitsch, Kaiserlich Russischer Stabskapitain im Kasanschen Dragoner-Regt.
(3181)	17.12.1813	**Smoljäk**, Ossip Iwanowitsch, Kaiserlich Russischer Stabskapitain im 3. Jäger-Regt.

(3182) 17.12.1813 **Korff I.**, Ossip Iwanowitsch Baron von,
Kaiserlich Russischer Stabskapitain in der reitenden
Artillerie-Komp. Nr. 19

(3183) 17.12.1813 **Engelhart**, Andrei Wassiljewitsch,
Kaiserlich Russischer Oberst von der Armee, Adjutant des
Atamans Grafen Platow

(3184) 17.12.1813 **Kusnezow**, Michail Michailowitsch,
Kaiserlich Russischer Jessaul im Atamanischen Kosaken-
Regt., Adjutant des Atamans Grafen Platow

(3185) 17.12.1813 **Bussche-Ippenburg**, Karl Friedrich Salesius Klamor
Freiherr von dem,
Kaiserlich Russischer Oberstleutnant von der Kavallerie,
Adjutant des Atamans Grafen Platow

(3186) 17.12.1813 **Krasnokutskij**, Alexander Grigorjewitsch,
Kaiserlich Russischer Oberstleutnant von der Armee,
Stabsoffizier vom Tage bei der Abtheilung des Atamans
Grafen Platow

(3187) 17.12.1813 **Tazin IV.**, Peter Fedorowitsch,
Kaiserlich Russischer Oberstleutnant in der reitenden
Artillerie-Komp. Nr. 1 des Donischen Woißko

(3188) 17.12.1813 **Bjegidow**, David Grigorjewitsch,
Kaiserlich Russischer Oberstleutnant, Kommandeur des
Atamanischen Kosaken-Regts. des Donischen Woißko

(3189) 17.12.1813 **Plochowo (Ploha, Plochij)**, Sergei Nikolajewitsch,
Kaiserlich Russischer Oberstleutnant im
Tschernomorischen Woißko, Kommandeur des
4. Regts. z. Pf.

(3190) 17.12.1813 **Kostin IV.**, Grigorij Andrejewitsch (Nikolai
Grigorjewitsch),
Kaiserlich Russischer Oberstleutnant im Donischen
Woißko, Chef eines Regiments

(3191) 17.12.1813 **Prozikow**, Andrei Fedorowitsch,
Kaiserlich Russischer Jessaul im Atamanischen Kosaken-
Regt. des Donischen Woißko

(3192) 17.12.1813 **Karschin**, Christofor Pawlowitsch,
Kaiserlich Russischer Jessaul im Atamanischen Kosaken-
Regt. des Donischen Woißko

(3193) 17.12.1813 **Koslow**, Nikolai Fedorowitsch,
Kaiserlich Russischer Jessaul im Atamanischen Kosaken-
Regt. des Donischen Woißko

(3194) 17.12.1813 **Muchanow**,
Kaiserlich Russischer Lieutenant im Neuschlotschen
Infanterie-Regt., kommandiert als Offiziervom
Generalstabe beim Ataman Grafen Platow

(3195) 17.12.1813 **Chrapowizkij**, Jason Semenowitsch,
Kaiserlich Russischer Oberstlieutenant im Wolynischen
Ulanen-Regt.

(3196) 17.12.1813 **Schamschew VI.**, Jurij Iwanowitsch (?),
Kaiserlich Russischer Starschina im Donischen Woißko,
Regt. Ilowaiskij XII.

(3197) 17.12.1813 **Solotarew**, Afanassij Iwanowitsch,
Kaiserlich Russischer Starschina im Donischen Woißko,
Regt. Grekow VIII.

(3198) 17.12.1813 **Chriestschatizkij**, Pawel Stepanowitsch,
Kaiserlich Russischer Starschina im Donischen Woißko,
Regt. Orlow-Denisow

(3199) 17.12.1813 **Barozzje**, Jakob Iwanowitsch,
Kaiserlich Russischer Kapitain im Narwaschen Infanterie-
Regt.

(3200) 17.12.1813 **Kamenskij**,
Kaiserlich Russischer Oberstlieutenant im
Archangelogrodschen Infanterie-Regt., Adjutant des
Generals der Infanterie Grafen Barclay de Tolly

(3201) 17.12.1813 **Hurko (Gurko)**, Ossip Alexandrowitsch,
Kaiserlich Russischer Kapitain im Leibgarde-
Semenowskschen Regt., Adjutant des Generals der
Infanterie Grafen Barclay de Tolly

(3202) 17.12.1813 **Tschawtschawadse**, Alexander Gerssewanowitsch,
Kaiserlich Russischer Stabsrittmeister im Leibgarde-
Husaren-Regt., Adjutant des Generals der Infanterie
Grafen Barclay de Tolly

(3203) 17.12.1813 **Helfreich**, Jegor Iwanowitsch,
Kaiserlich Russischer Stabsrittmeister im Alexandriaschen
Husaren-Regt., kommandiert zum General der Infanterie
Grafen Barclay de Tolly

(3204) 17.12.1813 **Sievers**, Karl Iwanowitsch von,
Kaiserlich Russischer Stabsrittmeister im Leibgarde-
Ulanen-Regt., Adjutant des Generals der Infanterie Grafen
Barclay de Tolly

(3205) 17.12.1813 **Tischewskij**, Jewgenij Iwanowitsch,
Kaiserlich Russischer Stabskapitain im 4. Jäger-Regt.,
Adjutant des Generals der Infanterie Grafen Barclay de
Tolly

(3206) 17.12.1813 **Kratz**, Fedor Iwanowitsch,
Kaiserlich Russischer Oberst in der Suite S. M. vom
Quartiermeisterwesen, im Hauptquartier des Generals der
Infanterie Grafen Barclay de Tolly

(3207) 17.12.1813 **Komstadius**, August Fedorowitsch,
Kaiserlich Russischer Oberstlieutenant im Ksanschen
Infanterie-Regt., älterer Adjutant des Chefs des
Generalstabes Generallieutenants Sabanjejew

(3208) 17.12.1813 **Suchosanet I.**, Iwan Onufrijewitsch,
Kaiserlich Russischer Generalmajor in der Leibgarde-
Artillerie-Brigade, Kommandeur der Artillerie der
Hauptarmee

(3209) 17.12.1813 **Rikow**, Wassilij Dmitrijewitsch,
Kaiserlich Russischer Generalmajor und Kommandant des
Hauptquartiers, bisher im Lieflandschen reitenden Jäger-
Regt.

(3210) 17.12.1813 **Bjelogradskij (Bjelogorodskij)**, Grigorij Grigorjewitsch,
Kaiserlich Russischer Oberst im Leibgarde-
Preobrashenskschen Regt., Direktor der Hofspitäler

(3211) 17.12.1813 **Sabanjejew**, Peter Wassiljewitsch,
Kaiserlich Russischer Major im Staro-Ingermanlandschen
Regt., im Hauptquartiermeister des Generals der Infanterie
Grafen Barclay de Tolly

(3212) 17.12.1813 **Raiskij**, Iwan Stanislawowitsch,
Kaiserlich Russischer Stabskapitain im Leibgarde-Jäger-
Regt., Adjutant des Chefs des Generalstabes
Generallieutenants Sabanjejew

(3213) 17.12.1813 **Ikonnikow**, Iwan Jakowlewitsch,
Kaiserlich Russischer Stabskapitain im Wiburgschen
Infanterie-Regt., im Hauptquartier des Generals der
Infanterie Grafen Barclay de Tolly

(3214) 17.12.1813 **Knorring**, Wladimir Karlowitsch von,
Stabskapitain in der Suite S. M. vom Quartiermeisterwesen

(3215) 17.12.1813 **Weyrauch**, Alexander Jakowlewitsch von,
Stabskapitain in der Suite S. M. vom Quartiermeisterwesen

(3216) 17.12.1813 **Prittwitz**, Paul Karowitsch von,
Stabskapitain in der Suite S. M. vom Quartiermeisterwesen

(3217) 17.12.1813 **Gortschakow**, Sergei Dmitrijewitsch Fürst,
Kaiserlich Russischer Fähnrich in der reitenden Artillerie-
Komp. Nr. 29

(3218) 17.12.1813 **Treskin**, Jegor Iwanowitsch,
Kaiserlich Russischer Kapitain in der Suite S. M. vom
Quartiermeisterwesen

(3219) 17.12.1813 **Chomutow**, Grigorij Sergjejewitsch,
Kaiserlich Russischer Lieutenant in der Suite S. M. vom
Quartiermeisterwesen

(3220) 17.12.1813 **Habbe**, Michail Andrejewitsch,
Kaiserlich Russischer Lieutenant im Leibgarde-
Littauischen Regt., Adjutant des Generallieutenants von
Toll

(3221) 17.12.1813 **Freymann**, Rudolf (Roman) Antonowitsch,
Kaiserlich Russischer Kapitain im Sjewschen Infanterie-
Regt., älterer Adjutant des Generallieutenants Lewis

(3222)   17.12.1813   **Paissel**, Peter Petrowitsch,
                      Kaiserlich Russischer Stabskapitain im 2. See-Regt.

(3223)   17.12.1813   **Schlodhauer**, Jakob Fedorowitsch,
                      Kaiserlich Russischer Lieutenant in der 7. Drushina der St.
                      Petersburgschen Opoltschenje

(3224)   17.12.1813   **Tirkow**, Alexei Dmitrijewitsch,
                      Kaiserlich Russischer Unterlieutenant in der
                      Nowgorodschen Opoltschenje, Adjutant des
                      Generallieutenants Scherebzow

(3225)   17.12.1813   **Boy (Deboar)**, Ossip Petrowitsch du,
                      Kaiserlich Russischer Lieutenant in der leichten Artillerie-
                      Komp. Nr. 11

(3226)   17.12.1813   **Wilhelmow**, Pawel Fedorowitsch,
                      Kaiserlich Russischer Lieutenant in der Opoltschenje,
                      Adjutant des Oberst Gosnin

(3227)   17.12.1813   **Bibikow**, Kmitrij Iwanowitsch,
                      Kaiserlich Russischer Major im Olonezschen Infanterie-
                      Regt., Offizier vom Tage bei dem Generalmajor Fürsten
                      Wolkonskij

(3228)   17.12.1813   **Schimanowskij**, Maxim,
                      Kaiserlich Russischer Lieutenant im Tobolskschen, später
                      im Nisowschen Infanterie-Regt., Adjutant des
                      Generalmajors Fürsten Wolkonskij

(3229)   17.12.1813   **Nikolajew (Nikoljew)**, Iwan Jurjewitsch (Wladimir
                      Iwanowitsch ?),
                      Kaiserlich Russischer Oberst in der 12. Drushina der
                      St. Petersburgschen Opoltschenje, Kommandant des
                      Hauptquartiers des Generals der Kavallerie Herzogs
                      Alexander von Württemberg

(3230)   17.12.1813   **Stschulepnikow**, Michailo Sergejejewitsch,
                      Kaiserlich Russischer Kollegienassessor, Major (?) in der
                      13. Druschina der St. Petersburgschen Opoltschenje

(3231)   17.12.1813   **Manfredi**, Ossig Iwanowitsch,
                      Kaiserlich Russischer Oberst im Ingenieurkorps der Wege-
                      und Wasserverbindungen

(3232) 17.12.1813 **Arzischewskij**, Anton Kasimirowitsch,
Kaiserlich Russischer Lieutenant in der Suite S. M. vom
Quartiermeisterwesen

(3233) 17.12.1813 **Nakowalnin**, Nikolai Fedorowitsch,
Kaiserlich Russischer Lieutenant im Ingenieurkorps

(3234) 17.12.1813 **Schröder II.**, Karl Grigorjewitsch,
Kaiserlich Russischer Lieutenant in der reitenden
Artillerie-Komp. Nr. 19

(3235) 17.12.1813 **Teglew**, Nikolai Jakowlewitsch,
Kaiserlich Russischer Kapitainlieutenant der Flotte,
Kommandeur der 1. zusammengesetzten Druschina der
St. Petersburgschen Opoltschenje

(3236) 17.12.1813 **Kossakow**, Semen Nikolajewitsch,
Kaiserlich Russischer Hofrath, als Stabsoffizier in der 1.
zusammengesetzten Druschina der St. Petersburgschen
Opoltschenje dienend

(3237) 17.12.1813 **Krekschin**, Nikolai,
Kaiserlich Russischer Kollegiensekretair, als
Kompagniechef in der 1. zusammengesetzten Druschina
der St. Petersburgschen Opoltschenje Dienste leistend

(3238) 18.12.1813 **Marschall**, Wenzel Philipp von,
Kaiserlich Oesterreichischer Major im Husaren-Regt.
Erzherzog Ferdinand

(3239) 22.12.1813 **Sibin**, Sergei Wasiljewitsch,
Kaiserlich Russischer Lieutenant im Leibgarde-Husaren-
Regt., Adjutant des Generallieutenants Grafen Osharowskij

(3240) 24.12.1813 **Pirch**, Georg Dubislaf Ludwig von,
Generalmajor und Chef der X. Brigade

1814

(3241) 01.01.1814 **Vietinghoff**, Andrei Jegorowitsch von,
Kaiserlich Russischer Oberstlieutenant in der Suite S. M.
vom Quartiermeisterwesen

(3242) 01.01.1814 **Wisin**, Iwan Alexandrowitsch von,
Kaiserlich Russischer Stabskapitain in der Suite S. M. vom
Quartiermeisterwesen

(3243) 01.01.1814 **Nikitin**, Michail Fedorowitsch,
Kaiserlich Russischer Major im Bjelostokschen Infanterie-
Regt.

(3244) 01.01.1814 **Balbekow**, Alexei Alexandrowitsch,
Kaiserlich Russischer Major im Bjelostokschen Infanterie-
Regt.

(3245) 01.01.1814 **Jemeljänow**, Nikolai Filippowitsch,
Kaiserlich Russischer Oberstlieutenant im 11. Jäger-Regt.

(3246) 08.01.1814 **Schneider von Arno**, Karl Freiherr, Kaiserlich
Oesterreichischer Oberst und Kommandant des
2. Jäger-Batls.

(3247) 11.01.1814 **Heckel**, Johann Gotthold,
Königlich Sächsischer Souslieutenant bei der Sappeur-
Komp. im Ingenieurkorps

(3248) 11.01.1814 **Rastkowskij**, Justin Stanislawowitsch,
Kaiserlich Russischer Kornett im Pawlogradschen
Husaren-Regt.

(3249) 14.01.1814 **Wernhardt**, Paul von,
Kaiserlich Oesterreichischer Oberst im Kürassier-Regt.
Großfürst Konstantin

(3250) 14.01.1814 **Balkaschin**, Michail Nikolajewitsch,
Kaiserlich Russischer Stabsrittmeister im Leibgarde-
Kürassier-Regt. Seiner Majestät, bisher im Polnischen
Ulanen-Regt.

(3251) 11.02.1814 **Carlheim-Gyllensköld**, Karl Edurard,
Königlich Schwedischer Oberst und Generaladjutant der
Flotte, Oberstlieutenant der Armeeflotte

(3252) 11.02.1814 **Mörner**, Axel Otto Graf,
Königlich Schwedischer Kapitainlieutenant im
Leibtrabantenkorps, Chef des Smålandschen Dragoner-
Regts. und Adjutant des Kronprinzen von Schweden

(3253) 11.02.1814 **Bergencreutz**, Lars Allger,
Königlich Schwedischer Oberst und Stallmeister des
Königs, im Generalstabe des Kronprinzen von Schweden
angestellt

(3254) 11.02.1814 **Hjerta**, Gustaf Adolf,
Königlich Schwedischer Major im Kürassierkorps der
Königlichen Leib-Regts. Brigaden, Adjutant des
Kronprinzen von Schweden

(3255) 02.03.1814 **Jagodowskij**, Matwei Iwanowitsch,
Kaiserlich Russischer Kapitain im Kalugaschen Infanterie-
Regt.

(3256) 02.03.1814 **Kuljäbka**, Iwan (?),
Kaiserlich Russischer Stabskapitain im Kalugaschen
Infanterie-Regt.

(3257) 02.03.1814 **Karischew**,
Kaiserlich Russischer Unterlieutenant im Kalugaschen
Infanterie-Regt.

(3258) 02.03.1814 **Schetochin**, Kapitan Borissowitsch (?),
Kaiserlich Russischer Rittmeister im Lubnoschen Husaren-
Regt.

(3259) 02.03.1814 **Togaitschinow**, Michail Iwanowitsch,
Kaiserlich Russischer Stabskapitain in der Batterie-Komp.
Nr. 14

(3260) 03.03.1814 **Pusin**,
Kaiserlich Russischer Lieutenant im 1. Ukrainischen
Kosaken-Regt.

(3261) 06.03.1814 **Deskur (Descours)**, Iwan Iwanowitsch,
Kaiserlich Russischer Major und Kommandeur des
Sibirischen Grenadier-Regts.

(3262) 06.03.1814 **Potulow**, Iwan Rerentjewitsch,
Kaiserlich Russischer Major im Sibirischen Grenadier-
Regt.

(3263) 06.03.1814 **Brandt**, Johann (Iwan Iwanowitsch),
Kaiserlich Russischer Major im Malo-Rußlandschen
Grenadier-Regt.

(3264) 06.03.1814 **Makuchin (Makuschin)**,
Kaiserlich Russischer Stabskapitain im Malo-Rußlandschen Grenadier-Regt., Brigadeadjutant des Generalmajors Hesse

(3265) 07.03.1814 **Rostopschin**, Sergei Fedorowitsch Graf,
Kaiserlich Russischer Lieutenant im Kavaliergarde-Regt., Adjutant des Generals der Infanterie Grafen Barclay de Tolly

(3266) 07.03.1814 **Essen**, Alexander Filippowitsch von,
Kaiserlich Russischer Lieutenant im Leibgarde-Ulanen-Regt., bisher im Grodnoschen Husaren-Regt., Adjutant des Generals der Infanterie Grafen Barclay de Tolly

(3267) 07.03.1814 **Murawiew**, Alexander Sacharjewitsch,
Kaiserlich Russischer Stabskapitain in Suite S. M. vom Quartiermeisterwesen

(3268) 07.03.1814 **Murawiew**, Artamon Sacharjewitsch,
Kaiserlich Russischer Lieutenant im Ingenieurkorps

(3269) 09.03.1814 **Puschkarew**, Fedor Nikolajewitsch,
Kaiserlich Russischer Oberst und Kommandeur des Pfkowschen Kürassier-Regts.

(3270) 19.03.1814 **Pantenius**, Fedor Iwanowitsch,
Kaiserlich Russischer Oberst und Chef des 27. Jäger-Regts.

(3271) 19.03.1814 **Kowrigin**, Michail Awramowitsch,
Kaiserlich Russischer Oberst und Kommandeur des 5. Jäger-Regts.

(3272) 19.03.1814 **Bernikow**, Pawel Sergjejewitsch,
Kaiserlich Russischer Oberstlieutenant im Orlowschen Infanterie-Regt.

(3273) 19.03.1814 **Schuchow**, Andrei Petrowitsch,
Kaiserlich Russischer Oberstlieutenant und Kommandeur des Weliki-Luzkschen Infanterie-Regts.

(3274) 19.03.1814 **Bogdanowskij**, Andrei Wassiljewitsch,
Kaiserlich Russischer Oberstlieutenant und Kommandeur des Narwaschen Infanterie-Regts.

(3275) 19.03.1814 **Rennenkampff**, Gustaf Magnus von,
Kaiserlich Russischer Oberstlieutenant und Kommandeur des Smolenskschen Infanterie-Regts.

(3276) 19.03.1814 **Figner**, Alexander Samoilowitsch,
Kaiserlich Russischer Oberstlieutenant, zugezählt der 2. reitenden Komp. der Leibgarde-Artillerie-Brigade

(3277) 19.03.1814 **Butkowskij**, Nikolai Jakowlewitsch,
Kaiserlich Russischer Oberstlieutenant in der Suite S. M. vom Quartiermeisterwesen

(3278) 19.03.1814 **Tolstoi**,
Kaiserlich Russischer Oberst, Chef des 30. Jäger Regts.

(3279) 19.03.1814 **Klebek**, Jegor Jermolajewitsch (?) Baron,
Kaiserlich Russischer Oberst im Mariupolschen Husaren-Regt.

(3280) 19.03.1814 **Kolotinskij**, Konstantin Michailowitsch,
Kaiserlich Russischer Oberst und Kommandeur der Batterie-Komp. Nr. 22

(3281) 19.03.1814 **Roszner von Roszenegg**, Josef Freiherr,
Kaiserlich Oesterreichischer Oberstlieutenant im Generalquartiermeisterstabe

(3282) 19.03.1814 **Golizin**, Alexander Sergjejewitsch Fürst,
Kaiserlich Russischer Stabskapitain im Leibgarde-Semenowskschen Regt., älterer Adjutant des Generals der Kavallerie Grafen von Bennigsen

(3283) 19.03.1814 **Hoven**, Jegor Fedorowitsch (?) von der,
Kaiserlich Russischer Oberst in der reitenden Artillerie-Komp. Nr. 22, Adjutant des Generals der Kavallerie Grafen von Bennigsen

(3284) 19.03.1814 **Dmitriew**, Iwan Dmitrijewitsch,
Kaiserlich Russischer Oberst in der Permschen Opoltschenje, Adjutant des Generals der Kavallerie Grafen von Bennigsen

(3285) 19.03.1814 **Armfelt**, Gustaf Gustafowitsch Graf,
Kaiserlich Russischer Stabskapitain in der Suite S. M. vom
Quartiermeisterwesen

(3286) 31.03.1814 **Kleist**, Friedrich Emilius Ferdinand Heinrich von,
Generallieutenant und kommandierender General des
II. Armeekorps

(3287) 31.03.1814 **Alvensleben**, Johann Friedrich Karl von,
Oberst und Kommandeur des 1. Garde-Regts. z. F., int.
Kommandeur der Garde-Brigade

(3288) 31.03.1814 **Neidhardt von Gneisenau**, Wilhelm August Anton,
Generallieutenant und Generalquartiermeister, Chef des
Generalstabes der Schlesischen Armee

(3289) 31.03.1814 **Hageneck**, Karl Freiherr von,
Großherzoglich Badischer Major in der Grenadiergarde

(3290) 31.03.1814 **Mach**, August Friedrich von,
Großherzoglich Badischer Premierlieutenant in der
Grenadiergarde

(3291) 31.03.1814 **Porkowskij**, Jewstafij Charitonowitsch,
Kaiserlich Russischer Oberst im Sumschen Husaren-Regt.,
kommandiert beim Ludnoschen Husaren-Regt.

(3292) 31.03.1814 **Koletschizkij**, Iwan Nikolajewitsch,
Kaiserlich Russischer Rittmeister im Lubnoschen Husaren-
Regt.

(3293) 31.03.1814 **Preiß**, Nikolai Iwanowitsch,
Kaiserlich Russischer Stabsrittmeister im Lubnoschen
Husaren-Regt.

(3294) 31.03.1814 **Filipow**, Alexei Alexjejewitsch,
Kaiserlich Russischer Kornett im Lubnoschen Husaren-
Regt.

(3295) 03.04.1814 **Hake**, Karl Georg Albrecht Ernst von,
Generalmajor und Chef des Kriegs-Departements,
kommandiert im Hauptquartier des Feldmarschalls Fürsten
Schwarzenberg

(3296) 04.04.1814 **Rosen**, Karl Axel Graf von,
Königlich Schwedischer Lieutenant im Schonenschen
Karabinier-Regt., Adjutant des Generals Freiherrn
Adlercreutz

(3297) 09.04.1814 **Müffling**, Wilhelm von,
Oberstlieutenant und Kommandeur des 2. Garde-Regts.
z. F.

(3298) 09.04.1814 **Beust**, Franz Josef Freiherr von,
Großherzoglich Badischer Oberstlieutenant und
Kommandeur der Grenadiergarde

(3299) 09.04.1814 **Hohenzollern-Hechingen**, Friedrich Adalbert Prinz von,
Kaiserlich Oesterreichischer Rittmeister im Kürassier-
Regt. Großfürst Konstantin, kommandiert als Adjutant zu
dem Großfürsten

(3300) 10.04.1814 **Lowe**, Sir Hudson,
Königlich Großbritannischer Oberst der Royal Corse
Rangers

(3301) 11.04.1814 **Karatschinskij**, Iwan (Wassiljewitsch ?),
Kaiserlich Russischer Stabskapitain in der leichten
Artillerie-Kompl Nr. 19

(3302) 11.04.1814 **Baratejew II.**, Peter Semenowitsch Fürst,
Kaiserlich Russischer Stabskapitain in der reitenden
Artillerie-Komp. Nr. 7

(3303) 11.04.1814 **Katschoni**, Likurg Lambrowitsch,
Kaiserlich Russischer Lieutenant in der reitenden
Artillerie-Komp. Nr. 18, Adjutant des Generalmajors
Nikitin

(3304) 11.04.1814 **Read**, Jakob Andrejewitsch,
Kaiserlich Russischer Lieutenant in der reitenden
Artillerie-Komp. Nr. 7, Adjutant des Generalmajors
Nikitin

(3305) 11.04.1814 **Korff**, Nikolai Iwanowitch Baron von,
Lieutenant in der Leibgarde reitenden Artillerie-Komp.
Nr. 2

(3306) 11.04.1814 **Karzow**, Pawel Stepanowitsch,
Kaiserlich Russischer Oberst im Leibgarde-
Probrashenskschen Regt.

(3307) 11.04.1814 **Rucholka**, Leo Josef Aloysius,
Kaiserlich Russischer Oberst im Leibgarde-
Probrashenskschen Regt.

(3308) 11.04.1814 **Titow I.**, Wladimir Michailowitsch,
Kaiserlich Russischer Oberst im Leibgarde-
Probrashenskschen Regt.

(3309) 11.04.1814 **Titow II.**, Nikolai Michailowitsch,
Kaiserlich Russischer Oberst im Leibgarde-
Probrashenskschen Regt.

(3310) 11.04.1814 **Witte I.**, Iwan Ossipowitsch von,
Kaiserlich Russischer Kapitain im Leibgarde-
Probrashenskschen Regt.

(3311) 11.04.1814 **Gudowitsch**, Nikolai Nikolajewitch,
Kaiserlich Russischer Kapitain im Leibgarde-
Probrashenskschen Regt.

(3312) 11.04.1814 **Pirch I.**, Karl Karlowitsch,
Kaiserlich Russischer Kapitain im Leibgarde-
Probrashenskschen Regt.

(3313) 11.04.1814 **Potulow V.**, Peter,
Kaiserlich Russischer Stabskapitain im Leibgarde-
Probrashenskschen Regt.

(3314) 11.04.1814 **Demjänkow**, Parsenij Semenowitsch,
Kaiserlich Russischer Stabskapitain im Leibgarde-
Probrashenskschen Regt.

(3315) 11.04.1814 **Aschakow I.**, Michail Andrejewitsch,
Kaiserlich Russischer Stabskapitain im Leibgarde-
Probrashenskschen Regt.

(3316) 11.04.1814 **Korobjin III.**, Porfirij Pawlowitsch,
Kaiserlich Russischer Lieutenant im Leibgarde-
Probrashenskschen Regt.

(3317) 11.04.1814 **Titow IV.**, Iwan Alexandrowitsch,
Kaiserlich Russischer Unterlieutenant in Leibgarde-
Probrashenskschen Regt.

(3318) 11.04.1814 **Tiutschew I.**, Afanassij Petrowitsch,
Kaiserlich Russischer Fähnrich im Leibgarde-
Probrashenskschen Regt.

(3319) 11.04.1814 **Tiutschew II.**, Alexei Petrowitsch,
Kaiserlich Russischer Fähnrich im Leibgarde-
Probrashenskschen Regt.

(3320) 11.04.1814 **Kostomarow**, Sergei Andrejewitsch,
Kaiserlich Russischer Oberst im Leibgarde-
Semenowskschen Regt.

(3321) 11.04.1814 **Patkul**, Wladimir Grigorjewitsch,
Kaiserlich Russischer Oberst im Leibgarde-
Semenowskschen Regt.

(3322) 11.04.1814 **Broglio de Revel I.**, Alfons Gabriel Oktavius Fürst,
Kaiserlich Russischer Oberst im Leibgarde-
Semenowskschen Regt.

(3323) 11.04.1814 **Jermolow**, Peter Nikolajewitsch,
Kaiserlich Russischer Stabskapitain im Leibgarde-
Semenowskschen Regt., Adjutant des Generallieutenants
Jermolow

(3324) 11.04.1814 **Tscheodajew**, Michail Jakowlewitsch,
Kaiserlich Russischer Unterlieutenant im Leibgarde-
Semenowskschen Regt.

(3325) 11.04.1814 **Wadkowskij II.**, Pawel Fedorowitsch,
Kaiserlich Russischer Fähnrich im Leibgarde-
Semenowskschen Regt.

(3326) 11.04.1814 **Mordwinow II.**, Iwan Nikolajewitsch,
Kaiserlich Russischer Oberst im Leibgarde-
Ismailowskschen Regt.

(3327) 11.04.1814 **Tschagin**, Nikolai Gawrilowitsch (?),
Kaiserlich Russischer Lieutenant im Leibgarde-
Ismailowskschen Regt.

(3328) 11.04.1814 **Muromzow**, Matwei Matwjejewitsch,
Kaiserlich Russischer Lieutenant im Leibgarde-
Ismailowskschen Regt., Divisionsadjutant des
Generallieutenants Jermolow

(3329) 11.04.1814 **Krupenin**, Wladimir Pawlowitsch,
Kaiserlich Russischer Unterlieutenant im Leibgarde-
Ismailowskschen Regt.

(3330) 11.04.1814 **Bijkow III.**, Peter Michailowitsch,
Kaiserlich Russischer Fähnrich im Leibgarde-
Ismailowskschen Regt.

(3331) 11.04.1814 **Kaschinzow II.**, Porfirij Sergejejewitsch,
Kaiserlich Russischer Fähnrich im Leibgarde-
Ismailowskschen Regt.

(3332) 11.04.1814 **Samuizkij**, Nikolai Iwanowitsch,
Kaiserlich Russischer Fähnrich im Leibgarde-
Ismailowskschen Regt.

(3333) 11.04.1814 **Scholobow**,
Kaiserlich Russischer Fähnrich im Leibgarde-
Ismailowskschen Regt.

(3334) 11.04.1814 **Pjetin**, Iwan Alexandrowitsch,
Kaiserlich Russischer Oberst im Leibgarde-Jäger-Regt.

(3335) 11.04.1814 **Rall III.**, Fedor Fedorowitsch,
Kaiserlich Russischer Oberst im Leibgarde-Jäger-Regt.

(3336) 11.04.1814 **Penskoi IV.**, Iwan Iwanowitsch,
Kaiserlich Russischer Kapitain im Leibgarde-Jäger-Regt.

(3337) 11.04.1814 **Suchtelen**, Konstantin Petrowitsch van,
Kaiserlich Russischer Stabskapitain im Leibgarde-Jäger-
Regt.

(3338) 11.04.1814 **Koslowskij**, Wladimir Nikolajewitsch Fürst,
Kaiserlich Russischer Lieutenant im Leibgarde-Jäger-Regt.

(3339) 11.04.1814 **Aschakow**, Nikolai (Nikita) Pawlowitsch,
Kaiserlich Russischer Lieutenant im Leibgarde-Jäger-Regt.

(3340) 11.04.1814 **Kriwzow**, Nikolai Iwanowitsch,
Kaiserlich Russischer Lieutenant im Leibgarde-Jäger-Regt.

(3341) 11.04.1814 **Baturin**, Sergei Gerassimowitsch,
Kaiserlich Russischer Lieutenant im Leibgarde-Jäger-Regt.

(3342) 11.04.1814 **Korssakow I.**, Pawel Matwjejewitsch,
Kaiserlich Russischer Lieutenant im Leibgarde-Jäger-Regt.

(3343) 11.04.1814 **Frolow-Bagrjejew**, Viktor Alexjejewitsch,
Kaiserlich Russischer Lieutenant im Leibgarde-Jäger-Regt.

(3344) 11.04.1814 **Krilow**, Dmitrij Sergejejewitsch,
Kaiserlich Russischer Lieutenant im Leibgarde-Jäger-Regt.

(3345) 11.04.1814 **Strandmann**, Karl Otto Wilhelm von,
Kaiserlich Russischer Lieutenant im Leibgarde-Jäger-Regt.

(3346) 11.04.1814 **Jermolow**, Michail Alexandrowitsch,
Kaiserlich Russischer Lieutenant im Leibgarde-Jäger-Regt.

(3347) 11.04.1814 **Bornowolokow**, Alexander Petrowitsch,
Kaiserlich Russischer Fähnrich im Leibgarde-Jäger-Regt.

(3348) 11.04.1814 **Karzow I.**, Iwan Petrowitsch,
Kaiserlich Russischer Kapitain I. Ranges und
Kommandeur der Garde-Equipage

(3349) 11.04.1814 **Korowkin**, Arsenij Jermolajewitsch,
Kaiserlich Russischer Oberst im Leibgarde-Husaren-Regt.

(3350) 11.04.1814 **Bakajew II.**, Michail Iwanowitsch,
Kaiserlich Russischer Rittmeister im Leibgarde-Husaren-
Regt.

(3351) 11.04.1814 **Krekschin**, Dmitrij Iwanowitsch,
Kaiserlich Russischer Rittmeister im Leibgarde-Husaren-
Regt.

(3352) 11.04.1814 **Dawidow**, Dmitrij Wassiljewitsch,
Kaiserlich Russischer Stabsrittmeister im Leibgarde-
Husaren-Regt.

(3353) 11.04.1814 **Chomjäkow,** Kaiserlich Russischer Stabsrittmeister im Leibgarde-Husaren-Regt., bisher im Nowgorodschen Kürassier-Regt. und älterer Adjutant des Generallieutenants Schewitsch

(3354) 11.04.1814 **Akminsijew,** Fedor Wladimirowitsch, Kaiserlich Russischer Stabsrittmeister im Leibgarde-Husaren-Regt.

(3355) 11.04.1814 **Molostwow,** Pansemir Christoforowitsch, Kaiserlich Russischer Lieutenant im Leibgarde-Husaren-Regt.

(3356) 11.04.1814 **Dmitriew-Mamonow,** Alexander Iwanowitsch, Kaiserlich Russischer Lieutenant im Leibgarde-Husaren-Regt.

(3357) 11.04.1814 **Kostin,** Nikolai Grigorjewitsch, Kaiserlich Russischer Oberstlieutenant im Leibgarde-Kürassier-Regt. S. M.

(3358) 11.04.1814 **Chitrowo,** Wassilij Jelissjewitsch, Kaiserlich Russischer Oberstlieutenant im Leibgarde-Kürassier-Regt. S. M.

(3359) 11.04.1814 **Lewtschenko,** Fedor Grigorjewitsch, Kaiserlich Russischer Rittmeister im Leibgarde-Kürassier-Regt. S. M.

(3360) 11.04.1814 **Ampach,** Pawel Adamowitsch, Kaiserlich Russischer Lieutenant im Leibgarde-Kürassier-Regt. S. M.

(3361) 11.04.1814 **Lingren,** Jewstafij Maximowitsch, Kaiserlich Russischer Lieutenant im Leibgarde-Kürassier-Regt. S. M.

(3362) 11.04.1814 **Bjelogradskij (Bjelogorodskij),** Jemeljan Ossipowitsch, Kaiserlich Russischer Kornett im Leibgarde-Kürassier-Regt. S. M.

(3363) 11.04.1814 **Koschembahr,** Lew Iwanowitsch von, Kaiserlich Russischer Oberstlieutenant im Leibgarde-Kürassier-Regt. S. M.

(3364) 11.04.1814 **Schlippenbach**, Anton Adrejewitsch Baron,
Kaiserlich Russischer Rittmeister im Kürassier-Regt. I. M.

(3365) 11.04.1814 **Wonljärljärskij**, Iwan Andrejewitsch,
Kaiserlich Russischer Major im Grenadier-Regt. Graf
Araktschejew

(3366) 11.04.1814 **Kuschin**, Wassilij Wassiljewitsch,
Kaiserlich Russischer Oberstlieutenant im
Jekaterinoslawschen Grenadier-Regt.

(3367) 11.04.1814 **Alissow,** Kaiserlich Russischer
Stabskapitain im Jekaterinoslawschen Grenadier-Regt.

(3368) 11.04.1814 **Prosorkewitsch**, Lawrentij Jakowlewitsch,
Kaiserlich Russischer Stabskapitain im
Jekaterinoslawschen Grenadier-Regt.

(3369) 11.04.1814 **Labutin,**
Kaiserlich Russischer Unterlieutenant im
Jekaterinoslawschen Grenadier-Regt.

(3370) 11.04.1814 **Pleskij**, Wilhelm Antonowitsch,
Kaiserlich Russischer Unterlieutenant im
Jekaterinoslawschen Grenadier-Regt.

(3371) 11.04.1814 **Kurdiumow**, Jegor Sergjejewitsch,
Kaiserlich Russischer Unterlieutenant im
Jekaterinoslawschen Grenadier-Regt.

(3372) 11.04.1814 **Jannau II.**, Grigorij Iwanowitsch,
Kaiserlich Russischer Unterlieutenant im
Jekaterinoslawschen Grenadier-Regt.

(3373) 11.04.1814 **Jurgeniew II.**, Peter Michailowitsch,
Kaiserlich Russischer Major im Taurischen Grenadier-
Regt.

(3374) 11.04.1814 **Wissotskij**, Jewgraf Stepanowitsch (?),
Kaiserlich Russischer Major im Taurischen Grenadier-
Regt.

(3375) 11.04.1814 **Lappa**, Peter Pawlowitsch (?),
Kaiserlich Russischer Major im Taurischen Grenadier-
Regt.

(3376) 11.04.1814 **Jerschow**, Iwan Sacharowitsch,
Kaiserlich Russischer Kapitain im Taurischen Grenadier-Regt.

(3377) 11.04.1814 **Rubzow**, Peter Jegorowitsch,
Kaiserlich Russischer Stabskapitain im Taurischen Grenadier-Regt.

(3378) 11.04.1814 **Licharew**, Afanassij,
Kaiserlich Russischer Lieutenant im Taurischen Grenadier-Regt.

(3379) 11.04.1814 **Mortschalow**, Iwan Pawlowitsch,
Kaiserlich Russischer Lieutenant im Taurischen Grenadier-Regt.

(3380) 11.04.1814 **Sabudskij**, Iwan Grigorjewitsch,
Kaiserlich Russischer Lieutenant im Taurischen Grenadier-Regt.

(3381) 11.04.1814 **Wikinskij**, Iwan Michailowitsch,
Kaiserlich Russischer Unterlieutenant im Taurischen Grenadier-Regt.

(3382) 11.04.1814 **Kusmin**, Nikita Petrowitsch,
Kaiserlich Russischer Fähnrich im Taurischen Grenadier-Regt.

(3383) 11.04.1814 **Chwostowskij**, Nikolai Alexandrowitsch,
Kaiserlich Russischer Stabskapitain im St. Petersburgschen Grenadier-Regt.

(3384) 11.04.1814 **Awarow**, Fedor Fedorowitsch,
Kaiserlich Russischer Kapitain im Kexholmschen Grenadier-Regt.

(3385) 11.04.1814 **Danilow**, Dmitrij Petrowitsch (?),
Kaiserlich Russischer Kapitain im Kexholmschen Grenadier-Regt.

(3386) 11.04.1814 **Nikisorow**, Michail Kusmitsch,
Kaiserlich Russischer Stabskapitain im Kexholmschen Grenadier-Regt.

(3387) 11.04.1814 **Tretjäkow**, Jakob Matwjejewitsch,
Kaiserlich Russischer Stabskapitain im Woroneshschen
Infanterie-Regt., kommandiert zum Kexholmschen
Grenadier-Regt.

(3388) 11.04.1814 **Tschumakow**, Peter Pawlowitsch,
Kaiserlich Russischer Major im Pernauschen Grenadier-
Regt.

(3389) 11.04.1814 **Meknob**,
Kaiserlich Russischer Stabskapitain im Pernauschen
Grenadier-Regt.

(3390) 11.04.1814 **Laweika (Lowjeiko)**, Alexander Jekowlewitsch,
Kaiserlich Russischer Stabskapitain im Pernauschen
Grenadier-Regt.

(3391) 11.04.1814 **Kostirew**, Nikolai Iwanowitsch,
Kaiserlich Russischer Unterlieutenant im Batl. der
Großfürstin Katharina

(3392) 11.04.1814 **Goloschtschapow**, Alexei,
Kaiserlich Russischer Major im Muromschen Infanterie-
Regt., zur Führung des Tschernigowschen Infanterie-Regts.
kommandiert

(3393) 11.04.1814 **Chartschenko-Denissenko**, Alexei Iwanowitsch,
Kaiserlich Russischer Stabskapitain im Muromschen
Infanterie-Regt.

(3394) 11.04.1814 **Sochazkij**, Michail Nikolajewitsch,
Kaiserlich Russischer Stabskapitain im Muromschen
Infanterie-Regt.

(3395) 11.04.1814 **Bergmann**, Jermolai Astasjewitsch,
Kaiserlich Russischer Oberstlieutenant im Tobolskschen
Infanterie-Regt.

(3396) 11.04.1814 **Mellard**, Karl Karlowitsch,
Kaiserlich Russischer Lieutenant im Tobolskschen
Infanterie-Regt.

(3397) 11.04.1814 **Damitsch**, Feodossij Iwanowitsch,
Kaiserlich Russischer Unterlieutenant im Tobolskschen
Infanterie-Regt.

(3398) 11.04.1814 **Gleitzmann**, Fedor Astasjewitsch,
Kaiserlich Russischer Fähnrich im Tobolskschen
Infanterie-Regt.

(3399) 11.04.1814 **Rassochin,**
Kaiserlich Russischer Lieutenant im Krementschugschen
Infanterie-Regt.

(3400) 11.04.1814 **Bulaschow (Balaschow),**
Kaiserlich Russischer Lieutenant im Krementschugschen
Infanterie-Regt.

(3401) 11.04.1814 **Lepechin,**
Kaiserlich Russischer Unterlieutenant im
Krementschugschen Infanterie-Regt.

(3402) 11.04.1814 **Asanassjew,**
Kaiserlich Russischer Unterlieutenant im
Krementschugschen Infanterie-Regt.

(3403) 11.04.1814 **Bellinghausen**, Fedor Christoforowitsch Baron,
Kaiserlich Russischer Oberst im Tengaschen Infanterie-
Regt.

(3404) 11.04.1814 **Oserskij,**
Kaiserlich Russischer Kapitain im Tangaschen Infanterie-
Regt.

(3405) 11.04.1814 **Nowizkij,**
Kaiserlich Russischer Lieutenant im Tengaschen
Infanterie-Regt.,

(3406) 11.04.1814 **Brusljänskij**, Iwan Iwanowitsch,
Kaiserlich Russischer Fähnrich im Tengaschen Infanterie-
Regt.

(3407) 11.04.1814 **Krasinskij**, Leonid Jurewitsch,
Kaiserlich Russischer Unterlieutenant im 4. Jäger-Regt.

(3408) 11.04.1814 **Iwanow**, Stepan Jemeljanowitsch,
Kaiserlich Russischer Oberstlieutenant im 4. Jäger-Regt.,
kommandiert zum 20. Jäger-Regt.

(3409) 11.04.1814 **Fedossejew**, Michail Dmitrijewitsch,
Kaiserlich Russischer Major im 26. Jäger-Regt.

(3410) 11.04.1814 **Antonowskij**, Anton Iwanowitsch,
Kaiserlich Russischer Stabskapitain im 26. Jäger-Regt.

(3411) 11.04.1814 **Lour**, Iwan Iwanowitsch,
Kaiserlich Russischer Stabskapitain im 26. Jäger-Regt.

(3412) 11.04.1814 **Skrjäbin**, Fedor Jermolajewitsch,
Kaiserlich Russischer Unterlieutenant im 26. Jäger-Regt.

(3413) 11.04.1814 **Medmjedew**, Alexei Dmitrijewitsch,
Kaiserlich Russischer Unterlieutenant im 26. Jäger-Regt.

(3414) 11.04.1814 **Grusinow**,
Kaiserlich Russischer Fähnrich im 26. Jäger-Regt.

(3415) 11.04.1814 **Vietinghoff**, von,
Kaiserlich Russischer Major im Tatarischen Ulanen-Regt.

(3416) 11.04.1814 **Sablozkij**, Iwan Danilowitsch,
Kaiserlich Russischer Lieutenant im Tatarischen Ulanen-Regt.

(3417) 11.04.1814 **Riswanowitsch I.**, Chalil Iwanowitsch,
Kaiserlich Russischer Lieutenant im Tatarischen Ulanen-Regt.

(3418) 11.04.1814 **Romanowskij II.**, Matwej Mustafowitsch,
Kaiserlich Russischer Lieutenant im Tatarischen Ulanen-Regt.

(3419) 11.04.1814 **Ladigin**, Nikolai Iwanowitsch,
Kaiserlich Russischer Oberst in der Leibgarde-Artillerie-Brigade

(3420) 11.04.1814 **Gerbel III.**, Karl Gustafowitsch,
Kaiserlich Russischer Stabskapitain in der reitenden Artillerie-Komp. Nr. 3

(3421) 11.04.1814 **Potemkin I.**, Alexander Dmitrijewitsch,
Kaiserlich Russischer Lieutenant in der reitenden Artillerie-Komp. Nr. 3

(3422) 11.04.1814 **Sinelnikow**, Alexander Nikititsch,
Kaiserlich Russischer Stabskapitain in der leichten
Artillerie-Komp. Nr. 13

(3423) 11.04.1814 **Naumow**, Sergei Alexandrowitsch,
Kaiserlich Russischer Lieutenant in der Garde-Equipage,
älterer Adjutant des V. Infanterie-(Garde-)korps

(3424) 11.04.1814 **Crossard**, Jean Baptiste Louis Baron de,
Kaiserlich Russischer Oberst in der Suite S. M. vom
Quartiermeisterwesen, Unterchef des Generalstabes des
Großfürsten Konstantin von Rußland

(3425) 11.04.1814 **Menschikow**, Alexander Sergjejewitsch Fürst,
Kaiserlich Russischer Oberst im Leibgarde-
Preobrashenskschen Regt. und Flügeladjutant

(3426) 12.04.1814 **Murat Bjejew**, Dawljet Saltan,
Kaiserlich Russischer Chorunshij im Donischen Woißko,
Regt. Tschernij Subow V.

(3427) 13.04.1814 **Jäminskij**, Nikonor Wassiljewitsch,
Kaiserlich Russischer Stabskapitain in der leichten
Artillerie-Komp. Nr. 6

(3428) 13.04.1814 **Karpow**, Alexei Karpowitsch,
Kaiserlich Russischer Unterlieutenant in der leichten
Artillerie-Komp. Nr. 6

(3429) 13.04.1814 **Lappa**, Wilhelm Michailowitsch,
Kaiserlich Russischer Stabskapitain in der Batterie-Komp.
Nr. 33

(3430) 13.04.1814 **Goltz**, Karl Friedrich Heinrich von der,
Generalmajor und Adjutant des Generalfeldmarschalls von
Blücher

(3431) 18.04.1814 **Lechner**, Andrei Andrejewitsch,
Kaiserlich Russischer Oberst im Ingenieurkorps, Adjutant
des Ingenieurgenerals van Suchtelen

(3432) 18.04.1814 **Maisonfort, Dubois Descours**, Mariques de la,
Kaiserlich Russischer Stabskapitain in der Suite S. M. vom
Quartiermeisterwesen

(3433) 18.04.1814 **Wedell**, Karl August Ludwig von,
Sekondlieutenant im 2. Garde-Regt. z. F.

(3434) 24.04.1814 **Nekludow**, Sergei Petrowitsch,
Kaiserlich Russischer Stabsrittmeister im Kavaliergarde-
Regt., Adjutant des Generals der Kavallerie Fürsten
Golizin V.

(3435) 24.04.1814 **Baschmakow**, Dmitrij Jewlampjewitsch,
Kaiserlich Russischer Stabsrittmeister im Kavaliergarde-
Regt., Adjutant des Generals der Kavallerie Fürsten
Golizin V.

(3436) 24.04.1814 **Latschinow**, Alexander Petrowitsch,
Kaiserlich Russischer Stabskapitain im Leibgarde-
Dragoner-Regt., Adjutant des Generals der Kavallerie
Fürsten Golizin V.

(3437) 24.04.1814 **Djäkow**, Alexei Nikolajewitsch,
Kaiserlich Russischer Stabsrittmeister im Leibgarde-
Husaren-Regt., Adjutant des Generals der Kavallerie
Fürsten Golizin V.

(3438) 24.04.1814 **Apraxin**, Wladimir Stepanowitsch,
Kaiserlich Russischer Unterlieutenant in der Suite S. M.
vom Quartiermeisterwesen

(3439) 24.04.1814 **Valory**, Franz Florentin Graf,
Major außer Diensten in Paris, früher aggr. Stabskapitain
im Dragoner-Regt. Markgraf von Anspach-Bayreuth

(3440) 25.04.1814 **Treuberg**, Friedrich,
Königlich Baierischer Oberst und Kommandeur des 9.
Linien-Infanterie-Regts.

(3441) 25.04.1814 **Goeschl**, Ignaz,
Königlich Baierischer Oberstlieutenant im Artillerie-Regt.

(3442) 25.04.1814 **Schmaltz**, Johann Heinrich Christian,
Königlich Baierischer Rittmeister im 1. Chevauxlegers-
Regt.

(3443) 25.04.1814 **Marck**, Josef von der,
Königlich Baierischer Rittmeister im 6. Chevauxlegers-
Regt.

(3444) 25.04.1814 **Loewenstein-Wertheim-Rosenberg**, Konstantin Ludwig
Karl Franz Heinrich Prinz von,
Königlich Baierischer Oberstlieutenant und Flügeladjutant

(3445) 25.04.1814 **Hohenzollern-Hechingen**, Johann Karl Prinz von,
Königlich Baierischer Major und Flügeladjutant

(3446) 25.04.1814 **Thurn und Taxis**, August Maria Maximilian Prinz von,
Königlich Baierischer Major und Flügeladjutant

(3447) 25.04.1814 **Besserer von Thalfingen**, Albrecht,
Königlich Baierischer Major im 4. Chevauxlegers-Regt.
König, erster Adjutant des Feldmarschalls von Wrede

(3448) 27.04.1814 **Maiorow**, Alexei Iwanowitsch,
Kaiserlich Russischer Oberst im Ingenieurkorps der Land-
und Wasserverbindungen

(3449) 06.05.1814 **Klmowskij**, Lew Wassiljewitsch,
Kaiserlich Russischer Oberst im Leibgarde-Dragoner-Regt.

(3450) 06.05.1814 **Chilkow**, Stepan Alexandrowitsch Fürst,
Kaiserlich Russischer Oberst im Leibgarde-Dragoner-Regt.

(3451) 06.05.1814 **Kwitnizkij**, Xenofont Fedorowitsch,
Kaiserlich Russischer Oberst im Leibgarde-Dragoner-Regt.

(3452) 06.05.1814 **Boissesson**, Josef Pawlowitsch Marquis de,
Kaiserlich Russischer Oberst im Leibgarde-Ulanen-Regt.

(3453) 06.05.1814 **Saborinskij III.**, Alexander Nikiforowitsch,
Kaiserlich Russischer Rittmeister im Leibgarde-Ulanen-
Regt.

(3454) 06.05.1814 **Saborinskij II.**, Semen Nikiforowitsch,
Kaiserlich Russischer Rittmeister im Leibgarde-Ulanen-
Regt.

(3455) 06.05.1814 **Meier II.**, Karl Christianowitsch,
Kaiserlich Russischer Rittmeister im Leibgarde-Ulanen-
Regt.

(3456) 06.05.1814 **Wuitsch II.**, Iwan Afanassjewitsch,
Kaiserlich Russischer Rittmeister im Leibgarde-Ulanen-Regt.

(3457) 06.05.1814 **Glasenapp II.**, Wilhelm Otto Grigorjewitsch von,
Kaiserlich Russischer Rittmeister im Leibgarde-Ulanen-Regt.

(3458) 06.05.1814 **Strandmann**, Karl Gustafowitsch von,
Kaiserlich Russischer Rittmeister im Leibgarde-Ulanen-Regt.

(3459) 06.05.1814 **Albrecht II.**, Karl Iwanowitsch,
Kaiserlich Russischer Oberst im Leibgarde-Husaren-Regt.

(3460) 06.05.1814 **Skobelzin**, Nikolai Dmitrijewitsch,
Kaiserlich Russischer Oberst im Leibgarde-Husaren-Regt.

(3461) 06.05.1814 **Juschkow**, Ossip Iwanowitsch,
Kaiserlich Russischer Lieutenant im Leibgarde-Husaren-Regt.

(3462) 06.05.1814 **Stalipin**, Dmitrij Alexjejewitsch,
Kaiserlich Russischer Oberst und Kommandeur der reitenden Leibgarde-Artillerie-Komp. Nr. 1

(3463) 06.05.1814 **Bistrom**, Filipp Antonowitsch von,
Kaiserlich Russischer Kapitain und Kommandeur der reitenden Leibgarde-Artillerie-Komp. Nr. 2

(3464) 06.05.1814 **Bartholomäi**, Fedor Iwanowitsch,
Kaiserlich Russischer Lieutenant in der reitenden Leibgarde-Artillerie-Komp. Nr. 2

(3465) 06.05.1814 **Gerstenzweig**, Danilo Alexandrowitsch,
Kaiserlich Russischer Unterlieutenant in der reitenden Leibgarde-Artillerie-Komp. Nr. 1

(3466) 06.05.1814 **Kruglikow**, Iwan Gawrilowitsch,
Kaiserlich Russischer Lieutenant im Leibgarde-Husaren-Regt., Adjutant des Generallieutenants Grafen Osharowskij

(3467) 06.05.1814 **Tschudowskij**, Kasimir Iwanowitsch,
Kaiserlich Russischer Lieutenant im Pfkowschen
Kürassier-Regt., Adjutant des Generallieutenants Grafen
Osharowskij

(3468) 06.05.1814 **Kasin I.**, Peter Andrejewitsch,
Kaiserlich Russischer Stabskapitain in der Batterie-Komp.
Nr. 21

(3469) 06.05.1814 **Selezkij**, Dmitrij Petrowitsch,
Kaiserlich Russischer Lieutenant in der Batterie-Komp.
Nr. 21

(3470) 06.05.1814 **Suchowo-Kobülin**, Wassilij Alexandrowitsch,
Kaiserlich Russischer Oberstlieutenant und Kommandeur
der reitenden Artillerie-Komp. Nr. 10

(3471) 06.05.1814 **Suchsanet III.**, Nikolai Onufrijewitsch,
Kaiserlich Russischer Lieutenant in der reitenden
Leibgarde-Artillerie-Komp. Nr. 2

(3472) 06.05.1814 **Stroganow**, Alexander Grigorjewitsch Baron,
Kaiserlich Russischer Fähnrich in der Leibgarde-Artillerie-
Brigade

(3473) 06.05.1814 **Kochius**,
Kaiserlich Russischer Oberstlieutenant im Nowgorodschen
Kürassier-Regt.

(3474) 06.05.1814 **Jeropkin**,
Kaiserlich Russischer Major im Nowgorodschen
Kürassier-Regt.

(3475) 06.05.1814 **Solotosewskij**, Peter Prokofjewitsch,
Kaiserlich Russischer Rittmeister im Nowgorodschen
Kürassier-Regt.

(3476) 06.05.1814 **Wastianow (Wassianow)**,
Kaiserlich Russischer Lieutenant im Staro-Dubnoschen
Kürassier-Regt.

(3477) 06.05.1814 **Wishizkij**, Michail Faddjejewitsch (?),
Kaiserlich Russischer Stabsrittmeister im Alexandriaschen
Husaren-Regt., als Adjutant bei dem Generallieutenant
Grafen de Lambert Dienste leistend

(3478) 08.05.1814 **Kunizkij,**
Kaiserlich Russischer Oberst im Polnischen Ulanen-Regt.

(3479) 08.05.1814 **Skobelzin**, Nikolai Dmitrijewitsch,
Kaiserlich Russischer Oberst im Leibgarde-Husaren-Regt.

(3480) 08.05.1814 **Juschkow**, Wladimir Iwanowitsch,
Kaiserlich Russischer Stabsrittmeister im Leibgarde-Husaren-Regt.

(3481) 08.05.1814 **Saß**, Peter Andrejewitsch,
Kaiserlich Russischer Stabsrittmeister im Wolynischen Ulanen-Regt.

(3482) 08.05.1814 **Ilowaiskij XVII.**, Fedor Semenowitsch,
Kaiserlich Russischer Jessaul im Donischen Woißko, Regt. Ilowaiskij IV.

(3483) 08.05.1814 **Witkowskij**, Adam Leontjewitsch,
Kaiserlich Russischer Stabsrittmeister im Grodnoschen Husaren-Regt.

(3484) 08.05.1814 **Schwedkin**, Alexei Fedorowitsch,
Kaiserlich Russischer Kapitain in der St. Petersburgschen Opoltschenje

(3485) 08.05.1814 **Bogdanow**, Alexander Iwanowitsch,
Kaiserlich Russischer Kapitain im Ingenieurkorps

(3486) 08.05.1814 **Küpfer**, Heinrich Karl Wilhelm,
Kaiserlich Russischer Unterlieutenant, dem Sjewschen Infanterie-Regt. zugezählt, für den Dienst des Generalstabes beim Generalmajor d'Auvray kommandiert

(3487) 08.05.1814 **Kobjäkow**, Iwan Nikolajewitsch,
Kaiserlich Russischer Stabskapitain im Fanagoriaschen Grenadier-Regt.

(3488) 08.05.1814 **Hessenstein**, Karl Graf von,
Kaiserlich Russischer Lieutenant von der Kavallerie

(3489) 08.05.1814 **Trousson**, Peter Chrestjanowitsch,
Kaiserlich Russischer Oberst im Ingenieurkorps

(3490) 08.05.1814 **Bibikow**, Wassilij Alexandrowitsch (Alexjejewitsch),
Kaiserlich Russischer Lieutenant im Ingenieurkorps

(3491) 08.05.1814 **Gawrilenko**, Iwan Iwanowitsch,
Kaiserlich Russischer Major von der Armee, älterer
Adjutant des Generals der Infanterie Fanshawe

(3492) 08.05.1814 **Fuhrmann**, Alexander Fedorowitsch,
Kaiserlich Russischer Unterlieutenant in Suite S. M. vom
Quartiermeisterwesen

(3493) 08.05.1814 **Fanshawe**, Friedrich Andrejewitsch,
Kaiserlich Russischer Kapitain von der Armee

(3494) 08.05.1814 **Protopopow**, Iwan Andrejewitsch,
Kaiserlich Russischer Oberst im Leibgarde-Kosaken-Regt.

(3495) 08.05.1814 **Kamenow**, Alexander Michailowitsch,
Kaiserlich Russischer Rittmeister im Leibgarde-Kosaken-
Regt.

(3496) 08.05.1814 **Schmurin**, Wassilij Matwjejewitsch,
Kaiserlich Russischer Rittmeister im Leibgarde-Kosaken-
Regt.

(3497) 08.05.1814 **Orlow**, Alexander (Alexei) Wassiljewitsch,
Kaiserlich Russischer Stabsrittmeister im Leibgarde-
Kosaken-Regt.

(3498) 08.05.1814 **Burssak II.**, Afanassij Fedorowitsch,
Kaiserlich Russischer Oberst in der Leibgarde-
Tschernomorischen Sotnia des Leibgarde-Kosaken-Regt.

(3499) 09.05.1814 **Smitten**, Gustaf Gustafowitsch von,
Kaiserlich Russischer Lieutenant im Kavaliergarde-Regt.,
Adjutant des Feldmarschalls Grafen Barclay de Tolly

(3500) 09.05.1814 **Salza**, Roman Alexandrowitsch Baron von,
Kaiserlich Russischer Stabskapitain im Sappeur-Regt.,
Adjutant des Feldmarschalls Grafen Barclay de Tolly

(3501) 09.05.1814 **Meyer**, Dmitrij Petrowitsch,
Kaiserlich Russischer Stabskapitain im 3. Jäger-Regt.

(3502) 09.05.1814 **Rennenkampff**, Paul Jakowlewitsch von,
Kaiserlich Russischer Lieutenant in der Suite S. M. vom
Quartiermeisterwesen

(3503) 09.05.1814 **Berg**, Karl Borissowitsch von,
Kaiserlich Russischer Lieutenant im Bjelo-Rußlandschen
Husaren-Regt.

(3504) 09.05.1814 **Audé de Sion**, Karl Karlowitsch,
Kaiserlich Russischer Lieutenant im Nascheburgschen
Infanterie-Regt.

(3505) 09.05.1814 **Smitten**, Jegor Fedorowitsch von,
Kaiserlich Russischer Beamter von der 7. Klasse (Major)
vom Proviantetat

(3506) 09.05.1814 **Biron von Kurland**, Gustaf Kalixt Prinz,
Generalmajor

(3507) 09.05.1814 **Harris**, Thomas Noel,
Königlich Großbritannischer Kapitain im 18. leichten
Dragoner-Regt. (Hussars), Adjutant des Generallieutenants
Sir Charles Stewart

(3508) 11.05.1814 **Fallon**, Ludwig August,
Kaiserlich Oesterreichischer Oberst im
Generalquartiermeisterstabe

(3509) 11.05.1814 **Höring**, Wenzel, Kaiserlich
Oesterreichischer Oberstlieutenant im
Generalquartiermeisterstabe

(3510) 11.05.1814 **Geppert**, Georg,
Kaiserlich Oesterreichischer Oberstlieutenant im
Generalquartiermeisterstabe

(3511) 11.05.1814 **Heß**, Heinrich,
Kaiserlich Oesterreichischer Hauptmann im
Generalquartiermeisterstabe

(3512) 11.05.1814 **Wratislaw**, Eugen Graf,
Kaiserlich Oesterreichischer Major im Husaren-Regt.
Erzherzog Ferdinand

(3513) 11.05.1814 **Vietinghof gen. Scheel von Schellenberg**, Karl Friedrich Freiherr von,
Kaiserlich Oesterreichischer Major und Flügeladjutant

(3514) 11.05.1814 **Schulenburg**, Karl Rudolf Graf von der,
Kaiserlich Oesterreichischer Major im Ulanen-Regt. Schwarzenberg

(3515) 11.05.1814 **Karaczay von Walje-Szaka**, Fedor Graf,
Kaiserlich Oesterreichischer Hauptmann im Generalquartiermeisterstabe

(3516) 11.05.1814 **Appel**, Christian,
Kaiserlich Oesterreichischer Rittmeister im Dragoner-Regt. Riesch

(3517) 11.05.1814 **Széchényi**, Stefan Graf,
Kaiserlich Oesterreichischer Rittmeister im Ulanen-Regt. Meerveldt

(3518) 11.05.1814 **Wartensleben**, Konstantin Moritz Gneomar Graf von,
Kaiserlich Oesterreichischer Rittmeister im Kürassier-Regt. Kaiser

(3519) 11.05.1814 **Mecklenburg von Kleeberg**, Johann Friedrich Ernst,
Kaiserlich Oesterreichischer Rittmeister im Husaren-Regt. der Oesterreichisch-Deutschen Legion

(3520) 11.05.1814 **Grimmer von Adelsbach**, Vinzent,
Kaiserlich Oesterreichischer Major im 1. Artillerie-Regt.

(3521) 11.05.1814 **Zerbi**, Johann Chevalier de,
Kaiserlich Oesterreichischer Hauptmann im 2. Jäger-Batl.

(3522) 11.05.1814 **Gelber**, Georg,
Kaiserlich Oesterreichischer Unterlieutenant im 2. Jäger-Batl.

(3523) 12.05.1814 **Zweibrücken**, Christian Baron von,
Königlich Baierischer Oberst im Generalquartiermeisterstabe und Flügeladjutant

(3524) 12.05.1814 **Tschernijewitsch**, Peter Fürst,
Kaiserlich Russischer Kapitain in Suite S. M. vom Quartiermeisterwesen

(3525) 12.05.1814 **Romanow**, Peter Danilowitsch,
Kaiserlich Russischer Kapitain im Pernauschen Grenadier-Regt.

(3526) 12.05.1814 **Wishizkij**, Michail Faddjejewitsch (?),
Kaiserlich Russischer Stabsrittmeister im Alexandriaschen Husaren-Regt. bei dem Generallieutenant Grafen de Lambert als Adjutant Dienste leistend

(3527) 12.05.1814 **Gurow**, Iwan Antonowitsch,
Kaiserlich Russischer Lieutenant im Taurischen Grenadier-Regt., als Adjutant bei dem Generallieutenant Grafen de Lambert Dienste leistend

(3528) 12.05.1814 **Djejew**, Alexander Michailowitsch,
Kaiserlich Russischer Oberstlieutenant im Staro-Dubnoschen Kürassier-Regt.

(3529) 12.05.1814 **Djejew**, Iwan Michailowitsch,
Kaiserlich Russischer Stabsrittmeister im Alexandriaschen Husaren-Regt.

(3530) 13.05.1814 **Potocki**, Jaroslaw Stanislawowitsch Graf,
Kaiserlich Russischer Oberst und Flügeladjutant, bisher im Leibgarde-Ulanen-Regt.

(3531) 13.05.1814 **Apraxin**, Wassilij Iwanowitsch Graf,
Kaiserlich Russischer Rittmeister im Kavaliergarde-Regt. und Flügeladjutant

(3532) 13.05.1814 **Wolff**, Alexander (Ernst) Baron von,
Kaiserlich Russischer Rittmeister im Leibgarde-Ulanen-Regt., Adjutant des Generals der Kavallerie Uwarow

(3533) 13.05.1814 **Lada**, Hippolit Michailowitsch,
Kaiserlich Russischer Rittmeister im Polnischen Ulanen-Regt., Adjutant des Generals der Kavallerie Uwarow

(3534) 13.05.1814 **Lwow**, Alexander Nikolajewitsch,
Kaiserlich Russischer Stabsrittmeister im 1. Kosaken-Regt. der Tulaschen Opoltschenje

(3535) 13.05.1814 **Dluskij**, Jewgenij Michailowitsch,
Kaiserlich Russischer Kapitain in der Suite S. M. vom
Quartiermeisterwesen

(3536) 13.05.1814 **Lisagub**, Alexander Iwanowitsch,
Kaiserlich Russischer Lieutenant im Littauischen Ulanen-
Regt.

(3537) 13.05.1814 **Loewenthal**, Fedor Karlowitsch,
Kaiserlich Russischer Major im Archangelogorodschen
Infanterie-Regt.

(3538) 13.05.1814 **Hippius**, Karl Fedorowitsch,
Kaiserlich Russischer Kapitain im 7. Jäger-Regt.

(3539) 13.05.1814 **Voigt (Focht)**, Peter Andrejewitsch,
Kaiserlich Russischer Kapitain in der reitenden Artillerie-
Komp. Nr. 8

(3540) 13.05.1814 **Read V.**, Andrei Andrejewitsch,
Kaiserlich Russischer Fähnrich in der reitenden Artillerie-
Komp. Nr. 8

(3541) 13.05.1814 **Pauli (Paoli)**, Peter Iwanowitsch,
Kaiserlich Russischer Stabskapitain im Pfkowschen
Infanterie-Regt., Adjutant des Generallieutenants
Kapzewitsch

(3542) 13.05.1814 **Markewitsch**, Filipp Petrowitsch,
Kaiserlich Russischer Stabskapitain in der Suite S. M. vom
Quartiermeisterwesen

(3543) 13.05.1814 **Schenschin**, Wladimir Nikolajewitsch,
Kaiserlich Russischer Oberstlieutenant und Kommandeur
des Schlüsselburgschen Infanterie-Regts.

(3544) 15.05.1814 **Dolinskij**, Lew,
Kaiserlich Russischer Stabskapitain im Wladimirschen
Infanterie-Regt.

(3545) 19.05.1814 **Poniuski**, August Graf von,
Kaiserlich Oesterreichischer Rittmeister im Dragoner-
Regt. Erzherzog Johann

(3546) 20.05.1814 **Brummel,**
Kaiserlich Russischer Rittmeister im 1. Ukrainischen Kosaken-Regt.

(3547) 22.05.1814 **Studsinskij**, Lew Semenowitsch,
Kaiserlich Russischer Stabsrittmeister im Polnischen Ulanen-Regt., Adjutant des Generals der Kavallerie Uwarow

(3548) 25.05.1814 **Clam-Martinitz**, Karl Johann Nepomuk Gabriel Graf,
Kaiserlich Oesterreichischer Major im Ulanen-Regt. Erzherzog Karl

(3549) 25.05.1814 **Scharpffenstein gen. Pfeil**, Karl August Freiherr von,
Kaiserlich Oesterreichischer Rittmeister im Husaren-Regt. Radetzky

(3550) 26.05.1814 **Bichalow**, Jossif Iwanowitsch,
Kaiserlich Russischer Sotnik im Donischen Woißko, Regt. Bichalow I.,

(3551) 26.05.1814 **Forcade de Biaix**, Wilhelm Friedrich Erdmann Ferdinand Marquis,
Kaiserlich Russischer Lieutenant von der Armee, Adjutant des Generals Roth

(3552) 29.05.1814 **d'Ainesy**, Marquis de **Montpezat**, Leopold Augustin Jean Joseph,
Kaiserlich Russischer Stabskapitain im Leibgarde-Jäger-Regt.

(3553) 29.05.1814 **Saß**, Peter Adrejewitsch,
Kaiserlich Russischer Stabsrittmeister im Wolynischen Ulanen-Regt.

(3554) 30.05.1814 **Tschernosubow V. (Tschernij-Subow)**, Peter Awramowtisch (?),
Kaiserlich Russischer Oberst im Donischen Woißko, Chef eines Regts.

(3555) 30.05.1814 **Alexjejew**, Iwan Alexjejewitsch,
Kaiserlich Russischer Chorunshi im Donischen Woißko, Regt. Tschernij-Subow V.

(3556) 30.05.1814 **Moltschanow (Multschanow)**, Sotnik

(3557) 31.05.1814 **Schon**, Johann Karl Josef von,
Oberst und Kommandeur des 1. Pommerschen Infanterie-
Regts., Brigadekommandeur in der V. Brigade

(3558) 31.05.1814 **Stutterheim**, Karl August von,
Oberst und Brigadekommandeur in der IV. Brigade

(3559) 31.05.1814 **Hobe**, Kord Friedrich Bernhard Hellmuth von
Generalmajor und Brigadekommandeur in der
Reservekavallerie des III. Armeekorps

(3560) 31.05.1814 **Clausewitz**, Vollmar Karl Friedrich von,
Oberst und Kommandeur des 4. Ostpreußischen Infanterie-
Regts.

(3561) 31.05.1814 **Köhn gen. von Jaski**, Andreas Ernst,
Oberst im Generalstabe

(3562) 31.05.1814 **Schmidt**, Johann Heinrich Otto von,
Oberst und Brigadier der Artillerie des I. Armeekorps

(3563) 31.05.1814 **Hiller von Gaertringen**, Johann August Friedrich
Freiherr,
Oberstlieutenant und Brigadekommandeur in der I. Brigade

(3564) 31.05.1814 **Schütz**, Karl August Heinrich Wilhelm von,
Major im Generalstabe

(3565) 31.05.1814 **Othegraven**, Thomas von,
Oberstlieutenant und Kommandeur des Brandenburgischen
Infanterie-Regts.

(3566) 31.05.1814 **Loebell**, Friedrich Ernst von,
Oberst und Kommandeur des 6. Reserve-Infanterie-Regts.

(3567) 31.05.1814 **Melnikow IV.**,
Kaiserlich Russischer Oberst im Donischen Woißko, Chef
eines Regts.

(3568) 31.05.1814 **Melnikow V.**, Nikolai Grigorjewitsch,
Kaiserlich Russischer Oberst im Donischen Woißko, Chef
eines Regts.

(3569) 01.06.1814 **Delen**, Leonhard Albrecht Karl Baron von,
Major im Generalstabe der Niederländischen Armee,
kommandiert zum Hauptquartier des III. Armeekorps

(3570) 03.06.1814 **Boyen**, Ludwig Leopold Gottlieb Herman von,
Generalmajor, Staats- und Kriegsminister

(3571) 03.06.1814 **Müffling**, Friedrich Karl Ferdinand von,
Generalmajor und Oberquartiermeister der Schlesischen
Armee

(3572) 03.06.1814 **Rauch**, Johann Gustaf Georg von,
Generalmajor, Chef beider Kriegsdepartements und des
Ingenieurkorps

(3573) 03.06.1814 **Jäminskij**, Nikonor Wassiljewitsch,
Kaiserlich Russischer Stabskapitain in der leichten
Artillerie-Komp. Nr. 6

(3574) 11.06.1814 **Klinckowström**, Karl Friedrich Ludwig Graf von,
Major und Kommandeur des 3. Ostpreußischen Landwehr-
Infanterie-Regts.

(3575) 11.06.1814 **Brosin II.**, Jakob Nikolajewitsch (?),
Kaiserlich Russischer Kapitain in der Suite S. M. vom
Quartiermeisterwesen

(3576) Juni 1814 **Empfänger ist nicht bekannt**

(3577) Juni 1814 **Empfänger ist nicht bekannt**

(3578) Juni 1814 **Wood**, Charles,
Königlich Großbritannischer Kapitain im 18. (Prince of
Wales's own) Royal leichten Dragoner-Regt. (Hussars),
Adjutant des Generallieutenants Sir Charles Stewart

(3579) Juli 1814 **Pappenheim**, Karl Theodor Friedrich Graf von,
Königlich Baierischer Generalmajor

(3580) 11.08.1814 **Gerbel III.**, Karl Gustafowitsch von,
Kaiserlich Russischer Kapitain in der reitenden Artillerie-
Komp. Nr. 3

(3581)	11.08.1814	**Sievers**, Iwan Lawrentjewitsch von, Kaiserlich Russischer Stabskapitain in der reitenden Artillerie-Komp. Nr. 3
(3582)	14.08.1814	**Budberg**, Peter Ludwig Baron von, Kaiserlich Russischer Kapitain im Mohilewschen Infanterie-Regt., Platzadjutant des Russischen Kommandanten in Berlin
(3583)	17.08.1814	**Agrijumow**, Pawel Alexandrowitsch, Kaiserlich Russischer Oberst im Leibgarde-Littauischen Regt.
(3584)	17.08.1814	**Bresowskij (Beresowskij)**, Apollon Wassiljewitsch, Kaiserlich Russischer Oberst im Leibgarde-Littauischen Regt.
(3585)	17.08.1814	**Polignac**, Herklius August Gabriel Graf de, Kaiserlich Russischer Oberst im Leibgarde-Littauischen Regt.
(3586)	17.08.1814	**Stewen**, Alexander Christjanowitsch, Kaiserlich Russischer Oberst im Leibgarde-Finnlandschen Regt.
(3587)	17.08.1814	**Gervais**, Alexander Karlowitsch de, Kaiserlich Russischer Oberst in Leibgarde-Finnlandschen Regt.
(3588)	17.08.1814	**Perskij**, Michail Stepanowitsch, Kaiserlich Russischer Oberst im Leibgarde-Finnlandschen Regt.
(3589)	17.08.1814	**Stegmann**, Christofor Ossipowitsch, Kaiserlich Russischer Oberst im Leibgarde-Grenadier- Regt.
(3590)	17.08.1814	**Akutin**, Alexander Nikititsch, Kaiserlich Russischer Oberstlieutenant im Leibgarde- Grenadier-Regt.
(3591)	17.08.1814	**Peiker**, Matwei Manuilowitsch (Michailowitsch), Kaiserlich Russischer Oberstlieutenant im Leibgarde- Pawlowskschen Regt.

(3592) 17.08.1814 **Burmeister**, Adolf Christoforowitsch,
Kaiserlich Russischer Oberstlieutenant im Leibgarde-
Pawlowskschen Regt.

(3593) 19.08.1814 **Burmeister**, Jewdokim Romanowitsch,
Kaiserlich Russischer Major im 24. Jäger-Regt.

(3594) 20.08.1814 **Tscherkassow**, Pawel Petrowitsch,
Kaiserlich Russischer Oberst in der Suite S. M. vom
Quartiermeisterwesen, Chef des Generalstabes des
Generals der Infanterie Grafen Miloradowitsch

(3595) 20.08.1814 **Porochownikow**, Nikolai Petrowitsch,
Kaiserlich Russischer Stabsrittmeister im Grodnoschen
Husaren-Regt.

(3596) 20.08.1814 **Dubelt**, Peter Wassiljewitsch,
Kaiserlich Russischer Stabsrittmeister im Sumschen
Husaren-Regt.

(3597) 20.08.1814 **Glinka**, Grigorij Nikolajewitsch,
Kaiserlich Russischer Lieutenant im Libauschen
Infanterie-Regt.

(3598) 20.08.1814 **Frederiks**, Peter Andrejewitsch Baron,
Kaiserlich Russischer Oberst im Leibgarde-
Semenowskschen Regt.

(3599) 20.08.1814 **Tulubjew**, Alexander (Alexei) Dmitrijewitsch,
Kaiserlich Russischer Unterlieutenant im Leibgarde-
Semenowskschen Regt.

(3600) 22.08.1814 **Bibikow**, Iwan Petrowitsch,
Kaiserlich Russischer Stabskapitain im Leibgarde-
Dragoner-Regt., Adjutant des Generals der Kavallerie
Tormassow

(3601) 22.08.1814 **Ritschkow**, Nikolai Wassiljewitsch,
Kaiserlich Russischer Lieutenant im Kavaliergarde-Regt.,
Adjutant des Generalmajors Fürsten Repnin

(3602) 27.08.1814 **Strantz**, Karl Friedrich Ferdinand von,
Kaiserlich Oesterreichischer Hauptmann im Infanterie-
Regt. vak. Kottulinsky, kommandiert zum
Feldmarschallieutenant Radetzky

(3603) 28.08.1814 **Mironow**, Iwan Semenowitsch,
Kaiserlich Russischer Oberstlieutenant im Kargopolschen
Dragoner-Regt., Adjutant des Generalmajors Fürsten
Repnin

(3604) 28.08.1814 **Bedrjäga**, Iwan Iwanowitsch,
Kaiserlich Russischer Stabsrittmeister im Leibgarde-
Ulanen-Regt., bisher im Isjumschen Husaren-Regt.,
Adjutant des Generalmajors Fürsten Repnin

(3605) 07.09.1814 **Röder**, Friedrich Erhard Leopold von,
Generalmajor und Brigadechef der Reserve-Kavallerie II.
Armeekorps

(3606) 10.09.1814 **Bologowskij**, Dmitrij Nikolajewitsch,
Kaiserlich Russischer Oberstlieutenant in der
Opoltschenje, früher Kapitain im Leibgarde-Ismailowschen
Regt.

(3607) 11.10.1814 **Brozowsky**, Wilhelm Fabian von,
Sekondlieutenant im 2. Westpreußischen Dragoner-Regt.

(3608) 13./18.10.1814 **Pankratiew**, Nikolai (Nikita) Petrowitsch,
Kaiserlich Russischer Oberst im Leibgarde-Jäger-Regt.
und Flügeladjutant

(3609) 13./18.10.1814 **Dsitschkanez**, Adam Jakowlewitsch,
Kaiserlich Russischer Oberst im Leibgarde-Ulanen-Regt.
und Flügeladjutant

(3610) 13./18.10.1814 **Wassiltschikow**, Nikolai Wassiljewitsch,
Kaiserlich Russischer Generalmajor und Chef des
Wjätkaschen Infanterie-Regts.

(3611) 13./18.10.1814 **Stackelberg**, Fedor Maximowitsch Baron von,
Kaiserlich Russischer und Kommandeur des Kiewschen
Dragoner-Regt.

(3612) 13./18.10.1814 **Tolsdorff**, Iwan Adrejewitsch,
Kaiserlich Russischer Major im Kiewschen Dragoner-
Regt.

(3613) 13./18.10.1814 **Narwoisch**, Franz Grigorjewitsch,
Kaiserlich Russischer Kapitain im Kiewschen Dragoner-Regt.

(3614) 13./18.10.1814 **Knobel**, Wassilij Fedorowitsch,
Kaiserlich Russischer Stabskapitain im Kiewschen Dragoner-Regt.

(3615) 13./18.10.1814 **Gordjejew**, Jakob Fedorowitsch,
Kaiserlich Russischer Oberstlieutenant und Kommandeur des Dorpatschen reitenden Jäger-Regts.

(3616) 13./18.10.1814 **Terpjeliwskij**, Jewgenij Ossipowitsch,
Kaiserlich Russischer Major und Kommandeur des 1. Ukrainischen Kosaken-Regts.

(3617) 13./18.10.1814 **Seliwanow**, Andrei Andrejewitsch,
Kaiserlich Russischer Oberst im Donischen Woißko, Chef eines Regts.

(3618) 13./18.10.1814 **Kutenikow IV.**, Fedor,
Kaiserlich Russischer Oberstlieutenant im Donischen Woißko, Chef eines Regts.

(3619) 13./18.10.1814 **Bulgarskij**, Peter Wassiljewitsch (?),
Kaiserlich Russischer Oberstlieutenant und Kommandeur des Olonezschen Infanterie-Regts.

(3620) 13./18.10.1814 **Bachmann**, Jakob Iwanowitsch,
Kaiserlich Russischer Major und Kommandeur des 22. Jäger-Regts.

(3621) 13./18.10.1814 **Schewjäkow**,
Kaiserlich Russischer Stabskapitain im 22. Jäger-Regt.

(3622) 13./18.10.1814 **Hebener**, Pawel Nikolajewitsch,
Kaiserlich Russischer Oberstlieutenant im 1. Pionier-Regt., interim. Generalquartiermeister bei der Avantgarde

(3623) 13./18.10.1814 **Sauveplan (Soflän)**, Karl Andrejewitsch de,
Kaiserlich Russischer Kapitain im Charkowschen Dragoner-Regt., Adjutant des Generallieutenants Rudsewitsch

(3624)   13./18.10.1814 **Pawlenko**, Dorofei Jemeljanowitsch,
             Kaiserlich Russischer Stabskapitain im 22. Jäger-Regt.,
             Adjutant des Generallieutenants Rudsewitsch

(3625)   13./18.10.1814 **Taraschkewitsch**, Ossip Fedorowitsch,
             Kaiserlich Russischer Stabsrittmeister im Alexandriaschen
             Husaren-Regt., Adjutant des Generallieutenants
             Rudsewitsch

(3626)   13./18.10.1814 **Bussow**, Semen Jewstafjewitsch,
             Kaiserlich Russischer Oberstlieutenant und Kommandeur
             des 33. Jäger-Regts.

(3627)   13./18.10.1814 **Tschertow**, Pawel Apollonowitsch,
             Kaiserlich Russischer Oberstlieutenant und Kommandeur
             des Brestschen Infanterie-Regts.

(3628)   13./18.10.1814 **Tschurakowskij**, Michail Danilowitsch,
             Kaiserlich Russischer Major und Kommandeur des 48.
             Jäger-Regts.

(3629)   13./18.10.1814 **Breshinskij**, Michail Petrowitsch (?),
             Kaiserlich Russischer Major und Kommandeur des
             Wilmanstrandschen Infanterie-Regts.

(3630)   13./18.10.1814 **Bogdanowitsch**, Wassilij Iwanowitsch,
             Kaiserlich Russischer Major und Kommandeur des
             Jekaterinburgschen Infanterie-Regts.

(3631)   13./18.10.1814 **Malinowski**, Sivester Sigismundowitsch,
             Kaiserlich Russischer Stabskapitain in der Suite S. M. vom
             Quartiermeisterwesen

(3632)   13./18.10.1814 **Golizin I.**, Andrei Michailowitsch Fürst,
             Kaiserlich Russischer Lieutenant in der Suite S. M. vom
             Quartiermeisterwesen

(3633)   13./18.10.1814 **Golizin II.**, Michail Michailowitsch Fürst,
             Kaiserlich Russischer Fähnrich in der Suite S. M. vom
             Quartiermeisterwesen

(3634)   13./18.10.1814 **Manuilow**, Matwei Iwanowitsch,
             Kaiserlich Russischer Stabskapitain im 6. Jäger-Regt.,
             Adjutant des Generallieutenants Grafen de St. Priest

(3635) 13./18.10.1814 **Wolkow**, Nikolai Apollonowitsch,
Kaiserlich Russischer Lieutenant im Leibgarde-
Semenowskschen Regt., Adjutant des Generallieutenants
Grafen de St. Priest

(3636) 13./18.10.1814 **Peutling**, Andrei Alexandrowitsch,
Kaiserlich Russischer Kapitain im Rilskschen Infanterie-
Regt., Divisionsadjutant

(3637) 13./18.10.1814 **Schumowskij**,
Kaiserlich Russischer Kapitain im Fanagoriaschen
Grenadier-Regt., Divisionsadjutant

(3638) 13./18.10.1814 **Morshin**, Michail Markowitsch (?),
Kaiserlich Russischer Kapitain im 34. Jäger-Regt.,
Divisionsadjutant

(3639) 13./18.10.1814 **Reichel**, Awram Awramowitsch,
Kaiserlich Russischer Oberst, Chef des Apscheronschen
Infanterie-Regts.

(3640) 13./18.10.1814 **Russanow**, Dmitrij Michailowitsch,
Kaiserlich Russischer Major im Rjäshskschen Infanterie-
Regt.

(3641) 13./18.10.1814 **Lohmann (Loman)**, Roman Alexandrowitsch,
Kaiserlich Russischer Kapitain im Rjäshskschen
Infanterie-Regt.

(3642) 13./18.10.1814 **Dambrowski**, Iwan Igantjewitsch,
Kaiserlich Russischer Kapitain im Rjäshskschen
Infanterie-Regt.

(3643) 13./18.10.1814 **Melnikow**, Michail Iwanowitsch,
Kaiserlich Russischer Major und Kommandeur des
10. Jäger-Regts.

(3644) 13./18.10.1814 **Becker**, Johann,
Kaiserlich Russischer Stabskapitain im Nascheburschen
Infanterie-Regt.

(3645) 13./18.10.1814 **Kascha**, Kosma Iwanowitsch,
Kaiserlich Russischer Stabskapitain im Nascheburgschen
Infanterie-Regt.

(3646) 13./18.10.1814 **Schtscherbow**, Wassilij Pawlowitsch,
Kaiserlich Russischer Major im Rjäshskschen Infanterie-Regt., älterer Adjutant des Kommandeurs der 9. Division

(3647) 13./18.10.1814 **Wolkonskij**, Sergei Grigorjewitsch Fürst,
Kaiserlich Russischer Major im Archangelogrodschen Infanterie-Regt.

(3648) 13./18.10.1814 **Melnikow**, Michail,
Kaiserlich Russischer Major im Archangelogrodschen Infanterie-Regt.

(3649) 13./18.10.1814 **Krüdener**, Peter Antonowitsch von,
Kaiserlich Russischer Kapitain im Archangelogrodschen Infanterie-Regt.

(3650) 13./18.10.1814 **Gajewskij**, Fedor Semenowitsch,
Kaiserlich Russischer Major im Staro-Oskolschen Infanterie-Regt.

(3651) 13./18.10.1814 **Schemonin**, Nikolai,
Kaiserlich Russischer Major im Staro-Oskolschen Infanterie-Regt.

(3652) 13./18.10.1814 **Eismont**, Kosman Michailowitsch (?),
Kaiserlich Russischer Oberstlieutenant im Wjätkaschen Infanterie-Regt.

(3653) 13./18.10.1814 **Seljenjezkij**, Michail Petrowitsch,
Kaiserlich Russischer Major im Wjätkaschen Infanterie-Regt.

(3654) 13./18.10.1814 **Pauli (Paoli)**, Peter Iwanowitsch,
Kaiserlich Russischer Kapitain im Pfkowschen Infanterie-Regt., Adjutant des Generallieutenants Kapzewitsch

(3655) 13./18.10.1814 **Markewitsch (Markowitsch)**, Andrei Iwanowitsch,
Kaiserlich Russischer Stabskapitain in der Suite S. M. vom Quartiermeisterwesen

(3656) 13./18.10.1814 **Schuscherin**, Sachar Sergjejewitsch,
Kaiserlich Russischer Oberstlieutenant und Kommandeur der reitenden Artillerie-Komp. Nr. 8

(3657)   13./18.10.1814 **Timofejew**, Pawel Petrowitsch,
             Kaiserlich Russischer Oberstlieutenant in der leichten
             Artillerie-Komp. Nr. 3

(3658)   13./18.10.1814 **Wolewatsch**, Jakob Iwanowitsch,
             Kaiserlich Russischer Oberstlieutenant in der leichten
             Artillerie-Komp. Nr. 32

(3659)   13./18.10.1814 **Leontowitsch**, Ossip Wassiljewitsch,
             Kaiserlich Russischer Kapitain in der Batterie-Komp.
             Nr. 39

(3660)   13./18.10.1814 **Voigt (Focht)**, Peter Andrejewitsch,
             Kaiserlich Russischer Stabskapitain in der reitenden
             Artillerie-Komp. Nr. 8

(3661)   13./18.10.1814 **Shukowskij**, Galktion Stepanowitsch,
             Kaiserlich Russischer Stabskapitain in der 7. Reserve-
             Artillerie-Brigade, Adjutant des Generalmajors Wesselizkij

(3662)   13./18.10.1814 **Koilenskij**,
             Kaiserlich Russischer Lieutenant in der 8. Artillerie-
             Brigade, Adjutant des Generalmajors Wesselizkij

(3663)   13./18.10.1814 **Schmarow**, Timofei Andrejewitsch,
             Kaiserlich Russischer Kapitain im Koliwanschen
             Infanterie-Regt., Adjutant des Generals der Infanterie
             Grafen Langeron

(3664)   13./18.10.1814 **Rennenkampff**, Karl Pawlowitsch von,
             Kaiserlich Russischer Stabskapitain in der Suite S. M. vom
             Quartiermeisterwesen, an die Person des Generals der
             Infanterie Grafen Langeron attaschiert

(3665)   13./18.10.1814 **Rosalion-Soschalskij**, Fedor Grigorjewitsch,
             Kaiserlich Russischer Lieutenant in der 4. Reserve-
             Artillerie-Brigade, an die Person des Generals der
             Infanterie Grafen Langeron attaschiert

(3666)   13./18.10.1814 **Trubezkoi**, Jurij Petrowitsch Fürst,
             Kaiserlich Russischer Lieutenant im Kavaliergarde-Regt.,
             Adjutant des Generals der Infanterie Grafen Langeron

(3667) 13./18.10.1814 **Grigorjew**, Peter Fedorowitsch,
Kaiserlich Russischer Lieutenant im Lieflandschen
reitenden Jäger-Regt., Ordonnanzoffizier des Generals der
Infanterie Grafen Langeron

(3668) 13./18.10.1814 **Nagatkin**,
Kaiserlich Russischer Lieutenant im 1. Ukrainischen
Kosaken-Regt.

(3669) 13./18.10.1814 **Stackelberg**, Wladimir Wassiljewitsch von,
Kaiserlich Russischer Oberstlieutenant im Neu-
Rußlandschen Dragoner-Regt.

(3670) 13./18.10.1814 **Galagan**, Andrei Petrowitsch,
Kaiserlich Russischer Kapitain im Charkowschen
Dragoner-Regt.

(3671) 13./18.10.1814 **Schenne**, Karl,
Kaiserlich Russischer Major im Mitauschen Dragoner-
Regt.

(3672) 13./18.10.1814 **Borgraf**, Iwan Fedorowitsch, Kaiserlich Russischer Major
im Neu-Rußlandschen Dragoner-Regt.

(3673) 13./18.10.1814 **Baschmakow**, Flegon Mironowitsch,
Kaiserlich Russischer Oberst in der leichten Artillerie-
Komp. Nr. 33

(3674) 13./18.10.1814 **Boguskawskij**, Iwan Pawlowitsch,
Kaiserlich Russischer Major im Bjeloseroschen Infanterie-
Regt.

(3675) 13./18.10.1814 **Nelidow**,
Kaiserlich Russischer Major im Rjäsanschen Infanterie-
Regt.

(3676) 13./18.10.1814 **Sadluzkij**, Anton (?),
Kaiserlich Russischer Major im Wilmanstrandschen
Infanterie-Regt.

(3677) 13./18.10.1814 **Lissanowskij**,
Kaiserlich Russischer Major im 48. Jäger-Regt.

(3678) 13./18.10.1814 **Würst**, Alexander Fedorowitsch,
Kaiserlich Russischer Kapitain im Orelschen Infanterie-Regt., Offizier vom Tage beim Generallieutenant Grafen St. Priest

(3679) 13./18.10.1814 **Terpjeliwskij**, Iwan Franzowitsch,
Kaiserlich Russischer Stabsrittmeister im 2. Ukrainischen Kosaken-Regt.

(3680) 13./18.10.1814 **Sablin**, Pawel Iwanowitsch (?),
Kaiserlich Russischer Stabsrittmeister im 2. Ukrainischen Kosaken-Regt.

(3681) 13./18.10.1814 **Tschernajew**, Peter Nikititsch,
Kaiserlich Russischer Lieutenant im 2. Ukrainischen Kosaken-Regt.

(3682) 13./18.10.1814 **Peterson**, Jakob Iwanowitsch (Iwan Fedorowitsch ?),
Kaiserlich Russischer Beamter von der V. Klasse im Proviantetat, Intendant beim Korps des Generals der Infanterie Grafen Langeron

(3683) 13./18.10.1814 **Skobelew**, Iwan Nikititsch,
Kaiserlich Russischer Oberst im Leibgarde-Littauischen Regt., Chef des Rjäsanschen Infanterie-Regts.

(3684) 13./18.10.1814 **Prjäshewskij**, Nikolai Iwanowitsch,
Kaiserlich Russischer Major im Rjäsanschen Infanterie-Regt.

(3685) 13./18.10.1814 **Paton de Meieran**,
Kaiserlich Russischer Oberstlieutenant im Bjelo-Rußlandschen Husaren-Regt.

(3686) 13./18.10.1814 **Latschinow**, Peter Petrowitsch,
Kaiserlich Russischer Lieutenant im Bjelo-Rußlandschen Husaren-Regt., bisher im Leibgarde-Husaren-Regt.

(3687) 13./18.10.1814 **Sumarokow**, Sergei Pawlowitsch,
Kaiserlich Russischer Lieutenant in der Komp. S. K. H. des Großfürsten Zesarewitsch der Leibgarde-Artillerie-Brigade

(3688) 13./18.10.1814 **Termin**, Leontij Antonowitsch,
Kaiserlich Russischer Lieutenant im Bjelo-Rußlandschen Husaren-Regt.

(3689) 13./18.10.1814 **Golizin**, Wladimir (Sergjejewitsch ?) Fürst, Kaiserlich Russischer Kapitain von der Garde

(3690) 13./18.10.1814 **Bibikow**, Larion Michailowitsch,
Kaiserlich Russischer Lieutenant im Alexandriaschen Husaren-Regt., Adjutant des Generalmajors Fürsten Repnin

(3691) 13./18.10.1814 **Adabaschew**,
Kaiserlich Russischer Rittmeister im 1.(Jachontowschen) Freiwilligen Kosaken-Regt.

(3692) 13./18.10.1814 **Huhn**, Otto Fedorowitsch von,
Kaiserlich Russischer Lieutenant im 1. (Jachontowschen) Freiwilligen Kosaken-Regt.

(3693) 13./18.10.1814 **Moschenskij**, Filipp Denissjewitsch,
Kaiserlich Russischer Oberstlieutenant im St. Petersburgschen Grenadier-Regt.

(3694) 13./18.10.1814 **Helwig**, Alexander Jakowlewitsch,
Kaiserlich Russischer Major im St. Petersburgschen Grenadier-Regt.

(3695) 13./18.10.1814 **Scharenberg**, Wilhelm Franzowitsch,
Kaiserlich Russischer Stabskapitain im St. Petersburgschen Grenadier-Regt.

(3696) 13./18.10.1814 **Jermakow**, Alexander Dmitrijewitsch,
Kaiserlich Russischer Stabskapitain im St. Petersburgschen Grenadier-Regt.

(3697) 13./18.10.1814 **Sonn**, Grigorij Karlowitsch,
Kaiserlich Russischer Stabskapitain im St. Petersburgschen Grenadier-Regt.

(3698) 13./18.10.1814 **Kartamischew**, Iwan Nikolajewitsch,
Kaiserlich Russischer Lieutenant im St. Petersburgschen Grenadier-Regt.

(3699) 13./18.10.1814 **Barischnikow**, Peter Petrowitsch,
Kaiserlich Russischer Fähnrich im St. Petersburgschen
Grenadier-Regt.

(3700) 13./18.10.1814 **Kompan**, Franz Iwanowitsch,
Kaiserlich Russischer Rittmeister im 1. Ukrainischen
Kosaken-Regt.

(3701) 13./18.10.1814 **Gontscharow**,
Kaiserlich Russischer Lieutenant im 1. Ukrainischen
Kosaken-Regt.

(3702) 13./18.10.1814 **Rudnizkij**, Konstantin Iwanowitsch,
Kaiserlich Russischer Kornett im 1. Ukrainischen
Kosaken-Regt.

(3703) 13./18.10.1814 **Mileika (Mileiko)**, Iwan Ossipowitsch,
Kaiserlich Russischer Rittmeister im 1. Ukrainischen
Kosaken-Regt. Brigadeadjutant des Generalmajors Grafen
von Witt

(3704) 13./18.10.1814 **Suschkow**, Wassilij Wassiljewitsch,
Kaiserlich Russischer Oberstlieutenant im 3. Ukrainischen
Kosaken-Regt.

(3705) 13./18.10.1814 **Prokofiew**, Tichon Fedotowitsch,
Kaiserlich Russischer Lieutenant im 3. Ukrainischen
Kosaken-Regt.

(3706) 13./18.10.1814 **Schipow**, Peter Iwanowitsch,
Kaiserlich Russischer Kapitain

(3707) 13./18.10.1814 **Karaoulow**, Nikolai Dmitrijewitsch,
Kaiserlich Russischer Kornett, Adjutant des Atamans
Grafen Platow

(3708) 13./18.10.1814 **Karaoulow**, Alexander Dmitrijewitsch,
Kaiserlich Russischer Kornett, Adjutant des Atamans
Grafen Platow

(3709) 13./18.10.1814 **Nowikow**, Nikita Iwanowitsch,
Kaiserlich Russischer Unterlieutenant, Adjutant des
Atamans Grafen Platow

(3710) 13./18.10.1814 **Magdenko I.**, Iwan Semenowitsch,
Kaiserlich Russischer Oberst und Kommandeur der
Batterie-Komp. Nr. 21

(3711) 13./18.10.1814 **Obrutschew**, Wladimir Afanassjewitsch,
Kaiserlich Russischer Kapitain im Leibgarde-
Preobrashenskschen Regt., Adjutant des
Generallieutenants Baron Diebitsch

(3712) 13./18.10.1814 **Potemkin**, Jakob Alexjejewitsch,
Kaiserlich Russischer Generalmajor, Generaladjutant,
Kommandeur des Leibgarde-Semenowskschen Regt. und
der 1. Brigade der 1. Garde-Infanterie-Division

(3713) 13./18.10.1814 **Chrapowijkij**, Matwei Jewgrafowitsch,
Kaiserlich Russischer Generalmajor, Kommandeur des
Leibgarde-Ismailowschen Regts. und der 2. Brigade der 1.
Garde-Infanterie-Division

(3714) 13./18.10.1814 **Kischinskij**, Dmitrij Jegorowitsch,
Kaiserlich Russischer Kapitain im Leibgarde-
Preobrashenskschen Regt.

(3715) 13./18.10.1814 **Stremouchow**, Alexander Sergjejewitsch,
Kaiserlich Russischer Kapitain im Leibgarde-
Preobrashenskschen Regt. und Flügeladjutant

(3716) 13./18.10.1814 **Potemkin**, Alexander Michailowitsch,
Kaiserlich Russischer Kapitain im Leibgarde-
Preobrashenskschen Regt., Adjutant des
Generallieutenants Baron von Rosen

(3717) 13./18.10.1814 **Blum**, Paul Petrowitsch,
Kaiserlich Russischer Kapitain im Leibgarde-
Preobrashenskschen Regt.

(3718) 13./18.10.1814 **Schipow**, Sergei Pawlowitsch,
Kaiserlich Russischer Stabskapitain im Leibgarde-
Preobrashenskschen Regt.

(3719) 13./18.10.1814 **Korssakow**, Michail Alexandrowitsch,
Kaiserlich Russischer Stabskapitain im Leibgarde-
Preobrashenskschen Regt., Adjutant des
Generallieutenants Baron von Rosen

(3720) 13./18.10.1814 **Tolstoi**, Alexander Dmitrijewitsch Graf,
Kaiserlich Russischer Fähnrich im Leibgarde-
Preobrashenskschen Regt.

(3721) 13./18.10.1814 **Pustschin**, Pawel Sergjejewitsch,
Kaiserlich Russischer Oberst im Leibgarde-
Semenowskschen Regt.

(3722) 13./18.10.1814 **Okunjew**, Gawriil Semenowitsch,
Kaiserlich Russischer Kapitain im Leibgarde-
Semenowskschen Regt.

(3723) 13./18.10.1814 **Krasnokutskij**, Semen Grigorjewitsch,
Kaiserlich Russischer Kapitain im Leibgarde-
Semenowskschen Regt.

(3724) 13./18.10.1814 **Brincken**, Christofor Alexandrowitsch von,
Kaiserlich Russischer Kapitain im Leibgarde-
Semenowskschen Regt.

(3725) 13./18.10.1814 **Kasnakow**, Gennadij Iwanowitsch,
Kaiserlich Russischer Stabskapitain im Leibgarde-
Semenowskschen Regt.

(3726) 13./18.10.1814 **Annenkow**, Nikolai Petrowitsch,
Kaiserlich Russischer Stabskapitain im Leibgarde-
Semenowskschen Regt.

(3727) 13./18.10.1814 **Stürler**, Nikolai Karlowitsch (Lwowitsch) von,
Kaiserlich Russischer Stabskapitain im Leibgarde-
Semenowskschen Regt.

(3728) 13./18.10.1814 **Jefimowitsch**, Grigorij Iwanowitsch,
Kaiserlich Russischer Stabskapitain im Leibgarde-
Semenowskschen Regt.

(3729) 13./18.10.1814 **Arpshofen**, Karl Karlowitsch Baron von,
Kaiserlich Russischer Stabskapitain im Leibgarde-
Semenowskschen Regt.

(3730) 13./18.10.1814 **Mussin-Puschkin**, Michail Nikolajewitsch,
Kaiserlich Russischer Stabskapitain im Leibgarde-
Semenowskschen Regt.

(3731) 13./18.10.1814 **Besobrasow**, Peter Michailowitsch,
Kaiserlich Russischer Lieutenant im Leibgarde-
Semenowskschen Regt.

(3732) 13./18.10.1814 **Wadkowskij** I., Iwan Fedorowitsch,
Kaiserlich Russischer Lieutenant im Leibgarde-
Semenowskschen Regt.

(3733) 13./18.10.1814 **Panjutin**, Fedor Sergjejewitsch,
Kaiserlich Russischer Lieutenant im Leibgarde-
Semenowskschen Regt.

(3734) 13./18.10.1814 **Trubezkoi I.**, Sergei Petrowitsch Fürst,
Kaiserlich Russischer Lieutenant im Leibgarde-
Semenowskschen Regt.

(3735) 13./18.10.1814 **Ladomirskij**, Wassilij Nikolajewitsch,
Kaiserlich Russischer Lieutenant im Leibgarde-
Semenowskschen Regt.

(3736) 13./18.10.1814 **Martinow**, Pawel Petrowitsch,
Kaiserlich Russischer Oberst im Leibgarde-Ismailowschen
Regt.

(3737) 13./18.10.1814 **Woropanow**, Nikolai Faddjejewitsch,
Kaiserlich Russischer Kapitain im Leibgarde-
Ismailowschen Regt.

(3738) 13./18.10.1814 **Wasslenizkij**, Fedor Timofjewitsch,
Kaiserlich Russischer Kapitain im Leibgarde-
Ismailowschen Regt.

(3739) 13./18.10.1814 **Tschemessow**, Iwan Jefimowitsch,
Kaiserlich Russischer Kapitain im Leibgarde-
Ismailowschen Regt.

(3740) 13./18.10.1814 **Schamschew**, Jakob Iwanowitsch,
Kaiserlich Russischer Lieutenant im Leibgarde-
Ismailowschen Regt., Adjutant des Generalmajors
Chrapowizkij

(3741) 13./18.10.1814 **Spridow**, Alexei (Alexander) Matwjejewtisch,
Kaiserlich Russischer Lieutenant im Leibgarde-
Ismailowschen Regt., Adjutant des Generalmajors
Chrapowizkij

(3742) 13./18.10.1814 **Samsonow**, Sergei Wassiljewitsch,
Kaiserlich Russischer Lieutenant im Leibgarde-
Ismailowschen Regt.

(3743) 13./18.10.1814 **Ljätuchin**, Nikolai Petrowitsch,
Kaiserlich Russischer Unterlieutenant im Leibgarde-
Ismailowschen Regt.

(3744) 13./18.10.1814 **Barischnikow**, Pawel Petrowitsch,
Kaiserlich Russischer Oberst im Leibgarde-Jäger-Regt.

(3745) 13./18.10.1814 **Andrejewskij**, Konstantin Stepanowitsch,
Kaiserlich Russischer Oberst im Leibgarde-Jäger-Regt.

(3746) 13./18.10.1814 **Kurschewskij**, Wladimir Grigorjewitsch,
Kaiserlich Russischer Kapitain im Leibgarde-Jäger-Regt.

(3747) 13./18.10.1814 **Litwinow**, Iwan Wassiljewitsch,
Kaiserlich Russischer Kapitain im Leibgarde-Jäger-Regt.

(3748) 13./18.10.1814 **Repninskij**, Nikolai Jakowlewitsch,
Kaiserlich Russischer Kapitain im Leibgarde-Jäger-Regt.

(3749) 13./18.10.1814 **Bublik**, Jakob Petrowitsch,
Kaiserlich Russischer Stabskapitain im Leibgarde-Jäger-
Regt.

(3750) 13./18.10.1814 **Tolmatschew**, Afanassij Jemeljanowitsch,
Kaiserlich Russischer Stabskapitain im Leibgarde-Jäger-
Regt.

(3751) 13./18.10.1814 **Balkaschin**, Nikanor Nikolajewitsch,
Kaiserlich Russischer Stabskapitain im Leibgarde-Jäger-
Regt.

(3752) 13./18.10.1814 **Arbussow**, Alexei Fedorowitsch,
Kaiserlich Russischer Stabskapitain im Leibgarde-Jäger-
Regt.

(3753) 13./18.10.1814 **Titow**, Alexei Jegorowitsch,
Kaiserlich Russischer Kapitainlieutenant in der Garde-
Equipage

(3754) 13./18.10.1814 **Tschichatschew**, Matwei Nikolajewitsch,
Kaiserlich Russischer Lieutenant in der Garde-Equipage

(3755) 13./18.10.1814 **Strandmann**, Fedor Alexjejewitsch von,
Kaiserlich Russischer Lieutenant im Leibgarde-
Ismailowschen Regt.

(3756) 13./18.10.1814 **Stscherebatschew**, Alexander Nikolajewitsch,
Kaiserlich Russischer Lieutenant im Leibgarde-
Littauischen Regt.

(3757) 13./18.10.1814 **Schubert**, Grigorij Iwanowitsch,
Kaiserlich Russischer Oberstlieutenant im Leibgarde-
Grenadier-Regt.

(3758) 13./18.10.1814 **Tichanow**, Fedor Andrejewitsch,
Kaiserlich Russischer Oberstlieutenant im Leibgarde-
Grenadier-Regt.

(3759) 13./18.10.1814 **Tschekalow**, Michail Petrowitsch,
Kaiserlich Russischer Kapitain im Leibgarde-Grenadier-
Regt.

(3760) 13./18.10.1814 **Bersilow**, Arsenij Jakowlewitsch,
Kaiserlich Russischer Kapitain im Leibgarde-Grenadier-
Regt.

(3761) 13./18.10.1814 **Masslow**, Alexander Petrowitsch,
Kaiserlich Russischer Stabskapitain im Leibgarde-
Grenadier-Regt., Adjutant des Generalmajors Sheltuchin

(3762) 13./18.10.1814 **Schiermann (Scheuermann)**, Fedor Karlowitsch,
Kaiserlich Russischer Oberstlieutenant im Leibgarde-
Pawlowskschen Regt.

(3763) 13./18.10.1814 **Dombrowskij**, Roman Antonowitsch,
Kaiserlich Russischer Kapitain im Leibgarde-
Pawlowskschen Regt.

(3764) 13./18.10.1814 **Schiermann (Scheuermann)**, Karl (Wilhelm)
Karlowitsch,
Kaiserlich Russischer Kapitain im Leibgarde-
Pawlowskschen Regt.

(3765) 13./18.10.1814 **Dittmar**, Peter (Jegor ?) Leontjewitsch,
Kaiserlich Russischer Stabskapitain im Leibgarde-
Pawlowskschen Regt.

(3766) 13./18.10.1814 **Samburskij**, Akim (Joachim) Petrowitsch,
Kaiserlich Russischer Oberst im Leibgarde-Littauischen
Regt.

(3767) 13./18.10.1814 **Kischkin**, Wassilij Michailowitsch,
Kaiserlich Russischer Oberst im Leibgarde-Littauischen
Regt.

(3768) 13./18.10.1814 **Bresowskij (Beresowskij)**, Anton Walerjanowitsch,
Kaiserlich Russischer Kapitain im Leibgarde-Littauischen
Regt.

(3769) 13./18.10.1814 **Nikolew**, Wladimir Iwanowitsch,
Kaiserlich Russischer Kapitain im Leibgarde-Littauischen
Regt.

(3770) 13./18.10.1814 **Schulgin**, Dmitrij Iwanowitsch,
Kaiserlich Russischer Kapitain im Leibgarde-Littauischen
Regt.

(3771) 13./18.10.1814 **Aschakow**, Peter Sergjejewitsch,
Kaiserlich Russischer Oberst im Leibgarde-Finnlandschen
Regt.

(3772) 13./18.10.1814 **Palizin**, Michail Jakowlewitsch,
Kaiserlich Russischer Oberst im Leibgarde-Finnlandschen
Regt.

(3773) 13./18.10.1814 **Rall IV.**, Wassilij Fedorowitsch,
Kaiserlich Russischer Kapitain im Leibgarde-
Finnlandschen Regt.

(3774) 13./18.10.1814 **Weljäminow**, Nikolai Stepanowitsch,
Kaiserlich Russischer Kapitain im Leibgarde-
innlandschen Regt.

(3775) 13./18.10.1814 **Tschertorishskij**, Wassilij Nikolajewitsch,
Kaiserlich Russischer Kapitain im Leibgarde-
Finnlandschen Regt.

(3776) 13./18.10.1814 **Posdjejew (Podshidajew)**, Iwan Wassiljewitsch,
Kaiserlich Russischer Kapitain in der reitenden Artillerie-
Komp. Nr. 16 und der 7. Reserve-Brigade, Adjutant des
Generallieutenants Jermolow

(3777) 13./18.10.1814 **Apuschkin (Apuchtin),**
Kaiserlich Russischer Kapitain in der Moskauischen
Opoltschenje, beim Generallieutenant Jermolow stehend

(3778) 13./18.10.1814 **Kaschinzow**, Alexander Iwanowitsch,
Kaiserlich Russischer Oberst im Klein-Rußlandschen
Grenadier-Regt.

(3779) 13./18.10.1814 **Pjätkin**, Wassilij Gawrilowitsch,
Kaiserlich Russischer Oberstlieutenant im Leibgarde-
Pawlowskschen Regt.

(3780) 13./18.10.1814 **Muromzow**, Alexander Matwjejewitsch,
Kaiserlich Russischer Rittmeister im Leibgarde-Husaren-
Regt., Adjutant des Generalfeldmarschalls Graf Barclay de
Tolly

(3781) 13./18.10.1814 **Schelechow**, Dmitrij Nikolajewitsch,
Kaiserlich Russischer Major im 5. Jäger-Regt.

(3782) 13./18.10.1814 **Kologriwow**, Stepan Iwanowitsch,
Kaiserlich Russischer Stabskapitain im Leibgarde-
Grenadier-Regt., Adjutant des Generallieutenants
Sabanjejew

(3783) 13./18.10.1814 **Raditsch**, Jakob Nikolajewitsch,
Kaiserlich Russischer Stabskapitain im Leibgarde-
Grenadier-Regt.

(3784) 13./18.10.1814 **Ogoreliz**, Stepan,
Kaiserlich Russischer Lieutenant im Olonezschen
Infanterie-Regt.

(3785) 13./18.10.1814 **Reutern**, Erhard (Gerhard) Romanowitsch von,
Kaiserlich Russischer Kornett im Leibgarde-Husaren-Regt.

(3786) 13./18.10.1814 **Dawidow**, Nikolai Dmitrijewitsch (?),
Kaiserlich Russischer Generalmajor von der Artillerie

(3787) 13./18.10.1814 **Ilowaiskij XII.**, Iwan Dmitrijewitsch,
Kaiserlich Russischer Generalmajor im Donischen Woißko

(3788) 13./18.10.1814 **Scheffler**, Gustaf Iwanowitsch,
Kaiserlich Russischer Oberst in der Suite S. M. vom
Quartiermeisterwesen

(3789) 13./18.10.1814 **Bose**, Ernst Ludwig Hans von,
Kaiserlich Russischer Oberst in der Suite S. M. vom
Quartiermeisterwesen

(3790) 13./18.10.1814 **Krause**, Ossip Iwanowitsch,
Kaiserlich Russischer Oberstlieutenant in der Suite S. M.
vom Quartiermeisterwesen

(3791) 13./18.10.1814 **Thal (Thalen)**,
Kaiserlich Russischer Oberstlieutenant in der Suite S. M.
vom Quartiermeisterwesen, im Generalsstabe des
II. Infanteriekorps

(3792) 13./18.10.1814 **Sayn-Wittgenstein**, Ludwig Adolf Friedrich Graf von,
Kaiserlich Russischer Stabskapitain in der Suite S. M. vom
Quartiermeisterwesen

(3793) 13./18.10.1814 **Dieterichs (Dieteriks)**,
Kaiserlich Russischer Stabskapitain im 20. Jäger-Regt.,
kommandiert zum Generalstab

(3794) 13./18.10.1814 **Dellinghausen**, Iwan Fedorowitsch Baron von,
Kaiserlich Russischer Unterlieutenant in der Suite S. M.
vom Quartiermeisterwesen

(3795) 13./18.10.1814 **Pott**, Georg Heinrich Dragoner-Regt. von,
Kaiserlich Russischer Kapitain im Ingenieurkorps

(3796) 13./18.10.1814 **Schott**, Christofor Karlowitsch,
Kaiserlich Russischer Lieutenant im Ingenieurkorps

(3797) 13./18.10.1814 **Rshewskij**, Pawel Alexjejewitsch,
Kaiserlich Russischer Oberst von der Kavallerie, Adjutant
des Generals der Kavallerie Grafen Wittgenstein

(3798) 13./18.10.1814 **Merlin**, Karl Demjanowitsch von,
Kaiserlich Russischer Major im Olwiopolschen Husaren-
Regt., Adjutant des Generals der Kavallerie Grafen
Wittgenstein

(3799) 13./18.10.1814 **Suchtelen**, Paul Petrowitsch von,
Kaiserlich Russischer Oberst im Kavaliergarde-Regt. und Flügeladjutant

(3800) 13./18.10.1814 **Keyserlingk**, Otto Karl Diedrich Graf von,
Kaiserlich Russischer Major von der Kavallerie, Adjutant des Generals der Kavallerie Grafen Wittgenstein

(3801) 13./18.10.1814 **Semenow**, Danilo,
Kaiserlich Russischer Major im Jamburgschen Ulanen-Regt., Adjutant des Generals der Kavallerie Grafen Wittgenstein

(3802) 13./18.10.1814 **Klein**, Fedor Borissowitsch,
Kaiserlich Russischer Lieutenant im Grodnoschen Husaren-Regt., Adjutant des Generals der Kavallerie Grafen Wittgenstein

(3803) 13./18.10.1814 **Tarbejew**, Pawel Petrowitsch,
Kaiserlich Russischer Oberstlieutenant im Permschen Infanterie-Regt.

(3804) 13./18.10.1814 **Islenjew**, Sergei Alexandrowitsch,
Kaiserlich Russischer Major im Mohilewschen Infanterie-Regt.

(3805) 13./18.10.1814 **Oranskij**, Iwan Albrechtowitsch,
Kaiserlich Russischer Oberstlieutenant im Kalugaschen Infanterie-Regt.

(3806) 13./18.10.1814 **Pusirewskij**,
Kaiserlich Russischer Major im Kalugaschen Infanterie-Regt.

(3807) 13./18.10.1814 **Kriwskij**, Alexander Jakowlewitsch,
Kaiserlich Russischer Major im Kalugaschen Infanterie-Regt.

(3808) 13./18.10.1814 **Denissjewskij**, Andronik Andronikowitsch,
Kaiserlich Russischer Oberst im Sjewschen Infanterie-Regt.

(3809) 13./18.10.1814 **Maske (Masska)**, Iwan Jefimowitsch,
Kaiserlich Russischer Major im Sjewschen Infanterie-Regt.

(3810)   13./18.10.1814 **Krummes**, Theodor Ernst von,
         Kaiserlich Russischer Major im Sjewschen Infanterie-Regt.

(3811)   13./18.10.1814 **Blashijewskij**, Walentij Wassiljewitsch,
         Kaiserlich Russischer Kapitain im Wolynischen Infanterie-Regt.

(3812)   13./18.10.1814 **Wulffert**, Iwan Gustafowitsch, Kaiserlich
         Russischer Major im Njeshinschen reitenden Jäger-Regt.,
         Älterer Adjutant bei dem Tagesdienst des Generals der
         Kavallerie Grafen Wittgenstein

(3813)   13./18.10.1814 **Stepanow**,
         Kaiserlich Russischer Oberst im 20. Jäger-Regt.

(3814)   13./18.10.1814 **Garichwostow**, Alexander Sacharjewitsch,
         Kaiserlich Russischer Oberstlieutenant im 20. Jäger-Regt.,
         Offizier vom Tagesdienst beim Generalstabe des
         II. Infanteriekorps

(3815)   13./18.10.1814 **Kladischtschew**, Peter Alexjejewitsch,
         Kaiserlich Russischer Major im Muromschen Infanterie-Regt.

(3816)   13./18.10.1814 **Gerassimow**, Alexander Semenowitsch,
         Kaiserlich Russischer Kapitain im Muromschen Infanterie-Regt.

(3817)   13./18.10.1814 **Breshinskij**, Semen Petrowitsch,
         Kaiserlich Russischer Oberst im 23. Jäger-Regt.

(3818)   13./18.10.1814 **Kataschew**,
         Kaiserlich Russischer Oberstlieutenant im 23. Jäger-Regt.

(3819)   13./18.10.1814 **Buschen**, Christian Nikolajewitsch,
         Kaiserlich Russischer Major im 21. Jäger-Regt.

(3820)   13./18.10.1814 **Zirenjew**,
         Kaiserlich Russischer Major im 26. Jäger-Regt.

(3821)   13./18.10.1814 **Welenin**, Peter Alexandrowitsch,
         Kaiserlich Russischer Kapitain im Leibgarde-
         Pawlowskschen Regt., älterer Adjutant beim
         II. Infanteriekorps

(3822) 13./18.10.1814 **Arussow**, Sergei Dmitrijewitsch,
Kaiserlich Russischer Kapitain im St. Petersburgschen
Grenadier-Regt., Adjutant des Generalmajors Pischnizkij

(3823) 13./18.10.1814 **Tolstoi**, Graf,
Unterlieutenant im Krementschugschen Infanterie-Regt.,
Adjutant des Generalmajors Pischnizkij

(3824) 13./18.10.1814 **Smoljäninow**, Alexander Ossipowitsch (?),
Kaiserlich Russischer Kapitain im Fanagoriaschen
Grenadier-Regt., Adjutant des Generallieutenants Fürsten
Gortschakow

(3825) 13./18.10.1814 **Schischkin**, Pawel Sergjejewitsch,
Kaiserlich Russischer Unterlieutenant im Bjeloseroschen
Infanterie-Regt., Adjutant des Generallieutenants Fürsten
Gortschakow

(3826) 13./18.10.1814 **Maistre**, Rudolf Ossipowitsch Graf de,
Kaiserlich Russischer Stabsrittmeister im Kavaliergarde-
Regt.

(3827) 13./18.10.1814 **Tschagin**, Wladimir Nikolajewitsch,
Kaiserlich Russischer Unterlieutenant im
1. (Jachontowschen) Freiwilligen Kosaken-Regt.

(3828) 13./18.10.1814 **Nabel**, Andrei Andrejewitsch,
Kaiserlich Russischer Oberst im Grodnoschen Husaren-
Regt.

(3829) 13./18.10.1814 **Tulubjew**, Dorimedont Titowitsch,
Kaiserlich Russischer Rittmeister im Grodnoschen
Husaren-Regt.

(3830) 13./18.10.1814 **Babst**, Kondratij Kondratjewitsch,
Kaiserlich Russischer Lieutenant im Grodnoschen
Husaren-Regt., kommandiert beim Generallieutenant
Grafen von der Pahlen III.

(3831) 13./18.10.1814 **Lobanow**-Rostowskij, Boris Alexandrowitsch Fürst,
Kaiserlich Russischer Kornett im Leibgarde-Husaren-
Regt., bisher im Grodnoschen Husaren-Regt.

(3832) 13./18.10.1814 **Emme**, Alexander Iwanowitsch,
Kaiserlich Russischer Stabsrittmeister im Sumschen Husaren-Regt.

(3833) 13./18.10.1814 **Dolgorukij**, Nikolai Andrejewitsch,
Kaiserlich Russischer Lieutenant im Leibgarde-Husaren-Regt., bisher im Isjumschen Husaren-Regt., Adjutant des Generals der Kavallerie Grafen Wittgenstein

(3834) 13./18.10.1814 **Read**, Nikolai Andrejewitsch,
Kaiserlich Russischer Oberst im Sumschen Husaren-Regt.

(3835) 13./18.10.1814 **Taube**, Anton Baron von,
Kaiserlich Russischer Rittmeister im Sumschen Husaren-Regt.

(3836) 13./18.10.1814 **Mandrika**, Nikolai Jakowlewitsch,
Kaiserlich Russischer Oberst im Leibgarde-Husaren-Regt.

(3837) 13./18.10.1814 **Issjumow**, Nikolai Grigorjewitsch,
Kaiserlich Russischer Rittmeister im Tschujugewschen Ulanen-Regt.

(3838) 13./18.10.1814 **Krizin**, Jesim Nikititsch,
Kaiserlich Russischer Rittmeister im Tschujugewschen Ulanen-Regt.

(3839) 13./18.10.1814 **Lissanewitsch**, Iwan Grigorjewitsch,
Kaiserlich Russischer Lieutenant im Tschujugewschen Ulanen-Regt.

(3840) 13./18.10.1814 **Wiltschinskij**, Iwan Franzowitsch,
Kaiserlich Russischer Lieutenant im Bjelo-Rußlandschen Husaren-Regt.

(3841) 13./18.10.1814 **Dannenberg**, Iwan Petrowitsch,
Kaiserlich Russischer Major im Ingermanlandschen Dragoner-Regt.

(3842) 13./18.10.1814 **Rebrikow III.**, Kaiserlich Russischer Oberstlieutenant im Donischen Woißko, Regt. Ilowaiskij XII.

(3843) 13./18.10.1814 **Wlassow**, Michail,
Kaiserlich Russischer Starschina im Donischen Woißko, Regt. Wlassow

(3844) 13./18.10.1814 **Kalatschewskij (Kolatschewkij)**, Nikolai Jegorowitsch, Kaiserlich Russischer Major im Sibirischen Ulanen-Regt., Divisionsadjutant des Generallieutenants Grafen von der Pahlen III.

(3845) 13./18.10.1814 **Budberg**, Fedor Wassiljewitsch von,
Kaiserlich Russischer Rittmeister im Leibgarde-Ulanen-Regt., Adjutant des Generallieutenants Grafen von der Pahlen III.

(3846) 13./18.10.1814 **Wachsmuth**, Alexander (Andrei) Jakowlewitsch, Kaiserlich Russischer Stabskapitain in der 14. Artillerie-Brigade

(3847) 13./18.10.1814 **Sacharshewskij**, Jakob Wassiljewitsch, Kaiserlich Russischer Oberst und Kommandeur der reitenden Artillerie-Komp. Nr. 6

(3848) 13./18.10.1814 **Pahlen**, Iwan Petrowitsch Graf von der,
Kaiserlich Russischer Stabskapitain im Leibgarde-Semenowskschen Regt., Adjutant des Generals der Kavallerie Grafen Wittgenstein

(3849) 13./18.10.1814 **Kosküll**, Josef Wilhelm Graf von,
Kaiserlich Russischer Lieutenant im Leibgarde-Semenowskschen Regt., Adjutant des Generals der Infanterie Fürsten Gortschakow

(3850) 13./18.10.1814 **Shukowskij**, Michail Stepanowitsch,
Kaiserlich Russischer Beamter von der V. Klasse im Proviantetat, Generalintendant des Korps des Generals der Kavallerie Grafen Wittgenstein

(3851) 13./18.10.1814 **Krilow**, Alexander Alexjejewitsch,
Kaiserlich Russischer Kapitain im Leibgarde-Pawlowskschen Regt., Adjutant des Generals der Kavallerie Grafen Wittgenstein

(3852) 13./18.10.1814 **Petrulin**, Jakob Wassiljewitsch,
Kaiserlich Russischer Oberst im Leibgarde-Husaren-Regt.

(3853) 13./18.10.1814 **Pestel**, Pawel Iwanowitsch,
Kaiserlich Russischer Unterlieutenant im Kavaliergarde-
Regt., bisher im Leibgarde-Littauischen Regt., Adjutant
des Generals der Kavallerie Grafen Wittgenstein

(3854) 13./18.10.1814 **Tischin**, Wassilij Grigorjewitsch,
Kapitain Oberstlieutenant im Muromschen Infanterie-
Regt., Adjutant des Generals der Kavallerie Grafen
Wittgenstein

(3855) 13./18.10.1814 **Petrulin**, Jurij Wassiljewitsch,
Kaiserlich Russischer Rittmeister im Leibgarde-Kürassier-
Regt. Seiner Majestät, Adjutant des Generals der
Kavallerie Grafen Wittgenstein

(3856) 13./18.10.1814 **Saß**, Peter Andrejewitsch,
Kaiserlich Russischer Stabsrittmeister im Wolynischen
Ulanen-Regt., Adjutant des Generals der Kavallerie Grafen
Wittgenstein

(3857) 13./18.10.1814 **Pawlow**, Grigorij,
Kaiserlich Russischer Sotnik im Donischen Woißko, Regt.
Ilowaiskij IX.

(3858) 13./18.10.1814 **Molostwow**, Wladimir Persiljewitsch,
Kaiserlich Russischer Stabskapitain im Taurischen
Grenadier-Regt., Adjutant des Generals der Infanterie
Prinzen Eugen von Württemberg, beauftragt mit den
Geschäften des Stabsoffiziers vom Tage beim
II. Infanteriekorps

(3859) 13./18.10.1814 **Pilchowskij**, Iwan Christoforowitsch,
Kaiserlich Russischer Lieutenant im Tschernigowschen
Infanterie-Regt., Adjutant des Generallieutenants Fürsten
Schachowskij

(3860) 13./18.10.1814 **Loewenhof**, Timofei Anatonowitsch,
Kaiserlich Russischer Oberstlieutenant im
Tschernigowschen Infanterie-Regt.

(3861) 13./18.10.1814 **Schulgin**, Peter (Alexander Sergjejewitsch ?),
Kaiserlich Russischer Major im Tschernigowschen
Infanterie-Regt.

(3862)   13./18.10.1814 **Siwai**, Alexander Iwanowitsch,
Kaiserlich Russischer Major im Tschernigowschen Infanterie-Regt.

(3863)   13./18.10.1814 **Schachmatow**, Nikolai Alexandrowitsch Fürst,
Kaiserlich Russischer Major im Muromschen Infanterie-Regt.

(3864)   13./18.10.1814 **Brenner**, Iwan Iwanowitsch,
Kaiserlich Russischer Major im Muromschen Infanterie-Regt.

(3865)   13./18.10.1814 **Wrangel**, Ludwig Andrejewitsch (?),
Kaiserlich Russischer Major im Revalschen Infanterie-Regt.

(3866)   13./18.10.1814 **Müller,**
Kaiserlich Russischer Major im Revalschen Infanterie-Regt.

(3867)   13./18.10.1814 **Keldermann,**
Kaiserlich Russischer Major im 20. Jäger-Regt.

(3868)   13./18.10.1814 **Reich**, Iwan Iwanowitsch,
Kaiserlich Russischer Major im Wolynischen Infanterie-Regt.

(3869)   13./18.10.1814 **Schljächtin**, Nikolai Nikolajewitsch,
Kaiserlich Russischer Kapitain im Revalschen Infanterie-Regt., Adjutant des Generallieutenants Fürsten Schachowskij

(3870)   13./18.10.1814 **Stepanow**, Matwei,
Kaiserlich Russischer Kapitain im 20. Jäger-Regt., Adjutant des Generallieutenants Fürsten Schachowskij

(3871)   13./18.10.1814 **Tannauer,** Kaiserlich Russischer
Stabskapitain im Krementschugschen Infanterie-Regt., Adjutant des Generalmajors Pischnizkij

(3872)   13./18.10.1814 **Lüdinghausen gen. Wolff**, Peter Johann (Iwan Pawlowitsch) Freiherr von,
Kaiserlich Russischer Oberst im Tobolskschen Infanterie-Regt.

(3873)   13./18.10.1814 **Kubitowitsch**, Danilo Antonowitsch,
             Kaiserlich Russischer Major im Tschernigowschen
             Infanterie-Regt.

(3874)   13./18.10.1814 **Huhn**, Otto (Wilhelm) von,
             Kaiserlich Russischer Stabskapitain im Tschernigowschen
             Infanterie-Regt.

(3875)   13./18.10.1814 **Bistrom**, Alexander Iwanowitsch,
             Kaiserlich Russischer Unterlieutenant im
             Tschernigowschen Infanterie-Regt.

(3876)   13./18.10.1814 **Gerassimow**, Alexander Semenowitsch,
             Kaiserlich Russischer Kapitain im Muromschen Infanterie-
             Regt.

(3877)   13./18.10.1814 **Roth**, Ludwig Chrestjanowitsch,
             Kaiserlich Russischer Lieutenant im Muromschen
             Infanterie-Regt.

(3878)   13./18.10.1814 **Woronjez**, Iwan Awerjanowitsch,
             Kaiserlich Russischer Lieutenant im Sofiaschen Infanterie-
             Regt., kommandiert zum Muromschen Infanterie-Regt.

(3879)   13./18.10.1814 **Drobishewskij**, Karp (?),
             Kaiserlich Russischer Major im Revalschen Infanterie-
             Regt.

(3880)   13./18.10.1814 **Petrowskij**-Murawskij, Nikolai Iwanowitsch,
             Kaiserlich Russischer Kapitain im 20. Jäger-Regt.

(3881)   13./18.10.1814 **Swjägin**, Nikolai Michailowitsch,
             Kaiserlich Russischer Kapitain im 20. Jäger-Regt.

(3882)   13./18.10.1814 **Helldorff**, Heinrich August von,
             Kaiserlich Russischer Stabskapitain im 20. Jäger-Regt.

(3883)   13./18.10.1814 **Pomernaskij**, Narkiß,
             Kaiserlich Russischer Lieutenant im 20. Jäger-Regt.

(3884)   13./18.10.1814 **Konowkin**, Gawriil Iljitsch,
             Kaiserlich Russischer Fähnrich im 20. Jäger-Regt.

(3885) 13./18.10.1814 **Neumann**, Alexander Iwanowitsch (?),
Kaiserlich Russischer Major im Tobolskschen Infanterie-Regt.

(3886) 13./18.10.1814 **Manonow**, Iwan Awerjanowitsch,
Kaiserlich Russischer Oberstlieutenant im Wolynischen Infanterie-Regt.

(3887) 13./18.10.1814 **Baranow**, Jewstafij Jewstafjewitsch,
Kaiserlich Russischer Kapitain im Wolynischen Infanterie-Regt.

(3888) 13./18.10.1814 **Schibajew (Schabajew)**,
Kaiserlich Russischer Unterlieutenant im Wolynischen Infanterie-Regt.

(3889) 13./18.10.1814 **Jemilowskij**,
Kaiserlich Russischer Major im Krementschugschen Infanterie-Regt.

(3890) 13./18.10.1814 **Sawostjanow**, Platon (Pavel ?) Iwanowitsch,
Kaiserlich Russischer Major im Krementschugschen Infanterie-Regt.

(3891) 13./18.10.1814 **Buschujew**,
Kaiserlich Russischer Major im Krementschugschen Infanterie-Regt.

(3892) 13./18.10.1814 **Wassiljew**,
Kaiserlich Russischer Major im Krementschugschen Infanterie-Regt.

(3893) 13./18.10.1814 **Belli**, von,
Kaiserlich Russischer Kapitain im Krementschugschen Infanterie-Regt.

(3894) 13./18.10.1814 **Fedorow**,
Kaiserlich Russischer Stabskapitain im Krementschugschen Infanterie-Regt.

(3895) 13./18.10.1814 **Leremantow**, Wladimir Nikolajewitsch,
Kaiserlich Russischer Lieutenant im Krementschugschen Infanterie-Regt.

(3896) 13./18.10.1814 **Tregubow**, Andrei Wassiljewitsch,
Kaiserlich Russischer Major im 4. Jäger-Regt.

(3897) 13./18.10.1814 **Staschewskij**, Matwei Iwanowitsch,
Kaiserlich Russischer Kapitain im 4. Jäger-Regt.

(3898) 13./18.10.1814 **Ismailow**, Lawr Timofjejewitsch,
Kaiserlich Russischer Stabskapitain im 4. Jäger-Regt.

(3899) 13./18.10.1814 **Korssak**, Roman Ossipowitsch,
Kaiserlich Russischer Stabskapitain im 34. Jäger-Regt.

(3900) 13./18.10.1814 **Iwanow III.**, Jegor Sacharjewitsch (Wassiljewitsch),
Kaiserlich Russischer Oberstlieutenant und Kommandeur der Pontonnier-Komp. Nr. 4

(3901) 13./18.10.1814 **Shemschushnikow**, Michail Nikolajewitsch,
Kaiserlich Russischer Stabskapitain in der leichten Artillerie-Komp. Nr. 3

(3902) 13./18.10.1814 **Lischin**, Nikolai Fedorowitsch,
Kaiserlich Russischer Stabskapitain in der Batterie-Komp. Nr. 34

(3903) 13./18.10.1814 **Pichelstein**, Johann Stanislawowitsch,
Kaiserlich Russischer Stabskapitain in der 2. Reserve-Artillerie-Brigade

(3904) 13./18.10.1814 **Krischtofowitsch**, Jewgenij Jossifowitsch,
Kaiserlich Russischer Lieutenant in der Batterie-Komp. Nr. 34

(3905) 13./18.10.1814 **Wojewodskij**, Pawel Jakowlewitsch,
Kaiserlich Russischer Lieutenant in der 4. Reserve-Artillerie-Brigade, reitende Artillerie-Komp. Nr. 13

(3906) 13./18.10.1814 **Swarkowskij**, Nikolai Akimowitsch (Jefimowitsch),
Kaiserlich Russischer Lieutenant in der Leibgarde-Artillerie-Brigade, kommandiert zur Batterie-Komp. Nr. 31

(3907) 13./18.10.1814 **Grudsinskij**, Sachar Iwanowitsch,
Kaiserlich Russischer Unterlieutenant in der leichten Artillerie-Komp. Nr. 13, kommandiert zur Batterie-Komp. Nr. 7

(3908) 13./18.10.1814 **O'Rurk III.**, Kornelij Jewgrafowitsch Graf,
Kaiserlich Russischer Stabsrittmeister im Wolynischen
Ulanen-Regt.

(3909) 13./18.10.1814 **Wojewodskij**, Lew Grigorjewitsch,
Kaiserlich Russischer Oberst im Wolynischen Ulanen-Regt.

(3910) 13./18.10.1814 **Nordstein**, Sergei Nikolajewitsch,
Kaiserlich Russischer Major im Wolynischen Ulanen-Regt.

(3911) 13./18.10.1814 **Engelhart**, Adam Grigorjewitsch von,
Kaiserlich Russischer Major im Wolynischen Ulanen-Regt.

(3912) 13./18.10.1814 **O'Rurk IV.**, Wladimir Jegorowitsch Graf,
Kaiserlich Russischer Lieutenant im Leibgarde-Ulanen-
Regt., bisher im Wolynischen Ulanen-Regt.

(3913) 13./18.10.1814 **Aschakow**, Alexei,
Kaiserlich Russischer Rittmeister im 1.(Jachontowschen)
Freiwilligen Kosaken-Regt.

(3914) 13./18.10.1814 **Dunajew**, Alexander Iwanowitsch,
Kaiserlich Russischer Oberst im Narwaschen Infanterie-
Regt., Stabsoffizier vom Tagesdienste beim Korps des
Generallieutenants Grafen Woronzow

(3915) 13./18.10.1814 **Apuschkin**, Alexander Nikolajewitsch
Kaiserlich Russischer Oberst und Kommandeur der
reitenden Artillerie-Komp. Nr. 11

(3916) 13./18.10.1814 **Winspeare (Winspier)**, Robert Antonowitsch,
Kaiserlich Russischer Oberstlieutenant und Kommandeur
der Batterie-Komp. Nr. 31

(3917) 13./18.10.1814 **Popow XIII.**,
Kaiserlich Russischer Starschina im Donischen Woißko

(3918) 13./18.10.1814 **Isbasch**, Nikita Nesterowitsch,
Kaiserlich Russischer Oberst im 13. Jäger-Regt.

(3919) 13./18.10.1814 **Stetter**, Iwan,
Kaiserlich Russischer Kapitain im 14. Jäger-Regt.

(3920) 13./18.10.1814 **Loewenstern**, Karl Karlowitsch Baron von,
Major im Sibirischen Ulanen-Regt., Adjutant der
24. Infanterie-Division

(3921) 13./18.10.1814 **Osharowskij**, Ignatij Onufrijewitsch Graf,
Kaiserlich Russischer Major von der Kavallerie, im Stabe
des Generallieutenants Grafen Woronzow

(3922) 13./18.10.1814 **Narischkin**, Dmitrij Wassiljewitsch,
Kaiserlich Russischer Lieutenant im Leibgarde-
Semenowskschen Regt., Adjutant des Generallieutenants
Grafen Woronzow

(3923) 13./18.10.1814 **Arseniew**, Nikolai Wassiljewitsch,
Kaiserlich Russischer Kapitain im Leibgarde-
Preobrashenskschen Regt., Adjutant des
Generallieutenants Grafen Woronzow

(3924) 13./18.10.1814 **Bakunin**, Wassilij Michailowitsch,
Kaiserlich Russischer Lieutenant im Leibgarde-Grenadier-
Regt., Adjutant des Generallieutenants Grafen Woronzow

(3925) 13./18.10.1814 **Zagnizkij**, Iwan Timofjejewitsch,
Kaiserlich Russischer Lieutenant im Narwaschen
Infanterie-Regt., Adjutant des Generallieutenants Grafen
Woronzow

(3926) 13./18.10.1814 **Rosenthal**, Gustaf von,
Kaiserlich Russischer Stabskapitain im Tulaschen
Infanterie-Regt., kommandiert als Generalstabsoffizier
beim Korps des Generallieutenants Grafen Woronzow

(3927) 13./18.10.1814 **Zwjetkow**, Wassilij Nikiforowitsch,
Kaiserlich Russischer Lieutenant in der Suite S. M. vom
Quartiermeisterwesen

(3928) 13./18.10.1814 **Lukowkin**, Amwrofij Gawrilowitsch,
Kaiserlich Russischer Sotnik im Donischen Woißko, Regt.
Ilowaiskij V., Ordonnanzoffizier beim Generallieutenant
Grafen Woronzow

(3929) 13./18.10.1814 **Poltarazkij**, Alexander (Pawlowitsch),
Kaiserlich Russischer Unterlieutenant im Nascheburgschen
Infanterie-Regt., Ordonnanzoffizier beim Generallieutenant
Grafen Woronzow

(3930) 13./18.10.1814 **Dechterow**, Jewgraf Semenowitsch,
Kaiserlich Russischer Lieutenant im Olwiopolschen
Husaren-Regt., Ordonnanzoffizier beim Generallieutenant
Grafen Woronzow

(3931) 13./18.10.1814 **Krassowskij**, Iwan Iwanowitsch,
Kaiserlich Russischer Lieutenant im Wolynischen Ulanen-
Regt., Ordonnanzoffizier des Generallieutenants Grafen
Woronzow

(3932) 13./18.10.1814 **Jakobson**, Adalbert Dawidowitsch,
Kaiserlich Russischer Lieutenant im Alexandriaschen
Husaren-Regt., Ordonnanzoffizier des Generallieutenants
Grafen Woronzow

(3933) 13./18.10.1814 **Majewskij**, Sergei Iwanowitsch,
Kaiserlich Russischer Oberst und Kommandeur des
13. Jäger-Regt.

(3934) 13./18.10.1814 **Tschetschenskij**, Alexander Nikolajewitsch,
Kaiserlich Russischer Oberst im Leibgarde-Husaren-Regt.,
Kommandeur des 1. Bugschen Kosaken-Regts.

(3935) 13./18.10.1814 **Koniwalskij**, Iwan Matwjejewitsch,
Kaiserlich Russischer Kapitain im 14. Jäger-Regt.

(3936) 13./18.10.1814 **Romanowskij (Romanowitsch)**, Iwan Kirillowitsch,
Kaiserlich Russischer Stabskapitain im 14. Jäger-Regt.

(3937) 13./18.10.1814 **Baranowskij**, Josef (?),
Kaiserlich Russischer Stabskapitain im 14. Jäger-Regt.

(3938) 13./18.10.1814 **Pawlow**, Dmitrij Pawlowitsch,
Kaiserlich Russischer Jessaul im 3. Bugschen Kosaken-
Regt.

(3939) 13./18.10.1814 **Matschulskij**, Fedor Stepanowitsch,
Kaiserlich Russischer Kapitain im Ingenieurkorps

(3940) 13./18.10.1814 **Maratschinskij**, Iwan Alexjejewitsch,
Kaiserlich Russischer Stabskapitain im 6. Jäger-Regt.

(3941) 13./18.10.1814 **Dushek (Dussek)**,
Kaiserlich Russischer Stabskapitain im Alexopolschen
Infanterie-Regt.

(3942) 13./18.10.1814 **Netschajew**, Nikolai Afanassjewitsch,
Kaiserlich Russischer Lieutenant in der Batterie-Komp.
Nr. 31

(3943) 13./18.10.1814 **Deroshinskij**, Wladimir Kosmitsch,
Kaiserlich Russischer Lieutenant in der Batterie-Komp.
Nr. 31

(3944) 13./18.10.1814 **Denissow**, Peter Alexandrowitsch,
Kaiserlich Russischer Unterlieutenant in der Batterie-
Komp. Nr. 31

(3945) 13./18.10.1814 **Grawe**, Pawel Semenowitsch,
Kaiserlich Russischer Unterlieutenant in der leichten
Artillerie-Komp. Nr. 46

(3946) 13./18.10.1814 **Redrikow**, Kaiserlich Russischer Major,
Etappen-Kommandant von Breslau

(3947) 13./18.10.1814 **Zerschow**, Iwan Sacharjewitsch,
Kaiserlich Russischer Generalmajor von der Kavallerie

(3948) 13./18.10.1814 **Dawidow**, Peter Iwanowitsch,
Kaiserlich Russischer Kapitain im Leibgarde-Jäger-Regt.

(3949) 13./18.10.1814 **Schilling**, Jakob Wassiljewitsch von,
Kaiserlich Russischer Rittmeister im Leibgarde-Husaren-
Regt., bisher im Isjumschen Husaren-Regt.

(3950) 13./18.10.1814 **Fabecky**, Ferdinand Friedrich Wilhelm von,
Kaiserlich Russischer Kapitain von der Armee, in der
Russisch-Deutschen Legion und dem Generaladjutanten
Tschernischew zugeteilt

(3951) 13./18.10.1814 **Petrowitsch**, Andrei Petrowitsch,
Kaiserlich Russischer Lieutenant im Feldjägerkorps

(3952) 13./18.10.1814 **Rönne**, Otto Filippowitsch Baron von,
Kaiserlich Russischer Kornett im Leibgarde-Reiter-Regt.,
Adjutant des Prinzen von Hessen-Phillipsthal

(3953) 13./18.10.1814 **Bergenstråle**, Peter Iwanowitsch,
Kaiserlich Russischer Lieutenant in der Suite S. M. vom
Quartiermeisterwesen

(3954)   13./18.10.1814 **Lopuchin**, Pawel Petrowitsch Fürst,
                        Kaiserlich Russischer Oberst im Kavaliergarde-Regt. und
                        Flügeladjutant

(3955)   13./18.10.1814 **Nejelow**, Peter Alexjejewitsch,
                        Kaiserlich Russischer Stabskapitain im Wiburgschen
                        Infanterie-Regt.

(3956)   13./18.10.1814 **Balmaine**, Alexander Apollonowitsch (Antonowitsch?)
                        Graf de,
                        Kaiserlich Russischer Oberstlieutenant von der Kavallerie

(3957)   13./18.10.1814 **Tomilowskij**, Andrei Stepanowitsch,
                        Kaiserlich Russischer Oberst im Isjumschen Husaren-
                        Regt., Stabsoffizier vom Tage im Stabe des
                        Generallieutenants Wassiltschikow

(3958)   13./18.10.1814 **Golizin**, Pawel Alexjejewitsch Fürst,
                        Kaiserlich Russischer Major im Achtirkaschen Husaren-
                        Regt., älterer Adjutant des Generallieutenants
                        Wassiltschikow

(3959)   13./18.10.1814 **Olsuwjew**, Alexander Dmitrijwitsch,
                        Kaiserlich Russischer Stabsrittmeister im Achtirkaschen
                        Husaren-Regt., älterer Adjutant des Generallieutenants
                        Wassiltschikow

(3960)   13./18.10.1814 **Apraxin**, Alexander Petrowitsch Graf,
                        Kaiserlich Russischer Rittmeister im Leibgarde-Husaren-
                        Regt., bisher im Achtirkaschen Husaren-Regt., Adjutant
                        des Generallieutenants Wassiltschikow

(3961)   13./18.10.1814 **Duwanow**, Akim Wassiljewitsch,
                        Kaiserlich Russischer Major im Achtirkaschen Husaren-
                        Regt.

(3962)   13./18.10.1814 **Alexandrowitsch**, Dmitrij Iwanowitsch,
                        Kaiserlich Russischer Rittmeister im Achtirkaschen
                        Husaren-Regt.

(3963)   13./18.10.1814 **Brilkin**, Dmitrij Michailowitsch,
                        Kaiserlich Russischer Lieutenant im Achtirkaschen
                        Husaren-Regt.

(3964) 13./18.10.1814 **Schoschin**, Peter Afanssjewitsch,
Kaiserlich Russischer Kornett im Achtirkaschen Husaren-Regt.

(3965) 13./18.10.1814 **Jefimowitsch**, Andrei Alexandrowitsch,
Kaiserlich Russischer Oberst im Alexandriaschen Husaren-Regt.

(3966) 13./18.10.1814 **Lukitsch**, Panteleimon Semenowitsch,
Kaiserlich Russischer Oberstlieutenant im Alexandriaschen Husaren-Regt.

(3967) 13./18.10.1814 **Marjänowitsch**, Markiß Pawlowitsch,
Kaiserlich Russischer Major im Alexandriaschen Husaren-Regt.

(3968) 13./18.10.1814 **Parsazkij (Parchwazkij)**, Apollon Andrejewitsch,
Kaiserlich Russischer Rittmeister im Alexandriaschen Husaren-Regt.

(3969) 13./18.10.1814 **Rokschanin**, Semen Ossipowitsch,
Kaiserlich Russischer Oberstlieutenant im Mariupolschen Husaren-Regt.

(3970) 13./18.10.1814 **Alexjejew**, Alexei Petrowitsch,
Kaiserlich Russischer Major im Mariupolschen Husaren-Regt.

(3971) 13./18.10.1814 **Olschewskij**, Ossip Danilowitsch,
Kaiserlich Russischer Oberst im Bjelo-Rußlandschen Husaren-Regt.

(3972) 13./18.10.1814 **Andrusskij**, Nikolai Iwanowitsch,
Kaiserlich Russischer Rittmeister im Bjelo-Rußlandschen Husaren-Regt.

(3973) 13./18.10.1814 **Gratschow**, Peter Alexjejewitsch,
Kaiserlich Russischer Rittmeister im Bjelo-Rußlandschen Husaren-Regt.

(3974) 13./18.10.1814 **Latschinow**, Peter Petrowitsch,
Kaiserlich Russischer Lieutenant im Leibgarde-Husaren-Regt., bisher im Bjelo-Rußlandschen Husaren-Regt.

(3975) 13./18.10.1814 **Chrustschow**, Sergei Petrowitsch,
Kapitain Oberstlieutenant in Kinburnschen Dragoner-Regt.

(3976) 13./18.10.1814 **Petrowskij**, Andrei Andrejewitsch,
Kaiserlich Russischer Kapitain im Kurlandschen
Dragoner-Regt.

(3977) 13./18.10.1814 **Knjäsew**, Peter Fedorowitsch,
Kaiserlich Russischer Kapitain im Twerschen Dragoner-
Regt.

(3978) 13./18.10.1814 **Abakumow**,
Kaiserlich Russischer Jessaul im Donischen Woißko, Regt.
Karpow II.

(3979) 13./18.10.1814 **Karpow V.**, Akim Akimowitsch (?),
Kaiserlich Russischer Jessaul im Donischen Woißko, Regt.
Karpow II.

(3980) 13./18.10.1814 **Tschernosubow (Tschernij-Subow)**,
Kaiserlich Russischer Jessaul im Donischen Woißko, Regt.
Lukowkin

(3981) 13./18.10.1814 **Tjumenew**, Sserbedschab Fürst,
Kaiserlich Russischer Major, Kommandeur eines
Kalmüken-Regts.

(3982) 13./18.10.1814 **Awarow**, Fedor Semenowitsch,
Kaiserlich Russischer Oberst und Kommandeur des
Jekaterinoslawschen Kürassier-Regts.

(3983) 13./18.10.1814 **Kellner**, Alexander Karlowitsch,
Kaiserlich Russischer Major im Jekaterinoslawschen
Kürassier-Regt.

(3984) 13./18.10.1814 **Pawlow**, Pawel Artemjewitsch,
Kaiserlich Russischer Rittmeister im Jekaterinoslawschen
Kürassier-Regt.

(3985) 13./18.10.1814 **Lewoschka**, Artemij Danilowitsch,
Kaiserlich Russischer Stabsrittmeister im
Jekaterinoslawschen Kürassier-Regt.

(3986) 13./18.10.1814 **Piljugin**, Wassilij Afanassjewitsch,
Kaiserlich Russischer Stabsrittmeister im
Jekaterinoslawschen Kürassier-Regt.

(3987) 13./18.10.1814 **Gromow**,
Kaiserlich Russischer Oberstlieutenant, int. Kommandeur
des Astrachanschen Kürassier-Regts.

(3988) 13./18.10.1814 **Sadonskij**, Woin Dmitrijewitsch,
Kaiserlich Russischer Oberstlieutenant im Astrachanschen
Kürassier-Regt.

(3989) 13./18.10.1814 **Rehbinder**, Boris Borissowitsch von,
Kaiserlich Russischer Major im Astrachanschen Kürassier-
Regt.

(3990) 13./18.10.1814 **Patkul**, Friedrich von,
Kaiserlich Russischer Rittmeister im Astrachanschen
Kürassier-Regt.

(3991) 13./18.10.1814 **Gojärin (Goshjärin)**, Michail Gerassimowitsch (?),
Kaiserlich Russischer Stabsrittmeister im Astrachanschen
Kürassier-Regt.

(3992) 13./18.10.1814 **Järoslawzew**, Iwan Antonowitsch,
Kaiserlich Russischer Lieutenant im Astrachanschen
Kürassier-Regt., Adjutant bei der 3. Kürassier-Brigade

(3993) 13./18.10.1814 **Kastrow II.**, Alexei Iwanowitsch Fürst,
Kaiserlich Russischer Kornett im Staro-Dubnoschen
Kürassier-Regt., Adjutant bei der 3. Kürassier-Brigade

(3994) 13./18.10.1814 **Koschkin**, Wassilij Iwanowitsch (?),
Kaiserlich Russischer Starschina im Donischen Woißko,
Regt. Tschernij Subow V.

(3995) 13./18.10.1814 **Pimanow**, Iwan Andrejewitsch,
Kaiserlich Russischer Jessaul im Donischen Woißko, Regt.
Tschernij Subow V.

(3996) 13./18.10.1814 **Palizin**, Wladimir Iwanowitsch,
Kaiserlich Russischer Oberst im Leibgarde-Reiter-Regt.,
Adjutant des Zesarewitsch Großfürst Konstantin

(3997) 13./18.10.1814 **Djäkow**, Peter Nikolajewitsch,
Kaiserlich Russischer Oberst im Leibgarde-Husaren-Regt.,
Adjutant des Zesarewitsch Großfürst Konstantin

(3998) 13./18.10.1814 **Kolsakow**, Pawel Andrejewitsch,
Kaiserlich Russischer Kapitain II. Ranges in der Garde-
Equipage, Adjutant des Zesarewitsch Großfürst Konstantin

(3999) 13./18.10.1814 **Kriwzow**, Alexander Iwanowitsch,
Kaiserlich Russischer Oberst im Leibgarde-Jäger-Regt.,
Adjutant des Zesarewitsch Großfürst Konstantin

(4000) 13./18.10.1814 **Timirjäsew**, Iwan Semenowitsch,
Kaiserlich Russischer Stabsrittmeister im Leibgarde-
Reiter-Regt., Adjutant des Zesarewitsch Großfürst
Konstantin

(4001) 13./18.10.1814 **Fanshawe**, Grigorij Andrejewitsch,
Kaiserlich Russischer Kapitain im Leibgarde-
Semenowskschen Regt., Adjutant des Zesarewitsch
Großfürst Konstantin

(4002) 13./18.10.1814 **Jessakow**, Dmitrij Semenowitsch,
Kaiserlich Russischer Kapitain im Leibgarde-Jäger-Regt.,
Adjutant des Zesarewitsch Großfürst Konstantin

(4003) 13./18.10.1814 **Meyerinck**, Wichard Georg Wilhelm Ludwig von,
Stabsrittmeister im Regt. Garde du Korps, kommandiert
beim Zesarewitsch Großfürst Konstantin

(4004) 13./18.10.1814 **Golizin**, Iwan Alexjejewitsch Fürst,
Kaiserlich Russischer Kapitain im Leibgarde reitenden
Jäger-Regt., bisher im 3. Ukrainischen Kosaken-Regt.

(4005) 13./18.10.1814 **Lwow**, Dmitrij Michailowitsch,
Kaiserlich Russischer Stabsrittmeister im Kavaliergarde-
Regt., älterer Adjutant der 1. Kürassier-Division

(4006) 13./18.10.1814 **Medem**, Wassilij Iwanowitsch Baron von,
Kaiserlich Russischer Stabsrittmeister im Leib-Kürassier-
Regt. I. M., älterer Adjutant der 1. Kürassier-Division

(4007) 13./18.10.1814 **Awarow**, Fedor Alexandrowitsch,
Kaiserlich Russischer Oberst im Kavaliergarde-Regt.

(4008) 13./18.10.1814 **Dawidow**, Jewdokim Wassiljewitsch,
Kaiserlich Russischer Oberst im Kavaliergarde-Regt.

(4009) 13./18.10.1814 **Stael**, Alexander Fedorowitsch von,
Kaiserlich Russischer Oberst im Kavaliergarde-Regt.

(4010) 13./18.10.1814 **Chrapowizkij**, Iwan Iwanowitsch,
Kaiserlich Russischer Oberst im Kavaliergarde-Regt.

(4011) 13./18.10.1814 **Soldaen**, Christofor Fedorowitsch,
Kaiserlich Russischer Oberst im Leibgarde-Reiter-Regt.

(4012) 13./18.10.1814 **Knorring**, Pontus Woldemar von,
Kaiserlich Russischer Oberst im Leibgarde-Reiter-Regt.

(4013) 13./18.10.1814 **Salow**, Fedor Andrejewitsch,
Kaiserlich Russischer Oberst im Leibgarde-Reiter-Regt.

(4014) 13./18.10.1814 **Ramm**, Karl Karlowitsch,
Kaiserlich Russischer Oberst im Leibgarde-Reiter-Regt.

(4015) 13./18.10.1814 **Tischkjewitsch**, Anton Demjanowitsch Graf,
Kaiserlich Russischer Rittmeister im Leibgarde-Reiter-Regt.

(4016) 13./18.10.1814 **Kosküll**, Peter Iwanowitsch Baron von,
Kaiserlich Russischer Rittmeister im Leibgarde-Reiter-Regt.

(4017) 13./18.10.1814 **Melikow**, Pawel Moissejewitsch,
Kaiserlich Russischer Oberst im Leibgarde-Kürassier-Regt. S. M.

(4018) 13./18.10.1814 **Derschau**, Karl Fedorowitsch von,
Kaiserlich Russischer Rittmeister im Leibgarde-Kürassier-Regt. S. M.

(4019) 13./18.10.1814 **Kahlen II.**, Paul Bogdanowitsch von,
Kaiserlich Russischer Stabsrittmeister im Leibgarde-Kürassier-Regt. S. M.

(4020) 13./18.10.1814 **Sologub**, Ignatij Moissejewitsch,
Kaiserlich Russischer Major im Leib-Kürassier-Regt. S. M.

(4021) 13./18.10.1814 **Gagin**, Pawel Nikolajewitsch,
Kaiserlich Russischer Major im Leib-Kürassier-Regt.
S. M.

(4022) 13./18.10.1814 **Kahlen I.**, Alexander Bogdanowitsch von,
Kaiserlich Russischer Stabsrittmeister im Leibgarde-°
Kürassier-Regt. S. M., Adjutant des Generalmajors Prinzen
Leopold von Sachsen-Koburg

(4023) 13./18.10.1814 **Schlein**, Fedor Martinowitsch,
Kaiserlich Russischer Stabsrittmeister im Leib-Kürassier-
Regt. I. M., Adjutant des Generalmajors Prinzen Leopold
von Sachsen-Koburg

(4024) 13./18.10.1814 **Stolipin**, Dmitrij Alexjejewitsch,
Kaiserlich Russischer Oberst und Kommandeur in der
Leibgarde reitenden Artillerie-Komp. Nr. 1

(4025) 13./18.10.1814 **Bistrom**, Filipp Antonowitsch von,
Kaiserlich Russischer Kapitain und Kommandeur in der
Leibgarde reitenden Artillerie-Komp. Nr. 2

(4026) 13./18.10.1814 **Gerbel**, Wassilij Wassiljewitsch,
Kaiserlich Russischer Stabskapitain in der Leibgarde
reitenden Artillerie-Komp. Nr. 1, Adjutant des
Generallieutenants von Harder

(4027) 13./18.10.1814 **Salza**, Karl Alexandrowitsch Baron von,
Kaiserlich Russischer Lieutenant in der Leibgarde
reitenden Artillerie-Komp. Nr. 1

(4028) 13./18.10.1814 **Gerstenzweig**, Danilo Alexandrowitsch,
Kaiserlich Russischer Unterlieutenant in der Leibgarde
reitenden Artillerie-Komp. Nr. 1

(4029) 13./18.10.1814 **Stephani**, Karl von,
Kaiserlich Russischer Lieutenant in der Suite S. M. vom
Quartiermeisterwesen

(4030) 13./18.10.1814 **Bichalow**, Jossif Michailowitsch,
Kaiserlich Russischer Jessaul im Donischen Woißko, Regt.
Rodionow II.

(4031) 13./18.10.1814 **Popow**, Alexander Jemeljanowitsch,
Kaiserlich Russischer Starschina im Donischen Woißko,
Regt. Rodionow II.

(4032) 13./18.10.1814 **Seliwanow**,
Kaiserlich Russischer Sotnik im Donischen Woißko, Regt.
Rodionow II.

(4033) 13./18.10.1814 **Selesnjew**,
Kaiserlich Russischer Major von der Infanterie,
Kommandeur des 14. Baschkiren-Regts.

(4034) 13./18.10.1814 **Kritschinskij**, Semen Jossisowitsch,
Kaiserlich Russischer Kornett im Tataren-Ulanen-Regt.

(4035) 13./18.10.1814 **Martjänow**, Danilo Jakowlewitsch,
Kaiserlich Russischer Oberstlieutenant im Kexholmschen
Grenadier-Regt.

(4036) 13./18.10.1814 **Kaschperow**, Nikita Prochorowitsch,
Kaiserlich Russischer Major im Kexholmschen Grenadier-
Regt.

(4037) 13./18.10.1814 **Shemschushnikow**, Apollon Stepanowitsch,
Kaiserlich Russischer Oberst im Leibgarde-Littauischen
Regt., Kommandeur des Pernauschen Grenadier-Regts.

(4038) 13./18.10.1814 **Schmidt**, Alexander Chrestjanowitsch (?),
Kaiserlich Russischer Major im Pernauschen Grenadier-
Regt.

(4039) 13./18.10.1814 **Trischatnij**, Alexander Lwowitsch,
Kaiserlich Russischer Major im Pernauschen Grenadier-
Regt.

(4040) 13./18.10.1814 **Nejelow II.**, Iwan Iwanowitsch,
Kaiserlich Russischer Kapitain im Pernauschen Grenadier-
Regt.

(4041) 13./18.10.1814 **Loweiko**, Iwan,
Kaiserlich Russischer Major im Polozkschen Infanterie-
Regt.

(4042) 13./18.10.1814 **Kirejewskij**, Fedor (Theodor),
Kaiserlich Russischer Stabskapitain im Wiburgschen
Infanterie-Regt., Divisionsadjutant des Generalmajors
Tschoglokow

(4043) 13./18.10.1814 **Tschglokow**, Andrejan Nikolajewitsch,
Kaiserlich Russischer Unterlieutenant im Leibgarde-Jäger-
Regt., bisher im Pernauschen Grenadier-Regt.

(4044) 13./18.10.1814 **Owander**, Wassilij Jakowlewitsch,
Kaiserlich Russischer Unterlieutenant im Leibgarde-Jäger-
Regt., bisher im Pernauschen Grenadier-Regt.

(4045) 13./18.10.1814 **Stahn**, Andrei Antonowitsch,
Kaiserlich Russischer Rittmeister im Leibgarde-Kosaken-
Regt. S. M., Adjutant des Generallieutenants Duka

(4046) 13./18.10.1814 **Schischkow (Schischkin)**, Peter Iwanowitsch,
Kaiserlich Russischer Lieutenant im Leibgarde-Kürassier-
Regt. S. M., bisher im Klein-Rußlandschen Kürassier-
Regt., Adjutant des Generallieutenants Duka

(4047) 13./18.10.1814 **Schatilow**, Iwan Wassiljewitsch,
Kaiserlich Russischer Lieutenant von der Armee, Adjutant
des Generaladjutanten Sakrewskij

(4048) 13./18.10.1814 **Kleist**, Peter von,
Kaiserlich Russischer Lieutenant im Grodnoschen
Husaren-Regt.

(4049) 13./18.10.1814 **Fircks**, Gustaf Fedorowitsch,
Kaiserlich Russischer Lieutenant im Grodnoschen
Husaren-Regt.

(4050) 13./18.10.1814 **Golizin**, Wassilij Sergjejewitsch Fürst,
Kaiserlich Russischer Major in der Pensaschen
Opoltschenje, Kammerjunker von der 5. Klasse

(4051) 13./18.10.1814 **Rosen**, Peter (Fedor) Fedorowitsch Baron von,
Kaiserlich Russischer Oberst im Tobolskschen Infanterie-
Regt., General-Polizeidirektor von Sachsen

(4052) 13./18.10.1814 **Witkowskij**, Adam Leontjewitsch,
Kaiserlich Russischer Lieutenant im Grodnoschen
Husaren-Regt.

(4053)　13./18.10.1814　**Pusin**, Karl Karlowitsch,
　　　　　　　　　　　Kaiserlich Russischer Lieutenant im 1. Ukrainischen
　　　　　　　　　　　Kosaken-Regt.

(4054)　13./18.10.1814　**Karaoulow I.**, Dmitrij,
　　　　　　　　　　　Kaiserlich Russischer Oberstlieutenant in der
　　　　　　　　　　　Moskauischen Opoltschenje

(4055)　13./18.10.1814　**Mjäkinin**, Nikolai Dawidowitsch,
　　　　　　　　　　　Kaiserlich Russischer Generalmajor in der Leibgarde-
　　　　　　　　　　　Artillerie-Brigade

(4056)　14.10.1814　**Tolstoi**, Graf, Kaiserlich
　　　　　　　　　　　Russischer Lieutenant im Leibgarde-Preobrashenskschen
　　　　　　　　　　　Regt.

(4057)　02.11.1814　**Weks**, Franz von,
　　　　　　　　　　　Kaiserlich Oesterreichischer Major im Infanterie-Regt.
　　　　　　　　　　　Kollowrat

(4058)　11.11.1814　**Adlercreutz**, Gustaf Magnus,
　　　　　　　　　　　Königlich Schwedischer Oberst und Chef des Westgöta-
　　　　　　　　　　　Infanterie-Regts., Generaladjutant des Königs

(4059)　13./18.10.1814　**Alfsparre**, Erik Georg,
　　　　　　　　　　　Königlich Schwedischer Oberst in der Armee,
　　　　　　　　　　　Oberstlieutenant im Westerbottens Infanterie-
　　　　　　　　　　　Regt., Generaladjutant des Königs

(4060)　14.11.1814　**Scheither**, Georg Freiherr von,
　　　　　　　　　　　Kaiserlich Oesterreichischer Generalmajor und Brigadier

(4061)　14.11.1814　**Hammerstein-Equord**, William Friedrich von,
　　　　　　　　　　　Kaiserlich Oesterreichischer Oberst im Ulanen-Regt.
　　　　　　　　　　　Meerveldt, bisher Kommandant des 1. Husaren-Regts. der
　　　　　　　　　　　Oesterreichisch-Deutschen Legion

(4062)　12.12.1814　**Mansei**, Nikolai Loginowitsch,
　　　　　　　　　　　Kaiserlich Russischer Rittmeister im Leibgarde-Husaren-
　　　　　　　　　　　Regt., Adjutant des Generaladjutanten Kutusow

(4063)　12.12.1814　**Thurn und Taxis**, Karl Anselm Prinz von,
　　　　　　　　　　　Königlich Württembergischer Oberst und Flügeladjutant

(4064) 28.12.1814 **Pokrowskij**, Jewstafij Charitonowitsch,
Kaiserlich Russischer Oberst im Sumschen Husaren-Regt.,
kommandiert beim Lubnoschen Husaren-Regt.

(4065) 28.12.1814 **Koletschizkij**, Iwan Nikolajewitsch,
Kaiserlich Russischer Rittmeister im Lubnoschen Husaren-Regt.

(4066) 28.12.1814 **Alfimow**,
Kaiserlich Russischer Rittmeister im Lubnoschen Husaren-Regt.

(4067) 28.12.1814 **Preiß**, Nikolai Iwanowitsch,
Kaiserlich Russischer Stabsrittmeister im Lubnoschen Husaren-Regt.

(4068) 28.12.1814 **Jeropkin**, Fedor Alexandrowitsch,
Kaiserlich Russischer Lieutenant im Lubnoschen Husaren-Regt.

(4069) 28.12.1814 **Filipow**, Alexei Alexjejewitsch,
Kaiserlich Russischer Kornett im Lubnoschen Husaren-Regt.

(4070) 28.12.1814 **Braun**,
Kaiserlich Russischer Lieutenant

(4071) 28.12.1814 **Bogulterow**,
Kaiserlich Russischer Sotnik

(4072) 28.12.1814 **Bagajewskow**, Stepan,
Kaiserlich Russischer Jessaul in der reitenden Artillerie-Komp. Nr. 2 des Donischen Woißko

(4073) 28.12.1814 **Bogatirew**, Wassilij Iwanowitsch,
Kaiserlich Russischer Jessaul in der reitenden Artillerie-Komp. Nr. 2 des Donischen Woißko

(4074) 28.12.1814 **Temirow (Timirow)**,
Kaiserlich Russischer Major und Kommandeur des 1. Teptjärischen Kosaken-Regts.

(4075) 28.12.1814 **Tregubow**, Ossip Grigorjewitsch,
Kaiserlich Russischer Major im Staro-Dubnoschen Kürassier-Regt., Etappenkommandant in Schweidnitz

(4076) 28.12.1814 **Possiet**, Alexander Petrowitsch,
Kaiserlich Russischer Major im 8. Jäger-Regt.,
Etappenkommandant in Oppeln

(4077) 28.12.1814 **Schulinius**, Karl Leontjewitsch,
Kaiserlich Russischer Kapitain im Mohilewschen
Infanterie-Regt., Etappenkommandant in Löwenberg

(4078) 28.12.1814 **Tiefenhausen**, Bogdan Karlowitsch von,
Kaiserlich Russischer Stabskapitain im Jelezschen
Infanterie-Regt., Etappenkommandant in Brieg

(4079) 28.12.1814 **Deskur (Descours)**, Iwan Iwanowitsch,
Kaiserlich Russischer Major und Kommandeur des
Sibirischen Grenadier-Regts.

(4080) 28.12.1814 **Potulow**, Iwan Terentjewitsch,
Kaiserlich Russischer Major im Sibirischen Grenadier-
Regt.

(4081) 28.12.1814 **Brandt**, Johann (Iwan Iwanowitsch),
Kaiserlich Russischer Major im Malo-Rußlandschen
Grenadier-Regt.

(4082) 28.12.1814 **Makuchin (Makuschin)**,
Kaiserlich Russischer Kapitain im Malo-Rußlandschen
Grenadier-Regt., Brigadeadjutant des Generalmajors Hesse

(4083) 28.12.1814 **Menschinskij**, Jossif Stepanowitsch,
Kaiserlich Russischer Major im Lubnoschen Husaren-
Regt.

(4084) 28.12.1814 **Possudowskij**,
Kaiserlich Russischer Oberstlieutenant im Sjewerschen
reitenden Jäger-Regt.

(4085) 28.12.1814 **Skardowij-Rington**, Fedor Lwowitsch,
Kaiserlich Russischer Kapitain im Sjewerschen reitenden
Jäger-Regt.

(4086) 28.12.1814 **Jäkimach**, Moissei Awramowitsch,
Kaiserlich Russischer Major im Neu-Rußlandschen
Dragoner-Regt.

(4087) 28.12.1814 **Struf**, Iwan (Rodion ?) Fedorowitsch van der,
Kaiserlich Russischer Major im Tschernigowschen
reitenden Jäger-Regt.

(4088) 28.12.1814 **Rudakow**, Iwan Pawlowitsch,
Kaiserlich Russischer Stabskapitain im Tschernigowschn
reitenden Jäger-Regt., Divisionsadjutant des
Generallieutenants Pantschulidsew

(4089) 28.12.1814 **Knishnikow**, Wassilij Danilowitsch,
Kaiserlich Russischer Major im Pfkowschen Kürassier-
Regt.

(4090) 28.12.1814 **Bronewskij**, Nikolai Bogdanowitsch,
Kaiserlich Russischer Stabskapitain im Dorpatschen
reitenden Jäger-Regt., Brigadeadjutant des Generalmajors
Graf Pahlen II.

(4091) 28.12.1814 **Rogowskij**, Alexander Wassiljewitsch,
Kaiserlich Russischer Major im Rjäsanschen Infanterie-
Regt.

(4092) 28.12.1814 **Dubrowin**, Peter Sergjejewitsch,
Kaiserlich Russischer Major im 30. Jäger-Regt.

(4093) 28.12.1814 **Bresin**, Alexei Dementjewitsch,
Kaiserlich Russischer Stabskapitain im 30. Jäger-Regt.

(4094) 28.12.1814 **Jermolajew**,
Kaiserlich Russischer Major im Bjeloseroschen Infanterie-
Regt.

(4095) 28.12.1814 **Samsonow**, Sergei Wassiljewitsch,
Kaiserlich Russischer Major im Bjeloseroschen Infanterie-
Regt.

(4096) 28.12.1814 **Brewern**, Christofor Loniowitsch (?),
Kaiserlich Russischer Oberstlieutenant im 33. Jäger-Regt.,
kommandiert zum Rilskschen Infanterie-Regt.

(4097) 28.12.1814 **Teplow**,
Kaiserlich Russischer Stabskapitain im 33. Jäger-Regt.

(4098) 28.12.1814 **Sljepzow,**
Kaiserlich Russischer Major im Jekaterinburgschen Infanterie-Regt.

(4099) 28.12.1814 **Isdemirow,**
Kaiserlich Russischer Major im Jekaterinburgschen Infanterie-Regt.

(4100) 28.12.1814 **Fokin,**
Kaiserlich Russischer Major im Rilskschen Infanterie-Regt.

(4101) 28.12.1814 **Turgenjew**, Lew Antonowitsch,
Kaiserlich Russischer Oberstlieutenant und Kommandeur des Jelezschen Infanterie-Regts.

(4102) 28.12.1814 **Peschtschanskij**, Gregorij Dmitrijewitsch,
Kaiserlich Russischer Oberstlieutenant und Kommandeur des Polzkschen Infanterie-Regts.

(4103) 28.12.1814 **Terne**, Fedor Fedorowitsch,
Kaiserlich Russischer Oberst im Witepskschen Infanterie-Regt.

(4104) 28.12.1814 **Fischer,**
Kaiserlich Russischer Oberstlieutenant im Apscheronschen Infanterie-Regt.

(4105) 28.12.1814 **Kartschewkij**, Iwan Stanislawowitsch,
Kaiserlich Russischer Kapitain im Apscheronschen Infanterie-Regt.

(4106) 28.12.1814 **Welentij**, Iwan Lukitsch,
Kaiserlich Russischer Oberstlieutenant und Kommandeur des Koslowschen Infanterie-Regts.

(4107) 28.12.1814 **Iskrizkij**, Peter Michailowitsch,
Kaiserlich Russischer Major im 38. Jäger-Regt.

(4108) 28.12.1814 **Tichozkij**, Alexei Michailowitsch,
Kaiserlich Russischer Major im 38. Jäger-Regt.

(4109) 28.12.1814 **Deroshinskij**, Leopold Kusmitsch,
Kaiserlich Russischer Major im Jakutskschen Infanterie-Regt.

(4110) 28.12.1814 **Korowin**, Iwan Stepanowitsch,
Kaiserlich Russischer Major im Kuraschen Infanterie-Regt.

(4111) 28.12.1814 **Shaglewskij**, David (?),
Kaiserlich Russischer Stabskapitain im Jjäsanschen
Infanterie-Regt., Korpsadjutant des IX. Infanteriekorps

(4112) 28.12.1814 **Dombrowskij**, Pawel Franzowitsch,
Kaiserlich Russischer Stabskapitain im 22. Jäger-Regt.,
Korpsadjutant des IX. Infanteriekorps

(4113) 28.12.1814 **Grigorow**, Fedor Iwanowitsch,
Kaiserlich Russischer Stabskapitain im 22. Jäger-Regt.,
Adjutant des Generalmajors Udom

(4114) 28.12.1814 **Kalinowskij**, Wassilij Jakowlewitsch,
Kaiserlich Russischer Lieutenant im 4. Jäger-Regt.,
Adjutant des Generalmajors Kornilow

(4115) 28.12.1814 **Stachowskij**, Martin Michailowitsch,
Kaiserlich Russischer Kapitain im Archangelogorodschen
Infanterie-Regt.

(4116) 28.12.1814 **Aladjin**, Fedor Andrejewitsch,
Kaiserlich Russischer Major im Schlüsselburgschen
Infanterie-Regt.

(4117) 28.12.1814 **Korf (Korsh)**, Nikolai Iwanowitsch,
Kaiserlich Russischer Kapitain im Schlüsselburgschen
Infanterie-Regt.

(4118) 28.12.1814 **Wolodimirow (Wladimirow)**, Semen Iwanowitsch,
Kaiserlich Russischer Kapitain im Schlüsselburgschen
Infanterie-Regt.

(4119) 28.12.1814 **Hingljät**, Iwan Martinowitsch,
Kaiserlich Russischer Major im Staro-Ingermanlandschen
Infanterie-Regt.

(4120) 28.12.1814 **Chmjeljewskij**, Anton Ossipowitsch,
Kaiserlich Russischer Stabskapitain im Staro-
Ingermanlandschen Infanterie-Regt.

(4121) 28.12.1814 **Ljätkowskij**, Alexander Jakowlewitsch,
Kaiserlich Russischer Stabskapitain im Staro-
Ingermanlandschen Infanterie-Regt.

(4122) 28.12.1814 **Nowopoljez**, Andrie Alexjejewitsch,
Kaiserlich Russischer Stabskapitain im Staro-
Ingermanlandschen Infanterie-Regt.

(4123) 28.12.1814 **Sobolewskij**, Stepan Gerassimowitsch,
Kaiserlich Russischer Oberstlieutenant im 7. Jäger-Regt.

(4124) 28.12.1814 **Hippius**, Karl Fedorowitsch,
Kaiserlich Russischer Kapitain im 7. Jäger-Regt.

(4125) 28.12.1814 **Besgin**, Konstantin Michailowitsch,
Kaiserlich Russischer Kapitain im Staro-Oskolschen
Infanterie-Regt.

(4126) 28.12.1814 **Ossipowitsch**, Sawelij Alexjejewitsch,
Kaiserlich Russischer Major im Wjätkaschen Infanterie-
Regt.

(4127) 28.12.1814 **Manteuffel**, von,
Kaiserlich Russischer Kapitain im Wjätkaschen Infanterie-
Regt.

(4128) 28.12.1814 **Kaufmann**, Peter Fedorowitsch,
Kaiserlich Russischer Kapitain im Wjätkaschen Infanterie-
Regt.

(4129) 28.12.1814 **Wolkow**, Wassilij Silowitsch,
Kaiserlich Russischer Major im Olonezschen Infanterie-
Regt.

(4130) 28.12.1814 **Michailowskij**, Nikolai,
Kaiserlich Russischer Major im 39. Jäger-Regt.

(4131) 28.12.1814 **Hoym**, Baron von,
Kaiserlich Russischer Major im 29. Jäger-Regt.

(4132) 28.12.1814 **Swida**, Michail Stepanowitsch,
Kaiserlich Russischer Kapitain im 45. Jäger-Regt.

(4133)   28.12.1814   **Grekow**, Sergei Nikolajewitsch,
Kaiserlich Russischer Stabskapitain im Libauschen
Infanterie-Regt., Korpsadjutant des X. Infanteriekorps

(4134)   28.12.1814   **Jelagin**, Nikolai Andrejewitsch,
Kaiserlich Russischer Lieutenant im Staro-Oskolschen
Infanterie-Regt., Brigadeadjutant des Generalmajors
Turtschaninow

(4135)   28.12.1814   **Iwanow**, Jegor Sacharjewitsch (Wassiljewitsch),
Kaiserlich Russischer Oberstlieutenant und Kommandeur
der Pontonnier-Komp. Nr. 4

(4136)   28.12.1814   **Wirubow**, Andrei Petrowitsch,
Kaiserlich Russischer Kapitain in der Batterie-Komp.
Nr. 32

(4137)   28.12.1814   **Osmolowskij**,
Kaiserlich Russischer Kapitain und Kommandeur der
leichten Artillerie-Komp. Nr. 29

(4138)   28.12.1814   **Freytag von Loringhoven**, Roman Karlowitsch,
Kaiserlich Russischer Lieutenant in der leichten Artillerie-
Komp. Nr. 29

(4139)   28.12.1814   **Sulima**, Ossip Iwanowitsch, Kaiserlich Russischer
Kapitainlieutenant in der Tschernomorischen Flotte

(4140)   28.12.1814   **Tuleninow**, Platon Iwanowitsch,
Kaiserlich Russischer Oberstlieutenant im Ingenieurkorps,
Chef der Ingenieure beim Korps des Generals der
Infanterie Graf Langeron

(4141)   28.12.1814   **Rosen**, Otto Fedorowitsch Baron von,
Kaiserlich Russischer Lieutenant im Ingenieurkorps

(4142)   28.12.1814   **Iljin**, -
Kaiserlich Russischer Major im Nowo Ingermanlandschen
Infanterie-Regt.

(4143)   28.12.1814   **Koschkin**, Wassilij Iwanowitsch (?),
Kaiserlich Russischer Kapitain in der Suite S. M. vom
Quartiermeisterwesen

(4144)　28.12.1814　**Dannenberg**, Samuil (Peter) Andrejewitsch,
Kaiserlich Russischer Kapitain in der Suite S. M. vom
Quartiermeisterwesen

(4145)　28.12.1814　**Samkowskij**, Alexei Dmitrijewitsch,
Kaiserlich Russischer Unterlieutenant in der Suite S. M.
vom Quartiermeisterwesen

(4146)　28.12.1814　**Prjäshewskij**, Nikolai Iwanowitsch,
Kaiserlich Russischer Major im Rjäsanschen Infanterie-
Regt.

(4147)　28.12.1814　**Lischin**, Nikolai Fedorowitsch,
Kaiserlich Russischer Kapitain in der Batterie-Komp. Nr.
34 der 4. Reserve-Artillerie-Brigade

(4148)　28.12.1814　**Natara II.**, Stepan Jewstafjewitsch,
Kaiserlich Russischer Lieutenant in der 13. Artillerie-
Brigade

(4149)　28.12.1814　**Iwanow**, Stepan Jemeljanowitsch,
Kaiserlich Russischer Stabskapitain im 22. Jäger-Regt.,
Adjutant des Generallieutenants Rudsewitsch

(4150)　28.12.1814　**Natara III.**, Dmitrij Jewstafjewitsch,
Kaiserlich Russischer Lieutenant im Isjumschen Husaren-
Regt., Adjutant des Generallieutenants Rudsewitsch

(4151)　28.12.1814　**Freigang**, Peter Iwanowitsch,
Kaiserlich Russischer Oberstlieutenant in der Suite S. M.
vom Quartiermeisterwesen

(4152)　28.12.1814　**Fahlenberg**,
Kaiserlich Russischer Lieutenant in der Suite S. M. vom
Quartiermeisterwesen

(4153)　28.12.1814　**Richter**, Karl Iwanowitsch,
Kaiserlich Russischer Unterlieutenant in der Suite S. M.
vom Quartiermeisterwesen

(4154)　28.12.1814　**Albrecht**, Peter Iwanowitsch,
Kaiserlich Russischer Kapitain im 4. Jäger-Regt.,
Divisionsadjutant bei der 17. Infanterie-Division

(4155) 28.12.1814 **Rosenstein**, Fedor Jegorowitsch,
Kaiserlich Russischer Stabskapitain im Wiburgschen
Infanterie-Regt., Divisionsadjutant bei der 17. Infanterie-
Division

(4156) 28.12.1814 **Gorskij**, Karl Petrowitsch,
Kaiserlich Russischer Stabskapitain im 4. Jäger-Regt.,
Adjutant des Generalmajors Pillar

(4157) 28.12.1814 **Rosen**, Andrei Fedorowitsch Baron von,
Kaiserlich Russischer Oberst und Kommandeur des
Jelissawetgradschen Husaren-Regt.

(4158) 28.12.1814 **Igelstroem**, Gustaf Gustafowitsch Baron von,
Kaiserlich Russischer Oberst und Kommandeur des
Wolynischen Ulanen-Regt.

(4159) 28.12.1814 **Loschkarew**, Alexander Sergjejewitsch,
Kaiserlich Russischer Oberstlieutenant im Isjumschen
Husaren-Regt.

(4160) 28.12.1814 **Kuhn**, Josef Ignatjewitsch,
Kaiserlich Russischer Oberstlieutenant im Pawlogradschen
Husaren-Regt.

(4161) 28.12.1814 **Kupfer**, Alexander Iwanowitsch,
Kaiserlich Russischer Major im Jelissawetgradschen
Husaren-Regt.

(4162) 28.12.1814 **Alferiew**, Pawel Wassiljewitsch,
Kaiserlich Russischer Major im Leibgarde reitenden Jäger-
Regt., bisher im Pawlogradschen Husaren-Regt.

(4163) 28.12.1814 **Wassiljew**, Michail Wassiljewitsch,
Kaiserlich Russischer Rittmeister im Wolynischen Ulanen-
Regt., Brigadeadjutant in der 3. Ulanen-Division

(4164) 28.12.1814 **Barakow**, Lew Lwowitsch,
Kaiserlich Russischer Lieutenant im Wolynischen Ulanen-
Regt., Adjutant des Generallieutenants Grafen O'Rurk

(4165) 28.12.1814 **Schischmarew**, Michail Wassiljewitsch,
Kaiserlich Russischer Lieutenant im Polnischen Ulanen-
Regt.

(4166) 28.12.1814 **Schafranskij**, Ludwig Michailowitsch,
Kaiserlich Russischer Lieutenant im Wolynischen Ulanen-Regt.

(4167) 28.12.1814 **Solezkij**, Alexei Pawlowitsch,
Kaiserlich Russischer Lieutenant im Wolynischen Ulanen-Regt.

(4168) 28.12.1814 **Dsheshelei**, Grigorij Antonowitsch,
Kaiserlich Russischer Kornett im Wolynischen Ulanen-Regt.

(4169) 28.12.1814 **Sokolowskij**, Xaverij Petrowitsch,
Kaiserlich Russischer Kornett im Wolynischen Ulanen-Regt.

(4170) 28.12.1814 **Tulubjew**, Arsenij Semenowitsch,
Kaiserlich Russischer Kapitain im Batl. der Großfürstin Katharina

(4171) 28.12.1814 **Morkownikow (Markownikow)**, Kosma Iwanowitsch,
Kaiserlich Russischer Stabskapitain im Batl. der Großfürstin Katharina

(4172) 28.12.1814 **Prudnikow**, Alexander Fedorowitsch,
Kaiserlich Russischer Lieutenant im Batl. der Großfürstin Katharina

(4173) 28.12.1814 **Tschaplin**, Michail,
Kaiserlich Russischer Unterlieutenant im Batl. der Großfürstin Katharina

(4174) 28.12.1814 **Droste zu Vischering**, Josef Freiherr von,
Kaiserlich Russischer Major von der Armee

(4175) 28.12.1814 **Lachmann,**
Kaiserlich Russischer Rittmeister von der Armee, Adjutant des Generalmajors von Tettenborn

(4176) 28.12.1814 **Varnhagen von Ense**, Karl August,
Kaiserlich Russischer Kapitain von der Armee

(4177) 28.12.1814 **Schultz**, Jakob,
Kaiserlich Russischer Rittmeister im Kasanschen Dragoner-Regt.

(4178) 28.12.1814 **Herbert**, Ernst (von),
Kaiserlich Russischer Rittmeister von der Armee

(4179) 28.12.1814 **Dobrischin**, Nikolai Iwanowitsch,
Kaiserlich Russischer Stabskapitain im 45. Jäger-Regt.,
Adjutant des Generalmajors Sheltuchin

(4180) 28.12.1814 **Koljubakin (Kulebjakin)**, Wassilij Iwanowitsch,
Kaiserlich Russischer Lieutenant im 29. Jäger-Regt.,
Adjutant des Generalmajors Sheltuchin

(4181) 28.12.1814 **Hoven**, Jegor Christoforowitsch,
Kaiserlich Russischer Stabskapitain in der Suite S. M. vom
Quartiermeisterwesen

(4182) 28.12.1814 **Wischnjäkowski (Wischnjewskij)**, Stanislaw
Ossipowitsch, Kaiserlich Russischer Stabsrittmeister im
Astrachanschen Kürassier-Regt., Adjutant des Generals der
Infanterie Freiherrn von Sacken

(4183) 28.12.1814 **Iwaschkin**,
Kaiserlich Russischer Stabskapitain im Kurlandschen
Dragoner-Regt., Adjutant des Generals der Infanterie
Freiherrn von Sacken

(4184) 28.12.1814 **Sljunjäjew**, Grigorij Dementjewitsch, Kaiserlich
Russischer Oberst im 8. Jäger-Regt.

(4185) 28.12.1814 **Laptjew**, Nikolai (Iwanowitsch ?),
Kaiserlich Russischer Major im 8. Jäger-Regt.

(4186) 28.12.1814 **Huberti**, Wassilij Jakowlewitsch,
Kaiserlich Russischer Kapitain im 8. Jäger-Regt.

(4187) 28.12.1814 **Seliwanow**, Grigorij Alexjejewitsch,
Kaiserlich Russischer Oberstlieutenant im
Kamtschatkaschen Infanterie-Regt.

(4188) 28.12.1814 **Safjänow**, Peter (?),
Kaiserlich Russischer Oberstlieutenant im
Kamtschatkaschen Infanterie-Regt.

(4189) 28.12.1814 **Lewandowskij**, Justin Wassiljewitsch,
Kaiserlich Russischer Oberstlieutenant im Tarnopolschen
Infanterie-Regt.

(4190) 28.12.1814 **Rindin**, Filadelf Kirillowitsch,
Kaiserlich Russischer Oberstlieutenant im Simbirskschen
Infanterie-Regt.

(4191) 28.12.1814 **(Petrowskij-)Murawskij**,
Kaiserlich Russischer Major und Kommandeur des
49. Jäger-Regt.

(4192) 28.12.1814 **Asowskij**,
Kaiserlich Russischer Major im 39. Jäger-Regt.

(4193) 28.12.1814 **Werbowskij**, Platon Wassiljewitsch,
Kaiserlich Russischer Oberst und Kommandeur der
Batterie-Komp. Nr. 10

(4194) 28.12.1814 **Karatschinskij**, Iwan (Wassiljewitsch ?),
Kaiserlich Russischer Kapitain in der leichten Artillerie-
Komp. Nr. 19

(4195) 28.12.1814 **Natara (I.)**, Stepan Stepanowitsch,
Kaiserlich Russischer Stabskapitain in der Batterie-Komp.
Nr. 13

(4196) 28.12.1814 **Kindjäkow**, Semen Iwanowitsch,
Kaiserlich Russischer Major im Odessaschen Infanterie-
Regt.

(4197) 28.12.1814 **Kijow**, Iwan Jewdokimowitsch,
Kaiserlich Russischer Major im Krimschen Infanterie-
Regt.

(4198) 28.12.1814 **Sikorskij**,
Kaiserlich Russischer Major im Krimschen Infanterie-
Regt.

(4199) 28.12.1814 **Ostreshkowskij**, Franz Kasimirowitsch,
Kaiserlich Russischer Kapitain im Wilnaschen Infanterie-
Regt.

(4200) 28.12.1814 **Stepanow,**
Kaiserlich Russischer Major im Jaroslawschen Infanterie-Regt.

(4201) 28.12.1814 **Bulgakow,** Fedor Wasiljewitsch,
Kaiserlich Russischer Major im Jaroslawschen Infanterie-Regt.

(4202) 28.12.1814 **Warlowskij,** Adam Stanislawowitsch,
Kaiserlich Russischer Lieutenant im Alexandriaschen Husaren-Regt.

(4203) 28.12.1814 **Chrapatschoiw,** Wassilij Stepanowitsch,
Kaiserlich Russischer Lieutenant im Bjelostokschen Infanterie-Regt., Adjutant des Generalmajors Graf Liewen III.

(4204) 28.12.1814 **Kapzewitsch,** Iwan Michailowitsch,
Kaiserlich Russischer Oberstlieutenant im Pfkowschen Infanterie-Regt.

(4205) 28.12.1814 **Burmeister,** Fedor Fedorowitsch,
Kaiserlich Russischer Oberstlieutenant im Ingenieurkorps

(4206) 28.12.1814 **Maznew,** Michail Nikolajewitsch,
Kaiserlich Russischer Oberst, Chef des 11. Jäger-Regts.

(4207) 28.12.1814 **Sanden-Peskowitsch,** Karl Wassiljewitsch,
Kaiserlich Russischer Oberst und Kommandeur der Rigaer Garnison-Artillerie, bisher Kommandeur des St. Petersburgschen Artillerie-Arsenals

(4208) 28.12.1814 **Pfuel,** Ernst Adolf Heinrich von,
Oberst in der Russisch-Deutschen Legion

1815

(4209) 01.01.1815 **Below,** Theodor Werner Christian von,
Oberst und Kommandeur des Littauischen Dragoner-Regts.

(4210) 13.02.1815 **Tompson,** Ludwig,
Kaiserlich Russischer Rittmeister von der Kavallerie

(4211) 12.03.1815 **Falk**, Fedor Bogdanowitsch,
Kaiserlich Russischer Major im Grenadier-Regt. S. M. des
Königs von Preußen

(4212) 12.03.1815 **Timrodt**, Alexander Iwanowitsch,
Kaiserlich Russischer Kapitain im Grenadier-Regt. S. M.
des Königs von Preußen

(4213) 05.04.1815 **Loewenstern**, Iwan Peter Eduard von,
Kaiserlich Russischer Rittmeister im Leibgarde-Husaren-
Regt., bisher im Sumschen Husaren-Regt., Adjutant des
Generallieutenants Grafen von der Pahlen I.

(4214) 05.04.1815 **Nowossilzow**, Wladimir Grigorowitsch,
Kaiserlich Russischer Stabsrittmeister im Leibgarde-
Husaren-Regt., bisher im Sumschen Husaren-Regt.,
Adjutant des Generallieutenants Grafen von der Pahlen I.

(4215) 05.04.1815 **Brunner**,
Kaiserlich Russischer Lieutenant im Grodnoschen
Husaren-Regt.

(4216) 05.04.1815 **Grothuß**, von,
Kaiserlich Russischer Unterlieutenant im Sumschen
Husaren-Regt.

(4217) 05.04.1815 **Mikulin**, Wassilij Jakowlewitsch,
Kaiserlich Russischer Lieutenant im Leibgarde-
Preobrashenskschen Regt., Adjutant beim I. Armeekorps

(4218) 04.05.1815 **Fahnenberg**, Anton Freiherr von,
Kaiserlich Oesterreichischer Rittmeister im Stabs-
Dragoner-Regt., früher im Chevauxlegers-Regt. Rosenberg

(4219) 25.05.1815 **Almásy von Zsadýny und Török - Sz. Miklós**, Elias
Graf,
Kaiserlich Oesterreichischer Oberst der adligen
Ungarischen Insurrektion, außer Diensten

(4220) 10.06.1815 **Klotzsch**, Karl,
Kaiserlich Russischer Major im Nowgorodschen
Kürassier-Regt.

(4221) 19.06.1815 **Lemcke**, Friedrich Wilhelm Bogislaf von,
Stabslieutenant im Pommerschen Husaren-Regt.

(4222) 24.06.1815 **Thile II.**, Heinrich Adolf Eduard von,
Oberst im Generalstabe des Oberkommandos der Armee vom Niederrhein

(4223) 07.08.1815 **Sukowkin**, Peter Lawrowitsch,
Kaiserlich Russischer Major von der Armee, Adjutant des Generals der Infanterie Freiherrn von Sacken

(4224) 15.08.1815 **Schkurin**, Paul Sergjejwitsch,
Kaiserlich Russischer Stabsrittmeister im Kavaliergarde-Regt., Adjutant des Generals der Infanterie Dochturow

(4225) 15.08.1815 **Panin**, Alexander Nikolajewitsch Graf,
Kaiserlich Russischer Lieutenant im Pfkowschen Kürassier-Regt., Adjutant des Generals der Infanterie Dochturow

(4226) 19.08.1815 **Tarassow**, Iwan Iwanowitsch,
Kaiserlich Russischer Oberstlieutenant im Leibgarde-Grenadier-Regt., Adjutant des Generallieutenants Konownizin

(4227) 19.08.1815 **Rodsjänko**, Michail Petrowitsch,
Kaiserlich Russischer Stabsrittmeister im Leibgarde-Husaren-Regt., früher im Pawlogradschen Husaren-Regt., Adjutant des Generallieutenants Konownizin

(4228) 19.08.1815 **Kirpitschew**, Matwei Kirillowitsch,
Kaiserlich Russischer Kapitain von der Armee, Adjutant des Generallieutenants Konownizin

(4229) 19.08.1815 **Kosljäinow (Kosljäninow)**, Wladimir Petrowitsch,
Kaiserlich Russischer Lieutenant in der 1. (3. ?) Artillerie-Brigade

(4230) 07.09.1815 **Platow**, Iwan Matwjejewitsch Graf,
Kaiserlich Russischer Oberstlieutenant im Atamanischen Regt. des Donischen Woißko

(4231) 25.09.1815 **Dubelt**, Leontij Wassiljewitsch,
Kaiserlich Russischer Major im Pfkowschen Infanterie-Regt.

(4232) 25.09.1815 **Seddeler**, Ludwig Iwanowitsch Baron von,
Kaiserlich Russischer Lieutenant in der Suite S. M. vom
Quartiermeisterwesen

(4233) 02.10.1815 **Holtzendorff**, Karl Friedrich von,
Generalmajor und Kommandeur der Artillerie bei der
Armee vom Niederrhein

(4234) 02.10.1815 **Jagow**, Christian Friedrich Wilhelm von,
Generalmajor und Chef der III. Brigade

(4235) 02.10.1815 **Steinmetz**, Karl Friedrich Franziscus von,
Generalmajor und Chef der I. Brigade

(4236) 02.10.1815 **Pirch**, Otto Karl Lorenz von,
Generalmajor und Chef der II. Brigade

(4237) 02.10.1815 **Lützow**, Ludwig Adolf Wilhelm Freiherr von,
Oberstlieutenant und Kommandeur des 6. Ulanen-Regts.,
int. Brigadekommandeur bei der Reservekavallerie
I. Armeekorps

(4238) 02.10.1815 **Selasinsky**, Karl Friedrich von,
Major und Adjutant beim I. Armeekorps

(4239) 02.10.1815 **Froelich**, Ernst August Moritz von,
Major und Adjutant beim I. Armeekorps

(4240) 02.10.1815 **Arnauld de la Perière**, August Ferdinand von,
Major im Generalstabe der I. Brigade

(4241) 02.10.1815 **Boehler**, Johann Christian August von,
Major und Adjutant bei der III. Brigade

(4242) 02.10.1815 **Stutterheim**, August Leopold von,
Oberst und Kommandeur des Brandenburgischen Ulanen-
Regts., Brigadekommandeur in der Reservekavallerie
I. Armeekorps

(4243) 02.10.1815 **Stach von Goltzheim**, Engel Ludwig,
Oberstlieutenant und int. Kommandeur des
1. Westpreußischen Infanterie-Regts.

(4244) 02.10.1815 **Rohr**, Karl Heinrich Christian Ludwig von,
Major im 1.Westpreußischen Infanterie-Regt.

(4245) 02.10.1815 **Oppenkowsky**, Stanislaus von,
Kapitain im 1. Westpreußischen Infanterie-Regt.

(4246) 02.10.1815 **Schutter**, Arnold von,
Oberst und Kommandeur des 19. Infanterie-Regts.,
Brigadekommandeur in der IV. Brigade

(4247) 02.10.1815 **Osten**, Otto Albrecht Philipp Ludwig von der,
Major und int. Kommandeur des Brandenburgischen
Dragoner-Regts.

(4248) 02.10.1815 **Engelhart**, Karl Ludwig Siegmund von,
Major im 1. Schlesischen Husaren-Regt.

(4249) 02.10.1815 **Schon**, Johann Karl Josef von,
Oberst und Brigadekommandeur in der VII. Brigade

(4250) 02.10.1815 **Krafft**, Karl Thilo Ludwig von,
Generalmajor und Chef der VI. Brigade

(4251) 02.10.1815 **Tippelskirch**, Ernst Ludwig von,
Generalmajor und Chef der V. Brigade

(4252) 02.10.1815 **Kemphen**, Johann Karl Jakob von,
Oberst und Brigadekommandeur in der X. Brigade

(4253) 02.10.1815 **Brandenstein**, Friedrich August Karl von,
Major im Generalstabe des III. Armeekorps

(4254) 02.10.1815 **Holleben**, Ludwig Friedrich Heinrich von,
Major im Leibgarde-Infanterie Regt.

(4255) 02.10.1815 **Ditfurth**, Wilhelm Heinrich Karl Ludwig Arthur von,
Major und Kommandeur des 30. Infanterie-Regts.

(4256) 02.10.1815 **Braun**, Johann Karl Ludwig,
Generalmajor und Chef der Artillerie des IV. Armeekorps

(4257) 02.10.1815 **Losthin**, Michael Heinrich von,
Generalmajor und Chef der XV. Brigade

(4258) 02.10.1815 **Sydow**, Johann Joachim Friedrich von,
Generalmajor und Brigadekommandeur bei der
Reservekavallerie IV. Armeekorps

(4259) 02.10.1815 **Borstell**, Ludwig Friedrich Hans Wilhelm von,
Kapitain und Adjutant der XIV. Brigade

(4260) 02.10.1815 **Keller**, Heinrich Eugen Freiherr von,
Major im 15. Infanterie-Regt.

(4261) 02.10.1815 **Hedemann**, August Georg Friedrich Magnus von,
Major im Generalstabe der Reservekavallerie
IV. Armeekorps

(4262) 02.10.1815 **Beier**, Johann Peter Paul,
Oberstlieutenant und Kommandeur des Westpreußischen
Ulanen-Regts.

(4263) 02.10.1815 **Scheffer**, Johann Ernst,
Kurfürstlich Hessischer Oberstlieutenant und
Kommandeur des Husaren-Regts.

(4264) 02.10.1815 **Boedicker**, Ludwig,
Kurfürstlich Hessischer Major und Kommandeur des
Jäger-Batls.

(4265) 02.10.1815 **Schmidt**, Heinrich Tobias,
Kurfürstlich Hessischer Kapitain im Jäger-Batl.

(4266) 02.10.1815 **Hütterod**, Wilhelm,
Kurfürstlich Hessischer Premierlieutenant im Jäger-Batl.

(4267) 02.10.1815 **Stein**, Karl Moritz von,
Kurfürstlich Hessischer Lieutenant im Infanterie-Regt.
Kurprinz

(4268) 02.10.1815 **Marschall**, August Ludwig Ernst von,
Kurfürstlich Hessischer Oberst und Kommandeur des
Leibgarde-Dragoner-Regts.

(4269) 02.10.1815 **Loßberg**, Friedrich Wilhelm von,
Kurfürstlich Hessischer Major und Kommandeur eines
Grenadier-Batls.

(4270) 02.10.1815 **Benning**, Karl August Ludwig von,
Kurfürstlich Hessischer Oberstlieutenant und
Kommandeur des Infanterie-Regts. Kurfürst

(4271) 02.10.1815 **Flies**, Johann Konrad von,
Kurfürstlich Hessischer Oberst und Kommandeur des
Infanterie-Regts. Kurfürst

(4272) 02.10.1815 **Sonneberg**, Albrecht von,
Herzoglich Anhaltscher Major, Kommandeur des Batls.
Anhalt-Bernburg

(4273) 02.10.1815 **Münch**, Friedrich Wilhelm von,
Herzoglich Sachsen-Gothaischer Oberst und Kommandeur
des Infanterie-Regts.

(4274) 02.10.1815 **Wardenburg**, Wilhelm Gustaf Friedrich,
Großherzoglich Oldenburgischer Oberst und Kommandeur
des Infanterie-Regts.

(4275) 02.10.1815 **Schoedde**, Ernst Friedrich,
Kurfürstlich Hessischer Kapitain im Jäger-Batl.

(4276) 02.10.1815 **Eschwege**, Ludwig von,
Kurfürstlich Hessischer Sekondlieutenant im Jäger-Batl.

(4277) 02.10.1815 **Bardeleben**, Wilhelm Friedrich Karl August von,
Kurfürstlich Hessischer Sekondlieutenant im Jäger-Batl.

(4278) 02.10.1815 **Schulz**, Heinrich Christian,
Kurfürstlich Hessischer Sekondlieutenant im Jäger-Batl.

(4279) 02.10.1815 **Wiedburg**, Friedrich Karl von,
Fürstlich Waldeckscher Kapitain im Batl. Waldeck

(4280) 02.10.1815 **Krauseneck**, Johann Wilhelm,
Generalmajor und Kommandeur der Preußischen Truppen
in Mainz

(4281) 03.10.1815 **Pustschin**, Nikolai Nikolajewitsch,
Kaiserlich Russischer Lieutenant im Leibgarde-
Littauischen Regt.

(4282) 05.10.1815 **Leistner**, Franz von,
Königlich Baierischer Rittmeister im 1. Ulanen-Regt.,
Adjutant des Prinzen Karl von Baiern

(4283) 03.11.1815 **Funck**, Friedrich Wilhelm vom,
Oberst und Kommandeur des 2. Schlesischen Infanterie-
Regts., Brigadekommandeur in der XIV. Brigade

(4284) 07.11.1815 **Gluchow**, Feosilakt Alexjejewitsch,
Kaiserlich Russischer Major im Grenadier-Regt. S. M. des
Königs von Preußen

(4285) 07.11.1815 **Dahlen**, Nikolai Iwanowitsch von,
Kaiserlich Russischer Major im Grenadier-Regt. S. M. des
Königs von Preußen

(4286) 09.11.1815 **Harding**, Sir Henry,
Königlich Großbritannischer Kapitain und
Oberstlieutenant im 1. Garde-Regt., Grenadier Guards,
mit dem Lokalrang als Oberst im Stabe

(4287) 09.11.1815 **Dickinson**, Richard,
Königlich Großbritannischer Oberstlieutenant, Brevet-
Oberst in der Artillerie

1816

(4288) 14.01.1816 **Zepelin**, Konstantin Gottlieb Leberecht von,
Oberst und Brigadekommandeur in der IX. Brigade

(4289) 14.01.1816 **Marwitz**, Friedrich August Ludwig von der,
Oberst und Brigadekommandeur in der Reservekavallerie
III. Armeekorps

(4290) 02.05.1816 **Simonyi von Vitetzvár**, Josef Freiherr,
Kaiserlich Oesterreichischer Oberst im Husaren-Regt.
Erbprinz von Hessen-Homburg

(4291) 02.05.1816 **Berenhorst**, Johann George von,
Kaiserlich Oesterreichischer Oberstlieutenant in Husaren-
Regt. Erbprinz von Hessen-Homburg

(4292) 18.06.1816 **Clausewitz**, Wilhelm von,
Oberstlieutenant und Kommandeur des 32. Infanterie-Regts., bisher im Generalstabe II. Armeekorps

(4293) 09.10.1816 **Wossidlo**, Georg Christian Fromhold,
Premierlieutenant im 33. Infanterie-Regt., früher Königlich Schwedischer Fähnrich im Leib-Regt. der Königin

(4294) 13.10.1816 **Württemberg**, Adam Karl Wilhelm Stanislaus Eugen Paul Ludwig Prinz von,
Königlich Württembergischer Generallieutenant

(4295) 23.10.1816 **Stiemer**, Christian Wilhelm,
Rittmeister und Adjutant bei dem Landwehrinspekteur im Departement der Regierung von Marienwerder, bisher im 5. Husaren-Regt. (Pommersches)

(4296) 23.10.1816 **Tornow**, Otto Wilhelm Karl Friedrich von,
Rittmeister im 5. Husaren-Regt. (Pommersches)

(4297) 23.10.1816 **Kalckreuth**, August Friedrich Albrecht von,
Oberstlieutenant im 5. Husaren-Regt. (Pommersches)

(4298) 23.10.1816 **Grodzki**, Hieronymus Michaelis Ignatius von,
Premierlieutenant im 3. Ulanen-Regt. (Brandenburgisches)

(4299) 23.10.1816 **Wulffen**, August Friedrich Wilhelm vom,
Premierlieutenant im 5. Ulanen-Regt., bisher im Brandenburgischen Ulanen-Regt.

(4300) 23.10.1816 **Klevesahl**, Nikolai Jefimowitsch,
Kaiserlich Russischer Kapitain im Wolynischen Infanterie-Regt.

1817

(4301) 30.03.1817 **Rönne**, Wassilij Jegorowitsch Baron von,
Kaiserlich Russischer Stabskapitain in der 2. Leibgarde-Artillerie-Brigade

(4302) 04.04.1817 **Chérisey**, Charles Louis Prosper Graf,
Königlich Französischer Sekondlieutenant in der
Kompagnie Gramont der Garde du Corps, früher
Premierlieutenant im Füsilier-Batl. Pelet

(4303) 19.06.1817 **Tokarew**, Konstantin Alexjejewitsch,
Kaiserlich Russischer Major im 1. Grenadier-Jäger-Regt.

(4304) 13.08.1817 **Gentsy de Gents**, Josef,
Kaiserlich Oesterreichischer Oberst und Kommandant des
Husaren-Regts. König von Preußen

(4305) 26.08.1817 **Rochejaquelein**, August Graf de la,
Königlich Französischer Oberst und Kommandeur des 1.
Garde-Grenadier-Regts. z. Pf.

(4306) 02.10.1817 **Scheel**, Peter Romanowitsch von,
Kaiserlich Russischer Stabsrittmeister im Leibgarde-
Kürassier-Regt. S. M.

1818

(4307) 15./18.01.1818 **Brandenstein**, Joachim Gottfried von, Major,
aggregiert dem 3. Kürassier-Regt. (Brandenburgisches)

(4308) 15./18.01.1818 **Heydenreich**, Adolf Heinrich,
Königlich Sächsischer Souslieutenant im Artilleriekorps

(4309) 15./18.01.1818 **Hervey**, Sir Felton Elwill Bathurst,
Königlich Großbritannischer Oberstlieutenant und Brevet-
Oberst im 14. leichten Dragoner-Regt., außerordentlicher
Adjutant des Prinz-Regenten und Adjutant des
Feldmarschalls Herzog von Wellington

1819

(4310) 1819 **Trubezkow**, Peter Petrowitsch Fürst, Kaiserlich
Russischer Kapitain in der Leibgarde-Artillerie

(4311) 02.07.1819 **Firssow**, Peter Sawwitsch,
Kaiserlich Russischer Oberst und Kommandeur des
Leibgarde-Sappeur-Batls.

(4312) 16.09.1819 **Hermann**, Alexander Iwanowitsch,
Kaiserlich Russischer Oberst im Leibgarde-
Preobrashenskschen Regt.

(4313) 01.11.1819 **Moltke**, Paul Adolfowitsch Freiherr von,
Kaiserlich Russischer Legationsrath bei der Gesandtschaft
in Turin

1820/1821

(4314) 07.08.1820 **Ysenburg-Philippseich**, Georg August Graf zu,
Königlich Baierischer Rittmeister im 2. Husaren-Regt.

(4315) 06.01.1821 **Mattschinskij**, Adam Ossipowitsch,
Kaiserlich Russischer Stabskapitain in der reitenden
Artillerie-Komp. Nr. 5

(4316) 26.07.1821 **Hrabowsky von Hrabowa**, Johann,
Kaiserlich Oesterreichischer Oberst im
Generalquartiermeisterstabe, Chef des Generalstabes der
Armee in Neapel

(4317) 26.07.1821 **Sahlhausen**, Moritz Freiherr von,
Kaiserlich Oesterreichischer Oberst im
Generalquartiermeisterstabe, erster Generaladjutant des
Generals der Kavallerie Barons Frimont

(4318) 26.07.1821 **Bellegarde**, August Graf,
Kaiserlich Oesterreichischer Major, Flügeladjutant des
Generals der Kavallerie Barons Frimont

1824

(4319) 23.01.1824 **Albert**, Christof Johann Ferdinand Alexander

(4320) 18.04.1824 **Mordwinow**, Wladimir Michailowitsch

(4321)	05.05.1824	**Harder**, Karl Wassiljewitsch
(4322)	05.05.1824	**Milenat**, Jegor Dmitrijewitsch
(4323)	05.05.1824	**Besobrasow**, Grigorij Michailowitsch
(4324)	05.05.1824	**Seliwanow I.**
(4325)	05.05.1824	**Gagarin**, Fürst
(4326)	05.05.1824	**Swjetschin**, Peter Alexandrowitsch
(4327)	05.05.1824	**Norow**, Wassilij Sergjejewitsch
(4328)	05.05.1824	**Müller**, Karl Iwanowitsch
(4329)	05.05.1824	**Jächontow**, Alexander Andrejewitsch
(4330)	05.05.1824	**Dutschinskij**, Ossip Ignatjewitsch
(4331)	05.05.1824	**Essen**, Karl Karlowitsch von
(4332)	05.05.1824	**Günzel I.**
(4333)	05.05.1824	**Freigang**, Johann (Iwan Matwjejewitsch ?)
(4334)	05.05.1824	**Reichard (Reichert)**
(4335)	05.05.1824	**Rshewskij**, Konstantin Alexjejewitsch
(4336)	05.05.1824	**Molokow**, Kornilij Issajewitsch
(4337)	05.05.1824	**Osrossimow**, Konstantin Pawlowitsch
(4338)	05.05.1824	**Pogorskij-Linkewitsch**, Nikolai Ossipowitsch
(4339)	05.05.1824	**Tichmenew**, Wasilij Iwanowitsch
(4340)	18.09.1824	**Schele II.**, Kirill Chrestjanowitsch
(4341)	18.09.1824	**Buxhöwden**, Peter Fedorowitsch Graf von
(4342)	18.09.1824	**Retkin (Redkin)**, Nikolai Nikolajewitsch

(4343) 18.09.1824 **Semenow**

(4344) 08.11.1824 **Grekow VII.**, Alexei Danilowitsch

1825

(4345) 12.01.1825 **Müller**, Fedor Fedorowitsch,
Kaiserlich Russischer Stabskapitain im St. Petersburgschen Grenadier-Regt.

(4346) 23.11.1825 **Witte**, Iwan Ossipowitsch Graf von

(4347) 23.11.1825 **Kirejew V.**, Michail Jegorowitsch

(4348) 23.11.1825 **Schanzenbach**, Xaver Petrowitsch Freiherr von

(4349) 23.11.1825 **Trizinskij**, Nikolai

1826/1827

(4350) 22.12.1826 **Lossowskij**, Iwan Wikentjewitsch

(4351) 19.07.1827 **Read**, Jewgenij Andrejewitsch

1828

(4352) 05.11.1828 **Nostitz**, August Ludwig Ferdinand Graf von,
Generalmajor und Kommandeur der 2. Garde-Kavallerie-Brigade

(4353) 16.12.1828 **Thun**, Wilhelm Ulrich von,
Oberstlieutenant, aggregiert dem Kaiser Alexander Grenadier-Regt. und Militairbevollmächtigter in St. Petersburg

(4354) 17.12.1828 **Moliere**, Louis Auguste Bernard,
Rittmeister im Generalstabe

(4355) 17.12.1828 **Reitzenstein**, Karl Heinrich Theodor Freiherr von,
Sekondlieutenant im Garde-Dragoner-Regt.

(4356) 30.12.1828 **Küster**, Karl Gustaf Ernst von,
Legationsrat bei der Gesandtschaft am Russischen Hofe,
Rittmeister

1830/1831

(4357) 13.12.1830 **Cler**, Ignaz Heinrich von,
Hauptmann im Generalstabe

(4358) 11.10.1831 **Canitz und Dallwitz**, Karl Wilhelm Ernst Freiherr von,
Oberst und Kommandeur des 1. Husaren- (1. Leib-
Husaren-)Regts.

(4359) 11.10.1831 **Seydlitz und Kurzbach**, Karl von,
Premierlieutenant im 2. Garde-Ulanen- (Landwehr-)Regt.

(4360) 31.12.1831 **Pfuel**, Ernst Adolf Heinrich von,
Generalmajor und Kommandeur der 15. Division

1832

(4361) 17.02.1832 **Tschewakinskij**, Michail Iwanowitsch,
Kaiserlich russischer Oberst, 2. Kommandeur des
Grenadier-Regts. König von Preußen

(4362) 17.02.1832 **Klugen III.**, Gustaf von,
Kaiserlich Russischer Oberst und Kommandeur des
Grenadier-Regts. Kronprinz von Preußen

(4363) 17.02.1832 **Haverlandt I.**, Fedor Fedorowitsch,
Kaiserlich Russischer Oberst, bisher Kommandeur des
Infanterie-Regts. Prinz Wilhelm von Preußen

(4364) 17.02.1832 **Totschinskij**, Ignatij Pawlowitsch,
Kaiserlich Russischer Oberst und Kommandeur des
Infanterie-Regts. Prinz Wilhelm von Preußen

(4365) 17.02.1832 **Gilein von Gembitz**, Karl Ossipowitsch,
Kaiserlich Russischer Oberst und Kommandeur des
Infanterie-Regts. Prinz Karl von Preußen

(4366) 17.02.1832 **Meyendorf**, Georg Otto Wilhelm Baron von,
Kaiserlich Russischer Generalmajor und Kommandeur des
Kürassier-Regts. Prinz Albrecht von Preußen

(4367) 18.10.1832 **Head**, Sir Francis Bond,
Königlich Baierischer Major auf Halbsold, Royal Waggon
Train

(4368) 15.12.1832 **Gortalow**, Iwan Kusmitsch

(4369) 29.11.1839 **Mühlbach**, Traugott Wilhelm Heinrich von,
Kapitain im Ingenieurkorps und Garnison-Baudirektor
beim VIII. Armeekorps

(4370) 29.11.1839 **Moltke**, Hellmuth Karl Bernhard von,
Kapitain im Generalstabe

4.
Verleihungen durch König Friedrich Wilhelm IV. 1840–1861

1840 - 1845

(4371) 30.11.1840 **Oesterreich**, Friedrich Ferdinand Leopold Erzherzog von

(4372) 22.05.1845 **Pac de Badens et Sombrelle**, Gabriel Marques du, Königlich Französischer Generalmajor außer Diensten zu Mailand

1846

(4373) 18.12.1846 **Preußen**, Friedrich Wilhelm Karl Prinz von, General der Kavallerie, Gouverneur der Bundesfestung Mainz

(4374) 18.12.1846 **Preußen**, Friedrich Wilhelm Waldemar Prinz von, Generalmajor, beauftragt mit der Führung des Garde-Dragoner-Regts.

(4375) 18.12.1846 **Lobo da Silveira Graf von Oriola**, Eduard Ernst, Major im Generalstabe

(4376) 18.12.1846 **Groeben**, Albrecht Wilhelm Graf von der, Sekondlieutenant im Garde-Dragoner-Regt.

1848

(4377) 01.09.1848 **Bonin**, Eduard Ludwig Wilhelm von, Generalmajor und Kommandeur der in Schleswig-Holstein stehenden kombinierten Preußischen Linien-Brigade

(4378) 13.09.1848 **Wrangel**, Friedrich Heinrich von,
General der Kavallerie und Oberbefehlshaber der
Bundestruppen in Schleswig-Holstein, kommandierender
General des II. Armeekorps

(4379) 16.09.1848 **Preußen**, Friedrich Karl Nikolaus Prinz von,
Hauptmann im 1. Garde-Regt. z. F., dem Oberkommando der
Bundestruppen in Schleswig-Holstein zugeteilt

(4380) 18.09.1848 **Waldersee**, Friedrich Gustaf Graf von,
Oberstlieutenant und Kommandeur des Kaiser Alexander
Grenadier-Regts.

(4381) 18.09.1848 **Möllendorf**, Johann Karl Wolf Dietrich von,
Generalmajor und Kommandeur der 2. Garde-Infanterie-
Brigade

(4382) 19.09.1848 **Radziwill**, Friedrich Wilhelm Paul Ferdinand Heinrich
Ludwig August Philipp Nikolaus Fürst,
Generallieutenant und Kommandeur der 6. Division

(4383) 19.09.1848 **Stockhausen**, August Wilhelm Ernst von,
Generalmajor und Kommandeur der 1. Division, bisher Chef
des Generalstabes beim Oberkommando der Bundestruppen
in Schleswig-Holstein

(4384) 19.09.1848 **d'Artis de Bequignolles**, Eduard Friedrich Leopold,
Oberst und Kommandeur des Kaiser Franz Grenadier-Regts.

(4385) 19.09.1848 **Steinmetz**, Karl Friedrich von,
Major im Garde-Reserve-Infanterie-Regt., kommandiert zur
Führung der Musketier-Batle. des 2. Infanterie-
(Königs-)Regts.

(4386) 19.09.1848 **Rommel**, Theodor Karl Daniel von,
Oberst und Kommandeur des 20. Infanterie-Regts.

(4387) 19.09.1848 **Wiesner**, Friedrich Adolf,
Oberstlieutenant und Kommandeur des 36. Infanterie- (4.
Reserve-)Regts., bisher Kommandeur des Füsilier-Batls.
31. Infanterie-Regts.

(4388) 19.09.1848 **Halkett**, Hugh,
Königlich Hannoverscher Generallieutenant, Kommandeur der aus dem X. Bundeskorps gebildeten Division

(4389) 14.10.1848 **Schleswig-Holstein-Sonderburg-Augustenburg**, Friedrich Emil August Prinz von,
bisher Oberbefehlshaber der Schleswig-Holsteinischen Truppen und Mitglied der provisorischen Regierung von Schleswig-Holstein

(4390) 29.11.1848 **Wedell**, Leopold Friedrich Ferdinand Heinrich von,
Generallieutenant und Kommandeur der 4. Division

(4391) 29.11.1848 **Brandt**, August Heinrich von,
Generalmajor und Kommandeur der 9. Infanterie-Brigade

1849

(4392) 10.04.1849 **Oesterreich**, Albrecht Friedrich Rudolf Erzherzog von

(4393) 21.07.1849 **Sachsen**, Albert Friedrich August Anton Ferdinand Josef Karl Maria Baptist Nepomuk Wilhelm Xaver Georg Fidelis Prinz von

(4394) 27.07.1849 **Preußen**, Friedrich Wilhelm Ludwig Prinz von,
General der Infanterie und Oberbefehlshaber der Operationsarmee am Rhein

(4395) 27.07.1849 **Groeben**, Karl Graf von der,
Generallieutenant, Generaladjutant und kommandierender General des II. Korps der Operationsarmee am Rhein

(4396) 27.07.1849 **Kirchfeldt**, Friedrich Wilhelm August,
Major im Generalstabe und stellvertretender Chef des Stabes beim Oberkommando der Operationsarmee am Rhein

(4397) 31.07.1849 **Phuhl**, August Friedrich Heinrich von,
Major im 11. Husaren-Regt.

(4398)   09.08.1849   **Prittwitz**, Karl Ludwig Wilhelm Ernst von,
Generallieutenant, mit Wahrnehmung der vakanten Stelle
des kommandierenden Generals des Gardekorps beauftragt,
z. Z. Kommandeur der nach Schleswig bestimmten
Reichstruppen

(4399)   16.08.1849   **Willisen**, Friedrich Adolf von,
Generalmajor und General à la suite S. M. des Königs

(4400)   17.08.1849   **Rußland**, Konstantin Nikolajewitsch Großfürst von

(4401)   11.09.1849   **Sachsen-Koburg und Gotha**, Ernst August Karl Johannes
Leopold Alexander Eduard Herzog zu

(4402)   20.09.1849   **Brunsich (Brunsig) Edler von Brun**, Georg Wilhelm
Friedrich,
Generalmajor und Kommandeur der 16. Infanterie-Brigade,
bisher Kommandeur der 4. Division I. Korps der
Operationsarmee am Rhein

1850 - 1859

(4403)   19.03.1850   **Filangieri**, Principe di Satriano e Duca de Taormina, Carlo
Cesare Antonio Cornelio Michele Gabriele Raffaele
Angelo-Custode Baldassare Melchiore,
Königlich Neapolitanischer Generallieutenant,
Generalstatthalter von Sizilien

(4404)   19.03.1850   **Groß**, Gottlieb Wilhelm,
Königlich Neapolitanischer Generalmajor, früher Oberst im
1. Garde-Grenadier-Regt.

(4405)   08.08.1854   **Klinckowström**, Bernhard Wilhelm von,
Kapitain außer Diensten zu Graudenz

(4406)   03.11.1859   **Hessen und bei Rhein**, Alexander Ludwig Christian Georg
Friedrich Emil Prinz von,
Kaiserlich Oesterreichischer Feldmarschallieutenant

5.
Verleihungen durch König Wilhelm I. 1861–1888

1861

(4407) 20.02.1861 **Sizilien**, Franz d'Assisi Maria Leopold König beider

1864

(4408) 27.02.1864 **Preußen**, Friedrich Karl Nikolaus Prinz von, General der Kavallerie und kommandierender General des kombinierten Armeekorps

(4409) 27.02.1864 **Gablenz**, Karl Wilhelm Ludwig Freiherr von der. Kaiserlich Oesterreichischer Feldmarschallieutenant und Kommandant des VI. Armeekorps

(4410) 22.03.1864 **Württemberg**, Wilhelm Nikolaus Herzog von, Kaiserlich Oesterreichischer Generalmajor, bisher Kommandant des Infanterie-Regts. König der Belgier

(4411) 21.04.1864 **Manstein**, Gustaf Albert von, Generallieutenant und Kommandeur der 6. Infanterie-Division

(4412) 21.04.1864 **Raven**, Eduard Gustaf Ludwig von, Generalmajor und Kommandeur der 10. Infanterie-Brigade

(4413) 22.04.1864 **Vogel von Falckenstein**, Friedrich Karl Ernst Eduard. Generallieutenant und Chef des Generalstabes des Oberkommandos der Alliierten Armee

(4414) 22.04.1864 **Hindersin**, Gustaf Eduard. Generallieutenant und Inspektuer der 2. Artillerie-Inspektion

(4415) 22.04.1864 **Blumenthal**, Karl Konstantin Albrecht Leonhard von,
Oberst und Chef des Generalstabes des kombinierten
Armeekorps

(4416) 22.04.1864 **Colomier**, Louis Max Napoleon.
Oberst und Brigadier der Brandenbugischen Artillerie-
Brigade Nr. 3

(4417) 22.04.1864 **Mertens**, August Ferdinand von,
Oberst und Inspekteur der 6. Festungs-Inspektion

(4418) 30.05.1864 **Bergmann**, Richard Emil von,
Oberstlieutenant in der Brandenburgischen Artillerie-
Brigade Nr. 3

(4419) 07.06.1864 **Canstein**, Philipp Christian Karl Wilhelm August Freiherr
von,
Generalmajor und Kommandeur der 11. Infanterie-
Brigade

(4420) 07.06.1864 **Beeren**, Friedrich Wilhelm Heinrich Ernst von,
Major im 4. Garde-Grenadier-Regt. Königin

(4421) 07.06.1864 **Reinhard**, Karl von,
Hauptmann im 3. Garde-Regt. z. F.

(4422) 07.06.1864 **Korth**, Ludwig Wilhelm Martin von,
Oberst und Kommandeur des 4. Garde-Regts. z. F.

(4423) 07.06.1864 **Conta**, Karl Bernhard von,
Major im 4. Garde-Regt. z. F.

(4424) 07.06.1864 **Berger**, August Emil Alexander von,
Oberst und Kommandeur des Leibgarde-Grenadier-Regts.
(1. Brandenburgisches)Nr. 8

(4425) 07.06.1864 **Girodz von Gaudi**, Alfons Wilhelm Georg Heinrich.
Oberstlieutenant im Leibgarde-Grenadier-Regt.
(1. Brandenburgisches) Nr. 8

(4426) 07.06.1864 **Bekuhrs**, Georg Wilhelm Ferdinand Gustaf.
Sekondlieutenant im 3. Batl. (Landsberg) 1.
Brandenburgischen Landwehr-Regts. Nr. 8, kommandiert
zum Leibgarde-Grenadier-Regt. (1. Brandenburgisches)
Nr. 8

(4427) 07.06.1864 **Devivere**, Diederich Franz Ferdinand Maria Johann von,
Sekondlieutenant im 1. Westfälischen Infanterie-
Regt. Nr. 13

(4428) 07.06.1864 **Kettler**, Karl Friedrich von,
Oberst und Kommandeur des 1. Posenschen Infanterie-
Regts. Nr. 18

(4429) 07.06.1864 **Treskow**, Heinrich Maximilian von,
Hauptmann im 1. Posenschen Infanterie-Regt. Nr. 18

(4430) 07.06.1864 **Gersdorff**, Wilhelm Adolf Heinrich von,
Premierlieutenant im 1. Posenschen Infanterie-Regt. Nr. 18

(4431) 07.06.1864 **Krohn**, Christian Karl Gerdus Alfred von,
Major im 4. Brandenburgischen Infanterie-Regt. Nr. 24

(4432) 07.06.1864 **Puttkamer**, Georg Karl Konstantin Freiherr von,
Oberst und Kommandeur des Brandenburgischen Füsilier-
Regts. Nr. 35

(4433) 07.06.1864 **Fragstein von Niemsdorff**, Johann Karl Eduard.
Major im Brandenburgischen Füsilier-Regt. Nr. 35

(4434) 07.06.1864 **Spies**, Eduard Ludwig von,
Hauptmann im Brandenburgischen Füsilier-Regt. Nr. 35

(4435) 07.06.1864 **Buddenbrock**, Karl Gustaf Leopold Baron von,
Oberst und Kommandeur des 5. Westfälischen Infanterie-
Regts. Nr. 53

(4436) 07.06.1864 **Doering**, Karl Gustaf Alfred Wilhelm von,
Oberstlieutenant im 5. Westfälischen Infanterie-Regt. Nr. 53

(4437) 07.06.1864 **Kerlen**, Adolf Karl Herman.
Sekondlieutenant im 5. Westfälischen Infanterie-Regt.
Nr. 53

(4438) 07.06.1864 **Loebbecke**, Gustav Eduard Karl Friedrich.
Sekondlieutenant im 5. Westfälischen Infanterie-Regt.
Nr. 53

(4439) 07.06.1864 **Hartmann**, Ernst Matthias Andreas von,
Oberstlieutenant und Kommandeur des 7.
Brandenburgischen Infanterie-Regts. Nr. 60

(4440) 07.06.1864 **Leszczynski**, Stanislaus Paul Eduard von,
Hauptmann im 7. Brandenburgischen Infanterie-Regt. Nr. 60

(4441) 07.06.1864 **Ribbentrop**, Karl Berthold Siegismund.
Hauptmann in der Garde-Artillerie-Brigade, Kommandeur
der 4pfdg. Garde-Versuchsbatterie

(4442) 07.06.1864 **Lewinski**, Eduard Julius Ludwig August von,
Hauptmann in der Garde-Artillerie-Brigade

(4443) 07.06.1864 **Hundt**, Eduard Julius Ernst.
Hauptmann in der Brandenburgischen Artillerie-Brigade Nr.
3, Kommandeur der 2. 6pfdg. Batterie

(4444) 07.06.1864 **Hübler**, Julius Bruno.
Sekondlieutenant in der Magdeburgischen Artillerie-Brigade
Nr. 4

(4445) 07.06.1864 **Daun**, Karl Friedrich Wilhelm Leopold.
Hauptmann im Brandenburgischen Pionier-Batl. Nr. 3

(4446) 07.06.1864 **Bendemann**, Arnold Gottfried.
Sekondlieutenant im Westfälischen Pionier-Batl. Nr. 7

(4447) 29.06.1864 **Herwarth von Bittenfeld**, Karl Eberhard.
General der Infanterie und kommandierender General des
kombinierten Armeekorps

(4448) 03.07.1864 **Goeben**, August Karl Friedrich Christian von,
Generalmajor und Kommandeur der 26. Infanterie-Brigade

(4449) 03.07.1864 **Roeder**, Julius Heinrich August Edwin von,
Generalmajor und Kommandeur der 12. Infanterie-Division

(4450) 14.08.1864 **Goltz**, Eduard Kuno Freiherr von der.
Oberstlieutenant im 2. Westfälischen Infanterie-Regt. Nr. 15
(Prinz Friedrich der Niederlande)

(4451) 14.08.1864 **Hacke**, Julius Emil Eugen Ludwig Graf von,
Oberst und Kommandeur des 4. Brandenburgischen
Infanterie-Regts. Nr. 24

(4452) 14.08.1864 **Brockhusen**, Friedrich Wilhelm Herman Karl von,
Sekondlieutenant im 4. Brandenburgischen Infanterie-
Regt. Nr. 24

(4453) 18.08.1864 **Gondrecourt**, Leopold Graf von,
Kaiserlich Oesterreichischer Generalmajor und
Oberhofmeister des Kronprinzen von Oesterreich

1865

(4454) 18.01.1865 **Berg**, Friedrich Wilhelm Rembert Graf von,
Kaiserlich Russischer General der Infanterie,
Generaladjutant und Statthalter von Polen

1866

(4455) 29.06.1866 **Preußen**, Friedrich Wilhelm Nikolaus Karl Kronprinz von,
General der Infanterie und Oberbefehlshaber der II. Armee

(4456) 28.07.1866 **Preußen**, Friedrich Karl Alexander Prinz von,
Generalfeldzeugmeister, Chef der Artillerie

(4457) 28.07.1866 **Mutius**, Franz Wilhelm Ludwig von,
General der Kavallerie und kommandierender General des
VI. Armeekorps

(4458) 31.07.1866 **Preußen**, Friedrich Heinrich Albrecht Prinz von,
General der Kavallerie und kommandierender General des
Kavalleriekorps der I. Armee

(4459) 31.07.1866 **Preußen**, Heinrich Wilhelm Adalbert Prinz von,
Admiral und Oberbefehlshaber der Marine

(4460)	02.08.1866	**Hohenzollern-Sigmaringen**, Anton Egon Karl Josef Prinz zu; Sekondlieutenant à la suite des 1. Garde-Regts. z. F.
(4461)	03.08.1866	**Preußen**, Friedrich Wilhelm Nikolaus Karl Kronzprinz von, General der Infanterie und Oberbefehlshaber der II. Armee
(4462)	03.08.1866	**Württemberg**, Friedrich August Eberhard Prinz von, General der Kavallerie und kommandierender General des Gardekorps
(4463)	04.08.1866	**Preußen**, Friedrich Wilhelm Ludwig König von
(4464)	07.08.1866	**Manteuffel**, Karl Rochus Edwin Freiherr von, Generallieutenant, Generaladjutant und Oberbefehlshaber der Main-Armee
(4465)	09.08.1866	**Mecklenburg-Schwerin**, Friedrich Franz Alexander Großherzog von, General der Infanterie und kommandierender General des II. Reserve-Armeekorps
(4466)	11.09.1866	**Voigts-Rhetz**, Konstans Bernhard von, Generallieutenant und Chef des Stabes beim Oberkommando der I. Armee
(4467)	12.09.1866	**Pogrell**, Philipp Hugo von, Rittmeister im 2. Schlesischen Dragoner-Regt. Nr. 8
(4468)	16.09.1866	**Sperling**, Ernst Karl Oskar von, Oberst und Chef des Generalstabes VI. Armeekorps
(4469)	16.09.1866	**Zastrow**, Adolf Friedrich Heinrich Karl Alexander von, Generallieutenant und Kommandeur der 11. Infanterie-Division
(4470)	16.09.1866	**Hanenfeldt**, Karl Konrad Louis von, Generalmajor und Kommandeur der 21. Infanterie-Brigade
(4471)	16.09.1866	**Hoffmann**, Otto Gustaf Willy Leopold Karl von, Generalmajor und Kommandeur der 22. Infanterie-Brigade
(4472)	16.09.1866	**Baumeister**, Paul Hugo Ferdinand. Major im 1. Schlesischen Grenadier-Regt. Nr. 10

(4473) 16.09.1866 **Berken**, Theodor Kasimir Rudolf von,
Major im 3. Niederschlesischen Infanterie-Regt. Nr. 50

(4474) 16.09.1866 **Wichmann**, Karl Otto Herman von,
Oberstlieutenant und Kommandeur des 2. Schlesischen
Dragoner-Regts. Nr. 8

(4475) 16.09.1866 **Paczensky-Tenczyn**, Anton Max Konrad von,
Major im 2. Schlesischen Dragoner-Regt. Nr. 8

(4476) 16.09.1866 **Barby**, Adalbert Roderich Levin von,
Oberst und Kommandeur des Schlesischen Kürassier-Regts.
Nr. 1(Prinz Friedrich von Preußen)

(4477) 17.09.1866 **Blumenthal**, Karl Konstantin Albrecht Leonhard von,
Generalmajor und Chef des Stabes beim Oberkommando der
II. Armee

(4478) 17.09.1866 **Stülpnagel**, Louis Ferdinand Wolf Anton von,
Generalmajor und Oberquartiermeister beim Stabe der
I. Armee

(4479) 17.09.1866 **Unger**, Karl Friedrich Ernst von,
Major im Generalstabe des Oberkommandos der I. Armee

(4480) 17.09.1866 **Stosch**, Albrecht von,
Generalmajor und Oberquartiermeister beim Stabe der
II. Armee

(4481) 17.09.1866 **Burg**, Ernst Engelbert Oskar Viktor von der.
Major im Generalstabe, im Stabe des Oberkommandos der
II. Armee

(4482) 17.09.1866 **Wnuck**, Karl Heinrich von,
Generalmajor, zur Disposition des Oberkommandos der
II. Armee

(4483) 17.09.1866 **Dannenberg**, Ferdinand Franz Wilhelm Ernst Karl von,
Oberst und Chef des Generalstabes des Gardekorps

(4484) 17.09.1866 **Obernitz**, Hugo Moritz Anton Heinrich von,
Oberst à la suite des Garde-Füsilier-Regts. und Kommandeur
der 1. Garde-Infanterie-Brigade

(4485) 17.09.1866 **Alvensleben**, Konstantin Reimar von,
Generalmajor und Kommandeur der 2. Garde-Infanterie-Brigade

(4486) 17.09.1866 **Kessel**, Bernhard Alexander Heinrich von,
Oberst und Kommandeur des 1. Garde-Regts. u. F.

(4487) 17.09.1866 **Kleist**, Christian Ewald Leopold von,
Major im 1. Garde-Regt. z. F.

(4488) 17.09.1866 **Schlieffen**, Eugen Leo Oskar Graf von,
Hauptmann im 1. Garde-Regt. z. F.

(4489) 17.09.1866 **Pape**, August Wilhelm Alexander von,
Oberst und Kommandeur des 2. Garde-Regts. z. F.

(4490) 17.09.1866 **Erckert**, Friedrich Wilhelm Viktor von,
Major im 2. Garde-Regt. z. F.

(4491) 17.09.1866 **Böhn**, Philipp Oktavio von,
Major im Kaiser Franz Garde-Grenadier-Regt. Nr. 2

(4492) 17.09.1866 **Werder**, Bernhard Franz Wilhelm von,
Oberst und Kommandeur des Garde-Füsilier-Regts.

(4493) 17.09.1866 **Schlichting**, Ulrich Ernst Karl von,
Hauptmann im Garde-Füsilier-Regt.

(4494) 17.09.1866 **Knappe von Knappstaedt**, Julius Adalbert Ulrich Josef Ludwig Leonhard,
Oberst und Kommandeur des 3. Garde-Regts. z. F.

(4495) 17.09.1866 **Arnim**, Richard Felix von,
Hauptmann im 3. Garde-Regt. z. F.

(4496) 17.09.1866 **Lobenthal**, Karl Friedrich von,
Hauptmann im 3. Garde-Regt. z. F.

(4497) 17.09.1866 **Löwenfeld**, Julius Josef Adalbert Louis Ulrich Leonhard von,
Premierlieutenant im 3. Garde-Regt. z. F.

(4498) 17.09.1866 **Witzendorff**, Karl Friedrich Wilhelm von,
Oberstleutnant à la suite des 1. Garde-Dragoner-Regts. und Chef des Generalstabes des Kavalleriekorps I. Armee

(4499) 17.09.1866 **Mecklenburg-Schwerin**, Friedrich Wilhelm Nikolaus Herzog von,
Generalmajor und Kommandeur der 2. leichten Kavallerie-Brigade des Kavalleriekorps I. Armee

(4500) 17.09.1866 **Groeben**, Georg Reinhold Graf von der,
Generalmajor und Kommandeur der 3. leichten Kavallerie-Brigade des Kavalleriekorps I. Armee

(4501) 18.09.1866 **Podbielski**, Theophil Eugen Anton von,
Generalmajor und Direktor des Allgemeinen Kriegsdepartements

(4502) 18.09.1866 **Medem**, Friedrich Alexander Heinrich Eberhard Ottomar Freiherr von,
Oberst und Kommandeur des 1. Magdeburgischen Infanterie-Regts. Nr. 26

(4503) 18.09.1866 **Quadt und Hüchtenbruck**, Ludwig Eduard Ernst Freiherr von,
Hauptmann im 2. Rheinischen Infanterie-Regt. Nr. 28

(4504) 19.09.1866 **Preußen**, Friedrich Wilhelm Nikolaus Albrecht Prinz von,
Generalmajor und Kommandeur der 1. Garde-Kavallerie-Brigade

(4505) 19.09.1866 **Stiehle**, Gustaf Wilhelm Friedrich von,
Oberst und Flügeladjutant

(4506) 20.09.1866 **Preußen**, Friedrich Wilhelm Nikolaus Karl Kronprinz von,
General der Infanterie, bisher Oberbefehlshaber der II. Armee

(4507) 20.09.1866 **Preußen**, Friedrich Karl Nikolaus Prinz von,
General der Kavallerie, bisher Oberbefehlshaber der I. Armee

(4508) 20.09.1866 **Hohenzollern-Sigmaringen**, Karl Anton Friedrich Meinrad Joachim Zephyrin Fürst zu,
General der Infanterie, Militairgouverneur der Rheinprovinz und der Provinz Westphalen

(4509) 20.09.1866 **Pape**, Johann Meinard August Wilhelm Adolf von,
Generalmajor und Kommandeur der 1. Infanterie-Brigade

(4510) 20.09.1866 **Barnekow**, Christof Gottlieb Albert von,
Generalmajor und Kommandeur der 2. Infanterie-Brigade

(4511) 20.09.1866 **Mülbe**, Otto Wilhelm Adolf von der,
Hauptmann im 4. Ostpreußischen Grenadier-Regt. Nr. 5

(4512) 20.09.1866 **Hagen**, Ernst Heinrich,
Rittmeister im Littauischen Dragoner-Regt. Nr. 1 (Prinz Albrecht von Preußen)

(4513) 20.09.1866 **Kameke**, Arnold Karl Georg von, Generalmajor und Chef des Generalstabes II. Armeekorps

(4514) 20.09.1866 **Werder**, Karl Friedrich Wilhelm Leopold August von,
Generallieutenant und Kommandeur der 3. Infanterie-Division

(4515) 20.09.1866 **Keyserlingk**, Ewald Karl Theodor Freiherr von,
Hauptmann im Grenadier-Regt. König Friedrich Wilhelm IV. (1. Pommersches) Nr. 2

(4516) 20.09.1866 **Tümpling**, Ludwig Karl Kurt Friedrich Wilhelm Georg von,
Generallieutenant und Kommandeur der 5. Infanterie-Division

(4517) 20.09.1866 **Schimmelmann**, Gustaf Karl Bernhard Thilo von,
Generalmajor und Kommandeur der 9. Infanterie-Brigade

(4518) 20.09.1866 **Kamiensky**, Friedrich Wilhelm von,
Generalmajor und Kommandeur der 10. Infanterie-Brigade

(4519) 20.09.1866 **Manstein**, Gustaf Albert von,
Generallieutenant und Kommandeur der 6. Infanterie-Division

(4520) 20.09.1866 **Debschitz**, Johann Otto Karl Kolmar von,
Oberst und Kommandeur des 2. Brandenburgischen Grenadier-Regts. Nr. 12 (Prinz Karl von Preußen)

(4521) 20.09.1866 **Schkopp**, Herman Eduard von,
Hauptmann im 1. Posenschen Infanterie-Regt. Nr. 18

(4522) 20.09.1866 **Offermann**, Franz,
Premierlieutenant im 1. Posenschen Infanterie-Regt. Nr. 18

(4523) 20.09.1866 **Dieringshofen**, Karl Friedrich Alexander von,
Oberst und Kommandeur des 5. Brandenburgischen
Infanterie-Regts.Nr. 48

(4524) 20.09.1866 **Wulffen**, Georg Otto von,
Oberstlieutenant im 5. Brandenburgischen Infanterie-Regt.
Nr. 48

(4525) 20.09.1866 **Fransecky**, Eduard Friedrich von,
Generallieutenant und Kommandeur der 7. Infanterie-
Division

(4526) 20.09.1866 **Krenski**, Paul Anton Karl von, Major im Generalstabe,
Generalstabsoffizier der 7. Infanterie-Division

(4527) 20.09.1866 **Groß, gen. von Schwarzhoff**, Karl Julius von,
Generalmajor und Kommandeur der 13. Infanterie-Brigade

(4528) 20.09.1866 **Gordon**, Hellmuth von,
Generalmajor und Kommandeur der 14. Infanterie-Brigade

(4529) 20.09.1866 **Schöler**, Theodor Alexander Viktor Ernst von,
Generalmajor und Kommandeur der 8. Infanterie-Division,
bisher der 31. Infanterie-Brigade

(4530) 20.09.1866 **Bose**, Friedrich Julius Wilhelm von,
Generalmajor und Kommandeur der 15. Infanterie-Brigade

(4531) 20.09.1866 **Zychlinski**, Franz Friedrich Heinrich Szeliga von,
Oberst und Kommandeur des 2. Magdeburgischen
Infanterie-Regts. Nr. 27

(4532) 20.09.1866 **Buddenbrock**, Robert Eduard Emil Freiherr von,
Hauptmann im 2. Magdeburgischen Infanterie-Regt. Nr. 27

(4533) 20.09.1866 **Wedell**, Richard Georg von,
Oberst und Kommandeur des 1. Thüringischen Infanterie-
Regts. Nr. 31

(4534) 20.09.1866 **Avemann**, Friedrich Philipp Ludwig Karl von,
Oberst und Kommandeur des 3. Thüringischen Infanterie-
Regts. Nr. 71

(4535) 20.09.1866 **Hensel**, August Louis Ferdinand,
Major im 4. Thüringischen Infanterie-Regt. Nr. 72

(4536) 20.09.1866 **Hymmen**, Friedrich Ludwig Karl Heinrich Otto von,
Major im Magdeburgischen Husaren-Regt. Nr. 10

(4537) 20.09.1866 **Wittich**, Friedrich Wilhelm Ludwig von,
Oberst und Chef des Generalstabes V. Armeekorps

(4538) 20.09.1866 **Löwenfeld**, Julius Ludwig Wilhelm von,
Generalmajor und Kommandeur der 9. Infanterie-Division

(4539) 20.09.1866 **Ollech**, Karl Rudolf von,
Generalmajor und Kommandeur der 17. Infanterie-Brigade

(4540) 20.09.1866 **Kirchbach**, Hugo Ewald von,
Generallieutenant und Kommandeur der 10. Infanterie-
Division

(4541) 20.09.1866 **Voigts-Rhetz**, Karl Wilhelm Ferdinand von,
Oberst und Kommandeur des Königs-Grenadier-Regts.
(2. Westpreußisches) Nr. 7

(4542) 20.09.1866 **Kaisenberg**, Leopold Karl Hugo Wilhelm Heinrich Emil
von, Hauptmann im Königs-Grenadier-Regt.
(2. Westpreußisches) Nr. 7

(4543) 20.09.1866 **Below**, Ferdinand Adolf Eduard von,
Oberst und Kommandeur des Westfälischen Füsilier-Regts.
Nr. 37

(4544) 20.09.1866 **Walther von Monbary**, Rudolf Herman Ottomar Hugo,
Oberst und Kommandeur des 1. Niederschlesischen
Infanterie-Regts. Nr. 46

(4545) 20.09.1866 **Hoffmann**, Karl Heinrich Gustaf Arthur,
Sekondlieutenant im 2. Niederschlesischen Infanterie-Regt.
Nr. 47

(4546) 20.09.1866 **François**, Bruno Hugo Karl Friedrich,
Oberst und Kommandeur des 3. Posenschen Infanterie-
Regts. Nr. 58

(4547) 20.09.1866 **Tresckow**, Julius Emil von,
Oberst und Kommandeur des Westpreußischen Ulanen-
Regts. Nr. 1

(4548) 20.09.1866 **Bercken**, Fedor Ernst Leopold Hans von,
Premierlieutenant im Westpreußischen Ulanen-Regt. Nr. 1

(4549) 20.09.1866 **Schaubert**, Karl Friedrich Wolfgang von,
Sekondlieutenant im Westpreußischen Ulanen-Regt. Nr. 1

(4550) 20.09.1866 **Prondzynski**, Konrad Ferdinand Wilhelm von,
Generallieutenant und Kommandeur der 12. Infanterie-
Division

(4551) 20.09.1866 **Dalwig**, Louis Heinrich Edgar Josef Albert Freiherr von,
Sekondlieutenant im Schlesischen Füsilier-Regt. Nr. 38

(4552) 20.09.1866 **Krane**, Adolf Anatol Wilhelm von,
Sekondlieutenant im Schlesischen Füsilier-Regt. Nr. 38

(4553) 20.09.1866 **Versen**, Felix Maximilian Christof Wilhelm Leopold
Reinhold Albert Fürchtegott von,
Hauptmann im Generalstabe, Generalstabsoffizier bei der
Kavallerie-Division der II. Armee

(4554) 20.09.1866 **Bredow**, Maximilian Karl Friedrich Albert von,
Oberstlieutenant und Kommandeur des Westpreußischen
Kürassier-Regts. Nr. 5

(4555) 20.09.1866 **Schach von Wittenau**, Hans Alexis Leopold,
Rittmeister im Westpreußischen Kürassier-Regt. Nr. 5

(4556) 20.09.1866 **Glasenapp**, Johann Heinrich Ferdinand von,
Oberst zur Disposition, Kommandeur des 2. Landwehr-
Husaren-Regts.

(4557) 20.09.1866 **Schlotheim**, Karl Ludwig Freiherr von,
Oberst und Chef des Stabes der Elb-Armee

(4558)	20.09.1866	**Münster-Meinhövel**, Hugo Eberhard Leopold Uniko Graf zu, Generallieutenant und Kommandeur der 14. Infanterie-Division
(4559)	20.09.1866	**Schwartzkoppen**, Ferdinand Emil Karl Friedrich Wilhelm von, Generalmajor und Kommandeur der 27. Infanterie-Brigade
(4560)	20.09.1866	**Hiller**, Wilhelm August Bernhard von, Generalmajor und Kommandeur der 28. Infanterie-Brigade
(4561)	20.09.1866	**Canstein**, Philipp Christian Karl Wilhelm August Freiherr von, Generallieutenant und Kommandeur der 15. Infanterie-Division
(4562)	20.09.1866	**Kraatz-Koschlau**, Friedrich Wilhelm Alexander von, Oberst und Chef des Stabes beim Oberkommando der Mainarmee
(4563)	20.09.1866	**Goeben**, August Karl Friedrich Christian von, Generallieutenant und Kommandeur der 13. Infanterie-Division
(4564)	20.09.1866	**Kummer**, Ferdinand Rudolf von, Generalmajor und Kommandeur der 25. Infanterie-Brigade
(4565)	20.09.1866	**Wrangel**, Friedrich Wilhelm Karl Oskar Freiherr von, Generalmajor und Kommandeur der 26. Infanterie-Brigade
(4566)	20.09.1866	**Barres**, Franz Wilhelm Herman Gustaf Adolf des, Oberstlieutenant im 2. Schlesischen Grenadier-Regt. Nr. 11
(4567)	20.09.1866	**Goltz**, Eduard Kuno Freiherr von der, Oberst und Kommandeur des 2. Westfälischen Infanterie-Regts. Nr. 15 (Prinz Friedrich der Niederlande)
(4568)	20.09.1866	**Hoffmüller**, Adolf Gustaf Hugo von, Hauptmann im 2. Westfälischen Infanterie-Regt. Nr. 15 (Prinz Friedrich der Niederlande)
(4569)	20.09.1866	**Cranach**, Ludwig Otto Lukas von, Oberstlieutenant im 1. Rheinischen Infanterie-Regt. Nr. 25

(4570) 20.09.1866 **Thile**, Hugo Otto Ludwig von,
Oberst und Kommandeur des Magdeburgischen Füsilier-Regts. Nr. 36

(4571) 20.09.1866 **Stoltz**, Johann Christian Alexander,
Oberst und Kommandeur des 6. Westfälischen Infanterie-Regts. Nr. 55

(4572) 20.09.1866 **Below**, Ludwig Hugo von,
Hauptmann im 6. Westfälischen Infanterie-Regt. Nr. 55

(4573) 20.09.1866 **Coester**, Rudolf Maximilian,
Hauptmann im Westfälischen Feld-Artillerie-Regt. Nr. 7,
Kommandeur der 34 pfgd. Batterie

(4574) 11.11.1866 **Preußen**, Friedrich Wilhelm Ludwig König von

(4575) 30.12.1866 **Tiedemann**, Otto von,
Generalmajor und Kommandeur der 19. Infanterie-Brigade

1867 - 1869

(4576) 15.01.1867 **Chorus**, Hans Wilhelm,
Sekondlieutenant im 2. Garde-Regt. z. F.

(4577) 15.01.1867 **Gallus**, Ewald Gotthold Hugo,
Hauptmann im Pommerschen Feld-Artillerie-Regt Nr. 2,
Kommandeur der 3. 4pfdg. Batterie

(4578) 15.01.1867 **Bloch von Blottnitz**, Theodor Rudolf Herman,
Hauptmann im Schlesischen Feld-Artillerie-Regt. Nr. 6,
Kommandeur der 3. 4pfdg. Batterie

(4579) 08.12.1869 **Rußland**, Alexander Nikolajewitsch Kaiser von

1870

(4580) 28.10.1870 **Roon**, Albert Theodor Emil von, General der Infanterie,
Kriegs- und Marineminister

(4581) 01.11.1870 **Budritzki**, Rudolf Otto von,
Generallieutenant und Kommandeur der 2. Garde-Infanterie-Division

(4582) 05.12.1870 **Wrangel**, Friedrich Wilhelm Karl Oskar Freiherr von,
Generallieutenant und Kommandeur der 18. Infanterie-Division

(4583) 05.12.1870 **Tresckow**, Herman Heinrich Theodor von,
Generallieutenant und Generaladjutant, z. Z. beauftragt mit dem Kommando der 17. Infanterie-Division

(4584) 05.12.1870 **Mecklenburg-Schwerin**, Friedrich Franz Alexander Großherzog von,
General der Infanterie und Kommandeur einer Armee-Abteilung

(4585) 05.12.1870 **Wittich**, Friedrich Wilhelm Ludwig von,
Generalmajor und Kommandeur der 22. Infanterie-Division

(4586) 06.12.1870 **Sachsen**, Albert Friedrich August Anton Ferdinand Josef Karl Maria Baptist Nepomuk Wilhelm Xaver Georg Fidelis Kronprinz von,
Königlich Sächsischer General der Infanterie und Oberbefehlshaber der Maas-Armee

(4587) 06.12.1870 **Sachsen**, Friedrich August Georg Ludwig Wilhelm Maximilian Karl Maria Nepomuk Baptist Xaver Dyriakus Romanus Prinz von,
Königlich Sächsischer Generallieutenant, beauftragt mit der Führung des XII. (Königlich Sächischschen) Armeekorps

(4588) 22.12.1870 **Tann-Rathsamhausen**, Ludwig Samson Arthur Freiherr von und zu der,
Königlich Baierischer General der Infanterie und Kommandierender General des I. Armeekorps

(4589) 24.12.1870 **Manteuffel**, Karl Rochus Edwin Freiherr von,
General der Kavallerie, Generaladjutant und kommandierender General des I. Armeekorps, beauftragt mit dem Oberkommando der I. Armee

(4590) 31.12.1870 **Voights-Rhetz**, Konstans Bernhard von,
General der Infanterie und kommandierender General
X. Armeekorps

(4591) 31.12.1870 **Alvensleben**, Konstantin Reimar von,
Generallieutenant und kommandierender General
III. Armeekorps

(4592) 31.12.1870 **Wedell**, Richard Georg von,
Generalmajor und Kommandeur der 38. Infanterie-Brigade

(4593) 31.12.1870 **Preußen**, Friedrich Heinrich Albrecht Prinz von,
General der Kavallerie und Kommandeur der 4. Kavallerie-
Division

1871

(4594) 02.01.1871 **Kameke**, Arnold Karl Georg von,
Generallieutenant, beauftragt mit Wahrnehmung der
Geschäfte des Chefs des Ingenieurkorps und der Pioniere

(4595) 06.01.1871 **Bentheim**, Georg Ferdinand von,
Generallieutenant und Kommandeur der 1. Infanterie-
Division, beauftragt mit der Führung des I. Armeekorps

(4596) 12.01.1871 **Kummer**, Ferdinand Rudolf von,
Generallieutenant und Kommandeur der 15. Infanterie-
Division

(4597) 17.01.1871 **Werder**, Karl Friedrich Wilhelm Leopold August von,
General der Infanterie und kommandierender General
XIV. Armeekorps

(4598) 18.01.1871 **Stiehle**, Gustaf Wilhelm Friedrich von,
Generalmajor, General à la suite S. M. und Chef des
Generalstabes der II. Armee

(4599) 18.01.1871 **Buddenbrock**, Karl Gustaf Leopold Baron von,
Generallieutenant und Kommandeur der 6. Infanterie-
Division

(4600) 18.01.1871 **Stülpnagel**, Louis Ferdinand Wolf Anton von,
Generallieutenant und Kommandeur der 5. Infanterie-
Division

(4601) 18.01.1871 **Wulffen**, Georg Otto von,
Oberst und Kommandeur des 6. Brandenburgischen
Infanterie-Regts. Nr. 52

(4602) 18.01.1871 **Blumenthal**, Heinrich Elias Karl von,
Generalmajor und Kommandeur der 35. Infanterie-Brigade

(4603) 18.01.1871 **Voigts-Rhetz**, Julius Karl Philipp Werner von,
Oberst und Chef des Generalstabes III. Armeekorps

(4604) 18.01.1871 **Falkenhausen**, Wilhelm Friedrich Eduard Heinrich
Alexander August Freiherr von,
Oberst und Kommandeur des Holsteinschen Infanterie-
Regts. Nr. 85

(4605) 18.01.1871 **Goltz**, Moritz Baron von der,
Oberst und Kommandeur des Hannoverschen Feld-
Artillerie-Regts. Nr. 10

(4606) 18.01.1871 **Sannow**, Ferdinand Heinrich Wilhelm,
Oberstlieutenant, kommandiert zur Führung des 3.
Westfälischen Infanterie-Regts. Nr. 16

(4607) 18.01.1871 **Caprivi**, Georg Leo von,
Oberstlieutenant und Chef des Generalstabes X. Armeekorps

(4608) 18.01.1871 **Körber**, Julius Wilhelm, -
Major im Hannoverschen Feld Artillerie-Regt. Nr. 10

(4609) 20.01.1871 **Barnekow**, Christof Gottlieb Albert Freiherr von,
Generallieutenant und Kommandeur der 16. Infanterie-
Division

(4610) 05.02.1871 **Leszczynski**, Stanislaus Paul Eduard von,
Großherzoglich Badischer Oberstlieutenant und Chef des
Generalstabes XIV. Armeekorps

(4611) 05.02.1871 **Glümer**, Heinrich Karl Ludwig Adolf von,
Generallieutenant und Kommandeur der Großherzoglich
Badischen Felddivision

(4612) 05.02.1871 **Zastrow**, Adolf Friedrich Heinrich Karl Alexander von,
General der Infanterie und kommandierender General
VII. Armeekorps

(4613) 05.02.1871 **Fransecky**, Eduard Friedrich von,
General der Infanterie und kommandierender General II.
Armeekorps

(4614) 05.02.1871 **Sperling**, Ernst Karl Oskar von,
Generalmajor und Chef des Stabes beim Oberkommando der
I. Armee

(4615) 05.02.1871 **Wartensleben**, Wilhelm Herman Ludwig Alexander Karl
Friedrich Graf von,
Oberst und Oberquartiermeister der I. Armee, z. Z. Chef des
Stabes beim Oberkommando der Südarmee

(4616) 07.02.1871 **Schmidt**, Karl Johann von,
Generalmajor und Kommandeur der 14. Kavallerie-Brigade

(4617) 16.02.1871 **Kirchbach**, Hugo Ewald von,
General der Infanterie und kommandierender General
V. Armeekorps

(4618) 16.02.1871 **Schmidt**, Friedrich Johann Eduard Christof von,
Generallieutenant und Kommandeur der 10. Infanterie-
Division

(4619) 16.02.1871 **Sandrart**, Karl Gustaf von,
Generalmajor und Kommandeur der 9. Infanterie-Division

(4620) 17.02.1871 **Moltke**, Hellmuth Karl Bernhard Graf von,
General der Infanterie und Chef des Generalstabes der
Armee

(4621) 18.02.1871 **Tresckow**, Hans Ludwig Udo von,
Generallieutenant und Kommandeur der 1. Reserve-Division

(4622) 18.02.1871 **Hohenlohe-Ingelfingen**, Kraft Karl August Eduard
Friedrich Prinz zu,
Generalmajor, General à la suite S. M. und Kommandeur der
Garde-Artillerie-Brigade, beauftragt mit der oberen Leitung
des Artillerieangriffs auf Paris

(4623) 24.02.1871 **Witzendorff**, Karl Friedrich Wilhelm von,
Oberst und Chef des Generalstabes VIII. Armeekorps

(4624) 24.02.1871 **Burg**, Ernst Engelbert Oskar Viktor von der,
Oberstlieutenant und Chef des Generalstabes I. Armeekorps

(4625) 24.02.1871 **Memerty**, Albert Gideon Alexander Hellmuth von,
Generalmajor und Kommandeur der 3. Infanterie-Brigade

(4626) 24.02.1871 **Boecking**, Wilhelm Theodor Karl Jobst von,
Oberst und Kommandeur des 7. Ostpreußischen Infanterie-Regts. Nr. 44

(4627) 24.02.1871 **Strubberg**, Otto Julius Wilhelm Maximilian von,
Generalmajor und Kommandeur der 30. Infanterie-Brigade

(4628) 24.02.1871 **Bumke**, Karl Friedrich Ferdinand Julius,
Major im Generalstabe, kommandiert zur Vertretung des Oberquartiermeisters der I. Armee

(4629) 24.02.1871 **Bock**, Louis Oskar von,
Oberst und Kommandeur der 29. Infanterie-Brigade

(4630) 28.02.1871 **Kraatz-Koschlau**, Friedrich Wilhelm Alexander von,
Generalmajor und Kommandeur der 20. Infanterie-Division

(4631) 28.02.1871 **Cranach**, Ludwig Otto Lukas von,
Oberst und Kommandeur des 8. Westpreußischen Infanterie-Regts. Nr. 57

(4632) 28.02.1871 **Dieringshofen**, Karl Friedrich Alexander von,
Generalmajor und Kommandeur der 40. Infanterie-Brigade

(4633) 28.02.1871 **Schwerin**, Kurt Ludwig Adalbert von,
Generalmajor und Kommandeur der 10. Infanterie-Brigade

(4634) 28.02.1871 **L'Estoq**, Anton Wilhelm Karl von,
Oberst und Kommandeur des Leibgarde-Grenadier-Regts. (1. Brandenburgisches) Nr. 8

(4635) 28.02.1871 **Flatow**, Friedrich Gustaf von,
Oberst und Kommandeur des 3. Brandenburgischen Infanterie-Regts. Nr. 20

(4636) 28.02.1871 **Hessen und bei Rhein**, Friedrich Wilhelm Ludwig Karl Erbgroßherzog von, Generallieutenant und Kommandeur der Großherzoglich Hessischen (25.) Division

(4637) 28.02.1871 **Puttkamer**, Georg Heinrich Karl Freiherr von, Generalmajor und Kommandeur der 9. Feldartillerie-Brigade

(4638) 28.02.1871 **Lehmann**, Peter Friedrich Ludwig, Generalmajor und Kommandeur der 37. Infanterie-Brigade

(4639) 28.02.1871 **Alvensleben**, Gustaf Herman von, Oberst und Kommandeur des Schleswig-Holsteinschen Ulanen-Regts. Nr. 15

(4640) 03.03.1871 **Hartmann**, Ernst Matthias Andreas von, Generalmajor und Kommandeur der 3. Infanterie-Division

(4641) 03.03.1871 **Lewinski**, Eduard Julius Ludwig August von, Major im Generalstabe des Oberkommandos der Südarmee

(4642) 03.03.1871 **Trossel**, Wilhelm Karl Albert du, Generalmajor und Kommandeur der 7. Infanterie-Brigade

(4643) 03.03.1871 **Schuler von Senden**, Ernst Wilhelm Moritz Otto Freiherr, Generallieutenant und Kommandeur der 14. Infanterie-Division

(4644) 03.03.1871 **Woyna**, Friedrich Wilhelm von, Generalmajor und Kommandeur der 28. Infanterie-Brigade

(4645) 05.03.1871 **Podbielski**, Theophil Eugen Anton von, Generallieutenant und Generalquartiermeister der Armee

(4646) 10.03.1871 **Preußen**, Friedrich Wilhelm Nikolaus Albrecht Prinz von, Generallieutenant, beauftragt mit der Führung der 3. Reserve-Division

(4647) 24.03.1871 **Mertens**, August Ferdinand von, Generallieutenant z. D., bisher beim Belagerungskorps vor Belfort

(4648) 12.06.1871 **Helden-Sarnowski**, Rudolf Franz Wilhelm von, Oberst und Kommandeur des Garde-Feldartillerie-Regts.

(4649) 15.06.1871 **Schlotheim**, Karl Ludwig Freiherr von,
Generalmajor und Kommandeur der 5. Kavallerie-Brigade,
z. Zt. Chef des Stabes beim Oberkommando der III. Armee

(4650) 16.06.1871 **Tresckow**, Herman Heinrich Theodor von,
Generallieutenant, Generaladjutant, Chef der Abteilung für
die persönlichen Angelegenheiten im Kriegsministerium und
des Militärkabinetts

(4651) 16.06.1871 **Steinmetz**, Karl Friedrich von,
General-Feldmarschall

(4652) 16.06.1871 **Alvensleben**, Gustaf von, General der Infanterie,
Generaladjutant und kommandierender General des
IV. Armeekorps

(4653) 16.06.1871 **Württemberg**, Friedrich August Eberhard Prinz von,
General der Kavallerie und kommandierender General des
Gardekorps

(4654) 28.11.1871 **Woyna**, Paul Peter Emil von,
Generalmajor und Kommandeur der 39. Infanterie-Brigade

(4655) 28.11.1871 **Becke**, Friedrich Leopold Karl Alexander Freiherr von der,
Oberst und Kommandeur der 10. Artillerie-Brigade

(4656) 02.12.1871 **Bülow**, Hans Adolf Julius von,
Generalmajor und Kommandeur der Garde-Artillerie-
Brigade

(4657) 08.12.1871 **Rußland**, Alexander Nikolajewitsch Kaiser von

(4658) 08.12.1871 **Rußland**, Nikolai Nikolaijewitsch Großfürst von

(4659) 08.12.1871 **Rußland**, Michail Nikolaijewitsch Großfürst von

1872

(4660) 01.03.1872 **Hartmann**, Jakob Freiherr von,
Königlich Baierischer General der Infanterie und
kommandierender General des II. Armeekorps

(4661) 22.03.1872 **Pape**, August Wilhelm Alexander von, Generallieutenant und Kommandeur der 1. Garde-Infanterie-Division

(4662) 22.03.1872 **Dresky**, Justus Karl Wilhelm Albert Friedrich Emil von, Oberst à la suite des Garde-Feldartillerie-Regts., beauftragt mit Führung der Garde-Feldartillerie-Brigade

(4663) 29.05.1872 **Italien**, Humbert Rainer Karl Emanuel Johann Maria Ferdinand Eugen Kronprinz von, Prinz von Piemont

(4664) 29.05.1872 **Italien**, Viktor Emanuel Maria Albert Eugen Ferdinand Thomas König von

1873

(4665) 19.01.1873 **Gottberg**, Walter Philipp Werner von, Generalmajor und Chef des Stabes der IV. Armee-Inspektion

(4666) 19.01.1873 **Geißler**, Heinrich Paul von, Major aggregiert dem, Generalstabe der Armee, kommandiert als Generalstabsoffizier bei der III. Armee-Inspektion

(4667) 19.01.1873 **Neumeister**, Emil Georg, Hauptmann à la suite der 3. Ingenieur-Inspektion, kommandiert zur Dienstleistung beim Kriegsministerium

(4668) 19.01.1873 **Maillinger**, Josef Maximilian Fridolin von, Königlich Baierischer Generallieutenant und Kommandeur der 2. Division

(4669) 19.01.1873 **Rothmaler**, Louis Karl Wilhelm Friedrich Levin von, Generalmajor und Kommandeur der 11. Infanterie-Brigade

(4670) 19.01.1873 **Haeseler**, Gottlieb Ferdinand Albert Alexis Graf von, Major von der Armee, Oberquartiermeister beim Stabe der Okkupationsarmee in Frankreich

(4671) 19.01.1873 **Scheliha**, Friedrich Ernst Ferdinand von, Oberst und Kommandeur des Garde-Feldartillerie-Regts., Korps-Artillerie

(4672) 19.01.1873 **Massow**, Wilhelm von,
Oberst und Kommandeur des Grenadier-Regts. Kronprinz
(1. Ostpreußisches) Nr. 1

(4673) 19.01.1873 **Schachtmeyer**, Hans Rudolf Ferdinand von,
Generallieutenant und Kommandeur der 8. Division

(4674) 19.01.1873 **Pestel**, Eduard von,
Oberst und Kommandeur des Rheinischen Ulanen-Regts.
Nr. 7

(4675) 19.01.1873 **Lewinski**, Alfred August Louis Wilhelm von,
Oberstlieutenant und Chef des Generalstabes
IX. Armeekorps

(4676) 19.01.1873 **Förster**, Otto Karl Georg von,
Oberst à la suite des 2. Thüringischen Infanterie-Regts. Nr.
32, Kommandeur der 49. Infanterie-Brigade
(1. Großherzoglich Hessische)

(4677) 19.01.1873 **Wechmar**, Karl Heinrich Rudolf von,
Oberst und Kommandeur des 1. Badischen Leibgarde-
Grenadier-Regts. Nr. 109

(4678) 19.01.1873 **Esch**, Karl Wilhelm von der,
Oberst und Chef des Generalstabes XV. Armeekorps

(4679) 19.01.1873 **Wartensleben**, Wilhelm Herman Ludwig Alexander Karl
Friedrich Graf von,
Oberst und Abteilungschef im Großen Generalstabe

(4680) 19.01.1873 **Brandenstein**, Karl Bernhard Herman von,
Oberst und Abteilungschef im Großen Generalstabe

(4681) 01.05.1873 **Todleben**, Eduard Franz,
Kaiserlich Russischer Ingenieurgeneral und Generaladjutant,
Gehilfe des General-Inspekteurs des Ingenieurwesens

(4682) 02.09.1873 **Preußen**, Friedrich Wilhelm Nikolaus Karl Kronprinz des
Deutschen Reiches und Kronprinz von,
General-Feldmarschall

(4683) 02.09.1873 **Preußen**, Friedrich Karl Nikolaus Prinz von,
General-Feldmarschall

1877

(4684) 25.09.1877 **Lignitz**, Friedrich Wilhelm Albert Viktor von, Major, aggregiert dem Generalstabe der Armee, kommandiert bei der Botschaft in St. Petersburg

(4685) 23./25.10.1877 **Elschanowskij**, Kasimir Juljanowitsch, Kaiserlich Russischer Oberst und Kommandeur des 5. Kulugaschen Infanterie-Regts. S. M. des Deutschen Kaisers und Königs von Preußen

(4686) 28.11.1877 **Rußland**, Michail Nikolajewitsch Großfürst von

(4687) 16.12.1877 **Rußland**, Nikolai Nikolajewitsch Großfürst von

(4688) 16.12.1877 **Rußland**, Alexander Alexandrowitsch Zesarewitsch und Großfürst Thronfolger von

(4689) 16.12.1877 **Rußland**, Wladimir Alexandrowitsch Großfürst von

(4690) 18.12.1877 **Rumänien**, Karl Eitel Friedrich Zephyrin Ludwig Fürst von

1878

(4691) 14.04.1878 **Kurlow**, Grigorij Nikonorowitsch, Kaiserlich Russischer Generalmajor und Kommandeur des St. Petersburgschen Grenadier-Regts. König Friedrich Wilhelm III.

(4692) 24.04.1878 **Rußland**, Alexander Nikolajewitsch Kaiser von

(4693) 24.04.1878 **Miljutin**, Dmitrij Alexjejewitsch Graf, Kaiserlich Russischer General der Infanterie, Generaladjutant und Kriegsminister

(4694) 24.04.1878 **Nepokoitschizkij**, Arthur Adamowitsch, Kaiserlich Russischer General der Infanterie und Generaladjutant

(4695) 24.04.1878 **Swjätopolk-Mirskij I.**, Dmitrij Iwanowitsch Fürst, Kaiserlich Russischer General der Infanterie und Generaladjutant, Gehilfe des Oberbefehlshabers der Kaukasischen Armee

(4696) 24.04.1878 **Loris-Melikow**, Michail Tarielowitsch Graf, Kaiserlich Russischer General der Kavallerie und Generaladjutant, Oberbefehlshaber des Korps an der Kaukasisch-Türkischen Grenze

(4697) 24.04.1878 **Hurko (Gurko)**, Josef Wladimirowitsch, Kaiserlich Russischer General der Kavallerie und Generaladjutant, Führer des Gardekorps

(4698) 24.04.1878 **Redezkij**, Fedor Fedorowitsch, Kaiserlich Russischer General der Infanterie, Generaladjutant und kommandierender General des VIII. Armeekorps

(4699) 24.04.1878 **Lasarew**, Iwan Dawidowitsch, Kaiserlich Russischer Generallieutenant, für besondere Aufträge beim Oberbefehlshaber der Kaukasischen Armee

(4700) 24.04.1878 **Tergukassow**, Arsas Artemjewitsch, Kaiserlich Russischer Generallieutenant und Kommandeur der Kaukasischen Grenadier-Division

(4701) 24.04.1878 **Imeretinskij**, Alexander Konstantinowitsch Fürst, Kaiserlich Russischer Generallieutenant und Generaladjutant

(4702) 24.04.1878 **Skobelew II.**, Michail Dmitrijewitsch, Kaiserlich Russischer Generaladjutant und Kommandeur der 16. Infanterie-Division

(4703) 19.11.1878 **Rußland**, Alexei Alexandrowitsch Großfürst von

(4704) 19.11.1878 **Rußland**, Sergei Alexandrowitsch Großfürst von

(4705) 19.11.1878 **Rußland**, Nikolai Nikolaijewitsch der Jüngere Großfürst von

(4706) 19.11.1878 **Rußland**, Konstantin Konstantinowitsch Großfürst von

(4707) 19.11.1878 **Rußland**, Nikolai Michailowitsch Großfürst von

1879 - 1887

(4708)   08.03.1879   **Moltke**, Hellmuth Karl Bernhard Graf von, General-Feldmarschall und Chef des Generalstabes der Armee

(4709)   22.08.1879   **Schuwalow**, Pawel Andrejewitsch Graf, Kaiserlich Russischer Generallieutenant und Generaladjutant, Chef des Stabes des Gardekorps und der Truppen im St. Petersburgschen Militärbezirk

(4710)   17.11.1882   **Großbritannien und Irland**, herzog von Connaught, Arthur Wilhelm Patrik, Albrecht Prinz von

(4711)   01.09.1884   **Bismarck**, Otto Eduard Leopold Fürst von, Reichskanzler

(4712)   07.07.1887   **Hessen und bei Rhein**, Heinrich Ludwig Wilhelm Adalbert Waldemar Alexander Prinz von, General der Kavallerie und Kommandeur der Großherzoglich Hessischen (25.) Division

6.
Verleihungen durch König Wilhelm II. 1888–1918

1889 - 1899

(4713) 29.11.1889 **Moltke**, Hellmuth Karl Bernhard Graf von,
　　　　　　　　　　General-Feldmarschall

(4714) 20.11.1894 **Schele**, Friedrich Rabot Freiherr von,
　　　　　　　　　　Oberst, beauftragt mit den Funktionen des Kommandeurs
　　　　　　　　　　der Kaiserlichen Schutztruppe für Ostafrika

(4715) 18.12.1895 **Baden**, Ludwig Wilhelm August Prinz von

(4716) 08.03.1896 **Sachsen**, Friedrich August Georg Ludwig Wilhelm
　　　　　　　　　　Maximilian Karl Maria Nepomuk Baptist Xaver Cyriacus
　　　　　　　　　　Romanus Prinz von

(4717) 22.04.1898 **Blumenthal**, Karl Konstantin Albrecht Leonhard Graf von,
　　　　　　　　　　General-Feldmarschall

1900- 1905

(4718) 24.06.1900 **Lans**, Wilhelm Andreas Jakob Emil,
　　　　　　　　　　Korvettenkapitän, Kommandant S. M. Kanonenboots "Iltis"

(4719) 20.09.1900 **Soden**, Anton Georg Ludwig Alfred Graf von,
　　　　　　　　　　Oberlieutenant im 3. See-Batl.

(4720) 27.11.1900 **Kremkow**, Fritz Theodor,
　　　　　　　　　　Hauptmann im Ostasiatischen Batl. schwerer Feldhaubitzen

(4721) 28.05.1901 **Förster**, Sigismund von,
　　　　　　　　　　Major im 2. Ostasiatischen Infanterie-Regt.

(4722) 30.07.1901 **Waldersee**, Alfred Ludwig Heinrich Karl Graf von,
General-Feldmarschall und General-Inspekteur der
3. Armee-Inspektion, zugl. Oberbefehlshaber der
internationalen Truppen in China

(4723) 05.04.1902 **Usedom**, Ernst Adolf Julius Guido von,
Kapitän zur See, diensttuender Flügeladjutant Seiner
Majestät des Kaisers und Königs

(4724) 27.01.1903 **Das Kanonenboot "Iltis"**

(4725) 10.01.1905 **Stoessel**, Anatolij Michailowitsch, Kaiserlich
Russischer Generalleutnant und Generaladjutant,
Kommandeur des 3. Ostsibirischen Armeekorps

(4726) 10.01.1905 **Nogi**, Kiten Baron,
Kaiserlich Japanischer General, Kommandeur der III. Armee

(4727) 02.11.1905 **Trotha**, Adrian Dietrich Lothar von,
Generalleutnant und Kommandeur der Kaiserlichen
Schutztruppe für Südwestafrika

(4728) 02.11.1905 **Meister**, Karl Theodor Johann,
Major im 2. Feld-Regt. der Kaiserlichen Schutztruppen für
Südwestafrika

(4729) 02.11.1905 **Franke**, Erich Viktor Karl August,
Hauptmann im 2. Feld-Regt. der Kaiserlichen Schutztruppe
für Südwestafrika

1914

(4730) 07.08.1914 **Emmich**, Otto v.,
General der Infanterie und Kommandierender General X.
Armee-Korps, zugl. Oberbefehlshaber der Maas-Armee

(4731) 08.08.1914 **Ludendorff**, Erich,
Generalmajor und Oberquartiermeister der 2. Armee, zugl.
Führer der 14. Infanterie-Brigade

(4732) 27.08.1914 **Österreich** Franz Joseph I.
Kaiser v., k.u.k. Feldmarschall und Chef der Armee und
Marine

(4733) 08.09.1914 **Zwehl**, Johann v.,
General der Infanterie und Kommandierender General
VII. Reserve-Korps

(4734) 08.09.1914 **Beneckendorff und von Hindenburg**, Paul v.,
Generaloberst und Befehlshaber 8. Armee

(4735) 18.09.1914 **Linde**, Otto v.d.,
Leutnant und Kompanie-Offizier im 5. Garde-Regiment zu Fuß

(4736) 10.10.1914 **Beseler**, Hans-Hartwig v.,
General der Infanterie und Kommandierender General
III. Reserve-Korps

(4737) 24.10.1914 **Weddingen**, Otto,
Kapitänleutnant und Kommandant U 9

(4738) 25.10.1914 **Woyrsch**, Remus v.,
General der Infanterie und Kommandierender General des Landwehrkorps

(4739) 27.11.1914 **Mackensen**, August v.,
General der Kavallerie und Oberbefehlshaber 9. Armee

(4740) 29.11.1914 **Litzmann**, Karl,
Generalleutnant und Kommandeur 3. Garde-Infanterie-Division

(4741) 01.12.1914 **Morgen**, Curt v.,
Generalleutnant und Führer I. Reserve-Korps

(4742) 02.12.1914 **Scheffer-Boyadel**, Reinhold Frhr.v.,
General der Infanterie und Kommandierender General des
XXV. Reserve-Korps

1915

(4743) 13.01.1915 **Mudra**, Bruno v.,
General der Infanterie und Kommandierender General
XVI. Armee-Korps

(4744) 14.01.1915 **Lochow**, Ewald v.,
General der Infanterie und Kommandierender General
III. Armee-Korps

(4745) 16.02.1915 **Preussen**, Wilhelm II. Deutscher Kaiser und König v.,
Chef der kgl. preuß. Armee und der kaiserl. deutschen
Marine

(4746) 16.02.1915 **Below**, Otto v.,
General der Infanterie und Oberbefehlshaber 8. Armee

(4747) 20.02.1915 **Kosch**, Robert,
Generalleutnant und Führer I. Armee-Korps

(4748) 00.03.1915 **Below**, Fritz v.,
General der Infanterie und Kommandierender General
XXI. Armee-Korps

(4749) 07.03.1915 **Marwitz**, George v.d.,
General der Kavallerie und Kommandierender General
XXXVIII. Reserve-Korps

(4750) 16.03.1915 **Einem**, Karl v., gen.v. Rothmaler,
Generaloberst und Oberbefehlshaber der 3. Armee

(4751) 16.03.1915 **Fleck**, Paul,
Generalleutnant und Führer XVII. Armee-Korps

(4752) 28.03.1915 **Kluck**, Alexander v.,
Generaloberst und Oberbefehlshaber 1. Armee

(4753) 04.04.1915 **Bülow**, Karl v.,
Generalfeldmarschall und Oberbefehlshaber der 2. Armee

(4754) 12.05.1915 **Österreich**, Friedrich Prinz und Erzherzog v.,
k.u.k. Feldmarschall und Armee-Oberkommandant

(4755) 12.05.1915 **Conrad v. Hötzendorf**, Franz Gf.,
k.u.k. Generaloberst und Chef des Generalstabes der Armee

(4756) 14.05.1915 **Seeckt**, Hans v.,
Oberst und Chef des Generalstabes der 11. Armee

(4757) 14.05.1915 **Linsingen**, Alexander v.,
General der Infanterie und Oberbefehlshaber der Südarmee

(4758) 14.05.1915 **Plettenberg**, Karl Frhr.v.,
General der Infanterie und Kommandierender General des
Garde-Korps, zugl.Generaladjutant S.M. des Kaisers

(4759) 14.05.1915 **Francois**, Hermann v.,
General der Infanterie und Kommandierender General
I. Armee-Korps

(4760) 16.05.1915 **Falkenhayn**, Erich v., General der Infanterie,
Chef des Generalstabes des Feldheeres

(4761) 30.05.1915 **Sachsen-Altenburg**, Herzog v. Sachsen, Ernst II,
General der Infanterie und Kommandeur 8. Infanterie-
Division

(4762) 03.06.1915 **Kneußl**, Paul Ritter v.,
kgl. bayer. Generalleutnant und Kommandeur bayer.
11. Infanterie-Division

(4763) 05.06.1915 **Hersing**, Otto,
Kapitänleutnant und Kommandant U 23

(4764) 14.06.1915 **Ziethen**, Alfred,
Generalmajor und General der Fußartillerie beim Armee-
Oberkommando 11

(4765) 29.06.1915 **Claer**, Eberhard v.,
General der Infanterie und Kommandierender General des
VII. Armee-Korps

(4766) 07.07.1915 **Stolzmann**, Paulus (Paul) von,
Generalmajor und Chef des Generalstabes der Südarmee

(4767) 07.07.1915 **Preussen**, Eitel-Friedrich Prinz v.,
Oberst und Kommandeur 1. Garde-Infanterie-Division

(4768) 07.07.1915 **Bothmer**, Felix Graf v.,
General der Infanterie und Oberbefehlshaber der Südarmee

(4769) 07.07.1915 **Gerok**, Friedrich v.,
kgl. württ. General der Infanterie und Kommandierender
General Korps Gerok

(4770) 23.07.1915 **König**, Götz Frhr.v.,
char. General der Kavallerie und Kommandierender General des Landwehr-Korps

(4771) 24.07.1915 **Gallwitz**, Max v.,
General der Artillerie und Oberbefehlshaber 12. Armee

(4772) 02.08.1915 **Wild v. Hohenborn**, Adolf,
Generalleutnant und preuß. Staats- und Kriegsminister

(4773) 05.08.1915 **Bayern**, Leopold Prinz v.,
kgl. bayer. Generalfeldmarschall und Oberbefehlshaber der Heeresgruppe Prinz Leopold v. Bayern

(4774) 07.08.1915 **Moltke**, Helmuth,
Generaloberst und Chef des stellv. Generalstabs der Armee

(4775) 10.08.1915 **Tirpitz**, Alfred v.,
Großadmiral und Staatssekretär des Reichsmarineamtes

(4776) 18.08.1915 **Eichhorn**, Hermann v.,
Generaloberst und Oberbefehlshaber 10. Armee

(4777) 22.08.1915 **Strantz**, Hermann v.,
General der Infanterie und Kommandierender General des V. Armee-Korps, zugl. Oberbefehlshaber der Armee-Abteilung E

(4778) 22.08.1915 **Württemberg**, Albrecht Herzog v.,
kgl. württ. Generaloberst und Oberbefehlshaber 4. Armee

(4779) 22.08.1915 **Preussen**, Wilhelm Kronprinz des Deutschen Reiches v.,
Generalleutnant und Oberbefehlshaber der 5. Armee

(4780) 22.08.1915 **Bayern**, Rupprecht Kronprinz v.,
kgl. bayer. Generalfeldmarschall und Oberbefehlshaber der 6. Armee

(4781) 23.08.1915 **Liman v. Sanders-Pascha**, Otto,
General der Kavallerie, zugl. osman. Feldmarschall und Chef der Deutschen Militärmission in der Türkei, zugl. Oberbefehlshaber der türk. 5. Armee

(4782) 23.08.1915 **Enver-Pascha**, Damad,
kaiserl. osman. Generalleutnant, osman. Kriegsminister und zugl. Vizegeneralissimus der osman. Armee und Marine

(4783) 23.08.1915 **Fabeck**, Max v.,
General der Infanterie und Oberbefehlshaber der 1. Armee

(4784) 23.08.1915 **Falkenhausen**, Ludwig Frhr.v.,
Generaloberst, als Oberbefehlshaber der Armee-Abteilung Falkenhausen

(4785) 25.08.1915 **Gaede**, Hans,
General der Infanterie und Oberbefehlshaber der Armee-Abteilung Gaede

(4786) 28.08.1915 **Heeringen**, Josias v.,
Generaloberst und Oberbefehlshaber 7. Armee

(4787) 28.08.1915 **Hofmann**, Max,
Generalleutnant und Führer des Beskiden-Korps

(4788) 28.08.1915 **Arz v. Straussenburg**, Arthur Baron,
k.u.k. General der Infanterie und Kommandant österr. VI. Armee-Korps

(4789) 28.08.1915 **Falkenhayn**, Eugen v.,
General der Kavallerie und Kommandierender General XXII. Reserve-Korps

(4790) 03.09.1915 **Scholtz**, Friedrich v.,
General der Artillerie und Oberbefehlshaber 4. Armee

(4791) 11.09.1915 **Tappen**, Gerhard,
Generalmajor und Chef der Operationsabteilung im Generalstab des Feldheeres

(4792) 11.09.1915 **Groener**, Wilhelm,
Generalleutnant und Chef des Feldeisenbahnwesens im Großen Hauptquartier

(4793) 13.10.1915 **Steuben**, Kuno v.,
General der Infanterie und Kommandierender General XVIII. Reserve-Korps

(4794) 17.10.1915 **Schmidt v. Knobelsdorff**, Konstantin,
Generalleutnant und Chef des Generalstabes der 5. Armee

(4795) 20.10.1915 **Schröder**, Ludwig v.,
Admiral und Kommandierender Admiral des Marine-Korps Flandern

(4796) 27.11.1915 **Winckler**, Arnold v.,
Generalleutnant und Kommandierender General IV. Reserve-Korps

(4797) 04.12.1915 **Kövess v. Kövesshaza**, Hermann Baron,
k.u.k. General der Infanterie und Oberkommandant der österr. 3. Armee

1916

(4798) 12.01.1916 **Immelmann**, Max,
Leutnant d. Res. und Flugzeugführer in der Jagdstaffel 62

(4799) 12.01.1916 **Boelcke**, Oswald,
Hauptmann Führer der Jagdstaffel 2

(4800) 15.01.1916 **Pritzelwitz**, Kurt v.,
General der Infanterie und Offizier v.d. Armee

(4801) 18.01.1916 **Jekow**, Nikola Todorow,
kgl. bulg. Generalmajor und Oberbefehlshaber der bulg. Armee

(4802) 07.03.1916 **Dohna-Schlodien**, Nikolaus Burggraf u. Graf zu,
Korvettenkapitän und Kommandant Hilfskreuzer "Möwe"

(4803) 09.03.1916 **Guretzky-Cornitz**, Hans v.,
General der Infanterie und Kommandeur 9. Reserve-Division

(4804) 14.03.1916 **Brandis**, Cordt v.,
Oberleutnant und Kompanieführer im Infanterie-Regiment 24

(4805) 16.03.1916 **Haupt**, Hans-Joachim,
Hauptmann d.Res. und Führer III. Bataillon Infanterie-
Regiment 24

(4806) 26.03.1916 **Lüttwitz**, Walther Frhr.v.,
Generalleutnant und Kommandierender General X. Armee-
Korps

(4807) 29.03.1916 **Steinbrinck**, Otto,
Oberleutnant z.See und Kommandant von UB 18

(4808) 14.04.1916 **Büddecke**, Hans-Joachim,
Oberleutnant d. Res. und Führer der Jagdstaffel 4

(4809) 20.05.1916 **Österreich**, Karl I. Kaiser v.,
k.u.k. Feldmarschallleutnant und Kommandant österr.
XX. Armee-Korps

(4810) 05.06.1916 **Scheer**, Reinhard,
als Vizeadmiral und Chef der Hochseeflotte

(4811) 05.06.1916 **Hipper**, Franz Ritter v.,
Vizeadmiral und 1. Befehlshaber der Aufklärungsschiffe und
Führer der I. Aufklärungsgruppe

(4812) 07.06.1916 **Rackow**, Kurt,
Leutnant und Kompanieführer im Infanterie-Regiment 158

(4813) 10.06.1916 **Trotha**, Adolf v., Kapitän z.See,
Chef des Stabes der Hochseeflotte

(4814) 01.07.1916 **Wintgens**, Kurt,
Leutnant und Flugzeugführer in der Feld-Flug-Abteilung 67

(4815) 08.07.1916 **Mülzer**, Max,
kgl. bayer. Leutnant und Flugzeugführer in der bayer.
Feldflieger-Abteilung 4

(4816) 10.07.1916 **Parschau**, Otto,
Leutnant und Führer Kampfgeschwader 1

(4817) 20.07.1916 **Höhndorf**, Walter,
Leutnant d.Res. und Flugzeugführer in der Jagdstaffel 4

(4818) 22.07.1916 **Althaus**, Ernst Frhr.v.,
Oberleutnant und Flugzeugführer bei der Feldflieger-Abteilung 23

(4819) 23.07.1916 **Hoefer**, Karl,
Oberst und Kommandeur Landwehr-Infanterie-Regiment 57

(4820) 23.07.1916 **Kalau vom Hofe**, Konrad,
Hauptmann und Bataillons-Kommandeur im Grenadier-Regiment 12

(4821) 01.08.1916 **Preussen**, Heinrich Prinz v.,
Großadmiral und Generalinspekteur der Marine, zugl. Oberbefehlshaber der Ostseestreitkräfte

(4822) 10.08.1916 **Sixt v. Arnim**, Friedrich,
General der Infanterie und Kommandierender General IV. Armee-Korps

(4823) 10.08.1916 **Goßler**, Konrad v.,
General der Infanterie und Kommandierender General VI. Reserve-Korps

(4824) 11.08.1916 **Quast,** Ferdinand v.,
General der Infanterie, Kommandierender General IX. Armee-Korps

(4825) 11.08.1916 **Kirchbach**, Hans v.,
General der Artillerie und Kommandierender General XII. Reserve-Korps

(4826) 12.08.1916 **Fortsmann**, Walther,
Kapitänleutnant und Chef der 3. Unterseeboots-Flottille

(4827) 12.08.1916 **Frankl**, Wilhelm,
Leutnant d. Res. und Flugzeugführer in der Jagdstaffel 4

(4828) 20.08.1916 **Xylander**, Oskar Ritter v.,
kgl. bayer. General der Infanterie und Kommandierender General bayer. I. Armee-Korps

(4829) 20.08.1916 **Heye**, Wilhelm,
Oberst und Chef des Generalstabes der Heeresgruppe Woyrsch

(4830) 20.08.1916 **Bernhardt**, Friedrich v.,
　　　　　　　　　　General der Kavallerie und Führer Armeegruppe Bernhardi

(4831) 24.08.1916 **Boehm**, Max v.,
　　　　　　　　　　General der Infanterie und Kommandierender General
　　　　　　　　　　IX. Reserve-Korps

(4832) 25.08.1916 **Kuhl**, Hermann v.,
　　　　　　　　　　Generalleutnant und Chef des Generalstabes der 6. Armee

(4833) 28.08.1916 **Schubert**, Richard v.,
　　　　　　　　　　General der Artillerie und Kommandierender General
　　　　　　　　　　XXVII. Reserve-Korps

(4834) 28.08.1916 **Hügel**, Otto Frhr.v.,
　　　　　　　　　　General der Infanterie und Kommandierender General
　　　　　　　　　　XXVI. Reserve-Korps

(4835) 28.08.1916 **Ilse**, Emil,
　　　　　　　　　　Generalleutnant und Chef des Generalstabes der 4. Armee

(4836) 28.08.1916 **Kathen**, Hugo v.,
　　　　　　　　　　General der Infanterie und Kommandierender General des
　　　　　　　　　　XXIII. Reserve-Korps

(4837) 28.08.1916 **Deimling**, Berthold v.,
　　　　　　　　　　General der Infanterie und Kommandierender General
　　　　　　　　　　XV. Armee-Korps

(4838) 28.08.1916 **Gündell**, Erich v.,
　　　　　　　　　　General der Infanterie und Kommandierender General
　　　　　　　　　　V. Reserve-Korps

(4839) 01.09.1916 **Stein**, Hermann v.,
　　　　　　　　　　Generalleutnant und Kommandierender General
　　　　　　　　　　XIV. Reserve-Korps

(4840) 01.09.1916 **Watter**, Theodor Frhr.v.,
　　　　　　　　　　Generalleutnant und Führer XIII. Armee-Korps

(4841) 01.09.1916 **Laffert**, Maximilian v.,
　　　　　　　　　　kgl. sächs. General der Kavallerie und Kommandierender
　　　　　　　　　　General XIX. Armee-Korps

(4842) 01.09.1916 **d`Elsa**, Karl,
kgl. sächs. General der Infanterie und Oberbefehslahber der Armee-Abteilung A

(4843) 07.09.1916 **Krafft v. Dellmensingen**, Konrad,
kgl. bayer. Generalleutnant und Kommandeur des Deutschen Alpen-Korps

(4844) 11.09.1916 **Goetzen**, August v.,
Oberstleutnant und Kommandeur Reserve-Infanterie-Regiment 35

(4845) 13.09.1916 **Pannewitz**, Günther v.,
General der Infanterie und Kommandierender General XVII. Armee-Korps

(4846) 13.09.1916 **Fasbender**, Karl Ritter v.,
kgl. bayer. General der Infanterie und Kommandierender General des bayer. I. Armee-Korps

(4847) 16.09.1916 **Bronsart v. Schellendorff**, Bernhard,
Oberst und Chef des Generalstabes 2. Armee

(4848) 21.09.1916 **Schwerk**, Oskar,
Oberstleutnant und Kommandeur Infanterie-Regiment 51

(4849) 21.09.1916 **Hell**, Emil,
Oberst und Chef des Generalstabes der Bugarmee

(4850) 21.09.1916 **Johow**, Georg,
Oberst und Kommandeur Reserve-Infanterie-Regiment 217

(4851) 21.09.1916 **Loßberg**, Friedrich Karl v.,
Oberst und Chef des Generalstabes der 1. Armee

(4852) 21.09.1916 **Marschall Frhr.v. Altengottern**, Wolfgang,
General der Kavallerie und Kommandierender General des Garde-Reserve-Korps

(4853) 22.09.1916 **Stetten**, Otto v., bayer.
Generalleutnant und Kommandierender General bayer. II. Armee-Korps

(4854) 22.09.1916 **Eben**, Johannes v.,
General der Infanterie und Führer der Armee-Abteilung Eben

(4855) 27.09.1916 **Marquard**, Gottfried,
Oberst und Chef des VI. Armee-Korps

(4856) 04.10.1916 **Schenck**, Dedo v.,
General der Infanterie und Kommandierender General XVIII. Armee-Korps

(4857) 04.10.1916 **Gebsattel**, Ludwig Frhr.v,
kgl. bayer. General der Kavallerie und Kommandierender General des bayer. III. Armee-Korps

(4858) 04.10.1916 **Gronau**, Hans v.,
General der Artillerie und Oberbefehlshaber der Armee-Abteilung Gronau

(4859) 07.10.1916 **Hoffmann**, Max,
Oberst und Chef des Generalstabes des Oberbefehlshabers Ost

(4860) 07.10.1916 **Böhm-Ermolli**, Eduard Frhr.v.,
k.u.k. Generaloberst und Kommandant der österr. 2. Armee und zugl. Oberkommandant Heeresgruppe Böhm-Ermolli

(4861) 08.10.1916 **Böckmann**, Alfred v.,
Generalleutnant und Chef des Generalstabes der 12. Armee

(4862) 11.10.1916 **Arnauld de la Periére**, Lothar v.,
Kapitänleutnant und Kommandant U 35

(4863) 12.10.1916 **Berthold**, Rudolf,
Oberleutnant und Führer Jagdstaffel 16

(4864) 12.10.1916 **Garnier**, Otto v.,
Generalleutnant und Führer V. Reserve-Korps

(4865) 15.10.1916 **Conta**, Richard v.,
Generalleutnant und Führer des Karpaten-Korps

(4866) 29.10.1916 **Souchon**, Wilhelm,
Vizeadmiral und Höchstkommandierender der osmanischen Seestreitkräfte, zgl. auch Höchstkommandierender der bulgarischen Seestreitkräfte

(4867) 04.11.1916 **Lettow-Vorbeck**, Paul v.,
Oberst und Kommandeur der Schutztruppe in Deutsch-Ostafrika

(4868) 05.11.1916 **Leffers**, Gustav,
Leutnant d.Res. Flugzeugführer in der Jagdstaffel 1

(4869) 11.11.1916 **Dossenbach**, Albert,
Leutnant d. Res. und Flugzeugführer in der Flieger-Abteilung 22

(4870) 04.12.1916 **Berr**, Hans,
Oberleutnant und Führer Jagdstaffel 5

(4871) 08.12.1916 **Bayern**, Ludwig III. König v.,
kgl. bayer. Generalfeldmarschall und Chef der kgl. bayer. Armee

(4872) 11.12.1916 **Schmettow**, Eberhard Gf.v.,
Generalleutnant und Kommandeur 3. Kavallerie-Division

(4873) 11.12.1916 **Staabs**, Hermann v.,
Generalleutnant und Kommandierender General des XXXIX. Reserve-Korps

(4874) 11.12.1916 **Wetzell**, Georg,
Major und Chef der Operations-Abteilung beim Chef des Generalstabes des Feldheeres

(4875) 11.12.1916 **Hesse**, Hans,
Major und Chef des Generalstabes der 9. Armee

(4876) 11.12.1916 **Kühne**, Viktor,
Generalleutnant und Befehlshaber der Armeegruppe Kühne

(4877) 19.12.1916 **Bauer**, Max,
Oberstleutnant und Chef der Operationsabteilung II im Generalstab des Feldheeres

(4878) 26.12.1916 **Valentiner**, Max,
Kapitänleutnant und Kommandant U 38

(4879) 29.12.1916 **Sachsen**, Friedrich August III.,
kgl. sächs. und kgl. preuß. Generalfeldmarschall und Chef der kgl. sächs. Armee

1917

(4880) 09.01.1917 **Wather**, Hans,
Kapitänleutnant und Kommandant U 52

(4881) 12.01.1917 **Richthofen**, Manfred Frhr.v.,
Oberleutnant und Führer der Jagdstaffel 11

(4882) 14.01.1917 **Berendt**, Richard v.,
Oberst und General der Artillerie Nr. 1 bei der Heeresgruppe Deutscher Kronprinz

(4883) 24.01.1917 **Württemberg**, König Wilhelm II. v.,
kgl. württ. Generalfeldmarschall und Chef der kgl. württ. Truppen

(4884) 22.03.1917 **Holtzendorff**, Henning v.,
Admiral und Chef des Admiralstabes der Marine

(4885) 30.03.1917 **Österreich**, Joseph Prinz und Erzherzog v.,
k.u.k. Generaloberst und Oberkommandant der Heeresgruppe Erzherzog Joseph

(4886) 08.04.1917 **Voß**, Werner,
Leutnant d.Res. und Flugzeugführer in der Jagdstaffel 29

(4887) 08.04.1917 **Hoeppner**, Ernst v.,
Generalleutnant und Kommandierender General der Luftstreitkräfte

(4888) 08.04.1917 **Lieth-Thomsen**, Hermann v.d.,
Oberstleutnant und Chef des Generalstabes des Kommandierenden Generals der Luftstreitkräfte

(4889) 12.04.1917 **Jacobi**, Albano v.,
General der Infanterie und Kommandeur 1. Landwehr-Division

(4890) 20.04.1917 **Reinhardt**, Walther,
Oberstleutnant und Chef des Generalstabes der 7. Armee

(4891) 23.04.1917 **Bernert**, Otto,
Oberleutnant und Führer Jagdstaffel Boelcke

(4892) 24.04.1917 **Schulenburg**, Friedrich Gf.v.d.,
Oberst und Chef des Generalstabes der 6. Armee

(4893) 26.04.1917 **Schaefer**, Karl-Emil,
Leutnant, als Flugzeugführer in der Jagdstaffel 11

(4894) 26.04.1917 **Wichura**, Georg,
Generalleutnant und Kommandierender General VIII. Armee-Korps

(4895) 26.04.1917 **Hofacker**, Eberhard v.,
kgl. württ. Generalleutnant und Kommandeur 26. Infanterie-Division

(4896) 26.04.1917 **Moser**, Otto v.,
kgl württ. Generalleutnant und Kommandierender General XIV. Reserve-Korps

(4897) 26.04.1917 **Dallmer**, Viktor,
Generalleutnant und Kommandeur 10. Reserve-Division

(4898) 26.04.1917 **Diefenbach**, Carl,
Generalleutnant und Führer IX. Reserve-Korps

(4899) 01.05.1917 **Wenninger**, Karl Ritter v.,
kgl. bayer. Generalleutnant und Kommandeur bayer. 3. Infanterie-Division

(4900) 01.05.1917 **Bruchmüller**, Georg, Oberstleutnant und Artillerie-Kommandeur der Armeegruppe Bernhardi

(4901) 02.05.1917 **Steinwachs**, Adolf,
Major und Kommandeur Reserve-Infanterie-Regiment 75

(4902) 02.05.1917 **Lewinski**, Karl v.,
Generalmajor und Kommandeur 211. Infanterie-Division

(4903) 04.05.1917 **Wolff**, Kurt,
Leutnant und Flugzeugführer in der Jagdstaffel 11

(4904) 11.05.1917 **Plüskow**, Otto v.,
General der Infanterie und Kommandierender General
VIII. Armee-Korps

(4905) 12.05.1917 **Lincke**, Wilhelm,
Major und Kommandeur Reserve-Infanterie-Regiment 211

(4906) 12.05.1917 **Burkhardt**, Hermann Ritter v.,
Generalleutnant und Kommandeur bayer. Ersatz-Division

(4907) 14.05.1917 **Richthofen**, Lothar Frhr.v.,
Leutnant und Flugzeugführer in der Jagdstaffel 11

(4908) 14.05.1917 **Gontermann**, Heinrich,
Leutnant d. Res. und Führer der Jagdstaffel 15

(4909) 20.05.1917 **Schütz**, Ernst,
Oberstleutnant und Kommandeur Infanterie-Regiment 161

(4910) 20.05.1917 **Sick**, Georg,
Oberstleutnant und Kommandeur Infanterie-Regiment 163

(4911) 20.05.1917 **Maur**, Dr.h.c. Heinrich,
Generalmajor und Kommandeur 27. Infanterie-Division

(4912) 20.05.1917 **Moeller**, Richard,
Major und Kommandeur 2. Garde-Reserve-Regiment

(4913) 20.05.1917 **Oldershausen, Martin Frhr.v.**,
Oberst und Chef des Generalstabes der 3. Armee

(4914) 20.05.1917 **Planitz**, Horst Edler v.d.,
General der Infanterie und Kommandierender General
XII. Armee-Korps

(4915) 20.05.1917 **Eberhardt**, Magnus v.,
Generalleutnant und kommandierender General X. Reserve-Korps

(4916) 20.05.1917 **Goerne**, Wilhelm v.,
Oberstleutnant und Kommandeur Reserve-Infanterie-Regiment 261

(4917) 06.06.1917 **Liebert**, Eduard v.,
General der Infanterie und Kommandierender General des General-Kommandos z.b.V. 54

(4918) 14.06.1917 **Klüben**, Robert v.,
Major und Chef des Generalstabes der 1. Armee

(4919) 14.06.1917 **Allmenröder**, Karl,
Leutnant und Flugzeugführer in der Jagdstaffel 11

(4920) 14.06.1917 **Brandeburg**, Ernst,
Hauptmann und Kommodore des Bombengeschwaders 3

(4921) 15.06.1917 **Ehrenthal**, Oskar v.,
kgl. sächs. General der Infanterie und Kommandierender General XXVII. Reserve-Korps

(4922) 25.07.1917 **Hemmer**, Hans Ritter v.,
kgl. bayer. Oberstleutnant und Chef des Generalstabes der Südarmee

(4923) 25.07.1917 **Frantz**, Rudolf,
Major und Chef des Generalstabes des I. Armee-Korps

(4924) 27.07.1917 **Schlechtendal**, Max-Friedrich v.,
Oberst und Kommandeur des 1. Garde-Reserve-Infanterie-Regiments

(4925) 27.07.1917 **Schmid**, Hans,
Oberstleutnant und Kommandeur Infanterie-Regiment 393

(4926) 27.07.1917 **Soden**, Franz Frhr.v.,
General der Infanterie und Kommandierender General VII. Reserve-Korps

(4927) 27.07.1917 **Preusker**, Hans,
Oberstleutnant und Kommandeur Infanterie-Regiment 155

(4928) 27.07.1917 **Bardolff**, Dr.iur. Karl Frhr.v.,
k.u.k. Generalmajor und Chef der Heeresgruppe Böhm-Ermolli

(4929) 29.07.1917 **Balcke**, Hermann v.,
Oberstleutnant und Kommandeur Landwehr-Infanterie-Regiment 2

(4930) 29.07.1917 **Carlowitz**, Adolf v.,
kgl. sächs. General der Infanterie und Kommandierender General XIX. (sächs.) Armee-Korps

(4931) 30.07.1917 **Schwieger**, Walther,
Kapitänleutnant Kommandant U 88

(4932) 30.07.1917 **Hagedorn**, Wilhelm,
Major und Kommandeur Infanterie-Regiment 75

(4933) 31.07.1917 **Pechmann**, Paul Frhr.v.,
Oberleutnant und Flugzeugführer in der Flieger-Abteilung 33

(4934) 03.08.1917 **Tutschek**, Adolf Ritter v.,
bayer. Oberleutnant und Führer Jagdstaffel 12

(4935) 04.08.1917 **Borries**, Rudolf v.,
Generalmajor und Kommandeur 13. Infanterie-Division

(4936) 06.08.1917 **Thaer**, Albrecht v.,
Oberstleutnant und Chef des Generalstabes des IX. Reserve-Korps

(4937) 06.08.1917 **Klewitz**, Willi v.,
Oberstleutnant und Chef des Generalstabes des XI. Armee-Korps

(4938) 06.08.1917 **Dostler**, Eduard Ritter v.,
Oberleutnant und Führer der Jagdstaffel 6

(4939) 11.08.1917 **Heimburg**, Heino,
Oberleutnant z.See und Kommandant UB C 22

(4940) 18.08.1917 **Below**, Eduard,
Kommandierender General V. Armee-Korps

(4941) 18.08.1917 **Fuchs**, Georg,
Generalleutnant und Oberbefehlshaber der Armee-Abteilung C

(4942) 20.08.1917 **Salzwedel**, Reinhold,
Oberleutnant z. See und Kommandant UC 71

(4943) 20.08.1917 **Stein zu Nord- und Ostheim**, Hermann Frhr.v.,
bayer. Generalleutnant und Kommandierender General des
bayer. III. Armee-Korps

(4944) 26.08.1917 **Hadeln**, Heinrich Frhr.v.,
Major und Kommandeur des Königin-Elisabeth-Garde-
Grenadier-Regiment 3

(4945) 26.08.1917 **Meckel**, Wilhelm,
Generalmajor und General der Artillerie 4

(4946) 27.08.1917 **Reinhard**, Wilhelm,
Oberstleutnant und Kommandeur 4. Garde-Regiment zu Fuß

(4947) 27.08.1917 **Wedel**, Hasso v.,
Generalmajor und Kommandeur 5. Infanterie-Division

(4948) 27.08.1917 **Kirchbach**, Günther v.,
General der Infanterie und Oberbefehlshaber der Armee-
Abteilung D

(4949) 27.08.1917 **Berrer**, Albert v.,
Generalleutnant und Führer General-Kommando z.b.V. 51

(4950) 27.08.1917 **Eulenburg-Wicken**, Siegfried Gf. zu,
Major und Kommandeur 1. Garde-Regiment zu Fuß

(4951) 30.08.1917 **Strasser**, Peter,
Fregattenkapitän und Führer der Marine Luftschiffe

(4952) 03.09.1917 **Wangenheim**, Dr.med. Kurt v.,
Oberst und Kommandeur 34. Infanterie-Brigade

(4953) 03.09.1917 **Müller**, Max Ritter v.,
kgl. bayer. Offiziers-Stellvertreter und Flugzeugführer in der
Jagdstaffel 28

(4954) 04.09.1917 **Kreß v. Kressenstein**, Friedrich Frhr.v.,
kgl. bayer. Oberst, türk. Generalmajor und Oberbefehlshaber
der Sinai-Front

(4955) 04.09.1917 **Dschemal-Pascha**, Achmed,
kaiserl. osman. Generalleutnant und Oberbefehslahber in Syrien und West-Arabien

(4956) 05.09.1917 **Chales de Beaulieu**, Martin,
Generalleutnant und Führer XIV. Armee-Korps

(4957) 06.09.1917 **Rauchenberger**, Otto Ritter v.,
Generalleutnant und Kommandeur der 14. bayer. Infanterie-Division

(4958) 06.09.1917 **Sauberzweig**, Traugott v.,
Generalmajor und Chef des Generalstab 8. Armee

(4959) 06.09.1917 **Hutier**, Oskar v.,
General der Infanterie und Oberbefehlshaber 8. Armee

(4960) 06.09.1917 **Estorff**, Ludwig v.,
Generalleutnant und Kommandeur 42. Infanterie-Division

(4961) 22.09.1917 **Elstermann v. Elster**, Hugo v.,
Generalleutnant und Kommandeur 76. Reserve-Division

(4962) 23.09.1917 **Hentsch**, Richard,
Oberst und Oberquartiermeister Heeresgruppe Mackensen

(4963) 01.10.1917 **Maercker**, Georg,
Oberst und Kommandeur 214. Infanterie-Division

(4964) 04.10.1917 **Kleine**, Rudolf,
Hauptmann und Kommandeur Kampfgeschwader 3

(4965) 08.10.1917 **Schulenburg-Wolfsburg**, Karl Gf.v.d.,
Oberst und Kommandeur Garde-Füsilier-Regiment

(4966) 08.10.1917 **Thadden**, Wilhelm v.,
Oberstleutnant und Kommandeur Reserve-Infanterie-Regiment 229

(4967) 08.10.1917 **Herold**, Ferdinand,
Major und Kommandeur Infanterie-Lehr-Regiment

(4968) 08.10.1917 **Kraehe**, Konrad,
Oberstleutnant und Kommandeur Füsilier-Regiment 34

(4969) 08.10.1917 **Bacmeister**, Ernst v.,
General der Infanterie und Kommandeur 79. Reserve-Division

(4970) 08.10.1917 **Behr**, Franz v.,
Oberstleutnant und Kommandeur Reserve-Infanterie-Regiment 263

(4971) 08.10.1917 **Bülow**, Walter v.,
Leutnant und Führer Jagdstaffel 36

(4972) 11.10.1917 **Tretzmann**, Theodor,
Generalmajor und Kommandeur 34. Infanterie-Division

(4973) 11.10.1917 **Lequis**, Arnold,
Generalmajor und Kommandeur 12. Infanterie-Division

(4974) 12.10.1917 **Oven**, Georg v.,
Oberstleutnant und Kommandeur Infanterie-Regiment 24

(4975) 12.10.1917 **Edelbüttel**, Gottfried,
Oberstleutnant und Kommandeur Infanterie-Regiment 64

(4976) 14.10.1917 **Todoroff** (Todorow), Georgi Stojanow,
kgl. bulg. General der Infanterie und Oberbefehlshaber der bulg. 2. Armee

(4977) 22.10.1917 **Schnieber**, Walther,
Leutnant und Kompanieführer im Infanterie-Regiment 63

(4978) 27.10.1917 **Bartenbach**, Karl,
Korvettenkapitän und Führer der Unterseeboote in Flandern

(4879) 31.10.1917 **Schleinitz**, Walter Frhr.v.,
Major und Kommandeur III. Bataillon Garde-Grenadier-Regiment 5

(4980) 31.10.1917 **Schmidt**, Ehrhard,
Vizeadmiral und Chef des I. Geschwaders

(4981) 31.10.1917 **Levetzow**, Magnus v.,
Kapitän z. See und Chef der Operations-Abteilung der Hochseeflotte, zugl. Chef des Stabes des Flottenverbandes zur Eroberung der baltischen Inseln

(4982) 31.10.1917 **Ende**, Siegfried Frhr.v.,
Generalleutnant und Kommandeur 50. Reserve-Division

(4983) 31.10.1917 **Forstner**, Ernst Frhr.v.,
Oberstleutnant und Kommandeur 1. bad. Leib-Grenadier-Regiment 109

(4984) 01.11.1917 **Wissilsen**, Friedrich-Wilhelm Frhr.v.,
Major und 1. Generalstabsoffizier der 14. Armee

(4985) 02.11.1917 **Lyncker**, Moritz Frhr.v.,
General der Infanterie und Chef des Militärkabinetts

(4986) 03.11.1917 **Waldstätten**, Alfred Frhr.v.,
k.u.k. Feldmarschalleutnant und Chef der Operations-Abteilung des k.u.k. Armee-Oberkommandos

(4987) 03.11.1917 **Österreich**, Eugen Prinz und Erzherzog v.,
Generalfeldmarschall und Oberkommandant der Südwestfront

(4988) 03.11.1917 **Boroevic v. Bojna**, Svetozar Frhr.,
Generaloberst und Oberkommandant der Heeresgruppe Boroevic

(4989) 04.11.1917 **Schmettow**, Egon Gf.v.,
Generalleutnant und Führer General-Kommando z.b.V. 58

(4990) 04.11.1917 **Vollard-Bockelberg**, Alfred v., Major,
Abteilungschef im Generalstab des Feldheeres

(4991) 04.11.1917 **Fischer**, Kurt,
Oberstleutnant und Kommandeur Infanterie-Regiment 99

(4992) 04.11.1917 **Frahnert**, Ernst,
Major und Abteilungschef im Generalstabe des Feldheeres

(4993) 06.11.1917 **Adam**, Hans,
Kapitänleutnant und Kommandant U 82

(4694) 07.11.1917 **Moraht**, Robert,
Kapitänleutnant und Kommandant U 64

(4995) 08.11.1917 **Heinrigs**, Franz,
Major und Kommandeur Infanterie-Regiment 29

(4996) 08.11.1917 **Lüttwitz**, Arthur Frhr.v.,
Generalmajor und Kommandeur 16. Infanterie-Division

(4997) 08.11.1917 **Dresler u. Scharfenstein**, Hermann v.,
Generalmajor und Kommandeur 25. Infanterie-Division

(4998) 08.11.1917 **Gabain**, Arthur v.,
Generalleutnant und Kommandeur 17. Infanterie-Division

(4999) 09.11.1917 **Tschischwitz**, Erich v.,
Oberst und Chef des Generalstabes des XXXIII. Armee-Korps, zugl. Chef des Stabes des Landungs-Korps Oesel

(5000) 12.11.1917 **Hofmann**, Heinrich v.,
Generalmajor und Kommandeur 195. Infanterie-Division

(5001) 12.11.1917 **Krauss**, Alfred,
k.u.k. General der Infanterie und Kommandant des österr. I. Korps

(5002) 22.11.1917 **Wüsthoff**, Kurt,
Leutnant d.Res. und Flugzeugführer in der Jagdstaffel 4

(5003) 22.11.1917 **Matthiaß**, Willi,
Oberst und Kommandeur 65. Infanterie-Brigade

(5004) 24.11.1917 **Rettberg**, Karl v.,
Major als Kommandeur Infanterie-Regiment 115

(5005) 24.11.1917 **Hammer**, Rudolph,
kgl. sächs. Generalmajor und Kommandeur 24. Infanterie-Division

(5006) 24.11.1917 **Keiser**, Karl v.,
Major und Kommandeur Infanterie-Regiment 61

(5007) 24.11.1917 **Kiefhaber**, Christoph Ritter v.,
Generalleutnant und Kommandeur bayer. 10. Infanterie-Division

(5008) 24.11.1917 **Kuczkowski**, Boleslais v.,
Major und Kommandeur Infanterie-Regiment 395

(5009) 24.11.1917 **Bangert**, Viktor,
Hauptmann und Bataillons-Kommandeur Reserve-Infanterie-Regiment 92

(5010) 24.11.1917 **Below**, Ernst v.,
Generalmajor und Kommandeur 200. Infanterie-Division

(5011) 24.11.1917 **Below**, Hans v.,
Generalmajor und Kommandeur 238. Infanterie-Division

(5012) 24.11.1917 **Böhme**, Erwin,
Leutnant d.Res. Führer Jagdstaffel Boelcke

(5013) 24.11.1917 **Gazen gen. Gaza**, Wilhelm v.,
Hauptmann und Kommandeur Jäger-Bataillon 5

(5014) 24.11.1917 **Gluszewski-Kwilecki**, Wilhelm Gf.v.,
Oberstleutnant und Kommandeur Leib-Grenadier-Regiment

(5015) 24.11.1917 **Graeffendorff**, Wolff v.,
Hauptmann und Kommandeur Jäger-Bataillon 11

(5016) 26.11.1917 **Seelhorst**, Just-Friedrich v.,
Major und Kommandeur Grenadier-Regiment 9

(5017) 27.11.1917 **Beseler**, Hans,
Major und Kommandeur Infanterie-Regiment 63

(5018) 28.11.1917 **Stachow**, Marcus,
Oberst und Kommandeur Reserve-Infanterie-Regiment 208

(5019) 28.11.1917 **Wolff**, Horst v.,
Hauptmann und Kommandeur III. Bataillon Reserve-Infanterie-Regiment 109

(5020) 28.11.1917 **Koenemann**, Armin,
Oberst und Kommandeur Infanterie-Regiment 153

(5021) 29.11.1917 **Zunehmer**, Max,
Oberstleutnant und Kommandeur Infanterie-Regiment 17

(5022) 29.11.1917 **Paczenski u. Tenczyn**, Leo v.,
Oberst und Kommandeur Infanterie-Regiment 50

(5023) 03.12.1917 **Heynitz**, Hans v.,
Oberst und Kommandeur Infanterie-Regiment 92

(5024) 04.12.1917 **Rosenberg**, Hugo v.,
Fregattenkapitän und Chef der U-Boots-Suchflottille der Ostsee

(5025) 04.12.1917 **Schleich**, Eduard Ritter v.,
bayer. Oberleutnant d.Res. und Führer der bayer. Jagdstaffel 32

(5026) 04.12.1917 **Wittekind**, Eduard,
Hauptmann und Bataillons-Kommandeur im Infanterie-Regiment 463

(5027) 04.12.1917 **Keller**, Alfred,
Hauptmann und Führer des Bombengeschwaders 1 der OHL

(5028) 04.12.1917 **Klein**, Hans,
Leutnant d.Res. und Führer Jagdstaffel 10

(5029) 04.12.1917 **Buckler**, Julius,
Leutnant und Flugzeugführer in der Jagdstaffel 17

(5030) 05.12.1917 **Schörner**, Ferdinand,
Leutnant d.Res. und Führer 12. Kompanie des bayer. Infanterie-Leib-Regiments

(5031) 08.12.1917 **Reinicke**, Hermann,
Oberstleutnant und Kommandeur Füsilier-Regiment 40

(5032) 08.12.1917 **Tutschek**, Ludwig Ritter v.,
bayer. Generalmajor und Kommandeur des Deutschen Alpen-Korps

(5033) 10.12.1917 **Rommel**, Erwin,
Oberleutnant und Führer der Abteilung Rommel im württ. Gebirgs-Bataillon

(5034) 10.12.1917 **Sproesser**, Theodor,
Major und Kommandeur württ. Gebirgs-Bataillon

(5035) 11.12.1917 **Christiansen**, Friedrich,
Oberleutnant d. Res. und Staffelführer bei der Flugstation Zeebrügge

(5036) 20.12.1917 **Rose**, Hans,
                    Kapitänleutnant und Kommandant U 53

(5037) 20.12.1917 **Wünsche**, Otto,
                    Kapitänleutnant und Kommandant U 97

(5038) 23.12.1917 **Scholtz**, Erich,
                    Hauptmann und Bataillons- Kommandeur im Infanterie-
                    Regiment 58

(5039) 23.12.1917 **Stapff**, Max,
                    Oberstleutnant und Chef des Generalstabes 6. Armee

(5040) 23.12.1917 **Voß**, Hans v.,
                    Major und Chef des Generalstabes des Garde-Korps

(5041) 23.12.1917 **Watter**, Oskar Frhr.v.,
                    kgl. württ. Generalleutnant und Kommandeur 54. Infanterie-
                    Division

(5042) 23.12.1917 **Wellmann,** Richard,
                    Generalleutnant und Führer VII. Reserve-Korps

(5043) 23.12.1917 **Hasse**, Otto,
                    Oberstleutnant und Chef des Generalstabes des X. Reserve-
                    Korps

(5044) 23.12.1917 **Horn**, Hans-Georg,
                    Leutnant und Flugzeugführer bei der Flieger-
                    Abteilung A 221

(5045) 23.12.1917 **Krebs**, Erich,
                    Major und Kommandeur Reserve-Infanterie-Regiment 27

(5046) 23.12.1917 **Lindequist**, Arthur v.,
                    Generalleutnant und Kommandeur 3. Garde-Infanterie-
                    Division

(5047) 23.12.1917 **Oldershausen**, Erich Frhr.v.,
                    Oberst und Chef des Feldeisenbahnwesens

(5048) 23.12.1917 **Pawelsz**, Richard v.,
                    Oberstleutnant und Chef des Generalstabes der 5. Armee

(5049) 23.12.1917 **Prager**, Karl Ritter v.,
Major und Ia im Generalstab der Heeresgruppe Kronprinz
Rupprecht v. Bayern

(5050) 23.12.1917 **Bongartz**, Heinrich,
Leutnant d. Res. und Führer der Jagdstaffel 36

(5051) 23.12.1917 **Fricke**, Hermann,
Oberleutnant und Führer des Reihen-Bildzuges 2

(5052) 26.12.1917 **Howaldt**, Hans,
Oberleutnant z.See und Kommandant UB 40

(5053) 29.12.1917 **Kophamel**, Waldemar,
Korvettenkapitän und Kommandant U 151

1918

(5054) 06.01.1918 **Selle**, Fritz v.,
Oberst und Kommandeur 55. Infanterie-Brigade

(5055) 06.01.1918 **Sydow**, Hans v.,
Oberstleutnant und Kommandeur Infanterie-Regiment 114

(5056) 06.01.1918 **Taysen**, Friedrich v.,
Oberst und Kommandeur Infanterie-Regiment 94

(5057) 09.01.1918 **Capelle**, Eduard v.,
Admiral und Staatssekretär des Reichsmarineamtes

(5058) 18.01.1918 **Richthofen**, Manfred Frhr.v.,
General der Kavallerie und Kommandierender General des
General-Kommandos z.b.V. 53

(5059) 20.01.1918 **Kloebe**, Hans,
Major und Kommandeur Infanterie-Regiment 41

(5060) 20.01.1918 **Chevallerie**, Siegfried von la,
Generalmajor und Kommandeur 221. Infanterie-Division

(5061) 20.01.1918 **Delius**, Walther v.,
Major und Kommandeur I. Bataillon Garde-Füsilier-Regiment

(5062) 22.01.1918 **Stoffleth**, Gustav, -
Hauptmann und Kommandeur Reserve Jäger-Bataillon 18

(5063) 22.01.1918 **Teschner**, Otto,
Oberstleutnant und Kommandeur Infanterie-Regiment 142

(5064) 31.01.1918 **Seiler**, Reinhard,
Hauptmann und Bataillons-Kommandeur im Reserve-Infanterie-Regiment 28

(5065) 31.01.1918 **Viebeg**, Max,
Kapitänleutnant und Kommandant von UB 80

(5066) 31.01.1918 **Huth**, Friedrich Franz v.,
Oberstleutnant und Kommandeur Infanterie-Regiment 145

(5067) 12.02.1918 **Loerzer**, Bruno,
Oberleutnant und Kommandeur Jagdgeschwader 3

(5068) 12.02.1918 **Markmann**, Hans,
Leutnant und Kompanieführer im Infanterie-Regiment 186

(5069) 24.02.1918 **Nerger**, Karl-August,
Fregattenkapitän und Kommandant Hilfskreuzer "Wolf"

(5070) 25.02.1918 **Mellenthin**, Hans-Joachim v.,
Kapitänleutnant und Kommandant UB 49

(5071) 03.03.1918 **Steinbauer**, Wolfgang,
Oberleutnant z. See und Kommandant von UB 48

(5072) 05.03.1918 **Wagner**, Erwin,
Kapitänleutnant und Kommandant UB 117

(5073) 05.03.1918 **Heinecke**, Oskar,
Korvettenkapitän und Chef der II. Torpedobootsflottille

(5074) 06.03.1918 **Brinckmann**, Friedrich,
Oberst und 1. Generalstabs-Offizier des Oberbefehlshaber Ost

(5075) 09.03.1918 **Balck**, William,
Generalleutnant und Gouverneur der baltischen Inseln

(5076) 18.03.1918 **Schultze**, Otto,
Kapitänleutnant und 1. Admiralstabsoffizier im Stab des Befehlshabers der U-Boote im Mittelmeer, zugl. Chef der I. U-Boots-Flottille Mittelmeer

(5077) 19.03.1918 **Müller**, Karl v.,
Kapitän z.See und Kommandant kleiner Kreuzer "Emden"

(5078) 24.03.1918 **Müller**, Georg Alexander v.,
Admiral und Chef des Marinekabinetts

(5079) 24.03.1918 **Plessen**, Hans v.,
Generalfeldmarschall und Chef des reitenden Feldjäger-Korps

(5080) 26.03.1918 **Lupin**, Kurt Frhr.v.,
Oberstleutnant und Kommandeur Grenadier-Regiment 123

(5081) 26.03.1918 **Mertz v. Quirnheim**, Hermann,
Oberst und Abteilungschef im Generalstab des Feldheeres

(5082) 26.03.1918 **Oettinger**, Horst Ritter u. Edler v.,
Generalleutnant und Führer IX. Armee-Korps

(5083) 27.03.1918 **Keller**, Viktor,
Oberstleutnant und Chef des Generalstabes der Heeresgruppe Linsingen

(5084) 28.03.1918 **Kriegsheim**, Friedrich v.,
Major und Kommandeur 5. Garde-Regiment zu Fuß

(5085) 28.03.1918 **Drigalski**, Hans v.,
Major und Kommandeur Füsilier-Regiment 86

(5086) 29.03.1918 **Kroll**, Heinrich,
kgl. sächs. Leutnant d.Res. und Führer der sächs. Jagdstaffel 24

(5087) 30.03.1918 **Wenninger**, Rudolf (Ralph),
Kapitänleutnant und Kommandant UB 55

(5088) 30.03.1918 **Kissenberth**, Otto,
Oberleutnant d.Res. und Führer Jagdstaffel 23

(5089) 01.04.1918 **Scheunemann**, Peter,
Oberstleutnant und Kommandeur Infanterie-Regiment 117

(5090) 01.04.1918 **Westhoven**, Eduard v.,
Major und Kommandeur Infanterie-Regiment 115

(5091) 01.04.1918 **Krause**, Paul,
Oberst und Kommandeur Infanterie-Regiment 185

(5092) 01.04.1918 **Bock**, Fedor v.,
Major und Ia im Generalstab der Heeresgruppe Deutscher Kronprinz

(5093) 01.04.1918 **Dorndorf**, Georg,
Oberstleutnant und Kommandeur Infanterie-Regiment 43

(5094) 02.04.1918 **Menckhoff**, Carl,
Leutnant d.Res. und Führer Jagdstaffel 72

(5095) 03.04.1918 **Drechsel**, Hermann,
Oberstleutnant und Chef des Generalstabes der Armee-Abteilung B

(5096) 03.04.1918 **Esebeck**, Friedrich Frhr.v.,
Oberstleutnant und Chef des Generalstabes der Armee-Abteilung A

(5097) 08.04.1918 **Scheuch**, Heinrich,
Generalmajor und Chef des Kriegsamtes im Kriegsministerium

(5098) 08.04.1918 **Wrisberg**, Ernst v.,
Generalmajor und Direktor des Allgemeinen Kriegsdepartements und im Kriegsministerium

(5099) 08.04.1918 **Hagen**, Karl v.,
Major und Kommandeur Reserve-Infanterie-Regiment 262

(5100) 09.04.1918 **Roosen**, Bernd v.,
Major und Kommandeur Reserve-Infanterie-Regiment 93

(5101) 09.04.1918 **Udet**, Ernst,
Oberleutnant d.Res. und stellvertretender Führer der
Jagdstaffel 11

(5102) 09.04.1918 **Heym**, Hubert,
Major und Kommandeur Reserve-Infanterie-Regiment 231

(5103) 09.04.1918 **Hülsen**, Walter v.,
Generalleutnant und Kommandeur 19. Infanterie-Division

(5104) 09.04.1918 **Albrecht**, Viktor,
Generalleutnant und Führer XVIII. Armee-Korps

(5105) 09.04.1918 **Borne**, Curt v. dem,
Generalleutnant und Führer VI. Reserve-Korps

(5106) 09.04.1918 **Treusch v. Buttlar-Brandenfels**, Horst Frhr.,
Kapitänleutnant und Kommandant des Marine-
Luftschiffs L 72

(5107) 09.04.1918 **Finck v. Finckenstein**, Bernhard Gf.,
Generalmajor und Kommandeur 4. Garde-Infanterie-
Division

(5108) 09.04.1918 **Gontard**, Friedrich v.,
Generalleutnant und Kommandierender General
XIV. Armee-Korps

(5109) 09.04.1918 **Groddeck**, Wilhelm v.,
Generalmajor und Kommandeur 208. Infanterie-Division

(5110) 10.04.1918 **Lenz**, Hermann, Ritter v.,
Oberstleutnant und Chef des Generalstabes der 6. Armee

(5111) 10.04.1918 **Both**, Kuno-Hans,
Hauptmann und Kommandeur I. Bataillon des Reserve-
Infanterie-Regiment 90

(5112) 14.04.1918 **Trebing**, Emil,
Leutnant d.Res. und Kompanieführer im Infanterie-
Regiment 370

(5113) 16.04.1918 **Busse**, Johannes v.,
Generalmajor und Kommandeur 111. Infanterie-Division

(5114)   17.04.1918   **Roeder**, Dietrich v.,
                      Generalmajor und Kommandeur 3. Garde-Infanterie-
                      Division

(5115)   17.04.1918   **Tiede**, Paul,
                      Generalmajor und Kommandeur 1. Garde-Reserve-Division

(5116)   17.04.1918   **Arnim**, Achim v.,
                      Hauptmann und Bataillons-Kommandeur Infanterie-
                      Regiment 117

(5117)   17.04.1918   **Berger**, Karl,
                      Generalmajor und Kommandeur 119. Infanterie-Division

(5118)   17.04.1918   **Enders**, Nikolaus Ritter v.,
                      Generalleutnant Kommandeur bayer. 5. Infanterie-Brigade

(5119)   17.04.1918   **Freyer**, Erich,
                      Generalleutnant und Kommandeur 4. Infanterie-Division

(5120)   21.04.1918   **Reichenbach**, Armin,
                      Hauptmann und Bataillons-Kommandeur im Infanterie-
                      Regiment 74

(5121)   21.04.1918   **Rodig**, Siegfried,
                      Oberst und Kommandeur 1. Reserve-Infanterie-Brigade

(5122)   21.04.1918   **Schaumburg**, Ernst,
                      Hauptmann und Kommandeur II. Bataillon Reserve-
                      Infanterie-Regiment 64

(5123)   21.04.1918   **Unruh**, Walther v.,
                      Major und Chef des Generalstabes des IV. Reserve-Korps

(5124)   21.04.1918   **Wulffen**, Gustav-Adolf v.,
                      Major und Kommandeur II. Bataillon Grenadier-
                      Regiment 89

(5125)   21.04.1918   **Keiser**, Richard v.,
                      Oberstleutnant und Kommandeur Reserve-Infanterie-
                      Regiment 91

(5126)   21.04.1918   **Klette**, Paul,
                      Major und Kommandeur Infanterie-Regiment 453

(5127) 21.04.1918 **Klüfer**, Kurt v.,
Major und Kommandeur Infanterie-Regiment 452

(5128) 21.04.1918 **Koch**, Otto,
Major und Bataillons-Kommandeur im Infanterie-Regiment 395

(5129) 21.04.1918 **Miaskowski**, Friedrich v.,
Major und Chef des Generalstabes des XIV. Reserve-Korps

(5130) 21.04.1918 **Platen**, Axel v.,
Major und Ia im Generalstab des General-Kommandos z.b.V. 51

(5131) 21.04.1918 **Plehwe**, Karl,
Hauptmann d.Res. und Bataillons-Kommandeur im 2. Garde-Reserve-Regiment

(5132) 21.04.1918 **Beerfelde**, Curt v.,
Major und Garde-Grenadier-Regiment 5

(5133) 21.04.1918 **Brandis**, Cordt Frhr.v.,
Major und Kommandeur III. Bataillon des Infanterie-Regiments 164

(5134) 21.04.1918 **Caspari**, Walter,
Hauptmann und Bataillons-Kommandeur im Infanterie-Regiment 75

(5135) 21.04.1918 **Commichau**, Alexander,
Major und Kommandeur Reserve-Infanterie-Regiment 60

(5136) 21.04.1918 **Ditfurth**, Wilhelm v.,
Major und Ia im Armee-Oberkommando 2

(5137) 21.04.1918 **Goesch**, Martin,
Hauptmann und Führer II. des Bataillons Infanterie-Regiment 164

(5138) 22.04.1918 **Riesenthal**, Hans-Erhard v.
Oberstleutnant und Kommandeur Reserve-Infanterie-Regiment 233

(5139) 22.04.1918 **Ruhnau**, Otto,
Major und Kommandeur Reserve-Infanterie-Regiment 440

(5140) 22.04.1918 **Schüßler**, Georg, v.,
Generalleutnant und Kommandeur 183. Infanterie-Division

(5141) 22.04.1918 **Soldan**, George,
Hauptmann und Bataillons-Kommandeur im Infanterie-Regiment 184

(5142) 22.04.1918 **Stumpff**, Karl v.,
Generalleutnant und Kommandeur 234. Infanterie-Division

(5143) 22.04.1918 **Langsdorff**, Julius v.
Major und Kommandeur Infanterie-Regiment 184

(5144) 22.04.1918 **Petersdorff**,. Axel v.,
Generalmajor und Kommandeur 2. Garde-Reserve-Division

(5145) 22.04.1918 **Cranach**, Elimar v.,
Oberstleutnant und Kommandeur Jäger-Regiment 6

(5146) 22.04.1918 **Dewitz**, Curt v.,
Major und Kommandeur Feldartillerie-Regiment 16

(5147) 22.04.1918 **Germar**, Ullrich v.,
Major und Kommandeur des I. Bataillons Reserve-Infanterie-Regiment 233

(5148) 23.04.1918 **Hundrich**, Wilhelm,
Oberst und Kommandeur Infanterie-Regiment 27

(5149) 23.04.1918 **Brisken**, Ferdinand
Hauptmann und Bataillons-Kommandeur im Füsilier-Regiment 40

(5150) 24.04.1918 **Sieß**, Gustav,
Kapitänleutnant und Kommandant von U 33

(5151) 24.04.1918 **Lohs**, Johannes,
Oberleutnant z.See und Kommandant UB 57

(5152) 24.04.1918 **Georg**, Carl Siegfried Ritter v.,
Kapitänleutnant und Kommandant U 101

(5153) 27.04.1918 **Sieger**, Ludwig,
Generalleutnant und Kommandierender General des
XVIII. Reserve-Korps

(5154) 03.05.1918 **Werder**, Hans v.,
Oberst und Kommandeur 81. Infanterie-Brigade

(5155) 03.05.1918 **Merkel**, Carl,
Oberstleutnant und Chef des Generalstabes des
XXXIX. Reserve-Korps

(5156) 03.05.1918 **Grünert**, Paul,
Generalleutnant und Kommandierender General
XXXIX. Reserve-Korps

(5157) 05.05.1918 **Böhm**, Helmuth,
Major und Kommandeur Reserve-Infanterie-Regiment 32

(5158) 05.05.1918 **Frotscher**, Georg,
Oberst und Chef des Generalstabes der Heeresgruppe
Eichhorn

(5159) 06.05.1918 **Sander**, Philipp,
Major und Kommandeur Reserve-Infanterie-Regiment 65

(5160) 06.05.1918 **Hohnhorst**, Ernst v.,
Oberstleutnant und Kommandeur Infanterie-Regiment 91

(5161) 06.05.1918 **Fritsch**, Lothar,
Major und Kommandeur Infanterie-Regiment 357

(5162) 07.05.1918 **Böhme**, Erich,
Oberstleutnant und Kommandeur 303. Infanterie-Division

(5163) 07.05.1918 **Collani**, Erwin v.,
Major und Bataillons-Kommandeur im 7. Garde-Infanterie-
Regiment

(5164) 07.05.1918 **Falkenhausen**, Alexander v.,
Major und Chef des Generalstabes der türk. 7. Armee

(5165) 08.05.1918 **Bergmann**, Walter v.,
Generalmajor und Kommandeur 113. Infanterie-Division

(5166)   08.05.1918   **Gayl**, Georg Frhr.v.,
                      char. General der Infanterie und Kommandeur
                      13. Landwehr-Division

(5167)   11.05.1918   **Prinz v. Buchau**, Kurt Frhr.,
                      Generalmajor und Kommandeur 28. Infanterie-Division

(5168)   15.05.1918   **Brandenstein**, Otto Frhr.v.,
                      Oberst und Kommandeur 3. Garde-Kavallerie-Brigade

(5169)   15.05.1918   **Goltz**, Rüdiger Gf.v.d.,
                      Generalmajor und Deutscher General in Finnland

(5170)   16.05.1918   **Riemann**, Julius,
                      General der Infanterie als Kommandierender General des
                      VI. Armee-Korps.

(5171)   16.05.1918   **Humsen**, Wilhelm,
                      Major und Chef des Generalstabes des Garde-Reserve-Korps

(5172)   16.05.1918   **Bayern**, Franz Prinz v.,
                      kgl. bayer. Generalmajor und Kommandeur bayer.
                      4. Infanterie-Division

(5173)   16.05.1918   **Bürkner**, Robert,
                      Oberstleutnant und Chef des Generalstabes
                      XVIII. Reserve-Korps

(5174)   18.05.1918   **Teichmann**, Rudolf,
                      Hauptmann und Kommandeur II. Bataillon im Infanterie-
                      Regiment 48

(5175)   21.05.1918   **Saldern**, Sieghard v.,
                      Hauptmann und Bataillons-Kommandeur im Reserve-
                      Infanterie-Regiment 78

(5176)   21.05.1918   **Schniewindt**, Wilhelm, -
                      Major und Kommandeur Reserve Infanterie-Regiment 39

(5177)   21.05.1918   **Köhl**, Hermann,
                      Hauptmann und Kommandeur Bombengeschwader 7

(5178)   29.05.1918   **Schreiber**, Wilhelm Paul,
                      Leutnant d.Res. und Beobachter in der Flieger-
                      Abteilung A 221

(5179)   29.05.1918   **Epp**, Franz Ritter v.,
                      Oberst und Kommandeur der bayer. 1. Jäger-Brigade

(5180)   31.05.1918   **Löwenhardt**, Erich,
                      Leutnant und Führer der Jagdstaffel 10

(5181)   31.05.1918   **Michelsen**, Andreas,
                      Kapitän z.See und Befehlshaber der Unterseebotte

(5182)   31.05.1918   **Pütter**, Fritz,
                      Leutnant d.Res. und Führer Jagdstaffel 68

(5183)   02.06.1918   **Kaulbach**, Georg,
                      Major und Bataillons-Kommandeur Landwehr-Infanterie-
                      Regiment 9

(5184)   02.06.1918   **Nielebock**, Friedrich,
                      Leutnant d. Ldw. und Artillerie-Beobachter in der sächs.
                      Flieger-Abteilung A 250

(5185)   02.06.1918   **Bronsart v. Schellendorf**, Walter Siegfried,
                      Major und Kommandeur des Garde-Reserve-Bataillons

(5186)   02.06.1918   **Göring**, Hermann,
                      Oberleutnant und Führer der Jagdstaffel 27

(5187)   03.06.1918   **Blomberg**, Werner v.,
                      7 Major und Ia im Generalstab der. Armee

(5188)   05.06.1918   **Oesterreich**, Curt v.,
                      Hauptmann und Kompaniechef im 2. Garde-Regiment z.F.

(5189)   06.06.1918   **Windisch**, Rudolf,
                      Leutnant d.Res. und Führer Jagdstaffel 66

(5190)   06.06.1918   **Pirscher**, Friedrich v.,
                      Major und Kommandeur I. Bataillon des Infanterie-
                      Regiment 98

(5191)   08.06.1918   **Kretschmann**, Ernst-Karl v.,
                      Major und Kommandeur Infanterie-Regiment 130

(5192)   08.06.1918   **Dommes**, Wilhelm v.,
                      Generalmajor und Kommandeur 66. Infanterie-Brigade

(5193) 09.06.1918 **Greiff**, Kurt v.,
Major und Chef des Generalstabes des XXV. Reserve-Korps

(5194) 10.06.1918 **Haasy**, Wilhelm, v.,
kgl. bayer. Oberst und Kommandeur des 5. bayer. Reserve-Infanterie-Regiments

(5195) 12.06.1918 **Schwerin**, Detlof Gf.v.,
Oberst und Chef des Generalstabes Heeresgruppe Scholtz

(5196) 13.06.1918 **Haxthausen**, Walter v.,
Generalmajor und Kommandeur 5. Garde-Infanterie-Division

(5197) 13.06.1918 **Borries**, Karl v.,
Generalleutnant und Kommandeur 52. Infanterie-Division

(5198) 13.06.1918 **Diepenbroick-Grüter**, Otto Frhr.v.,
Generalmajor und Kommandeur 10. Infanterie-Division

(5199) 14.06.1918 **Haenicke**, Siegfried,
Hauptmann und Führer II. Bataillon Infanterie-Regiment 150

(5200) 14.06.1918 **Freyhold**, Karl v.,
Hauptmann und Kommandeur des Füsilier-Bataillons im Grenadier-Regiment 12

(5201) 17.06.1918 **Steppuhn**, Albrecht,
Major und Kommandeur III. Bataillon Infanterie-Regiment 128

(5202) 17.06.1918 **Loes**, Robert,
Generalleutnant und Kommandeur 14. Reserve-Division

(5203) 17.06.1918 **Preuschen gen.v.u.zu Liebenstein**, Ludwig Frhr.v.,
Hauptmann und Bataillons-Kommandeur Grenadier-Regiment 110

(5204) 18.06.1918 **Faupel**, Wilhelm,
Oberstleutnant und Chef des Generalstabes der 1. Armee

(5205) 23.06.1918 **Ravenstein**, Johann v.
Hauptmann und Kommandeur I./Füsilier-Regiment 37

(5206) 23.06.1918 **Stoeklern zu Grünholzek**, Julius,
Oberstleutnant und Kommandeur Infanterie-Regiment 66

(5207) 23.06.1918 **Witzleben**, Karl v.,
Oberst und Kommandeur 49. Infanterie-Brigade

(5208) 23.06.1918 **Hieronymus**, Robert,
Leutnant d.Res. und Führer Infanterie-Geschütz-Batterie 14

(5209) 23.06.1918 **Berka**, Waldemar,
Hauptmann und Kommandeur I. Bataillon Reserve-Infanterie-Regiment 37

(5210) 23.06.1918 **Bila**, Ernst v.,
Major und Kommandeur Infanterie-Regiment 15

(5211) 24.06.1918 **Kirschstein**, Hans,
Leutnant d.Res. und Führer Jagdstaffel 6

(5212) 30.06.1918 **Rotberg**, Albert Frhr.v.,
Major und Kommandeur des Garde-Reserve-Schützen-Bataillons

(5213) 30.06.1918 **Rothenburg**, Karl,
Leutnant d.Res. und Kompanieführer im 5. Garde-Regiment zu Fuß

(5214) 30.06.1918 **Schelle**, Felix,
Major und Kommandeur Infanterie-Regiment 370

(5215) 30.06.1918 **Schoeler**, Roderich v.,
Generalleutnant und Führer VIIII. Armee-Korps

(5216) 30.06.1918 **Thuy**, Emil,
Leutnant d.Res. und Führer der Jagdgruppe 7

(5217) 30.06.1918 **Bischoff**, Josef,
Major und Kommandeur Infanterie-Regiment 461

(5218) 30.06.1918 **Fischer**, Udo v.,
Oberst und Kommandeur 231. Infanterie-Brigade

(5219) 30.06.1918 **Friederici**, Karl,
Major und Kommandeur des Reserve-Jäger-Bataillons 20

(5220) 04.07.1918 **Marschall**, Wilhelm,
Kapitänleutnant und Kommandant UB 105

(5221) 05.07.1918 **Troilo**, Johann v.,
Oberstleutnant und Kommandeur im Infanterie-Regiment 53

(5222) 05.07.1918 **Kietzell**, Karl v.,
Major und Kommandeur Garde-Grenadier-Regiment 5

(5223) 05.07.1918 **Ludwig**, Max,
Oberstleutnant und Chef des Generalstabes des
XXXVIII. Reserve-Korps

(5224) 05.07.1918 **Morsbach**, Engelbert v.,
Major und Chef des Generalstabes des VIII. Armee-Korps

(5225) 05.07.1918 **Frankenberg und Ludwigsdorf**, Hans-Heydan v.,
Major und Kommandeur 6. Garde-Feldartillerie-Regiment

(5226) 06.07.1918 **Pikardi**, Arthur,
Major und Kommandeur Reserve-Infanterie-Regiment 86

(5227) 06.07.1918 **Preusser**, Wilhelm,
Hauptmann und Führer Infanterie-Regiment 176

(5228) 06.07.1918 **Gruson**, Ernst,
Major und Kommandeur Infanterie-Regiment 72

(5229) 07.07.1918 **Rieper**, Dr.phil. Peter,
Leutnant der Reserve und Fesselballon-Beobachter bei der
Feld-Luftschiffer-Abteilung 7

(5230) 08.07.1918 **Engelbrechten**, George v.,
Generalleutnant und Gouverneur von Riga und Dünaburg

(5231) 10.07.1918 **Rumey**, Fritz,
Leutnant d.Res. und Flugzeugführer in der Jagdstaffel 5

(5232) 16.07.1918 **Schimmelmann**, Ernst Frhr.v.,
Major und Kommandeur Infanterie-Regiment 394

(5233) 16.07.1918 **Trenk**, Walter,
Hauptmann und Bataillons-Kommandeur im Infanterie-
Regiment 66

(5234) 16.07.1918 **Kienitz**, Paul,
Major und Kommandeur Infanterie-Regiment 78

(5235) 17.07.1918 **Jacobs**, Josef,
Leutnant d.Res. und Führer Jagdstaffel 7

(5236) 21.07.1918 **Lange**, Rudolf,
Major und Bataillons-Kommandeur im Reserve-Infanterie-Regiment 237

(5237) 04.08.1918 **Schniewindt**, Rudolf,
Major und Chef des Generalstabes des XVIII. Armee-Korps

(5238) 04.08.1918 **Stülpnagel**, Erwin v.,
Major und Chef des Generalstabes des VI. Armee-Korps

(5239) 04.08.1918 **Herrgott**, Adolf,
char. Oberst und Chef des Generalstabes des XVII. Armee-Korps

(5240) 04.08.1918 **Kewisch**, Erich,
Major und Chef des Generalstabes des XXIII. Reserve-Korps

(5241) 04.08.1918 **Matthias**, Robert,
Major und Chef des Generalstabes des General-Kommandos z.b.V. 65

(5242) 04.08.1918 **Etzell**, Günther v.,
Generalleutnant und Kommandeur 11. Infanterie-Division

(5243) 04.08.1918 **Gudowius**, Erich,
Major und Chef des Generalstabes des XIV. Armee-Korps

(5244) 05.08.1918 **Sachsenberg**, Gotthard,
Leutnant z.See und Führer der Marine-Feld-Staffel Flandern

(5245) 08.08.1918 **Haack**, Friedrich Ritter v.,
kgl. bayer. Oberstleutnant und Chef des Generalstabes des bayer. I. Armee-Korps

(5246) 09.08.1918 **Walz**, Franz-Josef,
Hauptmann und Führer der Flieger-Abteilung 304 "Pascha"

(5247) 09.08.1918 **Barth**, Josef,
Major und Kommandeur Infanterie-Regiment 30

(5248) 15.08.1918 **Rothenbücher**, Moritz,
Oberstleutnant und Kommandeur Infanterie-Regiment 47

(5249) 15.08.1918 **Wedekind**, Friedrich Frhr.v.,
Major und Kommandeur Kaiser-Alexander-Garde-Grenadier-Regiment 1

(5250) 15.08.1918 **Knoch**, Maximilian v.,
Major und Kommandeur Reserve-Feldartillerie-Regiment 10

(5251) 15.08.1918 **Müller**, Ferdinand,
Major und Kommandeur Reserve-Feldartillerie-Regiment 3

(5252) 15.08.1918 **Müller**, Rudolf,
Major und Bataillons-Kommandeur im Infanterie-Regiment 135

(5253) 15.08.1918 **Otto**, Martin,
Major und Kommandeur Kaiser-Franz-Garde-Grenadier-Regiment 2

(5254) 15.08.1918 **Alten-Rauch**, Richard `d,
Oberstleutnant und Kommandeur Infanterie-Regiment 20

(5255) 18.08.1918 **Werner**, Wilhelm,
Kapitänleutnant und Kommandant U 55

(5256) 18.08.1918 **Haupt**, Wilhelm,
Major und Kommandeur Infanterie-Regiment 99

(5257) 18.08.1918 **Hundius**, Paul,
Kapitänleutnant und Kommandant UB 103

(5258) 21.08.1918 **Bolle**, Carl,
Leutnant d. Res. und Führer der Jagdstaffel 2

(5259) 25.08.1918 **Harder**, Georg v., Major und Kommandeur Infanterie-Regiment 151

(5260) 25.08.1918 **Larisch**, Alfred v.,
General der Infanterie und Kommandierender General des General-Kommandos z.b.V. 54

(5261) 25.08.1918 **Caracciola-Delbrück**, Alois v.,
Major und Chef des Generalstabes des General-Kommandos z.b.V. 54

(5262) 26.08.1918 **Veltjens**, Josef,
Leutnant d.Res. und Führer der Jagdstaffel 15

(5263) 27.08.1918 **Schnitzer**, Emil v.,
Major und Kommandeur württ. Gebirgs-Regiment

(5264) 27.08.1918 **Stutterheim**, Wolf v.,
Oberleutnant und Regimentsadjutant der Kaiser-Alexander-Garde-Grenadier-Regiments 1

(5265) 27.08.1918 **Wenckstern**, Karl v.,
Hauptmann und Bataillons-Kommandeur Reserve-Infanterie-Regiment 87

(5266) 27.08.1918 **Plath**, Otto,
Hauptmann d.Res. und Bataillons-Kommandeur im 4. Garde-Regiment zu Fuß

(5267) 27.08.1918 **Brandenstein**, Hermann v.,
Oberstleutnant und Kommandeur Infanterie-Regiment 121

(5268) 27.08.1918 **Detten**, Arnold v.,
Oberleutnant und Bataillons-Kommandeur im Grenadier-Regiment 9

(5269) 29.08.1918 **Ledebur**, Leopold Frhr.v.,
Oberst und Kommandeur Infanterie-Regiment 79

(5270) 29.08.1918 **Luck u. Witten**, Friedrich v.,
Oberst und Kommandeur 6. Garde-Infanterie-Regiment

(5271) 29.08.1918 **Dernen**, Friedrich-Wilhelm,
Leutnant d. Res. und Kompanieführer im Grenadier-Regiment 110

(5272) 29.08.1918 **Dücker**, Wilhelm v.,
Oberstleutnant und Kommandeur Infanterie-Regiment 373

(5273) 30.08.1918 **Quednow**, Kurt-Moritz v.,
Major und Kommandeur Reserve-Infanterie-Regiment 262

(5274) 30.08.1918 **Runge**, Siegfried, Hauptmann,
als Kommandeur des I. Bataillons des 2. Marine-Infanterie-Regiments

(5275) 30.08.1918 **Kühme**, Kurt,
Hauptmann und Führer I. Bataillon des Reserve-Infanterie-Regiment 261

(5276) 30.08.1918 **Briese**, Carl,
Generalleutnant und Kommandeur 21. Reserve-Division

(5277) 01.09.1918 **Renner**, Theodor,
Oberst und Kommandeur 247. Infanterie-Brigade

(5278) 01.09.1918 **Kranold**, Georg v.,
Major Kommandeur Feldartillerie-Regiment 221

(5279) 01.09.1918 **Gabcke**, Otto,
Hauptmann und Kommandeur I. Bataillon des Infanterie-Regiments 158

(5280) 02.09.1918 **Osterkamp**, Theodor,
Leutnant d.Res. und Führer der II. Marine-Feldjagdstaffel und stv. Geschwader-Kommandeur

(5281) 03.09.1918 **Schering**, Werner,
Major und Kommandeur Reserve-Infanterie-Regiment 55

(5282) 03.09.1918 **Willweber**, Karl,
Leutnant d.Res. und Kompanieführer im 2. Garde-Regiment zu Fuß

(5283) 03.09.1918 **Fritsch**, Albert v.,
Generalleutnant und Kommandeur 26. (württ.) Reserve-Division

(5284) 04.09.1918 **Magnis**, Franz Gf.v.,
Oberstleutnant und Führer Kavallerie-Schützen-Regiment 11

(5285) 04.09.1918 **Mutius**, Albert v.,
Generalleutnant und Kommandeur 17. Reserve-Division

(5286) 04.09.1918 **Brückner**, Erich,
Major und Kommandeur des Infanterie-Regiments 175

(5287) 07.09.1918 **Löbbecke**, Gerhard v.,
                    Major und Kommandeur Reserve-Infanterie-Regiment 56

(5288) 08.09.1918 **Röth**, Fritz Ritter v.,
                    kgl.bayer. Oberleutnant d.Res. und Führer der bayer. Jagdstaffel 16

(5289) 08.09.1918 **Bulgarien**, Ferdinand I. Zar v.,
                    k.u.k. Feldmarschall und Chef der bulgarischen Armee und Marine

(5290) 11.09.1918 **Hauß**, Ludwig, -
                    Oberstleutnant und Kommandeur Infanterie Regiment 162

(5291) 11.09.1918 **Mertens**, Max v.,
                    Hauptmann und Kommandeur I. Abteilung des Reserve-Artillerie-Regiments 1

(5292) 17.09.1918 **Müller**, Otto,
                    Major und Kommandeur Reserve-Infanterie-Regiment 7

(5293) 17.09.1918 **Becker**, Friedrich,
                    Major und Chef des Generalstabes des I. Reserve-Korps

(5294) 17.09.1918 **Bünau**, Heinrich v.,
                    Major und Kommandeur Infanterie-Regiment 60

(5295) 18.09.1918 **Ribbentrop**, Wilhelm,
                    Generalmajor und Kommandeur 7. Reserve-Division

(5296) 18.09.1918 **Vaernewyck**, Hans van,
                    Major und Kommandeur I. Bataillon des Infanterie-Regiments 185

(5297) 18.09.1918 **Jünger**, Ernst,
                    Leutnant und Kompanieführer im Füsilier-Regiment 73

(5298) 18.09.1918 **Bussche-Haddenhausen**, Georg Frhr. von dem,
                    Major und Kommandeur Infanterie-Regiment 179

(5299) 20.09.1918 **Friedeburg**, Friedrich v.,
                    Generalleutnant und Kommandeur 2. Garde-Infanterie-Division

(5300) 21.09.1918 **Horn**, Rudolf v.,
Generalmajor und Kommandeur 185. Infanterie-Division

(5301) 22.09.1918 **Oven**, Adolf v.,
General der Infanterie und Führer V. Armee-Korps, zugl. Führer Gruppe Metz

(5302) 23.09.1918 **Yorck v. Wartenberg**, Ernst Gf.,
Major und Kommandeur Dragoner-Regiment 2

(5303) 26.09.1918 **Könnecke**, Otto,
Leutnant und Flugzeugführer in der Jagdstaffel 5

(5304) 26.09.1918 **Brandenstein**, Curt v.,
Hauptmann und Kommandeur II. Bataillon des Infanterie-Leib-Regiments 117

(5305) 30.09.1918 **Loeben**, Eckhart v.,
Oberstleutnant und Kommandeur Reserve-Infanterie-Regiment 23

(5306) 30.09.1918 **Lüters**, Rudolf,
Hauptmann und Bataillons-Kommandeur im Infanterie-Regiment 118

(5307) 30.09.1918 **Nehbel**, Carl,
Generalmajor und Kommandeur 7. Infanterie-Division

(5308) 30.09.1918 **Blume**, Walter,
Leutnant d.Res. und Führer der Jagdstaffel 9

(5309) 30.09.1918 **Griebsch**, Wilhelm,
Leutnant d. Res. und Beobachtungsflieger in der Flieger-Abteilung 213

(5310) 01.10.1918 **Gerth**, Daniel,
Oberleutnant und Bataillons-Kommandeur im Infanterie-Regiment 150

(5311) 02.10.1918 **Leonhardy**, Leo,
Hauptmann und Kommandeur Bombengeschwader 6

(5312) 03.10.1918 **Hartwig**, Kurt,
Kapitänleutnant und Kommandant U 63

(5313) 03.10.1918 **Bulgaren**, Herzog zu Sachsen, Boris III. König und Zar der, Chef der bulgarischen Armee und Marine

(5314) 04.10.1918 **Schulz**, Walter,
Major und Kommandeur Infanterie-Regiment 14

(5315) 04.10.1918 **Vett**, Detlev,
Generalleutnant und Kommandeur 216. Infanterie-Division

(5316) 04.10.1918 **Pohlmann**, Georg,
Generalmajor und Kommandeur 14. Infanterie-Division

(5317) 04.10.1918 **Behrendt**, Stanislaus,
Hauptmann und Bataillons-Kommandeur im Infanterie-Regiment 138

(5318) 04.10.1918 **Busch**, Ernst,
Hauptmann und Kompaniechef im Infanterie-Regiment 56

(5319) 04.10.1918 **Edelsheim**, Franz v.,
Oberstleutnant und Kommandeur Reserve-Infanterie-Regiment 234

(5320) 05.10.1918 **Schmedes**, Heinrich,
Oberstleutnant und stellvertretender Kommandeur Infanterie-Regiment 449

(5321) 07.10.1918 **Krug v. Nidda**, Hans,
kgl. sächs. General der Kavallerie und Führer XXVII. Reserve-Korps

(5322) 07.10.1918 **Metzsch**, Horst v.,
Oberstleutnant und Chef des Generalstabes des XII. Armee-Korps

(5323) 08.10.1918 **Weber**, Theodor v.,
Oberstleutnant und Kommandeur Reserve-Infanterie-Regiment 31

(5324) 08.10.1918 **Wulff**, Friedrich,
Major und Kommandeur eines Bataillon im Infanterie-Regiment 111

(5325) 08.10.1918 **Hahnke**, Oskar v.,
Oberstleutnant und Chef des Generalstabes des General-
Kommandos z.b.V. 58

(5326) 08.10.1918 **Kleist**, Alfred v.,
Generalleutnant und Führer des General-
Kommamdos z.b.V. 58

(5327) 08.10.1918 **Langer**, Felix,
Generalleutnant und Führer XIV. Reserve-Korps

(5328) 09.10.1918 **Seidel**, Karl,
Hauptmann d.Res. und Bataillons-Kommandeur im
2. Garde-Reserve-Regiment

(5329) 09.10.1918 **Wilck**, Hermann,
Hauptmann und Führer des Füsilier-Bataillons im Kaiser-
Franz-Garde-Grenadier-Regiment 2

(5330) 09.10.1918 **Kabisch**, Ernst,
Generalmajor und Kommandeur 54. Infanterie-Division

(5331) 09.10.1918 **Lancelle**, Otto,
Hauptmann und Führer II. Abteilung des 2. Garde-
Feldartillerie-Regiments

(5332) 09.10.1918 **Möhl**, Arnold Ritter v.,
kgl. bayer. Generalmajor und Kommandeur bayer.
16. Infanterie-Division

(5333) 09.10.1918 **Pfaehler**, Wilhelm,
Major und Kommandeur Reserve-Infanterie-Regiment 27

(5334) 09.10.1918 **Bernuth**, Felix v.,
Hauptmann und Bataillons-Kommandeur im Königin-
Augusta-Garde-Grenadier-Regiment 4

(5335) 09.10.1918 **Brederlow**, Tido v.,
Major und Generalleutnant und Führer des III. Reserve-
Korps

(5336) 09.10.1918 **Breßler**, Ludwig,
Generalmajor und Kommandeur 121. Infanterie-Division

(5337) 11.10.1918 **Popelka**, Rudolf,
k.u.k. Oberstleutnant und Kommandant des k.u.k. Infanterie-Regiments 112

(5338) 12.10.1918 **Kundt**, Friedrich,
Generalmajor und Kommandeur 115. Infanterie-Division

(5339) 13.10.1918 **Homburg**, Erich,
Oberleutnant und Führer Flieger-Abteilung LB 260

(5340) 13.10.1918 **Kirchheim**, Heinrich,
Hauptmann und Kommandeur Jäger-Bataillon 10

(5341) 13.10.1918 **Müller-Kahle**, Albert,
Leutnant und Führer Flieger-Abteilung 6

(5342) 13.10.1918 **Paulus**, Karl,
kgl. bayer. Oberst und Kommandeur bayer. 1. Jäger-Regiment

(5343) 13.10.1918 **Bock**, Franz-Karl v.,
Major und Chef des Generalstabes des III. Armee-Korps

(5344) 13.10.1918 **Esch**, Hans v.d.,
Generalmajor und Kommandeur 7. Infanterie-Division

(5345) 13.10.1918 **Grone**, Jürgen v.,
Oberleutnant und Führer des Reihenbildzuges der 7. Armee

(5346) 14.10.1918 **Kreuter**, Eduard,
Generalmajor und Führer 236. Infanterie-Division

(5347) 14.10.1918 **Greim**, Robert Ritter v.,
kgl. bayer. Oberleutnant und Führer Jagdstaffel 34

(5348) 15.10.1918 **Tippelskirch**, August v.,
Hauptmann d.Res., Bataillons-Kommandeur im Jäger-Regiment 3

(5349) 15.10.1918 **Claudius**, Max,
Major und Kommandeur des Infanterie-Regiments 83

(5350) 17.10.1918 **Sehmsdorf**,
Major und Ia im Generalstab des Armee-Oberkommandos 4

(5351) 17.10.1918 **Götz**, Georg v.,
                    Major und Kommandeur Infanterie-Regiment 406

(5352) 18.10.1918 **Franke**, Adolf,
                    char. General der Artillerie und Kommandeur 2. Landwehr-Division

(5353) 20.10.1918 **Baader**, Paul,
                    Major und Kommandeur Infanterie-Regiment 464

(5354) 21.10.1918 **Stosch**, Albrecht Gf.v.,
                    Major und Kommandeur des Grenadier-Regiments 11

(5355) 21.10.1918 **Uechtritz und Steinkirch**, Ernst v.,
                    Generalmajor und Kommandeur 49. Reserve-Division

(5356) 21.10.1918 **Brinkord**, Heinrich,
                    Oberleutnant d. Res. und Kompanieführer im Reserve-Infanterie-Regiment 92

(5357) 25.10.1918 **Rudolph**, Hermann,
                    Oberstleutnant und Kommandeur Reserve-Infanterie-Regiment 441

(5358) 25.10.1918 **Schoer**, Albert,
                    Major und Kommandeur Jäger-Regiment zu Pferde 2

(5359) 25.10.1918 **Laumann**, Arthur,
                    Leutnant d.Res. Führer Jagdstaffel 10

(5360) 25.10.1918 **Milisch**, Leopold,
                    Major und stellvertretender Kommandeur Infanterie-Regiment 20

(5361) 25.10.1918 **Mühry**, Georg,
                    Generalmajor und Kommandeur 236. Infanterie-Division

(5362) 25.10.1918 **Oven**, Ernst v.,
                    Generalleutnant und Kommandierender General XXI. Armee-Korps

(5363) 25.10.1918 **Arens**, Walther,
                    Major und Chef des Generalstabes des XIV. Reserve-Korps

(5364) 25.10.1918 **Boenigk**, Oskar v.,
Oberleutnant und Kommandeur Jagdgeschwader 2

(5365) 25.10.1918 **Bronsart v. Schellendorff**, Hans,
Major und Chef des Generalstabes XVIII. Armee-Korps

(5366) 25.10.1918 **Büchner**, Franz,
Leutnant und Führer der Jagdstaffel 13

(5367) 25.10.1918 **Dassel**, Johannes v.,
Generalmajor und Kommandeur Deutsche-Jäger-Division

(5368) 26.10.1918 **Schmidtler**, Johann Ritter v.,
kgl. bayer. Major und Kommandeur des 1. bayer. Infanterie-Regiments "König"

(5369) 26.10.1918 **Puttkamer**, Wilhelm v.,
Generalleutnant und Kommandeur 199. Infanterie-Division

(5370) 26.10.1918 **Beaulieu-Marconnay**, Oliver Frhr.v.,
Leutnant und Führer der Jagdstaffel 19

(5371) 26.10.1918 **Dänner**, Rudolf,
kgl. bayer. Generalmajor und Kommandeur bayer. 1. Infanterie-Division

(5372) 28.10.1918 **Rümmelein**, Fritz,
Leutnant d.Res. und Bataillons-Adjutant im Reserve-Infanterie-Regiment 87

(5373) 28.10.1918 **Woltersdorf**, Siegfried,
Major und Kommandeur Infanterie-Regiment 153

(5374) 28.10.1918 **Heuck**, Albert,
Oberst und Kommandeur 237. Infanterie-Division

(5375) 28.10.1918 **Josenhans**, Edgar,
Oberleutnant und Abteilungsführer im Feldartillerie-Regiment 504

(5376) 28.10.1918 **Petri**, Hans,
Major und Bataillons-Kommandeur im Infanterie-Regiment 99

(5377) 29.10.1918 **Kaupert**, Wilhelm,
                    Generalmajor und Kommandeur 203. Infanterie-Division

(5378) 29.10.1918 **Strack**, Heinrich,
                    Hauptmann und Führer I. Bataillon Infanterie-Regiment 147

(5379) 30.10.1918 **Wülfing**, Hermann,
                    Major und Kommandeur Infanterie-Regiment 173

(5380) 30.10.1918 **Pfafferott**, Clemens,
                    Major und Kommandeur Infanterie-Regiment 152

(5381) 31.10.1918 **Hammacher**, Ernst,
                    Major und Kommandeur Jäger-Regiment zu Pferde 13

(5382) 31.10.1918 **Egidy**, Ralph v.,
                    Oberstleutnant und Kommandeur Reserve-Grenadier-
                    Regiment 100

(5383) 01.11.1918 **Sottorf**, Hans,
                    Hauptmann und Führer Infanterie-Regiment 85

(5384) 01.11.1918 **Thom**, Karl,
                    Leutnant d.Res. und Flugzeugführer in der Jagdstaffel 21

(5385) 01.11.1918 **Waldorf**, Emil,
                    Generalleutnant und Kommandeur 52. Reserve-Division

(5386) 01.11.1918 **Hammerstein-Gesmold**, Fritjof Frhr.v.,
                    Oberstleutnant und Kommandeur Infanterie-Regiment 146,
                    zugl. Führer des Deutschen Asien-Korps

(5387) 01.11.1918 **Oppes**, Gustav v.,
                    Oberst und Kommandeur des Deutschen Asien-Korps

(5388) 02.11.1918 **Bäumer**, Paul,
                    Leutnant d.Res. und Jagdflieger

(5389) 02.11.1918 **Grothe**, Hans v.,
                    Oberstleutnant und Kommandeur Reserve-Infanterie-
                    Regiment 272

(5390) 03.11.1918 **Rusche**, Rudolf,
                    Generalleutnant und Kommandeur 3. Reserve-Division

(5391)　03.11.1918　**Pflugradt**, Benno,
　　　　　　　　　Major und Kommandeur Reserve-Jäger-Bataillon 1

(5392)　04.11.1918　**Hertzberg**, Friedrich Wilhelm v.,
　　　　　　　　　char. General der Infanterie Kommandeur 11. Reserve-Division

(5393)　06.11.1918　**Rainville**, Franz de,
　　　　　　　　　Major und Bataillons-Kommandeur im Infanterie-Regiment 162

(5394)　06.11.1918　**Schönfeldt**, Ernst v.,
　　　　　　　　　Major und Kommandeur Reserve-Infanterie-Regiment 226

(5395)　06.11.1918　**Schwab**, Adolf,
　　　　　　　　　Oberstleutnant und Kommandeur Infanterie-Regiment 127

(5396)　06.11.1918　**Stobbe**, Otto,
　　　　　　　　　Major und Kommandeur Infanterie-Regiment 17

(5397)　06.11.1918　**Hammerstein-Gesmold**, Hans Frhr.v.,
　　　　　　　　　Generalmajor und Kommandeur 213. Infanterie-Division

(5398)　06.11.1918　**Kahlden**, Hans-Heinrich v.,
　　　　　　　　　Major und Chef des Generalstabes des XXVI. Reserve-Korps

(5399)　06.11.1918　**Osiander**, Wilhelm,
　　　　　　　　　Major und Kommandeur Feldartillerie-Regiment 15

(5400)　06.11.1918　**Bruns**, Friedrich,
　　　　　　　　　Major und Kommandeur des Infanterie-Regiments 138

(5401)　06.11.1918　**Dammann**, Gustav,
　　　　　　　　　Major und Kommandeur Füsilier-Regiment 90

(5402)　06.11.1918　**Groppe**, Theodor,
　　　　　　　　　Hauptmann und Kommandeur II. Bataillon Grenadier-Regiment 1

(5403)　07.11.1918　**Held**, Siegfried v.,
　　　　　　　　　Generalmajor und Kommandeur 17. Infanterie-Division

(5404)　08.11.1918　**Reitzenstein**, Clemens Frhr.v.,
　　　　　　　　　Oberst und Kommandeur Reserve-Infanterie-Regiment 87

(5405) 08.11.1918 **Hansen**, Karl,
Hauptmann und Kommandeur I. Bataillon Reserve-Infanterie-Regiment 252

(5406) 08.11.1918 **Kaether**, Ernst,
Oberstleutnant und Kommandeur Reserve-Infanterie-Regiment 239

(5407) 08.11.1918 **Meyer**, Emil Berthold,
Hauptmann d.Res. und Kommandeur III. Abteilung des Feldartillerie-Regiments 46

(5408) 08.11.1918 **Neckel**, Ullrich,
Leutnant d.Res. Flugzeugführer in der Jagdstaffel 13

(5409) 08.11.1918 **Alberti**, Armand v.,
Oberstleutnant und Kommandeur Füsilier-Regiment 122

(5410) 08.11.1918 **Bogendörfer**, Friedrich Ritter v.,
Oberstleutnant Kommandeur bayer. 26. Infanterie-Brigade

(5411) 08.11.1918 **Degelow**, Carl,
Leutnant d. Res. und Führer der Jagdstaffel 40

(5412) 08.11.1918 **Gaertner**, Erich,
Major und Bataillons-Kommandeur im Reserve-Infanterie-Regiment 205

(5413) 08.11.1918 **Graeve**, Wilhelm Edler v.,
Hauptmann und Kommandeur Sturm-Bataillon 2

(5414) 04.12.1918 **Behncke**, Paul,
Vizeadmiral, als Staatssekretär des Reichsmarineamts

nachträglich

(5415) 17.01.1919 **Doerr**, Gustav,
Leutnant d. Res. und Flugzeugführer in der Jagdstaffel 45

Namensregister

A

Abakumow	(3978)
Abt. Iwan Fedorowitsch	(2084)
Achlestischew, Michail Fedorowitsch	(2821)
Achscharumow, Dmitrij Iwanowitsch	(2496)
Adabaschew	(3691)
Adam, Hans	(4993)
Aderkas, Andreas Otto von	(353)
Aderkas, Andrei Antonowitsch von	(2001)
Aderkas, von	(2695)
Adlercreutz, Friedrich Thomas Freiherr	(2899)
Adlercreutz, Gustaf Magnus	(4058)
Agrijumow, Pawel Alexandrowitsch	(3583)
Agrjumow, Peter Alexandrowitsch	(3095)
Agte (Achte), Jegor Andrejewitsch	(2826)
Ahlemann, Johann Ernst von	(185)
Ahlimb, Bernd Friedrich von	(135)
Ahlimb, Joachim Wilhelm von	(166)
Akminsijew, Fedor Wladimirowitsch	(3354)
Akutin, Alexander Nikititsch	(3590)
Aladjin, Fedor Andrejewitsch	(4116)
Albedille (Albedyhll), Hinrich Konrad von	(988)
Alben, Heinrich Wilhelm von der	(53)
Albert, Christof Johann Ferdinand Alexander	(4319)
Albert, Felix Franz August von	(1938)
Albert, Johann von	(23)
Alberti, Armand von	(5409)
Albrecht II., Karl Iwanowitsch	(3459)
Albrecht, Alexander Iwanowitsch	(3065)
Albrecht, Karl Andrejewitsch	(2414)
Albrecht, Peter Iwanowitsch	(4154)
Albrecht, Viktor	(5104)
Alexandrowitsch Dmitrij Iwanowitsch	(3962)
Alexjejew, Alexei Petrowitsch	(3970)
Alexjejew, Iwan Alexjejewitsch	(3555)
Alferiew, Pawel Wassiljewitsch	(4162)
Alfimow	(4066)
Alfsparre, Erik Georg	(4059)
Algarotti, Frencesco Graf	(251)
Alissow	(3367)
Alkier II., Johann Gottlieb August	(1265)

Alkiewitz, Franz Xaver von	(1687)
Alkiewitz, Hans Xaver von	(K 1)
Allard, Friedrich Joachim	(1273)
Allmenröder, Karl	(4919)
Almásy von Zsadýny und Török - Sz. Miklós, Elias	(4219)
Alten-Bockum, Karl Ferdinand von	(1315)
Alten-Rauch, Richard	(5254)
Althaus, Ernst Frhr.von	(4818)
Alvensleben, Achaz Heinrich von	(828)
Alvensleben, Gustaf Herman von	(4639)
Alvensleben, Gustaf von	(4652)
Alvensleben, Johann Friedrich Karl von	(E 19)
Alvensleben, Johann Friedrich Karl von	(3287)
Alvensleben, Konstantin Reimar von	(E 98)
Alvensleben, Konstantin Reimar von	(4485)
Alvensleben, Konstantin Reimar von	(4591)
Alvensleben, Ludolf August Friedrich von	(1420)
Alvensleben, Ludwig Karl Alexander von	(2020)
Ampach, Pawel Adamowitsch	(3360)
Amstaedt, Wilhelm Karl Friedrich von	(745)
Amstell, Georg Friedrich von	(85)
Amstetter, Karl Ernst von	(1590)
Anclam, Hans Ernst von	(694)
Andrejewskij, Konstantin Stepanowitsch	(2936)
Andrejewskij, Konstantin Stepanowitsch	(3745)
Andrejewskij, Nikolai Stepanowitsch	(2393)
Andrsheikowitsch Iwan Faddjejewitsch	(2058)
Andrusskij, Nikolai Iwanowitsch	(3972)
Anhalt, Albert Graf von	(763)
Anhalt, Friedrich Reichsgraf von	(548)
Anhalt, Heinrich Wilhelm von	(584)
Anhalt, Karl Philipp von	(623)
Anhalt, Leopold Ludwig Graf von	(693)
Anhalt, Wilhelm Reichsgraf von	(312)
Anhalt-Bernburg-Schaumburg, Friedrich Franz Josef	(2018)
Anhalt-Pleß, Friedrich Ferdinand Prinz von	(1175)
Annenkow, Nikolai Petrowitsch	(K 92)
Annenkow, Nikolai Petrowitsch	(3726)
Antonowskij, Anton Iwanowitsch	(K 93)
Antonowskij, Anton Iwanowitsch	(3410)
Apenburg, Levin Friedrich Gideon von	(829)
Appel, Christian	(3516)
Apraxin, Alexander Iwanowitsch (Petrowitsch) Graf	(2430)
Apraxin, Alexander Petrowitsch Graf	(3960)
Apraxin, Peter Matwjejewitsch Graf	(1753)
Apraxin, Wassilij Iwanowitsch Graf	(3531)
Apraxin, Wladimir Stepanowitsch	(3438)

Apuschkin (Apuchtin)	(3777)
Apuschkin, Alexander Nikolajewitsch	(3915)
Araktschejew, Peter Andrejewitsch	(2505)
Arbussow, Alexei Fedorowitsch	(3752)
Arens, Walther	(5363)
Arenstorf, Ernst Zabel Wedig von	(2350)
Arent, Ernst Friedrich	(1867)
Arfvedson, Elias	(2896)
Armfelt, Gustaf Gustafowitsch Graf	(3285)
Arnauld de la Periére, August Ferdinand	(E 46)
Arnauld de la Perière, August Ferdinand von	(4240)
Arnauld de la Periére, Lothar von	(4862)
Arnim, Achim von	(5116)
Arnim, Alexander Wilhelm von	(585)
Arnim, August von	(354)
Arnim, Friedrich Wilhelm Ludwig von	(2199)
Arnim, George Christof von	(830)
Arnim, Hans Erdmann von	(1281)
Arnim, Jobst (Just) Erdmann von	(462)
Arnim, Karl Christof von	(349)
Arnim, Karl Heinrich Gottlieb von	(930)
Arnim, Karl Heinrich von	(2056)
Arnim, Philipp Friedrich Ferdinand von	(1629)
Arnim, Richard Felix von	(4495)
Arnstedt, Christian Wilhelm Heinrich von	(302)
Arnstedt, Erasmus Christian von	(228)
Arnstedt, Friedrich August von	(200)
Arpshofen, Karl Karlowitsch Baron von	(K 126)
Arpshofen, Karl Karlowitsch Baron von	(3729)
Arseniew, Nikolai Wassiljewitsch	(3923)
Artemjew	(2992)
Artjuchow, Jesim Trosimowitsch	(2999)
Arussow, Sergei Dmitrijewitsch	(3822)
Arz von Straussenburg, Arthur Baron	(E 194)
Arz von Straussenburg, Arthur Baron	(4788)
Arzischewskij, Anton Kasimirowitsch	(3232)
Asanassjew	(3402)
Asantschewskij, Fedor Sergjejewitsch	(3167)
Aschakow I., Michail Andrejewitsch	(3315)
Aschakow, Alexei	(3913)
Aschakow, Iwan Michailowitsch	(2484)
Aschakow, Nikolai (Nikita) Pawlowitsch	(3339)
Aschakow, Peter Sergjejewitsch Peter	(3132)
Aschakow, Peter Sergjejewitsch	(3771)
Ascheberg, Johann Heidenreich (Heinrich) Franz von	(212)
Aschersleben, Jakob von	(121)
Asowskij	(4192)

Asseburg, Christof Werner von der	(150)
Asseburg, Ludwig Busso von der	(274)
Asseburg, Moritz Wilhelm von der	(282)
Astachow, Michail Nikolajewitsch (?)	(3056)
Astafiew, Lew Aftasjewitsch	(2712)
Aster, Ernst Ludwig	(2946)
Atreschkow, Lew Iwanowitsch	(3138)
Attenhoven, Philipp Friedrich Wilhelm von	(K 46)
Attenhoven, Philipp Friedrich Wilhelm von	(2587)
Audé de Sion, Karl Karlowitsch	(3504)
Audé de Sion, Karl Ossipowitsch	(1904)
Auer, Johann Kasimir von	(1951)
Auer, Ludwig Kasimir von	(2636)
Auerswald, Friedrich von	(1108)
Avemann, Friedrich Philipp Ludwig Karl von	(4534)
Awarow, Dmitrij Petrowitsch	(2203)
Awarow, Fedor Alexandrowitsch	(4007)
Awarow, Fedor Fedorowitsch	(3384)
Awarow, Fedor Semenowitsch	(3982)
	(5353)

B

Baader, Paul	
Babst, Kondratij Kondratjewitsch	(3830)
Bachmann, Jakob Iwanowitsch	(3620)
Bachmann, Johann Heinrich Moritz von	(1299)
Backhoff, Karl August von	(642)
Bacmeister, Ernst von	(4969)
Baczko, Josef Theodor Siegismund von	(2265)
Baden, Ludwig Wilhelm August Prinz von	(4715)
Baehr, Nikolaus Albrecht von	(648)
Baer, Johann Friedrich von	(27)
Bagajewskij, Pawel Kirillowitsch	(1925)
Bagajewskow, Stepan	(4072)
Bagration II., Roman Iwanowitsch	(2005)
Bagration, Alexander Kirillowitsch Fürst	(2216)
Baikow, Iwan Iwanowitsch	(2840)
Bailliodz, Abraham Franz von	(1969)
Bakajew II., Michail Iwanowitsch	(3350)
Bakajew, Dmitrij Iwanowitsch	(2389)
Bakunin, Wassilij Michailowitsch	(3924)
Balabin, Peter Iwanowitsch	(2204)
Balabin, Stepan Fedorowitsch	(2238)
Balbekow, Alexei Alexandrowitsch	(3244)
Balbi, Johann Friedrich von	(831)

Balck, William	(5075)
Balcke, Hermann von	(4929)
Balkaschin, Michail Nikolajewitsch	(3250)
Balkaschin, Nikanor Nikolajewitsch	(3751)
Balmaine, Alexander Apollonowitsch (Antonowitsch?) Graf de	(3956)
Balmaine, Karl Antonowitsch Graf de	(2103)
Bamberg, Karl Christian Erdmann	(755)
Bandemer, Christian Friedrich von	(386)
Bandemer, Christof Ewald von	(687)
Bandemer, Ernst Bogislaf von	(458)
Bandemer, Ernst Bogislaf von	(683)
Bandemer, Ernst Friedrich Wilhelm von	(1535)
Bandemer, Errnst Friedrich Wilhelm von	(K 2)
Bandemer, Friedrich Asmus von	(4)
Bandemer, Heinrich von	(287)
Bandemer, Joachim Heinrich von	(193)
Bandemer, Peter Hennig Erdmann von	(268)
Bangert, Viktor	(5009)
Barabanstschikow II., Fedor Jäkimowitsch	(2066)
Barakow, Lew Lwowitsch	(4164)
Baranow, Jewstafij Jewstafjewitsch	(3887)
Baranowskij, Josef (?)	(3937)
Baratejew II., Peter Semenowitsch Fürst	(3302)
Barby, Adalbert Roderich Levin von	(4476)
Bardeleben, Christof Ludwig von	(111)
Bardeleben, Ernst Christof Wilhelm von	(832)
Bardeleben, Friedrich von	(210)
Bardeleben, Gustaf Ludwig von	(1623)
Bardeleben, Hans Melchior Ludwig von	(932)
Bardeleben, Heinrich Ferdinand von	(1548)
Bardeleben, Heinrich Wilhelm von	(346)
Bardeleben, Karl Siegismund Georg von	(1399)
Bardeleben, Wilhelm Friedrich Karl August von	(4277)
Bardolff, Dr.iur. Karl Frhr. von	(4928)
Barfuß, Hans Christian von	(423)
Barischnikow, Pawel Petrowitsch	(3744)
Barischnikow, Peter Petrowitsch	(K 127)
Barischnikow, Peter Petrowitsch	(3699)
Bärneck, Otto Wilhelm von	(1049)
Barnekow, Christof Gottlieb Albert Freiherr von	(4609)
Barnekow, Christof Gottlieb Albert von	(E 109)
Barnekow, Christof Gottlieb Albert von	(4510)
Barnekow, Gottlieb Christof von	(2105)
Barnekow, Gustaf Friedrich Wilhelm von	(1992)
Barnekow, Gustaf Friedrich Wilhelm von	(2075)
Barnigk, Herman Heinrich	(515)
Baron von Kurland, Gustaf Kalixt Prinz	(E 25)

Barozzje, Jakob Iwanowitsch	(3199)
Barres, Franz Wilhelm Herman Gustaf Adolf des	(4566)
Bartenbach, Karl	(4978)
Barth, Josef	(5247)
Bartholomaei, Alexei Iwanowitsch	(2351)
Bartholomäi, Fedor Iwanowitsch	(3464)
Baschmakow, Dmitrij Jewlampjewitsch	(3435)
Baschmakow, Flegon Mironowitsch	(3021)
Baschmakow, Flegon Mironowitsch	(3673)
Baturin, Sergei Gerassimowitsch	(3341)
Bauer, Johann	(2185)
Bauer, Max	(E 220)
Bauer, Max	(4877)
Baum, Christof	(388)
Baumbach, Ernst von	(1163)
Baumeister, Paul Hugo Ferdinand	(4472)
Bäumer, Paul	(5388)
Baumgarten, Herman (Jermolai) Fedorowitsch	(2296)
Baumgarten, Johann Jewstafjewitsch	(2986)
Baumgarten, Peter Christof von	(260)
Baun, Heinrich Gottlieb (Gottlob) von	(385)
Bayar, Johann Friedrich von	(424)
Bayern, Franz Prinz von	(5172)
Bayern, Leopold Prinz von	(E 189)
Bayern, Leopold Prinz von	(4773)
Bayern, Ludwig III. König von	(4871)
Bayern, Rupprecht Kronprinz von	(E 176)
Bayern, Rupprecht Kronprinz von	(4780)
Beaulieu-Marconnay, Oliver Frhr.von	(5370)
Beauvré, Otto Christian August von	(478)
Beauvrye, Leonhard de	(167)
Beck, Iwan Iwanowitsch (?)	(2997)
Becke, Friedrich Leopold Karl Alexander Freiherr von der	(4655)
Beckendorff, Karl Reinhold Wilhelm von	(2383)
Becker, Friedrich	(5293)
Becker, Heinrich Gottlieb (Gottlob)	(1335)
Becker, Johann	(3644)
Beckmann, Fedor Petrowitsch	(2809)
Bedrjäga, Iwan Iwanowitsch	(3604)
Beelegarde, August Graf	(K 142)
Beeren, Friedrich Wilhelm Heinrich Ernst von	(4420)
Beerenfels, Johann Christian von	(435)
Beerfelde, Curt von	(5132)
Begitschew, Dmitrij Nikititsch	(2423)
Behncke, Paul	(5414)
Behr, Franz von	(4970)
Behrends (Behrens), Wassilij (?)(Klemens Ignatjewitsch?)	(2699)

Behrendt, Stanislaus	(5317)
Beier, Johann Peter Paul	(E 47)
Beier, Johann Peter Paul	(4262)
Beier, Johann Peter Paul	(2029)
Bekuhrs, Georg Wilhelm Ferdinand Gustaf	(4426)
Bellegarde, August Graf	(4318)
Belli, von	(3893)
Belling, Christof Wilhelm von	(304)
Belling, Karl Friedrich Bernhard von	(K 3)
Belling, Karl Friedrich Bernhard von	(1764)
Belling, Wilhelm Sebastian von	(833)
Bellinghausen, Fedor Christoforowitsch Baron	(3403)
Bellinghausen, Fedor Iwanowitsch	(3018)
Below, Eduard	(4940)
Below, Ernst von	(E 251)
Below, Ernst von	(5010)
Below, Ferdinand Adolf Eduard von	(4543)
Below, Ferdinand Johann Ernst von	(791)
Below, Friedrich Wilhelm von	(794)
Below, Fritz von	(E 165)
Below, Fritz von	(4748)
Below, Gerd Bogislaf von	(821)
Below, Gustaf Friedrich Eugen von	(2614)
Below, Hans Karl Friedrich Franz von	(2024)
Below, Hans von	(5011)
Below, Karl Heinrich Christian von	(1480)
Below, Ludwig Hugo von	(4572)
Below, Martin Friedrich Karl von	(1575)
Below, Matthias Wilhelm von	(686)
Below, Otto von	(E 182)
Below, Otto von	(4746)
Below, Theodor Werner Christian von	(E 40)
Below, Theodor Werner Christian von	(4209)
Below, Theodor Werner Christian von.	(2258)
Belzer, Karl Johann Gottfried	(2540)
Benckendorff, Hans Friedrich von	(K 4)
Benckendorff, Hans Friedrich von	(1253)
Bendemann, Arnold Gottfried	(4446)
Benderskij, Konstantin Alexandrowitsch	(3115)
Beneckendorff und von Hindenburg, Paul von	(E 141)
Beneckendorff und von Hindenburg, Paul von	(4734)
Benicke, Adam Friedrich von	(267)
Benkendorf, Alexander Christoforowitsch von	(2023)
Bennigsen, Adam Johann Kasimir Freiherr von	(2220)
Bennigsen, August Christian Ernst von	(1288)
Benning, Ferdinand Ludwig von	(1154)
Benning, Karl August Ludwig von	(4270)

Bentheim, Georg Ferdinand von	(4595)
Bercken, Fedor Ernst Leopold Hans von	(4548)
Berendt, Richard von	(E 204)
Berendt, Richard von	(4882)
Berengi, Stefan von	(1237)
Berenhorst, Johann George von	(4291)
Berg, Bernhard Maximowitsch von	(1996)
Berg, Friedrich Wilhelm Rembert Graf von	(K 116)
Berg, Friedrich Wilhelm Rembert Graf von	(4454)
Berg, Johann Georg von	(805)
Berg, Karl Borissowitsch von	(K 94)
Berg, Karl Borissowitsch von	(3503)
Berg, Karl Friedrich Wilhelm von	(K 5)
Berg, Karl Friedrich Wilhelm von	(1643)
Berg, Karl Leopold Christof (Christian) von	(1400)
Berg, Wilhelm Fedorowitsch von	(1751)
Berge, Leopold Siegmund von	(834)
Bergen, Andreas von	(1936)
Bergen, Friedrich Wilhelm von	(1369)
Bergencreutz, Lars Allger	(3253)
Bergenstråle, Peter Iwanowitsch	(3953)
Berger, August Emil Alexander von	(4424)
Berger, August Wilhelm	(1104)
Berger, Karl	(5117)
Berghan, Friedrich August Karl Wilhelm von	(1551)
Bergmann, Alexander (Alexei) Petrowitsch	(2926)
Bergmann, Jermolai Astasjewitsch	(3395)
Bergmann, Richard Emil von	(4418)
Bergmann, Walter von	(5165)
Berka, Waldemar	(5209)
Berken, Theodor Kasimir Rudolf von	(4473)
Berlesjejew (Berlisjejew), Michail Iwanowitsch	(2136)
Bernard, Johann Gottfried von	(711)
Berneck, Friedrich Wilhelm von	(1814)
Berner, Christof-Friedrich von	(610)
Berner, Friedrich Christof von	(351)
Bernert, Otto	(4891)
Bernhardt, Friedrich von	(E 230)
Bernhardt, Friedrich von	(4830)
Bernikow, Pawel Sergjejewitsch	(3272)
Bernuth, Felix von	(5334)
Berr, Hans	(4870)
Berrer, Albert von	(E 196)
Berrer, Albert von	(4949)
Bersilow, Arsenij Jakowlewitsch	(3760)
Berswordt zu Rudolfslohe, Franziscus Michael Josephus von der	(2441)
Berthold, Rudolf	(4863)

Beschwitz, Christof Moritz von (208)
Beseler, Hans-Hartwig von (E 153)
Beseler, Hans-Hartwig von (4736)
Beseler, Hans (5017)
Besgin, Konstantin Michailowitsch (4125)
Beshinskij, Semen Petrowitsch (3070)
Besobrasow, Grigorij Michailowitsch (4323)
Besobrasow, Peter Michailowitsch (3731)
Bessel, Jakob Heinrich von (19)
Besser, Gottlieb Wilhelm Ehrenreich von (1968)
Besserer von Thalfingen, Albrecht, (3447)
Bestuschew, Grigorij Wassiljewitsch (2774)
Bestushew-Rjumin, Michail Dmitrijewitsch (3082)
Beust, Franz Josef Freiherr von (3298)
Beust, Karl von (835)
Beyer, Ludwig von (2628)
Beyer, Otto Friedrich Wilhelm (1818)
Beyern, Friedrich von (394)
Beym, Ignaz von (1806)
Bezuc, Baron de **Bruyes**, Philippe de (836)
Bibikow, Ilja Gawrilowitsch (2838)
Bibikow, Iwan Petrowitsch (3600)
Bibikow, Kmitrij Iwanowitsch (3227)
Bibikow, Larion Michailowitsch (K 95)
Bibikow, Larion Michailowitsch (3690)
Bibikow, Stepan Metwjejewitsch (2245)
Bibikow, Wassilij Alexandriwitsch (K 128)
Bibikow, Wassilij Alexandrowitsch (Alexjejewitsch) (3490)
Bichalow, Iwan (3063)
Bichalow, Jossif Iwanowitsch (3550)
Bichalow, Jossif Michailowitsch (4030)
Bichalow, Konon Wassiljewitsch (3062)
Bichalow, Wassilij (3146)
Bieberstein, Albert Anton von (1222)
Bieberstein, Josef von (1877)
Bieberstein, Karl Gustaf von (935)
Biedersee, Friedrich Siegmund von (532)
Biedersee, Karl Heinrich von (647)
Biela, Christof Rudolf Ernst von (980)
Bijkow III., Peter Michailowitsch (3330)
Bila, Ernst von (5210)
Bila, Karl Anton Ernst von (1815)
Billerbeck, Bernhard Wilhelm Gottlieb von (682)
Billerbeck, Christof von (357)
Billerbeck, Joachim Ernst von (28)
Billerbeck, Joachim Ernst von (60)
Billerbeck, Johann Christof von (837)

Billerbeck, Konstantin von	(838)
Bilow, Karl Gustav von	(1272)
Birckhahn, Jakob Albrecht von	(1035)
Birckhahn, Siegmund Ernst von	(198)
Biron von Kurland, Gustaf Kalixt Prinz	(3506)
Bischoff, Josef	(5217)
Bismarck, Ernst Friedrich von	(481)
Bismarck, Karl August von	(1059)
Bismarck, Leopold Friedrich von	(1440)
Bismarck, Otto Eduard Leopold Fürst von	(E 137)
Bismarck, Otto Eduard Leopold Fürst von	(4711)
Bissing, Karl Bothmar von	(311)
Bissing, Wilhelm Ludwig von	(839)
Bistram, Otto Heinrich von	(1489)
Bistrom, Alexander Iwanowitsch	(3875)
Bistrom, Anton Antonowitsch	(3013)
Bistrom, Eduard Antonowitsch von	(2456)
Bistrom, Filipp Antonowitsch von	(3463)
Bistrom, Filipp Antonowitsch von	(4025)
Bistrom, Karl Iwanowitsch	(1997)
Bjegidow, David Grigorjewitsch	(3051)
Bjegidow, David Grigorjewitsch	(3188)
Bjelajewskij	(3108)
Bjelogradskij (Bjelogorodskij), Grigorij Grigorjewitsch	(3210)
Bjelogradskij (Bjelogorodskij), Jemeljan Ossipowitsch	(3362)
Björnstjerna, Magnus Friedrich Ferdinand von	(2894)
Blacha, Johann Heinrich von	(2539)
Blanckenburg, Dionysius Georg Joachim von	(124)
Blanckenburg, Friedrich Ludwig Dionysius von	(2067)
Blanckenburg, von	(840)
Blandowsky, Johann Felix von	(1183)
Blankensee, Adam Christian von	(305)
Blankensee, Bernd Siegmund von	(314)
Blankensee, Busso Christian von	(841)
Blankensee, Christian Friedrich von	(191)
Blankensee, Egidius Karl Christof von	(842)
Blanow, Gawrilo Wassiljewitsch	(3083)
Blashijewskij, Walentij Wassiljewitsch	(3811)
Bloch von Blottnitz, Theodor Rudolf Herman,	(4578)
Block, Johann Karl Friedrich von	(1105)
Blomberg, Werner von	(5187)
Blomberg, Wilhelm Karl von	(1446)
Blücher, Bernhard Franz Joachim von	(1683)
Blücher, Christof Anton von	(676)
Blücher, Gebhard Lebrecht von	(1006)
Blücher, Gustaf Siegfried (August) von	(1632)
Blum, Paul Petrowitsch	(3717)

Blume, Walter (5308)
Blumenstein, der ältere von (1344)
Blumenstein, Wilhelm Johann Maria von (1807)
Blumenthal, Ewald Georg von (397)
Blumenthal, Heinrich Elias Karl von (4602)
Blumenthal, Johann August von (843)
Blumenthal, Karl Konstantin Albrecht Leonhard Graf von (4717)
Blumenthal, Karl Konstantin Albrecht Leonhard von (Br 3)
Blumenthal, Karl Konstantin Albrecht Leonhard von (E 86)
Blumenthal, Karl Konstantin Albrecht Leonhard von (4415)
Blumenthal, Karl Konstantin Albrecht Leonhard von (4477)
Bock, Fedor von (5092)
Bock, Fimofei Jegorowitsch von (2907)
Bock, Franz-Karl von (5343)
Bock, Friedrich von (290)
Bock, Karl Wilhelm von (445)
Bock, Louis Oskar von (4629)
Bockelberg, Ernst Friedrich von (754)
Bockelberg, Friedrich von (561)
Böckmann, Alfred von (E 186)
Böckmann, Alfred von (4861)
Bockum gen. von Dolffs, Dietrich Goswin von (491)
Bode, Lew Karlowitsch (Kirillowitsch) Baron von (2728)
Boecking, Wilhelm Theodor Karl Jobst von (4626)
Boedicker, Ludwig (4264)
Boehler, Johann Christian August von (E 48)
Boehler, Johann Christian August von (4241)
Boehm und Betzing, Karl Wilhelm Ludwig von (1378)
Boehm, Max von (4831)
Boehme, Karl Ludwig von (934)
Boehmer, Karl Wilhelm Friedrich von (2356)
Boehn, Max von (E 184)
Boelcke, Oswald (4799)
Boeltzig, Immanuel Balthasar Leopold von (976)
Boeltzig, Wilhelm Ferdinand von (1978)
Boenigk, Oskar von (5364)
Boernicke, Joachim Friedrich (von) (844)
Boetticher, August Friedrich Ludwig von (2858)
Boetticher, Gustaf Iwanowitsch (2880)
Boetticher, Moritz Iwanowitsch von (2741)
Bogatirew, Wassilij Iwanowitsch (4073)
Bogdanow (2873)
Bogdanow, Alexander Iwanowitsch (3485)
Bogdanowitsch Iwan Fedorowitsch (2853)
Bogdanowitsch Wassilij Iwanowitsch (3630)
Bogdanowskij, Andrei Wassiljewitsch (3274)
Bogendörfer, Friedrich Ritter von (5410)

Bogulterow	(4071)
Boguskawskij, Iwan Pawlowitsch	(3674)
Boguslawski, Karl Andreas von	(1181)
Bohlen, Balthasar (Bartholomäus) Ernst von	(426)
Bohlen, Friedrich Wilhelm von	(455)
Bohlen, Philipp Christian von	(845)
Böhm, Helmuth	(5157)
Böhme, Erich	(5162)
Böhme, Erwin	(5012)
Böhm-Ermolli, Eduard Frhr.von	(E 191)
Böhm-Ermolli, Eduard Frhr.von	(4860)
Böhn, Philipp Oktavio von	(4491)
Boineburg zu Lengsfeld, Philipp Julius Leopold Freiherr	(1845)
Boissesson, Josef Pawlowitsch Marquis de	(3452)
Bolatuk, Kai Bei Fürst	(2901)
Bolle, Carl	(5258)
Bollwiller, Franz Michailowitsch	(1928)
Bologowskij, Dmitrij Nikolajewitsch	(3606)
Bömcken, Melchior Leberecht von	(1345)
Bongartz, Heinrich	(5050)
Bonhorst, Alexander Konstantin von	(1485)
Bonin, Anselm Christof von	(115)
Bonin, August Ferdinand Bogislaf von	(1631)
Bonin, Bogislaf Ernst von	(645)
Bonin, Eduard Ludwig Wilhelm von	(4377)
Bonin, Ernst Friedrich von	(1197)
Bonin, Ernst Friedrich von	(1277)
Bonin, Friedrich Wihelm von	(432)
Bonin, Heinrich von	(337)
Bonin, Kasimir Wedig von	(155)
Borch (Borg), Otto Heinrich Friedrich von	(692)
Borcke, Abraham Heinrich von	(691)
Borcke, Adrian Bernhard von	(336)
Borcke, Adrian Hans Albrecht (Ludwig Otto) von	(2194)
Borcke, Ernst Friedrich von	(141)
Borcke, Ernst Gottlieb Konrad von	(1837)
Borcke, Ernst Gottlieb von	(2155)
Borcke, Franz Andreas von	(846)
Borcke, Friedrich Adrian von	(936)
Borcke, Friedrich Ludwig Felix von	(847)
Borcke, Friedrich Wilhelm Graf von	(136)
Borcke, Friedrich Wilhelm von Etatsminister	(848)
Borcke, Georg Heinrich von	(1125)
Borcke, Gottlieb Matthias Siegfried von	(1020)
Borcke, Karl August Ferdinand von	(E 14)
Borcke, Karl August Ferdinand von	(2603)
Borcke, Karl August Ferdinand von	(3145)

Borcke, Konstanz Philipp von	(655)
Borcke, Kurt Friedrich Heinrich von	(2663)
Borcke, Philipp Ernst von	(1032)
Borel de Vernay, Jacques,	(1626)
Borgraf, Iwan Fedorowitsch	(3672)
Boriskowsky, Johann von	(557)
Borissow, Christofor Sergjejewitsch	(2816)
Borissow, Nikolai Iwanowitsch (?)	(2967)
Born (von dem Borne), Andreas Nikolas von	(1674)
Borne, Curt von dem	(E 259)
Borne, Curt von dem	(5105)
Bornowolokow, Alexander Petrowitsch	(3347)
Bornstedt, Bernhard Heinrich von	(30)
Bornstedt, Dietrich Eugen Philipp von	(699)
Bornstedt, Ernst Siegmund von	(1043)
Bornstedt, Gustaf Max von	(391)
Bornstedt, Hans Ehrenreich von	(485)
Bornstedt, Maximilian von	(364)
Boroevic von Bojna, Svetozar Frhr.	(4988)
Borries, Karl von	(5197)
Borries, Rudolf von	(4935)
Borstell, Friedrich Ludwig Ernst Wilhelm von	(2534)
Borstell, Karl Leopold Ludwig von	(E 8)
Borstell, Karl Leopold Ludwig von	(1520)
Borstell, Karl Leopold Ludwig von	(2921)
Borstell, Ludwig Friedrich Hans Wilhelm von	(E 49)
Borstell, Ludwig Friedrich Hans Wilhelm von	(4259)
Bose, Ernst Ludwig Hans von	(3789)
Bose, Friedrich Julius Wilhelm von	(4530)
Bose, Karl Ernst von	(786)
Bose, Karl Friedrich Wichmann von	(2622)
Bosse, Heinrich Wilhelm von	(402)
Both, Friedrich Ludwig von	(2555)
Both, Gustaf Friedrich von	(2031)
Both, Kuno-Hans	(5111)
Bothmer, Felix Graf von	(E 190)
Bothmer, Felix Graf von	(4768)
Boulignez, François Josef de	(1343)
Boumann, Georg Friedrich	(1979)
Bousmard, Henri Jean Baptiste de	(2081)
Boy (Deboar), Ossip Petrowitsch du	(3225)
Boyen, Ernst Leopold (Ernst Friedrich) von	(1242)
Boyen, Ludwig Leopold Gottlieb Herman von	(3570)
Boyen, Ludwig Leopold Gottlieb Hermann von	(E 26)
Boyen, Samuel Ernst von	(703)
Brahe, Magnus Graf	(3157)
Braitwitz, Ernst Magnus von	(636)

Brams, Alexander Iwanowitsch	(3128)
Brandeburg, Ernst	(4920)
Brandenburg, Friedrich Wilhelm Graf von	(2580)
Brandenstein, Christian August von	(1560)
Brandenstein, Christian Haubold von	(654)
Brandenstein, Curt von	(5304)
Brandenstein, Ernst Friedrich von	(1372)
Brandenstein, Friedrich August Karl von	(E 50)
Brandenstein, Friedrich August Karl von	(2329)
Brandenstein, Friedrich August Karl von	(4253)
Brandenstein, Haubold Karl von.	(1988)
Brandenstein, Hermann von	(5267)
Brandenstein, Joachim Gottfried von	(4307)
Brandenstein, Karl Bernhard Herman von	(4680)
Brandenstein, Otto Frhr.von	(5168)
Brandenstein, Wilhelm August von	(1490)
Brandes, Johann Christian von	(300)
Brandis, Cordt Frhr. von	(5133)
Brandis, Cordt von	(4804)
Brandt, August Heinrich von	(4391)
Brandt, George Wilhelm von	(2353)
Brandt, Johann (Iwan Iwanowitsch)	(3263)
Brandt, Johann (Iwan Iwanowitsch)	(4081)
Branicki, Stanislaw Stanislawjewitsch Graf	(2928)
Brauchitsch, Ludwig Nathanael Gottlieb Matthias von	(2150)
Braun	(4070)
Braun, August Wilhelm von	(538)
Braun, Johann Karl Ludwig	(E 51)
Braun, Johann Karl Ludwig	(4256)
Brause, Johann George Aemilius von	(2607)
Brausen, Karl Wilhelm von	(1021)
Brauße (Braußen), Siegismund Adolf von	(1660)
Brederlow, Tido von	(5335)
Bredow, Emanuel Friedrich von	(622)
Bredow, Henning Kaspar von	(151)
Bredow, Jakob Friedrich von	(54)
Bredow, Joachim Leopold von	(280)
Bredow, Johann Heinrich von	(1609)
Bredow, Johann Karl von	(51)
Bredow, Johann Ludwig von	(1529)
Bredow, Karl Wilhelm von	(11)
Bredow, Kaspar Ludwig von	(72)
Bredow, Maximilian Karl Friedrich Albert von	(4554)
Breest, Johann Gotthilf (Gottlieb) Friedrich	(747)
Bremen, Karl Iwanowitsch von	(2523)
Bremen, von	(2791)
Bremer, Karl Benedikt von	(574)

Brenner, Iwan Iwanowitsch (3864)
Breshinskij, Michail Petrowitsch (?) (3629)
Breshinskij, Semen Petrowitsch (3817)
Bresin, Alexei Dementjewitsch (4093)
Bresler, Johann Friedrich (1781)
Bresowskij (Beresowskij), Anton Walerjanowitsch (3768)
Bresowskij (Beresowskij), Apollon Wassiljewitsch (3584)
Breßler, Ludwig (5336)
Brevern, Peter Jermolajewitsch von (2471)
Brewern, Christofor Loniowitsch (?) (4096)
Briedel, Iwan (Johann) Leontjewitsch von (1853)
Briese, Carl (5276)
Briesen, Karl Philipp Traugott von (1865)
Brieskorn, Bogdan Jakowlewitsch von (2710)
Brietzke, August Heinrich von (1077)
Brietzke, Friedrich Rudolf Daniel von (1318)
Brilkin, Dmitrij Michailowitsch (3963)
Brincken, Christofor Alexandrowitsch von (3724)
Brincken, Karl Wassiljewitsch Baron von der (2865)
Brinckmann, Friedrich (5074)
Brinkord, Heinrich (5356)
Brisken, Ferdinand (5149)
Brix und Montzel, Johann Josef Franz Maximilian von (1351)
Brochhausen, Karl Friedrich (1312)
Brockhusen, Friedrich Wilhelm Herman Karl von (4452)
Brodowsky, Johann Samuel Ferdinand von (1233)
Broesigke, Christian Ludwig Hans von (1702)
Broesigke, Johann Christof von (447)
Broesigke, Karl Heinrich Ludwig von (2595)
Broglio de Revel I., Alfons Gabriel Oktavius Fürst (3322)
Bronewskij, Nikolai Bogdanowitsch (4090)
Bronikowski, Karl Ludwig von (2460)
Bronikowsky, Johann von (182)
Bronsart von Schellendorf, Walter Siegfried (5185)
Bronsart von Schellendorff, Bernhard (4847)
Bronsart von Schellendorff, Hans (5365)
Brösigke, Leberecht Friedrich von (947)
Brosin II., Jakob Nikolajewitsch (?) (3575)
Brosin, Pawel Iwanowitsch (2689)
Broun, Karl Erdmann Jakob von (1381)
Brozowsky, Wilhelm Fabian von (3607)
Bruchmüller, Georg (E 218)
Bruchmüller, Georg (4900)
Bruckendahl (Brückental) (3007)
Bruckendahl (Brückental), Karl Wassiljewitsch (2784)
Brückner, Erich (5286)
Brückner, Hieronymus von (1084)

Brummel	(3546)
Brümmer I.	(2890)
Brunette, Moritz von	(1564)
Brüning, Wilhelm Magnus von	(558)
Brunner	(4215)
Brunner, Bernhard von	(222)
Brünnow, Gustaf Heinrich (Friedrich) von	(1585)
Brünnow, Hans Karl Friedrich von ,	(2085)
Brünnow, Johann Kasimir von	(1500)
Brünnow, Philipp Wilhelm Gottlieb von	(1897)
Bruns, Friedrich	(5400)
Brunsich (Brunsig) Edler von Brun, Georg Wilhelm Friedrich	(4402)
Brüsewitz, Ernst Friedrich von	(216)
Brüsewitz, Karl Friedrich von	(1708)
Brusljänskij, Iwan Iwanowitsch	(3406)
Bublik, Jakob Petrowitsch	(3749)
Buch, Johann Julius	(1458)
Büchner, Franz	(5366)
Buckler, Julius	(5029)
Budberg, Fedor Wassiljewitsch von	(3845)
Budberg, Peter Ludwig Baron von	(3582)
Büddecke, Hans-Joachim	(4808)
Buddenbrock, Fedor Fedrowitsch von	(2477)
Buddenbrock, Friedrich Wilhelm von	(1039)
Buddenbrock, Karl Gustaf Leopold Baron von	(E 105)
Buddenbrock, Karl Gustaf Leopold Baron von	(4435)
Buddenbrock, Karl Gustaf Leopold Baron von	(4599)
Buddenbrock, Ludwig von	(611)
Buddenbrock, Robert Eduard Emil Freiherr von	(4532)
Budritzki, Rudolf Otto von	(4581)
Buhl, Karl Friedrich Wilhelm von	(1876)
Bulaschow (Balaschow)	(3400)
Bulgakow, Fedor Wasiljewitsch	(4201)
Bulgaren, Herzog zu Sachsen, Boris III. König und Zar der	(5313)
Bulgarien, Ferdinand I. Zar von	(E 168)
Bulgarien, Ferdinand I. Zar von	(5289)
Bulgarin, Peter Dmitrijwitsch	(3085)
Bulgarskij, Peter Wassiljewitsch (?)	(3619)
Bullach	(2743)
Bülow, August Christian von	(441)
Bülow, Christof Karl von	(849)
Bülow, Detlof von	(440)
Bülow, Friedrich Wilhelm Arweg Thomas Karl von	(2328)
Bülow, Friedrich Wilhelm von	(E 4)
Bülow, Friedrich Wilhelm von	(1311)
Bülow, Friedrich Wilhelm von	(2781)
Bülow, Hans Adolf Julius von	(4656)

Bülow, Karl Christian Friedrich von	(2553)
Bülow, Karl von	(4753)
Bülow, Walter von	(4971)
Bültzingslöwen, Johann Friedrich Christian von	(1768)
Bumke, Karl Friedrich Ferdinand Julius	(4628)
Bünau, Heinrich von	(5294)
Bünting, Karl Wilhelm von	(1257)
Buntsch, Konrad Gottfried von	(32)
Burg, Ernst Engelbert Oskar Viktor von der	(E 116)
Burg, Ernst Engelbert Oskar Viktor von der	(4624)
Burg, Ernst Engelbert Oskar Viktor von der	(4481)
Burghagen, Wilhelm Albrecht von	(967)
Burgsdorff, Anton Kasimir von	(589)
Burgsdorff, Friedrich Wilhelm (Karl Gottlob) von	(1469)
Burkhardt, Hermann Ritter von	(4906)
Bürkner, Robert	(5173)
Burmeister, Adolf Christoforowitsch	(3592)
Burmeister, Fedor Fedorowitsch	(K 96)
Burmeister, Fedor Fedorowitsch	(4205)
Burmeister, Jewdokim Romanowitsch	(3593)
Burnaschew (Burnachow), Peter Alexjejewitsch	(2507)
Burssak II., Afanassij Fedorowitsch	(3498)
Busch, Ernst	(5318)
Busch, Johann Gottlieb von	(2275)
Busch, Karl Gottlieb von	(1025)
Busche-Ippenburg, Karl Friedrich Salesius Frhr.von dem	(K 75)
Buschen, Christian Nikolajewitsch	(K 97)
Buschen, Christian Nikolajewitsch	(3819)
Buschujew	(3891)
Bussche-Haddenhausen, Georg Frhr. von dem	(5298)
Bussche-Ippenburg, Karl Friedrich Salesius Klamor Freiherr von dem	(3185)
Busse, Johannes von	(5113)
Bussow, Semen Jewstafjewitsch	(3626)
Butkowskij, Nikolai Jakowlewitsch	(3277)
Buttlar, Heinrich Alexander Freiherr von	(2284)
Buturlin, Dmitrij Petrowitsch	(3163)
Butzke, Friedrich Wilhelm von	(266)
Buxhöwden, Alexander Fedorowitsch von	(1921)
Buxhöwden, Iwan Filippowitsch von	(2301)
Buxhöwden, Peter Fedorowitsch Graf von	(4341)
Byern, Karl Wilhelm vom,	(1081)
Byern, Ludwig Christof von	(1323)
	(2925)

Call, Karl
Callagan, Dionysius (461)
Camas, Paul Heinrich Tilio de (850)
Canitz u. Dallwitz, Karl Wilhelm Ernst Frhr. von (E 80)
Canitz und Dallwitz, Karl Wilhelm Ernst Freiherr von (4358)
Canitz, Karl Wilhelm Ernst Freiherr von (2273)
Canstein, Philipp Christian Karl Wilhelm August Freiherr von (4419)
Canstein, Philipp Christian Karl Wilhelm August Freiherr von (4561)
Canstein, Philipp Christian Karl Wilhelm August Frhr. von (E 87)
Capelle, Eduard von (5057)
Capeller, Michael Wilhelm (949)
Caprivi, Georg Leo von (4607)
Caracciola-Delbrück, Alois von (5261)
Cardell, Karl Friedrich von (3153)
Carlheim-Gyllensköld, Karl Edurard (3251)
Carlin de Sommaripa, Karl (495)
Carlowitz, Adolf von (E 232)
Carlowitz, Adolf von (4930)
Carlowitz, Franz von (1552)
Carlowitz, Georg Karl von (600)
Carlowitz, Karl Friedrich Wilhelm von (2447)
Carnall, Arwed Konrad von (1424)
Casavranca von St. Paul, Raimund (1694)
Caspari, Walter (5134)
Caspary, Georg Ludwig (2077)
Cellarius, Theodor (1531)
Chafot, Franz Egmond Isaak de (58)
Chales de Beaulieu, Martin (4956)
Chambaud, Alexander Friedrich Wilhelm von (1804)
Chambaud, Alexander von (301)
Chamborant, Viktor Iwanowitsch Graf de (3139)
Chamboud, Peter Benjamin von (524)
Chamier, Franz Ludwig von (2593)
Chanikow, Nikolai Petrowitsch (Wassiljewitsch) (3178)
Chappuis de la Combay, François Louis de (2173)
Charcot, Michael de (1791)
Charitonow (2240)
Charles, James N., (2909)
Chartron, Ferdinand Heinrich Wedig von (K 6)
Chartron, Ferdinand Heinrich Wedig von (1792)
Chartschenko-Denissenko, Alexei Iwanowitsch (3393)
Chasot, Franz Egmond Isaak Graf de (1053)
Chasot, Ludwig August Friedrich Adolf Graf de (2116)
Chérisey, Charles Louis Prosper Graf (4302)
Chevallerie, Baron de la Motte, Ernst August de la (14)
Chevallerie, Siegfried von d. (E 249)
Chevallerie, Siegfried von la (5060)

Chilkow, Stepan Alexandrowitsch Fürst	(3450)
Chitrowo, Nikolai Sacharjewitsch	(2453)
Chitrowo, Wassilij Jelissjewitsch	(3358)
Chlebowsky, Christian Wilhelm von	(1229)
Chmjeljewskij, Anton Ossipowitsch	(4120)
Cholodowskij, Jegor Wassiljewitsch	(2786)
Chomjäkow, Alexei Afanassjewitsch	(3105)
Chomjäkow	(3353)
Chomutow, Grigorij Sergjejewitsch	(3219)
Chorus, Hans Wilhelm	(4576)
Chowrin, Alexander Lwowitsch	(2518)
Chrapatschoiw, Wassilij Stepanowitsch	(4203)
Chrapowijkij, Matwei Jewgrafowitsch	(3713)
Chrapowizkij, Grigorij Semenowitsch	(3121)
Chrapowizkij, Iwan Iwanowitsch	(4010)
Chrapowizkij, Jason Semenowitsch	(3195)
Chrapowizkij, Matwej Jewgrafowitsch	(2302)
Chriestschatizkij, Pawel Stepanowitsch	(3198)
Christiani, Georg Gottfried (von?)	(1545)
Christiansen, Friedrich	(5035)
Chrustschow, Sergei Petrowitsch	(3975)
Chweslowskij, Nikolai Alexandrowitsch	(K 117)
Chwostowskij, Nikolai Alexandrowitsch	(3383)
Claer, Eberhard von	(4765)
Clam-Martinitz, Karl Johann Nepomuk Gabriel Graf	(3548)
Claudius, Max	(5349)
Clausewitz, Vollmar Karl Friedrich	(E 27)
Clausewitz, Vollmar Karl Friedrich von	(2436)
Clausewitz, Vollmar Karl Friedrich von	(3560)
Clausewitz, Wilhelm von	(E 77)
Clausewitz, Wilhelm von	(2618)
Clausewitz, Wilhelm von	(4292)
Clausius, Christian Wilhelm Gotthold (Gotthilf)	(2551)
Cler, Ignaz Heinrich von	(4357)
Cloeck (Kloeck), Andreas Heinrich von	(851)
Cloßmann, Josef von	(1782)
Closter, Kaspar Heinrich Wilhelm	(1298)
Cocceji, Karl Friedrich Ernst von	(467)
Coester, Rudolf Maximilian,	(4573)
Collani, Erwin von	(5163)
Collany, Karl Ludwig von	(1783)
Collin, Karl Gustaf von	(1465)
Colomier, Louis Max Napoleon.	(4416)
Commichau, Alexander	(5135)
Conrad von Hötzendorf, Franz Graf	(E 180)
Conrad von Hötzendorf, Franz Graf	(4755)
Constant Rebecque de Villars, August Baron de	(2461)

Conta, Karl Bernhard von	(4423)
Conta, Richard von	(E 219)
Conta, Richard von	(4865)
Cooke, Henry Frederic	(2908)
Coring, Wilhelm Christof	(1195)
Corswant(en), Karl Kaspar August von	(1264)
Corswant, Karl Friedrich von	(982)
Corvin Wiersbitzky, Friedrich Gottlob Karl Ludwig von	(963)
Corvin Wiersktzky, Heinrich Friedrich Ernst von	(1721)
Corvin-Wiersbitzki, August Ferdiannd von	(K 7)
Corvin-Wiersbitzki, August Ferdinand von	(1239)
Cosel, Dietrich Christof Gotthold von	(2274)
Cosel, Karl Wilhelm Gustaf von	(2281)
Cramon, Christof Julius Heinrich von	(2602)
Cranach, Elimar von	(5145)
Cranach, Ludwig Otto Lukas von	(E 118)
Cranach, Ludwig Otto Lukas von	(4569)
Cranach, Ludwig Otto Lukas von	(4631)
Crayen, Karl August Alexander von	(2664)
Crety, Emanuel Gottfried von	(1840)
Crossard, Jean Baptiste Louis Baron de	(3424)
Crousaz-Corsier, Daniel Noë Louis de	(1313)
Crüger (auch Krüger von Konarsky gen.), Christian	(2015)
Curzbach von Seidlitz (Seydlitz II.), Johann Balthasar	(1486)
Czarnowski, Jakob Wilhelm von	(2475)
Czettritz, Emanuel Albrecht von Oberst und	(986)
Czettritz, Ernst Heinrich von	(236)
Czettritz, Georg Oswald Freiherr von	(620)
Czettritz, Hans Adam von	(56)
	(4842)

D

d'Elsa, Karl	
Dael, Friedrich Ludwig Kaspar von	(1483)
Dahlen, Nikolai Iwanowitsch von	(4285)
d'Ainesy, Marquis de **Montpezat**, Leopold Augustin Jean Joseph	(3552)
Dallmer, Karl Friedrich Franz	(K 47)
Dallmer, Karl Friedrich Franz	(2717)
Dallmer, Karl Leopold Ferdinand	(2107)
Dallmer, Viktor	(E 235)
Dallmer, Viktor	(4897)
Dallwitz, Johann Siegemund von	(1740)
Dalwig, Georg Ludwig von	(551)
Dalwig, George Ludwig Friedrich Freiherr von	(1109)
Dalwig, Louis Heinrich Edgar Josef Albert Freiherr von	(4551)

d'Amaudruy, Benjamin	(960)
Dambrowski, Iwan Igantjewitsch	(3642)
Damitsch, Feodossij Iwanowitsch	(3397)
Damitz, Johann Georg von	(94)
Damm, Georg Ferdinand von	(724)
Dammann, Gustav	(5401)
Danckelmann, Karl Emil Adolf Freiherr von	(944)
Danilow, Dmitrij Petrowitsch (?)	(3385)
Danilow, Pawel Wassiljewitsch	(3046)
Dankbahr, Friedrich Wilhelm Gustaf von	(1464)
Dannenberg, Ferdinand Franz Wilhelm Ernst Karl von	(4483)
Dannenberg, Iwan Petrowitsch	(3841)
Dannenberg, Samuil (Peter) Andrejewitsch	(4144)
Dänner, Rudolf	(5371)
Dargitz, Otto von	(2653)
d'Artis de Bequignolles, Eduard Friedrich Leopold	(4384)
Das Kanonenboot "Iltis"	(4724)
Daschkow, Andrei Wassiljewitsch	(3166)
Dassel, Johannes von	(5367)
d'Aubier, Antoine	(1401)
Daun, Karl Friedrich Wilhelm Leopold	(4445)
d'Auvray, Fedor Filippowitsch	(2421)
Dawidow I.	(3030)
Dawidow II., Jewdokim Wassiljewitsch	(3038)
Dawidow, Denis Wassiljewitsch	(2213)
Dawidow, Dmitrij Wassiljewitsch	(3352)
Dawidow, Jewdokim Wassiljewitsch	(4008)
Dawidow, Nikolai Dmitrijewitsch (?)	(3786)
Dawidow, Peter Iwanowitsch	(3948)
Dawson, Georg Lionel,	(2912)
d'Azemar de Rège, Pierre	(297)
de Chasot, Franz Egmond Isaak Graf	(Br 1)
de Franc (Defranc)	(1898)
de Maistre, Rudolf Ossipowitsch Graf	(K 82)
Debschitz, Johann Otto Karl Kolmar von	(4520)
Dechterew, Nikolai Wassiljewitsch	(2120)
Dechterow, Jewgraf Semenowitsch	(3930)
Decker, Friedrich Heinrich Wilhelm	(1114)
Decker, Johann Karl Otto Heinrich	(2130)
Dedenjew (Dederjew), Alexei Jegorowitsch	(2685)
Degelow, Carl	(5411)
Degingk, Ernst Wilhelm von	(428)
Dehrmann, Joachim Ehrenreich	(738)
Deimling, Berthold von	(4837)
Delen, Leonhard Albrecht Karl Baron von	(3569)
Delius, Walther von	(5061)
Deljänow, David Artemjewitsch	(2207)

Dellinghausen, Iwan Fedorowitsch Baron von	(3794)
Dellwig, Reinhold (Iwan Antonowitsch) von	(2491)
Dembinski, Ludwig Anton von	(1171)
Demjänkow, Parsenij Semenowitsch	(3314)
Demtschenkow, Semen Semenowitsch	(2950)
Denissjewskij, Andronik Andronikowitsch	(3808)
Denissow VIII., Fedor Petrowitsch	(1930)
Denissow, Andrejan Karpowitsch	(1756)
Denissow, Peter Alexandrowitsch	(3944)
Dernen, Friedrich-Wilhelm	(5271)
Deroshinskij, Leopold Kusmitsch,	(4109)
Deroshinskij, Wladimir Kosmitsch	(K 98)
Deroshinskij, Wladimir Kosmitsch,	(3943)
Derschau, Christian Reinhold von	(113)
Derschau, Friedrich Wilhelm Bernhard von	(1062)
Derschau, Karl Fedorowitsch von	(4018)
Desbout, Jossif Lwowitsch	(2431)
Deskur (Descours), Iwan Iwanowitsch	(3261)
Deskur (Descours), Iwan Iwanowitsch	(4079)
Dessaunniers, Anton von	(1018)
Dessaunniers, Johann Heinrich Friedrich Anton von	(2175)
Detten, Arnold von	(5268)
Devivere, Diederich Franz Ferdinand Maria Johann von	(4427)
Dewitz, Curt von	(5146)
Dewitz, Hennig Otto von	(62)
Dewitz, Stefan Gottlieb von	(827)
Dickinson, Richard	(4287)
Diebitsch, Ernst Wilhelm Johann August von	(2331)
Diebitsch, Friedrich Alexander August von	(1184)
Diebitsch, Friedrich Gottlieb von	(474)
Diebitsch, Johann Friedrich von	(968)
Diebitsch, Karl Johann Friedrich Anton von	(2406)
Diebitsch, Nikolaus von	(372)
Diefenbach, Carl	(4898)
Diepenbroick-Grüter, Otto Frhr.von	(5198)
Diericke, Christof Wilhelm von	(1235)
Diericke, Otto Friedrich von	(1854)
Dieringshofen, Ernst Christof von	(653)
Dieringshofen, Karl Friedrich Alexander von	(E 119)
Dieringshofen, Karl Friedrich Alexander von	(4523)
Dieringshofen, Karl Friedrich Alexander von	(4632)
Dieskau, Karl Wilhelm von	(318)
Diest, Heinrich Friedrich Ludwig Arnold von	(2733)
Dieterichs (Dieteriks)	(3793)
Dieterichs III., Christian Iwanowitsch	(2886)
Dieterichs, Andrei Iwanowitsch	(3016)
Dietherdt, Philipp Georg von	(1228)

Dietrich gen. von Schenck, Johann Karl	(2609)
Dietrichs (Diedrich), Andrei Iwanowitsch (?)	(3080)
Diezelski, Christian Ernst von	(2131)
Diezelski, Friedrich Wilhelm von.	(2189)
Diezelski, Johann Friedrich von	(1380)
Diezelski, Michael Ernst von	(1522)
Diezelski, Philipp Ernst Karl von	(2086)
Diezelsky, Georg Heinrich von	(231)
Diezelsky, Michael Ludwig von	(680)
Dincklage, Anton von	(186)
Ditfurt, Moritz Wilhelm von	(162)
Ditfurth, Wilhelm Heinrich Karl Ludwig Arthur von	(E 52)
Ditfurth, Wilhelm Heinrich Karl Ludwig Arthur von	(4255)
Ditfurth, Wilhelm von	(5136)
Dittmar, Peter (Jegor ?) Leontjewitsch	(3765)
Djäkow, Alexei Nikolajewitsch	(3437)
Djäkow, Peter Nikolajewitsch	(3997)
Djejew, Alexander Michailowitsch	(3528)
Djejew, Iwan Michailowitsch	(K 99)
Djejew, Iwan Michailowitsch	(3529)
Dluskij, Jewgenij Michailowitsch	(3535)
Dmitriew, Iwan Dmitrijewitsch	(3284)
Dmitriew-Mamonow, Alexander Iwanowitsch	(3356)
Dobrischin, Nikolai Iwanowitsch	(4179)
Dobrowolski, Karl Friedrich Florian von	(1375)
Dobrowolski, Semen Iwanowitsch	(2678)
Dobrowolskij, Lawrentij Leontjewitsch	(3008)
Doeberitz, Georg Ludwig Christof von	(945)
Doering, Karl Gustaf Alfred Wilhelm von	(4436)
Doernberg, Wilhelm Kaspar Ferdinand Freiherr von	(2669)
Doerr, Gustav	(5415)
Dohna, Albrecht Leopold Wilhelm Burggraf und Graf zu	(1284)
Dohna, Alexander Emilius Burggraf und Graf zu	(116)
Dohna, Christof Graf zu	(33)
Dohna, Friedrich Alexander Graf zu	(615)
Dohna-Schlobitten, Fabian Alexander Graf zu	(2048)
Dohna-Schlodien, Nikolaus Burggraf u. Graf zu	(4802)
Dohna-Wartenberg-Schlobitten, Friedrich Karl Emilius	(2293)
Dohna-Wartenberg-Schlobitten, Ludwig Moritz	(2072)
Dolgorukij, Nikolai Andrejewitsch	(3833)
Dolinskij, Lew	(3544)
Doliwa-Dobrowolskij, Frol Ossipowitsch	(2892)
Dollen, Friedrich Wilhelm von der	(1210)
Dolomanow, Nikolai Kirillowitsch	(2797)
d'Olonne, Ossip Franzowitsch Graf	(2848)
Dombrowskij, Pawel Franzowitsch	(4112)
Dombrowskij, Roman Antonowitsch	(3763)

Dommes, Wilhelm von	(5192)
Donat, Eduard von	(2183)
Donat, Hans Otto Wilhelm von	(2561)
Dönhoff (Friedrichstein), August Friedrich Philipp Graf	(2459)
Dönhoff, Friedrich Graf von	(119)
Dorndorf, Georg	(5093)
Dorsch, Konstantin Gottlieb von	(2160)
Dossenbach, Albert	(4869)
Dossow, Friedrich Wilhelm von	(1634)
Dossow, Friedrich Wilhelm von	(96)
Dostler, Eduard Ritter von	(4938)
Douglas, Anton Christian von	(2589)
Downorowitz, Alexander von	(702)
Dozenkow, Iwan Wassiljewitsch	(2478)
Drechsel, Hermann	(5095)
Drenthal, Friedrich Karl Albrecht von	(517)
Dresden, Johann Gotthard von	(1332)
Dresky, Justus Karl Wilhelm Albert Friedrich Emil von	(4662)
Dresler u. Scharfenstein, Hermann von	(4997)
Dresler von Scharrfenstein, Wilhelm Friedrich Karl	(2752)
Drewitsch	(2847)
Driesberg, Arnold von	(157)
Driesen, Georg Wilhelm von	(48)
Drigalski, Hans von	(5085)
Drobishewskij, Karp (?)	(3879)
Droeßel, August Friedrich von der	(1148)
Drosdowskij, Faddei Antipowitsch	(2885)
Drosdowsky, Johann George (von)	(852)
Droste zu Vischering, Josef Freiherr von	(4174)
Drulskij, Sakolinskij, Fürst	(2697)
Dschemal-Pascha, Achmed	(4955)
Dschitschkanez, Adam Jakowlewitsch	(K 129)
Dsewonskij, Iwan	(3039)
Dsheshelei, Grigorij Antonowitsch	(4168)
Dsheshelinskij	(3025)
Dsitschkanez, Adam Jakowlewitsch	(3609)
du Pac de Badens et Sombrelle, Gabriel Marquis	(K 41)
Dubelt, Leontij Wassiljewitsch	(4231)
Dubelt, Peter Wassiljewitsch	(3596)
Dubrowin, Peter Sergjejewitsch	(4092)
Dücker, Wilhelm von	(5272)
Dumaschew, Dmitrij Alexjejewitsch	(2079)
Dunajew, Alexander Iwanowitsch	(3914)
Dunker, Friedrich Wilhelm von	(K 48)
Dunker, Friedrich Wilhelm von	(2759)
Durant, Heinrich von	(1580)
Düring, Ernst Johann Christian von	(2910)

Düring, Friedrich Adolf Wilhelm von	(41)
Düring, Friedrich Franz von	(1744)
Düringsfeld, Karl Eduard von	(2639)
Durnowo, Iwan Nikolajewitsch	(3101)
Durnowo, Nikolai Dmitrijwitsch	(2934)
Durow, Fedor Fedorowitsch	(3103)
Dürr, Christian Friedrich Karl Alexander von	(1430)
Dushek (Dussek)	(3941)
Dutschinskij, Ossip Ignatjewitsch	(4330)
Duwanow, Akim Wassiljewitsch	(3961)
Dyhern, Anton Ludwig von	(787)
Dyhern, Ludwig Ferdinand von	(1472)
Dyhern, Melchior von	(767)
Dyhern, Rudolf Gottlob Freiherr von	(1801)
Dziengel, Gottlieb David von.	(2059)
Dzwonkowsky, Jakob von	(1819)
	(1666)

E

Ebel, Karl Friedrich	
Eben und Brunnen, Christian Adolf Friedrich von	(1676)
Eben und Brunnen, Karl Adolf Freiherr von	(734)
Eben, Johannes von	(E 197)
Eben, Johannes von	(4854)
Eberhardt, Friedrich Wilhelm Magnus von	(2527)
Eberhardt, Magnus von	(E 226)
Eberhardt, Magnus von	(4915)
Eberstein gen. von Bühring, Johann Friedrich Karl von	(640)
Eberstein, Heinrich Friedrich Wilhelm von	(2174)
Eberstein, Wolf Georg von	(777)
Ebra, Wilhelm August Ludwig von	(1952)
Echt, Günther Gottfried von	(429)
Eckardt, Hieronymus Wilhelm von	(253)
Eckenbrecher, Johann August	(959)
Eckwricht, Ernst Wilhelm von	(306)
Edelbüttel, Gottfried	(4975)
Edelsheim, Franz von	(5319)
Edenhjelm, Gillis	(3156)
Edler von Paschwitz, Johann Gottlieb Karl Philipp	(1670)
Egidy, Ralph von	(5382)
Egloffstein, Albrecht Dietrich Gottfried Freiherr von	(594)
Ehrenberg, Christof Wilhelm von	(514)
Ehrenberg, Ernst August von	(1044)
Ehrencron, Karl Friedrich von	(1521)
Ehrenthal, Oskar von	(4921)

Eichen I., Jakob Jakowlewitsch	(2125)
Eichhorn, Hermann von	(E 155)
Eichhorn, Hermann von	(4776)
Eichmann, Martin Ludwig von	(375)
Eicke, Ernst Theodor von	(2599)
Eicke, Hans Heinrich Andreas von	(1470)
Eickstedt, Ernst Heinrich Karl Friedrich von	(2013)
Eickstedt, Ludwig Wilhelm von	(1429)
Eidjiatowicz, Thaddäus von	(2027)
Einem, gen.von Rothmaler	(E 171)
Einem, Karl von gen.von Rothmaler	(4750)
Einsiedel, Gottfried Emanuel von	(149)
Eisenhardt, Johann Friedrich von	(2117)
Eisenhart, Johann Ernst Ferdinand	(2656)
Eisenschmidt, Johann Josef Ernst	(1835)
Eismont, Alexei Matwjejewitsch	(3075)
Eismont, Kosman Michailowitsch (?)	(3652)
Eller, Ferdinand von	(613)
Ellert, Friedrich Wilhelm von	(725)
Elschanowskij, Kasimir Juljanowitsch	(4685)
Elsner, Ferdinand Joachim von	(1047)
Elsner, Karl Christian von	(1415)
Elsner, Karl Friedrich von	(646)
Elster, Karl August von	(798)
Elstermann von Elster, Hugo von	(4961)
Emme, Alexander Iwanowitsch	(3832)
Emme, Alexei Fedorowitsch	(2879)
Emmerich, Karl Wilhelm von	(1578)
Emmich, Otto von	(E 147)
Emmich, Otto von	(4730)
Empfänger ist nicht bekannt	(3576)
Empfänger ist nicht bekannt	(3577)
Ende, Friedrich Albrecht Gotthilf (Freiherr) von	(1173)
Ende, Siegfried Frhr.von	(4982)
Enders, Nikolaus Ritter von	(5118)
Endtemann, Friedrich Julius	(272)
Engelbrecht, Heinrich Gottfried von	(1940)
Engelbrecht, Ludwig Philipp von	(1341)
Engelbrechten, George von	(5230)
Engelhardt, Karl Siegmund von	(580)
Engelhart, Adam Grigorjewitsch von	(3911)
Engelhart, Andrei Wassiljewitsch	(3183)
Engelhart, Anton Jewstasjewitsch	(2702)
Engelhart, Karl Ludwig Siegmund von	(E 53)
Engelhart, Karl Ludwig Siegmund von	(4248)
Engelmann, Peter Iwanowitsch	(2102)
Engelström, Gustaf Stanislaus von	(3155)

Enver-Pascha, Damad	(E 162)
Enver-Pascha, Damad	(4782)
Epp, Franz Ritter von	(5179)
Erckert, Friedrich Wilhelm Viktor von	(4490)
Erichsen, Karl Gustaf Samuel von	(1090)
Erlach, Friedrich August von	(374)
Erlach, Friedrich August von	(500)
Erlach, Friedrich Leberecht von	(201)
Ernest, Johann Viktor von Oberstlieutenant,	(1583)
Erynaeus, Johann Daniel	(1445)
Esch, Hans von d.	(5344)
Esch, Karl Wilhelm von der	(4678)
Eschwege, Ludwig von	(4276)
Eschwege, Wilhelm von	(1158)
Esebeck, Christian Karl von	(1512)
Esebeck, Friedrich Frhr.von	(5096)
Eßdorff I., Karl Christian Friedrich von	(1688)
Essen, Alexander Filippowitsch von	(3266)
Essen, Karl Karlowitsch von	(4331)
Essen, Karl Karlowitsch von	(2785)
Essmann, Friedrich Philipp von	(1293)
Estorff, Ludwig von	(4960)
Etzell, Günther von	(E 254)
Etzell, Günther von	(5242)
Eulenburg, Albrecht Ludwig Hans Graf zu	(2571)
Eulenburg-Wicken, Siegfried Graf zu	(E 245)
Eulenburg-Wicken, Siegfried Graf zu	(4950)
	(2464)

F

Fabe, Johann Gottlob Karl	
Fabeck, Max von	(4783)
Fabecky, August Ferdinand von	(2025)
Fabecky, Ferdinand Friedrich Wilhelm von	(K 83)
Fabecky, Ferdinand Friedrich Wilhelm von	(3950)
Faber II., Ernst August Ludwig (von),	(1153)
Fabian, Ferdinand Ludwig von	(990)
Fabian, Johann Christian von	(65)
Fabre, Karl (Hermann) von	(1444)
Fahlenberg	(4152)
Fahnenberg, Anton Freiherr von	(4218)
Fahrenholtz, Albrecht Friedrich von	(1619)
Falckenhayn, Friedrich Gotthilf von	(535)
Falckenstein, Hannibal von	(1204)
Falconi, Iwan Iwanowitsch	(1905)

Falk, Fedor Bogdanowitsch	(4211)
Falkenhausen, Alexander von	(5164)
Falkenhausen, Ludwig Frhr.von	(E 164)
Falkenhausen, Ludwig Frhr.von	(4784)
Falkenhausen, Wilhelm Friedrich Eduard Heinrich Alexander August Freiherr von	(4604)
Falkenhayn, Erich von	(E 148)
Falkenhayn, Erich von	(4760)
Falkenhayn, Eugen von	(E 158)
Falkenhayn, Eugen von	(4789)
Falkenhayn, Johann Alexander von	(225)
Fallon, Ludwig August	(3508)
Fanshawe, Friedrich Andrejewitsch	(3493)
Fanshawe, Grigorij Andrejewitsch	(K 84)
Fanshawe, Grigorij Andrejewitsch	(4001)
Fanshawe, Wassilij Andrejewitsch	(2881)
Fasbender, Karl Ritter von	(4846)
Faupel, Wilhelm	(E 239)
Faupel, Wilhelm	(5204)
Fausser, Johann Heinrich	(1738)
Federew, Alexander Iljitsch	(2249)
Fedorow	(3894)
Fedossejew, Michail Dmitrijewitsch	(3409)
Fehrentheil, Karl Friedrich von	(2489)
Feilitzsch, Christian Gottlieb von	(453)
Felgentreu, Adolf Erikus	(2748)
Ferber, Karl Adolf Friedrich von Ferdinand	(1441)
Fidler, Heinrich Karl	(1419)
Fiebig, Johann Friedrich Wilhelm	(1593)
Fiebig, Wilhelm Gustaf von	(2517)
Fiedler, Friedrich August von	(2061)
Figner, Alexander Samoilowitsch	(3276)
Filangieri, Principe di Satriano e Duca de Taormina, Carlo Cesare Antonio Cornelio Michele Gabriele Raffaele Angelo-Custode Baldassare Melchiore	(4403)
Filatjew II., Alexander Iwanowitsch	(2387)
Filatow, Kondratij Iwanowitsch	(2410)
Filipjew, Peter Wassiljewitsch	(2312)
Filipow I., Nikolai Fedorowitsch	(2836)
Filipow, Alexei Alexjejewitsch	(3294)
Filipow, Alexei Alexjejewitsch	(4069)
Filissow, Pawel Andrejewitsch	(2135)
Finck von Finckenstein, Bernhard Graf	(5107)
Finck von Finckenstein, Albrecht	(1726)
Finck, Jonathan Friedrich von	(77)
Fink, Peter Iwanowitsch	(1755)
Fircks, Gustaf Fedorowitsch	(4049)

Firssow, Peter Sawwitsch	(4311)
Fischer	(4104)
Fischer, Adolf Ferdinand Maximilian von	(2294)
Fischer, Kurt	(4991)
Fischer, Udo von	(5218)
Flanß, August Ferdinand von	(1517)
Flanß, Kurt Friedrich von	(853)
Flatow, Friedrich Gustaf von	(4635)
Fleck, Paul	(4751)
Flemming, Julius Friedrich Gottlob von	(2374)
Flesche, Joachim Gottlob Ernst	(1862)
Flies, Johann Konrad von	(4271)
Flörken, Heinrich Ludwig Arnold von	(1842)
Fock, Johann Gideon von	(392)
Fock, Ossip Fedorowitsch von	(2341)
Fokin	(4100)
Foller, Benjamin von	(2375)
Fomin	(3052)
Forcade de Biaix, Friedrich Heinrich Ferdinand Leopold Marquis de	(1069)
Forcade de Biaix, Friedrich Wilhelm de	(704)
Forcade de Biaix, Friedrich Wilhelm Quirin	(245)
Forcade de Biaix, Isaak de	(114)
Forcade de Biaix, Wilhelm Friedrich Erdmann Ferdinand Marquis	(3551)
Fornel de Lalaurencye, Johann Benjamin	(2552)
Forsell, Karl Gustaf	(2897)
Forstenburg, Karl Anton Ferdinand Graf von	(1179)
Förster, Otto Karl Georg von	(4676)
Förster, Sigismund von	(4721)
Forstner, Ernst Frhr.von	(4983)
Forstner, Ernst Frhr.von	(E 236)
Fortsmann, Walther	(4826)
Fragstein von Niemsdorff, Johann Karl Eduard	(4433)
Frahnert, Ernst	(4992)
Francken, August Friedrich Herman von	(1410)
Francken, Fabian Ernst von	(545)
Franckenberg, Christof Alexander von	(643)
Franckenberg, Friedrich (Karl) Wolf von	(507)
Franckenberg, Josef Leopold von	(1374)
Franckenberg, Karl Leopold von	(1373)
Franckenberg, Karl Ludwig Sylvius von	(1078)
Franckenberg, Karl von	(1305)
Franckenberg, Moritz von	(1052)
Franckenberg, Siegmund Friedrich Wilhelm von	(1262)
François, Bruno Hugo Karl Friedrich	(4546)
Francois, Hermann von	(E 192)
Francois, Hermann von	(4759)
Franke, Adolf	(5352)

Franke, Erich Viktor Karl August	(4729)
Frankenberg und Ludwigsdorf, Hans-Heydan von	(5225)
Frankenberg, Sylvius Heinrich Moritz von	(1024)
Frankl, Wilhelm	(4827)
Fransecky, August Friedrich Wilhelm von	(1616)
Fransecky, Eduard Friedrich von	(E 110)
Fransecky, Eduard Friedrich von	(4525)
Fransecky, Eduard Friedrich von	(4613)
Frantz, Rudolf	(4923)
Frederiks, Peter Andrejewitsch Baron	(3598)
Freigang, Johann (Iwan Matwjejewitsch ?)	(4333)
Freigang, Peter Iwanowitsch	(2948)
Freigang, Peter Iwanowitsch	(4151)
Freyend, Ludwig von	(1799)
Freyer, Erich	(5119)
Freyhold, Karl von	(5200)
Freymann, Rudolf (Roman) Antonowitsch	(3221)
Freytag von Loringhoven, Roman Karlowitsch	(4138)
Freytag, Christian Wilhelm von	(810)
Fricke, Hermann	(5051)
Friderici, Herman Karlowitsch	(2206)
Frieben, Christof Franz von	(2381)
Friedberg, Iwan Petrowitsch	(2958)
Friedeburg, Friedrich von	(5299)
Friederici, Karl	(5219)
Fritsch, Albert von	(5283)
Fritsch, Lothar	(5161)
Fritsch, Ludwig Heinrich Gottlieb Freiherr von	(1124)
Fritschen, Karl Wilhelm von	(1639)
Froelich, Ernst August Moritz von	(E 54)
Froelich, Ernst August Moritz von	(4239)
Froideville, Gabiel Monod de	(44)
Frolow, Grigorij Nikolajewitsch	(1998)
Frolow, Peter Nikolajewitsch	(K 60)
Frolow, Üeter Nikolajewitsch	(3004)
Frolow-Bagrjejew, Alexei Petrowitsch	(1752)
Frolow-Bagrjejew, Viktor Alexjejewitsch	(3343)
Fronhofer, Johann Christof von	(664)
Froreich, Ulrich Karl von	(1329)
Froreich, Wilhelm Leopold von	(1627)
Frotscher, Georg	(5158)
Fuchs, Georg	(4941)
Fuhrmann, Alexander Fedorowitsch	(3492)
Funck, Friedrich Wilhelm von	(E 74)
Funck, Friedrich Wilhelm vom,	(2601)
Funck, Friedrich Wilhelm vom,	(4283)
Furtenbach, Johann von	(1502)

G

Gabain, Arthur von
Gabain, Arthur von (4998)
Gabcke, Otto (5279)
Gablenz, Karl Wilhelm Ludwig Freiherr von der (4409)
Gaede, Hans (4785)
Gaertner, Erich (5412)
Gagarin, Fürst (4325)
Gagin, Pawel Nikolajewitsch (4021)
Gajewskij, Fedor Semenowitsch (3650)
Galagan, Andrei Petrowitsch (3670)
Galionka, Afanassij Jakowlewitsch (3076)
Gallus, Ewald Gotthold Hugo (4577)
Gallwitz, Max von (E 156)
Gallwitz, Max von (4771)
Gans Edler Herr zu Puttlitz, Friedrich Ludwig Wilhelm (2566)
Gans Edler Herr zu Puttlitz, Kaspar Daniel Ludwig (1661)
Ganskau, Jakob Fedorowitsch (3005)
Gantzkow, Georg Bodo von (1139)
Garichwostow, Alexander Sacharjewitsch (3814)
Garnier, Aloisius von (1628)
Garnier, Otto von (4864)
Garten, Ernst Friedrich von (1093)
Gatowskij, Semen Ossipowitsch (3123)
Gattenhofen, Friedrich Benjamin von (366)
Gaudi, Andreas Erhard von (84)
Gaudi, Friedrich Wilhelm Ernst von (542)
Gaudi, Friedrich Wilhelm Leopold von (1300)
Gause, Friedrich Karl (1508)
Gawrilenko, Iwan Iwanowitsch (3491)
Gayl, Georg Frhr.von (5166)
Gayl, Otto Wilhelm Ernst von (2572)
Gaza, Ignatius Hermann von (1598)
Gazen gen. Gaza, Wilhelm von (5013)
Gebhardt, Wilhelm Karl (2271)
Gebsattel, Ludwig Frhr. von (4857)
Gedeonow, Alexander Michailowitsch (3180)
Geelhaar, Friedrich Heinrich (983)
Geismar, Friedrich Kaspar von (2868)
Geißler, Heinrich Paul von (4666)
Geist von Beeren, Karl Friedrich Herman (1943)
Gelber, Georg (3522)
Gendre, Alexander Andrejewitsch (2426)

Gentsy de Gents, Josef	(4304)
Gentzkow, Karl von	(824)
Georg Carl Siegfried Ritter von	(5152)
Geppert, Georg	(3510)
Gerassimow, Alexander Semenowitsch	(3816)
Gerassimow, Alexander Semenowitsch	(3876)
Gerbel II., Gustaf Wassiljewitsch	(2884)
Gerbel III., Karl Gustafowitsch von	(3580)
Gerbel III., Karl Gustafowitsch	(3420)
Gerbel, Wassilij Wassiljewitsch	(4026)
Germar, Ullrich von	(5147)
Gerngroß, Renatus (Rodion Fedorowitsch)	(2673)
Gerok, Friedrich von	(4769)
Gersdorf, Leopold Siegmund von	(1357)
Gersdorff, Wilhelm Adolf Heinrich von	(4430)
Gerskow, Joachim Friedrich von	(2547)
Gerstenzweig, Danilo Alexandrowitsch	(3465)
Gerstenzweig, Danilo Alexandrowitsch	(4028)
Gerth, Daniel,	(5310)
Gervais, Alexander Karlowitsch de	(3587)
Gettkandt, Ernst Philipp,	(1909)
Gfug, Johann Ludwig von	(1833)
Gieller, Karl Josef von	(1191)
Giese, Johann	(2667)
Gilein von Gembitz, Karl Ossipowitsch	(4365)
Gillern, Ernst Heinrich von	(1012)
Gillhausen, Friedrich Konrad Wilhelm (von)	(1484)
Girodz de Gaudi, Jakob Johann Alfons	(1775)
Girodz von Gaudi, Alfons Wilhelm Georg Heinrich	(4425)
Gladis, Hans Heinrich von	(108)
Glan, Johann Georg Karl von	(1353)
Glasenapp II., Wilhelm Otto Grigorjewitsch von	(3457)
Glasenapp, August Friedrich von	(219)
Glasenapp, Johann Franz von	(1245)
Glasenapp, Johann Heinrich Ferdinand von	(4556)
Glasenapp, Otto Kasimir von	(240)
Glasenapp, Paul Ernst August Wilhelm von	(1448)
Glaser, Friedrich Daniel von	(1679)
Glasko	(2727)
Gleißenberg, Johann Ernst Sylvius von	(1207)
Gleitzmann, Fedor Astasjewitsch	(3398)
Glinka, Fedor Nikolajewitsch	(2870)
Glinka, Grigorij Nikolajewitsch	(K 61)
Glinka, Grigorij Nikolajewitsch	(3597)
Glinsky, Bernhard von	(806)
Gliszczynski, Georg Ernst von	(1786)
Gljebow	(2808)

Gljebow, Michael Petrowitsch	(2427)
Gloeden, Ernst Otto von	(627)
Gloeden, Otto Leopold Ehrenreich von	(1087)
Gluchow, Feosilakt Alexjejewitsch	(4284)
Glümer, Heinrich Karl Ludwig Adolf von	(4611)
Gluszewski-Kwilecki, Wilhelm Graf von	(5014)
Glutschkowius, Michail,	(2767)
Goddenthow, Karl Adam von	(1889)
Goeben, August Karl Friedrich Christian von	(E 88)
Goeben, August Karl Friedrich Christian von	(4448)
Goeben, August Karl Friedrich Christian von	(4563)
Goell, Heinrich Ernst	(2288)
Goellnitz, Georg Friedrich Gottlob von	(2270)
Goerlitz, Ernst Christian von	(1325)
Goerne, Abraham Rudolf Philipp von	(2260)
Goerne, Wilhelm von	(E 244)
Goerne, Wilhelm von	(4916)
Goertz, Karl von	(1120)
Goertzke, Friedrich von Kapitain und	(1570)
Goesch, Martin,	(5137)
Goeschl, Ignaz	(3441)
Goetze, Ernst Ludwig von	(26)
Goetze, Karl Ludwig Bogislaf von	(962)
Goetze, Viktor von	(529)
Goetzen, August von	(4844)
Goetzen, Friedrich Wilhelm von	(547)
Gogel, Fedor Grigorjewitsch	(2099)
Gojärin (Goshjärin), Michail Gerassimowitsch (?)	(3991)
Goldfus, Gottlob Julian Sylvius von	(1633)
Golizin I., Andrei Michailowitsch Fürst	(3632)
Golizin II., Michail Michailowitsch Fürst	(3633)
Golizin, Alexander Sergjejewitsch Fürst	(3282)
Golizin, Iwan Alexjejewitsch Fürst	(4004)
Golizin, Pawel Alexjejewitsch Fürst	(3958)
Golizin, Sergei Sergjejewitsch Fürst	(2101)
Golizin, Wassilij Sergjejewitsch Fürst	(4050)
Golizin, Wladimir (Sergjejewitsch ?) Fürst	(3689)
Goloschtschapow, Alexei,	(3392)
Golosejew, Apollon Wassiljewitsch	(2745)
Golosnitskij, Dmitrij Petrowitsch	(2486)
Golowin, Jewgenij Alexandrowitsch	(2957)
Goltz, Albrecht Friedrich Otto Graf von der	(1761)
Goltz, Alexander Wilhelm Freiherr von der	(2262)
Goltz, Balthasar Friedrich Freiherr von der	(315)
Goltz, Eduard Kuno Freiherr von der	(4567)
Goltz, Eduard Kuno Freiherr von der.	(4450)
Goltz, Eduard Kuno Frhr. von d.	(E 89)

Goltz, Friedrich Ferdinand Freiherr von der	(2133)
Goltz, Georg Konrad Freiherr von der	(854)
Goltz, Hans Christ. Wilhelm von der	(1340)
Goltz, Henning Bernd Freiherr von der	(248)
Goltz, Johann Wilhelm von der	(593)
Goltz, Karl Alexander Franz von der	(482)
Goltz, Karl Christof von der	(100)
Goltz, Karl Friedrich Heinrich Graf von d.	(E 24)
Goltz, Karl Friedrich Heinrich Graf von der	(1540)
Goltz, Karl Friedrich Heinrich von der	(3430)
Goltz, Karl Heinrich von der	(187)
Goltz, Moritz Baron von der	(4605)
Goltz, Philipp Denies Balthasar von der	(261)
Goltz, Rüdiger Graf von d.	(5169)
Goltz, Siegmund Friedrich von der	(508)
Goltz, Wilhelm Heinrich von der	(437)
Gondrecourt, Leopold Graf von	(4453)
Gontard, Friedrich von	(E 240)
Gontard, Friedrich von	(5108)
Gontermann, Heinrich	(4908)
Gontscharow	(3701)
Gordjejew, Jakob Fedorowitsch	(3615)
Gordon, Friedrich Bernhard von	(1414)
Gordon, Hellmuth von	(4528)
Gordon, Karl	(1056)
Goretzky (Gorecky), George Hans von	(1098)
Gorezki, Stanislaus von	(1463)
Gorgolij, Iwan Sawwitsch	(2503)
Gorgolij, Iwan Sawwitsch	(2247)
Göring, Hermann	(5186)
Gorlenkow, Andrei (Nikolai?) Iwanowitsch	(2668)
Gorskij, Karl Petrowitsch	(4156)
Gortalow, Iwan Kusmitsch	(4368)
Gortschakow I., Peter Dmitrijewitsch Fürst	(2672)
Gortschakow, Andrei Iwanowitsch Fürst	(K 8)
Gortschakow, Michail Dmitrijewitsch Fürst	(3011)
Gortschakow, Sergei Dmitrijewitsch Fürst	(K 139)
Gortschakow, Sergei Dmitrijewitsch Fürst	(3217)
Goßler, Konrad von	(4823)
Gotsch, Friedrich Rafael von	(995)
Gotsch, Matthias Christof von	(766)
Gotschakow, Andrei Iwanowitsch Fürst	(1912)
Gottberg, Walter Philipp Werner von	(4665)
Götz, Georg von	(5351)
Götzen, Friedrich Wilhelm Graf von	(2361)
Gotzkow, Gustaf Ludwig von	(2592)
Grabow, Christof Heinrich von	(283)

Grabowski, Alexander Alexandrowitsch Graf (2211)
Graeffendorff, Wolff von (5015)
Graeve, Wilhelm Edler von (5413)
Graevenitz, David Jürgen von (103)
Graevenitz, David Jürgen von (12)
Graevenitz, Friedrich August von (1073)
Graevenitz, Heinrich Erdmann von (543)
Graevenitz, Heinrich Ernst Hans Leopold Wilhelm von (K 9)
Graevenitz, Heinrich Ernst Hans Leopold Wilhelm von (1479)
Graevenitz, Heinrich Leopold Wilhelm Albrecht Georg (1389)
Graevenitz, Johann Leberecht von (2196)
Graff, Heino Friedrich von (430)
Gramsch, Siegismund (2333)
Graner, Johann Martin von (1647)
Graßhoff, Johann Karl August Ferdinand (1289)
Gratschow, Peter Alexjejewitsch (3973)
Grawe, Pawel Semenowitsch (3945)
Grawert, Johann (Hans) Friedrich von (1411)
Grawert, Julius August Reinhold von (996)
Greiff, Kurt von (5193)
Greiffenberg, Henning Christof Ludwig von (1130)
Greim, Robert Ritter von (5347)
Grekow IX., Alexei Jewdokimowitsch (2357)
Grekow VII., Alexei Danilowitsch (4344)
Grekow XVII., Alexei Jewdokimowitsch (3171)
Grekow XVIII., Tmofei Dmitrijewitsch (2092)
Grekow, Sergei Nikolajewitsch (4133)
Griebsch, Wilhelm (5309)
Grigorjew, Peter Fedorowitsch (3667)
Grigorjew, Peter Wassiljewitsch (a. A. Gerassimowitsch) (2837)
Grigorow, Fedor Iwanowitsch (4113)
Grimmer von Adelsbach, Vinzent (3520)
Grinkewitsch (3174)
Groddeck, Wilhelm von (5109)
Grodzki, Hieronymus Michaelis Ignatius von (4298)
Groeben, Albrecht Wilhelm Graf von der (4376)
Groeben, Georg Dietrich von der (708)
Groeben, Georg Reinhold Graf von der (4500)
Groeben, Karl Ernst von der (1624)
Groeben, Karl Graf von der (2538)
Groeben, Karl Graf von der (4395)
Groeben, Konrad Heinrich von der (127)
Groeben, Ludwig Heinrich Wilhelm von der (1354)
Groeben, Wilhelm Graf von der (2368)
Groeling, Johann Benedikt von (748)
Groeling, Karl von (1820)
Groener, Wilhelm (4792)

Grolman, Friedrich Georg Ludwig von	(820)
Grolman, Georg Arnold von	(309)
Grolman, Karl Wilhelm Georg von	(E 11)
Grolman, Karl Wilhelm Georg von	(2047)
Grolman, Karl Wilhelm Georg von	(3142)
Gromow	(3987)
Gronau, Hans von	(E 241)
Gronau, Hans von	(4858)
Grone, Jürgen von	(5345)
Gronsfeld, Graf von	(105)
Groppe, Theodor,	(5402)
Groscreutz (Großkreuz), Franz Rudolf von	(1276)
Groß, Frederic,	(1700)
Groß, gen. von Schwarzhoff, Karl Julius von	(4527)
Groß, Gottlieb Wilhelm	(4404)
Großbritannien und Irland, Herzog von Connaught	(4710)
Grotenhelm, Maxim Maximowitsch von	(K 62)
Grotenhjelm, Maxim Maximowitsch	(2938)
Grothe, Hans von	(5389)
Grothuß, Dmitrij Ulnowitsch von	(2964)
Grothuß, von	(4216)
Grotthueß, Heinrich von	(330)
Gruben, Johann Friedrich Wilhelm von der	(2193)
Grudsinskij, Sachar Iwanowitsch	(3907)
Grumbkow, Ferdinand Gottlieb Gustaf von	(2352)
Grumbkow, Otto Christian Friedrich (Friedrich Ludwig) von	(2528)
Grünberg, Johann Ludwig von	(998)
Grünert, Paul	(5156)
Grusinow,	(3414)
Gruson, Ernst	(5228)
Grüter, Georg Arnold von	(1041)
Gubin	(2987)
Gudowitsch Nikolai Nikolajewitch	(3311)
Gudowius, Erich	(5243)
Guérois, Alexander Klawdjejewitsch	(3049)
Guestaedt, Johann Friedrich von	(855)
Guionneau, Ludwig August von	(1143)
Guischard gen. Quintus Icilius, Karl Gottlieb	(856)
Gündell, Erich von	(4838)
Gunderstrup, Karl Iwanowitsch	(2510)
Güntersberg, Georg Wilhelm von	(819)
Günther von Göckingk, Friedrich Eberhard Siegmund	(737)
Günther, Heinrich Johann	(1022)
Günther, Karl Ludwig	(740)
Günzel I.	(4332)
Günzel II. (Hinzel), Alexander Karlowitsch	(2842)
Guretzky-Cornitz, Hans von	(4803)

Guriew, Nikolai Dmitrijewitsch	(2724)
Gurow, Iwan Antonowitsch	(3527)
Gutjahr, Karl Petrowitsch	(2701)
Gutschmidt, Christof Siegmund Freiherr von	(1406)
Gutzmerow, Karl Friedrich Gerhard von	(2621)
	(5245)

H

Haack, Friedrich Ritter von	
Haagk (Hagken), Alexander Christian Reichsfreiherr von	(1474)
Haas, Peter Franz von	(K 10)
Haas, Peter Franz von	(1797)
Haasy, Wilhelm von	(5194)
Habbe, Michail Andrejewitsch	(3220)
Hack (Hacke), Friedrich August	(2188)
Hacke, Friedrich Albrecht	(675)
Hacke, Gottfried von	(206)
Hacke, Hans Christof Friedrich von	(2)
Hacke, Julius Emil Eugen Ludwig Graf von	(4451)
Hacke, Levin Friedrich von	(363)
Hacke, Nikolaus Ludwig von	(321)
Hadeln, Heinrich Frhr.von	(4944)
Haenicke, Siegfried	(5199)
Haeseler, Gottlieb Ferdinand Albert Alexis Graf von	(4670)
Haeseler, Gottlieb von	(E 143)
Hagedorn, Wilhelm	(4932)
Hagen, August Thiedo von	(2192)
Hagen, Christian Friedrich von	(1263)
Hagen, Ernst Heinrich	(4512)
Hagen, Karl von	(5099)
Hagen, Kuno Friedrich von der	(486)
Hageneck, Karl Freiherr von	(3289)
Hager, Eberhard von	(602)
Hahn III., Karl Friedrich Wilhelm	(1506)
Hahn, Friedrich Konrad Heinrich	(1368)
Hahn, Karl Friedrich Leopold (Leonhard) von	(1846)
Hahn, Karl Ludwig	(1416)
Hahnke, Oskar von	(5325)
Hainski, Karl Siegmund von	(957)
Hake, Karl Georg Albrecht Ernst	(E 22)
Hake, Karl Georg Albrecht Ernst von	(E 1)
Hake, Karl Georg Albrecht Ernst von	(1412)
Hake, Karl Georg Albrecht Ernst von	(3295)
Halkett, Hugh	(4388)
Hallmann, Karl Gottfried von	(1309)

Hamberger, Karl Friedrich Wilhelm von	(1949)
Hamelberg, Friedrich Wilhelm von	(1573)
Hamilton, Ernst Wilhelm (Ludwig) von	(2033)
Hamilton, Julius Christof von	(2384)
Hammacher, Ernst	(5381)
Hammer, Rudolph	(5005)
Hammerstein-Equord, William Friedrich von	(4061)
Hammerstein-Gesmold, Fritjof Frhr.von	(5386)
Hammerstein-Gesmold, Hans Frhr.von	(5397)
Hanenfeldt, Karl Konrad Louis von	(4470)
Hanenfeldt, Nikolaus Reinhold von	(929)
Hanff, Karl Gottfried von	(1063)
Hanfstengel, Ludwig Bernhard von	(970)
Hanmann, Ludwig Thomas Mathes von	(2548)
Hansen, Karl	(5405)
Hanstein, Ernst David von	(2109)
Hanstein, Ernst Friedrich Karl von	(628)
Hanstein, Friedrich Adolf (Wilhelm Anton) von	(2070)
Harder, Georg von	(5259)
Harder, Karl Wassiljewitsch	(4321)
Harding, Sir Henry	(4286)
Harris, Thomas Noel	(3507)
Harroy, Johann Augustin (von)	(1456)
Harting, Martin Nikolajewitsch	(2732)
Hartmann, Ernst Matthias Andreas von	(E 121)
Hartmann, Ernst Matthias Andreas von	(4439)
Hartmann, Ernst Matthias Andreas von	(4640)
Hartmann, Friedrich Moritz Poppo von	(1453)
Hartmann, Gottfried Ludwig	(1106)
Hartmann, Jakob Freiherr von	(4660)
Hartmann, Johann Friedrich Ludwig von	(1436)
Hartwig, Kurt	(5312)
Hasse, Otto	(E 228)
Hasse, Otto	(5043)
Hastfer, Karl Gustaf Freiherr von	(2476)
Haugwitz, Balzer Ferdinand von	(446)
Haugwitz, Ernst Friedrich von	(506)
Haupt, Hans-Joachim	(4805)
Haupt, Wilhelm	(5256)
Hausen, Friedrich Ehrenreich von	(133)
Hausen, Friedrich Wilhelm Heinrich von	(1015)
Hausen, Gottfried Adolf Wilhelm von	(743)
Hauß, Friedrich Christian von	(146)
Hauß, Ludwig	(5290)
Hauteville, Philipp Ludwig de	(2346)
Haverlandt I., Fedor Fedorowitsch	(4363)
Haxthausen, Walter von	(5196)

Head, Sir Francis Bond	(4367)
Hebener, Pawel Nikolajewitsch	(3622)
Heckel, Johann Gotthold	(3247)
Hedemann, August Georg Friedrich Magnus von	(2537)
Hedemann, August Georg Friedrich Magnus von	(4261)
Hedemann, August Georg Friedrich von	(E 55)
Hedemann, Christof Friedrich Marquard von	(1165)
Heeringen, Josias von	(E 167)
Heeringen, Josias von	(4786)
Heideken, Karl Jegorowitsch	(2492)
Heidenreich II., Theodor Friedrich	(1509)
Heidenreich, Friedrich Ferdinand Leopold von	(2565)
Heidenreich, Heinrich Leopold	(K 11)
Heidenreich, Heinrich Leopold,	(1358)
Heiligenstedt, Georg Heinrich von	(1271)
Heimburg, August Adolf von	(20)
Heimburg, Heino	(4939)
Heineccius, Gustaf Adolf	(1213)
Heinecke, Oskar	(5073)
Heinrigs, Franz	(4995)
Heising, Ludwig Ferdinand Friedrich von	(1088)
Heister, Levin Karl von	(1160)
Held, Karl Fedorowitsch	(2090)
Held, Siegfried von	(5403)
Helden von Sarnowski, Michael Franz	(2292)
Helden-Sarnowski, Rudolf Franz Wilhelm von	(4648)
Helfreich, Jegor Iwanowitsch	(K 63)
Helfreich, Jegor Iwanowitsch	(3203)
Hell, Emil	(E 178)
Hell, Emil	(4849)
Helldorff, Heinrich August von	(3882)
Hellwig, Karl Friedrich Ludwig	(2043)
Helmeresen, Anton Antonowitsch	(3047)
Helwig, Alexander Jakowlewitsch	(3694)
Hemmer, Hans Ritter von	(4922)
Henckel von Donnersmarck, Karl Lazarus Graf	(K 12)
Henckel von Donnersmarck, Wilhelm Ludwig Viktor Graf	(E 17)
Henckel von Donnersmarck, Elias Maximilian Graf	(1985)
Henckel von Donnersmarck, Karl Lazarus Graf	(1215)
Henckel von Donnersmarck, Viktor Amadeus Graf	(399)
Henckel von Donnersmarck, Wilhelm Ludwig Viktor Graf	(3158)
Henking, Ulrich Leberecht von	(1971)
Hennig, Emanuel August	(749)
Hensel, August Louis Ferdinand	(4535)
Hensel, Karl Wilhelm Ferdinand	(2632)
Hentsch, Richard	(4962)
Herault, Chevalier de Hautcharmoi, Heinri Charles Louis de	(139)

Herbert, Ernst (von)	(4178)
Hermann Alexander Iwanowitsch	(4312)
Herold, Ferdinand	(4967)
Herrgott, Adolf	(5239)
Hersing, Otto	(4763)
Hertell, August Heinrich Kurt von	(2466)
Hertig, August Wilhelm von	(2364)
Hertzberg, Erdmann Bogislaf von	(1014)
Hertzberg, Ferdinand Ewald Ludwig von	(2373)
Hertzberg, Friedrich Wilhelm Graf von	(1973)
Hertzberg, Friedrich Wilhelm von	(5392)
Hertzberg, Georg Kaspar von	(109)
Hertzberg, Johann Karl Graf von	(1013)
Hertzberg, Johann Wilhelm Graf von	(1532)
Hertzberg, Johann Wilhelm von	(601)
Hervey, Sir Felton Elwill Bathurst	(4309)
Herwarth von Bittenfeld, Johann Friedrich	(857)
Herwarth von Bittenfeld, Karl Eberhard	(4447)
Heß, Heinrich	(K 85)
Heß, Heinrich	(3511)
Heßberg, Ludwig Wilhelm von	(1261)
Hesse, Hans	(4875)
Hessen und bei Rhein, Alexander Ludwig Christian Georg Friedrich Emil Prinz von	(4406)
Hessen und bei Rhein, Friedrich Wilhelm Ludwig Karl	(4636)
Hessen und bei Rhein, Heinrich Ludwig Wilhelm Adalbert Waldemar Alexander Prinz von	(4712)
Hessen, Heinrich Ludwig von	(940)
Hessen, Johann Friedrich Aemilius von	(1828)
Hessen, Lukian (Ludwig) Maximowitsch von	(1864)
Hessenstein, Karl Graf von	(3488)
Hettweiler, Karl Heinrich	(1238)
Heuck, Albert	(5374)
Heuduck, Heinrich Gottlieb Konrad	(K 49)
Heuduck, Heinrich Gottlieb Konrad	(2718)
Heugel und Plogwitz, Karl Gustaf von	(1635)
Heugel, Maximilian Gottlieb von	(788)
Heyde, Heinrich Siegmund von der	(498)
Heyde, Moritz Wilhelm von der	(1435)
Heydebrand, Leopold Blasius Valentin Karl von	(1096)
Heydebreck, Johann Bernhard von	(858)
Heydebreck, Wilhelm Leopold von	(1192)
Heyden gen. von Rhynsch, Ernst von der	(1308)
Heyden I., Heinrich Julius von	(1371)
Heyden, Hans Ernst von	(389)
Heyden, Johann Friedrich von	(390)
Heyden, Johann Kaspar von der	(1379)

Heydenreich, Adolf Heinrich	(4308)
Heye, Wilhelm	(E 221)
Heye, Wilhelm	(4829)
Heyking, Dietrich Karl Ludwig Benedikt von	(2280)
Heyligenstaedt, Christian Ernst Friedrich	(1817)
Heym, Hubert	(5102)
Heyn, Johann von	(1348)
Heynitz, Hans von	(5023)
Hieronymus, Robert	(5208)
Hillenbach, Johann	(762)
Hillensberg, Georg Wolfgang (Walter) von	(144)
Hiller vonGaertringen, Johann August Friedrich Frhr.	(E 28)
Hiller von Gaertringen, Johann August Friedrich	(2606)
Hiller von Gaertringen, Johann August Friedrich Freiherr	(3563)
Hiller von Gaertringen, Johann Eberhard Rudolf	(969)
Hiller, Wilhelm August Bernhard von	(4560)
Hindenburg, Otto Friedrich von	(325)
Hindersin, Gustaf Eduard	(4414)
Hingljät, Iwan Martinowitsch	(4119)
Hinrichs, Johann von	(1808)
Hintzmann, Karl Ludwig Wilhelm	(K 50)
Hintzmann, Karl Ludwig Wilhelm	(2627)
Hinz, Lew Iwanowwitsch	(2323)
Hipper, Franz Ritter von	(4811)
Hippius, Karl Fedorowitsch	(3538)
Hippius, Karl Fedorowitsch	(4124)
Hirsch, Iwan	(2676)
Hirsch, Joachim Friedrich von	(859)
Hirschfeld, Karl Alexander Adolf von	(2457)
Hirschfeld, Karl Friedrich Eugen Ludwig von	(2445)
Hirschfeldt, Karl Friedrich von	(958)
Hirschfeldt, Otto von	(746)
Hjerta, Gustaf Adolf	(3254)
Hobe, August Johann Ludwig Elias Friedrich Karl von	(K 51)
Hobe, August Johann Ludwig Elias Friedrich Karl von	(2719)
Hobe, Kord Friedrich Bernhard Hellmuth von	(E 29)
Hobe, Kord Friedrich Bernhard Hellmuth von	(3559)
Hobeck, Johann Ernst von	(173)
Hoeck (Huek), (von)	(2680)
Hoefer, Johann Bernhard	(705)
Hoefer, Karl	(E 224)
Hoefer, Karl	(4819)
Hoeppner, Ernst von	(4887)
Hofacker, Eberhard von	(E 201)
Hofacker, Eberhard von	(4895)
Hoffmann, Johann Gottlieb von	(1027)
Hoffmann, Karl Heinrich Gustaf Arthur	(4545)

Hoffmann, Max	(E 188)
Hoffmann, Max	(4859)
Hoffmann, Otto Gustaf Willy Leopold Karl von	(4471)
Hoffmüller, Adolf Gustaf Hugo von	(4568)
Hofmann, Georg Wilhelm von	(2707)
Hofmann, Heinrich von	(E 247)
Hofmann, Heinrich von	(5000)
Hofmann, Max	(E 237)
Hofmann, Max	(4787)
Hohendorf, Johann Friedrich von	(1983)
Hohendorff, Ernst Christian von	(651)
Hohendorff, Georg Abraham von	(598)
Hohendorff, Johann Friedrich von	(2446)
Hohendorff, Otto Wilhelm von	(2747)
Hohenlohe-Ingelfingen, Georg Heinrich Friedrich Prinz	(1324)
Hohenlohe-Ingelfingen, Kraft Karl August Eduard Friedrich Prinz zu	(4622)
Hohenlohe-Langenburg, Christian August Prinz von	(1174)
Hohenlohe-Langenburg, Ludwig Christian August Prinz zu	(2480)
Hohenzollern-Hechingen, Friedrich Adalbert Prinz von	(3299)
Hohenzollern-Hechingen, Friedrich Franz Anton Prinz von	(2905)
Hohenzollern-Hechingen, Herman Friedrich Meinrad	(2055)
Hohenzollern-Hechingen, Johann Karl Prinz von	(3445)
Hohenzollern-Sigmaringen, Anton Egon Karl Josef Prinz zu	(4460)
Hohenzollern-Sigmaringen, Karl Anton Friedrich Meinrad Joachim Zephyrin Fürst zu	(4508)
Höhndorf, Walter	(4817)
Hohnhorst, Ernst von	(5160)
Holkendorff, Georg Ernst	(370)
Holleben, Ludwig Friedrich Heinrich von	(E 56)
Holleben, Ludwig Friedrich Heinrich von	(4254)
Holtey, Herbert Ernst von	(577)
Holtzendorff, Friedrich Jakob von	(1082)
Holtzendorff, Friedrich Karl von	(E 44)
Holtzendorff, Friedrich Karl von	(1715)
Holtzendorff, Friedrich Wilhelm von	(981)
Holtzendorff, Henning von	(4884)
Holtzendorff, Karl Dietrich von	(64)
Holtzendorff, Karl Friedrich von	(726)
Holtzendorff, Karl Friedrich von	(4233)
Holtzmann, Friedrich Ernst	(21)
Holtzmann, Hans Karl Wilhelm von	(1494)
Holtzmann, Johann Hermann von	(1946)
Holwede, Albrecht Ludwig Wilhelm Baron von	(1722)
Holwede, August Ludwig von	(1497)
Homburg, Erich	(5339)
Hompesch, Ferdinand Ludwig Josef Anton Freiherr von	(1100)
Hopfgarten, Hans Karl Ludwig Ernst von	(1302)

Höring, Wenzel,	(3509)
Horn, Benedikt Gustaf von	(825)
Horn, Christian Siegmund von	(860)
Horn, Friedrich Magnus von	(244)
Horn, Hans-Georg	(5044)
Horn, Heinrich Wilhelm von	(E 15)
Horn, Heinrich Wilhelm von	(1620)
Horn, Heinrich Wilhelm von	(3143)
Horn, Rudolf von	(5300)
Hornberg, Friedrich Wilhelm von	(1541)
Hoven, Jegor Christoforowitsch	(4181)
Hoven, Jegor Christosorowitsch von d.	(K 130)
Hoven, Jegor Fedorowitsch (?) von der	(3283)
Hoverbeck, Reinhold Friedrich Freiherr von	(650)
Hoverbeck, Theophilus (Christof) Ernst von	(220)
Howaldt, Hans	(5052)
Hoym, Baron von	(4131)
Hoym, Christian Michael von	(1668)
Hrabowsky von Hrabowa, Johann	(4316)
Huberti, Wassilij Jakowlewitsch	(4186)
Hübler, Julius Bruno.	(4444)
Hügel, Otto Frhr.von	(4834)
Hugo, August Friedrich Konrad von	(2581)
Huhn, Otto (Wilhelm) von	(3874)
Huhn, Otto Fedorowitsch von	(3692)
Hülsen, Christof von	(771)
Hülsen, Fürchtegott Kasimir Jakob Hans von	(2243)
Hülsen, Johann Dietrich von	(328)
Hülsen, Walter von	(5103)
Humbracht, Josef Franz Ludwig Wilhelm (Louis Josef August) von	(2620)
Humsen, Wilhelm	(5171)
Hundius, Paul	(5257)
Hundrich, Wilhelm	(5148)
Hundt, Eduard Julius Ernst	(4443)
Hundt, Gotthard Heinrich von	(729)
Hundt, Herman Joachim Gottlieb von	(861)
Hundt, Johann Christian von	(1131)
Hünerbein, Friedrich Karl George von	(1621)
Hünerbein, Johann Ludwig von	(1473)
Hurko (Gurko), Josef Wladimirowitsch	(4697)
Hurko (Gurko), Ossip Alexandrowitsch	(3201)
Hüser, Johann Eberhard (Ernst) von	(1116)
Hüßser, Heinrich Ernst von	(1937)
Huth, Friedrich Franz von	(5066)
Hutier, Oskar von	(E 211)
Hutier, Oskar von	(4959)
Hütterod, Wilhelm	(4266)

Hymmen, Friedrich Ludwig Karl Heinrich Otto von	(4536)
Hymmen, Heinrich Ludwig Reinhard von	(2227)
	(4158)

I

Igelstroem, Gustaf Gustafowitsch Baron von	
Igelström, Alexander Jewstafjewitsch Graf	(K 13)
Igelström, Alexander Jewstafjewitsch Graf	(1750)
Ignatiew, Dmitrij Lwowitsch	(2721)
Ikonnikow, Iwan Jakowlewitsch	(3213)
Iljin,	(4142)
Iljinskij, Alexander Iljitsch	(2696)
Ilow, Otto Friedrich von	(994)
Ilowaiskij IX., Stepan Dmitrijewitsch	(2232)
Ilowaiskij VIII., Grigorij Dmitrijewitsch	(2231)
Ilowaiskij X., Jossif B´Wassilijewitsch	(2091)
Ilowaiskij XII., Iwan Dmitrijewitsch	(3787)
Ilowaiskij XVII., Fedor Semenowitsch	(3482)
Ilse, Emil	(4835)
Imeretien, Konstantin Zarewitsch von	(2931)
Imeretinskij, Alexander Konstantinowitsch Fürst	(4701)
Immelmann, Max	(4798)
Ingersleben, August Ludwig Kasimir von	(2633)
Ingersleben, Gebhard Friedrich Gottlob von	(1655)
Ingersleben, Johann Ludwig von	(79)
Ingersleben, Karl Ludwig von	(573)
Ingersleben, Leopold Leberecht von	(450)
Ipsilanti, Alexander Konstantinowitsch Fürst	(3033)
Irwing, Christian (Christof) von	(991)
Irwing, Christian Ernst von	(785)
Irwing, Friedrich Wilhelm von	(1800)
Isbasch, Nikita Nesterowitsch	(3918)
Isdemirow	(4099)
Iskrizkij, Peter Michailowitsch	(4107)
Islenjew, Sergei Alexandrowitsch	(3804)
Ismailow, Lawr Timofjejewitsch	(3898)
Issjumow, Nikolai Grigorjewitsch	(3837)
Italien, Humbert Rainer Karl Emanuel Johann Maria Ferdinand Eugen Kronprinz von Prinz von Piemont	(4663)
Italien, Viktor Emanuel Maria Albert Eugen Ferdinand Thomas König von	(4664)
Itschkow, Nikolai Nikolajewitsch	(3100)
Itzenplitz, August Friedrich von	(257)
Itzenplitz, Friedrich Heinrich August von	(1816)
Itzenplitz, Heinrich Friedrich von	(31)
Ivernois, Franz Josef von	(948)

Ivernois, Philipp von	(1599)
Iwanow III., Jegor Sacharjewitsch (Wassiljewitsch)	(3900)
Iwanow, Dmitrij Jewstignjejewitsch	(1926)
Iwanow, Jegor Sacharjewitsch (Wassiljewitsch)	(4135)
Iwanow, Stepan Jemeljanowitsch	(2705)
Iwanow, Stepan Jemeljanowitsch	(3408)
Iwanow, Stepan Jemeljanowitsch	(4149)
Iwaschkewitsch Ustin Timofjejewitsch	(3165)
Iwaschkin	(4183)
	(4329)

J

Jächontow, Alexander Andrejewitsch	
Jacobi, Albano von	(4889)
Jacobs, Josef	(5235)
Jacquier Bernay de Favrat, Franz Andreas,	(1009)
Jaegersfeld, Georg Wilhelm	(862)
Jagodowskij, Matwei Iwanowitsch	(3255)
Jagow, Christian Friedrich Wilhelm von	(E 45)
Jagow, Christian Friedrich Wilhelm von	(4234)
Jagow, Otto Heinrich von	(2640)
Jäkimach, Moissei Awramowitsch	(4086)
Jakobson, Adalbert Dawidowitsch	(3932)
Jakowlew, Alexander Iwanowitsch	(3003)
Jakowlew, Stepan Makarowitsch	(3041)
Jakowlew, Stepan Makarowitsch	(3109)
James, Georg	(2911)
Jäminskij, Nikonor Wassiljewitsch	(3427)
Jäminskij, Nikonor Wassiljewitsch	(3573)
Jannau II., Grigorij Iwanowitsch	(3372)
Janwitz, Karl Ludwig von	(1523)
Järoslawzew, Iwan Antonowitsch	(3992)
Jaschwill, Lew Michailowitsch Fürst	(2098)
Jasikow, Peter Grigorjewitsch	(1923)
Jausser, Johann Heinrich	(K 14)
Jeanneret, Ferdinand Wilhelm von	(1091)
Jeetze, Adam Friedrich von	(97)
Jefimowitsch Andrei Alexandrowitsch	(2222)
Jefimowitsch Andrei Alexandrowitsch	(3965)
Jefimowitsch Grigorij Iwanowitsch	(3728)
Jefremow, Wassilij Iwanowitsch	(2093)
Jekow, Nikola Todorow	(4801)
Jelagin, Nikolai Andrejewitsch	(4134)
Jemeljänow, Nikolai Filippowitsch	(3245)
Jemilowskij	(3889)

Jena, Johann Friedrich von	(1434)
Jengalitschew, Iwan Alexajewitsch Fürst	(2428)
Jereowskij	(2793)
Jermakow, Alexander Dmitrijewitsch	(K 118)
Jermakow, Alexander Dmitrijewitsch	(3696)
Jermolajew	(4094)
Jermolin, Iwan Kusmitsch,	(2499)
Jermolow, Michail Alexandrowitsch	(3346)
Jermolow, Peter Nikolajewitsch	(3323)
Jeropkin	(3474)
Jeropkin, Fedor Alexandrowitsch	(4068)
Jerschow, Iwan Sacharowitsch	(3376)
Jeschin, Wassilij Wassiljewitsch	(3034)
Jeschin, Wassilij Wissiljewitsch	(2422)
Jessakow, Dmitrij Semenowitsch	(4002)
Jessaulow	(3134)
Jeyden, Ernst Joachim von	(586)
Jochens, Gottfried Wilhelm	(K 15)
Jochens, Gottfried Wilhelm	(1596)
Johow, Georg	(4850)
Josenhans, Edgar	(5375)
Jukawskij, Iwan Rodionowitsch	(2521)
Julius	(3173)
Julius, Karl Johann Ferdinand	(2754)
Juncker, Karl Filippowitsch	(2863)
Jünger, Ernst	(5297)
Jürgaß, Joachim Christian von	(172)
Jurgenew	(2954)
Jurgeniew II., Peter Michailowitsch	(3373)
Juschkow, Ossip Iwanowitsch	(3461)
Juschkow, Wladimir Iwanowitsch	(3480)
Jutrzenka, Andreas Franz von	(1467)
Jutrzenka, Karl Jakob von	(744)
	(5330)

K

Kabisch, Ernst	
Kachowskij, Michael Iwanowitsch	(2735)
Kaether, Ernst	(5406)
Kahlbutz, Kaspar Friedrich von	(145)
Kahlden von Normann, Balthasar Ernst Alexander	(1394)
Kahlden, Hans-Heinrich von	(5398)
Kahlen I., Alexander Bogdanowitsch von	(4022)
Kahlen II., Paul Bogdanowitsch von	(4019)
Kahlen II., Paul Bogdenowitsch von	(K 119)

Kahlenberg, August Freiherr von	(1882)
Kahlenberg, Christof Friedrich von	(296)
Kahlenberg, Karl Christof von	(352)
Kaisenberg, Leopold Karl Hugo Wilhelm Heinrich Emil	(4542)
Kalatschewskij (Kolatschewkij), Nikolai Jegorowitsch	(3844)
Kalau vom Hofe, Konrad	(4820)
Kalben, Johann Friedrich von	(526)
Kalben, Otto Philipp Friedrich von	(1243)
Kalckreuth, August Friedrich Albrecht von	(K 80)
Kalckreuth, August Friedrich Albrecht von	(4297)
Kalckreuth, Ernst Rudolf von	(2514)
Kalckreuth, Friedrich von	(1387)
Kalckreuth, Hans Christof von	(1202)
Kalckreuth, Heinrich von	(69)
Kalckreuth, Josef (Hans) Nikolaus von	(531)
Kalckreuth, Wilhelm Heinrich Adolf von	(1061)
Kalckstein, Friedrich Wilhelm von	(371)
Kalckstein, Leopold Wilhelm von	(1657)
Kalinin, Alexander Iwanowitsch	(3084)
Kalinowa Zaremba, Michael Konstantin von	(723)
Kalinowskij, Wassilij Jakowlewitsch	(4114)
Kall, Friedrich Georg von	(1697)
Kall, Friedrich Georg von	(2291)
Kall, Philipp Valentin von	(2613)
Kalm, Fedor Grigorjewitsch	(3088)
Kalnassy, Justus von	(2166)
Kalnein, Friedrich Karl Christian Wilhelm Leopold Graf	(1826)
Kalnein, Karl Erhard von	(91)
Kamecke, Adam Hennig von	(286)
Kamecke, Georg Lorenz von	(35)
Kameke, Arnold Karl Georg von	(E 102)
Kameke, Arnold Karl Georg von	(4594)
Kameke, Arnold Karl Georg von	(4513)
Kameke, Christof Henning von	(778)
Kameke, Georg Friedrich von	(797)
Kameke, George Christian Friedrich von	(1382)
Kameke, Heinrich von	(1145)
Kameke, Karl Siegmund Friedrich von	(1132)
Kameke, Karl Wilhelm von	(1386)
Kamenow, Alexander Michailowitsch	(3495)
Kamenskij	(3200)
Kamiensky, Friedrich Wilhelm von	(4518)
Kamiensky, Hans von	(1360)
Kaminietz, Ernst von	(1036)
Kamptz, Adolf August von	(1285)
Kamptz, Adolf Karl Heinrich	(2585)
Kamptz, August Ernst von	(2108)

Kamptz, Adolf Karl Heinrich	(2585)
Kamptz, August Ernst von	(2108)
Kanattschikow	(3048)
Kandiba II., David	(2889)
Kanitz, August Wilhelm vom	(2648)
Kanitz, Friedrich Graf von	(2359)
Kanitz, Hans Wilhelm von	(117)
Kanitz, Salomon Friedrich von	(49)
Kannacher, Ernst Ludwig von	(242)
Kanne, Friedrich von	(1692)
Kannenberg, Friedrich Wilhelm von	(17)
Kannewurff, Heinrich Gottlieb von	(823)
Kantschijälow, Alexander Nikolajewitsch	(3024)
Kaphengst, Hans Ernst von	(1602)
Kaphengst, Wilhelm Gottfried Christian von	(1515)
Kapustin, Iwan Fedorowitsch	(3002)
Kapzewitsch Iwan Michailowitsch	(4204)
Karaczay von Walje-Szaka, Fedor Graf	(3515)
Karaoulow I., Dmitrij	(4054)
Karaoulow, Alexander Dmitrijewitsch	(3708)
Karaoulow, Nikolai Dmitrijewitsch	(3707)
Karassjew, Iwan Tichowowitsch	(2233)
Karatschinskij, Iwan (Wassiljewitsch ?)	(3301)
Karatschinskij, Iwan (Wassiljewitsch ?)	(4194)
Karischew	(3257)
Karpow V. Akim Akimowitsch (?)	(3979)
Karpow, Alexei Karpowitsch	(3428)
Karpow, Iwan Michailowitsch	(2825)
Karschin, Christofor Pawlowitsch	(3192)
Kartamischew, Iwan Nikolajewitsch	(3698)
Kartschewkij, Iwan Stanislawowitsch	(4105)
Karzow I., Iwan Petrowitsch	(3348)
Karzow, Pawel Stepanowitsch	(3306)
Kasadawen (Kasadajew), Nikolai,	(2941)
Kasatschkowskij, Kirill Fedorowitsch	(2241)
Kascha, Kosma Iwanowitsch	(3645)
Kaschin	(2516)
Kaschinzow II., Porfirij Sergejejewitsch	(3331)
Kaschinzow, Alexander Iwanowitsch	(3778)
Kaschirinow, Nikanor Fedorowitsch	(3001)
Kaschperow, Nikita Prochorowitsch	(4036)
Kasin I., Peter Andrejewitsch	(3468)
Kasin II., Iwan Petrowitsch (?)	(2940)
Kasnakow, Gennadij Iwanowitsch	(3725)
Kastriot-Drekalowitsch-Skanderbek, Grigorij Wassiljewitsch Fürst	(3032)
Kastrow II., Alexei Iwanowitsch Fürst	(3993)
Kataschew	(3818)

Kathen, Johann Gottlieb Christian von	(K 42)
Kathen, Johann Gottlieb Christian von	(1582)
Kathler, Andreas von	(171)
Katschoni, Likurg Lambrowitsch	(3303)
Katte, Albrecht Ludwig von	(863)
Katte, Bernd Christian von	(45)
Katte, Hans Friedrich von	(175)
Katte, Joachim Ludwig von	(433)
Katte, Karl Emilius von	(46)
Katzler, Franz Wilhelm von	(477)
Katzler, George Friedrich von	(1385)
Kauffberg, Friedrich August von	(1976)
Kaufmann, Peter Fedorowitsch	(4128)
Kaulbach, Georg	(5183)
Kaupert, Wilhelm	(5377)
Kawer, Jewstafij Wladimirowitsch	(2756)
Kayser (Kaeyser), Friedrich August Ferdinand	(2488)
Kechler von Schwandorf, Heinrich Friedrich	(224)
Kehler, Friedrich August Emanuel von	(2637)
Keibel, Gotthilf Benjamin	(1748)
Keiser, Karl von	(5006)
Keiser, Richard von	(5125)
Keldermann	(3867)
Keldermann, Konstantin Fomitsch	(3000)
Keldijärew, Michail Gerassimowitsch	(3091)
Keller, Alfred	(5027)
Keller, Heinrich Eugen Freiherr von	(4260)
Keller, Heinrich Eugen Frhr.von	(E 57)
Keller, Johann Georg Wilhelm Freiherr von	(756)
Keller, Theodor Ludwig Wilhelm Graf von	(2723)
Keller, Viktor	(5083)
Kellner, Alexander Karlowitsch	(3983)
Kemphen, Johann Karl Jakob von	(E 58)
Kemphen, Johann Karl Jakob von	(2151)
Kemphen, Johann Karl Jakob von	(4252)
Kenitz, Christian Ludwig von	(822)
Kenitz, Heinrich Gottlieb von	(689)
Kenitz, Karl Wilhelm von	(1267)
Keoszeghi, Franz Karl von	(494)
Kerkow, Karl Wilhelm von	(1965)
Kerlen, Adolf Karl Herman.	(4437)
Kern, Jermolai Fedorowitsch	(2980)
Kessel, Bernhard Alexander Heinrich von	(4486)
Kessel, Werner Dietrich von	(1795)
Kesteloot, Christian Otto Alexander von	(2042)
Kesteloot, Ernst Heinrich Leopold von	(2543)
Kesteloot, Johann Friedrich Wilhelm von	(1743)

Kesteloot, Ernst Heinrich Leopold von	(2543)
Kesteloot, Johann Friedrich Wilhelm von	(1743)
Kettler, Karl Friedrich von	(4428)
Keudell, Ernst Florian Heinrich von	(2012)
Keudell, Johann Friedrich Leopold von	(1723)
Kewisch, Erich	(5240)
Keyserlingk, Ernst Ewald Friedrich Freiherr von	(1350)
Keyserlingk, Ewald Karl Theodor Freiherr von	(4515)
Keyserlingk, Franz Friedrich Gotthard Freiherr von	(1699)
Keyserlingk, Hans Friedrich von	(637)
Keyserlingk, Karl Heinrich Freiherr von	(1491)
Keyserlingk, Otto Karl Diedrich Graf von	(3800)
Kiefhaber, Christoph Ritter von	(5007)
Kienitz, Paul	(5234)
Kietzell, Karl von	(5222)
Kijow, Iwan Jewdokimowitsch	(4197)
Kindjäkow, Semen Iwanowitsch	(4196)
Kirchbach, Günther von	(4948)
Kirchbach, Hans Gustaf von	(2355)
Kirchbach, Hans von	(4825)
Kirchbach, Hugo Ewald von	(E 114)
Kirchbach, Hugo Ewald von	(4540)
Kirchbach, Hugo Ewald von	(4617)
Kirchfeldt, Friedrich Wilhelm August	(4396)
Kirchheim, Heinrich	(5340)
Kirejew V. Michail Jegorowitsch	(4347)
Kirejew, Pawel	(2481)
Kirejewskij, Fedor (Theodor)	(4042)
Kirpitschew, Matwei Kirillowitsch	(4228)
Kirschbaum, Hans Friedrich von	(688)
Kirschstein, Hans	(5211)
Kirssanow, Chrysant Pawlowitsch	(2235)
Kirstenau, Ernst Wilhelm von	(925)
Kischinskij, Dmitrij Jegorowitsch	(3714)
Kischkin, Wassilij Michailowitsch	(3767)
Kisselew, Pawel Dmitrijewitsch	(K 64)
Kisselew, Pawel Dmitrijewitsch	(2866)
Kisseljew, Dmitrij Michailowitsch	(2236)
Kissenberth, Otto	(5088)
Kisslowskij, Dmitrij Andrejewitsch	(2973)
Kitscher, Christof (Karl) Friedrich	(540)
Kittlitz, Christian Friedrich von	(520)
Kitzing, Johann Leopold Friedrich von	(1274)
Kladen, Friedrich Wilhelm August von	(1911)
Kladischtschew, Peter Alexjejewitsch	(3815)
Klaeden, Johann Friedrich von	(1984)
Klebek, Jegor Jermolajewitsch (?) Baron	(3279)

Klein, Hans	(5028)
Kleine, Rudolf	(4964)
Kleist I., Ludwig Iwanowitsch von	(2448)
Kleist, Adolf Bogislaf von	(523)
Kleist, Alexander von	(612)
Kleist, Alfred von	(5326)
Kleist, Christian Ewald Leopold von	(4487)
Kleist, Christof Friedrich Anton Joachim von	(1665)
Kleist, Ewald Georg von	(147)
Kleist, Ewald Johann von	(K 121)
Kleist, Ewald Johann von	(3072)
Kleist, Franz Otto von	(1878)
Kleist, Franz Ulrich von	(83)
Kleist, Friedrich Emilius Ferdinand Heinrich	(E 20)
Kleist, Friedrich Emilius Ferdinand Heinrich von	(1164)
Kleist, Friedrich Emilius Ferdinand Heinrich von	(3286)
Kleist, Friedrich Karl Gottlob von	(2435)
Kleist, Friedrich Ludwig von	(324)
Kleist, Friedrich Ulrich Karl Leopold Eugen Anton von	(1587)
Kleist, Friedrich Wilhelm Franz Philipp Christian von	(966)
Kleist, Friedrich Wilhelm Gottfried Arnd von	(425)
Kleist, Friedrich Wilhelm von	(373)
Kleist, Friedrich Wilhelm von	(954)
Kleist, Georg Ernst von	(452)
Kleist, Hans Reimar von	(1048)
Kleist, Heinrich Werner von	(865)
Kleist, Henning Alexander von	(99)
Kleist, Just (Friedrich) Konrad von	(81)
Kleist, Karl Wilhelm von	(40)
Kleist, Ludwig Franz Philipp Christian von	(1427)
Kleist, Peter Christian von	(443)
Kleist, Peter von	(4048)
Kleist, Primislaus Ulrich von	(362)
Kleist, Reimar von	(864)
Kleist, Wilhelm Heinrich von	(492)
Kleist, Zabel Georg von	(110)
Klette, Paul	(5126)
Klevesahl, Nikolai Jefimowitsch	(4300)
Klewitz, Willi von	(E 243)
Klewitz, Willi von	(4937)
Klinckowstroem, Karl Friedrich von	(742)
Klinckowström, Bernhard Wilhelm von	(K 44)
Klinckowström, Bernhard Wilhelm von	(4405)
Klinckowström, Karl Friedrich Ludwig Graf von	(E 38)
Klinckowström, Karl Friedrich Ludwig Graf von	(3574)
Klingenberg, Jewstafij Christoforowitsch	(3104)
Klingsporn, Julius Rudolf von	(987)

Klitzing, Anton Wilhelm von	(939)
Klitzing, Friedrich von	(2144)
Klitzing, Karl Kuno Friedrich von	(696)
Klitzing, Kaspar Christof Ludwig Friedrich von	(1691)
Klitzing, Wilhelm Christof Siegismund von	(1651)
Klmowskij, Lew Wassiljewitsch	(3449)
Kloebe, Hans	(5059)
Klotzsch, Karl	(4220)
Klüben, Robert von	(4918)
Klüchtzner, Karl Ludwig von	(1855)
Kluck, Alexander von	(4752)
Klüfer, Kurt von	(5127)
Klugen III., Gustaf von	(4362)
Klüx, Franz Karl Friedrich Ernst von	(K 16)
Klüx, Franz Karl Friedrich Ernst von	(1259)
Klüx, Friedrich Karl Leopold von	(2358)
Klüx, Friedrich Karl Leopold von	(3141)
Klüx, Friedrich Karl Leopold, von	(E 12)
Klüx, Wolfgang Heinrich Ernst von	(999)
Knappe von Knappstaedt, Julius Adalbert Ulrich Josef Ludwig Leonhard	(4494)
Knebel, Christian Friedrich von	(1710)
Knesebeck, Karl Friedrich von dem	(E 7)
Knesebeck, Karl Friedrich von dem	(2918)
Knesebeck, Karl Friedrich von dem	(2073)
Kneußl, Paul Ritter von	(E 179)
Kneußl, Paul Ritter von	(4762)
Knishnikow, Wassilij Danilowitsch	(4089)
Knjäsew, Peter Fedorowitsch	(3977)
Knjäshnin, Boris Jakowlewitsch	(2953)
Knobel, Wassilij Fedorowitsch	(3614)
Knobelsdorf, August Rudolf von	(961)
Knobelsdorf, Ernst von	(1559)
Knobelsdorf, Hans Kaspar von	(866)
Knobelsdorf, Johann Christof von	(1347)
Knobelsdorff, Johann Karl Gottlob von	(1778)
Knobelsdorff, Kaspar Friedrich von	(39)
Knobloch, Dietrich Erhard von	(867)
Knobloch, Karl Gottfried von	(868)
Knobloch, Karl Siegismund Erhard von	(2655)
Knoch, Maximilian von	(5250)
Knorring, Karl Bogdanowitsch	(1999)
Knorring, Pontus Woldemar von	(4012)
Knorring, Pontus Woldmar von	(K 79)
Knorring, Wladimir Karlowitsch von	(3214)
Kobilinsky, George Friedrich von	(2563)
Kobjäkow, Iwan Nikolajewitsch	(K 131)
Kobjäkow, Iwan Nikolajewitsch	(3487)

Koblinsky, Johann Georg von	(1536)
Koc, Johann Romuald von	(2465)
Koch, Moritz Andreas August	(2052)
Koch, Otto	(5128)
Kochius,	(3473)
Koeckritz, Karl Leopold von	(1452)
Koeckritz, Ludwig Heinrich von	(2016)
Koehler von Lossow, Johann Christof	(801)
Koehler, August Friedrich	(2195)
Koehler, Georg Ludwig Egidius von	(656)
Koeller, Albrecht Ludwig von	(265)
Koenemann, Armin	(5020)
Koenigsmarck, Johann Christof von	(131)
Koethen, Bernhard Friedrich von	(624)
Köhl, Hermann	(5177)
Kohlen, Jakob Jakowlewitsch	(2473)
Köhn gen. von Jaski, Andreas Ernst	(3561)
Köhn gen. von Jaski, Franz Andreas,	(1747)
Köhn gen. von Jaski, Karl Friedrich	(1550)
Köhn, gen. Jaski, Karl Friedrich	(K 17)
Köhn, gen. von Jaski, Andreas Ernst	(E 30)
Koilenskij	(3662)
Koilenskij, Fedor (Iwan) Stepanowitsch	(2755)
Koletschizkij, Iwan Nikolajewitsch	(3292)
Koletschizkij, Iwan Nikolajewitsch	(4065)
Kölichen, Ernst Albrecht von	(1123)
Kölichen, Ernst Herman von	(1176)
Koljubakin (Kulebjakin), Wassilij Iwanowitsch	(4180)
Köller, Bogislaf Ernst von	(189)
Köller, Heinrich Albrecht von	(572)
Kologriwow, Stepan Iwanowitsch	(3782)
Kolotinskij, Konstantin Michailowitsch	(3280)
Kolsakow, Pawel Andrejewitsch	(3998)
Kompan, Franz Iwanowitsch	(3700)
Komstadius, August Fedorowitsch	(3207)
König, Götz Frhr.von	(4770)
Koniwalskij, Iwan Matwjejewitsch	(3935)
Könnecke, Otto	(5303)
Konowkin, Gawriil Iljitsch,	(3884)
Kophamel, Waldemar	(5053)
Köppern, Hans Max von	(1079)
Körber, Julius Wilhelm	(4608)
Kordshagen, Karl Hartwig	(1892)
Korenjew, Peter Iwanowitsch	(2248)
Korf (Korsh), Nikolai Iwanowitsch	(4117)
Korff I., Ossip Iwanowitsch Baron von	(3182)
Korff, Jermolai Iwanowitsch Freiherr von	(2497)

Korff I., Ossip Iwanowitsch Baron von	(3182)
Korff, Jermolai Iwanowitsch Freiherr von	(2497)
Korff, Nikolai Iwanowitch Baron von	(3305)
Korff, Nikolai Iwanowitsch Baron von	(K 100)
Korff, Otto Ernst von	(82)
Korff, Stanislaus Franz von	(1950)
Korfhawin, Wassilij Iwanowitsch	(3119)
Korobjin III., Porfirij Pawlowitsch	(3316)
Korowin, Iwan Stepanowitsch	(4110)
Korowkin, Arsenij Jermolajewitsch	(3349)
Korssak, Roman Ossipowitsch	(3899)
Korssakow I., Pawel Matwjejewitsch	(3342)
Korssakow, Michail Alexandrowitsch	(3719)
Korth, Ludwig Wilhelm Martin von	(4422)
Kosch, Robert	(E 159)
Kosch, Robert	(4747)
Koschembahr, Ernst Friedrich von	(K 18)
Koschembahr, Ernst Friedrich von	(1773)
Koschembahr, Ernst Leopold Gustaf von	(1641)
Koschembahr, Karl Spes Konstantinus von	(2377)
Koschembahr, Lew Iwanowitsch von	(3363)
Koschembahr, Rudolf Christian von	(1140)
Koschkin, Wassilij Iwanowitsch (?)	(3994)
Koschkin, Wassilij Iwanowitsch (?)	(4143)
Koschützki, Franz von	(1612)
Koschützky, Christian Heinrich von	(1367)
Koschützky, Karl Erdmann von	(722)
Kosküll, Josef Wilhelm Graf von	(3849)
Kosküll, Peter Iwanowitsch Baron von	(4016)
Kosljäinow (Kosljäninow), Wladimir Petrowitsch	(4229)
Koslow, Nikolai Fedorowitsch	(3193)
Koslowskij I., Michael Timofjejewitsch	(2297)
Koslowskij, Wladimir Nikolajewitsch Fürst	(3338)
Kosolowsky, Josef von	(792)
Kospoth, Ernst Christian von	(554)
Kospoth, Ludwig Christof von	(556)
Kossakow, Semen Nikolajewitsch	(3236)
Kossecky, Johann Stanislaus von	(1650)
Kostenezkij, Wassilij Grigorjewitsch	(2370)
Kostin IV. Grigorij Andrejewitsch (Nikolai Grigorjewitsch)	(3190)
Kostin, Nikolai Grigorjewitsch	(3357)
Kostirew, Nikolai Iwanowitsch	(3391)
Kostomarow, Sergei Andrejewitsch	(3320)
Köthen, Georg Bogislaf von	(985)
Kotschetow, Fedor Nikititsch	(2959)
Kotschubei I., Arkadij Wassiljewitsch Fürst	(2729)
Kotschubei, Wassilij Wassiljewitsch	(2862)

Kottulinsky, Friedrich von	(1886)
Kottwitz, Ernst Siegismund von	(238)
Kottwitz, Karl Wilhelm von	(677)
Kövess von Kövesshaza, Hermann Baron	(4797)
Kövess vonKövesshaza, Hermann Baron	(E 214)
Kowalewskij	(2982)
Kowalski, Georg Lorenz von	(348)
Kowankow, Michail Michailowitsch	(3135)
Kowerniew	(2798)
Kowrigin, Michail Awramowitsch	(3271)
Kraatz-Koschlau, Friedrich Wilhelm Alexander von	(E 120)
Kraatz-Koschlau, Friedrich Wilhelm Alexander von	(4562)
Kraatz-Koschlau, Friedrich Wilhelm Alexander von	(4630)
Krabe, Pawel Fedorowitsch	(2314)
Kracht, Alexander Ludwig von	(243)
Kracht, Friedrich Karl von	(2634)
Kracht, Friedrich Wilhelm von	(641)
Kracht, Gottlob Emanuel von	(199)
Krackau, Johann Adolf Ludwig von	(984)
Kraehe, Konrad	(E 242)
Kraehe, Konrad	(4968)
Krafft von Dellmensingen, Konrad	(E 174)
Krafft von Dellmensingen, Konrad	(4843)
Krafft, August Friedrich Erdmann von	(1980)
Krafft, Karl Leberecht von	(2278)
Krafft, Karl Thilo Ludwig von	(E 59)
Krafft, Karl Thilo Ludwig von	(1987)
Krafft, Karl Thilo Ludwig von	(4250)
Krahn, Gottfried Dietrich von	(1852)
Krahn, Johann Reinhold von	(581)
Krahn, Karl Friedrich	(1425)
Krajewski, Johann Friedrich von	(1607)
Krajewski, Matthias Bernhard von	(1608)
Kramer, Lew Fedorowitsch	(2807)
Kramin (Kromin), Pawel Jewdokimowitsch	(2506)
Krane, Adolf Anatol Wilhelm von	(4552)
Kranold, Georg von	(5278)
Krasinskij, Leonid Jurewitsch	(3407)
Krasnokutskij, Alexander Grigorjewitsch	(3186)
Krasnokutskij, Iwan Nikolajewitsch	(2795)
Krasnokutskij, Semen Grigorjewitsch	(3723)
Krassowskij, Iwan Iwanowitsch	(3931)
Krassowskij, Jakob Petrowitsch	(2939)
Kratz, Fedor Iwanowitsch	(3206)
Krause, Ossip Iwanowitsch	(3790)
Krause, Paul	(5091)
Krauseneck, Johann Wilhelm	(E 60)

Krauseneck, Johann Wilhelm (4280)
Krauseneck, Johann Wilhelm (2037)
Krauss, Alfred (5001)
Krebs, Erich (5045)
Kreckwitz, Karl Wilhelm von (454)
Krekschin, Dmitrij Iwanowitsch (3351)
Krekschin, Nikolai (3237)
Kremkow, Fritz Theodor (4720)
Kremzow, Joachim Bernhard von (411)
Krenski, Paul Anton Karl von (4526)
Kreß von Kressenstein, Friedrich Frhr. von (4954)
Kretschmann, Ernst-Karl von (5191)
Kreuger, Johann Heinrich (3149)
Kreuter, Eduard (5346)
Kreythen (Kreutzen), Georg Christof von (107)
Kreytzen, Johann Friedrich von (281)
Kriegsheim, Friedrich von (5084)
Krilow, Alexander Alexjejewitsch (3851)
Krilow, Dmitrij Sergejejewitsch (3344)
Krischtofowitsch Jewgenij Jossifowitsch (3904)
Krischtosowitsch Jegor Konstantinowitsch (2827)
Krishanowskij, Andrei Iwanowitsch (3124)
Krishanowskij, Maxim Konstantinowitsch (2687)
Kritschinskij, Semen Jossisowitsch (4034)
Kriwonossow (2813)
Kriwskij, Alexander Jakowlewitsch (3807)
Kriwzow, Alexander Iwanowitsch (3999)
Kriwzow, Nikolai Iwanowitsch (3340)
Krizin, Jesim Nikititsch (3838)
Kröcher, Georg Vollarth von (16)
Krockow, August Julius Gneomar Graf von (1297)
Krockow, Döring Wilhelm von (568)
Krohn, Christian Karl Gerdus Alfred von (4431)
Krohnstein, Gustaf Wassiljewitsch (K 65)
Krohnstein, Gustaf Wassiljewitsch (3131)
Kroll, Heinrich (5086)
Kropff, Heinrich Theodor von (1966)
Krosigk, Christian Siegfried, (275)
Krüdener, Karl Antonowitsch (2300)
Krüdener, Peter Antonowitsch von (3649)
Krug von Nidda, Hans (5321)
Kruglikow, Iwan Gawrilowitsch (3466)
Krummes, Theodor Ernst von (3810)
Krupenin, Wladimir Pawlowitsch (3329)
Krus, Alexander Alexandrowitsch (2849)
Krusemarck, Friedrich Wilhelm Ludwig von (1232)
Krusemarck, Hans Friedrich (Adam Christof) von (869)

Kubitowitsch Danilo Antonowitsch	(3873)
Küchenmeister von Sternberg, Friedrich	(106)
Kuczkowski, Boleslais von	(5008)
Kühfuß, Johann Jakob	(2153)
Kuhl, Dr.phil. Hermann von	(E 175)
Kuhl, Hermann von	(4832)
Kühme, Kurt	(5275)
Kuhn, Josef Ignatjewitsch	(4160)
Kühne, Viktor	(4876)
Kühnemann, Georg Daniel,	(1693)
Kuhse, Johann Gottfried,	(1604)
Kukowski, Christian von	(347)
Kulesch, Alexei Grigorjewitsch	(1989)
Kulisch, Karl Josef von	(1058)
Kuljäbka, Iwan (?)	(3256)
Kulnjew, Jakob Petrowitsch	(2246)
Kummer, Ferdinand Rudolf von	(E 103)
Kummer, Ferdinand Rudolf von	(4564)
Kummer, Ferdinand Rudolf von	(4596)
Kundt, Friedrich	(5338)
Künen, Bernhard Virgin,	(1981)
Kunheim, Johann Ernst von	(1016)
Kunizkij	(3478)
Kupfer, Alexander Iwanowitsch	(4161)
Küpfer, Heinrich Karl Wilhelm	(K 86)
Küpfer, Heinrich Karl Wilhelm	(3486)
Kurchfeldt, Andreas	(1438)
Kurdiumow, Jegor Sergjejewitsch	(3371)
Kurfell, Heinrich Adolf von	(140)
Kuris, Iwan Onufrjewitsch	(1906)
Kurlow, Grigorij Nikonorowitsch	(4691)
Kurnossow, Nikolai Andrejewitsch	(2966)
Kurowsky, Ernst Christian Wilhelm von	(1850)
Kursch (von Cours), Johann Heinrich	(870)
Kurschewskij, Wladimir Grigorjewitsch	(3746)
Kuschin, Wassilij Wassiljewitsch	(3366)
Kusmin, Alexander Iwanowitsch	(2883)
Kusmin, Nikita Petrowitsch	(3382)
Kusmin, Stepan Iwanowitsch	(3125)
Kusnezow, Michail Michailowitsch	(3184)
Kussel, Fedor Fedorowitsch von	(2711)
Küssel, Johann Georg	(578)
Kusska, Johann Adam Rudolf Franz Simon Josef	(1384)
Küster, Karl Gustaf Ernst von	(4356)
Kuteinikow VI.	(2914)
Kuteinikow, Dmitrij Jefimowitsch	(2230)
Kutenikow IV. Fedor	(3618)

Kuteinikow, Dmitrij Jefimowitsch	(2230)
Kutenikow IV. Fedor	(3618)
Kutscherow	(3055)
Kutusow, Iwan Stepanowitsch	(2367)
Kuylenstjerna, Johann Gustaf von	(2378)
Kwitnizkij, Xenofont Fedorowitsch	(3451)
Kyau, Christian Wilhelm von	(43)
Kyckbusch, Hans Christof von	(1571)
Kyckpusch, Heinrich Ernst von	(2266)
Kyckpusch, Ludwig Ernst Christian von	(2646)
	(2290)

L

La Roche von Starkenfels, Christian Wilhelm Ferdinand	
Labutin,	(3369)
Lachmann,	(4175)
Lada, Hippolit Michailowitsch	(3533)
Ladigin, Nikolai Iwanowitsch	(3419)
Ladomirskij, Wassilij Nikolajewitsch	(3735)
Laffert, Maximilian von	(4841)
Lagerström, Wilhelm Philipp von	(2541)
Lahr, Heinrich von der	(1282)
Laizer, Moritz Ludwigowitsch Marquis de	(2209)
Lamsdorff, Jakob Matwjejewitsch von	(2929)
Lancelle, Otto	(5331)
Lancken, Karl Rikmann Heinrich von der	(1255)
Lange I., Christof Samuel Friedrich	(1432)
Lange, Friedrich Karl Wilhelm von	(1407)
Lange, Jost Kaspar von	(207)
Lange, Rudolf	(5236)
Langelair, Friedrich Karl von	(973)
Langen, Karl Friedrich von	(1005)
Langer, Felix	(E 260)
Langer, Felix	(5327)
Langermann, Adolf Friedrich von	(160)
Langsdorff, Julius von	(5143)
Lans, Wilhelm Andreas Jakob Emil	(4718)
Lappa, Peter Pawlowitsch (?)	(3375)
Lappa, Wilhelm Michailowitsch	(3429)
Laptjew, Jefim Petrowitsch	(2515)
Laptjew, Nikolai (Iwanowitsch ?)	(4185)
Larisch, Alfred von	(5260)
Larisch, Johann Karl Leopold von	(997)
Larisch, Johann Leopold Konstantin von	(2046)
Larisch, Ludovicus Franciscus Seraphicus Josephus Antonius (Ludwig	(2338)

Lasarew III. (2483)
Lasarew, Iwan Dawidowitsch (4699)
Lasberg, Georg Julius Heinrich Friedrich von (1810)
Laschkewitsch Pawel Petrowitsch (2138)
Lassan, Johann Friedrich (1269)
Latschinow, Alexander Petrowitsch (3436)
Latschinow, Peter Petrowitsch (3686)
Latschinow, Peter Petrowitsch (3974)
Lattorff, Christof Friedrich von (871)
Lattorff, Johann Siegismund von (872)
Lattorff, Philipp Leberecht Friedrich von (475)
Laumann, Arthur (5359)
Laurens, Friedrich Gottlieb von (1080)
Laurens, Matthias Julius von (1159)
Lautier, Friedrich von (1763)
Laviere, Jakob Leonhard von (276)
Laweika (Lowjeiko), Alexander Jekowlewitsch (3390)
Laxdehnen, Otto Heinrich von (873)
Le Bauld de Nans et Lagny, Claude François Josef (1851)
Le Blanc, Albert (2876)
Le Chenevix de Beville, Gottlieb Ludwig (761)
Le Coq, Karl August (K 66)
Le Coq, Karl August (3150)
Lebbin, Franz Heinrich (Kaspar Friedrich) von (1478)
Lebbin, Jakob Christof von (1475)
Lebjädnikow, Iwan Maximowitsch (2362)
Lechner, Andrei Andrejewitsch (K 101)
Lechner, Andrei Andrejewitsch (3431)
Leckow, Friedrich Wilhelm von (874)
Lecoq, Karl Jakob Ludwig von (1295)
Ledebur, Friedrich August von (1794)
Ledebur, Heinrich Friedrich Albrecht Alexander von (K 20)
Ledebur, Heinrich Friedrich Albrecht Alexander von (1811)
Ledebur, Leopold Frhr.von (5269)
Ledebur, Philipp Johann August Ludwig von (2021)
Lediwary, Johann Georg Wilhelm von (608)
Leffers, Gustav (4868)
Leftwitz, Johann Georg von (13)
Legat, August Christian Friedrich von (2643)
Legat, August Christian Heinrich von (1364)
Legat, August Heinrich von (1248)
Lehe, Otto Rudolf Heinrich von der (1553)
Lehmann, Elias (2078)
Lehmann, Heinrich Ludwig (638)
Lehmann, Peter Friedrich Ludwig (4638)
Lehmann, Peter Gottlieb (1212)
Lehndorff, Gerd Ernst Graf von (466)

Lehwaldt, Abraham von	(57)
Lehwaldt, Anton von	(2181)
Lehwaldt, Johann von	(66)
Leiningen-Westerburg, Christian Ludwig Alexander Graf	(2575)
Leiningen-Westerburg, Georg Karl Ludwig Graf zu	(875)
Leiningen-Westerburg, Karl Gustaf Reinhold Woldemar Graf zu,	(946)
Leipziger, Heinrich Ernst von	(757)
Leistner, Franz von	(4282)
Lemcke, Friedrich Wilhelm Bogislaf von	(4221)
Lentcken, Johann Christian Wilhelm von	(1333)
Lentz, Johann Friedrich von	(1172)
Lenz, Hermann Ritter von	(5110)
Lenz, Johann Christof	(1168)
Leonhardy, Heinrich August	(1554)
Leonhardy, Leo	(5311)
Leontowitsch Ossip Wassiljewitsch	(3659)
Leopold, Emanuel Christian von	(420)
Lepechin	(3401)
Lepel, Friedrich Wilhelm von	(2579)
Lepel, Gustaf Philipp Ernst von	(254)
Lepel, Karl Mathias von	(247)
Lepell, Karl Gustaf von	(1319)
Leps, Otto Friedrich von	(8)
Lequis, Arnold	(E 205)
Lequis, Arnold	(4973)
Leremantow, Wladimir Nikolajewitsch	(3895)
Lermantow, Wladimir Nikolaijewitsch	(K 140)
Leslie, Karl Friedrich Wilhelm (von),	(2244)
Lessel, Karl Gottlob Siegismund von	(2600)
Lessowskij, Stepan Iwanowitsch	(3026)
L'Estocq, Anton Wilhelm von	(583)
L'Estocq, Gottfried Ludwig Heinrich von.	(2071)
L'Estoq, Anton Wilhelm Karl von	(4634)
Lestwitz, Johann Siegmund von	(358)
Lestwitz, Karl Wilhelm von	(1767)
Leszczynski, Stanislaus Paul Eduard von	(E 111)
Leszczynski, Stanislaus Paul Eduard von	(4440)
Leszczynski, Stanislaus Paul Eduard von	(4610)
Lettow, Friedrich Wilhelm von	(489)
Lettow, Georg Wilhelm von	(2647)
Lettow, Heinrich Wilhelm von	(619)
Lettow, Karl Ernst Ludwig von	(1977)
Lettow-Vorbeck, Paul von	(E 198)
Lettow-Vorbeck, Paul von	(4867)
Leutsch und Segram, Christian Karl Wilhelm von	(713)
Levetzow, Magnus von	(4981)
Lewandowskij, Justin Wassiljewitsch	(4189)

Lewaschow, Wassilij Wassiljewitsch	(2002)
Lewin, Dmitrij Andrejewitsch	(2960)
Lewinski, Alfred August Louis Wilhelm von	(4675)
Lewinski, Eduard Julius Ludwig August von	(E 122)
Lewinski, Eduard Julius Ludwig August von	(4442)
Lewinski, Eduard Julius Ludwig August von	(4641)
Lewinski, Karl von	(4902)
Lewoschka, Artemij Danilowitsch	(3985)
Lewschin, Wladimir Wassiljewitsch	(2814)
Lewtschenko, Fedor Grigorjewitsch	(3359)
l'Homme de Courbiere, Guillaume René de	(525)
l'Homme de Courbiere, Louis Henri de	(2554)
Licharew, Afanassij,	(3378)
Licharew, Wladimir Wassilijewitsch	(2408)
Lichnowsky de Woschitz, Johann Friedrich Karl Wilhelm Freiherr von	(1095)
Lichnowsky, Erdman Leopold von	(1724)
Lichnowsky, Friedrich Wilhelm von	(313)
Lichnowsky, Heinrich Friedrich Ludwig Ferdinand von	(431)
Lichnowsky, Stefan von	(665)
Lichtenhayn, Georg Ludwig Gotthilf von	(1915)
Lidewary, Karl Friedrich (Karl Ludwig) von	(1070)
Liebe, Johann Christian Friedrich	(2159)
Lieben II., Wilhelm Peter	(1249)
Liebermann, Bogislaf Ernst von	(659)
Liebermann, Georg Mathias von	(319)
Liebermann, Leopold Ewald von	(1719)
Liebert, Eduard von	(4917)
Liebstein, Andrei Iwanowitsch	(2704)
Liedke, Christof (Christian) Gottlieb,	(774)
Lieth-Thomsen, Hermann von d.	(4888)
Lietzen, Friedrich Wilhelm von	(728)
Lieven, Georg Reinhold von	(22)
Liftowskij	(3118)
Lignitz, Friedrich Wilhelm Albert Viktor von	(4684)
Lilljeström, Karl Gustaf von	(2645)
Liman von Sanders-Pascha, Otto	(E 161)
Liman von Sanders-Pascha, Otto	(4781)
Lincke, Wilhelm	(4905)
Linde, Josef Wilhelm von der	(1859)
Linde, Otto von d.	(4735)
Linden, Christian Bogislaf von	(876)
Lindenau, Adam Friedrich August von	(K 21)
Lindenau, Adam Friedrich August von	(1398)
Lindenau, Friedrich Karl Christian von	(1396)
Lindenau, Karl Heinrich August Graf von	(1094)
Lindener, Karl Christian Reinhold von	(1283)
Lindequist, Arthur von	(E 261)

Lindequist, Arthur von	(5046)
Lindern, Jodokus von	(K 22)
Lindern, Jodokus von	(1662)
Lindheim, Johann Philipp von	(2161)
Lindheim, Leopold Gotthard von	(2168)
Lindner, Gustaf Heinrich Gottlieb von	(1622)
Lingelsheim, Friedrich von	(1934)
Lingren, Jewstafij Maximowitsch	(3361)
Linsingen, Alexander von	(4757)
Linsingen, Karl Friedrich von	(1584)
Linstow, Georg Ludwig Rudolf Baron von	(800)
Linstow, Wilhelm Ludwig von	(1776)
Lisagub, Alexander Iwanowitsch	(3536)
Lischin, Nikolai Fedorowitsch	(3902)
Lischin, Nikolai Fedorowitsch	(4147)
Lisingen, Alexander von	(E 150)
Lissanewitsch Grigorij Iwanowitsch	(2095)
Lissanewitsch Iwan Grigorjewitsch	(3839)
Lissanowskij	(3677)
Litow, Andrei Jefremowitsch	(2768)
Litwinow, Iwan Wassiljewitsch	(3747)
Litzmann, Karl	(E 152)
Litzmann, Karl	(4740)
Ljäpunow, Dmitrij Petrowitsch	(2299)
Ljätkowskij, Alexander Jakowlewitsch	(4121)
Ljätuchin, Nikolai Petrowitsch	(3743)
Ljubuschin,	(2850)
Lobanow-Rostowskij, Boris Alexandrowitsch Fürst	(3831)
Löbbecke, Gerhard von	(5287)
Lobenthal, Friedrich Ludwig Karl von	(1495)
Lobenthal, Karl Friedrich von	(4496)
Lobo da Silveira Graf von Oriola, Eduard Ernst	(4375)
Lochau, Alexander Erdmann August von der	(1030)
Lochow, Ewald von	(E 157)
Lochow, Ewald von	(4744)
Loebbecke, Gustav Eduard Karl Friedrich.	(4438)
Loebell, (Karl) Leopold Benedikt von	(2110)
Loebell, (Karl) Leopold Benedikt von	(2187)
Loebell, Ernst Wilhelm von	(2625)
Loebell, Friedrich Ernst	(E 31)
Loebell, Friedrich Ernst von	(2615)
Loebell, Friedrich Ernst von	(3566)
Loebell, Heinrich Christian von	(2106)
Loeben, Eckhart von	(5305)
Loeben, Friedrich August von	(1403)
Loeben, Heinrich Wilhelm von	(784)
Loeben, Jobst Friedrich von	(295)

Loeben, Johann Friedrich von	(102)
Loeben, Karl Friedrich Albrecht von	(660)
Loeben, Kaspar Siegfried von	(259)
Loeben, Rudolf Kurt Leberecht Freiherr von	(98)
Loen, Johann Bernhard von	(878)
Loerzer, Bruno	(5067)
Loes, Robert	(5202)
Loewe, Samuel	(812)
Loewenberger von Schönholtz, Christian Ludwig	(396)
Loewenberger von Schönholtz, Karl Ludwig	(566)
Loeweneck, Friedrich Siegmund Magnus von	(1538)
Loeweneck, Karl Friedrich von	(1568)
Loewenhof, Timofei Anatonowitsch	(3860)
Loewenstein-Wertheim-Rosenberg, Konstantin Ludwig	(3444)
Loewenstern, Friedrich Wilhelm Ferdinand von	(2017)
Loewenstern, Iwan Peter Eduard von	(4213)
Loewenstern, Karl Karlowitsch Baron von	(3920)
Loewenstern, Woldemar Heinrich von	(2819)
Loewenthal, Fedor Karlowitsch	(3537)
Lohmann (Loman), Roman Alexandrowitsch	(3641)
Lohmann, Anton Erdman von	(405)
Lohs, Johannes	(5151)
Lojesky, Jakob Anton Adalberg von	(2542)
Lojewsky, Jakob Anton von	(717)
Lölhöffel von Löwensprung, Friedrich Wilhelm	(877)
Lölhöffel, Friedrich von	(736)
Loose, Christian Daniel	(1562)
Lopuchin, Alexander Petrowitsch	(3081)
Lopuchin, Pawel Petrowitsch Fürst	(3954)
Lorer, Alexander Iwanowitsch	(2395)
Loris-Melikow, Michail Tarielowitsch Graf	(4696)
Loschkarew, Alexander Sergjejewitsch	(4159)
Loschkarew, Alexei Sergjejewitsch	(2511)
Loschkarew, Pawel Sergjejewitsch	(2100)
Lossau, Johann Friedrich Konstantin von	(2596)
Loßberg, Friedrich Karl von	(E 181)
Loßberg, Friedrich Karl von	(4851)
Loßberg, Friedrich Wilhelm von	(4269)
Lossenkow, Wassilij Iwanowitsch	(2799)
Lossow, Daniel Friedrich von	(505)
Lossow, Matthias (Melchior) Ludwig von	(539)
Lossowskij, Iwan Wikentjewitsch	(4350)
Losthin, Michael Heinrich von	(E 61)
Losthin, Michael Heinrich von	(2568)
Losthin, Michael Heinrich von	(4257)
Loucey, Peter Franz	(1433)
Lour, Iwan Iwanowitsch	(3411)

Lowe, Sir Hudson	(3300)
Loweiko, Iwan	(4041)
Löwenfeld, Julius Josef Adalbert Louis Ulrich Leonhard von	(4497)
Löwenfeld, Julius Ludwig Wilhelm von	(4538)
Löwenhardt, Erich	(5180)
Löwenhaupt, Friedrich Wilhelm von	(1728)
Löwenhof, Timofei Antonowitsch	(2962)
Lowzow, Peter Fedorowitsch (von)	(2524)
Lubomirski, Konstantin Stanislaus Xaver Franz Fürst	(2217)
Luck u. Witten, Friedrich von	(5270)
Luck, Christof Georg von	(288)
Luck, Johann Leopold von	(1451)
Luck, Kaspar Fabian Gottlieb (lob) von	(502)
Luck, Philipp Friedrich von	(1194)
Ludendorff, Erich	(E 142)
Ludendorff, Erich	(4731)
Lüderitz, David Hans Christof von	(235)
Lüderitz, Ernst Karl von	(123)
Lüderitz, Friedrich Wilhelm von	(340)
Lüderitz, Karl Ludwig von	(369)
Lüderitz, Ludolf von	(464)
Lüdinghausen gen. Wolff, Peter Johann (Iwan Pawlowitsch) Freiherr von	(2706)
Lüdinghausen gen. Wolff, Peter Johann (Iwan Pawlowitsch) Freiherr von	(3872)
Ludwig Max	(5223)
Lukitsch, Panteleimon Semenowitsch	(3966)
Lukomskij, Dmitrij Nikolajewitsch	(3036)
Lukowkin, Amwrofij Gawrilowitsch	(3928)
Lundt, Friedrich Wilhelm von	(2450)
Lupandin, Nikolai Antonowitsch	(2519)
Lupin, Kurt Frhr. von	(5080)
Lupinski, Vinzentius Ferrerius Kajetansu von	(K 52)
Lupinski, Vinzentius Ferrerius Kajetanus von	(2740)
Lusi, Spiridion Graf	(993)
Lüters, Rudolf	(5306)
Lutkowskij, Alexander Iwanowitsch	(2495)
Luttitz, Hans Gotthard Benno von	(1362)
Lüttwitz, Abraham Balthasar (Albert) von	(1636)
Lüttwitz, Arthur Frhr.von	(4996)
Lüttwitz, Kaspar Siegmund von	(955)
Lüttwitz, Walther Frhr.von	(E 215)
Lüttwitz, Walther Frhr.von	(4806)
Lützow, Friedrich Wilhelm Christian Heinrich Ludolf von	(2649)
Lützow, Johann Adolf von	(1942)
Lützow, Ludwig Adolf Wilhelm Freiherr von	(2089)
Lützow, Ludwig Adolf Wilhelm Freiherr von	(4237)
Lützow, Ludwig Adolf Wilhelm Frhr.von	(E 62)
Lützow, Wichard Friedrich Leopold von	(2944)

Luxem, (Friedrich?) von	(1917)
Lwow, Alexander Nikolajewitsch	(3534)
Lwow, Dmitrij Michailowitsch	(4005)
Lynar, Karl Friedrich von	(2544)
Lyncker, Karl August Heinrich Emil von	(2069)
Lyncker, Moritz Frhr.von	(4985)
	(669)

M

Maarconnay, Friedrich de	
Mach II., Leopold von	(2713)
Mach II., Leopold von	(2746)
Mach, August Friedrich von	(3290)
Mackensen, August von	(4739)
Mackerodt, Georg Heimbert von	(74)
Macksensen, August von	(E 149)
Madatow, Walerian Grigorjewitsch Fürst	(2891)
Maercker, Georg	(4963)
Maercker, Gerd	(E 227)
Magdenko I., Iwan Semenowitsch	(3710)
Magdenko II., Michail Semenowitsch	(3113)
Magnis, Franz Graf von	(5284)
Magusch, Ernst Julius von	(1610)
Mahlen, Johann Christof von	(1042)
Maikow, Apollon Alexandrowitsch	(1901)
Maillinger, Josef Maximilian Fridolin von	(4668)
Maiorow, Alexei Iwanowitsch	(3448)
Maisonfort, Dubois Descours, Mariques de la	(3432)
Maistre, Rudolf Ossipowitsch Graf de	(3826)
Majewskij, Sergei Iwanowitsch	(3933)
Makalinskij, Iwan (Fedorowitsch?)	(2844)
Makazarow, Iwan Wassiljewitsch	(3092)
Makuchin (Makuschin)	(3264)
Makuchin (Makuschin)	(4082)
Malachow I., Tinofei	(2065)
Malachow von Malachowsky, Hyazinth,	(179)
Malachow von Malachowsky, Paul Josef	(471)
Malachowsky, Johann Adolf Friedrich von	(1365)
Malejew, Alexander Semenowitsch	(3020)
Malewanow	(2984)
Malinowski, Sivester Sigismundowitsch	(3631)
Malotki, August Ferdinand Kosntantin von	(2080)
Malsburg, Christian Karl (Alexander) Freiherr von der	(1223)
Malsburg, Christian Karl (Alexander) Frhr.von d.	(K 23)
Malschitzki, Johann Friedrich von	(1218)

Malschitzki, Peter Ewald von	(1138)
Maltitz, Friedrich Ludwig von	(1689)
Maltitz, Jobst Ernst von	(159)
Maltzahn, Helmuth Dietrich Freiherr von	(1618)
Mandelslohe, Johann Friedrich Christian (Christof) von	(2319)
Mandrika, Nikolai Jakowlewitsch	(3836)
Mandrikin, Danilo	(1927)
Manfredi, Ossig Iwanowitsch	(3231)
Manonow, Iwan Awerjanowitsch	(3886)
Manowski, Josef von	(2533)
Mansei, Nikolai Loginowitsch	(4062)
Manstein, Albrecht Ernst von	(2591)
Manstein, Alexander Sebastian von	(1678)
Manstein, Georg Friedrich von	(279)
Manstein, Gustaf Albert von	(E 83)
Manstein, Gustaf Albert von	(E 90)
Manstein, Gustaf Albert von	(4411)
Manstein, Gustaf Albert von	(4519)
Manstein, Johann Bernhard (Christian Heinrich) von	(1974)
Manstein, Johann Dietrich von	(190)
Manstein, Johann Ernst von	(793)
Manstein, Konrad von	(1155)
Manstein, Leopold Sebastian von	(415)
Manteuffel gen. von Zöge, Karl Georg Friedrich von	(1246)
Manteuffel, Alexander Ludwig von	(1896)
Manteuffel, August Karl Julius von	(2661)
Manteuffel, Friedrich August Wilhelm von	(K 24)
Manteuffel, Friedrich August Wilhelm von	(1793)
Manteuffel, Heinrich von	(68)
Manteuffel, Karl Rochus Edwin Freiherr von	(4464)
Manteuffel, Karl Rochus Edwin Freiherr von	(4589)
Manteuffel, Karl Rochus Edwin Frhr.von	(E 92)
Manteuffel, Karl Rochus Edwin Frhr.von	(E 97)
Manteuffel, von	(4127)
Manuilow, Matwei Iwanowitsch	(3634)
Manwelow, Nikolai Spiridionowitsch Fürst	(2396)
Maratschinskij, Iwan Alexjejewitsch	(3940)
Marck, August Ernst Friedrich von der	(2170)
Marck, Josef von der	(3443)
Marck, Leopold von der	(773)
Marées, Heinrich de	(2557)
Marin, Jewgenij Nikisorowitsch	(2388)
Marjänowitsch Markiß Pawlowitsch	(3967)
Markewitsch (Markowitsch), Andrei Iwanowitsch	(3655)
Markewitsch Filipp Petrowitsch	(3542)
Markmann, Hans	(5068)
Markoff, Johann Ludwig	(1869)

Markow III., Alexander Iwanowitsch	(2675)
Marquard, Gottfried,	(4855)
Marquard, Ludwig August	(1162)
Marschall Frhr.von Altengottern, Wolfgang,	(4852)
Marschall von Bieberstein, Anton Rudolf Freiherr	(541)
Marschall von Bieberstein, August Friedrich	(427)
Marschall von Bieberstein, Gottlob (Gottlieb) Freiherr	(1002)
Marschall, August Ludwig Ernst von	(4268)
Marschall, Frhr.vonAltengottern, Wolfgang von	(E 231)
Marschall, Samuel von	(3)
Marschall, Wenzel Philipp von	(3238)
Marschall, Wilhelm Adolf von	(1856)
Marschall, Wilhelm	(5220)
Marsigli, Achilles Maria Johannes Balthasar von	(2567)
Martini, Karl Friedrich	(1177)
Martinow, Pawel Petrowitsch	(3736)
Martitz, Friedrich Heinrich von	(971)
Martjänow, Danilo Jakowlewitsch	(4035)
Marwitz, Alexander Karl von der	(434)
Marwitz, August von der	(1083)
Marwitz, Christian August von der	(952)
Marwitz, Friedrich August Ludwig von d.	(E 75)
Marwitz, Friedrich August Ludwig von der	(4289)
Marwitz, Friedrich Wilhelm Siegmund von der	(530)
Marwitz, Georg Adolf Kasimir von der	(1366)
Marwitz, George von d.	(E 145)
Marwitz, George von d.	(4749)
Marwitz, Gustaf Ludwig von	(490)
Marwitz, Joachim Christof Haubold von	(197)
Marwitz, Johann Friedrich Adolf von der	(879)
Masars, Friedrich Karl de	(1880)
Masars, Jakob de	(1601)
Maske (Masska), Iwan Jefimowitsch	(3809)
Massalow, Iwan Grigorjewitsch	(2726)
Massenbach, Christian Karl August von	(965)
Massenbach, Erhard Friedrich Fabian von	(1955)
Massenbach, Karl Wilhelm von	(2576)
Masslow	(3009)
Masslow, Alexander Petrowitsch	(3761)
Massow, Georg Heinrich von	(377)
Massow, Heinrich Erdmann Gotthard von	(1994)
Massow, Joachim Anton von	(188)
Massow, Johann Rüdiger von	(518)
Massow, Karl Friedrich von	(1370)
Massow, Karl Ludwig Ferdinand von	(2652)
Massow, Kaspar Otto von	(90)
Massow, Wedig Kasimir Gottlob von	(1266)

Massow, Kaspar Otto von	(90)
Massow, Wedig Kasimir Gottlob von	(1266)
Massow, Wilhelm von	(4672)
Matke, Friedrich Wilhelm	(2325)
Matow	(2817)
Matow, Peter Andrejewitsch	(2485)
Matschulskij, Fedor Stepanowitsch	(3939)
Matthias, Robert	(5241)
Matthiaß, Willi	(5003)
Mattschinskij, Adam Ossipowitsch	(4315)
Maupertuis, Pierre Louis Moreau de	(249)
Maur, Dr.h.c. Heinrich	(4911)
Mauritius, Johann Friedrich	(1101)
Mayer, Leopold Wilhelm von	(2562)
Maznew, Michail Nikolajewitsch	(4206)
Meckel, Wilhelm	(4945)
Mecklenburg von Kleeberg, Johann Friedrich Ernst	(3519)
Mecklenburg-Schwerin, Friedrich Franz Alexander Großherzog von	(E 93)
Mecklenburg-Schwerin, Friedrich Franz Alexander Großherzog von	(4465)
Mecklenburg-Schwerin, Friedrich Franz Alexander Großherzog von	(4584)
Mecklenburg-Schwerin, Friedrich Wilhelm Nikolaus Herzog von	(4499)
Mecklenburg-Strelitz, Karl Friedrich August Prinz von	(E 6)
Mecklenburg-Strelitz, Karl Friedrich August Prinz von	(2916)
Medem, Friedrich Alexander Heinrich Eberhard Ottomar Freiherr von	(4502)
Medem, Karl Gotthard (Gottfried) Christof (Christian)	(2060)
Medem, Karl Johannes Friedrich Graf von	(1149)
Medem, Wassilij Alexandrowitsch (Iwan Franzowitsch {Christof Johann Friedrich}?)	(2833)
Medem, Wassilij Iwanowitsch Baron von	(4006)
Medinzow, Jakob Afanassjewitsch (?)	(3093)
Medmjedew, Alexei Dmitrijewitsch	(3413)
Medwjedow, Peter Iwanowitsch	(2679)
Medwjedow, Peter Iwanowitsch	(2692)
Meerstedt	(233)
Meier II., Karl Christianowitsch	(3455)
Meisner, Friedrich Karl	(751)
Meister, Karl Theodor Johann	(4728)
Meknob	(3389)
Melgunow, Peter Jonowitsch	(2449)
Melikow, Pawel Moissejewitsch	(2520)
Melikow, Pawel Moissejewitsch	(4017)
Mellard, Karl Karlowitsch	(3396)
Mellenthin, Hans-Joachim von	(5070)
Mellin, Henning Christian Sebastian von	(294)
Melnikow IV.	(3567)
Melnikow V. Nikolai Grigorjewitsch	(3568)
Melnikow	(2776)

Melnikow, Michail	(3648)
Memerty, Albert Gideon Alexander Hellmuth von	(4625)
Menche, Christian	(1890)
Menckhoff, Carl	(5094)
Mendoza-Butello (Bothelho), Ossip Stepanowitsch Graf de	(2789)
Mengden, Karl Friedrich Freiherr von	(880)
Mengersen II., Adolf Levin von	(1292)
Menschikow, Alexander Sergejewitsch Fürst	(K 67)
Menschikow, Alexander Sergjejewitsch Fürst	(3425)
Menschikow, Nikolai Sergjejewitsch Fürst	(2770)
Menschinskij, Jossif Stepanowitsch	(4083)
Mensdorff, Emanuel Graf von	(2917)
Mentz, Andreas Joachim Friedrich	(1117)
Merian, Johann Rudolf von	(511)
Merkatz, Johann Friedrich von	(168)
Merkatz, Johann Joachim Wilhelm von	(630)
Merkel, Carl	(5155)
Merlin, Karl Demjanowitsch von	(3798)
Mertens, August Ferdinand von	(E 125)
Mertens, August Ferdinand von	(4417)
Mertens, August Ferdinand von	(4647)
Mertens, Max von	(5291)
Mertz von Quirnheim, Hermann	(5081)
Meseberg, Adolf	(741)
Meseberg, Samuel Christof von	(209)
Mesenzow, Michael Iwanowitsch	(2311)
Messing, Alexander Iwanowitsch	(K 68)
Messing, Alexander Iwanowitsch	(3067)
Metzsch, Horst von	(5322)
Metzsch, Johann Ernst Siegemund von	(1501)
Meusel, Wilhelm Ludwig von	(700)
Meyendorf, Georg Otto Wilhelm Baron von	(4366)
Meyendorff, Jegor Kasimirowitsch Baron von	(2845)
Meyer, Dmitrij Petrowitsch	(3501)
Meyer, Emil Berthold,	(5407)
Meyer, Gottfried Benjamin von	(1511)
Meyer, Johann Joachim von	(718)
Meyer, Karl Friedrich von	(250)
Meyerinck, George Christian Ludwig von	(1231)
Meyerinck, Wichard Georg Wilhelm Ludwig von	(4003)
Meyering (Meierinck), Dietrich Richard von	(78)
Meyern, Johann Karl (Karl Gottfried) von	(1156)
Meyhers, Karl Felix von	(606)
Miägkow, Wassilij Nikolajewitsch	(3069)
Miaskowski, Friedrich von	(5129)
Michaelis, Christof Gottlieb August	(2269)
Michaelis, Christof Josef Friedrich Alexander von	(2715)

Michaelis, Friedrich Christian Wilhelm von	(1829)
Michailowskij, Nikolai	(4130)
Michailowskij-Danilewskij, Alexander Iwanowitsch	(2932)
Michaud, Ludwig Franzowitsch	(2769)
Michelsen, Andreas	(5181)
Michelson, Andrei Dawidowitsch	(2470)
Mielecki, Janusz Konstantin von	(2057)
Mikulin, Sergei Iwanowitsch	(K 69)
Mikulin, Sergei Iwanowitsch	(2974)
Mikulin, Wassilij Jakowlewitsch	(4217)
Mikusch, Ignaz Ludwig von	(1037)
Mileika (Mileiko), Iwan Ossipowitsch	(3703)
Milenat, Jegor Dmitrijewitsch	(4322)
Milisch, Leopold	(5360)
Miljutin, Dmitrij Alexjejewitsch Graf	(4693)
Milochow, Alexei Alexjejewitsch	(2744)
Miloradowitsch Alexei Grigorjewitsch (Borissowitsch)	(2872)
Miloradowitsch Andrei Nikolajewitsch	(2947)
Miltitz, Hans Dietrich von	(937)
Mirbach, Karl Friedrich von	(2641)
Mirbach, Otto Alexander Diederich Christian von	(2617)
Mirkowitsch Iwan Petrowitsch	(2810)
Mironow, Iwan Semenowitsch	(3603)
Mitzlaff, Franz Gustaf von	(714)
Mjägkow	(2794)
Mjäkinin, Nikolai Dawidowitsch	(4055)
Mletzko, Franz Josef Johann von	(1813)
Moeck, Johann Wilhelm von	(809)
Moehlen, Friedrich Gottlieb von	(439)
Moeller, Ernst von	(1883)
Moeller, Karl Wilhelm von	(2334)
Moeller, Richard	(4912)
Moerner, Wilhelm Theodor von	(2289)
Moevius, Gotthold	(1772)
Möhl, Arnold Ritter von	(5332)
Moissejew, Alexander Leontjewitsch	(2824)
Moliere, Louis Auguste Bernard	(4354)
Möllendorf, August Leopold Titus von	(2049)
Möllendorf, Friedrich Wilhelm von	(400)
Möllendorf, Georg Heinrich von	(780)
Möllendorf, Joachim Albrecht von	(1244)
Möllendorf, Johann Karl Wolf Dietrich von	(4381)
Möllendorf, Karl Hartwig Friedrich von	(1701)
Möllendorf, Wichard Joachim Heinrich von	(463)
Moller, Karl Friedrich von	(367)
Mollerstein, Ernst Heinrich von	(1579)
Molokow, Kornilij Issajewitsch	(4336)

Molostwow, Pansemir Christoforowitsch	(3355)
Molostwow, Porfirij Christoforowitsch	(3078)
Molostwow, Wladimir Persiljewitsch	(3858)
Moltke, Friedrich Ludwig Adam Alexander Graf von	(2045)
Moltke, Hellmuth Karl Bernhard Graf von	(Br 2)
Moltke, Hellmuth Karl Bernhard Graf von	(E 115)
Moltke, Hellmuth Karl Bernhard Graf von	(K 145)
Moltke, Hellmuth Karl Bernhard Graf von	(G 3)
Moltke, Hellmuth Karl Bernhard Graf von	(KuS 5)
Moltke, Hellmuth Karl Bernhard Graf von	(4620)
Moltke, Hellmuth Karl Bernhard Graf von	(4708)
Moltke, Hellmuth Karl Bernhard Graf von	(4713)
Moltke, Hellmuth Karl Bernhard von	(4370)
Moltke, Helmuth	(4774)
Moltke, Paul Adolfowitsch Freiherr von	(4313)
Moltschanow (Multschanow), Sotnik	(3556)
Moltschanow	(3059)
Moore, Johann	(18)
Moraht, Robert	(4694)
Mordwinow II., Iwan Nikolajewitsch	(3326)
Mordwinow, Wladimir Michailowitsch	(4320)
Morgen, Curt von	(E 173)
Morgen, Curt von	(4741)
Morgenstern, Johann Melchior von	(690)
Morkownikow (Markownikow), Kosma Iwanowitsch	(4171)
Mörner, Axel Otto Graf	(3252)
Morosow, Iwan Semenowitsch	(2861)
Morozowicz, Johann Christian (Konstantin) Ludwig von	(2363)
Morsbach, Engelbert von	(5224)
Morshin, Michail Markowitsch (?)	(3638)
Morstein, Friedrich (Ferdinand) von	(1565)
Mortschalow, Iwan Pawlowitsch	(3379)
Mosch, Christian (Christof) Friedrich von	(1903)
Mosch, Karl Rudolf von	(670)
Mosch, Max Gottlieb von	(527)
Moschenskij, Filipp Denissjewitsch	(3693)
Mosel, Friedrich Wilhelm von	(142)
Moser, Otto von	(4896)
Moshenskij, Denis Denissowitsch	(2961)
Motte Fouqué, Heinrich August Baron de la,	(130)
Moulin, Peter Ludwig du Generalmajor,	(129)
Moz (Motz), Karl Reinhard von	(1169)
Muchanow	(3194)
Mudra, Bruno von	(E 170)
Mudra, Bruno von	(4743)
Müffling, Friedrich Karl Ferdinand	(E 32)
Müffling, Friedrich Karl Ferdinand von	(3571)

Müffling, Wilhelm von	(E 23)
Müffling, Wilhelm von	(3297)
Mühlbach, Traugott Wilhelm Heinrich von	(4369)
Mühlen, Dietrich Ludwig von der	(350)
Mühlen, Wassilij (Wilhelm) von zur	(2734)
Mühry, Georg	(5361)
Mülbe, Christof (Christian) Ludwig von der	(609)
Mülbe, Hans Christof von der	(2164)
Mülbe, Otto Wilhelm Adolf von der	(4511)
Müller	(3866)
Müller, (Friedrich) Karl Ludwig	(2111)
Müller, Alexander Borissowitsch	(2399)
Müller, August Wilhelm (Georg),	(2053)
Müller, August Wilhelm Friedrich	(1646)
Müller, Ernst Gottlob(lieb) (Ernst Gottfried Konrad) von	(2316)
Müller, Fedor Fedorowitsch	(4345)
Müller, Ferdinand	(5251)
Müller, Georg Alexander von	(5078)
Müller, Johann Friedrich Ludwig von	(1982)
Müller, Karl Iwanowitsch	(4328)
Müller, Karl Joachim	(1874)
Müller, Karl von	(5077)
Müller, Max Ritter von	(4953)
Müller, Otto	(5292)
Müller, Rudolf	(5252)
Müller-Kahle, Albert	(5341)
Mülzer, Max	(4815)
Münch, Friedrich Wilhelm von	(4273)
Münchhausen, Adolf Ludwig von	(322)
Münchow, August Friedrich Christian von	(1838)
Münchow, Gustaf Bogislaf von Oberst,	(71)
Münchow, Gustaf Ludwig Wilhelm von	(1275)
Münchow, Johann Christian von	(407)
Münchow, Lorenz Ernst von	(202)
Münchow, Peter Heinrich von	(132)
Münchow, Richard Daniel von	(335)
Münnich, Sergei Christoforowitsch Graf	(2369)
Münster-Meinhövel, Hugo Eberhard Leopold Uniko Graf zu	(4558)
Murat Bjejew, Dawljet Saltan	(3426)
Murawiew, Alexander Sacharjewitsch	(3267)
Murawiew, Artamon Sacharjewitsch	(3268)
Muromzow, Alexander Matwjejewitsch	(K 132)
Muromzow, Alexander Matwjejewitsch	(3780)
Muromzow, Matwei Matwjejewitsch	(3328)
Murzinowski, Franziscus Josefus (Carolus) von	(1704)
Mussin-Puschkin, Iwan Alexjejewitsch Graf	(2760)
Mussin-Puschkin, Michail Nikolajewitsch	(3730)

Müssling gen. Weiß, Johann Friedrich Wilhelm von	(974)
Mustafin, Alexander Wassiljewitsch Fürst	(2801)
Mutius, Albert von	(5285)
Mutius, Franz Wilhelm Ludwig von	(4457)
Mutius, Johann Karl Jakob von	(1993)
Mutzel, Johann Ludwig Friedrich	(1060)
Mützschefal, Christof Friedrich von	(112)
Mützschesal, Friedrich Julius von	(323)
	(2468)

N

Nabel, Andrei Andrejewitsch (?) Heinrich	
Nabel, Andrei Andrejewitsch	(3828)
Nagatkin	(3668)
Nagel, Karl Heinrich	(1390)
Nagel, Pawel Larionowitsch	(2433)
Nagin	(2796)
Nagy, Andreas von	(1046)
Nagy, Friedrich von	(1720)
Nakowalnin, Nikolai Fedorowitsch	(3233)
Narbut, Heinrich Karlowitsch	(2990)
Narischkin, Dmitrij Wassiljewitsch	(3922)
Narischkin, Kirill Michailowitsch	(2498)
Narischkin, Lew Alexandrowitsch	(2224)
Narwoisch, Franz Grigorjewitsch	(3613)
Nasimow, Jewgenij Petrowitsch	(K 70)
Nasimow, Jewgenij Petrowitsch	(2805)
Nassau, Christof Erdmann von	(234)
Nassau, Christof Ernst von	(163)
Nassau-Usingen, Johann Adolf Prinz von	(1279)
Natalis, Paul von	(634)
Natara (I.), Stepan Stepanowitsch	(4195)
Natara II., Stepan Jewstafjewitsch	(4148)
Natara III., Dmitrij Jewstafjewitsch	(4150)
Nattermöller, Karl Friedrich Bernhard	(1784)
Natzmer, Hans Christof von	(1605)
Natzmer, Wilhelm Dubislaf von	(2162)
Nauendorff, Gustaf (Jewstafij) Wiljamowitsch	(2365)
Naumann, Georg Heinrich von	(626)
Naumow, Sergei Alexandrowitsch	(3423)
Neander, Joachim Friedrich (Johann Wilhelm),	(1338)
Neander, Karl Gottlieb	(1868)
Neckel, Ullrich	(5408)
Neetzow, Jakob Wilhelm von	(1304)
Nehbel, Carl	(5307)

Neidhard von Gneisenau, Wilhelm August Anton	(2348)
Neidhardt II., Alexander Wilhelm Lorenz von	(2703)
Neidhardt von Gneisenau, Wilhelm August Anton	(E 21)
Neidhardt von Gneisenau, Wilhelm August Anton	(3288)
Neidhardt, Pawel Isanowitsch von	(2252)
Neindorff, Christian Ludwig von	(1496)
Nejelow II., Iwan Iwanowitsch	(4040)
Nejelow, Peter Alexjejewitsch	(3955)
Nekludow, Sergei Petrowitsch	(K 141)
Nekludow, Sergei Petrowitsch	(3434)
Nelidow	(3675)
Nepenin, Andrei Grigorjewitsch (?)	(3087)
Nepjeizin, Sergei Wassilijewitsch (Ossip Iwanowitsch)	(3074)
Nepokoitschizkij, Arthur Adamowitsch	(4694)
Nerger, Karl-August	(5069)
Nesterowskij, Awim Wassiljewitsch	(3116)
Netschajew, Nikolai Afanassjewitsch	(3942)
Nettelhorst, George Ernst von	(881)
Neumann, Alexander Iwanowitsch (?)	(3885)
Neumann, David von Major im Regt. Erbprinz von	(1356)
Neumeister, Emil Georg	(4667)
Neuwach, Johann David	(1908)
Niebelschütz, Balthasar Heinrich Rudolf von	(1586)
Nielebock, Friedrich	(5184)
Nieroth, Gustaf von	(342)
Niesemeuschel, Wilhelm Ludwig Adolf von	(1397)
Niesewand, Karl Ludwig von	(2140)
Nikisorow, Michail Kusmitsch,	(3386)
Nikitin, Michail Fedorowitsch	(3243)
Nikolajew (Nikoljew), Iwan Jurjewitsch (Wladimir Iwanowitsch ?)	(3229)
Nikolew, Wladimir Iwanowitsch	(3769)
Nikonow, Kirill Nikititsch	(3176)
Nilus, Bogdan Bogdanowitsch	(2835)
Nimptsch, Karl Siegmund von	(418)
Nimschesky, Christof Wilhelm (Friedrich) von	(476)
Noailles, Alexis Graf	(2780)
Nogi, Kiten Baron	(4726)
Nolde, Karl	(3017)
Noldken (Nolken), Jegor Jedorowitsch	(2677)
Nolting, Friedrich Philipp Wilhelm Ferdinand Gottlob von	(1376)
Nordstein, Sergei Nikolajewitsch	(3910)
Norelli, Josef von	(2317)
Normann, Adolf Christian August Karl von	(1306)
Normann, Christof Friedrich von	(449)
Normann, Ernst Anton von	(1133)
Normann, Ernst Ludwig von	(K 25)
Normann, Ernst Ludwig von	(1423)

Normann, Georg Balthasar von	(815)
Normann, Johann Alexander von	(1008)
Normann, Johann Friedrich von	(795)
Normann, Karl Ludwig von	(164)
Norow, Wassilij Sergjejewitsch	(4327)
Noß, Heinrich Friedrich	(1482)
Nostitz, August Ludwig Ferdinand Graf von	(E 78)
Nostitz, August Ludwig Ferdinand Graf von	(4352)
Nostitz, Johann Georg von im	(1995)
Nostitz, Karl Heinrich Eberhard von	(421)
Nothardt, Friedrich Magnus von	(1941)
Nowak, Peter Iwanowitsch	(2822)
Nowikow	(2979)
Nowikow, Nikita Iwanowitsch	(3709)
Nowizkij	(3405)
Nowopoljez, Andrie Alexjejewitsch	(4122)
Nowossilzow, Iwan Petrowitsch	(2730)
Nowossilzow, Wladimir Grigorowitsch	(4214)
	(4484)

O

Obernitz, Hugo Moritz Anton Heinrich von	
Obernitz, Moritz August von	(1606)
Obernitz, Moritz Karl Heinrich Gottfried von	(2180)
Obolenskij, Nikolai Petrowitsch Fürst	(3126)
Obolenskij, Wassilij Petrowitsch Fürst	(2104)
Obolenskij, Wassilij Petrowitsch Fürst	(3107)
Obrutschew, Wladimir Afanassjewitsch	(2684)
Obrutschew, Wladimir Afanassjewitsch	(3711)
Obuchowskij, Peter Semenowitsch	(2994)
O'Cahill, Johann Friedrich	(672)
Ochotnicki, Konstantin von	(2522)
Odojewskij, Iwan Sergjejewitsch Fürst	(1922)
Oelsnitz, Heinrich Ernst von der	(671)
Oelsnitz, Wilhelm Ludwig von der	(882)
Oelssen, Johann Arnold Erich von	(1591)
Oertel (Erthele), Karl Josef	(1328)
Oertzen, Friedrich Christof Viktor Ludwig von	(2332)
Oertzen, Henning Ernst von	(883)
Oestenreich, Joachim (Johann) Friedrich von	(308)
Oesterreich, Albrecht Friedrich Rudolf Erzherzog von	(4392)
Oesterreich, Curt von	(5188)
Oesterreich, Friedrich Ferdinand Leopold Erzherzog von	(4371)
Oetinger, Erdmann Christof Friedrich Karl von	(2036)
Oettinger, Horst Ritter u. Edler von	(5082)

Offeney, Anton Wilhelm von	(2619)
Offermann, Franz	(4522)
Offiezky, Johann von	(1454)
Ofrossimow, Alexander Petrowitsch	(2212)
Ogarew, Alexander Gawrilowitsch	(2419)
Oginsky, Johann Dietrich von	(884)
Oginsky, Samuel Christian von	(227)
Ogoreliz, Stepan	(3784)
Oheimb, August Maximilian Philipp von	(2141)
Ohlen und Adlerskron, Gottlieb Gustaf Leopold von	(1111)
Okunjew, Gawriil Semenowitsch	(3722)
Okunjew, Nikolai Alexandrowitsch	(2874)
Oldekop, Karl Fedorowitsch	(2454)
Oldenborgen, Iwan Fedorowitsch	(3161)
Oldenburg, Bernhard von	(1709)
Oldenburg, Georg Friedrich von	(885)
Oldenburg, Hans Volmar von	(697)
Oldenburg, Julius Rudolf Christof von	(931)
Olderrshausen, Erich Frhr.von	(E 216)
Oldershausen, Erich Frhr.von	(5047)
Oldershausen, Martin Frhr.von	(4913)
Olenin. Wladimir Iwanowitsch	(2400)
Ollech, Karl Rudolf von	(4539)
Ololenskij, Alexander Petrowitsch Fürst	(2981)
Olschewskij II., Franz Danilowitsch	(2700)
Olschewskij, Matwej Antonowitsch	(2998)
Olschewskij, Ossip Danilowitsch	(3971)
Olshewskij, Anton Danilowitsch	(2804)
Olsuwiew, Nikolai Dmitrijewitsch	(2321)
Olsuwjew, Alexander Dmitrijwitsch	(3959)
Opotschinin, Fedor Petrowitsch	(2322)
Oppen, Adolf Friedrich von	(E 5)
Oppen, Adolf Friedrich von	(2149)
Oppen, Adolf Friedrich von	(2782)
Oppen, Johann (Joachim) Friedrich von	(2157)
Oppen, Ludwig von	(52)
Oppenkowsky, Stanislaus von	(E 63)
Oppenkowsky, Stanislaus von	(4245)
Oppes, Gustav von	(5387)
Oranskij, Iwan Albrechtowitsch	(3805)
Orden zur Verfügung des Kaiserlich russischen Generalmajors Denissow	(1769)
Orden zur Verfügung des Kaiserlich russischen Generalmajors Denissow	(1770)
Orlich, Ludwig Julius Friedrich (von)	(2462)
Orlikowsky, Stanislaus Josef Vinzent von	(2009)
Orlow, Alexander (Alexei) Wassiljewitsch	(3497)
Orlow, Alexei Fedorowitsch	(2860)
Orlow, Alexei Fedorowitsch	(2906)

Orlow-Denissow, Wassilij Wassilijewitsch Graf	(2394)
O'Rurk III., Kornelij Jewgrafowitsch Graf	(3908)
O'Rurk IVON Wladimir Jegorowitsch Graf	(3912)
Oserskij	(3404)
Oserskij, (Iwan?)	(2694)
Osharowskij, Adam Petrowitsch Graf	(2306)
Osharowskij, Ignatij Onufrijewitsch Graf	(3921)
Osiander, Wilhelm	(5399)
Osmolowskij	(4137)
Osorowski, Franz Friedrich Adam von	(943)
Osrossimow, Konstantin Pawlowitsch	(4337)
Ossendorf, Karl Ludwig	(1460)
Ossipow, Nikolai Jeremjejewitsch	(2955)
Ossipowitsch Sawelij Alexjejewitsch	(4126)
Ostau, Albrecht Siegmund von	(87)
Ostau, Friedrich Egidius von	(2261)
Ostau, Heinrich von	(143)
Osten, Christof Friedrich von der	(1188)
Osten, Friedrich Wilhelm Erdmann von der	(1589)
Osten, Johann Otto Heinrich von	(93)
Osten, Otto Albrecht Philipp Ludwig von d.	(E 42)
Osten, Otto Albrecht Philipp Ludwig von d.	(E 64)
Osten, Otto Albrecht Philipp Ludwig von der	(4247)
Osten, Otto Albrecht Philipp von der	(1361)
Osten, Otto Wilhelm Anton von der	(1737)
Osten-Sacken, Dmitrij Jewgrafjewitsch (Jerofjewitsch)	(2867)
Osten-Sacken, Dmitrij Jewgrasjewitsch Baron von d.	(K 71)
Osterkamp, Theodor	(5280)
Österreich Franz Joseph I.	(4732)
Österreich, Eugen kaiserl. Prinz und Erzherzog von	(E 200)
Österreich, Eugen Prinz und Erzherzog von	(4987)
Österreich, Franz Joseph I., Kaiser von	(E 140)
Österreich, Friedrich kaiserl. Prinz und Erzherzog von	(E 177)
Österreich, Friedrich Prinz und Erzherzog von	(4754)
Österreich, Joseph kaiserl. Prinz und Erzherzog von	(E 217)
Österreich, Joseph Prinz und Erzherzog von	(4885)
Österreich, Karl I. Kaiser von	(E 172)
Österreich, Karl I. Kaiser von	(4809)
Ostragradskij, Matweij Iwanowitsch	(2806)
Ostreshkowskij, Franz Kasimirowitsch	(4199)
Oswald, Friedrich Gottlieb von	(1685)
Oswtien, Heinrich August Ludwig Wilhelm von	(2335)
Othegraven, Thomas von	(E 33)
Othegraven, Thomas von	(3565)
Otto Martin,	(5253)
Oven, Adolf von	(5301)
Oven, Ernst von	(5362)

Oven, Georg von	(4974)
Owander, Wassilij Jakowlewitsch	(4044)
Owstien, Karl Christof von	(331)
Owstien, Karl Philipp von	(1004)
	(4372)

P

Pac de Badens et Sombrelle, Gabriel Marques du	
Pachert, Iwan Iwanowitsch	(2739)
Paczenski u. Tenczyn, Leo von	(5022)
Paczensky-Tenczyn, Anton Max Konrad von	(4475)
Paczinsky, Karl Heinrich von	(1933)
Paczinsky, Karl von	(1051)
Paczinsky, Leopold Ignatius von	(1040)
Pahlen, Iwan Petrowitsch Graf von der	(3848)
Pahlen, Matwei Iwanowitsch Baron von der	(2432)
Paikul (Paykull), Anton Fedorowitsch	(2830)
Paissel, Peter Petrowitsch	(3222)
Palizin, Michail Jakowlewitsch	(3772)
Palizin, Wladimir Iwanowitsch	(3996)
Panin, Alexander Nikolajewitsch Graf	(4225)
Panjutin, Fedor Sergjejewitsch	(K 81)
Panjutin, Fedor Sergjejewitsch	(3733)
Pankratiew, Nikolai (Nikita) Petrowitsch	(3608)
Pannewitz, Günther von	(4845)
Pannewitz, Max Siegmund von	(710)
Pannwitz, Karl Gustaf Siegmund von	(1625)
Pantenius, Fedor Iwanowitsch	(3270)
Pantschulidsew, Alexander Alexejewitsch	(K 72)
Pantschulidsew, Alexander Alexjejewitsch	(3159)
Panzerbieter, Karl Karlowitsch	(2124)
Pape, Adolf Friedrich Siegmund von	(487)
Pape, August Wilhelm Alexander von	(E 131)
Pape, August Wilhelm Alexander von	(4489)
Pape, August Wilhelm Alexander von Generallieutenant	(4661)
Pape, Johann Meinard August Wilhelm Adolf von	(4509)
Papkow I., Peter Afanassjewitsch	(2253)
Pappenheim, Karl Theodor Friedrich Graf von	(3579)
Papstein, Jakob Christof von	(621)
Papstein, Karl Henning von	(417)
Parenssow, Dmitrij Tichonowitsch (Michailowitsch)	(2671)
Parrasky, Gottfried Ludwig von	(1493)
Parsazkij (Parchwazkij), Apollon Andrejewitsch	(3968)
Parschau, Otto	(4816)
Paschkow, Andrei Iwanowitsch	(2820)

Parschau, Otto	(4816)
Paschkow, Andrei Iwanowitsch	(2820)
Paschwitz, Johann Gottlieb Karl Philipp Edler von	(K 26)
Paskewitsch Ossip Fedorowitsch	(2864)
Pastau, Christian Ludwig Friedrich von	(979)
Pastschenko, Lew Kornjejewitsch	(2766)
Patkul, Friedrich von	(K 103)
Patkul, Friedrich von	(3990)
Patkul, Wladimir Grigorjewitsch	(3321)
Paton de Meieran	(3685)
Pauli (Paoli), Peter Iwanowitsch	(3541)
Pauli (Paoli), Peter Iwanowitsch	(3654)
Paulus, Karl	(5342)
Pawelsz, Richard von	(5048)
Pawlenko, Dorofei Jemeljanowitsch	(3624)
Pawlenkow, Jemeljan Osspowitsch	(2951)
Pawlow	(2871)
Pawlow, Dmitrij Pawlowitsch	(3938)
Pawlow, Grigorij	(3857)
Pawlow, Pawel Artemjewitsch	(3984)
Pawlowskij II., Ferdinand Adamowitsch	(2856)
Pechmann, Paul Frhr.von	(4933)
Peiker, Matwei Manuilowitsch (Michailowitsch)	(3591)
Pelet, Friedrich Wilhelm Heinrich von	(1141)
Pelet, Karl Gerhard von	(1074)
Pelkowsky, Friedrich von	(661)
Pennavaire, Peter de	(270)
Penskoi IV. Iwan Iwanowitsch	(3336)
Perbandt, Ernst Heinrich Wilhelm von	(2610)
Perepjetschin	(3127)
Perowskij, Lew Alexjejewitsch	(2933)
Perskij, Michail Stepanowitsch	(3588)
Peschtschanskij, Gregorij Dmitrijewitsch	(4102)
Pestel, Eduard von	(4674)
Pestel, Pawel Iwanowitsch	(3853)
Pestel, Valentin August Karl von	(1291)
Pestel, Wilhelm Ludwig von	(2380)
Peter Fedorowitsch	(591)
Petersdorff, Christian Friedrich Engel von	(2371)
Petersdorff, Johann Karl Friedrich von	(2326)
Petersdorff, Karl von	(673)
Petersdorff,. Axel von	(5144)
Petersen, Peter	(775)
Peterson, Iwan Fedorowitsch	(2742)
Peterson, Jakob Iwanowitsch (Iwan Fedorowitsch ?)	(3682)
Petri, Hans	(5376)
Petri, Isaak Jakob	(644)

Petrowitsch Andrei Petrowitsch	(3951)
Petrowskij, Andrei Andrejewitsch	(3976)
Petrowskij, Jossif Michailowitsch	(2452)
Petrowskij-Murawskij	(4191)
Petrowskij-Murawskij	(3129)
Petrowskij-Murawskij, Nikolai Iwanowitsch	(3880)
Petrulin, Jakob Wassiljewitsch	(3852)
Petrulin, Jakob Wassiljewitsch	(2722)
Petrulin, Jurij Wassiljewitsch	(3855)
Petzinger, Johann Karl Siegismund von	(1681)
Peutling, Andrei Alexandrowitsch	(3636)
Peyron, Gustaf Abraham	(2895)
Pfaehler, Wilhelm	(5333)
Pfafferott, Clemens	(5380)
Pfau, Theodor Philipp von	(964)
Pfeiffer, Johann Friedrich	(2360)
Pfeiffer, Karl Ludwig	(158)
Pfeiffer, Philipp Christian,	(232)
Pfeil, Paul Eberhard von	(592)
Pfeilitzer gen. Franck, Georg Friedrich Wilhelm von	(977)
Pflugradt, Benno	(5391)
Pfuel, Ernst Adolf Heinrich von	(E 79)
Pfuel, Ernst Adolf Heinrich von	(K 87)
Pfuel, Ernst Adolf Heinrich von	(4208)
Pfuel, Ernst Adolf Heinrich von	(4360)
Pfuel, Karl August von	(382)
Pfuhl, Christian Ludwig von	(128)
Pfuhl, Christof Ludwig von	(1716)
Pfuhl, Ernst Ludwig von	(605)
Pfuhl, Georg-Dietrich von	(597)
Pfuhl, Karl Ludwig von	(1064)
Pfuhl, Viktor von	(55)
Phuhl, August Friedrich Heinrich von	(4397)
Phuhl, Dietrich Bogislaf von	(2347)
Phull, Karl Ludwig August von	(1224)
Pichelstein, Johann Stanislawowitsch	(3903)
Pieglowski, Matthias von	(1870)
Pikardi, Arthur	(5226)
Pilchowskij, Iwan Christoforowitsch	(3859)
Piljugin, Wassilij Afanassjewitsch	(3986)
Pillar, Georg (Jegor) Maximowitsch	(2026)
Pimanow, Iwan Andrejewitsch	(3995)
Pinto, Karl Friedrich Graf von	(2134)
Pirch I., Karl Karlowitsch	(3312)
Pirch, Ernst Friedrich Jasbon von	(1505)
Pirch, Franz Otto von	(1085)
Pirch, Georg Dubislaf Ludwig von	(E 18)

Pirch, Georg Dubislaf Ludwig von	(3240)
Pirch, Georg Lorenz von	(886)
Pirch, Gustaf Filippowitsch von	(1924)
Pirch, Karl Felix von	(1268)
Pirch, Karl Siegmund von	(625)
Pirch, Otto Karl Lorenz von	(E 65)
Pirch, Otto Karl Lorenz von	(4236)
Pirscher, Friedrich von	(5190)
Pischnizkij	(2975)
Pissarew, Alexander Alexandrowitsch	(2956)
Pittscher, Johann August Dionysius,	(2560)
Pjätkin, Wassilij Gawrilowitsch	(3779)
Pjetin, Iwan Alexandrowitsch	(3334)
Pjetin, Iwan	(2215)
Planitz, Heinrich Ernst von der	(1126)
Planitz, Horst Edler von d.	(4914)
Planitzer, Johann Benjamin von	(1196)
Platen, Axel von	(5130)
Platen, Dubislaf Friedrich von	(192)
Platen, Ernst Alexis Otto von	(1230)
Platen, Gottlieb Wilhelm vom	(2259)
Platen, Karl Ulrich Friedrich Siegismund von	(2532)
Platen, Leopold Johann von	(413)
Platen, Wichard Christian (Christof) von	(681)
Plath, Otto	(5266)
Platow, Iwan Matwjejewitsch Graf	(4230)
Platow	(2225)
Plehwe, Karl	(5131)
Pleskij, Wilhelm Antonowitsch	(3370)
Plessen, Hans von	(5079)
Plettenberg, Christof Friedrich Stefan von	(273)
Plettenberg, Karl Frhr.von	(4758)
Pletz, August Wilhelm von	(1089)
Plochowo (Ploha, Plochij), Sergei Nikolajewitsch	(3189)
Ploetz, Friedrich Wilhelm von	(1944)
Ploetz, Georg Friedrich von	(355)
Ploetz, Karl Christof (Christian) von	(567)
Plotho, Franz Erdmann von	(365)
Plotho, Franz von	(1645)
Plotho, Franz von	(1766)
Plotho, Friedrich Franz Ernst von	(59)
Plotho, Friedrich Wilhelm von	(379)
Plotho, Karl Johann Joachim Friedrich von	(2044)
Plotho, Karl Karlowitsch von	(2504)
Plötz, Christian Franz Heinrich von	(1960)
Plümicke, Ernst Ludwig Ferdinand	(1152)
Plüskow, Otto von	(4904)

Plümicke, Ernst Ludwig Ferdinand	(1152)
Plüskow, Otto von	(4904)
Poblozky, Karl Martin von	(1457)
Pochwisnjew, Iwan Iwanowitsch	(3043)
Podbielski, Nikodemus von	(2272)
Podbielski, Theophil Eugen Anton von	(E 123)
Podbielski, Theophil Eugen Anton von	(4501)
Podbielski, Theophil Eugen Anton von	(4645)
Podewils, Adam Joachim von	(38)
Podewils, Bogislaf Karl von	(383)
Podewils, Friedrich Wilhelm von	(887)
Podewils, Georg Heinrich von	(1122)
Podewils, Heinrich von	(7)
Podewils, Wilhelm Theodor von	(1428)
Podjursky, Karl von Generalmajor,	(716)
Poellnitz, Friedrich Wilhelm Lebrecht von	(1543)
Pogorskij-Linkewitsch Nikolai Ossipowitsch	(4338)
Pogrebow, Alexander Andrejewitsch	(2424)
Pogrell, Philipp Hugo von	(4467)
Pohl, Iwan Lawrentjewitsch	(3037)
Pohlmann, Georg	(5316)
Pokrowskij, Jewstafij Charitonowitsch	(4064)
Polczynski, Andreas Boboli Johannes Nepomucenus von	(1352)
Polenz, Samuel von	(888)
Polignac, Herklius August Gabriel Graf de	(3585)
Poliwanow, Matwej	(1913)
Pollitz, Karl Philipp von	(1065)
Pollmann, Adam Heinrich von	(889)
Polossow, Danilo Petrowitsch	(3068)
Poltarazkij, Alexander (Pawlowitsch),	(3929)
Pomeiske, Nikolaus Alexander von	(414)
Pomernaskij, Narkiß	(3883)
Ponerowskij, Wassilij Jakowlewitsch	(2985)
Ponientzitz Holly, Josef Franz von	(1216)
Poniuski, August Graf von	(3545)
Pontanus, Johann Christian,	(1569)
Popelka, Rudolf	(5337)
Popow V. Wassilij Jefimowitsch	(2064)
Popow XIII.	(3917)
Popow	(2751)
Popow	(2923)
Popow, Alexander Jemeljanowitsch	(4031)
Poppe, Wilhelm George	(2184)
Porkowskij, Jewstafij Charitonowitsch	(3291)
Porochownikow, Nikolai Petrowitsch	(3595)
Posadowsky und Postelwitz	(712)
Posadowsky, August Leopold von	(465)

Posadowsky, Karl Friedrich Freiherr von	(5)
Posdjejew (Podshidajew), Iwan Wassiljewitsch	(3776)
Poseck, Karl Heinrich von	(633)
Posnikow (Postnikow), Fedor Nikolajewitsch	(2405)
Possiet, Alexander Petrowitsch	(4076)
Possudowskij	(4084)
Postelnikow, Nikolai Jewgjenjewitsch	(2683)
Postels, Siegismund Ferdinandowitsch	(2698)
Potapow, Peter Jegorowitsch	(3014)
Potapow, Ustin Uwanowitsch	(2004)
Potemkin I., Alexander Dmitrijewitsch	(3421)
Potemkin, Alexander Michailowitsch	(3716)
Potemkin, Grigorij Pawlowitsch	(2251)
Potemkin, Jakob Alexjejewitsch	(2305)
Potemkin, Jakob Alexjejewitsch	(3712)
Potocki, Jaroslaw Stanislawowitsch Graf	(3530)
Potocki, Stanislaus Stanislawowitsch Graf	(3042)
Pototzky, Florian Samuel	(1418)
Pott, Georg Heinrich Dragoner-Regt. von	(3795)
Potulow V. Peter	(3313)
Potulow, Iwan Rerentjewitsch	(3262)
Potulow, Iwan Terentjewitsch	(4080)
Potwig,	(2857)
Poulet (Pullet), Samuel	(2114)
Poyda, Heinrich Konstantin Anton von	(1533)
Prager, Karl Ritter von	(5049)
Preen, Hans Ludwig von	(510)
Preiß, Nikolai Iwanowitsch	(3293)
Preiß, Nikolai Iwanowitsch	(4067)
Preuschen gen.vonu.zu Liebenstein, Ludwig Frhr.von	(5203)
Preusker, Hans	(4927)
Preuß, Friedrich Wilhelm von	(1652)
Preuß, Hans Ludwig Ernst von	(803)
Preussen, Eitel Friedrich Prinz von	(E 146)
Preussen, Eitel-Friedrich Prinz von	(4767)
Preußen, Friedrich Heinrich Albrecht Prinz von	(E 91)
Preußen, Friedrich Heinrich Albrecht Prinz von	(E 99)
Preußen, Friedrich Heinrich Albrecht Prinz von	(4458)
Preußen, Friedrich Heinrich Albrecht Prinz von	(4593)
Preußen, Friedrich Karl Alexander Prinz von	(4456)
Preußen, Friedrich Karl Nikolaus Prinz von	(E 133)
Preußen, Friedrich Karl Nikolaus Prinz von	(E 82)
Preußen, Friedrich Karl Nikolaus Prinz von	(EL KuS 2
Preußen, Friedrich Karl Nikolaus Prinz von	(KuS 2)
Preußen, Friedrich Karl Nikolaus Prinz von	(4379)
Preußen, Friedrich Karl Nikolaus Prinz von	(4408)
Preußen, Friedrich Karl Nikolaus Prinz von	(4507)

Preußen, Friedrich Wilhelm Karl Prinz von	(E 84)
Preußen, Friedrich Wilhelm Ludwig König von	(4463)
Preußen, Friedrich Wilhelm Ludwig König von	(4574)
Preußen, Friedrich Wilhelm Ludwig Prinz von	(4394)
Preußen, Friedrich Wilhelm Ludwig Prinz von	(E 85)
Preußen, Friedrich Wilhelm Ludwig Prinz von	(KuS 3)
Preußen, Friedrich Wilhelm Nikolaus Albrecht Prinz von	(E 124)
Preußen, Friedrich Wilhelm Nikolaus Albrecht Prinz von	(4504)
Preußen, Friedrich Wilhelm Nikolaus Albrecht Prinz von	(4646)
Preußen, Friedrich Wilhelm Nikolaus Karl Kronprinz des Deutschen Reiches und Kronprinz von	(4682)
Preußen, Friedrich Wilhelm Nikolaus Karl Kronprinz von	(E 134)
Preußen, Friedrich Wilhelm Nikolaus Karl Kronprinz von	(EL KuS 1)
Preußen, Friedrich Wilhelm Nikolaus Karl Kronprinz von	(4455)
Preußen, Friedrich Wilhelm Nikolaus Karl Kronprinz von	(4506)
Preußen, Friedrich Wilhelm Nikolaus Karl Kronzprinz von	(4461)
Preußen, Friedrich Wilhelm Nikolaus Karl Prinz von	(KuS 1)
Preußen, Friedrich Wilhelm Waldemar Prinz von	(4374)
Preussen, Heinrich Prinz von	(E 207)
Preussen, Heinrich Prinz von	(4821)
Preußen, Heinrich Wilhelm Adalbert Prinz von	(4459)
Preußen, Wilhelm I., König von	(G 1)
Preussen, Wilhelm II. Deutscher Kaiser und König von	(4745)
Preussen, Wilhelm II. von	(E 144)
Preussen, Wilhelm Kronprinz des Deutschen Reiches von	(4779)
Preussen, Wilhelm Kronprinz von	(E 246)
Preußer, Karl Ludwig Heinrich August von	(2263)
Preusser, Wilhelm	(5227)
Preysing, Heinrich Siegismund Graf von	(1383)
Preysing, Johann Ernst Graf von	(1887)
Priegnitz, Johann Christof von	(329)
Prigara, Pawel Onufrijewitsch	(3102)
Pringsauff, Georg Christof von	(1119)
Printz, August Wilhelm Freiherr von	(1790)
Printz, Ernst Leopold Bernhard von	(2584)
Printz, Friedrich Wilhelm Christof Ludwig von	(2573)
Prinz von Buchau, Kurt Frhr.,	(5167)
Prittwitz und Gaffron, Johann Bernhard Heinrich von	(890)
Prittwitz, Ernst Christof (Christian) von	(516)
Prittwitz, Karl Ernst von	(1614)
Prittwitz, Karl Friedrich von	(2366)
Prittwitz, Karl Ludwig Wilhelm Ernst von	(4398)
Prittwitz, Kaspar Moritz von	(533)
Prittwitz, Moritz Heinrich von	(2438)
Prittwitz, Paul Karowitsch von	(3216)
Prittwitz, Siegismund Moritz von	(1118)
Prittwitz, Wolf Moritz von	(1033)

Pritz, Hans Samuel von	(278)
Pritzelwitz, Joachim Heinrich von	(1534)
Pritzelwitz, Kurt von	(4800)
Prjäshewskij, Nikolai Iwanowitsch	(3684)
Prjäshewskij, Nikolai Iwanowitsch	(4146)
Probst, Christian Bernhard von	(657)
Probst, Christof Johann Georg Wilhelm von	(2529)
Probst, Friedrich Wilhelm Heinrich Erdmann von	(2749)
Proeck, Wilhelm Ludwig von	(293)
Prokofiew, Tichon Fedotowitsch	(3705)
Prondzinski, Peter Georg von	(2007)
Prondzinsky, Johann Matthias von	(579)
Prondzynski, Konrad Ferdinand Wilhelm von	(4550)
Prosch, Friedrich August von	(1068)
Prosch, Friedrich August von	(1615)
Prosch, Karl Ludwig	(1945)
Prosorkewitsch Lawrentij Jakowlewitsch	(3368)
Proswirkin	(2773)
Protassow, Grigorij Grigorjewitsch	(2976)
Protopopow, Iwan Andrejewitsch	(3494)
Protopopow, Peter Sergjejewitsch	(2963)
Protopopow, Stepan Danilowitsch (?)	(2750)
Prozikow, Andrei Fedorowitsch	(3191)
Prudnikow, Alexander Fedorowitsch	(4172)
Przeciszewski, Alexander Kajetan von	(2376)
Przychowsky, Georg Karl Friedrich von	(1359)
Przystanowski, Johann Adam von	(1404)
Pschenitschnoi (Pschenischnikow), Alexei Alexandrowitsch	(3054)
Pückler, Maximilian Erdmann Wilhelm Graf von	(K 27)
Pückler, Maximilian Erdmann Wilhelm Graf von	(1205)
Pusch, Karl Heinrich Friedrich von	(1241)
Puschert, Karl Heinrich von	(457)
Puschkarew, Fedor Nikolajewitsch	(3269)
Pusin	(3260)
Pusin, Karl Karlowitsch	(4053)
Pusirewskij	(3806)
Pustin, Karl Karlowitsch	(K 122)
Pustschin, Nikolai Nikolajewitsch	(4281)
Pustschin, Pawel Sergjejewitsch	(3721)
Pütter, Fritz	(5182)
Puttkamer, Christian Gneomar von	(292)
Puttkamer, Franz Friedrich von	(1932)
Puttkamer, Franz Henning von	(419)
Puttkamer, Georg Eggert von	(603)
Puttkamer, Georg Heinrich Karl Freiherr von	(4637)
Puttkamer, Georg Henning von	(989)
Puttkamer, Georg Karl Konstantin Freiherr von	(4432)

Puttkamer, Joachim Heinrich von	(891)
Puttkamer, Nikolaus Lorenz von	(195)
Puttkamer, Otto Wilhelm von	(942)
Puttkamer, Werner Friedrich von	(289)
Puttkamer, Wilhelm Ludwig von	(1336)
Puttkamer, Wilhelm von	(5369)
Puttlitz, Kaspar Daniel Ludwig Hans Edler Herr zu	(K 28)
Puttlitz, Wilhelm Ernst (Christian) von	(528)
	(2624)

Q

Quadt und Hüchtenbrock, Ludwig Baron von	
Quadt und Hüchtenbruck, Ludwig Eduard Ernst Freiherr von	(4503)
Quadt zu Wickerath (Wyckerad), Friedrich Wilhelm Frhr. von	(307)
Quadt, Johann Rulemann von	(15)
Quast, Ferdinand von	(E 223)
Quast, Ferdinand von	(4824)
Quast, Johann Adolf von	(472)
Quede, Andreas de	(263)
Quede, Georg Werner de	(381)
Quednow, Friedrich Wilhelm von	(2588)
Quednow, Kurt-Moritz von	(5273)
Queis, Julius Dietrich von	(338)
Quernheim, Johann Kaspar von	(444)
Quernheim, Philipp Heinrich Ludwig August von	(1280)
Quistorp, Ulrich August Wilhelm von	(2349)
Quitzow, August Heinrich von	(978)
Quitzow, Siegfried Georg Gebhard (Gilbert) von	(2670)
Quoos, Otto Heinrich von	(47)
	(2074)

R

Raab gen. von Thülen, Wilhelm von der	
Rabe, Friedrich Wilhelm	(1442)
Raben, Karl Iwanowitsch	(K 73)
Raben, Karl Iwanowitsch	(2708)
Rabenau, Christian Friedrich von	(1939)
Rabenau, Gottlob Ernst von	(422)
Rabenau, Karl Friedrich von	(451)
Rachmanow, Alexander Iwanowitsch	(2763)
Rackow, Kurt	(4812)
Radecke, Johann Siegmund von	(760)
Raditsch, Jakob Nikolajewitsch	(3783)

Radecke, Johann Siegmund von	(760)
Raditsch, Jakob Nikolajewitsch	(3783)
Radulowitsch Dmitrij Gawrilowitsch	(2403)
Radziwill, Friedrich Wilhelm Paul Ferdinand Heinrich Ludwig August Philipp Nikolaus Fürst	(4382)
Rahden, Lucius (Ludwig) Arnold von	(230)
Rahmel, Christian Bogislaf von	(488)
Rainville, Franz de	(5393)
Raiskij	(2852)
Raiskij, Iwan Stanislawowitsch	(3212)
Rajewskij, Alexander Nikolajewitsch	(2869)
Rall III., Fedor Fedorowitsch	(3335)
Rall IV. Wassilij Fedorowitsch	(3773)
Ramburg, von	(2935)
Ramin, Friedrich Ehrenreich von	(256)
Ramm, Karl Karlowitsch	(4014)
Rampusch, Maximilian Freiherr von	(25)
Rango, Friedrich Heinrich Ludwig von	(1863)
Raoul, Johann Karl von	(892)
Raoul, Karl Friedrich (Karl Heinrich Peter) von	(1296)
Rappard, Dietrich Bertram von	(1822)
Rappard, Dietrich Bertram von	(1832)
Raschanowitsch Pawel Nikolaijewitsch	(2512)
Raschewskij, Alexander Jakowlewitsch	(2513)
Raslow,	(3151)
Rassochin	(3399)
Rastkowskij, Justin Stanislawowitsch	(3248)
Ratejew, Jurij Petrowitsch Fürst	(3120)
Rath, Immanuel Leberecht von	(1150)
Rathenau, Ernst Franz Christian Wilhelm von	(1827)
Rathenow II., Ehrenreich von	(808)
Rathenow, Joachim Friedrich von	(536)
Ratz, Johann Ludwig	(229)
Rauch, Johann Gustaf Georg von	(2143)
Rauch, Johann Gustaf Georg von	(3572)
Rauch, Johann Gustav Georg von	(E 34)
Rauchenberger, Otto Ritter von	(E 252)
Rauchenberger, Otto Ritter von	(4957)
Raumer, Eugen von	(1254)
Raumer, Karl Albrecht Friedrich von	(604)
Rauschenplatt, Friedrich von	(1872)
Rautenkranz, Karl Siegmund von	(10)
Raven, Eduard Gustaf Ludwig von	(4412)
Raven, Otto Gottlob von	(2032)
Raven, Ulrich Ludwig Friedrich von	(1547)
Raven, Werner Alborus Küneke von	(2577)
Raven, Wilhelm Otto Ludwig von	(1630)

Ravenstein, Johann von	(5205)
Read V. Andrei Andrejewitsch	(3540)
Read, Jakob Andrejewitsch	(3304)
Read, Jewgenij Andrejewitsch	(4351)
Read, Nikolai Andrejewitsch	(3834)
Rebenstock, Johann Friedrich von	(1524)
Rebentisch, Johann Karl von	(503)
Rebrikow III.	(3842)
Reckow, Eduard August Christian Leopold von	(2343)
Reden, Josef Heinrich von	(549)
Redezkij, Fedor Fedorowitsch	(4698)
Redrikow	(3946)
Rehbinder, Boris Borissowitsch von	(3989)
Reibnitz, Georg Heinrich Wilhelm von	(1893)
Reibnitz, Johann Friedrich von	(553)
Reibnitz, Karl Pawlowitsch	(2970)
Reibnitz, Siegmund Waldemar von	(473)
Reich, Iwan Iwanowitsch	(K 133)
Reich, Iwan Iwanowitsch	(3868)
Reichard (Reichert)	(4334)
Reichard, Friedrich von	(719)
Reichart, Christian Friedrich von	(1857)
Reichel, Awram Awramowitsch	(3639)
Reichenbach, Armin	(5120)
Reichenbach, Heinrich Joachim Christof Graf von	(2437)
Reichenstein, Friedrich von	(1054)
Reichmann, Johann Nikolaus von Reichsfreiherr von	(893)
Reinbaben, George Ludwig von	(1487)
Reinbaben, Kaspar Heinrich (Friedrich) von	(1146)
Reineck, Otto Ernst von	(639)
Reinhard, Karl von	(4421)
Reinhard, Wilhelm	(E 248)
Reinhard, Wilhelm	(4946)
Reinhardt, Ludwig Alexander von	(361)
Reinhardt, Walther	(E 233)
Reinhardt, Walther	(4890)
Reinhart, Joachim Franz von	(1017)
Reinicke, Hermann	(5031)
Reisewitz, Gottlob Johann Freiherr von	(1648)
Reisewitz, Gottlob Johann Frhr.von	(K 29)
Reiswitz, Karl Alexander von	(1409)
Reitz, Leontij Leontjewitsch	(2757)
Reitzenstein, Clemens Frhr.von	(5404)
Reitzenstein, Friedrich Karl Wilhelm von	(1286)
Reitzenstein, Friedrich Wilhelm Freiherr von	(1392)
Reitzenstein, Heinrich Friedrich August von	(1567)

Reitzenstein, Karl Heinrich Theodor Freiherr von	(4355)
Reitzenstein, Karl Heinrich Theodor Frhr.von	(K 143)
Rekowski, Johann Franz von	(2439)
Rekowsky, Johann Ernst Ferdinand von	(1841)
Rembow, Friedrich Franz Karl von	(2315)
Rennenkampff, Gustaf Magnus von	(3275)
Rennenkampff, Karl Pawlowitsch von	(3050)
Rennenkampff, Karl Pawlowitsch von	(3664)
Rennenkampff, Paul Jakowlewitsch von	(3502)
Renner, Theodor	(5277)
Renni, Robert (Jegorowitsch),	(2686)
Renouard, Jean Jérôme de	(1003)
Rentzel, Christof Friedrich von	(205)
Rentzel, Georg Wilhelm von	(2128)
Rentzel, Kaspar Friedrich von	(1844)
Rentzel, Kaspar Friedrich Wilhelm von	(1421)
Repninskij, Nikolai Jakowlewitsch	(3748)
Reppert, Johann Friedrich August von	(1029)
Restorff, Ernst Ludwig Julius von	(2190)
Retkin (Redkin), Nikolai Nikolajewitsch	(4342)
Retsey de Retse, Adam	(2924)
Rettberg, Arnold Goswin von	(894)
Rettberg, Karl von	(5004)
Retzow, Wolf Friedrich von	(34)
Reuß, August Heinrich von	(2490)
Reuter, Johann Wilhelm Ferdinand	(2559)
Reutern, Christofor Romanowitsch von	(3028)
Reutern, Erhard (Gerhard) Romanowitsch von	(3785)
Reuterskjöld, Leinhard Axel	(2898)
Rexin, Ludwig Bogislaf Nikolaus von	(2112)
Rhaden, Friedrich Benjamin von	(1595)
Rhein, Adrian Gottlieb von	(1954)
Ribbentrop, Karl Berthold Siegismund	(4441)
Ribbentrop, Wilhelm	(5295)
Richter, Jegor Christoforowitsch	(2094)
Richter, Karl Iwanowitsch	(4153)
Richthofen, Lothar Frhr.von	(4907)
Richthofen, Manfred Frhr.von	(4881)
Richthofen, Manfred Frhr.von	(5058)
Rieben, Helmuth Christof Gottfried von	(2115)
Riedel, Johann Franziscus Michael von	(1185)
Rieger, Karl August Friedrich	(2635)
Riemann, Julius	(5170)
Rieper, Dr.phil. Peter	(5229)
Riesenthal, Hans-Erhard von	(5138)
Rikow, Wassilij Dmitrijewitsch	(3209)
Rindin, Filadelf Kirillowitsch	(4190)

Rintorff, Friedrich Christian Christof von	(92)
Ripp, Johann Albrecht von	(359)
Ripperda, Friedrich Wilhelm von	(1129)
Riswanowitsch I., Chalil Iwanowitsch	(3417)
Ritschkow, Nikolai Wassiljewitsch	(3601)
Riwotzki, Christian Ludwig von	(1788)
Roche Aymon, Charles Antoine Paul Etienne Graf de la	(2050)
Rochechouart, Louis (?) Graf de	(2823)
Rochechouart, Ludwig Viktor Leo Graf de	(2930)
Rochejaquelein, August Graf de la	(4305)
Rochow, Adam Wilhelm von	(590)
Rochow, Friedrich Heinrich (Adolf) Ludwig Ehrenreich von	(1900)
Rochow, Karl August Albert (von)	(1227)
Rochow, Wilhelm Leopold (von)	(1170)
Rochowsky, Josef von.	(1214)
Röder, Friedrich Erhard Leopold von	(E 39)
Röder, Friedrich Erhard Leopold von	(3605)
Röder, Friedrich Erhard von	(2578)
Rodig, Siegfried	(5121)
Rodsjänko, Michail Petrowitsch	(4227)
Roebel, Ludwig Philipp von	(544)
Roeder, Dietrich von	(5114)
Roeder, Friedrich Adrian Dietrich von	(928)
Roeder, Friedrich Wilhelm von	(649)
Roeder, Johann Albrecht von	(436)
Roeder, Julius Heinrich August Edwin von	(4449)
Roeder, Konrad Ferdinand von	(2631)
Roehl, Arnold Andreas Ludwig (von)	(1673)
Roehl, Ernst Andreas (von)	(1574)
Roell, Christof (Christian) Moritz von	(493)
Roell, Ernst Richard Christian Alexander von	(2336)
Roeseler, Joachim Friedrich von	(9)
Roestel, Friedrich	(1861)
Roettger, August Wilhelm von	(1561)
Rogalla von Bieberstein, Christian Benjamin	(1830)
Rogatschew, (Semen Jegorowitsch?)	(2778)
Rogowskij, Alexander Wassiljewitsch	(4091)
Rohde, Eberhard (Erhard),	(2154)
Rohden, Georg August von	(2177)
Rohdich, Friedrich Wilhelm	(406)
Rohr, Albrecht Ehrenreich von	(635)
Rohr, Ernst Christian von	(565)
Rohr, Friedrich Karl Ludwig Georg von	(1519)
Rohr, Georg Moritz von	(1476)
Rohr, Hans Albrecht Friedrich von	(360)
Rohr, Heinrich Ludwig von	(1055)
Rohr, Heinrich Wilhelm von	(1256)

Rohr, Johann Joachim Ernst von	(2564)
Rohr, Karl Friedrich Albrecht von	(2558)
Rohr, Karl Heinrich Christian Ludwig von	(E 66)
Rohr, Karl Heinrich Christian Ludwig von	(2179)
Rohr, Karl Heinrich Christian Ludwig von	(4244)
Rohr, von	(895)
Röhren, Iwan Bogdanowitsch	(2993)
Röhren, Iwan Bogdanowitsch	(3099)
Rokotow, Nikolai Matwjejewitsch	(3164)
Rokschanin, Semen Ossipowitsch	(3969)
Romanow, Peter Danilowitsch	(3525)
Romanowskij (Romanowitsch), Iwan Kirillowitsch	(3936)
Romanowskij II., Matwej Mustafowitsch	(3418)
Romberg, Alexander Wilhelm Friedrich Heinrich Konrad	(2006)
Romberg, Gisbert Wilhelm von	(701)
Romberg, Konrad Philipp von	(1785)
Rommel, Erwin	(5033)
Rommel, Theodor Karl Daniel von	(4386)
Rönne, Gustaf (Astafij Astafjewitsch) Baron von	(2736)
Rönne, Otto Filippowitsch Baron von	(3952)
Rönne, Wassilij Jegorowitsch Baron von	(4301)
Roon, Albert Theodor Emil von	(4580)
Roosen, Bernd von	(5100)
Rördanz, Karl Heinrich	(2658)
Rosalion-Soschalskij, Fedor Grigorjewitsch	(3665)
Rose, Hans	(5036)
Rosen, Adolf Ernst du	(2550)
Rosen, Andrei Fedorowitsch Baron von	(2737)
Rosen, Andrei Fedorowitsch Baron von	(4157)
Rosen, Christof von	(120)
Rosen, Ernst Joachim von	(1686)
Rosen, Fedor Fedorowitsch Freiherr von	(2313)
Rosen, Grigorij Wladimirowitsch Freiherr von	(2122)
Rosen, Karl Axel Graf von	(3296)
Rosen, Karl du	(1321)
Rosen, Otto Fedorowitsch Baron von	(4141)
Rosen, Peter (Fedor) Fedorowitsch Baron von	(4051)
Rosen, Wladimir Iwanowitsch Baron,	(3015)
Rosenbaum, Lawrentij Bogdanowitsch	(2508)
Rosenberg, Hugo von	(5024)
Rosenbruch, Karl Rudolf Adolf Emanuel von	(896)
Rosenbruch, Wilhelm Leopold von	(814)
Rosenbusch, Karl Bernhard von	(750)
Rosencrantz, Anton Leopold von	(576)
Rosenschantz, Joachim (Johann) Gabriel von	(1684)
Rosenstein, Fedor Jegorowitsch	(4155)
Rosenthal, Gustaf von	(3926)

Rostock, Bernhard Hermann von	(1677)
Rostopschin, Sergei Fedorowitsch Graf	(3265)
Roszner von Roszenegg, Josef Freiherr	(3281)
Roszynski, Karl Friedrich von	(2650)
Rotberg, Albert Frhr.von	(5212)
Rotberg, Wilhelm Emilius Heinrich Karl von	(2063)
Röth, Fritz Ritter von	(5288)
Roth, Login Ossipowitsch	(2526)
Roth, Ludwig Chrestjanowitsch	(3877)
Roth, Zacharias Philipp von	(546)
Rothenbücher, Moritz	(5248)
Rothenburg, Karl	(5213)
Rothkirch, Friedrich Alexander von	(897)
Rothkirch, Hans Christof von	(662)
Rothmaler, Louis Karl Wilhelm Friedrich Levin von	(4669)
Roth-Rossy, Bodo Karl Friedrich von	(1739)
Rottenburg, Karl Wilhelm Siegmund	(2440)
Rouquette, Johann Stefan von	(1875)
Roux du Rognon de Rochelle, Charles Onesime	(2186)
Roy, Karl August (Friedrich August) von	(1879)
Rshewskij, Konstantin Alexjejewitsch	(4335)
Rshewskij, Pawel Alexjejewitsch	(3797)
Rshewskoi, Konstantin Wladimirowitsch	(2401)
Rubzow, Peter Jegorowitsch	(3377)
Rüchel, Ernst Philipp Wilhelm von	(1057)
Rüchel, Valentin Friedrich von	(727)
Rucholka, Leo Josef Aloysius	(3307)
Rück, Johann Karl	(1339)
Rudakow, Iwan Pawlowitsch	(4088)
Rüdiger, Johann	(1182)
Rudnizkij, Konstantin Iwanowitsch	(3702)
Rudolph, Hermann	(5357)
Rudolphi, Julius Ludwig von	(2604)
Rudorff, Wilhelm Heinrich von	(K 53)
Rudorff, Wilhelm Heinrich von	(1007)
Rudorff, Wilhelm Heinrich von	(2662)
Ruesch, Josef Theodor (Peter) Freiherr von	(194)
Rühl, Andrei Fedorowitsch	(2772)
Ruhnau, Otto	(5139)
Ruitz (Rüts), Erdmann Ernst von	(898)
Ruitz, Hans Joachim von	(956)
Rüllmann, Heinrich Ludwig von	(2372)
Rumänien, Karl Eitel Friedrich Zephyrin Ludwig Fürst von	(4690)
Rumey, Fritz	(5231)
Rumland, Johann Friedrich	(631)
Rummel, Friedrich August von	(2764)
Rümmelein, Fritz	(5372)

Rumpff, Karl Friedrich Rudolf von	(1144)
Runge, Siegfried	(5274)
Rusche, Rudolf	(5390)
Ruskowsky, Otto Karl von	(2242)
Russanow, Dmitrij Michailowitsch	(3640)
Rußland, Alexander Alexandrowitsch Zesarewitsch und Großfürst Thronfolger von	(4688)
Rußland, Alexander II, Kaiser von	(G 2)
Rußland, Alexander Nikolajewitsch Kaiser von	(E 130)
Rußland, Alexander Nikolajewitsch Kaiser von	(KuS 4)
Rußland, Alexander Nikolajewitsch Kaiser von	(4579)
Rußland, Alexander Nikolajewitsch Kaiser von	(4657)
Rußland, Alexander Nikolajewitsch Kaiser von	(4692)
Rußland, Alexei Alexandrowitsch Großfürst von	(4703)
Rußland, Konstantin Konstantinowitsch Großfürst von	(4706)
Rußland, Konstantin Nikolajewitsch Großfürst von	(4400)
Rußland, Michail Nikolaijewitsch Großfürst von	(E 135)
Rußland, Michail Nikolaijewitsch Großfürst von	(4659)
Rußland, Michail Nikolajewitsch Großfürst von	(4686)
Rußland, Nikolai Michailowitsch Großfürst von	(4707)
Rußland, Nikolai Nikolaijewitsch der Jüngere Großfürst	(4705)
Rußland, Nikolai Nikolaijewitsch Großfürst von	(E 136)
Rußland, Nikolai Nikolaijewitsch Großfürst von	(4658)
Rußland, Nikolai Nikolajewitsch Großfürst von	(4687)
Rußland, Sergei Alexandrowitsch Großfürst von	(4704)
Rußland, Wladimir Alexandrowitsch Großfürst von	(4689)
Rüts, Friedrich (Philipp) Emilius von	(758)
	(1461)

S

Saager, Christof,	
Saba, Iwan Petrowitsch	(2832)
Sabanjejew, Peter Wassiljewitsch	(3211)
Sabir, Jossif Jossifowitsch	(2003)
Sablin, Michail Jakowlewitsch	(2843)
Sablin, Pawel Iwanowitsch (?)	(3680)
Sablozkij, Iwan Danilowitsch	(3416)
Saborinskij II., Semen Nikiforowitsch	(3454)
Saborinskij III., Alexander Nikiforowitsch	(3453)
Sabudskij, Iwan Grigorjewitsch	(3380)
Sacharshewskij, Jakob Wassilijewitsch	(K 104)
Sacharshewskij, Jakob Wassiljewitsch	(3847)
Sachsen, Albert Friedrich August Anton Ferdinand Josef Karl Maria Baptist Nepomuk Wilhelm Xaver Georg Fidelis, Prinz von	(E 96)
Sachsen, Albert Friedrich August Anton Ferdinand Josef Karl Maria	(K 147)

Baptist Nepomuk Wilhelm Xaver Georg Fidelis, Prinz von
Sachsen, Albert Friedrich August Anton Ferdinand Josef Karl Maria (4393)
Baptist Nepomuk Wilhelm Xaver Georg Fidelis
Sachsen, Albert Friedrich August Anton Ferdinand Josef Karl Maria (4586)
Baptist Nepomuk Wilhelm Xaver Georg Fidelis
Sachsen, Friedrich August Georg Ludwig Wilhelm Maximilian Karl Maria (E 138)
Nepomuk Baptist Xaver Cyriacus Prinz von
Sachsen, Friedrich August Georg Ludwig Wilhelm Maximilian Karl Maria (K 146)
Nepomuk Baptist Xaver Cyriakus Prinz von
Sachsen, Friedrich August Georg Ludwig Wilhelm Maximilian Karl Maria (4587)
Nepomuk Baptist Xaver Dyriakus Romanus Prinz von
Sachsen, Friedrich August Georg Ludwig Wilhelm Maximilian Karl Maria (4716)
Nepomuk Baptist Xaver Cyriacus Romanus Prinz von
Sachsen, Friedrich August III. (4879)
Sachsen-Altenburg, Herzog von Sachsen, Ernst II (4761)
Sachsenberg, Gotthard (5244)
Sachsen-Koburg und Gotha, Ernst August Karl Johannes Leopold (4401)
Alexander Eduard Herzog zu
Sacken, Karl von (1765)
Sadluzkij, Anton (?) (3676)
Sadonskij, Woin Dmitrijewitsch (3988)
Saebisch, Christian Gottlob von (1849)
Safjänow, Peter (?) (4188)
Sagrjäshskij, Peter Petrowitsch (2308)
Saher, Christian Friedrich August von (512)
Sahlhausen, Moritz Freiherr von (4317)
Saint-Julien, Johann Franz von (816)
Saint-Paul Franz Wilhelm von (2054)
Saint-Paul, Friedrich Wilhelm Leopold von (2041)
Sakrewskij, Arsenij Andrejewitsch (2139)
Saldern, Friedrich Christof von (211)
Saldern, Rudolf von (217)
Saldern, Sieghard von (5175)
Saldern, Wilhelm von (137)
Salisch, Franz Karl Otto von (1492)
Salisch, Paul Wilhelm Erdmann von (1431)
Sallawa, Johann von (731)
Sallet, Karl von (86)
Salow, Fedor Andrejewitsch (4013)
Salza, Karl Alexandrowitsch Baron von (4027)
Salza, Roman Alexandrowitsch Baron von (K 105)
Salza, Roman Alexandrowitsch Baron von (3500)
Salzwedel, Reinhold (4942)
Samarin (2777)
Samburskij, Akim (Joachim) Petrowitsch (3766)
Samkowskij, Alexei Dmitrijewitsch (4145)
Samogy (Somoggy), Ludwig von (1221)

Samogy (Somoggy), Stefan von	(720)
Samoilowitsch Iwan Wassiljewitsch (?)	(2996)
Samsonow, Sergei Wassiljewitsch	(3742)
Samsonow, Sergei Wassiljewitsch	(4095)
Samuizkij, Nikolai Iwanowitsch	(3332)
Sanden-Peskowitsch Karl Wassiljewitsch	(4207)
Sander, Philipp,	(5159)
Sandoz de Roßière, Johann Heinrich (Friedrich Heinrich)	(1839)
Sandrart, Karl Gustaf von	(4619)
Sandrart, Karl Wilhelm Emanuel von	(2283)
Sanitz, Hans Ehrenreich von	(1462)
Sanitz, Karl Wilhelm von	(1201)
Sannow, Ferdinand Heinrich Wilhelm	(4606)
Santha, Josef von	(1028)
Saratschinskij, Iljä Stepanowitsch	(2474)
Sasonow, Nikolai Wassiljewitsch	(2690)
Saß, Gerhard Alexander Freiherr von	(899)
Saß, Peter Adrejewitsch	(3553)
Saß, Peter Andrejewitsch	(3481)
Saß, Peter Andrejewitsch	(3856)
Sassajädko I., Danilo Dmitrijewitsch	(2761)
Sassajädko II., Alexander Dmitrijewitsch	(2762)
Sauberzweig, Traugott von	(E 212)
Sauberzweig, Traugott von	(4958)
Saucken, Ernst Friedrich von	(2753)
Sauveplan (Soflän), Karl Andrejewitsch de	(3623)
Sawinitsch	(2989)
Sawjeskin, Michail Wassiljewitsch	(2888)
Sawostjänow, Platon (Pavel ?) Iwanowitsch	(3890)
Sayn-Wittgenstein, Ludwig Adolf Friedrich Graf von	(3792)
Schabelskij, Iwan Petrowitsch	(2738)
Schach von Wittenau, Hans Alexis Leopold	(4555)
Schachmatow, Nikolai Alexandrowitsch Fürst	(3863)
Schachowskoi, Nikolai Michailowitsch Fürst	(3170)
Schachtmeyer, Benjamin von	(1957)
Schachtmeyer, Hans Rudolf Ferdinand von	(4673)
Schachtmeyer, Johann Christian von	(2034)
Schack, Hans Friedrich Ludwig von	(768)
Schack, Hans Wilhelm von	(K 54)
Schack, Hans Wilhelm vom,	(2623)
Schack, Johann George von	(1455)
Schack, Magnus Friedrich von	(2660)
Schack, Otto Friedrich Ludwig von	(1871)
Schack, Wilhelm Karl von	(2612)
Schaefer, Karl-Emil	(4893)
Schaeffer, Karl August von	(1217)
Schaetzel, Christof Friedrich von	(614)

Schaetzel, Fabian (Johann)Wilhelm von	(1894)
Schaetzel, Karl Anton Heinrich Franz Daniel von	(900)
Schaetzel, Ludwig Friedrich (Ludwig George Karl) von	(1592)
Schafranskij, Ludwig Michailowitsch	(4166)
Schallern, Hans Christof von	(K 30)
Schallern, Hans Christof von	(1664)
Schamschew VI., Jurij Iwanowitsch (?)	(3196)
Schamschew	(3064)
Schamschew, Fedor	(1771)
Schamschew, Jakob Iwanowitsch	(3740)
Schanzenbach, Xaver Petrowitsch Freiherr von	(4348)
Scharenberg, Wilhelm Franzowitsch	(3695)
Scharnhorst, Gerhard Johann David von	(2038)
Scharpffenstein gen. Pfeil, Karl August Freiherr von	(3549)
Schatalow, Timofei Andrejewitsch	(2811)
Schatilow, Iwan Wassiljewitsch	(4047)
Schau, Andreas von	(1617)
Schaubert, Karl Friedrich Wolfgang von	(4549)
Schaumburg, Ernst	(5122)
Schauroth, Karl Friedrich von Oberst,	(2318)
Scheel, Johann Heinrich	(1334)
Scheel, Peter Romanowitsch von	(4306)
Scheelen, Ernst Gottlob von	(629)
Scheelen, Hans Joachim von	(496)
Scheer, Reinhard	(E 208)
Scheer, Reinhard	(4810)
Scheffer, Johann Ernst	(4263)
Scheffer-Boyadel, Reinhold Frhr.von	(4742)
Scheffler, Gustaf Iwanowitsch	(3788)
Scheidt, Gottlieb Heinrich von	(1236)
Scheither, Georg Freiherr von	(4060)
Schele II., Kirill Chrestjanowitsch	(K 45)
Schele II., Kirill Chrestjanowitsch	(4340)
Schele, Friedrich Rabot Freiherr von	(4714)
Schelechow, Dmitrij Nikolajewitsch	(3781)
Scheliha, Friedrich Ernst Ferdinand von	(4671)
Schell, Konrad Jost Friedrich von	(1504)
Schelle, Felix	(5214)
Schellendorff, Hans Siegmund von	(285)
Schemonin, Nikolai	(3651)
Schenck, Dedo von	(4856)
Schenck, Johann Friedrich von	(1711)
Schenck, Karl Friedrich von	(1526)
Schenck, Karl Leopold von	(1682)
Schenck, Wilhelm Friedrich von	(765)
Schenck, Wilhelm von	(2142)
Schencke, Friedrich Adolf von	(1136)

Schenckendorff, Balthasar Rudolf von	(901)
Schenckendorff, Bogislaf Rudolf von	(214)
Schenckendorff, Friedrich August von	(459)
Schenckendorff, Karl Ludwig von	(2200)
Schenne, Karl	(3671)
Schenschin, Wassilij Nikanorowitsch (Nikolaijewitsch)	(3097)
Schenschin, Wassilij Nikanorowitsch (Nikolajewitsch)	(2977)
Schenschin, Wladimir Nikolajewitsch	(3543)
Scheping, Dmitrij Andrejewitsch (? Sergjejewitsch)	(2854)
Scheping, Peter Dmitrijewitsch	(2223)
Schering, Werne	(5281)
Schetochin, Kapitan Borissowitsch (?)	(3258)
Scheuch, Heinrich	(5097)
Scheunemann, Peter	(5089)
Scheurich (Scheurig), Friedrich August von	(1206)
Schewe, Friedrich Ernst von	(291)
Schewjäkow	(3621)
Schewnin, Nil Iwanowitsch	(2413)
Schibajew (Schabajew)	(3888)
Schiermann (Scheuermann), Fedor Karlowitsch	(3762)
Schiermann (Scheuermann), Karl (Wilhelm) Karlowitsch	(3764)
Schierstädt, Karl Friedrich Reinhard von	(2113)
Schierstedt, August Ludwig von	(992)
Schierstedt, Friedrich Wilhelm von	(161)
Schierstedt, Viktor Friedrich von	(1714)
Schill, Ferdinand Baptista von.	(1990)
Schill, Johann Heinrich von	(2616)
Schill, Xaverius von	(1110)
Schilling, Jakob Wassiljewitsch von	(3949)
Schilling, Wilhelm	(215)
Schimanow	(3148)
Schimanowskij, Maxim	(3228)
Schimmelmann, Ernst Frhr.von	(5232)
Schimmelmann, Gustaf Karl Bernhard Thilo von	(4517)
Schimmelpfennig von der Oye, Adam Philipp	(1956)
Schimmelpfennig von der Oye, Christian Ludwig	(1654)
Schimonski I., Dietrich Lebrecht von	(1178)
Schimonsky, Glaubchrist Friedrich von	(1240)
Schindler, Ernst Karl Anton Friedrich von	(1405)
Schipow, Peter Iwanowitsch	(3706)
Schipow, Sergei Pawlowitsch	(3718)
Schipow, Sergie Pawlowitsch	(K 106)
Schipp, Johann	(1186)
Schischkin, Pawel Sergjejewitsch	(K 134)
Schischkin, Pawel Sergjejewitsch	(3825)
Schischkow (Schischkin), Peter Iwanowitsch	(4046)
Schischkow, Peter Iwanowitsch	(K 135)

Schischmarew, Michail Wassiljewitsch	(4165)
Schkopp, Herman Eduard von	(4521)
Schkurin, Paul Sergjejwitsch	(4224)
Schladen, Karl Friedrich Gottlieb von	(804)
Schlechtendal, Max-Friedrich von	(4924)
Schlegell, Heinrich August Friedrich Leopold von	(1499)
Schleich, Eduard Ritter von	(5025)
Schlein, Fedor Martinowitsch	(4023)
Schleinitz, Andreas Friedrich von	(1426)
Schleinitz, Walter Frhr.von	(4879)
Schlemmer, Johann Adam von	(1208)
Schleswig-Holstein-Sonderburg-Augustenburg, Friedrich Emil August Prinz von	(4389)
Schlichten, Xaverius Antonius Thaddäus Karolus von	(1644)
Schlichting, Karl Siegismund Friedrich von	(1316)
Schlichting, Samuel von	(902)
Schlichting, Ulrich Ernst Karl von	(4493)
Schlieben, Ernst Wilhelm von	(264)
Schlieben, Friedrich Karl Gottfried Graf von	(401)
Schlieben, Heinrich Wilhelm Friedrich von	(1713)
Schlieben, Johann Heinrich von	(1481)
Schlieffen, Eugen Leo Oskar Graf von	(4488)
Schlieffen, Georg Heinrich von	(380)
Schlippenbach, Anton Adrejewitsch Baron	(3364)
Schlippenbach, Nikolai Antonowitsch Freiherr von	(3169)
Schljächtin, Nikolai Nikolajewitsch	(3869)
Schlodhauer, Jakob Fedorowitsch	(3223)
Schlotheim, Friedrich Wilhelm von	(K 43)
Schlotheim, Friedrich Wilhelm von	(1190)
Schlotheim, Gottlob Christian von	(1225)
Schlotheim, Karl Ludwig Freiherr von	(4557)
Schlotheim, Karl Ludwig Freiherr von	(4649)
Schlotheim, Karl Ludwig Frhr.von	(E 126)
Schlüter (Schlitter), Iwan Iwanowitsch	(2693)
Schmalenberg, Friedrich Ludwig von	(715)
Schmalensee, Christian Friedrich von	(1843)
Schmalensee, Ludwig Dietrich Karl von	(2163)
Schmaltz, Johann Heinrich Christian	(K 88)
Schmaltz, Johann Heinrich Christian,	(3442)
Schmarow, Timofei Andrejewitsch	(3663)
Schmedes, Heinrich	(5320)
Schmeling, Christof Klaus von	(153)
Schmeling, Kasimir Ernst von	(101)
Schmeling, Kasimir Ernst von	(499)
Schmeling, Kasimir Heinrich Leopold von	(1705)
Schmeling, Otto Wilhelm Bogislaf von	(2022)
Schmettau, Karl Wilhelm Friedrich von	(582)

Schmettow, Eberhard Graf von	(E 238)
Schmettow, Eberhard Graf von	(4872)
Schmettow, Egon Graf von	(4989)
Schmettow, Johann Ernst von	(154)
Schmid, Hans	(4925)
Schmidt I., Karl Ludwig	(1745)
Schmidt von Knobelsdorff, Konstantin	(4794)
Schmidt vonKnobelsdorff, Konstantin	(E 166)
Schmidt, Alexander Chrestjanowitsch (?)	(4038)
Schmidt, Eberhard Heinrich	(1669)
Schmidt, Ehrhard	(4980)
Schmidt, Friedrich Johann Eduard Christof von	(4618)
Schmidt, Georg Siegmund	(599)
Schmidt, Heinrich Tobias	(4265)
Schmidt, Johann Christian Ludwig	(1555)
Schmidt, Johann Heinrich Otto von	(E 35)
Schmidt, Johann Heinrich Otto von	(3562)
Schmidt, Johann Heinrich Otto	(1076)
Schmidt, Karl Johann von	(4616)
Schmidtler, Johann Ritter von	(5368)
Schmied von Schmiedseck, Friedrich Wilhelm	(1252)
Schmied, Friedrich	(K 31)
Schmied, Friedrich	(1234)
Schmiedeberg, Ferdinand von	(2487)
Schmitterlöw, Karl Wilhelm Friedrich von	(1307)
Schmude, Christian Friedrich von	(1675)
Schmude, Johann Christof von	(1742)
Schmurin, Wassilij Matwjejewitsch	(3496)
Schneider von Arno, Karl Freiherr	(3246)
Schneider, Johann Friedrich	(1510)
Schnieber, Walther	(4977)
Schniewindt, Rudolf	(5237)
Schniewindt, Wilhelm	(5176)
Schnitzer, Emil von	(5263)
Schoedde, Ernst Friedrich	(4275)
Schoeler, Roderich von	(5215)
Schoenermarck, Wilhelm George von	(2176)
Schoening, Emanuel von	(125)
Schoening, Ernst Siegmund von	(1848)
Schoer, Albert	(5358)
Schöler, Johann Friedrich Wilhelm von	(1918)
Schöler, Moritz Ludwig Wilhelm von	(K 32)
Schöler, Moritz Ludwig Wilhelm von	(1200)
Schöler, Reinhold Otto Friedrich August von	(2502)
Schöler, Theodor Alexander Viktor Ernst von	(4529)
Scholobow	(3333)
Scholten, Friedrich Wilhelm (von),	(1075)

Scholtz, Erich	(5038)
Scholtz, Friedrich von	(E 185)
Scholtz, Friedrich von	(4790)
Schon, Johann Friedrich Wilhelm von	(2608)
Schon, Johann Karl Josef von	(E 67)
Schon, Johann Karl Josef von	(3557)
Schon, Johann Karl Josef von	(4249)
Schönaich-Carolath-Beuthen, Friedrich Johann Karl Prinz von	(221)
Schönberg von Brenkenhoff (Brenckenhof-Schönenberg),	(1823)
Schönburg, Albert Heinrich Gottlob Otto Ernst Graf von	(1718)
Schönermarck, Georg Friedrich Wilhelm Siegismund von	(1112)
Schönfeldt, Ernst von	(5394)
Schönfeldt, Friedrich Wilhelm von	(1127)
Schorlemer, Ludwig Wilhelm von	(156)
Schörner, Ferdinand	(5030)
Schoschin, Peter Afanssjewitsch	(3964)
Schott, Christofor Karlowitsch	(3796)
Schramm, Ernst Christian Friedrich	(1337)
Schreger, Michael Friedrich Theodor von	(2629)
Schreiber, Johann Justus,	(1157)
Schreiber, Wilhelm Paul	(5178)
Schröder II., Karl Grigorjewitsch	(3234)
Schröder, Ludwig von	(E 206)
Schröder, Ludwig von	(4795)
Schroeder (Schreider), Peter Petrowitsch	(2256)
Schtscheglow, Wassilij Charitonowitsch	(2402)
Schtscherbow, Wassilij Pawlowitsch	(3646)
Schubaert I., Karl Christof von	(1330)
Schubaert II., Ernst Georg Wilhelm (Ernst Eberhard)	(1331)
Schubert, Fedor Fedorowitsch	(K 74)
Schubert, Fedor Fedorowitsch	(3112)
Schubert, Grigorij Iwanowitsch	(3757)
Schubert, Karl Ferdinand von	(2156)
Schubert, Richard von	(4833)
Schubin, Alexander Fedotowitsch	(3172)
Schubinskij, Nikolai Petrowitsch	(2983)
Schuchow, Andrei Petrowitsch	(3273)
Schulenburg, Achaz Albrecht Ludwig von der	(255)
Schulenburg, August Ferdinand von der	(733)
Schulenburg, Christof Daniel von der	(241)
Schulenburg, Friedrich Ferdinand Bernhard Achaz von d.,	(1910)
Schulenburg, Friedrich Ferdinand Bernhard Achaz von d.	(K 40)
Schulenburg, Friedrich Graf von d.	(E 209)
Schulenburg, Friedrich Graf von d.	(4892)
Schulenburg, Georg Friedrich von der	(1671)
Schulenburg, Karl Rudolf Graf von der	(3514)
Schulenburg, Leopold Wilhelm von der	(1450)

Schulenburg-Blumberg, Christian Karl Albrecht Alexander Graf von d.	(K 33)
Schulenburg-Blumberg, Christian Karl Albrecht Alexander Graf von der	(1717)
Schulenburg-Wolfsburg, Karl Graf von d.	(4965)
Schuler gen. von Senden, Johann Friedrich Ernst Freiherr	(2345)
Schuler von Senden, Ernst Wilhelm Moritz Otto Freiherr	(4643)
Schulgan (Schulgin)	(2792)
Schulgin I., Peter	(2482)
Schulgin, Dmitrij Iwanowitsch	(3770)
Schulgin, Peter (Alexander Sergjejewitsch ?)	(3861)
Schulgon, Alexander Sergjejewitsch	(2310)
Schulinius, Karl Leontjewitsch	(4077)
Schulmann, Fedor Maximowitsch	(2877)
Schultz, Jakob	(4177)
Schultze, Hans Kaspar Ernst von	(903)
Schultze, Otto	(5076)
Schulz, Dietrich Wilhelm von	(1653)
Schulz, Gustaf Karlowitsch	(2137)
Schulz, Heinrich Christian	(K 124
Schulz, Heinrich Christian,	(4278)
Schulz, Jegor Wassiljewitsch Baron von	(2771)
Schulz, Karl August	(1066)
Schulz, Walter	(5314)
Schumkow, Iwan Fedorowitsch	(3061)
Schumowskij	(3637)
Schurawlow, Alexander Akimowitsch	(3071)
Schuscherin, Sachar Sergjejewitsch	(3012)
Schuscherin, Sachar Sergjejewitsch	(3114)
Schuscherin, Sachar Sergjejewitsch	(3656)
Schüßler, Georg von	(5140)
Schutter, Arnold von	(E 68)
Schutter, Arnold von	(4246)
Schütz, Christian Albert (Adolf) von	(550)
Schütz, Ernst	(4909)
Schütz, Gustaf Friedrich von	(813)
Schütz, Hans Adam Heinrich von	(178)
Schütz, Hans Adolf von	(403)
Schütz, Karl August Heinrich Wilhelm	(E 36)
Schütz, Karl August Heinrich Wilhelm von	(3564)
Schütz, Karl Petrowitsch	(2444)
Schuwalow, Pawel Andrejewitsch Graf	(4709)
Schwab, Adolf	(5395)
Schwartzkoppen, Ferdinand Emil Karl Friedrich Wilhelm von	(4559)
Schwarz, Fedor Jefimowitsch	(2831)
Schweder, Friedrich August von	(1459)
Schwedern, August Wilhelm von	(1189)
Schwedern, Bogislaf Gabriel von	(378)
Schwedkin, Alexei Fedorowitsch	(3484)

Schweinitz, Abraham Gottlieb von	(237)
Schweinitz, Heinrich Siegfried von	(1128)
Schweinitz, Joachim von	(1530)
Schwerin, Detlof Graf von	(5195)
Schwerin, Friedrich Albrecht von	(442)
Schwerin, Friedrich Alexander Graf von	(303)
Schwerin, Friedrich Julius von	(89)
Schwerin, Friedrich Leopold von	(76)
Schwerin, Friedrich Wilhelm Felix von	(933)
Schwerin, Karl Magnus von	(571)
Schwerin, Karl Otto Friedrich Graf von	(1377)
Schwerin, Kurt Friedrich Christian von	(2536)
Schwerin, Kurt Ludwig Adalbert von	(4633)
Schwerin, Otto Karl von	(334)
Schwerin, Otto Martin von	(904)
Schwerin, Philipp Bogislaf von	(70)
Schwerin, Reimar Julius von	(184)
Schwerk, Oskar	(E 183)
Schwerk, Oskar	(4848)
Schwieger, Walther	(4931)
Scott, Jakob Franz Eduard von	(807)
Sebrjäkow, Wassilij Michailowitsch	(1706)
Seddeler, Ludwig Iwanowitsch Baron von	(4232)
Seeckt, Hans von	(E 160)
Seeckt, Hans von	(4756)
Seel (Seelen), Christof Friedrich Wilhelm von	(905)
Seel, Johann Wilhelm von	(559)
Seelhorst, Just Friedrich Rudolf von	(906)
Seelhorst, Just-Friedrich von	(5016)
Seher, Karl Leopold von	(398)
Seherr-Thoß, Christof Siegismund von	(907)
Seherr-Thoß, Josef Ferdinand von	(332)
Sehm, Friedrich	(811)
Sehmsdorf	(5350)
Seidel, Karl	(5328)
Seiler, Reinhard,	(5064)
Sekretow, Peter Timofjewitsch (?)	(2913)
Selasinsky, Karl Friedrich von	(4238)
Selesnjew	(4033)
Selezkij, Dmitrij Petrowitsch	(3469)
Selifontow, Michaeil Petrowitsch	(2391)
Seliwanow I.	(4324)
Seliwanow II., Andrei Andrejewitsch	(2788)
Seliwanow III., Alexei Andrejewitsch	(3060)
Seliwanow	(4032)
Seliwanow, Andrei Andrejewitsch	(3617)
Seliwanow, Grigorij Alexjejewitsch	(4187)

Seljäwin, Nikolai Iwanowitsch	(2688)
Seljenjezkij, Michail Petrowitsch	(3653)
Selle, Fritz von	(5054)
Sellentin, Friedrich Ludwig von	(1972)
Sellin, Johann Friedrich	(752)
Semenow	(4343)
Semenow, Danilo	(3801)
Semenstschenkow, Stepan	(3057)
Sergjejew, Grigorij Alexjejewitsch	(3053)
Sers, Philipp Loth de	(298)
Seslawin III., Fedor Nikititsch	(2802)
Seslawin, Fedor Nikititsch	(2887)
Seydlitz und Kurzbach, Karl von	(K 144)
Seydlitz und Kurzbach, Karl von	(4359)
Seydlitz und Pilgrimshayn, Hans Karl Siegemund von	(818)
Seydlitz, Alexander August von	(796)
Seydlitz, Anton Florian Friedrich von	(2605)
Seydlitz, Leopold Gottlieb von	(1322)
Shaglewskij, David (?)	(4111)
Sheltuchin II., Peter Fedorowitsch	(2407)
Sheltuchin, Sergei Fedorowitsch	(2303)
Shelwinskij, Jakob Sergjejewitsch	(2965)
Shemschushnikow, Apollon Stepanowitsch	(2494)
Shemschushnikow, Apollon Stepanowitsch	(4037)
Shemschushnikow, Michail Nikolajewitsch	(3901)
Shilinskij, Ossip Andrejewitsch	(2201)
Shirow, Iwan Iwanowitsch (?)	(2851)
Shitow, Alexei (Alexander) Iwanowitsch	(2943)
Shiwkowitsch Iljä Petrowitsch	(2493)
Shochow, Peter Alexandrowitsch	(3094)
Shukowskij, Galktion Stepanowitsch	(3661)
Shukowskij, Michail Stepanowitsch	(3850)
Sibin, Sergei Wasiljewitsch	(3239)
Sick, Georg	(4910)
Sieger, Ludwig	(E 256)
Sieger, Ludwig	(5153)
Siegroth, Adolf Rudolf von	(2286)
Siegroth, Anton von	(1527)
Siegroth, von	(2971)
Siegsfeld, Karl von	(1798)
Sierakowski, Leopold Samuel Friedrich von	(1698)
Sieß, Gustav	(5150)
Sievers, Iwan Lawrentjewitsch von	(K 107)
Sievers, Iwan Lawrentjewitsch von	(3581)
Sievers, Jakob Karlowitsch Graf	(2123)
Sievers, Karl Iwanowitsch von	(3204)
Sikorskij	(4198)

Sikorsky, Josef von	(1488)
Simonyi von Vitetzvár, Josef Freiherr	(4290)
Sinelnikow, Alexander Nikititsch	(3422)
Sipjägin, Nikolai Martemjanowitsch	(2859)
Sissojew, Wassilij Alexjejewitsch	(2237)
Sitznaß, Karl Friedrich Wilhelm von	(2630)
Siwai, Alexander Iwanowitsch	(3862)
Sixt von Arnim, Friedrich	(E 193)
Sixt von Arnim, Friedrich	(4822)
Sixtel (Sixthel), Georg Ludwig von	(1220)
Sizilien, Franz d'Assisi Maria Leopold König bei der	(4407)
Sjöholm, Ludwig Ferdinand von	(1858)
Skardowij-Rington, Fedor Lwowitsch	(4085)
Skobelew II., Michail Dmitrijewitsch	(4702)
Skobelew, Iwan Nikititsch	(3683)
Skobelzin, Nikolai Dmitrijewitsch	(3460)
Skobelzin, Nikolai Dmitrijewitsch	(3479)
Skrbensky, Maximilian Franz von	(1802)
Skrjäbin, Fedor Jermolajewitsch	(3412)
Sljeptschenko(w), Peter Iwanowitsch	(2082)
Sljepzow	(4098)
Sljunjäjew, Grigorij Dementjewitsch	(4184)
Smitten, Gustaf Gustafowitsch von	(3499)
Smitten, Jegor Fedorowitsch von	(3505)
Smoljäk, Ossip Iwanowitsch	(3181)
Smoljäninow, Alexander Ossipowitsch (?)	(3824)
Smolkow, Peter Gawrilowitsch	(2995)
Sobbe, George Dietrich von	(1796)
Sobolewskij, Stepan Gerassimowitsch	(4123)
Sochazkij, Michail Nikolajewitsch	(3394)
Soden, Anton Georg Ludwig Alfred Graf von	(4719)
Soden, Franz Frhr.von	(4926)
Sohr, Friedrich Georg Ludwig von	(K 34)
Sohr, Friedrich Georg Ludwig von	(1891)
Sokolowskij, Josef Fedorowitsch	(1920)
Sokolowskij, Xaverij Petrowitsch	(4169)
Soldaen, Christofor Fedorowitsch	(4011)
Soldan, George	(5141)
Solezkij, Alexei Pawlowitsch	(4167)
Sologub, Ignatij Moissejewitsch	(4020)
Sologub, Leo Iwanowitsch Graf	(2425)
Solotarew, Afanassij Iwanowitsch	(3197)
Solotosewskij, Peter Prokofjewitsch	(3475)
Solowow, Martemjan (Martin) Andrejewitsch	(3130)
Sombreuil, Charles Eugène Gabriel Vireaux Graf de	(1113)
Sommerfeldt, Gottfried Karl von	(1477)
Somnitz, Christof George Heinrich Franz von	(2915)

Sonn, Grigorij Karlowitsch	(3697)
Sonneberg, Albrecht von	(4272)
Sontag, Jegor Wassiljewitsch	(2775)
Sorokin, Peter Jakowlewitsch (?)	(2800)
Sosnin	(2878)
Sosnin	(2904)
Sottorf, Hans	(5383)
Souchon, Wilhelm	(4866)
Souza, Emanuel Wilhelm de	(1929)
Sowinski, Josef Longin von	(2129)
Sparr, Karl Friedrich Graf von	(1518)
Sperberg, Iwan Jakowliwitsch	(2324)
Sperling, Ernst Karl Oskar von	(E 112)
Sperling, Ernst Karl Oskar von	(4468)
Sperling, Ernst Karl Oskar von	(4614)
Spies, Eduard Ludwig von	(4434)
Spiridow, Iwan Matwjejewitsch	(3077)
Spitznaß, Friedrich Levin von	(2531)
Spitznaß, Karl Friedrich Wilhelm von	(1092)
Spreuth, Johann Christian Gottlieb (Friedrich Christian),	(1102)
Spridow, Alexei (Alexander) Matwjejewtisch,	(3741)
Sproesser, Theodor	(5034)
St. Ingbert, Friedrich von	(2549)
St. Priest, Emanuel Franzowitsch Graf	(2304)
St. Priest, Ludwig Franzowitsch Graf	(3079)
Staabs, Hermann von	(E 229)
Staabs, Hermann von	(4873)
Staack, Christian Martin Daniel	(2569)
Stach von Goltzheim, Engel Ludwig	(E 69)
Stach von Goltzheim, Engel Ludwig	(2198)
Stach von Goltzheim, Engel Ludwig	(4243)
Stach von Goltzheim, Otto Friedrich	(1537)
Stachow, Marcus	(5018)
Stachowskij, Martin Michailowitsch	(4115)
Stackelberg, Daniel Friedrich von	(138)
Stackelberg, Fedor Maximowitsch Baron von	(3611)
Stackelberg, Wladimir Wassiljewitsch von	(3669)
Staden, Gustaf Gustafowitsch	(2674)
Stael, Alexander Fedorowitsch von	(4009)
Stael, Karl Gustafowitsch von	(2000)
Stahn, Andrei Antonowitsch	(K 108)
Stahn, Andrei Antonowitsch	(4045)
Stalipin, Dmitrij Alexjejewitsch	(3462)
Stammer, Eckart Adam von	(1544)
Stangen, Christian Ernst von	(284)
Stankowitsch Michail Michailowitsch	(3027)
Stapff, Max	(5039)

Stårck, Gustaf Ludwig von	(1907)
Starkow, Jakob Michailowitsch	(3177)
Staro-Ripinski, Sebastian von	(1703)
Staschewskij, Matwei Iwanowitsch	(3897)
Stawrakow, Sachar Christoforowitsch	(3137)
Stechow, Christof Ludwig von	(271)
Stechow, Friedrich Ludwig Wilhelm von	(1812)
Stechow, Friedrich Wilhelm von	(258)
Stechow, Friedrich Wilhelm von	(666)
Stechow, Jobst Friedrich Ludwig von	(537)
Stechow, Johann Ferdinand von	(483)
Stechow, Thomas Heinrich Ludwig von	(2642)
Stegmann, Anton (Christofor)Ossipowitsch	(3136)
Stegmann, Christofor Ossipowitsch	(3589)
Stehr von der Sterneburg, Heinrich Iwanowitsch	(2467)
Stein zu Nord- und Ostheim, Hermann Frhr.von	(E 202)
Stein zu Nord- und Ostheim, Hermann Frhr.von	(4943)
Stein zum Altenstein, Friedrich Ferdinand Wilhelm	(1576)
Stein, Hermann von	(E 222)
Stein, Hermann von	(4839)
Stein, Karl Moritz von	(4267)
Steinäcker II., Christian Karl Anton Friedrich Freiherr von	(2594)
Steinäcker, Christian Karl von	(1525)
Steinbauer, Wolfgang	(5071)
Steinbrinck, Otto	(4807)
Steinheil, Johann Wilhelm Karl Ludwig Friedrich von	(2530)
Steinkeller, Abraham von	(569)
Steinmann, Ludwig von	(1045)
Steinmetz, Karl Friedrich Franziscus von	(E 70)
Steinmetz, Karl Friedrich Franziscus von	(2330)
Steinmetz, Karl Friedrich Franziscus von	(4235)
Steinmetz, Karl Friedrich von	(E 127)
Steinmetz, Karl Friedrich von	(4385)
Steinmetz, Karl Friedrich von	(4651)
Steinmetz, Moritz Christof Gottfried von	(1866)
Steinmetz, Moritz Christof Gottfried, von	(K 39)
Steinwachs, Adolf	(4901)
Steinwehr, Christian Ferdinand Wilhelm von	(2574)
Steinwehr, Friedrich Wilhelm von	(781)
Steinwehr, Johann Christian Wilhelm (Bernhard) von	(908)
Steinwehr, Wilhelm Ludwig Bogislaf von	(2040)
Stempel, Alexander Iwanowitsch	(2546)
Stengel, Rudolf Anton Wenzeslaus von	(2644)
Stepanow	(3813)
Stepanow	(4200)
Stepanow, Alexander Iwanowitsch	(2479)
Stepanow, Matwei,	(3870)

Stephani, Karl von	(4029)
Stephanowitz, Alexander von	(387)
Stephany, Leopold Friedrich von	(1134)
Steppuhn, Albrecht	(5201)
Sternhjelm, Alexander Maximowitsch von	(K 109)
Sternhjelm, Alexander Wassiljewitsch	(2937)
Stetten, Karl Ludwig Leopold von	(1180)
Stetten, Otto von	(4853)
Stetter, Iwan	(3919)
Steuben, Johann Christian Christof von	(616)
Steuben, Kuno von	(4793)
Steuben, Wilhelm Augustin von	(37)
Stewen, Alexander Christjanowitsch	(3586)
Stiehle, Gustaf Wilhelm Friedrich	(E 106)
Stiehle, Gustaf Wilhelm Friedrich von	(4505)
Stiehle, Gustaf Wilhelm Friedrich von	(4598)
Stiemer, Christian Wilhelm	(4295)
Stiern, Friedrich Ludwig Aemilius Karl Freiherr von	(2583)
Stille, Christof Ludwig von	(176)
Stobbe, Otto	(5396)
Stockhausen, August Wilhelm Ernst von	(4383)
Stockhausen, Christian Ludwig	(1437)
Stockhausen, Johann Friedrich Gustaf von	(1317)
Stockhausen, Johann Karl Friedrich Ludwig von	(1542)
Stockmayer, Eberhard Friedrich	(1725)
Stocky, Josef von	(1789)
Stoeffel, Iwan Matwjejewitsch	(2451)
Stoeklern zu Grünholzek, Julius	(5206)
Stoessel, Anatolij Michailowitsch	(4725)
Stoffleth, Gustav	(5062)
Stojentin, Bogislaf von	(521)
Stojentin, Peter Heinrich von Generalmajor,	(698)
Stolberg, Friedrich Karl August Alexander Graf zu	(1363)
Stolipin, Dmitrij Alexjejewitsch	(4024)
Stollhofen, Martin Friedrich von	(326)
Stoltz, Johann Christian Alexander	(4571)
Stolzmann, Paulus (Paul) von	(4766)
Stosch, Albrecht Graf von	(5354)
Stosch, Albrecht von	(4480)
Stosch, Friedrich von	(165)
Stosch, Karl Otto von	(1736)
Stössel, Johann Otto Siegismund von	(1566)
Stösser, Karl Philipp von	(2165)
Strachwitz, Christian Georg Ludwig von	(1326)
Strack, Heinrich	(5378)
Strahlborn, Wladimir Karlowitsch	(3168)
Strahlmann (Strohlmann), Peter Karlowitsch	(3040)

Strandmann, Fedor Alexjejewitsch von	(3755)
Strandmann, Karl Gustafowitsch von	(3458)
Strandmann, Karl Otto Wilhelm von	(3345)
Strantz, Christian Friedrich Ferdinand von	(2197)
Strantz, Ferdinand Friedrich Karl von	(1250)
Strantz, Hans Karl Ludolf von	(1137)
Strantz, Hermann von	(4777)
Strantz, Johann Albrecht von	(909)
Strantz, Karl Adolf Ferdinand von	(2659)
Strantz, Karl Friedrich Ferdinand von	(3602)
Strasser, Peter	(4951)
Strauß, Georg Friedrich Adolf von	(1466)
Streckenbach, Heinrich Ernst	(2228)
Streit, Ferdinand Ludwig	(1746)
Streit, Johann Karl August	(1787)
Stremouchow, Alexander Sergjejewitsch	(3715)
Strempel, Johann Karl Friedrich	(2282)
Stroganow, Alexander Grigorjewitsch Baron	(3472)
Stromberg, Karl Christof (Christian) von	(2035)
Stromberg, Reinhold Coral von dem	(1260)
Strotha, Johann Christof von	(1471)
Strubberg, Otto Julius Wilhelm Maximilian von	(4627)
Struf, Iwan (Rodion ?) Fedorowitsch van der	(4087)
Stryck, Johann Ernst von	(817)
Stschelkan (Schtschkanow), Afanassij Jefimowitsch	(2714)
Stscherbatow, Nikolai Grigorjewitsch Fürst	(3106)
Stscherbinin, Alexander Andrejewitsch	(2691)
Stscherbinin, Alexander Anrejewitsch	(K 76)
Stscherebatschew, Alexander Nikolajewitsch	(3756)
Stschulebnikow, Pawel Sergjejewitsch	(2416)
Stschulepnikow, Michailo Sergejejewitsch	(3230)
Stückradt, Wilhelm Ludwig Albrecht von	(2146)
Studnitz, Anton Gottlieb von	(596)
Studnitz, Johann Heinrich von	(2158)
Studnitz, Karl Siegmund von	(1408)
Studnitz, Wilhelm Siegismund von	(1805)
Studsinskij, Lew Semenowitsch	(3547)
Stülpnagel, Erwin von	(5238)
Stülpnagel, Georg Karl Leonhard Ludwig August von	(2758)
Stülpnagel, George Karl Leonhard Ludwig August von	(K 55)
Stülpnagel, Karl Leopold von	(1970)
Stülpnagel, Louis Ferdinand Wolf Anton von	(4478)
Stülpnagel, Louis Ferdinand Wolf Anton von	(4600)
Stülpnagel, Louis Ferdinand Wolf Martin von	(E 107)
Stumpff, Karl von	(5142)
Stürler, Nikolai Karlowitsch (Lwowitsch) von	(3727)
Stutterheim, August Leopold von	(E 71)

Stutterheim, August Leopold von	(4242)
Stutterheim, August Ludwig von	(1712)
Stutterheim, Daniel Gottfried Wilhelm von	(1443)
Stutterheim, Friedrich Wilhelm von	(2011)
Stutterheim, Joachim Friedrich von	(126)
Stutterheim, Karl August von	(E 37)
Stutterheim, Karl August von	(3558)
Stutterheim, Otto Ludwig von	(404)
Stutterheim, Wolf von	(5264)
Stwolinsky, Leopold Sylvius von	(1270)
Stwolinsky, Sylvius Ferdinand von	(460)
Suchosanet I., Iwan Onufrijewitsch	(3208)
Suchotin, Grigorij Nikolajewitsch	(1902)
Suchowo-Kobülin, Wassilij Alexandrowitsch	(3470)
Suchsanet III., Nikolai Onufrijewitsch	(3471)
Suchtelen, Konstantin Petrowitsch van	(3337)
Suchtelen, Paul Petrowitsch von	(3799)
Sück, Jakob	(2875)
Sujew, Sergei Charitonowitsch	(2945)
Sukowkin, Peter Lawrowitsch	(4223)
Sulima, Ossip Iwanowitsch	(4139)
Sulin VII., Nikolai Semenowitsch	(2234)
Sumarokow, Sergei Pawlowitsch	(K 110)
Sumarokow, Sergei Pawlowitsch	(3687)
Surmain, Charles Jean de	(3154)
Surnijin, Michael Petrowitsch	(2417)
Suschkow, Wassilij Wassiljewitsch	(3704)
Süßmilch, Johann Gottfried	(575)
Suter, Arnd Ludwig Friedrich Wilhelm von	(1026)
Suter, Arnd Ludwig Friedrich Wilhelm von	(1847)
Suthof I., Nikolai Iwanowitsch	(3006)
Sutkowskijk, Jakob Ignatjewitsch	(2509)
Suworow II., Peter	(3023)
Suworow II., Peter	(3117)
Swarkowskij, Nikolai Akimowitsch (Jefimowitsch)	(3906)
Swida, Michail Stepanowitsch	(4132)
Swjägin, Nikolai Michailowitsch	(3881)
Swjätopolk-Mirskij I., Dmitrij Iwanowitsch Fürst	(4695)
Swjerjew	(2812)
Swjetschin, Peter Alexandrowitsch	(4326)
Syabginski von Rembow, Michael	(1019)
Syburg, Friedrich Wilhelm von	(341)
Sydow, Christof Friedrich von	(333)
Sydow, Hans von	(5055)
Sydow, Johann Joachim Friedrich von	(E 43)
Sydow, Johann Joachim Friedrich von	(E 72)
Sydow, Johann Joachim Friedrich von	(1603)

Sydow, Johann Joachim Friedrich von	(E 72)
Sydow, Johann Joachim Friedrich von	(1603)
Sydow, Johann Joachim Friedrich von	(4258)
Sydow, Kurt Detlof von	(570)
Sydow, Ludwig August Friedrich Wilhelm von	(2028)
Sydow, Otto Christian von	(469)
Syékely, Johann Friedrich von	(941)
Szawelsky, Michael Paulus von	(1836)
Szczutowsky, Andreas von	(1696)
Széchényi, Stefan Graf	(3517)
Székely, Franz von	(1637)
Székely, Michael von	(75)
Szerdahelyi, Karl Adolf Eduard von	(K 56)
Szerdajelyi I., Friedrich von	(2014)
Szerdajelyi, Friedrich von	(2051)
Szerdajelyi, Karl Adolf Eduard von	(2665)
	(2279)

T

Tann, Christof Ludwig Karl Freiherr von und zu der Tannauer	(3871)
Tann-Rathsamhausen, Ludwig Samson Arthur Freiherr von und zu der	(4588)
Tappen, Gerhard	(E 163)
Tappen, Gerhard	(4791)
Taraschkewitsch Ossip Fedorowitsch	(3625)
Tarassow, Iwan Iwanowitsch	(4226)
Tarassow, Peter Iwanowitsch	(3160)
Tarbejew, Pawel Petrowitsch	(3803)
Tarnowskij, Peter Iwanowitsch	(2952)
Tarschewskij, Afanassij Petrowitsch (? Pawlowitsch)	(2968)
Taubadel, Ernst Siegmund von	(1914)
Taube, Anton Baron von	(3835)
Taube, Karl Karlowitsch	(3010)
Taube, Thomas Ferdinand von	(226)
Taubenheim, Christian (Christof) Ludwig von	(1198)
Taubenheim, Georg Friedrich von	(24)
Taubenheim, Johann Karl von	(50)
Tauentzien, Bogislaf Friedrich von	(80)
Tauentzien, Friedrich Bogislaf Emanuel Graf von	(1167)
Taysen, Friedrich von	(5056)
Tazin IV. Peter Fedorowitsch	(3022)
Tazin IV. Peter Fedorowitsch	(3187)
Teglew, Nikolai Jakowlewitsch	(3235)
Teichmann, Rudolf	(5174)
Teiffel, Karl August von	(1388)

Temirow, Pawel Lwowitsch	(3044)
Tempelhoff, Georg Friedrich Ludwig von	(1031)
Tenner, Karl Iwanowitsch	(2429)
Teplow	(2829)
Teplow	(4097)
Teplow, Michail Alexjejewitsch	(2882)
Tergukassow, Arsas Artemjewitsch	(4700)
Termin, Leontij Antonowitsch	(3688)
Terne, Fedor Fedorowitsch	(3089)
Terne, Fedor Fedorowitsch	(4103)
Terpjeliwskij, Iwan Franzowitsch	(3679)
Terpjeliwskij, Jewgenij Ossipowitsch	(3616)
Teschen, Johann Karl Friedrich	(1556)
Teschner, Otto	(5063)
Teslew, Alexander Petrowitsch	(2731)
Tettau, Albrecht Siegmund von	(88)
Tettenborn, Hans Bodo von	(910)
Teuffel von Birkensee, Philipp Wolfgang	(607)
Teuffel von Zeilenberg, Anton Josef	(618)
Thadden, Christian Ludwig von	(1067)
Thadden, Ernst Diederich von	(1142)
Thadden, Franz Heinrich von	(783)
Thadden, Joachim Leopold von	(695)
Thadden, Wilhelm von	(4966)
Thaer, Albrecht von	(4936)
Thal (Thalen)	(3791)
Thermo, Karl von	(560)
Thielau, Friedrich Gottlob Moritz von	(1707)
Thiele, Gustaf von	(1780)
Thile II., Heinrich Adolf Eduard von	(E 41)
Thile II., Heinrich Adolf Eduard von	(2611)
Thile II., Heinrich Adolf Eduard von	(4222)
Thile, Alexander Heinrich Christian von	(1958)
Thile, Georg Friedrich von	(393)
Thile, Hugo Otto Ludwig von	(4570)
Thile, Ludwig Gustaf von	(2118)
Tholzig, Albrecht von	(769)
Thom, Karl	(5384)
Thoß, Friedrich Wilhelm von	(104)
Thümen, Ferdinand Georg Gottlob (Gottlieb) von	(1962)
Thümen, Hans Gustaf Ferdinand von	(2008)
Thümen, Heinrich Ludwig August von	(E 9)
Thümen, Heinrich Ludwig August von	(1953)
Thümen, Heinrich Ludwig August von	(2919)
Thun, Karl Wilhelm Ferdinand von	(2132)
Thun, Otto Balthasar von	(509)
Thun, Wilhelm Ulrich von	(4353)

Thun, Otto Balthasar von	(509)
Thun, Wilhelm Ulrich von	(4353)
Thurn und Taxis, August Maria Maximilian Prinz von	(3446)
Thurn und Taxis, Karl Anselm Prinz von	(4063)
Thuy, Emil	(5216)
Tichanow, Fedor Andrejewitsch	(3758)
Tichmenew, Wasilij Iwanowitsch	(4339)
Tichozkij, Alexei Michailowitsch	(4108)
Tiede, Paul	(E 253)
Tiede, Paul	(5115)
Tiedemann, Karl Eduard von	(759)
Tiedemann, Otto von	(4575)
Tiedewitz, Friedrich Wilhelm von	(2182)
Tiefenhausen, Bogdan Karlowitsch von	(4078)
Tiele, Karl Friedrich von	(2716)
Tiemann, Gottlieb Benjamin	(1115)
Tiesenhausen, Friedrich Wilehlm Ernst von	(1672)
Tiesenhausen, Gotthard von	(2787)
Tilly, Friedrich Georg von	(1881)
Timirjäsew, Iwan Semenowitsch	(K 111)
Timirjäsew, Iwan Semenowitsch	(4000)
Timofejew, Pawel Petrowitsch	(3657)
Timrodt, Alexander Iwanowitsch	(4212)
Timrodt, Fedor Karlowitsch	(3066)
Tippelskirch, August von	(5348)
Tippelskirch, Ernst Ludwig von	(E 73)
Tippelskirch, Ernst Ludwig von	(2030)
Tippelskirch, Ernst Ludwig von	(4251)
Tippelskirch, Franz August Ludwig von	(1732)
Tippelskirch, Friedrich Bogislaf von	(1734)
Tirkow, Alexei Dmitrijewitsch	(3224)
Tirpitz, Alfred von	(4775)
Tischewskij, Jewgenij Iwanowitsch	(3205)
Tischin, Wassilij Grigorjewitsch	(K 112)
Tischin, Wassilij Grigorjewitsch	(2978)
Tischin, Wassilij Grigorjewitsch	(3854)
Tischkjewitsch Anton Demjanowitsch Graf	(4015)
Tischkjewitsch Josef Demjanowitsch Graf	(2409)
Titius, Joachim Friedrich	(1558)
Titow I., Wladimir Michailowitsch	(3308)
Titow II., Nikolai Michailowitsch	(3309)
Titow IV. Iwan Alexandrowitsch	(3317)
Titow, Alexei Jegorowitsch	(3753)
Titz von Titzenhöffer, Karl Leopold	(1301)
Tiutschew I., Afanassij Petrowitsch	(3318)
Tiutschew II., Alexei Petrowitsch	(3319)
Tjumenew, Sserbedschab Fürst	(3981)

Todoroff (Todorow), Georgi Stojanow	(4976)
Togaitschinow, Michail Iwanowitsch	(3259)
Tokarew, Konstantin Alexjejewitsch	(4303)
Tolmatschew, Afanassij Jemeljanowitsch	(3750)
Tolmatschow, Jewdokim Petrowitsch	(3090)
Tolsdorff, Iwan Adrejewitsch	(3612)
Tolstoi	(3278)
Tolstoi, Alexander Dmitrijewitsch Graf	(3720)
Tolstoi, Alexander Petrowitsch Graf	(2404)
Tolstoi, Graf	(3823)
Tolstoi, Graf	(4056)
Tolstoi, Peter Alexandrowitsch Graf	(K 35)
Tolstoi, Peter Alexandrowitsch Graf	(1754)
Tomilowskij, Andrei Stepanowitsch	(3957)
Tompson, Ludwig	(4210)
Tontzer (Dontzer), Josefus Mauritius von	(468)
Toporin, Andrei Stepanowitsch	(1758)
Tornow (Turnau), Ferdinand von	(2062)
Tornow, Otto Wilhelm Karl Friedrich von	(4296)
Totschinskij, Ignatij Pawlowitsch	(2969)
Totschinskij, Ignatij Pawlowitsch	(4364)
Trabenfeldt, Johann Alexander von	(2434)
Trabenfeldt, Wilhelm Kasimir von	(2167)
Trautenburg gen. Beyren, Karl Philipp von der	(408)
Trautmann	(2846)
Trawin, Pawel Andrejewitsch	(3031)
Trebing, Emil	(5112)
Trefurt, Fedor Fedorowitsch von	(2469)
Tregubow, Andrei Wassiljewitsch	(3896)
Tregubow, Ossip Grigorjewitsch	(4075)
Trenk, Friedrich Ludwig von der	(770)
Trenk, Karl Friedrich von der	(1151)
Trenk, Walter	(5233)
Tresckow, Friedrich Alexander von	(595)
Tresckow, Hans Ludwig Udo von	(4621)
Tresckow, Herman Heinrich Theodor von	(4583)
Tresckow, Herman Heinrich Theodor von	(4650)
Tresckow, Hermann Heinrich Theodor von	(E 128)
Tresckow, Joachim Christian von	(299)
Tresckow, Julius Emil von	(4547)
Treskin, Jegor Iwanowitsch	(3218)
Treskin, Michail Lwowitsch (?)	(2903)
Treskow, August Heinrich von	(1513)
Treskow, Ernst Christian Albert von	(1735)
Treskow, Ferdinand Friedrich von	(1209)
Treskow, Heinrich Maximilian von	(4429)
Treskow, Karl Alexander Wilhelm von	(2598)

Treskow, Karl Peter von	(1975)
Treskow, Karl Philipp von	(1402)
Tretjäkow, Jakob Matwjejewitsch	(3387)
Tretzmann, Theodor,	(4972)
Treuberg, Friedrich	(3440)
Treuleben, Nikolai Jäkimowitsch	(2839)
Treusch von Buttlar-Brandenfels, Horst Frhr.	(5106)
Treusch von Buttlar, Friedrich	(1226)
Treusch von Buttlar, Julius Christof Ferdinand	(1600)
Treusch von Buttlar, Julius Friedrich	(555)
Trinchieri Conte Venanzone, Josef	(3122)
Trischatnij, Alexander Lwowitsch	(4039)
Trizinskij, Nikolai	(4349)
Trjäpizin, Wassilij Iwanowitsch	(2783)
Troilo, Johann von	(5221)
Troll, Johann Georg	(753)
Troschke, Alexander Ludwig von	(911)
Troschke, Bernd Konrad von	(534)
Troschke, Ernst Friedrich von	(1895)
Troschke, Ernst Gotthilf von	(456)
Troschke, Ernst Gotthilf von	(776)
Trosimow, Massilij Grigorowitsch	(2412)
Trossel, Wilhelm Karl Albert du	(4642)
Trostschinskij, Andrei Andrejewitsch	(2418)
Trostschinskij, Iwan Jefimowitsch	(2390)
Trotha, Adolf von Kapitän z.See,	(4813)
Trotha, Adrian Dietrich Lothar von	(4727)
Trotta von Treyden, Otto Friedrich Heinrich	(2382)
Troussel, Karl Stefan du	(706)
Trousson, Peter Chrestjanowitsch	(3489)
Trubezkoi I., Sergei Petrowitsch Fürst	(3734)
Trubezkoi II., Alexander Petrowitsch Fürst	(2834)
Trubezkoi, Jurij Petrowitsch Fürst	(3666)
Trubezkoi, Wassilij Sergjejewitsch Fürst	(2221)
Trubezkow, Peter Petrowitsch Fürst	(4310)
Trubtscheninow, Jegor Michailowitsch	(2682)
Truchseß zu Waldburg, Gebhard Graf	(1498)
Truchseß zu Waldburg, Karl Friedrich Ernst Graf	(1749)
Truchseß zu Waldburg-Capustigall, Heinrich August Ferdinand Graf	(2815)
Truchseß, Karl August von	(1741)
Trützschler, Ernst Adam Heinrich von	(1539)
Trützschler, Friedrich Traugott von	(1395)
Trützschler, Georg von	(1730)
Trzbiatowski, Johann Friedrich von	(1355)
Tschagin, Nikolai Gawrilowitsch (?)	(3327)
Tschagin, Peter Nikolaijewitsch	(2725)
Tschagin, Wladimir Nikolajewitsch	(3827)

Tschalikow, Anton Stepanowitsch	(2309)
Tschammer et Osten, Friedrich Wilhelm Alexander von	(1320)
Tschammer, Ernst von	(1050)
Tschammer, Heinrich Ernst von	(802)
Tschammer, Heinrich Wilhelm von	(652)
Tschaplin, Michail	(4173)
Tscharikow, Alexei Andrejewitsch	(2411)
Tschawtschawadse, Alexander Gerssewanowitsch	(3202)
Tschekalow, Michail Petrowitsch	(3759)
Tschemessow, Iwan Jefimowitsch	(3739)
Tscheodajew, Michail Iwanowitsch	(2972)
Tscheodajew, Michail Jakowlewitsch	(3324)
Tschepe, Karl (Gottlieb) von	(1963)
Tscherkassow, Pawel Petrowitsch	(3594)
Tscherkessow, Anton Jurewitsch	(2083)
Tschernajew, Peter Nikititsch,	(3681)
Tschernijewitsch Peter Fürst	(3524)
Tschernischew, Alexander Iwanowitsch	(2210)
Tschernosubow (Tschernij-Subow),	(3980)
Tschernosubow (Tschernij-Subow), Grigorij Iljitsch,	(3058)
Tschernosubow V. (Tschernij-Subow), Peter Awramowtisch (?)	(3554)
Tschertorishskij, Wassilij Nikolajewitsch	(3775)
Tschertow, Pawel Apollonowitsch	(K 113)
Tschertow, Pawel Apollonowitsch	(3627)
Tschetschenskij, Alexander Nikolajewitsch	(3934)
Tschetwertinskij, Boris Antonowitsch Fürst	(2205)
Tschewakinskij, Michail Iwanowitsch	(4361)
Tschglokow, Andrejan Nikolajewitsch	(4043)
Tschichatschew, Matwei Nikolajewitsch	(3754)
Tschirschky, David Siegismund von.	(953)
Tschirschky, Friedrich Albrecht von	(1916)
Tschirschky, Karl Wilhelm vom,	(1563)
Tschirschky, Karl Wilhelm von	(480)
Tschischwitz, Erich von	(E 213)
Tschischwitz, Erich von	(4999)
Tschitscherin, Nikolai Alexandrowitsch	(2385)
Tschitscherin, Peter Alexandrowitsch	(2320)
Tschudowskij, Kasimir Iwanowitsch	(3467)
Tschuikewitsch Peter Andrejewitsch	(2214)
Tschumakow, Peter Pawlowitsch	(3388)
Tschurakowskij, Michail Danilowitsch	(3628)
Tschurilow, Iwan Jegorowitsch	(2991)
Tuchsen, Friedrich Wilhelm von	(938)
Tuchsen, Otto Wilhelm Leo von	(1899)
Tuleninow, Platon Iwanowitsch	(4140)
Tulubjew, Alexander (Alexei) Dmitrijewitsch	(3599)
Tulubjew, Arsenij Semenowitsch	(4170)

Tulubjew, Dorimedont Titowitsch (3829)
Tümpling, Dietrich Ernst von (1888)
Tümpling, Karl Gottlob von (501)
Tümpling, Ludwig Karl Kurt Friedrich Wilhelm Georg von (4516)
Turgenjew, Lew Antonowitsch (4101)
Turpin, Charles Baron de (1342)
Turtschaninow, Andrei Petrowitsch (2841)
Turtschaninow, Andrei Petrowitsch (2902)
Turtschaninow, Pawel Petrowitsch (2121)
Tutolmin, Dmitrij Fedorowwitsch (2307)
Tutschek, Adolf Ritter von (4934)
Tutschek, Ludwig Ritter von (5032)
Twardowski, Konstantin von (2463)
(2392)

U

Ubamelik, David Semenowitsch Fürst
Ubschatz, Franz Freiherr von (707)
Uchlander, Christian Gottfried (174)
Uckermann, Bogislaf Rudolf von (213)
Udet, Ernst (5101)
Udom II., Peter Leontjewitsch (2415)
Udom, Iwan Fedorowitsch (2202)
Uechtritz und Steinkirch, Ernst von (5355)
Uexkull-Gyllenbandt, Peter Longinowitsch Baron von (3111)
Uexkull-Gyllenbandt, Roman Longinowitsch Baron von (2949)
Uklanski, Gottlieb von (1121)
Uklanski, Hans Friedrich Wilhelm Josef von (2327)
Uksakow (2988)
Ulffparre, Erik Georg (K 89)
unbekannter Lieutenant und Adjutant (3152)
unbekannter Offizier aus dem Regiment Zimmernow (177)
Unfriedt, Joachim Ernst von (1729)
Unger, Karl Friedrich Ernst von (4479)
Ungern-Sternberg, Gustaf Romanowitsch Baron von (2922)
Unruh, Friedrich Wilhelm Christof von (2257)
Unruh, Karl Philipp von (1086)
Unruh, Walther von (5123)
Urakow, Nikolai Afanassjewitsch Fürst (2254)
Urusoff, Sergei Dmitrijewitsch Fürst (K 123)
Uschakow, Alexei Alexandrowitsch (2096)
Usedom, Ernst Adolf Julius Guido von (4723)
Usedom, Friedrich Ludwig Karl Bernhard von (926)
Usedom, Friedrich von (732)
Usedom, Guido von (E 154)

Usedom, Jakob Friedrich von (1659)
Uthmann, Rudolf Gottlieb von (K 57)
Uthmann, Rudolf Gottlieb von (2654)
Uttenhofen, Johann Adam von (1935)
Uttenhofen, Johann Wilhelm von (1346)
(5296)

V

Vaernewyck, Hans van
Valentiner, Max (4878)
Valentini II., Christian Ludwig von (1774)
Valentini, Alexander Ferdinand Bernhard Ludwig Heinrich von (1572)
Valentini, Christian Wilhelm Ferdinand von (2339)
Valentini, Georg Heinrich von (975)
Valentini, Georg Wilhelm von (E 13)
Valentini, Georg Wilhelm von (3147)
Valentini, Simon Ludwig von (1663)
Valory, Franz Florentin Graf (3439)
Varenne, Friedrich Wilhelm Marquis de (1)
Varnhagen von Ense, Karl August (4176)
Vasold, Heinrich Rudolf Friedrich Wilhelm (912)
Velten, Johann Friedrich von (1107)
Veltjens, Josef (5262)
Verno, Johann Friedrich Wilhelm Ludwig (1873)
Versen, Felix Maximilian Christof Wilhelm Leopold Reinhold Albert Fürchtegott von (4553)
Versen, Ludwig von (1147)
Vett, Detlev, (5315)
Viebeg, Max (5065)
Viereck (Vieregg), Leopold von (2171)
Viereck, Christian Friedrich von (470)
Vieregg, Ernst Vollrad von (1613)
Vietinghof gen. Scheel von Schellenberg, Karl Friedrich (3513)
Vietinghoff, Andrei Jegorowitsch von (3241)
Vietinghoff, Anton Maximowitsch von (3162)
Vietinghoff, Detlof Freiherr von (927)
Vietinghoff, von (3035)
Vietinghoff, von (3415)
Voelcker, Johann Georg (1278)
Vogel von Falckenstein, Friedrich Karl Ernst Eduard. (4413)
Vogel, Johann Friedrich von (1310)
Voights-Rhetz, Konstans Bernhard von (4590)
Voigt (Focht), Peter Andrejewitsch (3539)
Voigt (Focht), Peter Andrejewitsch (3660)
Voigt, Johann August von (134)

Voigt, Julius Ludolf von	(972)
Voigt, Karl Friedrich August von	(484)
Voigts-Rhbetz, Konstans Bernhard von	(E 100)
Voigts-Rhetz, Julius Karl Philipp Werner von	(4603)
Voigts-Rhetz, Karl Wilhelm Ferdinand von	(4541)
Voigts-Rhetz, Konstans Bernhard von	(4466)
Vollard-Bockelberg, Alfred von	(4990)
Voltaire, Franzcois Marie Arouet de	(310)
Vormann, Otto von	(1824)
Voß, Ernst Ludwig	(1577)
Voß, Friedrich Karl von	(1010)
Voß, Hans von	(5040)
Voß, Joachim Adam von	(395)
Voß, Julius Johann Joachim	(1825)
Voß, Karl Friedrich von	(1135)
Voß, Ludwig Ernst von	(1034)
Voß, Werner	(4886)
	(3846)

W

Wachsmuth, Alexander (Andrei) Jakowlewitsch	
Wachten, Hans Otto	(K 114)
Wachten, Hans Otto	(2709)
Wachten, Jewgraf Iwanowitsch	(2340)
Wachten, von	(2379)
Wadbolskij, Iwan Michailowitsch	(2386)
Wadkowskij I., Iwan Fedorowitsch	(3732)
Wadkowskij II., Pawel Fedorowitsch	(3325)
Wagenfeld, Ernst Philipp von	(1959)
Wagner, Erwin	(5072)
Wahlen-Jürgaß, Alexander George Ludwig Moritz Konstantinus von	(E 16)
Wahlen-Jürgaß, Alexander George Ludwig Moritz Konstantius Maximilian von	(2597)
Wahlen-Jürgaß, Alexander George Ludwig Moritz Konstantius Maximilian von	(3144)
Wahlen-Jürgaß, Hans Otto von	(1667)
Walchowskij, Dmitrij Nikolajewitsch (P. M. ?)	(3133)
Waldau, August Friedrich von	(1549)
Waldburg, Friedrich Sebastian Wunibald Erbtruchseß Graf zu,	(118)
Waldenfels, Christof Friedrich Josef von	(1391)
Waldenfels, Karl Wilhelm Ernst von Kapitain,	(2145)
Waldersee, Alfred Ludwig Heinrich Karl Graf von	(E 139)
Waldersee, Alfred Ludwig Heinrich Karl Graf von	(4722)
Waldersee, Friedrich Gustaf Graf von	(4380)
Waldorf, Emi	(5385)

Waldow, Achatius Wilhelm August von	(1287)
Waldow, Achatius Wilhelm August von	(K 36)
Waldow, Jochen August von	(410)
Waldstätten, Alfred Frhr.von	(4986)
Wallenrodt, Gottfried Ernst von	(709)
Walles, Franz Alexander	(2295)
Wallmoden, Ludwig Georg Thedel Graf von	(K 37)
Wallmoden, Ludwig Georg Thedel Graf von	(1762)
Walrave, Gerhard Kornelius de	(170)
Walspeck, Karl Maximilian Richter von	(1649)
Walther und Cronegk, Balthasar Wilhelm von	(684)
Walther und Cronegk, Ernst Friedrich Leopold von	(1658)
Walther und Cronegk, Johann Georg Wilhelm von	(685)
Walther von Monbary, Rudolf Herman Ottomar Hugo	(4544)
Walujew, Peter Petrowitsch	(2250)
Walz, Franz-Josef	(5246)
Wangenheim, Dr.med. Kurt von	(4952)
Wangenheim, Friedrich Jobst (Just) von	(412)
Wangenheim, Friedrich Nikolaus von	(316)
Wangenheim, Josef Ludwig Heinrich von	(667)
Wangenheim, Valentin Leopold	(1919)
Warburg, Ernst Friedrich Wilhelm von	(1557)
Wardenburg, Wilhelm Gustaf Friedrich	(4274)
Warlowskij, Adam Stanislawowitsch	(4202)
Warnery, Karl Emanuel von	(356)
Warnstedt, Friedrich Wilhelm von	(345)
Wartenberg, Christian Friedrich von	(203)
Wartenberg, Ernst Friedrich Christof von	(1258)
Wartenberg, Hartwig Karl von	(180)
Wartensleben, Alexander Leopold Graf von	(1071)
Wartensleben, Ferdinand Graf von	(1546)
Wartensleben, Konstantin Moritz Gneomar Graf von	(3518)
Wartensleben, Leopold Alexander Graf von	(913)
Wartensleben, Wilhelm Herman Ludwig Alexander Karl Friedrich Graf von	(4615)
Wartensleben, Wilhelm Herman Ludwig Alexander Karl Friedrich Graf von	(4679)
Wartensleben, Wilhelm Hermann Ludwig Alexander Karl Friedrich Graf v	(E 132)
Wasmer, Karl Maximilian von	(1349)
Wassiljew	(3892)
Wassiljew, Michail Wassiljewitsch	(4163)
Wassiltschikow, Nikolai Wassijewitsch	(2255)
Wassiltschikow, Nikolai Wassiljewitsch	(3610)
Wasslenizkij, Fedor Timofjewitsch	(3738)
Wastianow (Wassianow),	(3476)
Wather, Hans	(4880)
Wattenwyl, Nikolaus Rudolf von	(1447)

Watter, Oskar Frhr.von	(E 257)
Watter, Oskar Frhr.von	(5041)
Watter, Theodor Frhr.von	(E 258)
Watter, Theodor Frhr.von	(4840)
Watzdorf, Christof Friedrich von	(914)
Weber, Theodor von	(5323)
Wechmar, Adam Wolf von	(63)
Wechmar, Karl Heinrich Rudolf von	(4677)
Weddingen, Otto	(4737)
Wedekind, Friedrich Frhr.von	(5249)
Wedel, Erhard Gustaf Graf von	(1597)
Wedel, Hasso von	(E 203)
Wedel, Hasso von	(4947)
Wedell I., Georg Detlof von	(1803)
Wedell, Ernst Ludwig August Graf von	(2443)
Wedell, Ernst Siegmund (Wilhelm) von	(269)
Wedell, Georg Vivigenz von	(42)
Wedell, Hans Magnus Christof von	(2535)
Wedell, Heinrich Kaspar von	(2087)
Wedell, Johann Ernst von	(1294)
Wedell, Karl Alexander von	(1001)
Wedell, Karl August Ludwig von	(3433)
Wedell, Karl Ehrhard Leopold Graf von	(2088)
Wedell, Karl Friedrich Heinrich von	(2219)
Wedell, Karl Friedrich von	(915)
Wedell, Karl Heinrich von	(317)
Wedell, Karl Wilhelm von	(1393)
Wedell, Konrad Heinrich von	(1314)
Wedell, Leopold Friedrich Ferdinand Heinrich von	(4390)
Wedell, Ludwig Christian von	(1885)
Wedell, Otto Julius Leopold von	(1528)
Wedell, Richard Georg von	(E 101)
Wedell, Richard Georg von	(4533)
Wedell, Richard Georg von	(4592)
Wedelstaedt, Johann Friedrich von	(2285)
Weger, Johann Philipp Benjamin von	(1948)
Weiß, Johann Adam	(513)
Weiß, Karl Erdmann von	(1193)
Weiß, Karl von	(2590)
Weißenstein, Ernst Georg von	(1884)
Weks, Franz von	(4057)
Welczeck, Karl Baron von	(1099)
Welenin, Peter Alexandrowitsch	(K 136)
Welenin, Peter Alexandrowitsch	(3821)
Welentij, Iwan Lukitsch	(4106)
Weljäminow, Iwan Alexandrowitsch	(2298)
Weljäminow, Nikolai Stepanowitsch	(2765)

Weljäminow, Nikolai Stepanowitsch	(3774)
Weller, Christof Franz	(2582)
Wellmann, Richard	(E 255)
Wellmann, Richard	(5042)
Weltzien, Wilhelm von	(1594)
Wenckstern, Karl von	(5265)
Wendessen, Balthasar Ludwig Christian (Christof) von	(679)
Wenninger, Karl Ritter von	(4899)
Wenninger, Rudolf (Ralph)	(5087)
Wentzel, Christian Friedrich	(632)
Werbowskij, Platon Wassiljewitsch	(4193)
Werchowskij, Peter Iwanowitsch	(2942)
Werder, Bernhard Franz Wilhelm von	(4492)
Werder, Friedrich Julius Dietrich von	(2277)
Werder, Friedrich Wilhelm von	(1777)
Werder, Hans Ernst Christof von	(1187)
Werder, Hans von	(5154)
Werder, Karl August Ludwig von	(1588)
Werder, Karl Friedrich Wilhelm Leopold August von	(E 104)
Werder, Karl Friedrich Wilhelm Leopold August von	(4514)
Werder, Karl Friedrich Wilhelm Leopold August von	(4597)
Werewkin, Nikolai Nikitisch	(2420)
Werigin, Alexei Petrowitsch	(2208)
Werner, Efraim Gustaf Leopold	(2172)
Werner, Johann Paul von	(916)
Werner, Wilhelm	(5255)
Wernhardt, Paul von	(3249)
Werther, Philipp August Wilhelm von	(1023)
Werthern, Gottfried Ludwig August Freiherr von	(1219)
Wesenbeck, Karl Gottlieb von	(772)
Wesselowskij, Stepan Semenowitsch	(3029)
Westdorff, Friedrich Leberecht August von	(1961)
Westfahl, Ferdinand Ludwig Friedrich Emil	(1507)
Westhoven, Eduard von	(5090)
Westphal I., Friedrich Ludwig	(2010)
Westphal, Heinrich Ernst Adolf	(K 58)
Westphal, Heinrich Ernst Adolf	(2666)
Wetzell, Georg	(E 199)
Wetzell, Georg	(4874)
Wewetzer, Johann Christian Alexander	(2556)
Weyher, Christian Rudolf von	(668)
Weyher, Leberecht Jakob von	(1251)
Weyrauch, Alexander Jakowlewitsch von	(3215)
Wichmann, Karl Otto Herman von	(4474)
Wichodsewskij, Peter Prokofjwitsch	(3098)
Wichura, Georg	(E 234)
Wichura, Georg	(4894)

Wiedburg, Friedrich Karl von	(4279)
Wiedemann, Hans Rudolf von	(1468)
Wiederhold, Bernhard Wilhelm	(1161)
Wiegel	(2455)
Wielhorski, Matwej Jurewitsch Graf	(K 77)
Wielhorstki, Matwej Jurewitsch Graf	(3045)
Wiersbitzki, Georg Ludwig von	(917)
Wiese, Friedrich Siegmund von	(448)
Wiesner, Friedrich Adolf	(4387)
Wietstruck, Friedrich Wilhelm von	(339)
Wigell, Lorenz Johann von	(1038)
Wikinskij, Iwan Michailowitsch	(K 115)
Wikinskij, Iwan Michailowitsch	(3381)
Wilamowitz, Daniel Theodor von	(1727)
Wilck, Hermann	(5329)
Wilcke, Ludwig Wilhelm Christian von	(2354)
Wilczeck, Franz von	(2638)
Wild von Hohenborn, Adolf	(E 250)
Wild von Hohenborn, Adolf	(4772)
Wildau, Franz Ludolf Ferdinand von	(1011)
Wildberg, Siegmund Adam (Amandus)	(739)
Wilde, Johann Jakob	(2268)
Wildowsky, August Ludwig Bogislaf von	(2570)
Wilhelmow, Pawel Fedorowitsch	(K 78)
Wilhelmow, Pawel Fedorowitsch	(3226)
Willich, Georg von	(1831)
Willich, Julius Friedrich Ernst von	(1821)
Willisen, Friedrich Adolf von	(4399)
Willweber, Karl	(5282)
Wiltschinskij, Iwan Franzowitsch	(3840)
Wimpfen, Georg Franzowitsch Freiherr von	(1757)
Winckler, Arnold von	(E 187)
Winckler, Arnold von	(4796)
Windisch, Rudolf	(5189)
Winjärskij, Adam Antonowitsch	(3110)
Winning, Christian Ludwig von	(1072)
Winning, Friedrich Wilhelm von	(2626)
Winning, Karl Otto Ehrentreich von	(1514)
Wins, Leopold Gebhard von	(2119)
Winspeare (Winspier), Robert Antonowitsch	(3916)
Winterfeld, Heinrich Bernhard von	(1640)
Winterfeldt, Achaz Wilhelm von	(674)
Winterfeldt, Friedrich Ludwig von	(951)
Winterfeldt, Georg Friedrich von	(223)
Winterfeldt, Hans Karl von	(183)
Winterfeldt, Karl Friedrich von	(658)
Winterfeldt, Karl Ludwig von	(563)

Winterfeldt, Karl Friedrich von	(658)
Winterfeldt, Karl Ludwig von	(563)
Wintgens, Kurt	(4814)
Wintzingerode, Adolf Levin von	(1000)
Wintzingerode, Ernst August von	(1947)
Wirjubow, Andrei,	(2855)
Wirsén, Karl Johann Graf	(2893)
Wirubow, Andrei Petrowitsch	(4136)
Wischnjäkowski (Wischnjewskij), Stanislaw	(4182)
Wishizkij, Michail Faddjejewitsch (?)	(3477)
Wishizkij, Michail Faddjejewitsch (?)	(3526)
Wisin, Iwan Alexandrowitsch von	(3242)
Wisin, Michail Alexandrowitsch von	(3073)
Wissilsen, Friedrich-Wilhelm Frhr.von	(4984)
Wissotskij, Jewgraf Stepanowitsch (?)	(3374)
Wissozki, Josef Fedorowitsch	(3175)
Wistizkij III., Andrei Stepanowitsch	(2500)
Wistizkij IV. Dmitrij Stepanowitsch	(2501)
Witkowskij, Adam Leontjewitsch	(3483)
Witkowskij, Adam Leontjewitsch	(4052)
Witowski, Andreas Johannes von	(2019)
Witte I., Iwan Ossipowitsch von	(3310)
Witte, Iwan Ossipowitsch Graf von	(4346)
Wittekind, Eduard	(5026)
Wittenheim, Karl Grigorjewitsch von	(2344)
Wittich, Friedrich Wilhelm Ludwig von	(E 94)
Wittich, Friedrich Wilhelm Ludwig von	(4537)
Wittich, Friedrich Wilhelm Ludwig von	(4585)
Wittken, Franz Matthias von	(1760)
Wittken, Friedrich (Wilhelm) Heinrich von	(918)
Wittken, Johann Ludwig von	(2337)
Witzendorff, Karl Friedrich Wilhelm von	(E 117)
Witzendorff, Karl Friedrich Wilhelm von	(4498)
Witzendorff, Karl Friedrich Wilhelm von	(4623)
Witzleben, Friedrich Albrecht Ernst Heinrich von	(2148)
Witzleben, Friedrich Heinrich August von	(2657)
Witzleben, Karl von	(5207)
Wlassow III., Maxim Grigorjewitsch	(2239)
Wlassow, Michai	(3843)
Wnuck, Franz von	(1680)
Wnuck, Karl Heinrich von	(4482)
Wnuck, Karl Wilhelm von	(K 59)
Wnuck, Karl Wilhelm von	(2586)
Wnuck, Paul Ludwig von	(1422)
Wnukow, Wassilij Michailowitsch	(2803)
Wobersnow, Moritz Franz Kasimir von	(919)
Wobersnow, Peter Christof von	(376)

Wobeser, Niklas Friedrich August Wilhelm Anton von	(1733)
Wobeser, Otto Ludwig von	(1656)
Woedtke, August Heinrich von	(479)
Woedtke, Eggert Georg von	(252)
Wohlgemuth, Friedrich Wilhelm	(1695)
Woinow	(2900)
Wojekow, Alexei Iwanowitsch	(2126)
Wojewodskij, Lew Grigorjewitsch	(3909)
Wojewodskij, Pawel Jakowlewitsch	(3905)
Woldeck von Arneburg, Hans Georg	(152)
Woldeck, Alexander Friedrich von	(678)
Woldeck, Johann von	(239)
Wolden, Wilhelm Heinrich von	(246)
Wolewatsch, Jakob Iwanowitsch	(3019)
Wolewatsch, Jakob Iwanowitsch	(3658)
Wolff, Alexander (Ernst) Baron von	(3532)
Wolff, Horst von	(5019)
Wolff, Karl August Ferdinand von	(2342)
Wolff, Kurt	(4903)
Wolffen, Georg Otto von	(E 108)
Wolffradt, Erich Magnus von	(587)
Wolfframsdorff, Adam Heinrich von	(950)
Wolffrath, Johann Georg von	(826)
Wolffsburg, Josef Sylvius von der	(2442)
Wolki, Gideon Friedrich von	(735)
Wolki, Johann Friedrich Ludwig von	(1449)
Wolkonskij, Sergei Grigorjewitsch Fürst	(2818)
Wolkonskij, Sergei Grigorjewitsch Fürst	(3647)
Wolkow, Nikolai Apollonowitsch	(3635)
Wolkow, Wassilij Silowitsch	(4129)
Wollzogen, August Friedrich Philipp von	(1642)
Wolodimirow (Wladimirow), Semen Alexjejewitsch	(2397)
Wolodimirow (Wladimirow), Semen Iwanowitsch	(4118)
Wolshenskij, Peter Lwowitsch	(3140)
Woltersdorf, Siegfried	(5373)
Wolzogen, Justus Philipp Adolf Wilhelm Ludwig Baron	(2927)
Wonljärljärskij, Iwan Andrejewitsch	(K 137)
Wonljärljärskij, Iwan Andrejewitsch	(3365)
Wood, Charles	(K 90)
Wood, Charles	(3578)
Woronjez, Iwan Awerjanowitsch	(3878)
Woropanow, Nikolai Faddjejewitsch	(3737)
Wossidlo, Georg Christian Fromhold,	(4293)
Wostrowsky, Adam Wilhelm Leo Gabriel Nikolaus von	(1638)
Wostrowsky, Adam Wilhelm Leo Gabriel Nikolaus von	(2068)
Wostrowsky, Franz Josef Otto von -	(2076)
Woyna, Friedrich Wilhelm von	(4644)

Woyna, Paul Peter Emil von	(4654)
Woyrsch, Remus von	(E 151)
Woyrsch, Remus von	(4738)
Woyski, Friedrich Ferdinand von	(2267)
Wrangel, Alexander Magnus von	(2152)
Wrangel, August Friedrich Ludwig von	(1991)
Wrangel, Danilo Astafjewitsch (Reinhold) von	(2472)
Wrangel, Friedrich Ernst von	(522)
Wrangel, Friedrich Heinrich von	(E 81)
Wrangel, Friedrich Heinrich von	(K 125
Wrangel, Friedrich Heinrich von	(2264)
Wrangel, Friedrich Heinrich von	(4378)
Wrangel, Friedrich Wilhelm Karl Oskar Freiherr von	(4565)
Wrangel, Friedrich Wilhelm Karl Oskar Freiherr von	(4582)
Wrangel, Friedrich Wilhelm Karl Oskar Frhr.von	(E 95)
Wrangel, Ludwig Andrejewitsch (?)	(3865)
Wranizkij	(2681)
Wrastislaw, Eugen Graf	(K 91)
Wratislaw, Eugen Graf	(3512)
Wrisberg, Ernst von	(5098)
Wsewoloshskij, Alexei Matwjejewitsch	(2127)
Wuitsch II., Iwan Afanassjewitsch	(3456)
Wuitsch, Wassilij Afonassjewitsch	(2398)
Wülcknitz, Johann Georg Kasimir	(779)
Wulff, Friedrich	(5324)
Wulffen (Wolffen), Ernst Johann George Leonhard von	(2226)
Wulffen, Albrecht Friedrich von	(562)
Wulffen, August Friedrich Wilhelm vom,	(4299)
Wulffen, Christian Levin von	(790)
Wulffen, Dietrich Levin von	(1964)
Wulffen, Friedrich August von	(920)
Wulffen, Georg Otto von	(4524)
Wulffen, Georg Otto von	(4601)
Wulffen, Gustav-Adolf von	(5124)
Wulffert, Iwan Gustafowitsch	(3812)
Wülfing, Hermann	(5379)
Wundersitz, Gottfried	(1417)
Wunsch, Johann Jakob	(504)
Wünsche, Otto	(5037)
Wurmb (Wurm), Ludwig Alexander von	(148)
Wurmb, Ludwig Karl Wilhelm von	(2545)
Würst, Alexander Fedorowitsch	(3678)
Württemberg, Adam Karl Wilhelm Stanislaus Eugen Paul Ludwig Prinz von	(4294)
Württemberg, Albrecht Herzog von	(E 210)
Württemberg, Albrecht Herzog von	(4778)
Württemberg, Friedrich August Eberhard Prinz von	(E 129)

Württemberg, Friedrich August Eberhard Prinz von	(4462)
Württemberg, Friedrich August Eberhard Prinz von	(4653)
Württemberg, König Wilhelm II. von	(4883)
Württemberg, Wilhelm Nikolaus Herzog von	(4410)
Wussow, Ludwig von	(1199)
Wüsthoff, Kurt	(5002)
Wuthenow, August Heinrich von	(277)
Wuthenow, August Heinrich von	(497)
Wuthenow, August Wilhelm von	(1211)
Wuthenow, Christian Friedrich Leopold von	(1327)
Wuthenow, Hünert von	(327)
Wuthenow, Johann von	(721)
Wuthenow, Karl Ludwig von	(1439)
Wylich und Lottum, Friedrich Albrecht Karl Herman Graf von	(921)
Wylich und Lottum, Friedrich Wilhelm Graf von	(409)
Wylich und Lottum, Karl Friedrich Heinrich Graf von	(2458)
Wylich zu Diersfort, Friedrich Freiherr von	(181)
Wyschetzky, Alexander von	(2178)
	(4828)

X, Y

Xylander, Oskar Ritter von	
Yorck von Wartenberg, Ernst Graf	(5302)
Yorck, Johann David Ludwig von	(E 2)
Yorck, Johann David Ludwig von	(2147)
Yorck, Johann David Ludwig von	(2720)
Ypenburg-Philippseich, Georg August Graf zu	(K 138)
Ysenburg-Philippseich, Georg August Graf zu	(4314)
	(663)

Z

Zabeltitz, Friedrich Ernst von	
Zabeltitz, Johann Ernst von	(764)
Zachnick, Johann Karl Benjamin,	(2229)
Zagnizkij, Iwan Timofjejewitsch	(3925)
Zaluski, Konrad Friedrich von	(1779)
Zastrow, Adolf Friedrich Heinrich Karl Alexander von	(E 113)
Zastrow, Adolf Friedrich Heinrich Karl Alexander von	(4469)
Zastrow, Adolf Friedrich Heinrich Karl Alexander von	(4612)
Zastrow, Alexander Heinrich Gotthard von	(E 10)
Zastrow, Alexander Heinrich Gotthard von	(2920)
Zastrow, Anton Wenzel von	(416)
Zastrow, Bernhard Asmus von	(67)

Zastrow, Bogislaf Friedrich von	(169)
Zastrow, Friedrich Erdmann von	(2525)
Zastrow, Friedrich Wilhelm von	(730)
Zastrow, Jakob Rüdiger von	(344)
Zastrow, Karl Anton Leopold von	(262)
Zastrow, Karl Ludwig von	(2276)
Zastrow, Ludwig von	(519)
Zastrow, Otto Bogislaf von	(922)
Zawadsky, Karl August von	(1097)
Zbikowsky, Friedrich Wilhelm von	(368)
Zechner, Johann Josef Freiherr von	(1931)
Zedlitz, Friedrich Ferdinand von	(1611)
Zedmar (Zedemar, Zedmer), Hans Christof	(923)
Zegelin, Johann Heinrich Friedrich von	(1503)
Zeigut-Stanislawski, Albrecht Siegismund Graf von	(924)
Zenge, August Wilhelm von	(789)
Zeppelin, Christ. Heinrich von	(564)
Zeppelin, Konstantin Gottlieb Leberecht von	(2218)
Zeppelin, Konstantin Gottlieb Leberecht von	(4288)
Zeppelin, Konstantin Gottlieb Leberecht	(E 76)
Zerbi, Johann Chevalier de	(3521)
Zermolow, Alexei Petrowitsch	(2097)
Zernikow, Balthasar Joachim von	(61)
Zernikow, Samuel Heinrich von	(218)
Zerschow, Iwan Sacharjewitsch	(3947)
Zersen (Zerßen), Karl Ludwig von	(95)
Zeuner, Gustaf Friedrich von	(29)
Zeuner, Karl Christof von	(204)
Zickel (Zickeln)	(3179)
Ziegler, Gottlieb Salomon von	(552)
Ziegler, Rudolf Heinrich Friedrich von	(1860)
Ziehen, Christian Siegismund von	(2039)
Zielinski, Gustaf Peter von	(2287)
Zielinski, Karl Heinrich von	(1690)
Zieten, Christof (Christian) Wilhelm von	(320)
Zieten, Christof Daniel von	(1967)
Zieten, Christof Johann Friedrich Otto von	(1581)
Zieten, Ernst Leopold Ludwig von	(1103)
Zieten, Ernst Ludwig Otto von	(2191)
Zieten, Hans Balthasar von	(1516)
Zieten, Hans Joachim von	(36)
Zieten, Wieprecht Hans Karl Friedrich Ernst Heinrich	(K 38)
Zieten, Wieprecht Hans Karl Friedrich Ernst Heinrich von	(E 3)
Zieten, Wieprecht Hans Karl Friedrich Ernst Heinrich von	(1166)
Zieten, Wieprecht Hans Karl Friedrich Ernst Heinrich von	(2779)
Zieten, Wilhelm Joachim von	(1413)
Ziethen, Alfred	(4764)

Zietzewitz, Ludwig Heinrich von	(782)
Zimmermann, Christian Georg Friedrich von	(2169)
Zimmermann, Gustaf Christanowitsch	(1924)
Zimmernow, Joachim Ernst von	(73)
Zincken, Johann Karl Ludwig von	(2651)
Zirenjew	(3820)
Zitzewitz, Dietrich Siegmund von	(1203)
Zitzewitz, Joachim Rüdiger von	(343)
Zitzewitz, Johann Friedrich von	(196)
Zitzewitz, Martin Ernst von	(122)
Zitzewitz, Peter Christof von	(384)
Zorn, Karl Wilhelm (Ludwig),	(1290)
Zschock, Christian Gottlieb Georg von	(1303)
Zucato, Jegor Gawrilowitsch Graf	(1759)
Zülich, Gustaf Georg von	(1809)
Zunehmer, Max	(5021)
Zürson, Ernst Matthias von	(799)
Zwehl, Johann von	(E 169)
Zwehl, Johann von	(4733)
Zweibel, August Ernst von	(438)
Zweibrücken, Christian Baron von	(3523)
Zweiffel, Johann Christian von	(1247)
Zwjetkow, Wassilij Nikiforowitsch	(3927)
Zychlinski, Franz Friedrich Heinrich Szeliga von	(4531)

Verzeichnis der Familien mit fünf oder mehr Pour le Mérite-Trägern

(unberücksichtigt blieben bei der Zählung die Verleihung des Eichenlaubes, der Krone etc.)

32	v. Kleist	8	v. Kamecke
22	v. Preußen	8	v. Boeben
21	v.d. Goltz	8	v. Normann
20	v. Wedell	8	v. Reitzenstein
18	v. Borcke	8	v.d. Schulenburg
17	v. Below	8	v. Stutterheim
15	v. Rußland	8	v. Voß
14	v. Schwerin	8	v. Werder
14	v. Zastrow	7	v. Berg
13	v. Brandenstein	7	v. Graevenitz
12	v. Arnim	7	v. Horn
12	v. Puttkamer	7	v. Kalckreuth
12	v. Rohr	7	v. Manteuffel
12	v. Rosen	7	v. Möllendorf
11	v.d. Marwitz	7	v. Moltke
10	v. Bredow	7	v. Münchow
10	v. Bülow	7	v. Pfuhl
10	v. Manstein	7	v. Platen
10	v. Pirch	7	v. Plotho
10	v. Wulffen	7	v. Steckow
10	v. Zieten	7	v. Strantz
9	v. Alvensleben	7	v. Sydow
9	v. Bandemer	7	v. Wartensleben
9	v. Bardeleben	7	v. Winterfeldt
9	v. Bonin	7	v. Wuthenow
9	v.d. Groeben	6	v. Anhalt
9	v. Massow	6	v. Billerbeck
9	v. Österreich	6	v. Blumenthal
9	v. Prittwitz	6	v. Bornstedt
9	v. Wrangel	6	v. Buddenbrock
8	v. Frankenberg	6	v. Diebitsch
8	v. Herzberg	6	v. Hacke

6	v. Keyserlingk	5	v. Kirchbach
6	v. Knobelsdorff	5	v. Klitzing
6	v. Boebell	5	v. Koschembahr
6	v. Schack	5	v. Larisch
6	v. Schenck	5	v. Lüderitz
6	v. Schmeling	5	v. Lützow
6	v. Thile	5	v. Raven
6	v. Tresckow	5	v. Sachsen
6	v. Valentini	5	v. Steinmetz
6	v. Württemberg	5	v. Stülpnagel
5	v. Barnekow	5	v. Thadden
5	v. Blankensee	5	v. Tippelskirch
5	Forcade de Biaix	5	v. Troschke
5	v. Glasenapp	5	v. Vietinghoff
5	v. Ingersleben	5	v. Zitzewitz
5	v. Katte		